Vol.1

의사소통장애

정서 · 행동장애

자폐범주성장애

2026 특수교사임용시험 대비

김은진
스페듀 기출분석집

Special Education

박문각 임용 동영상강의 www.pmg.co.kr

김은진 편저

박문각

Preface

머리말

많은 수험생이 기출의 중요성에 대해 잘 알고 있지만 구체적으로 어떻게 기출문제를 공부해야 하는지, 또 어느 부분까지 확장하며 보아야 하는지 막막함을 느낍니다. 그래서 단순한 기출 문제집이 아니라 해당 기출문제의 출제 포인트, 오답 분석, 확장 가능한 제시문의 내용까지 친절하게 안내하는 기출 '분석집'이 있었으면 좋겠다고 생각했습니다.

예비 선생님들이 어떻게 하면 기출 '분석'을 효율적으로 할 수 있을지, 많은 고민 끝에 탄생한 본 교재의 특징은 다음과 같습니다.

첫째, 2009~2025학년도 유아·초등·중등 특수교육학 기출문제를 빠짐없이 담으려 노력했습니다. 기출문제는 키워드별로 분류해, 이전에 출제되었던 개념이 다음 기출문제에서 심화·확장되는 것을 순차적으로 볼 수 있도록 했습니다.

둘째, 각 문제에 '코넬노트' 양식을 적용해 분석 포인트를 한눈에 파악할 수 있도록 구성했습니다. 이러한 시각화 작업을 통해 수험생들이 자기주도적으로 본 교재를 학습할 수 있도록 정리했습니다.

셋째, 학습의 효율성·효과성 증진을 위해 기본이론서와 동일한 영역·순서의 4권으로 구성했습니다. 또 기본이론서와 본 교재를 함께 응용할 수 있도록 기본이론서의 해당 내용 페이지를 문제마다 제시했습니다.

넷째, 다음 카페 '김은진 특수교육 연구소'에 기출문제 편집본을 게시해, 문제를 풀 때 다양하게 활용할 수 있도록 했습니다. 본 교재는 기출 '분석'에 초점을 둔 교재로, 기출 분석을 처음 하거나, 새로운 관점으로 기출문제를 분석하려는 모든 수험생에게 도움이 될 수 있도록 심화·확장 내용을 표시했습니다.

다섯째, 기출문제에서 출제자의 의도 파악이 필요한 부분을 색 밑줄로 표시해 문제를 더 정확하게 분석하고, 요구에 맞는 답안을 작성할 수 있도록 안내했습니다.

수험생 시절, 여러 시행착오를 거치면서 찾은 효율적인 '기출 분석 방법'이 최대한 반영된 이번 교재가 여러분의 임용시험 준비에 조금이나마 도움이 되었으면 합니다. 본 교재의 출간에 많은 도움을 주신 김현서 선생님, 김현정 선생님, 백경래 선생님, 박민아 선생님, 윤민수 선생님, 장영낭 선생님, 파키라 선생님, 최유민 편집자님, 윤옥란 부장님께 감사의 말씀을 전합니다.

저자 김은진

Analysis

구성 및 특징

01 관련 이론

해당 기출문제의 관련 이론을 다룬 기본 이론서(김은진 SPECIAL EDUCATION Vol. 1~4) 페이지를 안내했습니다.

02 핵심 키워드

해당 기출문제의 핵심 키워드를 제시해 관련 문제를 연속적으로 볼 수 있도록 했습니다.

03 구조화 틀

해당 기출문제 속 키워드의 구조화 틀을 제시해 문제가 출제된 맥락을 살펴볼 수 있도록 했습니다.

04 핵심개념

해당 기출문제와 관련된 이론을 요약·정리해 제시했습니다. 출제 근거가 되는 내용뿐만 아니라 심화·확장되는 이론도 추가했습니다.

05 모범답안

해당 기출문제에 대한 모범답안을 예시로 수록했습니다.

기본이론 9-10p, 12p

말 산출기관
음운론

언어의 하위체계 구성요소
- 형태 ┌ 음운론 ┌ 음성학 / └ 음운론
- 형태론
- 구문론
- 내용 – 의미론
- 사용 – 화용론

음운론

음운론은 음성학과 음운론으로 구분
- 음성학: 소리가 어디에서 산출되는가에 대한 특성을 다룸(사람의 입에서 만들어지는 물리적 말소리, 즉 '음성'을 기본단위로 함)
- 음운론: 소리가 어떤 체계와 기능을 갖느냐를 다룸(기본단위인 음운은 분절적 요소인 음소와 초분절적 요소인 운소로 나뉨)

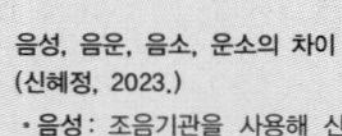

음성, 음운, 음소, 운소의 차이 (신혜정, 2023.)
- 음성: 조음기관을 사용해 산출하는 말소리로, 음성체계에서 단일 기호로 나타내는 단일 언어음
- 음운: 음소와 운소를 이르는 말
- 음소: 뜻을 분화시키는 최소 단위
- 운소: 뜻을 분화하는 데 관여하는 음소 이외의 운율적 특성으로, 높낮이·길이·강약·강세 등

모범답안

형태

음운론

2014학년도 초등 A6 / 유아 A7

02 (가)는 경직형 뇌성마비 학생 주희의 언어 관련 특성이고, (나)는 특수교사와 언어재활사가 협의한 내용이다. 물음에 답하시오. [5점]

(가) 주희의 언어 관련 특성

- 호흡이 빠르고 얕으며, 들숨 후에 길게 충분히 내쉬는 것이 어려움 — 호흡기관
- 입술, 혀, 턱의 움직임이 조절되지 않고 성대의 과도한 긴장으로 쥐어짜는 듯 말함 — 조음기관 / 발성기관
- ㉠ 말소리에 비음이 비정상적으로 많이 섞여 있음 — 공명기관
- 전반적으로 조음이 어려우며, 특히 /ㅅ/, /ㅈ/, /ㄹ/ 음의 산출에 어려움이 보임 — 조음기관

(나) 협의록

- 날짜: 2013년 3월 13일
- 장소: 특수학급 교실
- 협의 주제: 주희의 언어 능력 향상을 위한 지도 방안
- 협의 내용:
  ① 호흡과 발성의 지속 시간을 점진적으로 늘릴 수 있도록 지도하기로 함
  ② 비눗방울 불기, 바람개비 불기 등의 놀이 활동을 통해 지도하기로 함
  ③ /ㅅ/, /ㅈ/, /ㄹ/ 발음의 정확성을 높이기 위하여 반복 연습할 기회를 제공하기로 함
  ④ 자연스럽게 편안한 발성을 위하여 바른 자세 지도를 함께 하기로 함
  ⑤ 추후에 주희의 의사소통 문제는 ㉡ 언어의 3가지 주요 요소(미국언어·청각협회: ASHA)로 나누어 종합적으로 재평가하여, 필요하다면 주희에게 적합한 ㉢ 보완대체의사소통(AAC) 체계 적용을 검토하기로 함

※ 언어의 3가지 주요 요소(형태, 내용, 사용)와 언어학적 영역(음운론, 형태론, 구문론, 의미론, 화용론)의 범주를 구분해 작성하기

신경계 조절장애가 원인이 되어 말소리에 문제가 있는 경우에는 말소리 자체의 정확도보다는 전반적인 명료도를 향상시키거나, 의사소통 성공 확률을 높이기 위해 보완대체의사소통 지원전략을 사용해야 함

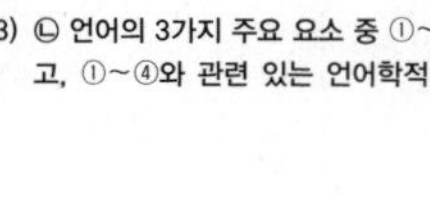

3) ㉡ 언어의 3가지 주요 요소 중 ①~④와 관련된 요소를 쓰고, ①~④와 관련 있는 언어학적 영역을 쓰시오. [2점]

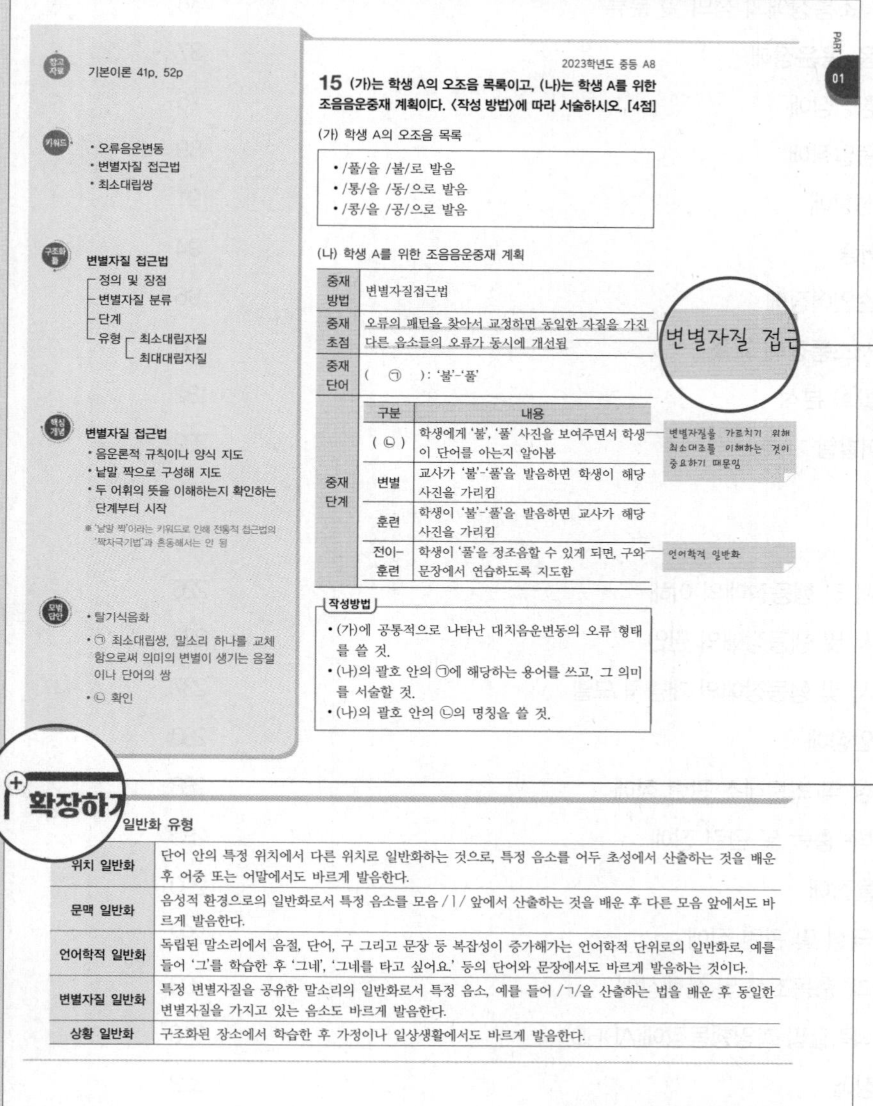

기본이론 41p, 52p

- 오류음운변동
- 변별자질 접근법
- 최소대립쌍

변별자질 접근법
- 정의 및 장점
- 변별자질 분류
- 단계
- 유형
  - 최소대립자질
  - 최대대립자질

변별자질 접근법
- 음운론적 규칙이나 양식 지도
- 낱말 짝으로 구성해 지도
- 두 어휘의 뜻을 이해하는지 확인하는 단계부터 시작

※ '낱말 짝'이라는 키워드로 인해 전통적 접근법의 '짝자극기법'과 혼동해서는 안 됨

- 탈기식음화
- ㉠ 최소대립쌍, 말소리 하나를 교체함으로써 의미의 변별이 생기는 음절이나 단어의 쌍
- ㉡ 확인

2023학년도 중등 A8

15 (가)는 학생 A의 오조음 목록이고, (나)는 학생 A를 위한 조음음운중재 계획이다. 〈작성 방법〉에 따라 서술하시오. [4점]

(가) 학생 A의 오조음 목록

- /풀/을 /불/로 발음
- /통/을 /동/으로 발음
- /콩/을 /공/으로 발음

(나) 학생 A를 위한 조음음운중재 계획

중재 방법	변별자질접근법	
중재 초점	오류의 패턴을 찾아서 교정하면 동일한 자질을 가진 다른 음소들의 오류가 동시에 개선됨	
중재 단어	(㉠): '불'-'풀'	
중재 단계	구분	내용
	(㉡)	학생에게 '불', '풀' 사진을 보여주면서 학생이 단어를 아는지 알아봄
	변별	교사가 '불'-'풀'을 발음하면 학생이 해당 사진을 가리킴
	훈련	학생이 '불'-'풀'을 발음하면 교사가 해당 사진을 가리킴
	전이-훈련	학생이 '풀'을 정조음할 수 있게 되면, 구와 문장에서 연습하도록 지도함

변별자질 접근

변별자질을 가르치기 위해 최소대조를 이해하는 것이 중요하기 때문임

언어학적 일반화

작성방법

- (가)에 공통적으로 나타난 대치음운변동의 오류 형태를 쓸 것.
- (나)의 괄호 안의 ㉠에 해당하는 용어를 쓰고, 그 의미를 서술할 것.
- (나)의 괄호 안의 ㉡의 명칭을 쓸 것.

확장하기

일반화 유형

위치 일반화	단어 안의 특정 위치에서 다른 위치로 일반화하는 것으로, 특정 음소를 어두 초성에서 산출하는 것을 배운 후 어중 또는 어말에서도 바르게 발음한다.
문맥 일반화	음성적 환경으로의 일반화로서 특정 음소를 모음 /ㅣ/ 앞에서 산출하는 것을 배운 후 다른 모음 앞에서도 바르게 발음한다.
언어학적 일반화	독립된 말소리에서 음절, 단어, 구 그리고 문장 등 복잡성이 증가해가는 언어학적 단위로의 일반화로, 예를 들어 '그'를 학습한 후 '그네', '그네를 타고 싶어요.' 등의 단어와 문장에서도 바르게 발음하는 것이다.
변별자질 일반화	특정 변별자질을 공유한 말소리의 일반화로서 특정 음소, 예를 들어 /ㄱ/을 산출하는 법을 배운 후 동일한 변별자질을 가지고 있는 음소도 바르게 발음한다.
상황 일반화	구조화된 장소에서 학습한 후 가정이나 일상생활에서도 바르게 발음한다.

Chapter 03 조음 · 음운장애 ＊ 61

06 분석 포인트

문항·제시문·보기·조건·오답 분석 등 기출문제의 분석 포인트를 제시했습니다. 이를 통해 기출 분석을 처음 하거나, 새로운 관점으로 기출문제를 분석하려는 수험생에게 중요한 길잡이 역할을 할 수 있도록 했습니다.

07 확장하기

해당 기출문제와 관련된 새로운 각론 내용을 추가로 수록해 폭넓은 학습이 가능하도록 구성했습니다.

Contents

차례

PART 01 의사소통 장애

PART 02 정서·행동 장애

PART
03
자폐범주성 장애

김은진 스페듀 기출분석집

Vol. 1

PART

01

의사소통장애

Special Education

CHAPTER 01

말, 언어 그리고 의사소통

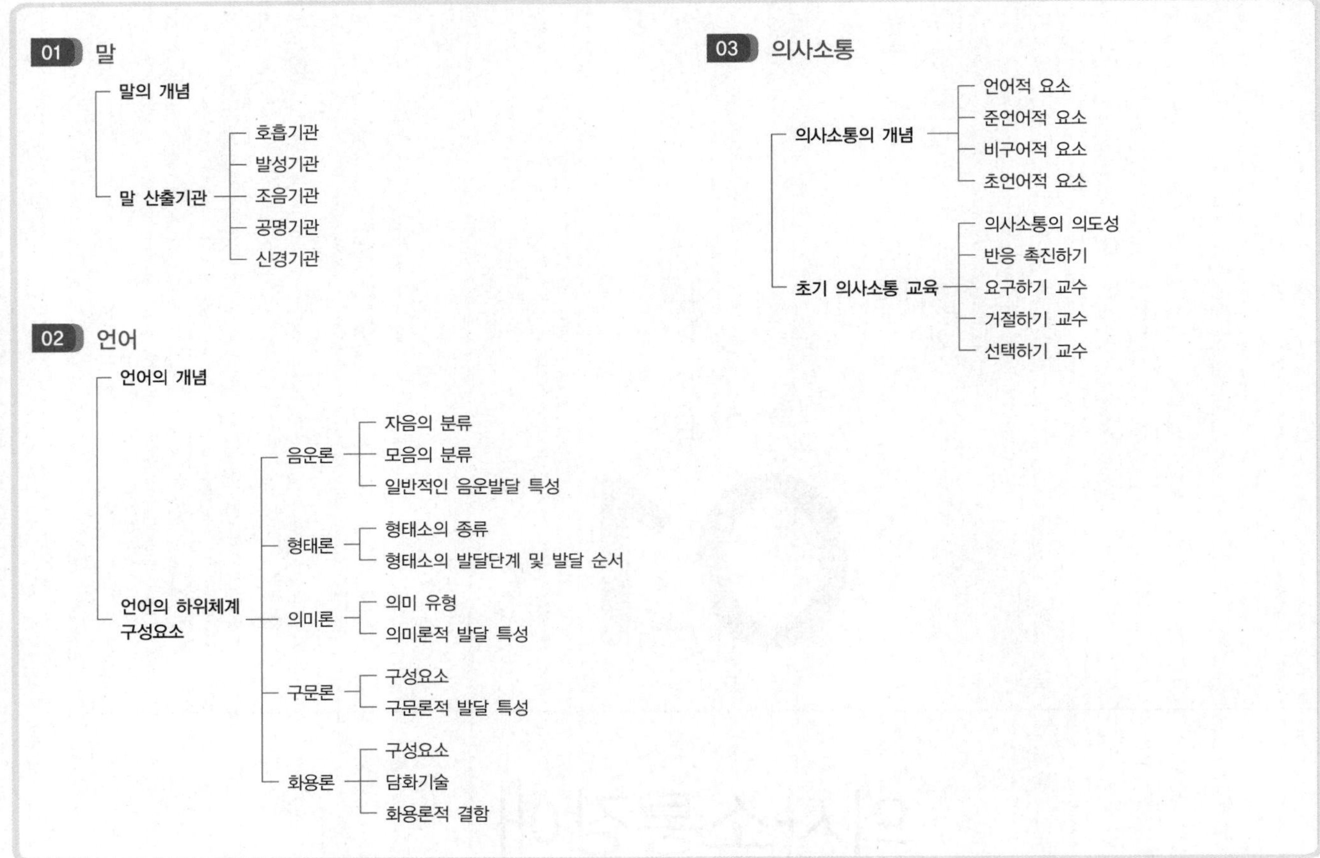

01 말
말의 개념
말 산출기관
호흡기관
발성기관
조음기관
공명기관
신경기관
02 언어
언어의 개념
언어의 하위체계 구성요소
음운론
자음의 분류
모음의 분류
일반적인 음운발달 특성
형태론
형태소의 종류
형태소의 발달단계 및 발달 순서
의미론
의미 유형
의미론적 발달 특성
구문론
구성요소
구문론적 발달 특성
화용론
구성요소
담화기술
화용론적 결함
03 의사소통
의사소통의 개념
언어적 요소
준언어적 요소
비구어적 요소
초언어적 요소
초기 의사소통 교육
의사소통의 의도성
반응 촉진하기
요구하기 교수
거절하기 교수
선택하기 교수

참고자료 기본이론 8-9p

키워드 말 산출기관

구조화 틀

말
- 말의 개념
- 말 산출기관
  - 호흡기관
  - 발성기관
  - 조음기관
  - 공명기관
  - 신경기관

핵심개념 언어기관의 생리학적 이해
- 호흡기관: ㄹ
- 발성기관: ㄴ
- 조음기관
- 공명기관: ㄱ, ㄷ
- 신경기관

구어산출 기관

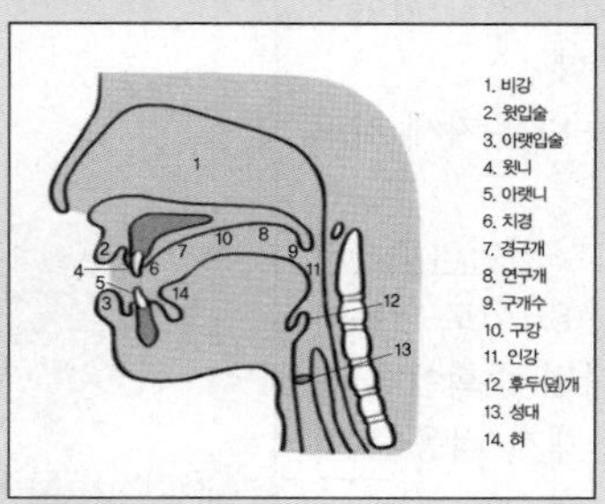

모범답안 ②

2010학년도 초등 11

01 다음은 그림의 각 기관들이 말소리 산출에 작용하는 일부 과정을 기술한 것이다. 글을 읽고, 이 과정에 관한 〈보기〉의 내용 중 바른 것을 고른 것은?

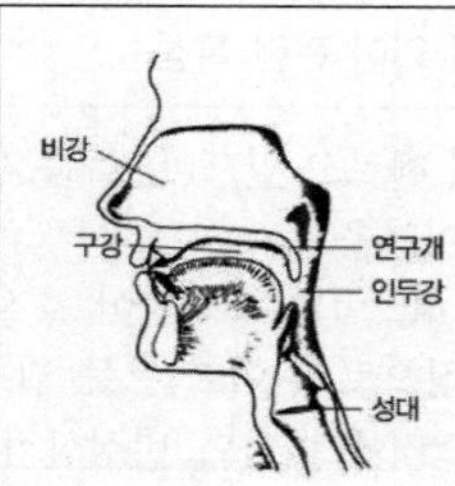

성대의 진동을 지난 공기가 인두강의 윗부분에 도달하면 구강으로 나가는 길과 비강으로 들어가는 두 갈래 길이 있다. 연구개 근육이 위로 올라가 인두벽에 닿으면 비강문이 닫히고 공기는 입으로 나가게 된다. 반면, 공기가 입으로 나가는 길을 막고 연구개를 아래로 내려 비강문을 열면 공기는 비강으로 나가게 된다.

보기

ㄱ. 구강음과 비강음의 형성과정
ㄴ. 성문 아래 공기 압력의 형성과정
ㄷ. 성대를 지나면서 조절된 소리의 공명과정
ㄹ. 횡격막의 하강으로 인한 에너지원의 공급과정

① ㄱ, ㄴ ② ㄱ, ㄷ
③ ㄴ, ㄷ ④ ㄴ, ㄹ
⑤ ㄷ, ㄹ

연인두폐쇄기능
- 연구개의 위치가 상승되면 후인두를 폐쇄시켜 구강과 인두강 사이를 막아 기류가 비강으로 새어 나가는 것을 막아주는데, 이를 '연인두폐쇄'라고 함
- 연인두폐쇄기능의 부전은 과대비음을 유발함

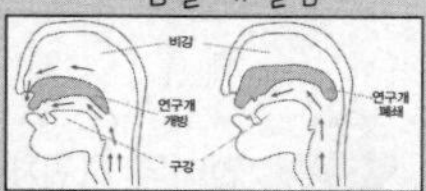

연인두 개폐를 통한 구강음 또는 비음 산출과정(공명)
- 연인두가 열리면 비음 형성
- 연인두가 닫히면 구강음 형성

기본이론 9–10p, 12p

- 말 산출기관
- 음운론

언어의 하위체계 구성요소

- 형태
  - 음운론
    - 음성학
    - 음운론
  - 형태론
  - 구문론
- 내용 – 의미론
- 사용 – 화용론

음운론

음운론은 음성학과 음운론으로 구분
- **음성학**: 소리가 어디에서 산출되는가에 대한 특성을 다룸(사람의 입에서 만들어지는 물리적 말소리, 즉 '음성'을 기본단위로 함)
- **음운론**: 소리가 어떤 체계와 기능을 갖느냐를 다룸(기본단위인 음운은 분절적 요소인 음소와 초분절적 요소인 운소로 나뉨)

음성, 음운, 음소, 운소의 차이 (신혜정, 2023.)
- **음성**: 조음기관을 사용해 산출하는 말소리로, 음성체계에서 단일 기호로 나타나는 단일 언어음
- **음운**: 음소와 운소를 이르는 말
- **음소**: 뜻을 분화시키는 최소 단위
- **운소**: 뜻을 분화하는 데 관여하는 음소 이외의 운율적 특성으로, 높낮이·길이·강약·강세 등

모범답안

형태

음운론

2014학년도 초등 A6 / 유아 A7

02 (가)는 경직형 뇌성마비 학생 주희의 언어 관련 특성이고, (나)는 특수교사와 언어재활사가 협의한 내용이다. 물음에 답하시오. [5점]

(가) 주희의 언어 관련 특성

- 호흡이 빠르고 얕으며, 들숨 후에 길게 충분히 내쉬는 것이 어려움 — 호흡기관
- 입술, 혀, 턱의 움직임이 조절되지 않고 성대의 과도한 긴장으로 쥐어짜는 듯 말함 — 조음기관 / 발성기관
- ㉠ 말소리에 비음이 비정상적으로 많이 섞여 있음 — 공명기관
- 전반적으로 조음이 어려우며, 특히 /ㅅ/, /ㅈ/, /ㄹ/ 음의 산출에 어려움이 보임 — 조음기관

(나) 협의록

- 날짜: 2013년 3월 13일
- 장소: 특수학급 교실
- 협의 주제: 주희의 언어 능력 향상을 위한 지도 방안
- 협의 내용:
  ① 호흡과 발성의 지속 시간을 점진적으로 늘릴 수 있도록 지도하기로 함
  ② 비눗방울 불기, 바람개비 불기 등의 놀이 활동을 통해 지도하기로 함
  ③ /ㅅ/, /ㅈ/, /ㄹ/ 발음의 정확성을 높이기 위하여 반복 연습할 기회를 제공하기로 함
  ④ 자연스럽게 편안한 발성을 위하여 바른 자세 지도를 함께 하기로 함
  ⑤ 추후에 주희의 의사소통 문제는 ㉡ 언어의 3가지 주요 요소(미국언어·청각협회: ASHA)로 나누어 종합적으로 재평가하여, 필요하다면 주희에게 적합한 ㉢ 보완대체의사소통(AAC) 체계 적용을 검토하기로 함

※ 언어의 3가지 주요 요소(형태, 내용, 사용)와 언어학적 영역(음운론, 형태론, 구문론, 의미론, 화용론)의 범주를 구분해 작성하기

신경계 조절장애가 원인이 되어 말소리에 문제가 있는 경우에는 말소리 자체의 정확도보다는 전반적인 명료도를 향상시키거나, 의사소통 성공 확률을 높이기 위해 보완대체의사소통 지원전략을 사용해야 함

3) ㉡ 언어의 3가지 주요 요소 중 ①~④와 관련된 요소를 쓰고, ①~④와 관련 있는 언어학적 영역을 쓰시오. [2점]

기본이론 12-14p

키워드 음운론

언어의 하위체계 구성요소

- 형태
  - 음운론
    - 음성학
    - 음운론
  - 형태론
  - 구문론
- 내용 – 의미론
- 사용 – 화용론

모음의 분류

- 혀의 높낮이
- 혀의 전후 위치
- 입술의 원순 상태
- 조음 위치의 변화

모음 삼각도

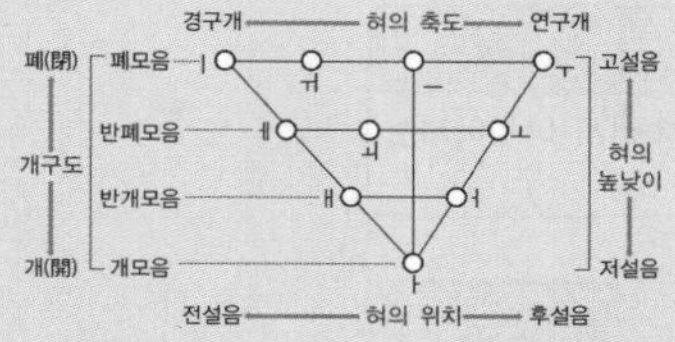

고모음화(폐모음화)를 보인다.

2024학년도 초등 B4

03 **(가)는 김 교사가 메모한 청각장애 학생 영수의 특성이고, (나)는 2015 개정 특수교육 기본 교육과정 수학과 3~4학년군 '도형영역' 교수 · 학습 과정안의 일부이다. 물음에 답하시오. [5점]**

(가)

- K-WISC-V 결과 : 지능지수 76
- 1년 전부터 양측 귀에 인공와우를 착용함
- 교정 청력 : 양측 40dB HL
- 말소리 명료도가 낮음
  - '거리'를 /그리/로 발음함
  - '네모'를 /니모/로 발음함 [A]
  - '개미'를 /그미/로 발음함

1) [A]에서 공통적으로 나타난 조음 오류 특성을 혀의 높낮이 측면에서 1가지 쓰시오. [1점]

확장하기

모음의 분류

혀의 높낮이에 따른 분류	• 개모음: /ㅏ/와 같이 혀끝이 입천장에서 멀리 떨어지고 입을 크게 열어서 조음하는 모음(저모음) • 폐모음: /ㅣ/, /ㅡ/, /ㅜ/와 같이 혀끝을 입천장에 가깝게 하고 입을 좁게 열어서 발음하는 모음(고모음)
혀의 전후 위치에 따른 분류	• 전설모음: 혀의 최고점의 위치가 앞쪽에 있는 모음 • 중설모음: 혀의 최고점의 위치가 중앙에 있는 모음 • 후설모음: 혀의 최고점의 위치가 후방에 있는 모음
입술의 원순 상태에 따른 분류	• 원순모음: /ㅗ/, /ㅜ/, /ㅚ/, /ㅟ/가 있음 • 평순모음: /ㅣ/, /ㅔ/, /ㅐ/, /ㅡ/, /ㅓ/, /ㅏ/가 있음
조음 위치의 변화 여부에 따른 분류	• 단모음: 해당 음소를 발음할 때 입이나 혀의 위치가 변하지 않음 • 이중모음: 두 모음이 서로 가까이 붙어서 조음 위치가 변함

전설 중설 후설
〈혀의 전후 위치〉
폐모음 개모음
고 저
〈혀의 높이〉
ㅣ ㅡ ㅜ
ㅔ ㅗ
ㅐ ㅓ
ㅏ

언어 및 의사소통의 발달 수준(송준만 외, 2022.)

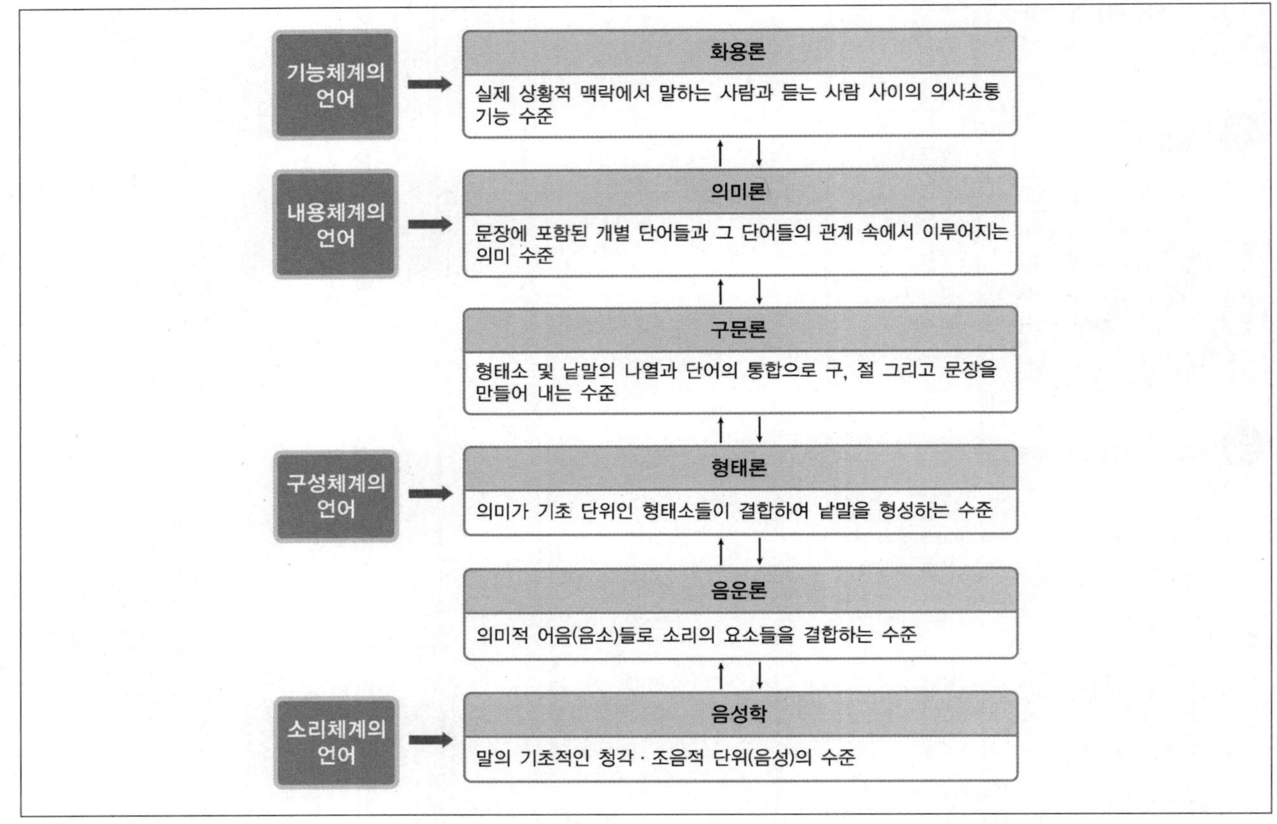

참고자료 기본이론 12-14p

키워드 음운론

구조화 틀

언어의 하위체계 구성요소

- 형태
  - 음운론
    - 음성학
    - 음운론
  - 형태론
  - 구문론
- 내용 – 의미론
- 사용 – 화용론

모음의 분류

- 혀의 높낮이
- 혀의 전후 위치
- 입술의 원순 상태
- 조음 위치의 변화

핵심개념 **모음 삼각도**

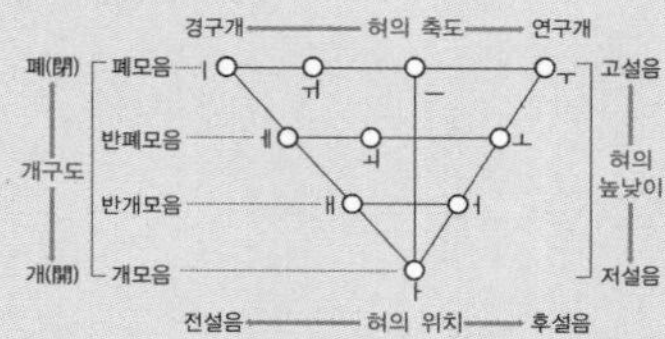

모범답안

① 혀의 높낮이
② 모음 'ㅏ'는 혀의 위치가 낮은 저모음이고 모음 'ㅡ'는 혀의 위치가 높은 고모음이다. 모음 'ㅓ'는 혀의 위치가 모음 'ㅏ'보다는 높지만 'ㅡ'보다는 낮은 위치에서 형성된다.

2019학년도 초등 A7

04 최 교사는 1학년 국어 수업에서 입문기 문자와 발음 지도를 하려고 한다. 물음에 답하시오. [4점]

[교수 · 학습 과정안]

단계	교수 · 학습 활동
도입	• 동기 유발하기 • 학습 목표 확인하기 • 낱말을 바르게 소리 내어 읽을 수 있다.
전개	〈활동 1〉 사진을 보며 동물의 이름을 말해 봅시다. 〈활동 2〉 낱말 카드를 보며 동물의 이름을 읽어 봅시다. 거북이 / 복어 / 악어 〈활동 3〉 – 선생님을 따라 낱말을 읽어 봅시다. – 모두 함께 낱말을 읽어 봅시다. 거북이[거부기] / 복어[보거] / 악어[아거] [A] (〈활동 1〉~〈활동 3〉) 〈활동 4〉 모음을 구별하는 방법을 알아봅시다.

2) 다음은 〈활동 4〉를 지도하기 위해 두 교사가 나눈 대화이다. ① ⓐ에 공통으로 들어갈 내용을 쓰고, ② 이를 바탕으로 모음 'ㅏ, ㅓ, ㅡ'의 상대적 차이를 설명하시오. [2점]

> 최 교사: 김 선생님, 1학년 학생들에게 모음 'ㅓ, ㅜ, ㅡ'를 지도하려고 하는데, 어떻게 지도하는 게 좋을까요?
> 김 교사: 입술의 둥근 정도와 (ⓐ)로 구별해서 지도하는 게 좋겠지요.
> 최 교사: 좋은 생각이군요. 'ㅜ'와 'ㅡ'는 입술의 둥근 정도에 따라 구별하고, 'ㅓ'와 'ㅡ'는 (ⓐ)에 따라 구별하면 되겠네요.
> 김 교사: 네, 그렇죠. 모음 'ㅏ, ㅓ, ㅡ'도 (ⓐ)에 따라 지도하면 되지요.

기본이론 16-19p

- 구문론
- 의미론

언어의 하위체계 구성요소

- 형태
  - 음운론
    - 음성학
    - 음운론
  - 형태론
  - 구문론
- 내용 – 의미론
- 사용 – 화용론

의미 유형

중심적 의미	단어의 가장 핵심적인 의미 예 '머리'의 중심적 의미는 '신체구조상 머리'의 의미
전이적 의미 (주변적 의미)	중심적 의미를 제외한 다른 의미로, 흔히 '은유법'이라고도 함 예 "그 아이는 머리가 없어.", "그 녀석 머리가 커졌군." 등에서 '머리'의 전이적 의미는 '지능, 시각'의 의미

의미론
- **정의**: 말의 이해 및 해석에 관한 영역
- **주성분**: 단어(문법상의 뜻과 기능을 가진 언어의 최소단위)

구문론
- **정의**: 낱말의 배열에 의해 구, 절, 문장을 형성하는 체계 또는 규칙
- **주성분**: 문장

㉢ 구문론
㉣ 의미론

2020학년도 초등 B5

05 다음은 초임 특수교사가 관찰한 학생들의 특성과 이에 대한 수석교사의 조언 일부이다. 물음에 답하시오. [5점]

학생	학생 특성	조언
인호	㉢"김치 매운 먹어요."와 같은 문장을 사용하거나, ㉣"생각이 자랐어."와 같은 말을 이해하지 못함	언어학의 하위 영역별로 지도하면 좋음
	㉤주어를 빼고 말하는 경우가 자주 있음	㉥W-질문법을 활용하면 좋음

㉢ 문장 내 단어배열에 오류를 보이므로 구문론적 오류에 해당함

㉣ 단어의 전이적 의미(주변적 의미) 이해에 어려움을 보이므로 의미론적 오류에 해당함
※ 의미론의 주성분은 단어이고, 화용론의 주성분은 담화임

3) ㉢, ㉣에서 나타난 오류는 언어학의 하위 영역 중 어느 영역에 해당되는지 각각 쓰시오. [2점]

기본이론 16–19p

- 구문론
- 의미론

언어의 하위체계 구성요소

- 형태
  - 음운론
    - 음성학
    - 음운론
  - 형태론
  - 구문론
- 내용 – 의미론
- 사용 – 화용론

핵심 개념

언어학의 하위 영역

구성 요소	언어의 하위 체계	정의
형태	음운론	말소리 및 말소리 조합을 규정하는 규칙
	형태론	단어의 구성을 규정하는 규칙
	구문론	단어의 배열, 문장의 구조, 서로 다른 종류의 문장 구성을 규정하는 규칙
내용	의미론	단어와 단어의 조합을 규정하는 규칙
사용	화용론	사회적 상황에서의 언어 사용과 관련된 규칙

형태소(morpheme)
- 일정한 뜻(의미)을 가진 가장 작은 말의 단위
- 더 분석하면 뜻이 없어지는 말의 단위

단어(word)
- 스스로 일정한 뜻을 담고 있는, 자립성이 있는 최소 단위
- 모든 단어는 최소한 한 개 이상의 형태소로 구성됨

의미론

2021학년도 중등 B8

06 **(가)는 ○○중학교에 재학 중인 학생 J의 진단 · 평가 결과이고, (나)는 순회 교사가 작성한 지도 계획의 일부이다. 〈작성방법〉에 따라 서술하시오. [4점]**

(가) 학생 J의 진단 · 평가 결과

- 언어 능력에 영향을 미칠 수 있는 지능이나 청력, 신경학적인 손상 등이 없음
- 사회 · 정서적 영역의 발달에 이상이 없음
- 표준화된 언어검사 결과 -1.5SD임

(나) 지도 계획

…(상략)…

- 활동 2
  - 틀린 문장에서 틀린 이유를 말하기
  - "오빠가 아빠를 낳았다."에서 틀린 이유를 말하기 ┐
  - "짜장면을 마셔요."에서 틀린 이유를 말하기 ┘ ㉡

구문적으로는 문제가 없으나 의미적으로 문제가 있음

작성방법

(나)의 ㉡에서 순회 교사가 지도하고자 하는 언어 영역은 언어학의 하위 영역 중 어느 것에 해당하는지 쓸 것.

확장하기

여러 가지 의미 유형

단어는 분류 기준에 따라 다양하게 구분할 수 있다. 한국어를 사용하는 일반적인 사람들은 자연계의 '태양'이라는 단어를 알고 나면 점차 "당신은 나의 태양입니다."라는 말을 이해하고 사용한다. 전자가 중심적 의미라면, 후자는 전이적 의미이다. 의미론적 오류를 보이는 예는 다음과 같다.

예 A: 네 손 좀 빌리자.
B: 뭐? 내 손을 달라고?

언어의 의미론적 측면의 결함

- 속담이나 은어 사용에 대한 이해가 부족함
- 단어찾기에 어려움을 보임
- 제한된 어휘만을 과도하게 사용함
- 사용하는 어휘의 수가 적음
- 부적절한 단어를 사용함

언어의 화용론적 측면의 결함

- 청자에게 분명하게 설명하는 기술이 부족함
- 무언가에 대해 적절하게 지속적으로 설명하는 기술이 부족함
- 새로운 주제를 서투르게 소개하고 대화과정에 참여하지 못함
- 분명하게 진술되지 않은 자료로부터 추론하는 데 어려움이 있음
- 명료화 질문을 드물게 사용함
- 문장에 표면적으로 나타난 낱말의 의미만 이해하고, 그 속에 숨겨진 상대방의 의도를 파악하지 못함
- 상대방의 비언어적 의도를 파악하는 데 어려움이 있음
- 대화를 시작하고 유지하는 데 어려움이 있음

PART 01

기본이론 16-17p

의미론

언어의 하위체계 구성요소

- 형태
  - 음운론
    - 음성학
    - 음운론
  - 형태론
  - 구문론
- 내용 – 의미론
- 사용 – 화용론

의미론

- **정의**: 말의 이해 및 해석에 관한 영역
- **주성분**: 단어(문법상의 뜻과 기능을 가진 언어의 최소단위)

모범답안

㉠ 의미론

2024학년도 중등 B7

07 **다음은 ○○특수학교 중학교 과정에 재학 중인 학생 A와 B를 지도하는 교육 실습생과 특수 교사의 대화 중 일부이다. 〈작성 방법〉에 따라 서술하시오. [4점]**

> 교육 실습생: 선생님, 우리 반 학생 A는 '컵'이라는 이름이 잘 생각나지 않을 때 "어, 어, 그거 있잖아요."라고 하거나, 손으로 마시는 흉내를 내면서 표현하는 경우가 있어요. 왜 낱말의 이름을 떠올리는 것을 어려워하나요?
>
> 특수 교사 : 학생 A는 ㉠ 어휘 수도 부족하고 낱말을 확실하게 기억하지 못해서, 낱말의 이름을 떠올려 산출하는 것을 어려워합니다.

낱말찾기 장애: 어떤 상황이나 자극하에서 특정한 낱말을 산출하는 데 어려움

언어의 의미론적 측면의 결함
- 단어찾기에 어려움을 보임
- 제한된 어휘만을 과도하게 사용함
- 사용하는 어휘의 수가 적음
- 부적절한 단어를 사용함

작성방법

밑줄 친 ㉠과 같은 어려움을 보이는 언어학적 영역을 쓸 것.

참고 자료 기본이론 18-19p

키워드 구문론

구조화 틀 언어의 하위체계 구성요소

- 형태
  - 음운론
    - 음성학
    - 음운론
  - 형태론
  - 구문론
- 내용 – 의미론
- 사용 – 화용론

핵심 개념 언어의 3가지 하위체계 구성요소

구성요소	언어의 하위체계	정의
형태	음운론	말소리 및 말소리 조합을 규정하는 규칙
	형태론	단어의 구성을 규정하는 규칙
	구문론	단어의 배열, 문장의 구조, 서로 다른 종류의 문장 구성을 규정하는 규칙
내용	의미론	단어와 단어의 조합을 규정하는 규칙
사용	화용론	사회적 상황에서의 언어 사용과 관련된 규칙

※ 언어의 '3가지' 하위체계와 '언어학의 구성요소' 답안을 구분하여 작성하기

모범 답안 형태

2020학년도 중등 A7

08 (가)는 뇌성마비 학생 F의 의사소통 특성이고, (나)는 학생 F의 수업 참여도를 높이기 위해 교사가 작성한 보완대체의사소통기기 활용 계획의 일부이다. 〈작성방법〉에 따라 서술하시오. [4점]

(가) 학생 F의 의사소통 특성

- 한국 웩슬러 아동용 지능검사 4판(K-WISC-Ⅳ) 결과 : 언어이해 지표 점수 75
- 조음에 어려움이 있음
- 태블릿 PC 애플리케이션을 이용하여 수업에 참여함

(나) 보완대체의사소통기기 활용 계획

- 활용 기기 : 태블릿 PC
- 애플리케이션을 활용한 수업 내용
  - ㉠ <u>문장을 어순에 맞게 표현하기</u>

…(하략)…

작성방법

(나)의 밑줄 친 ㉠과 관련된 용어를 언어의 3가지 하위체계 구성요소 중에서 1가지 쓸 것.

참고자료 기본이론 19-22p

키워드 화용론

구조화틀

언어의 하위체계 구성요소

- 형태
  - 음운론
    - 음성학
    - 음운론
  - 형태론
  - 구문론
- 내용 – 의미론
- 사용 – 화용론

화용언어능력(고은, 2021.)

- '화용언어능력'이란 가지고 있는 언어적 지식을 활용해 실제적인 의사소통에서 효과적으로 표현하는 능력임
- 화용론적 발달을 위해서는 구어와 비구어적 수단을 포함한 의사소통적 수단을 활용하는 능력과, 음운론·형태론·의미론·구문론과 같은 모든 언어학적 영역들에 대한 언어처리능력을 갖추어야 함

모범답안

'화용적 능력'이란 가지고 있는 언어지식을 활용해 실제적인 의사소통에서 효과적으로 표현하는 능력을 의미한다.

㉡, ㉢에 나타난 화용적 기술의 문제점은 성우가 어머니와의 대화에서 주제를 유지하지 못하고 있다는 것이다.

2016학년도 중등 B6

09 **초임 특수교사 A는 자폐성 장애 학생 성우의 자발화를 분석하기로 하였다. (가)는 성우와 어머니의 대화를 전사한 것이고, (나)는 발화를 구분하여 기록한 표이다. 〈작성방법〉에 따라 순서대로 서술하시오. [5점]**

(가) 전사 기록

(주차장에서 차 문을 열면서)
성 우: ㉠ 성우 주차장에서 뛰면 안 돼.
어머니: 그렇지. 엄마가 주차장에서 뛰면 안 된다고 말했지?

(엘리베이터를 타고 나서)
성 우: 일 이 삼 사 오 육 칠 (5초 경과) 칠 육 오 사 삼 이 일.
어머니: 성우야, 육층 눌러야지.
성 우: 육층 눌러야지.

(마트 안에서)
성 우: 성우 아이스크림 먹고 싶어요.
어머니: 알았어. 사줄게.
성 우: 네.
어머니: 성우야, 무슨 아이스크림 살까?
성 우: ㉡ 오늘 비 왔어요.

(식당에서)
어머니: 성우야, 뭐 먹을래?
성 우: ㉢ 물 냄새나요 물 냄새나요.
어머니: 성우야, 김밥 먹을래?
성 우: ㉣ 김밥 먹을래?

화용론적 결함의 증상
대화 내용을 잘 따라가지 못해 주제를 놓침(대화를 시작하고 유지하는 데 어려움)

작성방법

'화용적 능력'의 의미가 무엇인지 쓰고, 밑줄 친 ㉡과 ㉢에서 나타난 화용적 기술의 문제점을 설명할 것.

기본이론 19–22p

화용론

언어의 하위체계 구성요소

- 형태
  - 음운론
    - 음성학
    - 음운론
  - 형태론
  - 구문론
- 내용 – 의미론
- 사용 – 화용론

화용론적 결함의 증상

- 상대방의 말이 끝나기 전에 끼어들어 대답을 듣지도 않고 질문만 함(대화의 순서적인 조직화 어려움)
- 대화 내용을 잘 따라가지 못해 주제를 놓침(대화를 시작하고 유지하는 데 어려움)
- 간접적이고 완곡한 표현을 이해하지 못함(표면적으로 나타나는 낱말의 의미만 이해하고 그 속에 숨겨진 상대방의 의도를 파악하지 못함)
- 비언어적 의사소통의 어려움(화용론적 발달을 위해서는 구어와 비구어적 의사소통 수단을 활용하는 능력을 갖추어야 함)

화용론

2015학년도 유아 A7

10 (가)는 활동계획안의 일부이고, (나)는 통합학급 최 교사와 특수학급 박 교사의 대화 내용 중 일부이다. 물음에 답하시오. [5점]

(가) 활동계획안

활동명	나의 꿈	누리과정 관련 요소	• 사회관계: 사회에 관심 갖기 – 지역사회에 관심 갖고 이해하기 • 의사소통: 말하기 – ㉠ 느낌, 생각, 경험 말하기
활동 목표	나의 꿈을 말할 수 있다.		
활동 자료	다양한 직업에 대한 그림 자료, ppt 자료		

(나) 두 교사의 대화

박 교사: 선생님, 요즘 지수가 슬기반에서 잘 지내고 있나요?

최 교사: 네. 대부분의 수업 활동에는 잘 참여하고 있어요. 그러나 자기의 느낌이나 생각을 말하는 시간에는 어려움이 있어요. 작년에는 ㉡ 말이 막히거나 말을 더듬는 현상이 종종 있었는데, 올해는 많이 좋아졌어요. 그런데 아직까지도 지수의 발음이 정확하지 않아서 친구들이 잘 알아듣지 못하는 것 같아요. 친구들하고 이야기할 때 ㉢ 지속적으로 '풍선'을 '푸선'이라고 하고, '사탕'을 '아탕'이라고 하거든요.

박 교사: 그렇군요. 저는 ㉣ 지수가 이야기할 때 상황에 적절치 않게 말을 하는 경우를 많이 보았어요. 얼핏 보면 말을 잘하는 것 같지만, 실제로는 친구들과 대화를 할 때 어려움이 있어요.

화용론
전체 담화 맥락을 잘 파악하고 상대방과 성공적인 대화를 이끌고 유지

3) 언어의 하위체계에는 5가지(음운론 등)가 있다. ㉣에서 언급된 지수의 언어 행동은 언어의 하위체계 중 무엇과 관련된 문제인지 쓰시오. [1점]

언어의 하위체계 =언어학의 하위체계

기본이론 19-22p

화용론

언어의 하위체계 구성요소

- 형태
  - 음운론
    - 음성학
    - 음운론
  - 형태론
  - 구문론
- 내용 – 의미론
- 사용 – 화용론

화용론적 결함의 증상

- 상대방의 말이 끝나기 전에 끼어들어 대답을 듣지도 않고 질문만 함(대화의 순서적인 조직화 어려움)
- 대화 내용을 잘 따라가지 못해 주제를 놓침(대화를 시작하고 유지하는 데 어려움)
- 간접적이고 완곡한 표현을 이해하지 못함(표면적으로 나타나는 낱말의 의미만 이해하고 그 속에 숨겨진 상대방의 의도를 파악하지 못함)
- 비언어적 의사소통의 어려움(화용론적 발달을 위해서는 구어와 비구어적 의사소통 수단을 활용하는 능력을 갖추어야 함)

모범답안 학생 D는 화용론에서 어려움을 보인다.

2017학년도 중등 B4

11 **다음은 학생 D와 K에 대해 특수교사와 일반교사가 나눈 대화이다. 학생 D는 언어학의 하위 영역(예 음운론 등) 중 무엇에 어려움을 보이는 것인지 쓰시오. [4점]**

> 일반교사: D는 친구들과 대화할 때 상대방의 말이 끝나기 전에 끼어들거나 대답을 듣지도 않고 질문만 합니다. 그래서 대화 내용을 잘 따라가지 못해서 주제를 놓치는 경우가 많습니다. 그리고 반 친구들이 하는 간접적이고 완곡한 표현을 이해하지 못하기도 합니다.
>
> 특수교사: 네. D가 대화할 때 '명료화 요구하기' 전략을 활용할 수 있겠어요.
>
> …(하략)…

의사소통 실패(혹은 단절)를 극복하기 위한 대화기술로, 발화를 다시 한번 반복하거나 수정할 것을 요구할 수 있음

기본이론 19-22p

화용론

언어의 하위체계 구성요소

- 형태
  - 음운론
    - 음성학
    - 음운론
  - 형태론
  - 구문론
- 내용 – 의미론
- 사용 – 화용론

화용론적 결함의 증상

- 상대방의 말이 끝나기 전에 끼어들어 대답을 듣지도 않고 질문만 함(대화의 순서적인 조직화 어려움)
- 대화 내용을 잘 따라가지 못해 주제를 놓침(대화를 시작하고 유지하는 데 어려움)
- 간접적이고 완곡한 표현을 이해하지 못함(표면적으로 나타나는 낱말의 의미만 이해하고 그 속에 숨겨진 상대방의 의도를 파악하지 못함)
- 비언어적 의사소통의 어려움(화용론적 발달을 위해서는 구어와 비구어적 의사소통 수단을 활용하는 능력을 갖추어야 함)

모범답안 화용론

2020학년도 유아 A8

12 **다음은 통합학급 5세 반 황 교사와 유아특수교사 정 교사의 대화이다. 물음에 답하시오. [5점]**

> …(중략)…
>
> 황 교사 : 지수의 경우에는 점심시간에 제가 지수에게 "계란 줄까?"라고 물어봤는데, ㉢ 지수가 로봇처럼 단조로운 음으로 바로 "계란 줄까, 계란 줄까, 계란 줄까."라고 했어요. 또 "연필 줄래?"라고 했더니 연필은 주지 않고 "줄래, 줄래, 줄래."라고 말했어요. 또 ㉣ 자신의 말하기 순서를 기다리지 못해서 불쑥 얘기하기도 해요.
>
> …(하략)…

자폐아동은 화용론적 결함이 있음

3) ㉣에 해당하는 언어학의 하위 범주를 쓰시오. [1점]

기본이론 19-22p

화용론

언어의 하위체계 구성요소

- 형태
  - 음운론
    - 음성학
    - 음운론
  - 형태론
  - 구문론
- 내용 – 의미론
- 사용 – 화용론

화용론적 결함의 증상

- 상대방의 말이 끝나기 전에 끼어들어 대답을 듣지도 않고 질문만 함(대화의 순서적인 조직화 어려움)
- 대화 내용을 잘 따라가지 못해 주제를 놓침(대화를 시작하고 유지하는 데 어려움)
- 간접적이고 완곡한 표현을 이해하지 못함(표면적으로 나타나는 겉말의 의미만 이해하고 그 속에 숨겨진 상대방의 의도를 파악하지 못함)
- 비언어적 의사소통의 어려움(화용론적 발달을 위해서는 구어와 비구어적 의사소통 수단을 활용하는 능력을 갖추어야 함)

모범답안
화용론

2024학년도 유아 A8

13 **(가)와 (나)는 유아특수교사 김 교사가 쓴 반성적 저널의 일부이다. 물음에 답하시오. [5점]**

(가)

[4월 ○○일] 한 달 동안 연우의 대화를 관찰한 결과, 어휘와 문법에서는 연령에 적합한 발달을 보였다. 그러나 연우는 ㉠ <u>상황과 목적에 맞게 말을 하는 데 어려움을 보였다. 또한 친구들과 대화할 때 대화 순서를 지키거나 적절한 몸짓과 얼굴 표정을 나타내는 것에도 어려움을 보였다.</u>

1) ㉠을 참고하여 언어학의 5가지 하위 영역 중 연우가 어려움을 나타내는 영역을 쓰시오. [1점]

기본이론 12p, 16–17p

- 음운론
- 의미론

언어의 하위체계 구성요소

- 형태
  - 음운론
    - 음성학
    - 음운론
  - 형태론
  - 구문론
- 내용 – 의미론
- 사용 – 화용론

언어(language)

언어는 음운론, 형태론, 구문론, 의미론, 화용론의 다섯 가지 요소를 포함하고 이론상으로 형태, 내용, 사용이라는 세 가지 측면으로 나눌 수 있음. 그러나 실제로 우리가 말을 하는 데 있어서는 다섯 가지 요소가 동시에 적용됨

- **수용언어**: 상대의 말을 듣고 이해하는 의사소통 능력
- **표현언어**: 구어나 문어의 방법으로 외부에 표출하는 의사소통 능력

언어의 하위체계 구성요소

언어의 하위체계 구성요소는 각각 독립된 요소이면서도 상호 연관된 관계로 구성됨

예) 책을 읽고 있는 엄마의 옆에 앉아 창밖을 내다보던 30개월 된 아동이 지나가는 고양이를 보고 "엄마, 고양이."라고 말하였을 때 이 아동은 언어의 화용론, 구문론, 의미론의 규칙을 모두 수행한 것임

㉡ "아빠"를 "아바바"로 발음하기 때문에 정확한 말소리 규칙(형식)을 적용하여 표현하지는 못했지만, "아빠 어딨어?"라는 말을 듣고 아빠를 바라보았기 때문에 아빠가 누구인지 의미를 이해하고 있다.

2018학년도 초등 B6

14 **다음은 특수학교에서 교육실습 중인 예비 교사가 작성한 의사소통 관찰 결과와 그에 대해 지도 교사가 제공한 피드백의 일부이다. 물음에 답하시오. [5점]**

학생	예비 교사 관찰 결과	지도 교사 피드백
철수	언어 이해만 가능함. 표현언어는 관찰되지 않음. 예를 들면, ㉠"하지 마!"라는 금지어를 듣고 하던 행동을 멈춤 ㉡"아빠 어딨어?"라는 말을 듣고 아빠를 바라보며 "아바바"라고 함 ㉢"손뼉을 쳐요", "눈을 감아요"라는 말을 듣고 동작을 수행함 ㉣몇 개의 물건들 중에서 지시하는 한 가지의 물건을 고를 수 있음	지적장애가 있고 언어 발달 지체가 심하긴 하지만 ㉤ 표현언어발달도 함께 이루어지고 있음. 영유아 언어발달 검사(SELSI)나 언어발달 점검표로 평가해볼 필요가 있음

- ㉠, ㉢, ㉣ 수용언어
- ㉡ 표현언어

1) **밑줄 친 ㉤의 근거를 밑줄 친 ㉠~㉣에서 찾아 기호로 쓰고, 그렇게 판단할 수 있는 이유를 언어의 형식(기호)과 내용(의미)의 관계를 활용하여 쓰시오. [1점]**

기본이론 23p

- 준언어적 요소
- 비구어적 요소

의사소통의 개념

- 언어적 요소
- 준언어적 요소
- 비구어적 요소
- 초언어적 요소

의사소통의 개념

성공적인 의사소통이 이루어지기 위해서는 말이나 언어와 같은 언어적 요소와 준언어적·비언어적·초언어적 요소를 이해하고 사용하는 의사소통 능력을 갖추어야 함

언어적 요소	의사소통을 위한 말과 언어 포함
준언어적 요소	억양, 강세, 속도, 일시적인 침묵 등과 같이 말에 첨가하여 의미를 전달
비구어적 요소	몸짓, 자세, 표정 등과 같이 말이나 언어에 의존하지 않고 메시지를 전달
초언어적 요소	언어 자체를 사고의 대상으로 하여 언어의 구조나 특징을 인식하는 능력

① 성공적인 의사소통을 위해서는 언어적 요소뿐만 아니라 반언어적 요소와 비언어적 요소도 이해하고 사용할 수 있는 능력을 갖추어야 한다.
② ⓑ, ⓓ

2016학년도 초등 A1

15 **(가)는 정신지체 학생 민기의 특성이고, (나)는 통합학급 교사와 특수학급 교사가 함께 작성한 '2009 개정 국어과 교육과정' 1~2학년군 '즐겁게 대화해요' 단원에 따른 교수·학습 계획서의 일부이다. 물음에 답하시오.**

(가) 민기의 특성

- 수용 및 표현언어, 사회적 의사소통에 어려움이 있음
- 학습된 무기력이 심하고, 저조한 성취 경험 및 타인의 낮은 기대로 심리가 위축되어 있음

(나) 교수·학습 계획서

단원	즐겁게 대화해요	차시	3~4차시
단원 성취 기준	상대에 적절하게 반응하며 대화를 나눈다.		
차시 목표	상대의 말에 맞장구치거나 질문하며 대화하는 방법을 안다.		

㉠ 교수·학습 활동	민기를 위한 고려사항
• 설명하기: 상대의 말에 적절히 반응하며 대화하는 방법의 중요성을 설명하고, 적절한 대화 방법 안내하기 • 시범보이기: – 교사가 직접 적절한 대화와 부적절한 대화 시범보이기 – 다양한 대화 사례가 담긴 동영상 시청을 통해 간접 시범보이기 • 확인 및 연습하기: 적절하게 대화하는 방법을 이해하고 있는지 질문하고, '역할놀이 대본'을 이용하여 다양한 활동으로 적절한 대화를 연습하기 – ㉡ 안내된 연습하기 – 독립된 연습하기	• 민기가 좋아하는 캐릭터가 나오는 동영상이나 그림을 활용한다. • ㉢ 맞장구치거나 질문하며 대화하기를 지도할 때, 반언어적(준언어적) 표현과 비언어적 표현을 함께 가르친다. • 교수·학습 활동에서 민기를 도와줄 또래도우미를 선정해준다. • ㉣ 활동 참여에 대한 태도와 노력을 점검표에 기록(점수화)하고 칭찬한다.

전체 담화 맥락을 잘 파악하고 상대방과 성공적인 대화를 이끌고 유지 → 화용론

상대의 말에 적절히 반응하며 대화하는 방법의 중요성을 설명하고, 적절한 대화 방법 안내하기 → 화용론

3) 다음은 통합학급 교사가 수업에서 (나)의 ㉢과 같이 지도할 때 민기를 고려하여 구성한 역할놀이 대본이다. 교사가 언어적 표현을 지도하는 것 외에 ① 반언어적·비언어적 요소를 함께 지도하고자 하는 이유를 쓰고, ② 대본의 ⓐ~ⓔ 중 반언어적 요소에 해당되는 것을 모두 찾아 기호를 쓰시오. [2점]

> 민기: (ⓐ 눈으로 웃으며) 현아야, 자전거 타고 놀지 않을래?
> 현아: (ⓑ 힘없는 음성으로 손을 저으며) 미안해. 내가 지금 배가 아파서 자전거를 못 타겠어.
> 민기: (ⓒ 눈을 크게 뜨며) 갑자기 왜 배가 아픈거야?
> 현아: (ⓓ 낮은 어조로 배를 만지며) 점심을 너무 급하게 먹었나 봐.
> 민기: (ⓔ 걱정스럽게 어깨를 토닥이며) 그렇구나. 어서 집에 가서 쉬어야겠네!

기본이론 23p

준언어적 요소

의사소통의 개념
- 언어적 요소
- 준언어적 요소
- 비구어적 요소
- 초언어적 요소

의사소통의 개념

성공적인 의사소통이 이루어지기 위해서는 말이나 언어와 같은 언어적 요소와 준언어적·비언어적·초언어적 요소를 이해하고 사용하는 의사소통 능력을 갖추어야 함

언어적 요소	의사소통을 위한 말과 언어 포함
준언어적 요소	억양, 강세, 속도, 일시적인 침묵 등과 같이 말에 첨가하여 의미를 전달
비구어적 요소	몸짓, 자세, 표정 등과 같이 말이나 언어에 의존하지 않고 메시지를 전달
초언어적 요소	언어 자체를 사고의 대상으로 하여 언어의 구조나 특징을 인식하는 능력

모범답안

㉠ 억양, 강세, 속도, 일시적 침묵

2022학년도 중등 A1

16 다음은 장애인의 날에 ○○중학교에서 사용한 장애 이해 교육자료이다. 밑줄 친 ㉠에 해당하는 것을 1가지 쓰시오. [2점]

> 장애가 있는 친구와 의사소통을 잘하려면?
>
> …(상략)…
>
> 어떻게 하면 장애가 있는 친구와 의사소통을 잘할 수 있을까요?
> - 친구의 표정과 몸짓을 자세히 살펴보세요. 표정과 몸짓에 대답과 생각이 담겨 있습니다.
> - 친구에게 이야기할 때 표정과 몸짓을 많이 사용하여 말해주세요.
> - 쉬운 낱말을 사용하여 짧은 문장으로 천천히 말해주세요.
> - ㉠ <u>준언어(paralanguage)적 요소</u>를 사용하여 말해주세요.
>
> …(하략)…

비언어적 요소 (표정과 몸짓 관련 두 항목)

언어적 요소 (쉬운 낱말 항목)

참고자료 기본이론 23p

키워드 준언어적 요소, 비구어적 요소

구조화 틀

의사소통의 개념
- 언어적 요소
- 준언어적 요소
- 비구어적 요소
- 초언어적 요소

핵심개념

의사소통의 개념

성공적인 의사소통이 이루어지기 위해서는 말이나 언어와 같은 언어적 요소와 준언어적·비언어적·초언어적 요소를 이해하고 사용하는 의사소통 능력을 갖추어야 함

언어적 요소	의사소통을 위한 말과 언어 포함
준언어적 요소	억양, 강세, 속도, 일시적인 침묵 등과 같이 말에 첨가하여 의미를 전달
비구어적 요소	몸짓, 자세, 표정 등과 같이 말이나 언어에 의존하지 않고 메시지를 전달
초언어적 요소	언어 자체를 사고의 대상으로 하여 언어의 구조나 특징을 인식하는 능력

모범답안

㉠ 비구어적 요소는 몸짓, 자세, 표정 등과 같이 말이나 언어에 의존하지 않고 메시지를 전달한다. 반면, ㉡ 준언어적 요소는 강세, 속도 등과 같이 말에 수반하여 의미를 전달한다.

2025학년도 유아 A3

17 **다음은 유아 특수교사와 5세 발달지체 유아 선우, 5세 자폐성 장애 유아 지혜의 대화 및 지혜의 언어 표본이다. 물음에 답하시오. [5점]**

> (요리 활동 후 유아들이 피자를 먹으려고 앉아 있다.)
> 교사 : 얘들아, 우리가 만든 맛있는 피자 먹자!
> 선우 : ㉠ <u>(손을 내밀며 달라는 눈빛을 보인다.)</u>
> 교사 : 아! 선우 피자 줄까?
> 선우 : (웃으며 두 손을 모으고 달라는 손짓을 한다.)
> 교사 : 선우야, "주세요." 해야지.
> 선우 : 주세요! ㉡ <u>(많이 달라는 의미로 큰 소리로 빠르게 말하며) 많이! 많이!</u>
> 교사 : 그래, 선우야. (유아들에게 피자를 나누어 주며) 피자 한 개씩 줄게.
> 지혜 : 두 개.
> 교사 : 오늘은 한 개씩만 먹을 수 있어. 피자 다음에 더 줄게.
> …(하략)…

비구어적 요소
몸짓, 자세, 표정

준언어적 요소
강세, 속도

1) 밑줄 친 ㉠과 ㉡에 나타난 의사소통 요소의 차이점을 쓰시오. [1점]

기본이론 24–25p

- 의사소통 발달단계
- 의사소통 의도성

의사소통 발달단계
- 전의도적 단계
- 의도적 의사소통 단계
- 언어적 의사소통 단계

의사소통 의도성
- 의사소통 의도성의 발달
- 의사소통 의도성 평가
- 의사소통 의도성 키우기

의사소통 발달단계

전의도적 단계	목표 지향적이지 않고, 별다른 의도성이 없는 단계로서 대화 상대자가 의미를 해석함
의도적 단계	의도적으로 의사소통을 하기 위해 전구어적인 몸짓이나 소리를 사용함
언어적 단계	참조적 어휘를 사용해 의도적 의사소통 행동을 함

의사소통 의도성 키우기
- Bruner(1981)는 행동 조절, 사회적 상호작용, 공동관심을 본질적 의사소통 의도로 간주하고, 생후 첫해에 반드시 발달시켜야 하는 의사소통 기능으로 제시함
- 장애가 심할수록 타인과 소통하려는 의도보다는 요구하기나 거부하기 등 행동을 조절하려는 의도를 더 많이 표현함
- 학생이 관심 있어 하는 사물을 이용하여 공동관심을 형성하도록 유도하기 위해서는, 학생이 바라보는 사물을 같이 바라보거나 서로 바라볼 때 즉각적이고 일관성 있게 피드백하여 상호작용하는 것을 촉진함

① ㉠ 전의도적 단계
② ㉡ 공동관심

2019학년도 유아 A8

18 **다음은 4세 발달지체 유아 승우의 어머니와 특수학급 민 교사 간 대화의 일부이다. 물음에 답하시오. [5점]**

> 민 교 사: 승우 어머니, 요즘 승우는 어떻게 지내나요?
>
> 승우 어머니: 승우가 말로 의사 표현을 하지 못하니 집에서 어려움이 많아요. 간단하게라도 승우가 원하는 것을 알고 상호작용을 할 수 있으면 좋겠는데, 어떻게 해야 할지 모르겠어요. 유치원에서는 승우를 어떻게 지도하시는지요?
>
> 민 교 사: 유치원에서도 ㉠ 승우에게는 아직 의도적인 의사소통 행동이 명확하게 잘 나타나지 않아서, 승우의 행동이 뭔가를 의미한다고 생각하고 반응해주고 있어요. 그리고 ㉡ 승우가 어떤 사물을 관심을 가지고 바라보고 있을 때, 그것을 함께 바라봐주는 반응을 해주고 있어요.

㉠ 승우의 의사소통 단계는 전의도적 단계로, 승우의 행동에는 의사소통 의도가 없으나 주변 사람들이 승우의 행동을 보고 반응해줌으로써 행동에 대한 행동의 효과가 발생함

1) ① ㉠에 나타난 승우의 언어 전 의사소통 발달 단계를 쓰고, ② ㉡에서 민 교사가 의도한 초기 의사소통 기능을 쓰시오. [2점]

확장하기

초기 의사소통 기능의 정의와 예

구분	정의	예시
행동 조절	• 다른 사람에게 무엇인가를 하게 하거나 하는 것을 멈추게 하기 위한 의사소통 기능이다. • 대상, 행동을 요구하거나 대상이나 행동에 저항하기 또는 거부하기 등을 의미한다.	• 발성이나 소리로 갖고 싶은 물건을 요구하거나, 행동을 중지시키거나, 거부하기 등 • 몸짓으로 원하는 것을 요구하거나 거부하는 것을 표현하기 등
사회적 상호작용	다른 사람을 바라보게 하거나 다른 사람의 주의를 끌려는 의도된 행동이 포함된다.	인사하기, 부르기, 주의끌기, 보여주기, 요구하기, 사회적 일상 요청하기, 감정 표현하기, 다른 사람의 말에 수긍하기 등
공동관심	다른 사람과 함께 사물이나 활동을 공유하기 위해 관심 있는 사물이나 사건에 다른 사람의 관심을 끌기 위한 의사소통 기능이다.	관심 있는 물건을 다른 사람에게 보여주거나, 다른 사람의 관심을 끌기 위해서 사물을 가리키는 행동 등

기본이론 24p, 28-29p

- 의사소통 발달단계
- 초기 의사소통 교육

의사소통 발달단계
- 전의도적 단계
- 의도적 의사소통 단계
- 언어적 의사소통 단계

초기 의사소통 교육
- 의사소통의 의도성
- 반응 촉진하기
- 요구하기 교수
- 거절하기 교수
- 선택하기 교수

의사소통 발달단계

전의도적 단계	목표 지향적이지 않고, 별다른 의도성이 없는 단계로서 대화 상대자가 의미를 해석함
의도적 단계	의도적으로 의사소통을 하기 위해 전구어적인 몸짓이나 소리를 사용함
언어적 단계	참조적 어휘를 사용해 의도적 의사소통 행동을 함

의사소통 의도성 키우기
- Bruner(1981)는 행동 조절, 사회적 상호작용, 공동관심을 본질적 의사소통 의도로 간주하고, 생후 첫해에 반드시 발달시켜야 하는 의사소통 기능으로 제시함
- 장애가 심할수록 타인과 소통하려는 의도보다는 요구하기나 거부하기 등 행동을 조절하려는 의도를 더 많이 표현함
- 학생이 관심 있어 하는 사물을 이용하여 공동관심을 형성하도록 유도하기 위해서는, 학생이 바라보는 사물을 같이 바라보거나 서로 바라볼 때 즉각적이고 일관성 있게 피드백하여 상호작용하는 것을 촉진함

1) 의도적 의사소통 단계

3) 선택하기

2023학년도 초등 B5

19 **(가)는 중도 지적장애와 지체장애를 중복으로 가지고 있는 학생 민수의 특성이고, (나)는 음악과 3~4학년군의 '즐거운 학교' 단원 지도 계획 중 일부이다. 물음에 답하시오. [5점]**

(가) 민수의 특성

- 몸통과 사지의 조절 능력이 부족함
- 스스로 머리 가누기가 어렵고, 서서 하는 활동 시에는 자세 보조기기가 필요함
- ㉠ <u>요구하는 상황에서 '으', '거' 등의 소리를 내거나 가지고 싶은 물건이 있으면 몸을 앞뒤로 흔드는 행동으로 표현함</u>

(나) 지도 계획

2	소리 내기 Ⅰ	(㉡)	민수의 상지 기능을 강화하기 위해 손으로 소리를 낼 수 있도록 유도함	[A]
3	소리 내기 Ⅱ	• 여러 가지 물건이나 타악기로 소리 내기 • 교실 물건으로 소리 내기(연필, 책 등) • 타악기로 소리 내기(큰북, 작은북 등)	• 큰북 치기는 서서 하는 활동으로 유도함 • 민수는 ㉢<u>자신의 의사를 잘 전달하지 못하므로 사전에 선호도를 파악한 후 원하는 사물 중 하나를 고르도록 함</u>	[A]

1) (가)의 ㉠을 바탕으로 민수의 의사소통 발달 단계를 쓰시오. [1점]

3) (나)의 ㉢에서 향상시키고자 하는 의사소통 기술을 쓰시오. [1점]

확장하기

초기 의사소통 기술의 지도(박은혜, 2024.)

① 요구하기 기술

- 일반적인 발달단계에서 가장 초기에 나타나는 의사소통 기능
- 실물이나 사진, 그림상징이나 간단한 몸짓 등을 이용하여 표현함. 그러나 기본적으로 다른 사람에게 무언가를 요구하려면 먼저 상대의 관심을 끌어야 함. 관심끌기 신호로 사용할 수 있는 예는 해당 상징이나 사물을 지적하거나 눈으로 바라보기 등임
- 요구하기 표현은 제스처나 몸짓·손짓기호 등을 사용하므로 지도하기 쉬우며, 직접적이고 빠른 결과를 가져올 수 있으므로 학습하기도 쉬움(요구하기는 사물이나 행동을 선택할 수 있는 수단을 제공하기 때문에 성공 가능성이 높은 목표행동임)

② 거절하기 기술

요구하기 기술과 함께 초기 의사소통 교육에서 먼저 지도해야 하는 것은 거절하기 기술임

③ 선택하기 기술

- 선택하기는 초기 단계에서 지도해야 하는 기술이지만, 수용과 거절을 정확하게 표현할 수 있어야 사용 가능함
- 선택하기는 2개 이상의 선택권을 주었을 때 그중 하나를 고르는 기술임. 학생과 익숙한 사람들은 대개 표정·발성·몸짓 등 비구어적인 표현을 관찰하는 것만으로도 의미를 변별할 수 있으나, 선택할 기회가 주어지지 않으면 선호에 대한 개념을 학습할 수 없음

선택 항목의 구성

단계	선택 항목의 구성	예시
1단계	빈칸이나 잘못된 항목을 포함하여 구성함	“어떤 간식을 먹을까?” 하는 상황에서 빵과 블록을 제시하고 선택하게 하거나, 혹은 한쪽엔 빵, 다른 한쪽에는 아무것도 없는 채로 제시하고 선택하게 함
2단계	2개의 선호하는 항목으로 구성함	“어떤 간식을 먹을까?” 하는 상황에서 빵과 과자를 제시하고 오답이 없는 상황에서 선택하게 함
3단계	선호하는 항목과 선호하지 않는 항목으로 구성함	선호하는 빵과 선호하지 않는 당근을 제시하고 그중 한 가지를 선택하게 함
4단계	선호도가 유사한 항목으로 구성함	오렌지주스와 포도주스 중에서 그날의 선호도에 따라 선택하게 함

CHAPTER 02

의사소통장애의 정의 및 분류

01 「장애인 등에 대한 특수교육법」의 정의

02 ASHA(미국언어청각장애협회)의 분류

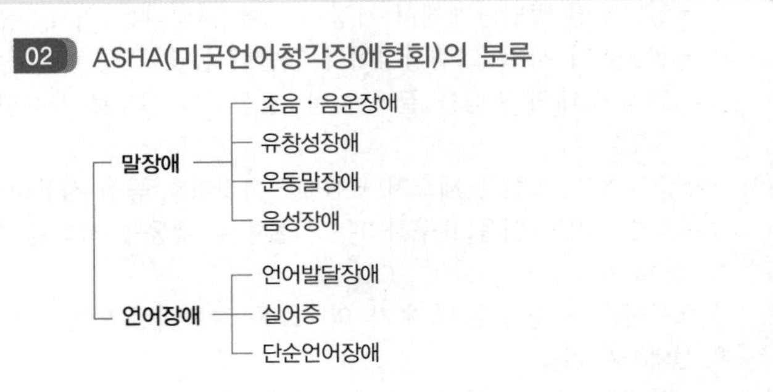

참고자료 기본이론 31p

「장애인 등에 대한 특수교육법」 정의

특수교육법 정의

- 언어의 수용 및 표현능력이 인지능력에 비하여 부족
- 조음 능력 부족
- 말 유창성 부족
- 기능적 음성장애

핵심개념

단순언어장애의 경우 언어의 모든 측면에서 어려움을 겪음(언어학의 하위체계: 음운론, 형태론, 구문론, 의미론, 화용론)

- 음운론적 측면에서의 어려움 – ①
- 형태론적 측면에서의 어려움 – ②, ⑤
- 의미론적 측면에서의 어려움 – ③

④

2010학년도 중등 35

01 **「장애인 등에 대한 특수교육법 시행령」의 의사소통장애를 지닌 특수교육대상자 선정 기준 중 '언어의 수용 및 표현능력이 인지능력에 비하여 현저하게 부족하여 특별한 교육적 조치가 필요한 학생'의 언어적 특성과 가장 거리가 먼 것은?**

언어장애

① 조음 발달의 어려움을 동반하는 경우가 많다.

② 문법 형태소 습득과 사용에 특별한 어려움을 겪는다.

③ 대화할 때 사용할 적절한 낱말을 찾는 데 어려움을 겪는다.

④ 대화할 때 낱말의 반복, 회피, 막힘과 같은 발화 특성이 나타난다.

④ 말장애(말더듬장애)에 해당함

⑤ 동사의 과거형과 같은 활용형의 습득과 사용에 곤란을 겪는다.

기본이론 36-38p

- 표준화 검사와 자발화 검사 비교
- 의사소통 검사도구

수용언어능력 검사도구와 표현언어능력 검사도구

- **수용언어능력**: 그림어휘력검사, 구문의미이해력검사
- **표현언어능력**: 자발화검사, 한국어 표준 그림 조음·음운검사, 우리말 조음·음운평가(U-TAP)

모범답안 ③

2009학년도 중등 30

02 특수교사가 일반교사에게 설명하고 있는 언어평가 방법으로 적절한 것을 〈보기〉에서 모두 고른 것은?

보기

일반교사: A가 무슨 말을 하는지 잘 모르겠어요. 이 학생을 평가해 주실 수 있나요?
특수교사: 예. 할 수 있어요. 제가 ㉠'그림어휘력검사'를 사용하여 낱말표현력을 평가해 보겠습니다. 그리고 ㉡A의 발음이 명료하지 않지요? 혀, 입술, 턱의 움직임에도 문제가 있는지 관찰해 보겠습니다.
일반교사: 예, 고맙습니다.
특수교사: 그런데 혹시 ㉢선생님이 부모님에게 집에서 A의 자발화 표현력이 어떤지 여쭤봐주시겠어요?
일반교사: 예. 마침 잘 되었네요! 내일 아침에 학부모 회의가 있어요. 그때 부모님에게 여쭤 볼게요.
특수교사: ㉣A의 언어이해력은 어떻습니까? 만약 이해력이 부족하다면, '구문의미이해력검사'를 실시하여 원인 추론 이해력을 측정할 수도 있어요. ㉤선생님은 교실에서 학생의 자발화 표현력을 관찰해 주실 수 있겠어요?
일반교사: 예, 그렇게 하죠.

㉡ 조음기관의 구조적 결함(기질적 원인)

자발화 수집 시 고려사항
㉢, ㉤ 자발화 수집 시 아동의 '대표적'이고 '자연스러운' 발화 수집을 위해 다양한 환경에서 다양한 대화상대자와의 발화를 수집

① ㉠, ㉣　② ㉢, ㉤
③ ㉡, ㉢, ㉤　④ ㉡, ㉣, ㉤
⑤ ㉠, ㉡, ㉢, ㉣, ㉤

확장하기

표준화 검사와 자발화 검사 비교

표준화 검사	자발화 검사(비표준화 검사)
• 정적인 상황에서 이루어짐 • 검사 시간의 효율성이 좋음 • 자료 수집이 용이함 • 언어 측정에 대한 신뢰도가 높음 • 반복적인 검사 실시 가능 • 검사 실시와 분석이 간단함 • 객관적 진단 및 평가 자료로 활용됨 • 실제 언어사용에 대한 정보 수집이 어려움	• 실제적인 언어능력 파악이 용이함 • 검사 목적에 따라 다양하게 적용할 수 있음 • 자연스러운 상황에서의 정보 수집 가능 • 발화의 질적 분석 가능 • 표현언어와 대화기술 파악이 용이함 • 장애 정도와 상관없이 모두에게 실시 가능 • 시간과 노력이 많이 소요됨 • 개별화계획 수립 시 평가지표로 활용

우리나라의 언어 진단평가도구(심현섭 외, 『의사소통장애의 진단과 평가 2판』)

발달 시기	평가 내용		검사도구	
			표준화 검사	비표준화 검사
발화 전기	수용언어능력		그림어휘력검사	–
발화기	수용언어	통사(구문)론	구문의미이해력검사	–
		의미론	• 언어이해 · 인지력검사 • 수용 · 표현어휘력검사	–
		화용론	–	–
	표현언어	통사(구문)론	–	자발화 분석(MLU, 문법형태소)
		의미론	수용 · 표현어휘력검사	자발화 분석(의미 유형, 의미 관계, 어휘다양도)
		화용론	언어문제해결력검사	자발화 분석(자발성, 대화 기능 분석표)

1. 수용 · 표현어휘력검사(REVT)

연령 및 대상	만 2세 6개월부터 만 16세 이상 성인의 수용어휘능력과 표현어휘능력을 측정하기 위한 표준화 검사	
검사방법	수용어휘력검사	4개의 그림 중에서 하나를 지적하는 과제
	표현어휘력검사	그림을 보고 이름 대기를 하는 과제
결과해석	어휘 등가연령, 백분위점수	

2. 언어이해 · 인지력검사

연령 및 대상	• 학령전기 아동의 언어이해력 및 인지력을 측정하는 검사도구 • 정상 아동은 물론 지적장애, 청각장애, 뇌손상, 자폐성장애, 행동결함 또는 뇌성마비 아동에게도 실시 가능함
검사방법	유아가 검사자의 지시에 따라 수행하거나 자료(그림 또는 사물)를 지적하는 과제
결과해석	등가연령, 백분위점수

3. 언어문제해결력검사

연령 및 대상	만 5세에서 12세 아동의 논리적인 사고과정을 언어화하는 상위언어기술을 측정하기 위한 표준화 검사
검사방법	• 전문가가 아동에게 문제 상황(예 가정 · 학교 · 공공장소)이 표현된 그림판을 보여주고, 해당 그림과 관련된 검사지의 질문을 듣고 대답하게 함. 각 문항별 아동의 반응을 채점기준에 의거하여 0/1/2점 중 하나로 채점함 • 총 점수는 원인 이유, 해결 추론, 단서 추측의 세 범주로 나눔
결과해석	세 범주와 총점에 대한 백분위점수

4. 구문의미이해력검사

연령 및 대상	만 4세에서 9세(또는 초등학교 3학년) 수준의 구문의미이해력을 측정하는 표준화 검사
검사방법	• 검사자가 읽어준 문장을 듣고 세 가지 그림 중 들은 문장에 해당하는 그림을 지적함 • 문법적 요소와 의미적 요소에 초점을 두어 두 부분으로 나눔
결과해석	연령 및 학년에 따른 백분위점수

5. 그림어휘력검사

연령 및 대상	2세 ~ 8세 11개월
검사방법	품사별 · 범주별 어휘를 제시하고 해당하는 그림을 지적함
결과해석	수용어휘력 등가연령(연령등가점수), 백분위점수

CHAPTER 03

조음 · 음운장애

01 조음 · 음운장애의 이해

- 조음 · 음운장애의 정의
- 조음 · 음운장애의 원인
  - 기질적 요인
  - 기능적 요인

02 조음 · 음운장애의 평가

- 말소리검사 방법
  - 선별검사
  - 진단검사
    - 표준화 검사도구
      - 한국어 표준 그림 조음 · 음운검사
      - 우리말 조음 · 음운평가(U-TAP)
    - 비표준화 검사도구
      - 말 명료도 검사
      - 자발화검사
  - 조음 · 음운 평가 시 주의사항
- 진단에 필요한 평가기준
  - 자음정확도와 오류음소
  - 음운과정의 오류 형태
  - 발달연령
  - 자극반응도
  - 오류 자질 분석
  - 말 명료도와 말 용인도
- 목표음소 설정 시 고려사항
  - 아동의 연령
  - 음소의 빈도
  - 자극반응도
  - 조음오류 정도

03 조음 · 음운장애 중재방법

- 전통적 접근법(운동기반 접근법)
  - 개관
  - 치료 단계
  - 유형
    - 청지각을 이용한 훈련법
    - 조음점 지시법
    - 조음조절 프로그램
    - 짝자극 기법
- 언어 인지적 접근법(음운적 접근)
  - 개관
  - 유형
    - 변별자질 접근법
    - 음운변동 접근법
- 조음중재의 일반화 유형
  - 위치 일반화
  - 문맥 일반화
  - 언어학적 일반화
  - 변별자질 일반화
  - 상황 일반화
- 교실에서 조음 · 음운장애 중재 시 고려사항

기본이론 34p

조음장애 vs 음운장애

조음 · 음운장애의 이해
- 정의
- 원인

핵심개념

조음장애와 음운장애 비교

조음장애	음운장애
• 몇 개의 특정 음에서만 오류 • 특정 음에서 일관적인 오류 • 말을 산출하는 조음기관의 이상	• 복합적인 조음 오류 • 오류가 비일관적 • 음운지식이나 음운능력의 부족으로 오류 음운패턴을 사용 • 문맥이나 단어의 위치에 따라 오류가 나타남 • 음운과정에서 일관적인 오류

말(speech)
- 발성기관의 움직임에 의해 만들어지는 독특한 소리
- **말장애**: 말소리를 산출하기 위한 근육활동에 문제가 있어서 모국어의 말소리를 정상적으로 산출하지 못함으로 인해 의사소통에 문제를 보이는 경우

언어(language)
- 음성이나 문자를 통해 생각과 감정을 표현하는 수단
- **언어장애**: 모국어에서 사용되는 언어규칙을 제대로 사용하지 못해 의사소통에 문제를 보이는 경우

의사소통(communication)

말과 언어 그리고 비형식적 의사소통 체계를 모두 포함한 개념으로서, 정보를 전달하고 자신의 감정이나 요구를 전달하는 행위 전체

음운장애

2015학년도 유아 A7

01 **(가)는 활동계획안의 일부이고, (나)는 통합학급 최 교사와 특수학급 박 교사의 대화 내용 중 일부이다. 물음에 답하시오. [5점]**

(가) 활동계획안

활동명	나의 꿈	누리과정 관련 요소	• 사회관계: 사회에 관심 갖기 – 지역사회에 관심 갖고 이해하기 • 의사소통: 말하기 – ㉠ 느낌, 생각, 경험 말하기
활동 목표		나의 꿈을 말할 수 있다.	
활동 자료		다양한 직업에 대한 그림 자료, ppt 자료	

(나) 두 교사의 대화

박 교사: 선생님, 요즘 지수가 슬기반에서 잘 지내고 있나요?

최 교사: 네. 대부분의 수업 활동에는 잘 참여하고 있어요. 그러나 자기의 느낌이나 생각을 말하는 시간에는 어려움이 있어요. 작년에는 ㉡ 말이 막히거나 말을 더듬는 현상이 종종 있었는데, 올해는 많이 좋아졌어요. 그런데 아직까지도 지수의 발음이 정확하지 않아서 친구들이 잘 알아듣지 못하는 것 같아요. 친구들하고 이야기할 때 ㉢ 지속적으로 '풍선'을 '푸선'이라고 하고, '사탕'을 '아탕'이라고 하거든요.

박 교사: 그렇군요. 저는 ㉣ 지수가 이야기할 때 상황에 적절치 않게 말을 하는 경우를 많이 보았어요. 얼핏 보면 말을 잘하는 것 같지만, 실제로는 친구들과 대화를 할 때 어려움이 있어요.

"발음이 정확하지 않아서"
→ 조음 · 음운장애

㉢은 개별음소 /ㅅ/을 어중초성에서는 발음할 수 있으나 어두초성에서는 생략하는 비일관적인 발음 양상을 보이므로 음운장애에 가까움

음운장애 오류 특징
- 오류가 비일관적: /ㅅ/
- 음운과정에서 일관적인 오류: 생략
- 오류 음운 패턴: 지속적

2) ㉢에 나타난 언어장애 유형을 쓰시오. [2점]

기본이론 34p, 44-45p

조음장애 vs 음운장애

조음·음운장애의 이해
- 정의
- 원인

조음장애와 음운장애 비교

- **조음장애**: 장애의 원인이 주로 화자의 운동적·생리적 차원에 있는 경우
- **음운장애**: 장애의 원인이 주로 화자의 언어적 차원에 있는 경우

조음장애	음운장애
• 몇 개의 특정 음에서만 오류 • 특정 음에서 일관적인 오류 • 말을 산출하는 조음기관의 이상	• 복합적인 조음 오류 • 오류가 비일관적 • 음운지식이나 음운능력의 부족으로 오류 음운패턴을 사용 • 문맥이나 단어의 위치에 따라 오류가 나타남 • 음운과정에서 일관적인 오류

[A]는 특정음에서 일관적인 오류를 보이고, [C]는 오류가 일관적이지 않다.

2024학년도 초등 A3

02 **(가)는 의사소통장애 학생들의 특성과 지원 내용이고, (나)는 영호 어머니와 특수교사가 나눈 대화의 일부이다. 물음에 답하시오. [5점]**

(가)

준우	특성	• 조음기관의 협응이 잘 이루어지지 않음 • 특정 음소에서 발음이 부정확함 • 구강 운동 기능에 결함을 가지고 있음 [A] • 말의 속도, 강세, 억양 등이 부자연스러움 • 거칠고 쥐어짜는 소리가 나며 기식성 음성이 나타남
	지원 내용	• 개별 음소 중재에 주안점을 둠 — 발음할 때 설압자나 면봉 등을 이용하여 입술, 혀, 턱 등의 바른 위치를 지적하여 알려줌 — 발음의 정확도를 높이기 위해 거울이나 구강 모형을 활용함 [B]
영호	특성	• 조음기관의 결함은 보이지 않음 • 문장으로 말할 때 음운상의 오류를 더 많이 보임 • 말소리를 듣고 말소리의 구조를 인지하거나 변별하는 능력에 결함을 보임 [C] • 모음보다는 자음의 발음에서 오류가 더 많음 • 또래에 비해 제한된 어휘를 사용함
	지원 내용	㉠ 음운 인식 훈련 제공

[A] — 조음장애

[C] — 음운장애
기질적으로는 문제가 없음에도 불구하고, 문장 내에서 음운상의 오류를 자주 보임. 즉, 음운규칙과 음운변동 현상을 이해하고 정확하게 발음하는 데 어려움

1) (가)의 [A]와 [C]에서 나타난 의사소통장애의 특성을 비교하였을 때, 오조음의 일관성 측면에서 차이점 1가지를 쓰시오. [1점]

확장하기

조음 · 음운장애의 정의(신혜정 외, 2023.)

- 조음 · 음운장애는 발음에 문제가 있는 경우를 말한다. 구체적으로는 조음기관의 구조적 또는 운동적인 문제로 조음을 정확하게 산출할 수 없는 경우, 음운규칙의 학습 실패나 청각기관의 이상으로 인한 문제, 지적장애로 인한 문제, 조음기관의 기질적 · 기능적 문제 또는 감각장애나 언어장애 등으로 인해 정확한 발음을 습득하지 못하여 의사소통에 문제가 발생한 경우가 이에 해당된다.
- 1980년대에 '조음장애'라는 용어를 보편적으로 사용하였다가, '음운장애'라는 용어가 나타나 함께 쓰이기 시작했다. 그러다 언어치료학 분야에서 말소리 문제에 대한 언어학적 접근의 필요성이 대두되면서 조음장애와 음운장애 두 용어를 구분하여 사용하게 되었다.
- 조음장애는 운동학적으로 발음 문제가 출현하는 경우, 음운장애는 인지 · 언어학적인 언어체계 문제로 발음 문제가 출현하는 경우로 정의한다. 쉽게는 해부 생리 신경학적 문제가 존재하면 조음장애, 그렇지 않으면 음운장애로 구분한다.
- 그러나 이 두 현상이 뚜렷하게 다르게 나타나지 않는 경우도 있어 이를 아울러 '조음 · 음운장애'라고 명명하게 되었다. 그중에서도 조음 · 음운장애로도 명확하게 설명할 수 없는 현상이 나타나는 경우는 따로 정의할 수 없어 '말소리 장애(speech sound disorder)'라고 하였으며, DSM-5(2013)에서도 이를 '말소리장애'로 정의하고 있다. 또한, 기질적 문제를 동반하지 않고 발음에 오류가 있는 경우를 '기능적 조음 · 음운장애'로 설명하기도 한다. 다시 말해 발음의 오류라는 같은 현상이더라도, 그 원인과 패턴에 따라서 다양한 용어로 정의하고 있다.

조음장애와 음운장애의 특성

개념	조음장애	음운장애
증상	문맥에 따라 일관된 오조음	문맥에 따라 비일관적일 수 있음
원인	① 해부학적 문제 • 구조적 이상(입술, 치아, 혀, 구개) • 감각적 이상 – 청각: 청력손실, 청각적 기억력, 어음식별력 문제 – 촉각: 구강 · 감각 지각의 문제(조음기관 협응 어려움) ② 생리적 문제: 조음기관의 운동적 문제 ③ 신경적 문제: 신경운동적 병리 중추신경계 이상 → 말초신경계 이상 → 근 이상, 조음기관 운동능력 이상	① 인지 · 언어적 문제(청각장애 등 기질적 장애 제외) ② 문맥에 따른 특정 음소 정조음 여부 확인, 음운변동 오류 패턴 존재 확인 ③ 구어명료도 낮음, 음소대조에 어려움, 문법적 오류 존재
기초 관련 학문	음성학	음운론
오류	음성학적 오류(전형적인 말소리 산출의 어려움)	음운론적 오류(다른 언어 영역의 영향을 받음)
진단	• 조음검사 • 자발구어 샘플 전사 평가 • 구강 및 조음기관 기능 평가 • 말초적 구어운동과정 평가	• 음운변동 분석(변별자질 분석 등) • 상위음운 평가(음운인식 등) • 음운처리과정 평가

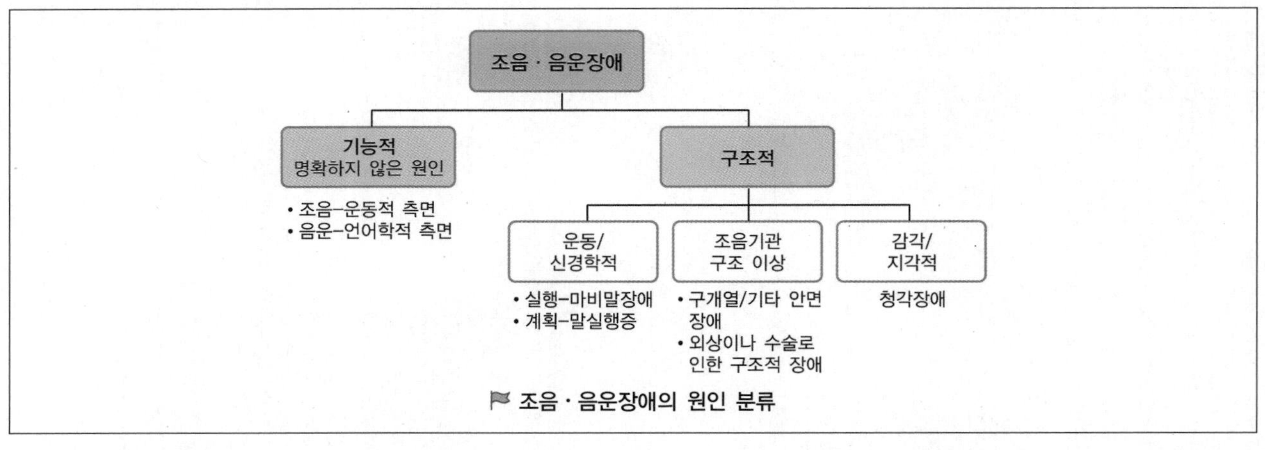

조음 · 음운장애의 원인 분류

기본이론 35p, 44p, 49p

- 조음 · 음운장애 원인
- 조음 · 음운장애 중재방법

구조화 틀

조음 · 음운장애의 이해
- 정의
- 원인

조음 · 음운장애 중재방법
- 전통적 접근법
- 언어 인지적 접근법
- 조음중재의 일반화 유형
- 교실에서의 조음 · 음운장애 중재 시 고려사항

조음 · 음운장애의 기질적 원인
- 조음기관의 구조적 결함 : 혀의 이상, 부정교합, 구개 이상(구개파열)
- 청력의 이상
- 신경운동 결함

전통적 접근법 vs 언어인지적 접근법
- **전통적 접근법** : 개별음소에 초점을 두는 방법으로, 짝자극 기법과 조음적 지시법 등이 있음
- **언어인지적 접근법** : 오류 패턴을 찾아 교정하는 방법으로, 변별자질 접근법과 음운변동 접근법이 있음

㉠ 조음기관의 구조적 결함, 청력의 이상, 신경운동 결함

㉡ 전통적 접근법 – 짝자극 기법, 조음점 지시법
언어인지 접근법 – 변별자질 접근법, 음운변동 접근법

차이점 : 전통적 접근법이 단일 음소에서 나타난 오류에 독립적으로 접근한다면, 언어인지 접근법은 언어의 공통요인에 초점을 두는 방법이다.

2015학년도 중등 A2

03 다음은 장애학생 A의 조음 · 음운 문제에 대해 두 교사가 나눈 대화 내용이다. 밑줄 친 ㉠을 3가지 제시하고, 박 교사가 제시한 ㉡의 4가지 지도방법을 전통적(말 운동) 접근법과 언어인지 접근법으로 구분하여 쓰고, 두 접근법의 차이점을 비교하여 설명하시오. [5점]

> 김 교사 : 학생 A는 발음에 문제가 많은데, 왜 그런지 모르겠어요.
> 박 교사 : 이런 경우를 조음 · 음운장애라고 해요. 조음 · 음운장애는 ㉠ <u>기질적 원인</u>과 기능적 원인이 있습니다. 우선 기질적 원인이 있는지 알아보아야 할 것 같아요.
>
> …(중략)…
>
> 김 교사 : 그럼 학생 A의 조음 · 음운 문제를 지도하는 방법에는 어떤 것들이 있나요?
> 박 교사 : 현재 많이 활용되는 지도방법은 ㉡ <u>짝자극 기법, 변별자질 접근법, 음운변동 접근법, 조음적 자극법(지시법)</u>이 있습니다.

발음에 문제가 많음
→ 조음 · 음운장애

기능적 원인
- 낮은 지능
- 어음지각 및 음운인식 능력의 결함
- 개인적 · 환경적 요인

기본이론 10p, 35p

- 조음·음운장애 원인
- 언어의 하위체계

조음·음운장애의 이해
- 정의
- 원인

조음·음운장애의 기능적 원인
- 낮은 지능
- 어음지각 및 음운인식능력의 결함
- 개인적·환경적 요인

언어의 3가지 하위체계 구성요소

구성요소	언어의 하위체계	정의
형태	음운론	말소리 및 말소리 조합을 규정하는 규칙
	형태론	단어의 구성을 규정하는 규칙
	구문론	단어의 배열, 문장의 구조, 서로 다른 종류의 문장 구성을 규정하는 규칙
내용	의미론	단어와 단어의 조합을 규정하는 규칙
사용	화용론	사회적 상황에서의 언어 사용과 관련된 규칙

㉠ 기능적

㉡ 음운론

2025학년도 중등 B5

04 (가)는 ○○ 중학교 의사소통장애 학생 A의 특성이고, (나)는 통합학급 교사와 특수교사가 나눈 대화이다. 〈작성 방법〉에 따라 서술하시오. [4점]

(가) 학생 A의 특성

- 몇 개의 특정 음만이 아니라 복합적인 조음 오류를 보임
- 하나 이상의 말소리에 영향을 미치는 규칙 기반 오류를 보임
- 말소리를 산출하는 조음 기관에 이상이 없음

음운장애 특징
- 복합적인 조음 오류를 보임
- 오류가 일관적이지 않음
- 음운과정에서 일관적인 오류를 보임
- 조음기관에 이상이 없지만, 적절한 위치에서 소리를 내지 못함

(나) 두 교사의 대화

통합학급 교사: 선생님, 학생 A가 저와 대화할 때 종종 조음 오류를 보여요. 왜 이런 오류가 나타나는 걸까요?

특 수 교 사: 학생 A는 조음 기관에 이상이 없기 때문에, (㉠) 조음·음운 장애를 보인다고 할 수 있어요. 학생 A의 조음 오류에 대해 이해하려면 말소리 및 말소리의 조합을 규정하는 규칙을 다루는 (㉡)에 대한 지식이 필요해요.

※ 이미 (㉠) 뒤에 '조음·음운장애'가 나와 있기 때문에 "왜 이런 오류가 나타나는 걸까요?"라는 앞 문장의 전후 맥락을 파악할 필요가 있음

작성방법

(가)를 참고하여 (나)의 괄호 안의 ㉠에 해당하는 용어를 쓰고, 괄호 안의 ㉡에 해당하는 언어학적 영역을 순서대로 쓸 것.

언어학적 영역
음운론, 형태론, 의미론, 구문론, 화용론

기본이론 37p, 42p

- 우리말 조음 · 음운평가(U-TAP)
- 진단에 필요한 평가기준

구조화틀

조음 · 음운장애 평가
- 말소리검사 방법
- 진단에 필요한 평가기준
- 목표음소 설정 시 고려사항

진단에 필요한 평가기준
- 자음정확도와 오류음소
- 음운과정의 오류 형태
- 발달연령
- 자극반응도
- 오류 자질 분석
- 말 명료도와 말 용인도

자극반응도

오류를 보이는 음소에 대해 청각적 · 시각적 · 촉각적 단서나 자극을 주었을 때 목표음소와 유사하게 반응하는 능력

- ㉡ 자극 반응도
- ㉢ 아동이 정반응을 할 경우 "네, 그렇군요." 등과 같은 중립적인 반응을 해준다.
  ㉦ 오류가 없는 경우 '+', 목표음소를 대치한 경우 대치음소를 기록하고, 왜곡을 보인 경우는 'D', 생략한 경우는 'ø'로 표기한다.

2022학년도 중등 B10

05 **(가)는 의사소통장애 학생 I의 기본 정보 및 현행 언어 수준의 일부이고, (나)는 우리말 조음 · 음운평가(U-TAP)의 실시 방법이다. 〈작성방법〉에 따라 서술하시오. [4점]**

(가) 기본 정보 및 현행 언어 수준

> 2. 언어 수준
> - 우리말 조음 · 음운평가(U-TAP) 결과, 낱말 수준에서 자음정확도는 65.1%이며 모음정확도는 90%임
> - 음절 수준의 음세기 과제에서는 총 20문항 중 19개에서 정반응을 보임
> - 모방이나 청각적 혹은 시각적 단서를 주었을 때, 정조음하는지를 알아보는 (㉡) 검사에서 /ㄱ/ 음소는 10회 중 6회 정반응을 보임

조음 · 음운장애 표준화 검사도구
- 우리말 조음 · 음운평가(U-TAP)
- 아동용 발음평가
- 한국어 표준 그림 조음 · 음운검사

조음 · 음운장애 비표준화 검사도구
- 자발화검사
- 말 명료도 검사
- 자극반응도 검사

(나) 실시 방법

> ㉢ 정반응을 하면, "정답이야."라고 말해준다.
> ㉣ 적절한 유대관계를 형성한 후 검사를 실시한다.
> ㉤ 단어의 이름을 모를 때에는 유도 문장을 말해준다.
> ㉥ 반응을 보이지 않으면 단어를 따라 말해 보도록 한다.
> ㉦ 정반응을 보인 단어는 '+'로, 오조음을 보인 단어는 '−'로 표기한다.

작성방법

- (가)의 괄호 안 ㉡에 해당하는 용어를 기호와 함께 쓸 것.
- (나)의 ㉢~㉦ 중 틀린 것 2가지를 찾아 기호와 함께 바르게 고쳐 각각 서술할 것.

확장하기

조음 · 음운평가 시 주의사항(고은, 2021.)

- 검사 전에 아동의 조음기관 · 청력 이상 등의 구조적 결함 여부를 비롯해, 인지기능의 결함이나 다문화와 같은 사회문화적 배경요인 등도 파악하는 것이 좋음
- 교사가 아동의 조음 · 음운능력을 평가하고자 할 경우 표준화 · 비표준화 검사를 실시할 수 있음
- 실제적인 조음 · 음운능력을 파악하기 위해서는 낱말 수준의 검사보다 이야기 나누기 등의 활동을 통해 연결 발화를 수집 · 분석하는 것이 효과적임. 그러나 이 경우 아동이 침묵할 수 있으므로 발화를 유도할 수 있는 놀이상황이나 적절한 주제 등을 사전에 준비해놓는 것이 좋음
- 표준화 검사를 실시할 경우 아동이 '맞음'과 '틀림'에 민감할 수 있으므로 반응 기록지에 '×'나 'O'로 표기하지 않아야 함
- 중립적인 반응을 하되, 조음 · 음운평가에서는 아동이 목표 낱말을 쉽게 산출하지 못하면 모방하도록 하거나 한 번 더 말해 달라고 요청하는 것도 허용됨
- 심도 있는 평가를 위해서는 청지각 검사, 예를 들면 아동이 낱말 '토끼'와 '오끼'를 다르게 지각하는지의 여부를 아는 것도 중요함
- 자극반응도를 알아보기 위해 "선생님이 하는 말을 잘 듣고 따라해보세요." 혹은 "입 모양을 잘 보고 따라해보세요."라고 한 후 아동의 발음이 달라지는지를 알아볼 필요가 있음
- 교사는 검사를 하면서 발음을 수정해주려고 하는 행동을 피해야 하며, 특히 아동이 시험 보는 느낌을 갖지 않도록 주의해야 함

표준화된 조음 · 음운평가 검사도구가 갖는 장단점

장점	• 아동이 빠르게 발음하는 음소를 열거해 음소목록을 만들 수 있으며, 전체 음소들 중에서 얼마나 빠르게 발음했는가를 계산해 자음정확도를 산출하고 아동의 음운 오류 패턴을 분석할 수 있음 • 자료를 정상아동의 것과 비교해 조음치료의 필요 여부를 결정할 수 있음. 또한, 음소목록과 분석자료는 조음치료 계획을 가능하게 함
단점	자발화 상황에서의 조음오류를 파악할 수 없음

우리말 조음 · 음운평가(U-TAP)

검사 목적 및 대상	• 만 2세~12세 아동을 대상으로 함 • 낱말 수준과 문장 수준의 두 가지로 구성되어 있으며, 검사 결과 중 자음 및 모음정확도와 음운 오류 패턴을 분석함
실시방법	검사자가 그림을 보여주면서 목표 문장을 들려준 뒤, 아동이 이를 모방하거나 재구성해서 말하게 하여 조음능력을 평가함 Ⅰ 목표음소 유도 방법 ① 피검사자의 일반적인 정보(이름, 생년월일)를 기재함 ② 검사자는 "여기에 있는 그림들을 잘 보세요."라고 말하면서 피검사자에게 그림을 보여줌 ③ 다음에는 "이제 선생님이 손가락으로 가리키는 그림의 이름을 말하세요. 이것은 무엇입니까?"라고 물으며 손가락으로 하나의 그림을 지적함. 피검사자가 질문에 대답하지 못하면 검사자는 해당 어휘의 단서(예 "추울 때 손에 끼는 것은 무엇입니까?")를 제시함 ④ 표현이 70%에 도달하지 못한 어휘는 단서를 두 번 제시할 수 있음 예 목표단어가 낙타인 경우, 검사자의 질문에 피검사자가 대답하지 못하면, 첫 번째 단서인 "사막에 살고, 등에 혹이 달린 동물은 무엇입니까?"를 제시함. 그런 후에도 피검사자가 대답하지 못하면 두 번째 단서인 "사막에서는 말을 타지 않고 이 동물을 타고 다녀요. 무엇입니까?"를 제시함. 피검사자가 단서 제시 후에도 명명하지 못하면 검사자가 검사 어휘를 발화한 다음 피검사자가 모방할 수 있도록 유도함. "따라해 보세요, 낙타." ⑤ 검사를 실시한 후 오반응한 어휘는 자극반응도를 알아보기 위해서 다양한 자극으로 모방검사를 실시함

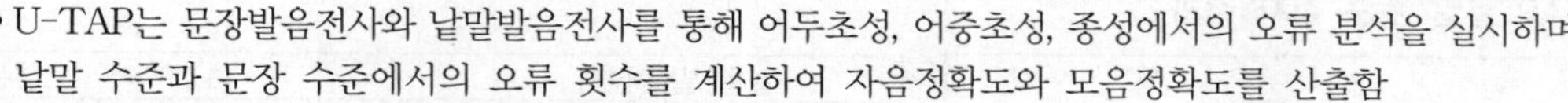

결과 및 해석	• U-TAP는 문장발음전사와 낱말발음전사를 통해 어두초성, 어중초성, 종성에서의 오류 분석을 실시하며 낱말 수준과 문장 수준에서의 오류 횟수를 계산하여 자음정확도와 모음정확도를 산출함 – 자음정확도 = (43 – 오류음소 수)/43×100 – 모음정확도 = (10 – 오류음소 수)/10×100 • 오류가 없는 경우 '+', 목표음소를 대치한 경우 대치음소를 기록하고, 목표음소를 왜곡한 경우 'D', 생략한 경우 'Ø'로 표시함 • 피검사자의 자음정확도가 –1 표준편차 이하인 경우 조음치료의 고려가 필요하며, –2 표준편차 이하인 경우 조음치료가 반드시 요구됨 • 음운변동 분석을 통해 생략 및 첨가 음운변동, 대치 음운변동에 대한 오류를 분석할 수 있음

단어에서 자음이 올 수 있는 위치

- 단어 내 말소리의 위치로는 어두, 어중, 어말이 있다.
- 한 단어 중 제일 첫소리 자음을 어두, 제일 끝소리 자음을 어말, 중간소리 자음을 모두 어중으로 본다. 따라서 자음이 음절과 단어 내에서 올 수 있는 위치는 어두초성, 어중초성, 어중종성, 어말종성 모두 4개 위치이다.

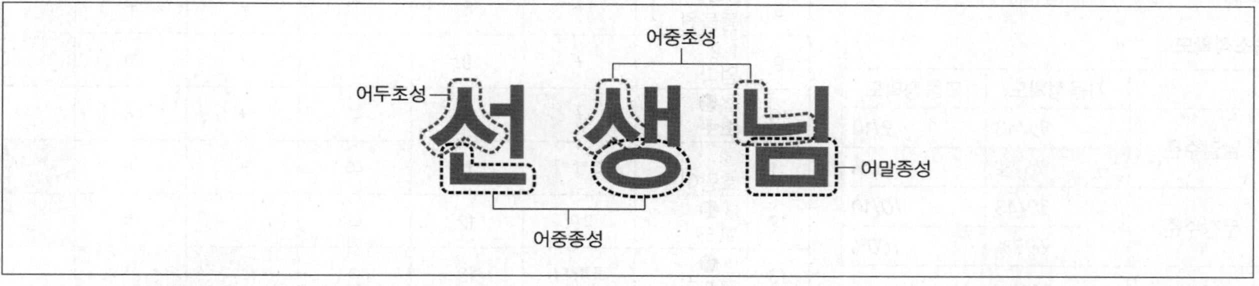

U-TAP 낱말 수준 검사 결과

낱말 개별음소 분석표

이 름 ____________(남)
검 사 일 201X.3.13.
생년월일 200X.1.15.
연 령 6세 2개월
검 사 자 박○○

※오류분석 기록법

정조음: +, 대치: 대치음소기록, 왜곡: D, 생략: ∅

음소정확도

	자음정확도	모음정확도
낱말수준	33/43	9/10
	* 76.7%	90%
문장수준	30/43	10/10
	69.7%	100%

생활연령 자음정확도(%) 비교(낱말수준)

대상아동	자음정확도		
	평균	−1SD	−2SD
* 76.7%	98.43%	96.18%	93.93%

추천사항

낱말 발음전사			오류분석				
번호	목표 단어	발음전사	번호	자음	어두 초성 ⓪	어중 초성 ⓿	종성 [0]
1	①⓰ 바지	+	1	ㅂ	+	+	+
2	⑩⓲ 단추	다추	2	ㅃ	+	+	
3	⑱[7] 책 상	채차	3	ㅍ	+	+	
4	❶[13] 가방	가바	4	ㅁ	+	+	+
5	⑭⓬ 사탕	챠창	5	ㄴ	+	+	+
6	❸[19] 연 필	+	6	ㅎ	+	+	
7	⑯❿ 자동차	자동챠	7	ㄱ	+	+	∅
8	3 4 동물원	+	8	ㄲ	+	+	
9	1 2 엄마	+	9	ㅋ	+	ㄲ	
10	②❷ 뽀뽀	+	10	ㄷ	+	+	+
11	⑥ 호랑이	호앙이	11	ㄸ	+	+	
12	⑧⓳ 꼬리	꼬디	12	ㅌ	+	ㅊ	
13	⑨❽ 코끼리	코끼디	13	ㅇ			∅
14	⑪❾ 땅콩	땅꼬	14	ㅅ	ㅊ	D	
15	9 귀	+	15	ㅆ	+	ㅊ	
16	⑦❺ 그네	+	16	ㅈ	+	+	
17	⑫ 토끼	+	17	ㅉ	ㅊ	ㅊ	
18	③⓮ 풍선	풍셔(D)	18	ㅊ	+	+	
19	⑲ 로봇	(로보츠)	19	ㄹ	+	ㄷ	+
20	5 6 그림	+	번호	모음	발음전사		
21	④[10] 못	+	1	ㅓ	+		
22	⓯[1] 눈 썹	누첩	2	ㅏ	+		
23	10 괴물	+	3	ㅗ	+		
24	⑮[4] 싸움	쌰윰	4	ㅜ	+		
25	7 참새	참최	5	ㅡ	+		
26	8 세마리	테마리	6	ㅣ	+		
27	⑰⓱ 짹짹	채챌	7	ㅐ	ㅚ		
28	⑤❹ 나무	+	8	ㅔ	+		
29	⓫❼ 메뚜기	메뚝기	9	ㅟ	+		
30	[5]❻ 전화	+	10	ㅚ	+		
정확도		자음 33/43			모음 9/10		

U-TAP 문장 수준 검사 결과

문장 개별음소 분석표

문장 수준에서의 검사		
* (검사 시작문장) 오늘 아빠와 동물원에 가기로 했습니다.		
그림 번호	문장 번호	목표문장
1	1	1 2 나는 **바지**를 입고 **단추**를 채웁니다. 나는 바지를 입고 다추를 채워요
2	2	3 4 **책상** 위에 **가방**이 있습니다. 채짜 위에 가방이 있어요
	3	5 6 가방에 **사탕**과 **연필**을 넣을 거예요. 가방에 차차랑 여피 넣을 거예요
3	4	7 8 아빠와 **자동차**를 타고 **동물원**에 갑니다. 아빠와 자통챠를 타고 동물원에 갑니다
	5	9 10 "잘 다녀와." 하면서 **엄마**가 **뽀뽀**를 해줍니다. 잘 다녀와 하면서 엄마가 뽀뽀를 해줍니다
4	6	11 12 동물원에는 **호랑이**가 **꼬리**를 늘어뜨리고 있습니다. 동물원에 호앙이가 꼬디를 늘어뜨리고 있어
5	7	13 14 나는 **코끼리**에게 **땅콩**을 줍니다. 나는 코끼리에게 땅컹을 줍니다
	8	15 코끼리는 **귀**가 아주 큽니다. 코끼리는 귀가 아주 큽니다
6	9	16 나는 동물원 놀이터에서 **그네**를 탑니다. 나는 놀이터에서 그네를 탑니다
	10	17 18 아빠가 **토끼 풍선**을 사 왔습니다. 아빠가 토끼 풍서를 사 왔습니다
7	11	19 20 **로봇 그림**을 구경합니다. 로봇 그리 구경합니다
	12	21 그림은 **못** 두 개에 걸려 있습니다. 그림은 몯 두 개에 걸려써
	13	22 23 24 로봇은 긴 **눈썹 괴물**과 **싸움**을 합니다. 로봇은 긴 누첩 괴무이랑 짜움을 해
8	14	25 26 27 나무에는 **참새 세 마리**가 **짹짹**거리고, 나무에는 참대 테 마리가 채채거리스
	15	28 29 **나무** 아래(풀밭에는) **메뚜기**가 있습니다. 나무 아래 메뚜기가 있어요
9	16	30 엄마에게 **전화**를 합니다. "엄마, 동물원 재미있어요." 엄마에게 저나를 해여. 엄마 동물원 재미있어요

낱말 발음전사			오류분석				
번호	목표 단어	발음전사	번호	자음	어두 초성 ◎	어중 초성 ⓿	종성 [0]
1	①⓰ 바지	+	1	ㅂ	+	+	+
2	⑩⓲ 단추	다추	2	ㅃ	+	+	
3	⑱[7] 책 상	채차	3	ㅍ	+	+	
4	❶[13] 가 방	+	4	ㅁ	+	+	+
5	⑭⓬ 사탕	챠창	5	ㄴ	+	+	∅
6	❸[19] 연 필	연피	6	ㅎ	+	ㄴ	
7	⑯❿ 자동차	자통챠	7	ㄱ	+	+	∅
8	3 4 동물원	+	8	ㄲ	+	+	
9	1 2 엄마	+	9	ㅋ	+	+	
10	②❷ 뽀뽀	+	10	ㄷ	+	ㅌ	+
11	⑥ 호랑이	호앙이	11	ㄸ	+	+	
12	⑧⓳ 꼬리	꼬디	12	ㅌ	+	ㅊ	
13	⑨❽ 코끼리	+	13	ㅇ			+
14	⑪❾ 땅콩	(땅컹)	14	ㅅ	ㅊ	D	
15	9 귀	+	15	ㅆ	ㅉ	ㅊ	
16	⑦❺ 그네	+	16	ㅈ	+	+	
17	⑫ 토끼	+	17	ㅉ	ㅊ	ㅊ	
18	③⓮ 풍선	풍서(D)	18	ㅊ	+	+	
19	⑲ 로봇	+	19	ㄹ	+	ㄷ	∅
20	5 6 그림	+	번호	모음	발음전사		
21	④[10] 못	+	1	ㅓ	+		
22	⓯[1] 눈 썹	누첩	2	ㅏ	+		
23	10 괴물	괴무	3	ㅗ	+		
24	⑮[4] 싸움	짜움	4	ㅜ	+		
25	7 참새	참대	5	ㅡ	+		
26	8 세마리	테마리	6	ㅣ	+		
27	⑰⓱ 짹짹	채채	7	ㅐ	+		
28	⑤❹ 나무	+	8	ㅔ	+		
29	⓫❼ 메뚜기	+	9	ㅟ	+		
30	[5]❻ 전화	저나	10	ㅚ	+		
정확도		자음 33/43			모음 10/10		

U-TAP 문장 수준 검사 결과

음운변동 기록표

이름 : (남)· 여) 생년월일 : 199×.1.15. (6;2)

음운변동 / 낱말목록	생략 및 첨가음운변동													대치음운변동																														
	음절 구조에 따른 음운변동				조음 방법에 따른 생략				조음 위치에 따른 생략					조음 위치변동										조음 방법변동					동화										긴장도 변동		기식도 변동		그 외	
														전설음화			후설음화																											
	음절감소	초성생략	종성생략	첨가	파열음생략	마찰음·폐찰음생략	비음생략	유음생략	양순음생략	치조음생략	경구개음생략	연구개음생략	성문음생략	연구개음의 전설음화	경구개음의 전설음화	성문음의 전설음화	치조음의 후설음화	경구개음의 후설음화	양순음화	치조음화	경구개음화	연구개음화	성문음화	파열음화	마찰음화	폐찰음화	유음화	비음화	양순음화	치조음화	경구개음화	연구개음화	파열음화	마찰음화	폐찰음화	비음화	기식음동화	긴장음동화	긴장음화	이완음화	기식음화	탈기식음화	전환	반복
1. 바지																																												
2. 단추			X				X			X																																		
3. 책상			X		X		X					X					X				X					X					X				X		X				X			
4. 가방			X				X					X																																
5. 사탕																	X				X					X											X				X			
6. 연필																																												
7. 자동차																																												
8. 동물원																																												
9. 엄마																																												
10. 뽀뽀																																												
11. 호랑이		X						X		X																																		
12. 꼬리																								X									X											
13. 코끼리																								X									X											
14. 땅콩			X				X					X																										X	X					
15. 귀																																												
16. 그네																																												
17. 토끼																																												
18. 풍선			X				X			X																																		
19. 로봇																	X				X					X																		
20. 그림																																												
21. 못																																												
22. 눈썹			X				X			X							X				X					X															X			
23. 괴물																																												
24. 싸움																																												
25. 참새																	X				X					X					X				X		X				X			
26. 세마리																								X																	X			
27. 짹짹			X		X							X		X						X																					X			
28. 나무																																												
29. 메뚜기				X																																								
30. 전화																																												
발생빈도 (오류수/	0	1	7	1	2	0	6	1	0	4	0	4	0	1	0	0	5	0	0	1	5	0	0	3	0	5	0	0	0	0	2	0	2	0	2	0	3	1	1	0	6	0	0	0
기회수)	28	30	19	30	23	13	22	9	17	24	7	17	2	17	7	2	24	7	28	30	30	29	30	27	30	30	30	28	15	24	7	16	20	9	7	20	11	9	27	11	30	11	30	30
출현률(%)	0	33	368	33	86	0	27.2	11.1	0	166	0	235	0	58	0	0	208	0	0	33	166	0	0	11.1	0	166	0	0	0	0	285	0	10	0	85	0	27.2	11.1	3.7	0	20	0	0	0

참고자료 기본이론 42p

키워드 발달연령

구조화틀

진단에 필요한 평가기준
- 자음정확도와 오류음소
- 음운과정의 오류 형태
- 발달연령
- 자극반응도
- 오류 자질 분석
- 말 명료도와 말 용인도

핵심개념

발달연령

발달연령 기준을 사용하는 것은 정상 아동들의 발달연령과 비교하는 방법임

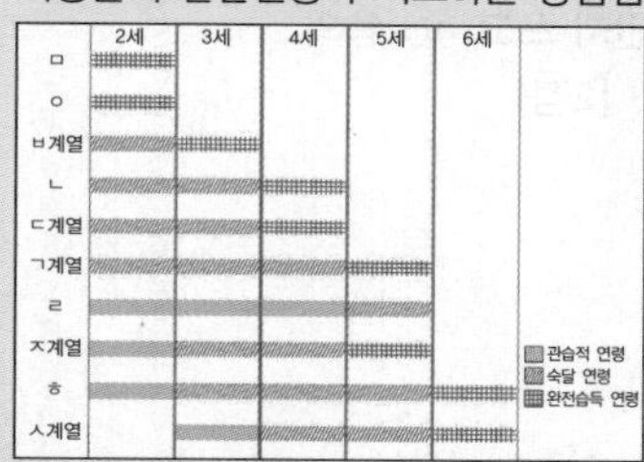

정상적인 음운습득 순서

모범답안 ②, ③ 적절하지 않은 공통된 이유는 미나의 발달연령에 적합하지 않기 때문이다.

2013학년도 유아 A6

06 **유아특수교사인 김 교사는 만 4세 발달지체 유아 미나의 말하기 지도 방향을 구상하고 있다. 이를 위해 '취학 전 아동의 수용언어 및 표현언어 척도(PRES)'를 사용하여 검사를 실시한 후, 미나가 한 말을 수집하여 분석하였다. 물음에 답하시오. [5점]**

(가) 김 교사가 분석한 자료의 일부

> 김 교사: 미나 거기서 뭐 하니?
> 미　 나: 이거 이거 보고 이떠.
> 김 교사: 어머, 나비구나.
> 미　 나: 나비 와떠.
> 미　 나: 어 노난 나비.
> 김 교사: 나비가 진짜 예쁜데?
> 미　 나: 애뻐.
> 미　 나: 나비 음 조아.
>
> 

(나) 미나의 말하기 지도 방향

> ① 문장 길이를 늘릴 수 있도록 지도한다.
> ② /ㄹ/을 정확히 발음할 수 있도록 지도한다.
> ③ 다양한 연결어미를 사용할 수 있도록 지도한다.
> ④ 어휘 습득을 위해 새로운 낱말에 관심을 갖게 한다.

① 구문론 분석에 따르면 미나의 평균낱말길이는 2, 최장낱말길이는 3, 평균구문길이는 2.25로, 문장길이를 늘릴 수 있도록 지도가 필요함

② 미나의 생활연령은 만 4세로, /ㄹ/음소는 만 5세에 숙달 가능하기 때문에 적절하지 않음

③ 구문론 분석에 따르면 연결어미는 3~5세에 습득되는 구문 기술로, 생활연령이 만 4세인 미나에게 '다양한' 연결어미를 지도하는 것은 적절하지 않음

④ 미나의 어휘다양도(TTR)는 .80으로, 다양한 낱말 사용에 어려움을 보이지 않으나 어휘를 습득시키는 것은 교육적으로 적절함

3) (가)를 근거로 (나)에서 적절하지 않은 내용 2가지를 찾아 기호를 쓰고, 적절하지 않은 공통된 이유 1가지를 쓰시오. [2점]

기본이론 40-41p

• 개별음소 조음오류 형태
• 음운과정의 오류 형태

진단에 필요한 평가기준
- 자음정확도와 오류음소
- 음운과정의 오류 형태
- 발달연령
- 자극반응도
- 오류 자질 분석
- 말 명료도와 말 용인도

조음오류 현상
생략, 대치, 왜곡, 첨가

음운과정의 오류 형태
조음위치와 조음방법 측면에서 분석

① 대치
② 치조음화

2020학년도 유아 A5

07 다음은 통합학급 최 교사와 특수학급 윤 교사가 협의회에서 나눈 대화이다. 물음에 답하시오. [5점]

> 윤 교사: 선생님, 은지의 언어평가를 위해서 자발화 분석을 했어요. 여기 평균발화길이 분석 결과를 한번 보세요.
> 최 교사: 어떻게 나온 결과에요?
> 윤 교사: 100개의 발화를 수집하여 평균발화길이를 분석했어요.
> 최 교사: 평균발화길이 분석은 ㉢ 유아의 수용언어 능력을 평가하고 교육진단에 목적을 두며, 구문론적 특성을 알아보기 위해서 하는 것이군요.
>
> …(중략)…
>
> 윤 교사: 자발화 분석을 하면 조음오류도 분석할 수 있어요. 예를 들면, ㉣ /곰인형/을 /돔인형/이라고 조음하는 것 등이 되겠지요.

자발화 분석을 통해 아동의 평상시 표현언어 수준을 알 수 있음

자발화 검사를 통해 각 언어 영역별 발달 수준(의미론, 구문론, 화용론 등)을 알 수 있음

3) ① ㉣에 나타난 조음오류 현상은 무엇인지 쓰고, ② ㉣의 음운변동을 조음위치 측면에서 쓰시오. [2점]

확장하기

음운규칙(phonological rules), 음운변동(phonological process), 오류패턴(phonological patterns) (신혜정 외, 2023.)

- 음운론에서 말소리 변동은 기저음이 주변음의 영향으로 표면 차원에서 기저와 다른 음으로 변하는 것을 의미한다. 말소리 변동은 일정한 음운 환경에서 규칙적으로 나타난다.
- 음운규칙은 기저형과 표면형 간의 관계를 설명해주는 규칙이다. 예를 들어, '국물'(기저형)을 산출할 때는 '비음화'라는 음운 규칙이 적용되어 [궁물]이라고 산출되는데, 이를 말소리의 변동이라 본다.
- 한편, 언어병리학에서 흔히 말하는 음운변동은 산출해야 하는 표현형과 아동이 실제로 산출한 표현형을 비교하여 기술한 것이다. 예를 들어, [궁물]이라고 말해야 하는데 [굼물]이라고 했다면 /ㅇ/이 /ㅁ/로 변동된 것이다.
- 오류패턴은 일회적 오류가 아닌 체계적 오류를 강조한 용어이다. 한두 번의 말소리 변동만을 보고 아동의 음운체계에 오류가 있다고 할 수는 없다. 즉, 오류패턴은 말소리의 오류가 실수가 아닌 체계의 오류로 인해 나타난 것을 강조한 용어로, APAC(아동용 발음평가)에서는 적어도 3회 이상 동일한 패턴을 보일 때 대상자가 음운변동을 보인다고 분석하고 있다.

기본이론 40-41p

- 개별음소 조음오류 형태
- 음운과정의 오류 형태

진단에 필요한 평가기준
- 자음정확도와 오류음소
- 음운과정의 오류 형태
- 발달연령
- 자극반응도
- 오류 자질 분석
- 말 명료도와 말 용인도

조음오류 현상
생략, 대치, 왜곡, 첨가

음운과정의 오류 형태
조음위치와 조음방법 측면에서 분석

② 파열음화(폐쇄음화)

2025학년도 초등 B3

08 **(가)는 예비 교사가 작성한 학생 관찰 일지의 일부이고, (나)는 예비 교사가 작성한 2015 개정 특수교육 기본 교육과정 과학과 5~6학년군 '5. 용액 만들기' 단원 교수·학습 과정안의 일부이며, (다)는 예비 교사가 수업 전에 작성한 메모의 일부이다. 물음에 답하시오. [5점]**

(가)

- 관찰 결과 3
  - 국어 시간에 이야기 나누기 활동에서 선우의 발음이 불분명하여 이해하기 어려웠음.
  → ㉠ /오징어/를 /오덩어/, /사자/를 /타다/로, /치마/를 /티마/로 발음함. 모음 오류는 없는 것으로 보임.

"발음이 불분명하여"
→ 조음·음운 장애 특성

1) ② 밑줄 친 ㉠에서 공통으로 나타난 대치 음운변동 현상을 조음방법 측면에서 쓰시오.

- /ㅈ/ → /ㄷ/ : 파찰음 → 파열음
- /ㅅ/ → /ㅌ/ : 마찰음 → 파열음
- /ㅊ/ → /ㅌ/ : 파찰음 → 파열음

기본이론 40p

개별음소 조음오류 형태

진단에 필요한 평가기준
- 자음정확도와 오류음소
- 음운과정의 오류 형태
- 발달연령
- 자극반응도
- 오류 자질 분석
- 말 명료도와 말 용인도

조음오류 형태
생략, 대치, 왜곡, 첨가

※ '조음오류 형태'와 '음운변동 분석'(위치, 방법, 동화, 긴장도 및 기식도) 문제의 범주를 구분해 답안 작성하기

모범답안
㉠ 대치

2017학년도 유아 A5

09 **다음은 5세 발달지체 유아의 부모들이 부모 참여 수업 후 나눈 대화 내용의 일부이다. 물음에 답하시오. [5점]**

우리 세호는 발음이 정확하지 않아요. ㉠ 사탕을 [타탕], 참새를 [참떼], 풍선을 [풍턴]이라고 발음한다니까요.	우리 민지는 ㉡ 말이 너무 빨라서 발음이 뒤섞이고 심지어 말소리의 위치를 바꾸는 실수를 자주 해서 무슨 말을 하는지 못 알아듣겠어요.

- "발음이 정확하지 않아요." → 조음·음운장애
- 'ㅅ' 발음에 대한 일관적 오류 → 조음장애

음운변동 분석
- 조음방법 : 폐쇄음화
- 기식도 : 기식음화(ㅅ → ㅌ)
- 긴장도 : 긴장음화(ㅅ → ㄸ)

1) ㉠의 조음오류 형태를 쓰시오. [1점]

기본이론 40p

개별음소 조음오류 형태

진단에 필요한 평가기준
- 자음정확도와 오류음소
- 음운과정의 오류 형태
- 발달연령
- 자극반응도
- 오류 자질 분석
- 말 명료도와 말 용인도

조음오류 형태
생략, 대치, 왜곡, 첨가
※ '조음오류 형태'와 '음운변동 분석'(위치, 방법, 동화, 긴장도 및 기식도) 문제의 범주를 구분해 답안 작성하기

대치

2013학년도 초등 A5

10 **다음의 (가)는 최 교사가 실시한 2학년 국어과 교수 · 학습 활동이고, (나)는 의사소통장애 학생 영희를 관찰한 내용이다. 물음에 답하시오. [6점]**

영희의 특성	• K-WISC-Ⅲ 검사 결과: 지능지수 59 • PRES 검사 결과: 수용언어 발달연령 5세, 표현언어 발달연령 4세 6개월 • 우리말 조음 · 음운검사 결과: 1%ile 미만 • 청력 및 신경학적 손상 없음 • 심각한 상호작용 문제 없음
학습 목표	• 그림을 보고 동물의 움직임을 나타내는 낱말을 말한다. • 동물의 움직임을 나타내는 낱말을 따라 읽는다. • 동물의 움직임을 나타내는 낱말을 따라 쓴다.

• 낮은 표현언어능력
→ PRES 검사 결과 언어발달연령은 4세 정도로, 학생의 생활연령(초 2, 10세)에 비해 낮은 언어능력을 보임
• 조음 · 음운장애
→ U-TAP 결과 1%ile (=하위 1% 미만)로, 매우 심각한 조음능력을 보임

(가) 교수 · 학습 활동	(나) 관찰 내용
• 동물원에서 찍은 동영상 함께 보기 • 학생들이 동물원에서 경험한 것을 이야기하도록 동기 부여하기 – 동물의 움직임을 나타내는 낱말을 말하도록 격려한다. – 동물의 움직임을 나타내는 낱말을 동작으로 표현하도록 한다. • 학생들이 이야기한 내용을 받아 적기 – 교사는 움직임을 나타내는 낱말을 추가한다. • 받아 적은 글로 읽기 활동하기 – 받아 적은 글에서 움직임을 나타내는 낱말을 따라 읽도록 한다. • 받아 적은 글로 쓰기 활동하기 – 받아 적은 글에서 움직임을 나타내는 낱말을 따라 쓰도록 한다.	• ㉠ 모음은 정확하게 발음하는 편이나, 자음은 발음오류를 자주 보임(㉡ 예 '호랑이' → 호앙이/, '원숭이'를 /원충이/, '꼬리'를 /꼬디/, '동물원'을 /동물런/으로 발음) • 움직임을 나타내는 낱말의 의미는 이해하지만 자발적 표현은 어려움 • ㉢'표범', '치타', '호랑이'를 모두 '호랑이'라고 함 • 소리와 표기가 다른 낱말을 읽는 데 어려움이 있음(예 같이, 걸어가) • 낱말을 따라 쓸 수 있으나 낱말의 획순대로 쓰지 못함 • 평소 국어 시간에 비해 흥미를 보이고 주의집중을 잘함

자음 발음 오류
• 호랑이 → 호앙이 [생략]
• 원숭이 → 원충이 [대치]
• 꼬리 → 꼬디 [대치]
• 동물원 → 동물런 [첨가]

수용언어보다 표현언어에 어려움이 있음

음운변동에 어려움
cf. 표기처리오류는 철자(낱자-소리 대응관계)를 쓸 때의 오류임

3) (나)의 ㉡에서 가장 많이 나타난 자음의 발음오류 형태를 쓰시오. [1점]

참고자료 기본이론 41p

음운과정의 오류 형태

진단에 필요한 평가기준
- 자음정확도와 오류음소
- 음운과정의 오류 형태
- 발달연령
- 자극반응도
- 오류 자질 분석
- 말 명료도와 말 용인도

음운과정의 오류 형태
조음위치와 조음방법 측면에서 분석

국어의 자음분류표

조음위치 \ 조음방법	양순음 (두 입술)	치조음 (잇몸)	경구개음 (센입천장)	연구개음 (여린입천장)	성문음 (목구멍)
폐쇄음	ㅂ	ㄷ		ㄱ	
마찰음		ㅅ			ㅎ
파찰음			ㅈ		
비음	ㅁ	ㄴ		ㅇ	
유음		ㄹ			

치조음화

2024학년도 유아 A5

11 **(가)는 유아특수교사와 5세 발달지체 유아 시우와 민지의 대화 장면이고, (나)는 시우와 민지를 위한 의사소통 지도 방안이다. 물음에 답하시오. [5점]**

(가)

(교사가 뽀이 인형을 보여 준다.)

민지 : 와~ 뽀이다.
시우 : ㅃㅃㅃ 뽀이다.

(교사가 뽀이 인형을 들고, 방귀 뀌는 제스처와 함께 입에 공기를 가득 모았다가 터트리면서 '뿡'을 발음하는 입 모양을 보여 준다.)

교사 : 뽀이가 지금 어떤 소리를 냈을까요?
민지 : ㉠ 둥~
시우 : ㅃㅃㅃ 뿌우~
교사 : 그래, 뿡~. 자, 입안에 공기를 넣고 뿡~ 하고 터트려 볼까요? (입에 공기를 가득 모았다가 터트리는 입 모양을 하며) 뿡~
시우 : (입술을 긴장하며 대답하지 않는다.)
민지 : 탕~
교사 : 잘했어요. (뽀이를 보여 주면서) 뽀이는 무엇을 뀌었을까요?
민지 : ㉡ 탕구요.

…(하략)…

1) (가)의 ㉠과 ㉡에 공통으로 나타난 대치 음운변동 현상을 쓰시오. [1점]

기본이론 40p, 49-52p

- 개별음소의 조음오류 형태
- 변별자질 분석
- 최소대립쌍 훈련

변별자질 접근법
- 정의 및 장점
- 변별자질 분류
- 단계
- 유형
  - 최소대립자질
  - 최대대립자질

핵심 개념

조음오류 현상(형태)
생략, 대치, 왜곡, 첨가

변별자질 접근법
/ㅅ/음이 치료의 목표음이 되는 것이 아니라, /ㅅ/음이 가진 자질에 초점을 두고 오류에 깔린 음운론적 양식을 발견
예 /ㅅ/은 [설정성 +], [전방성 +], [지속성 +]의 자질 특성을 가짐

최소대립쌍(고은, 2021.)
말소리 하나를 교체함으로써 의미의 변별이 생기는 음절이나 단어의 쌍을 '최소대립쌍'이라고 함. 예를 들면, '강'과 '방'은 /ㄱ/과 /ㅂ/ 때문에 뜻이 달라짐. 또는 '불'과 '발'도 한 음소에서만 차이가 나는 최소대립어 또는 최소대립쌍을 이루고 있다고 말함. 그러나 '오리'와 '고리'는 분절음의 수가 같지 않기 때문에 최소대립쌍을 이루지 못함. 즉, 두 단어가 최소대립쌍을 이루려면 단어를 구성하고 있는 분절음의 수가 같아야 하며, 같은 위치에 있는 단 하나의 분절음만이 차이를 보여야 함

1) ① 생략, ② 첨가, ③ 왜곡, ④ 대치

2) ① 마찰음 /ㅅ/ → 파열음 /ㄷ/
② 연구개음 /ㄱ/ → 치조음 /ㄷ/

3) ② 철수의 조음오류 /다자/는 현재 지속성 (−)를 보이는 조음을 지속성 (+)로 수정해 주어야 한다.
④ 철수에게 적용하는 최소대립쌍은 분절적 요소부터 시작하는 것이 효과적이다.

2013학년도 추가중등 A3 / 유아 A1

12 **다음은 말소리 산출에 어려움을 겪고 있는 철수에 대한 두 교사의 대화이다. 물음에 답하시오. [5점]**

김 교사: 철수는 '사자'를 '다자'라고, '기린'을 '디린'이라고 말해요.
이 교사: 말소리 이외의 문제는 없나요?
김 교사: 네. 인지 능력과 신체 발달은 또래 학생과 차이가 없어요. 그런데 왜 이런 문제가 생길까요?
이 교사: 아, 그것은 ㉠ 한국어 음소 체계의 특징을 분석해 보면 알 수 있답니다.
김 교사: 네, 그렇군요. 철수에게 도움이 되는 지도방법을 소개해 주시겠어요?
이 교사: 예를 든다면 ㉡ 최소대립쌍 훈련이 있습니다.

> 조음·음운장애(말소리장애)

1) 철수에게 나타난 말소리 산출 오류에 관련하여 ( )에 알맞은 용어를 순서대로 쓰시오. [1점]

조음장애 말소리 산출의 결과에 따라 그 유형을 4가지로 나눌 수 있다. 그 유형으로는 /가위/를 /아위/라고 하는 음의 (①), /아기/를 /가기/라고 하는 음의 (②), 정상 산출된 음과 일치하지 않는 부정확한 소리를 내는 음의 (③), /사과/를 /다과/라고 말하는 음의 (④)이(가) 있다.

2) ㉠에 따라 〈예시〉를 참고하여 철수에게 나타나는 조음오류 현상을 ①과 ②에 쓰시오. [2점]

바른 조음 → 틀린 조음	
〈예시〉 /바람/ → /마람/	파열음/ㅂ/ → 비음/ㅁ/
/사자/ → /다자/	(①)
/기린/ → /디린/	(②)

3) ㉡에 대한 설명으로 적절하지 않은 것 2가지를 찾아 번호를 쓰고, 바르게 수정하시오. [2점]

① 훈련 목적은 철수의 말소리 오류 패턴을 찾아 음운론적 규칙을 확립시키는 것이다.
② 철수의 조음오류 /다자/는 현재 지속성(+)를 보이는 조음을 지속성(−)로 수정해 주어야 한다.
③ 철수의 조음오류 /디린/은 현재 전방성(+)를 보이는 조음을 전방성(−)로 수정해 주어야 한다.
④ 철수에게 적용하는 최소대립쌍은 초분절적 요소부터 시작하는 것이 효과적이다.

> 변별자질 접근법의 목적

> 자음의 변별자질: 지속성, 전방성

> - 초분절적 요소: 억양, 강세, 장단, 고저 등
> - 분절적 요소: 자음과 모음

확장하기

자음의 변별자질별 분류

구분	ㄱ(k)	ㄴ(n)	ㄷ(d)	ㅌ(t)	ㄹ(l)	ㅁ(m)	ㅂ(b)	ㅍ(p)	ㅅ(s)
자음성	+	+	+	+	+	+	+	+	+
공명성	−	+	−	−	+	+	−	−	−
지속성	−	−	−	−	+	−	−	−	+
소음성	−	−	−	−	−	−	−	−	+

주요 자음분류 자질	• 공명성: 비음(ㅁㄴㅇ), 유음(ㄹ)과 같이 자발적인 유성성이 가능한 성도강 형태의 소리 • 자음성: 모든 자음 소리 • 성절성: 모든 모음 소리
조음위치 자질	• 설정성: 치조음(ㅅㅆ/ㄷㅌㄸ), 경구개음(ㅈㅉㅊ)과 같이 혀가 위로 들리면서 치조를 건드려 만들어지는 소리 • 전방성: 치조보다 앞에서 나는 소리(치조음, 순음)
조음방법 자질	• 지속성: 마찰음(ㅅㅆㅎ)과 같이 기류가 막히지 않고 지속적으로 흐르는 소리 • 지연개방성: 파찰음(ㅈㅉㅊ)과 같이 폐쇄되었던 소리가 점진적으로 방출되는 특성을 가진 소리 • 설측성: 유음(ㄹ)과 같이 혀의 측면 통로에서 기류가 빠져나가면서 만들어지는 소리
발성유형 자질	• 긴장성: 된소리(ㅃㄸㄲㅆㅉ)와 같이 성대의 긴장을 동반해 만들어지는 소리 • 기식성: 기식음(ㅍㅌㅋㅊ)과 같이 두 성대를 멀리 떨어뜨려 성문을 크게 연 상태에서 만들어지는 소리

모음의 변별자질별 분류

자질	이(i)	에(e)	애(ɛ)	아(a)	우(u)	오(ɔ)	어(ʌ)
자음성	−	−	−	−	−	−	−
공명성	+	+	+	+	+	+	+
고설성	+	−	−	−	+	−	−
원순성	−	−	−	−	+	+	−
후설성	−	−	−	−	+	+	+

주요 모음분류 자질	• 고설성: 혓몸이 중립 위치보다 들어 올려져서 만들어지는 소리 • 저설성: 혓몸이 중립 위치보다 내려가며 만들어지는 소리 • 후설성: 혓몸이 뒤로 밀리면서 만들어지는 소리
입술 관련 자질	원순성: 입술의 둥근 모양에 의해 만들어지는 소리

기본이론 41p, 49–52p

- 조음·음운장애 진단기준
- 조음·음운장애 중재방법
- 단순언어장애 진단기준

조음·음운장애 평가
- 말소리검사 방법
- 진단에 필요한 평가기준
- 목표음소 설정 시 고려사항

변별자질 접근법
- 정의 및 장점
- 변별자질 분류
- 단계
- 유형
  - 최소대립자질
  - 최대대립자질

언어인지적 접근법
- 변별자질 접근법(최소대립쌍)
- 오류 음운변동 분석

최소대립쌍의 조건
- 최소한의 변별자질의 차이가 나지만 의미적으로 분명하게 차이가 나는 낱말을 짝지어 훈련
- 단어를 구성하는 분절음의 수가 같아야 함
- 같은 위치에 있는 단 하나의 분절음만 차이를 보여야 함

3) '자'와 '차'를 낱말짝으로 제시하고 해당 그림 또는 단어를 선택하게 한다(자–차, 조–초, 종–총, 자비–차비 등).

4) 치조음화

2015학년도 초등 A3

13 (가)는 단순언어장애학생 정우에 대한 검사 결과이고, (나)는 통합학급 최 교사와 특수학급 오 교사가 나눈 대화이다. 물음에 답하시오. [5점]

(가) 검사 결과

- 생활연령 : 7세 2개월
- K-WISC-Ⅲ 결과 : 동작성 지능지수 88, 언어성 지능지수 78
- ㉠ 취학 전 아동의 수용언어 및 표현언어 발달 척도(PRES) 결과 : 수용언어 발달연령 64개월, 표현언어 발달연령 58개월, 통합언어 발달연령 61개월
- 언어문제해결력 검사 결과 : 원점수 17점, ㉡ 백분위 9
- 순음 청력 검사 결과 : 양쪽 귀 모두 10dB
- 사회성숙도 검사 결과 : 사회성 지수 90
- 구강조음기제에서 특이사항 관찰되지 않음
- 사회·정서적 문제를 보이지 않음

PRES와 언어문제해결력 검사 결과 학생의 생활연령(7세 2개월)에 비해 낮은 언어능력을 보임

단순언어장애 진단기준
감각적·신경학적·정서적·인지적 장애를 전혀 가지고 있지 않고 언어발달에만 문제를 보이는 경우

(나) 대화 내용

최 교사 : 선생님, 정우는 틀린 발음을 하고도 본인이 틀렸다는 것을 잘 모르는 것 같아요.
오 교사 : 정우가 ㉢ 말소리를 듣고 오조음과 목표음 자체를 다르다고 인식하지 못하는 것일 수도 있습니다.
최 교사 : 그렇군요. 그런데 정우는 청력도 정상이고 조음 기관에도 이상이 없다고 하는데, 왜 발음에 문제를 보이나요?
오 교사 : 정우의 경우는 조음장애보다 ㉣ 음운장애에 더 가깝다고 볼 수 있습니다.

조음·음운장애 원인 중 기능적 원인 → 청지각(청각적 변별력) 이상

조음장애는 말을 산출하는 조음기관의 이상으로 인해 나타나는 장애임. 하지만 정우는 조음기관에도 이상이 없고 청력에도 이상이 없기 때문에 음운장애에 가깝다고 볼 수 있음

3) (나)의 ㉢을 확인하기 위한 활동을 다음 〈조건〉에 맞게 1가지 쓰시오. [1점]

조건
- 첫 음절이 모두 파찰음인 단어 활용
- 최소대립쌍(최소낱말짝) 활용

4) 다음 밑줄 친 단어들은 (나)의 ㉣에 해당하는 사례들이다. 공통적인 대치 오류 유형 1가지를 쓰시오. [1점]

오류 현상
• "<u>주전자</u>는 어디에 있어요?"를 "<u>두던자</u>는 어디에 있어요?"라고 말한다. • "나는 <u>공부</u> 그만 하고 싶어요."를 "나는 <u>동부</u> 그만 하고 싶어요."라고 말한다.

기본이론 42p, 51-52p

- 자극반응도
- 변별자질 접근법

변별자질 접근법
- 정의 및 장점
- 변별자질 분류
- 단계
- 유형
  - 최소대립자질
  - 최대대립자질

변별자질 접근법
- 음운론적 규칙이나 양식 지도
- 낱말 짝으로 구성해 지도
- 두 어휘의 뜻을 이해하는지 확인하는 단계부터 시작 → 변별자질을 가르치기 위해 최소대조를 이해하는 것이 중요함. 따라서 이에 쓰는 어휘 항목의 개념을 아동이 아는지 모르는지 확인해야 함.

※ '낱말 짝'이라는 키워드로 인해 전통적 접근법의 '짝자극 기법'과 혼동해서는 안 됨

모범답안
㉠ 자극반응도
㉡ 변별자질 접근법

2017학년도 중등 A8

14 **(가)는 중학생 H의 의사소통 특성이고, (나)는 특수교사와 일반교사 간 나눈 대화 내용의 일부이다. ㉠이 설명하는 것의 명칭을 쓰고, ㉡에 해당하는 조음음운 지도방법을 쓰시오.** **[2점]**

(가) 학생 H의 의사소통 특성

- 수용 및 표현언어 능력이 낮음
- 발음이 불명료함

"발음이 불명료함" → 조음·음운장애

(나) 특수교사와 일반교사의 대화 내용

일반교사: H의 발음을 어떻게 도와줄 수 있나요?
특수교사: 학교에서 자주 사용하는 음소부터 살펴볼게요. 그리고 ㉠ 오류를 보이는 음소에 대하여 청각적·시각적·촉각적인 단서나 자극을 주었을 때 목표하는 음소와 유사하게 반응하는 능력이 어떤지 알아보겠습니다.
일반교사: 네, H는 /ㅅ/가 들어가는 단어들을 /ㄷ/로 발음하는 경향을 보입니다.
특수교사: H는 조음음운지도가 필요한 듯합니다. 다양한 접근법 중에서 H에게는 오류를 보이는 음소가 가지고 있는 음운론적 규칙이나 양식을 알게 하는 방법을 적용해 보겠습니다. 이 접근법은 /ㅅ/가 포함된 어휘를 선정하여 낱말 짝으로 구성하고, 낱말 짝을 이루는 두 어휘의 뜻을 H가 이해하는지 확인하는 단계부터 시작합니다. ㉡

…(하략)…

목표음소 설정 시 고려사항
- 음소의 사용 빈도가 높은 것부터 지도
- 자극반응도가 높은 음소 우선 지도
- 발달연령 고려
- 비일관적 오류를 보이는 음소 우선 지도

/ㅅ/를 /ㄷ/로 발음하는 경향 → 오류의 패턴을 보임 (학생 H는 현재 '파열음화' 현상을 보임)

변별자질 접근의 정의

변별자질 접근법의 단계에서는 낱말 짝을 이루는 두 어휘의 뜻을 이해하는지 확인하는 단계인 '확인 단계'부터 시작함

확장하기

변별자질 접근법

1. 변별자질 접근법의 개념

① 변별자질 접근법은 조음·음운오류에 대해서 변별자질 분석을 실시하여 목표자질을 선택하고, 자질에 포함된 목표음소를 찾아 대조짝으로 지도하는 것이다.

② 즉, 치료의 단위는 음운(음소) 단위가 아닌 자질 단위이며, 같은 자질을 가진 다른 음운으로 일반화가 일어나서 치료의 효율성을 높일 수 있음을 전제로 개발한 조음·음운장애 치료기법이다.

③ 대조짝은 최소대조, 최대대조, 다중대립으로 만들 수 있다. 변별자질 접근법 중 최소대조를 활용하는 것은 심한 오류가 있을 때보다는 경도의 오류가 있을 때 더 효과적인 방법이고, 최대대조는 심한 오류가 있을 때 더 효과적인 방법이며, 일관성이 없을 때는 다중대립으로 접근하는 것이 좋다.

④ 어떠한 대조방법에서든 가장 중요한 것은 변별자질 분석을 하는 것이다. 변별자질 분석은 발화 샘플에서 오류가 있는 음소와 목표음소 간의 변별자질 분석을 통해서 이루어진다.

2. 우리말 소리의 변별자질 분석

구분		자질	자질을 가진 말소리 분류	자음																				모음							활음		
				ㅂ	ㅃ	ㅍ	ㅁ	ㄷ	ㄸ	ㅌ	ㅅ	ㅆ	ㄴ	ㄹ r	ㄹ l	ㅈ	ㅉ	ㅊ	ㄱ	ㄲ	ㅋ	ㅇ	ㅎ	ㅣ	ㅔ	ㅏ	ㅡ	ㅓ	ㅜ	ㅗ	j	ɥ	w
주요 부류 자질		성절성	모음	-	-	-	-	-	-	-	-	-	-	-	-	-	-	-	-	-	-	-	-	+	+	+	+	+	+	+	-	-	-
		자음성	자음	+	+	+	+	+	+	+	+	+	+	+	+	+	+	+	+	+	+	+	+	-	-	-	-	-	-	-	-	-	-
		공명성	모음, 활음, 공명자음	-	-	-	+	-	-	-	-	-	+	+	+	-	-	-	-	-	-	+	-	+	+	+	+	+	+	+	+	+	+
자음 변별자질	조음 위치	전방성	양순음, 치경음	+	+	+	+	+	+	+	+	+	+	+	+	-	-	-	-	-	-	-	-	-	-	-	-	-	-	-	-	-	-
		설정성	치경음, 경구개음	-	-	-	-	+	+	+	+	+	+	+	+	+	+	+	-	-	-	-	-	-	-	-	-	-	-	-	-	-	-
		순음성*	양순음, 원순모음, w	+	+	+	+	-	-	-	-	-	-	-	-	-	-	-	-	-	-	-	-	-	-	-	-	-	+	+	-	-	+
	조음 방법	지속성	모음, 활음, 마찰음, 설측음	-	-	-	-	-	-	-	+	+	-	-	+	-	-	-	-	-	-	-	+	+	+	+	+	+	+	+	+	+	+
		설측성	설측음	-	-	-	-	-	-	-	-	-	-	-	+	-	-	-	-	-	-	-	-										
		지연 개방성	파찰음	-	-	-	-	-	-	-	-	-	-	-	-	+	+	+	-	-	-	-	-										
		비음성*	비음	-	-	-	+	-	-	-	-	-	+	-	-	-	-	-	-	-	-	+	-	-	-	-	-	-	-	-	-	-	-
		소음성*	치경마찰음, 파찰음	-	-	-	-	-	-	-	+	+	-	-	-	+	+	+	-	-	-	-	-										
	발성 유형	긴장성	경음, 격음	-	+	+	-	-	+	+	-	+	-	-	-	-	+	+	-	+	+	-	-	-	-	-	-	-	-	-	-	-	-
		기식성	격음, /ㅎ/	-	-	+	-	-	-	+	-	-	-	-	-	-	-	+	-	-	+	-	+	-	-	-	-	-	-	-	-	-	-
모음 변별자질		고설성	고모음	-	-	-	-	-	-	-	-	-	-	-	-	+	+	+	+	+	+	+	-	+	-	-	+	-	+	-	+	+	+
		저설성	저모음	-	-	-	-	-	-	-	-	-	-	-	-	-	-	-	-	-	-	-	+	-	-	+	-	-	-	-	-	-	-
		후설성	후설모음	-	-	-	-	-	-	-	-	-	-	-	-	-	-	-	+	+	+	+	+	-	-	+	+	+	+	+	-	+	+
		원순성	원순모음	-	-	-	-	-	-	-	-	-	-	-	-	-	-	-	-	-	-	-	-	-	-	-	-	-	-	+	-	-	+

* 한국어 자음과 모음을 구분할 수 있는 최소한의 변별 자질에 포함되지 않지만 조음·음운장애의 평가 및 치료에 있어서 유용한 자질

3. 변별자질 접근법의 절차

① 변별자질 분석을 통해 선택된 자질이 포함된 단어를 선정한 후에는 직접적인 치료를 실시한다. 치료는 단어검토, 변별검사 및 훈련, 산출훈련, 전이훈련과 같이 총 4단계의 과정으로 실시한다.

② 단어검토는 선택한 어휘를 아동이 알고 있는지를 알아보는 것이다. 예를 들어, '칼'과 '탈'이라는 단어를 선택했다면 그 어휘의 개념을 알고 있는지 확인하는 것이다. "물건을 자를 때 쓰는 건 어떤 것인가요?", "얼굴에 쓰는 건 어떤 것인가요?"와 같은 질문을 하여 아동이 정확하게 지적할 수 있는지 본다.

③ 변별검사 및 훈련(수용훈련)은 단어를 직접적으로 들려주고 그 단어를 찾도록 훈련하는 것이다. 연속해서 7번 정반응이 나올 경우에는 변별하는 능력이 있다고 판단한다. 예를 들면, '칼'과 '탈' 그림을 제시하고 "칼을 짚어 보세요.", "탈을 짚어 보세요."와 같은 요구를 한다. 변별검사 및 훈련을 하는 동안에는 아동이 직접적으로 목표단어를 산출하지 않아도 된다는 점에서 변별검사 및 훈련 단계를 수용훈련으로도 설명할 수 있다.

④ 산출훈련(발음훈련) 단계는 목표자질이 포함된 단어를 직접적으로 산출하는 것이다. 이때 목표단어를 산출하지 못하면 전통적 기법의 조음점 지시법, 모방법, 감각운동법 등 목표음소를 산출할 수 있는 여러 기법을 함께 적용할 수 있다. 이 단계에서는 아동이 단어를 말하고 치료사가 아동이 말한 단어를 지적한다.

⑤ 전이훈련 단계는 산출이 잘 되어 있을 경우 언어학적 단위가 늘어나더라도 정조음할 수 있도록 훈련하는 것이다. 예를 들어 '칼'을 정조음했으면 '큰 칼', '작은 칼'에서도 정조음할 수 있도록 훈련한다.

단계	설명
단어검토	선택한 단어짝에 대한 아동의 이해 여부 확인
변별검사 및 훈련(수용훈련)	치료사가 무작위 두 단어 발음 후 아동이 지적
산출훈련(발음훈련)	아동이 발음 후 치료사가 지적
전이훈련	보다 긴 반응(구, 문장)과 가정훈련

기본이론 41p, 52p

- 오류음운변동
- 변별자질 접근법
- 최소대립쌍

변별자질 접근법
- 정의 및 장점
- 변별자질 분류
- 단계
- 유형
  - 최소대립자질
  - 최대대립자질

변별자질 접근법
- 음운론적 규칙이나 양식 지도
- 낱말 짝으로 구성해 지도
- 두 어휘의 뜻을 이해하는지 확인하는 단계부터 시작

※ '낱말 짝'이라는 키워드로 인해 전통적 접근법의 '짝자극기법'과 혼동해서는 안 됨

모범답안

- 탈기식음화
- ㉠ 최소대립쌍, 말소리 하나를 교체함으로써 의미의 변별이 생기는 음절이나 단어의 쌍
- ㉡ 확인

2023학년도 중등 A8

15 **(가)는 학생 A의 오조음 목록이고, (나)는 학생 A를 위한 조음음운중재 계획이다. 〈작성 방법〉에 따라 서술하시오. [4점]**

(가) 학생 A의 오조음 목록

- /풀/을 /불/로 발음
- /통/을 /동/으로 발음
- /콩/을 /공/으로 발음

(나) 학생 A를 위한 조음음운중재 계획

중재 방법	변별자질접근법	
중재 초점	오류의 패턴을 찾아서 교정하면 동일한 자질을 가진 다른 음소들의 오류가 동시에 개선됨	
중재 단어	(㉠) : '불'-'풀'	
중재 단계	구분	내용
	(㉡)	학생에게 '불', '풀' 사진을 보여주면서 학생이 단어를 아는지 알아봄
	변별	교사가 '불'-'풀'을 발음하면 학생이 해당 사진을 가리킴
	훈련	학생이 '불'-'풀'을 발음하면 교사가 해당 사진을 가리킴
	전이-훈련	학생이 '풀'을 정조음할 수 있게 되면, 구와 문장에서 연습하도록 지도함

(메모: 변별자질 접근법의 장점 / 변별자질을 가르치기 위해 최소대조를 이해하는 것이 중요하기 때문임 / 언어학적 일반화)

작성방법

- (가)에 공통적으로 나타난 대치음운변동의 오류 형태를 쓸 것.
- (나)의 괄호 안의 ㉠에 해당하는 용어를 쓰고, 그 의미를 서술할 것.
- (나)의 괄호 안의 ㉡의 명칭을 쓸 것.

확장하기

조음중재의 일반화 유형

위치 일반화	단어 안의 특정 위치에서 다른 위치로 일반화하는 것으로, 특정 음소를 어두 초성에서 산출하는 것을 배운 후 어중 또는 어말에서도 바르게 발음한다.
문맥 일반화	음성적 환경으로의 일반화로서 특정 음소를 모음 /ㅣ/ 앞에서 산출하는 것을 배운 후 다른 모음 앞에서도 바르게 발음한다.
언어학적 일반화	독립된 말소리에서 음절, 단어, 구 그리고 문장 등 복잡성이 증가해가는 언어학적 단위로의 일반화로, 예를 들어 '그'를 학습한 후 '그네', '그네를 타고 싶어요.' 등의 단어와 문장에서도 바르게 발음하는 것이다.
변별자질 일반화	특정 변별자질을 공유한 말소리의 일반화로서 특정 음소, 예를 들어 /ㄱ/을 산출하는 법을 배운 후 동일한 변별자질을 가지고 있는 음소도 바르게 발음한다.
상황 일반화	구조화된 장소에서 학습한 후 가정이나 일상생활에서도 바르게 발음한다.

기본이론 41-42p, 49p

- 음운과정의 오류 형태
- 조음·음운장애 중재방법

조음·음운장애

- 이해
- 평가
  - 말소리검사 방법
  - 진단에 필요한 평가기준
  - 목표음소 설정 시 고려사항
- 중재방법
  - 전통적 접근법
  - 언어인지적 접근법

오류 음운변동 분석

오류 음운변동 분석은 음소정확도 분석으로는 찾을 수 없는 오류의 패턴을 찾을 수 있음

이완음, 기식음, 긴장음 용어 정리

이완음 (평음)	ㄱ	ㄷ	ㅂ	ㅈ	ㅅ
기식음 (기음, 격음)	ㅋ	ㅌ	ㅍ	ㅊ	
긴장음 (경음)	ㄲ	ㄸ	ㅃ	ㅉ	ㅆ

2) ① 탈긴장음화, 탈기식음화
② 생략, 기식음화

3) ㉦ 자음정확도 분석은 목표음을 얼마나 정확하게 산출했는지를 평가한다.
㉧ 음운변동 분석은 아동이 보이는 오류의 패턴을 분석한다.

2018학년도 초등 B6

16 **다음은 특수학교에서 교육실습 중인 예비 교사가 작성한 의사소통 관찰 결과와 그에 대해 지도 교사가 제공한 피드백의 일부이다. 물음에 답하시오. [5점]**

학생	예비 교사 관찰 결과	지도 교사 피드백
순이	부정확한 발음으로 인해 의사전달이 어려움 오류의 예: ㉥'땅콩' → [강공], '장구' → [앙쿠], '똑똑' → [도톡], '나무' → [나푸] 등. 자발화 표본을 수집하여 자음정확도 측정 예정임	㉦ 자음정확도 분석뿐만 아니라 ㉧ 음운변동 분석도 해볼 필요가 있음. 이때 검사자 간 신뢰도 확보에 주의해야 함

부정확한 발음 문제
→ 조음·음운장애

검사자 간 신뢰도는 검사자 간에 일치한 항목의 수를 전체 항목의 수로 나누어 계산
예 총 40개 항목 가운데 A검사자와 B검사자가 34개 항목에 대해 일치하고 6개의 항목에 대해 일치하지 않았다면, 검사자 간 신뢰도는 .85임. 일반적으로 .85 이상은 신뢰할 수 있는 수준이라고 봄

2) 다음은 밑줄 친 ㉥의 음운변동 분석 결과의 일부이다. ① '땅콩'과 ② '장구'의 첫 음절과 둘째 음절에서 나타난 오류 각각 1가지씩을 [A]에서 찾아 순서대로 쓰시오. [2점]

목표 단어	발음 전사	[A] 생략	첨가	긴장음화	탈긴장음화*	기식음화	탈기식음화
땅콩	강공	( )	( )	( )	( )	( )	( )
장구	앙쿠	( )	( )	( )	( )	( )	( )

* 이완음화와 동일한 용어임

3) 밑줄 친 ㉦과 밑줄 친 ㉧의 실시 목적의 차이점을 쓰시오. [1점]

확장하기

음운변동의 발달 – 오류 음운변동의 소거(신혜정 외, 2023.)

- 음운변동의 발달은 오류 음운변동이 적절한 시기에 소거되는 것을 의미한다. 특정 음운을 정확하게 산출할 수 있는 시기와 더불어 우리가 관심을 가져야 하는 것은 아동이 보이는 말소리의 오류이다. 아동은 정확하게 발음할 수 있기 전까지 말소리 오류를 보일 수밖에 없다. 예를 들어 음운을 생략하여 음절 구조를 바꾸거나 자신이 산출할 수 있는 음운으로 바꾸어 말하는 식이다. 그런데 아동이 보이는 이러한 말소리 오류는 어떤 규칙의 지배를 받아 체계적으로 변한다. 이러한 말소리 오류가 가지고 있는 나름의 규칙 또는 경향성을 '음운변동' 또는 '말소리의 오류패턴'이라 한다.
- 음운변동은 아동의 음운체계 발달을 관찰할 수 있게 해준다. 초기 낱말습득 단계에 있는 아동은 여러 다양한 음운변동을 보인다. 그러나 성장함에 따라 말소리의 산출 문제를 극복하면서 음운변동은 사라진다. 예를 들어, 2세 전에는 종성과 연구개음 산출이 어렵기 때문에 종성생략과 연구개음의 전방화 오류가 빈번하지만, 이러한 오류는 3세 전에 소거된다. 즉, 오류 음운변동에는 발달과정에서 나타나는 발달적 음운변동과 발달과정에서 나타나지 않는 비발달적 음운변동이 있으며, 발달적 음운변동은 보편적 소거 시기와 순서가 있다. 따라서 우리는 음운변동 분석을 통해 아동의 음운오류가 발달적인지 비발달적인지를 분석하여 조음·음운장애를 진단하거나 감별할 수 있다. 음운변동의 발달을 크게 음절구조 변동과 대치변동으로 나누어 살펴보면 다음과 같다.

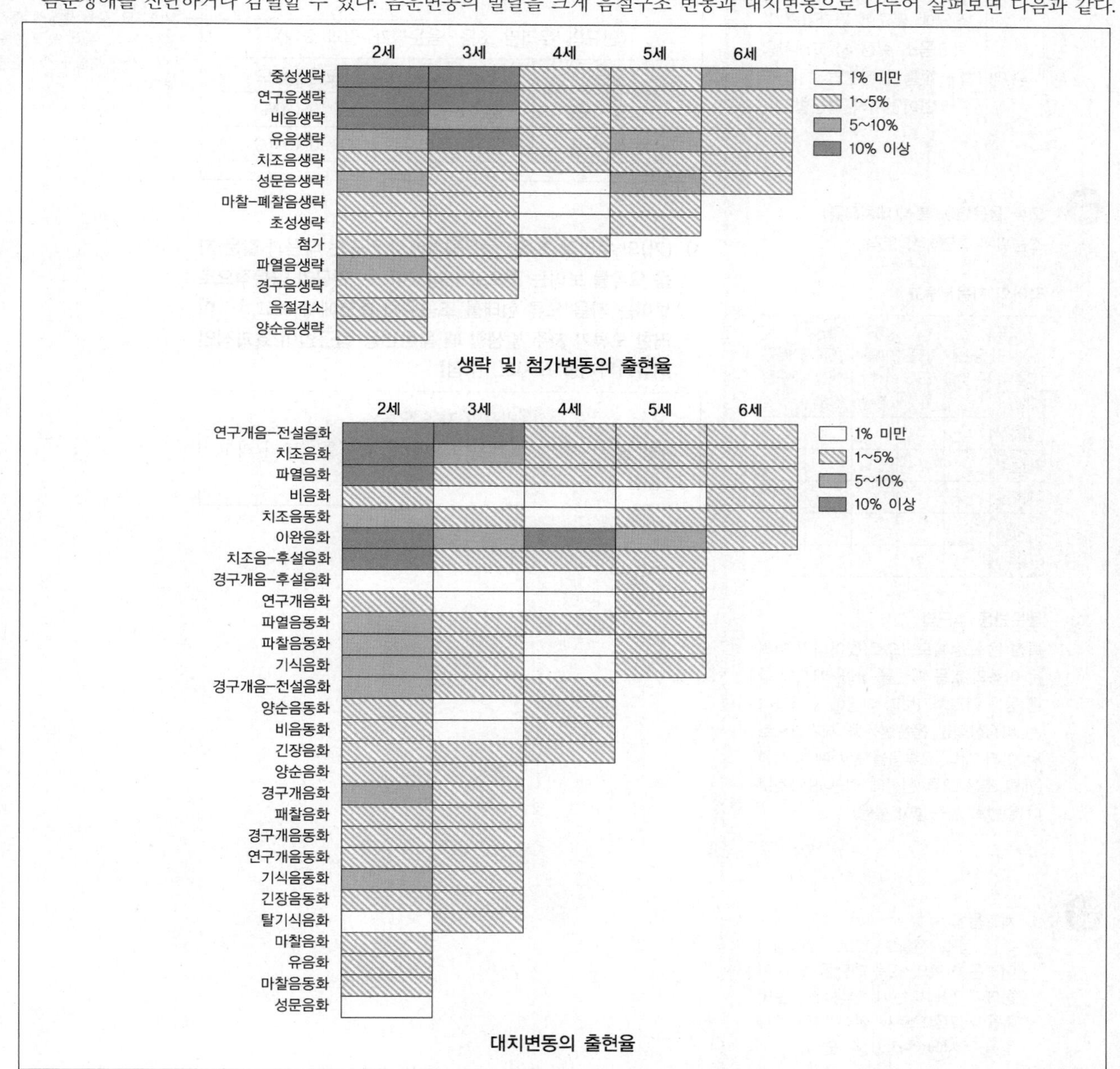

우리말 조음음운평가(U-TAP)의 음운변동 출현율

기본이론 37p, 41p, 49p

- 우리말 조음·음운평가(U-TAP)
- 개별음소 조음오류 형태
- 오류 음운변동 분석

조음·음운장애

- 이해
- 평가
  - 말소리검사 방법
  - 진단에 필요한 평가기준
  - 목표음소 설정 시 고려사항
- 중재방법
  - 전통적 접근법
  - 언어인지적 접근법

오류 음운변동 분석(대치오류)

조음위치 측면에서 분석

국어의 자음분류표

조음 위치 \ 조음 방법	양순음 (두 입술)	치조음 (잇몸)	경구개음 (센입천장)	연구개음 (여린입천장)	성문음 (목구멍)
폐쇄음	ㅂ	ㄷ		ㄱ	
마찰음		ㅅ			ㅎ
파찰음			ㅈ		
비음	ㅁ	ㄴ		ㅇ	
유음		ㄹ			

음운변동 접근법

특정 음소 정확도만으로 찾아내기 어려운 아동의 조음 패턴을 찾아, 개개의 다른 음을 가르치기보다 아동에게 나타나는 비정상적인 음운변동을 제거함으로써 여러 개의 오류음을 동시에 수정함(개별 조음 오류 현상에 접근하는 것보다 일반화 가능성이 높음)

① 치조음화
② 특정 음소 정확도만으로 찾아내기 어려운 아동의 조음 패턴을 찾아 아동에게 나타나는 비정상적 음운변동을 제거함으로써 여러 개의 오류음을 동시에 수정할 수 있다.

2017학년도 초등 A1

17 **(가)는 일반교사와 특수교사가 단순언어장애 학생 민규의 검사 결과에 대해 나눈 대화의 일부이고, (나)는 교육실습생과 지도 교사가 학습장애 학생 은미의 검사 결과에 대해 나눈 대화 내용의 일부이다. 물음에 답하시오. [6점]**

(가)

일반교사 : 민규의 발음이 분명하지 않아 말을 알아듣기 힘들어요.

특수교사 : 민규의 '우리말 조음·음운평가' 결과를 보면, 자음과 모음의 정확도가 낮은 것을 알 수 있어요.

〈민규의 '우리말 조음·음운평가' 결과 요약〉

구분	자음정확도	모음정확도
낱말 수준	28/43 (65%)	7/10 (70%)
문장 수준	22/43 (51%)	6/10 (60%)

"발음이 분명하지 않아 말을 알아듣기 힘듦" → 조음·음운장애

모음보다 자음 발음에 어려움이 있고, 특히 문장 수준에서 자음 발음에 어려움을 보임

1) (가)의 우리말 조음·음운평가에서 민규는 다음과 같은 자음 오류를 보이는 것으로 나타났다. ① 민규가 공통적으로 보이는 자음 오류 형태를 조음위치 측면에서 쓰고, ② 이러한 오류가 자주 발생할 때 음운변동 접근법이 효과적인 이유 1가지를 쓰시오. [2점]

〈민규의 자음 오류〉

'가방'을 /다방/, '토끼'를 /토띠/, '꼬리'를 /토리/라고 발음함

PART 01

기본이론 41p, 53p

• 조음·음운장애 평가
• 음운변동 접근법

조음·음운장애
- 이해
- 평가
  - 말소리검사 방법
  - 진단에 필요한 평가기준
  - 목표음소 설정 시 고려사항
- 중재방법
  - 전통적 접근법
  - 언어인지적 접근법

음운변동 현상

음운발달이 진행되는 과정에서 발음을 편리하게 하기 위해 음운체계를 수정하거나 단순화하는 것

오류 음운변동 분석

• 생략 및 첨가 음운변동
• 대치 음운변동(조음위치·조음방법)

음운변동 접근법

특정 음소 정확도만으로 찾아내기 어려운 아동의 조음 패턴을 찾아, 개개의 다른 음을 가르치기보다 아동에게 나타나는 비정상적인 음운변동을 제거함으로써 여러 개의 오류음을 동시에 수정함(개별 조음 오류 현상에 접근하는 것보다 일반화 가능성이 높음)

모범답안

㉠ 음운변동

파열음화(폐쇄음화)

2020학년도 중등 A3

18 (가)의 대화에서 ㉠에 해당하는 용어를 쓰고, (나)에서 공통적으로 나타난 오조음 유형을 조음방법에 근거하여 쓰시오. [2점]

> 조음방법
> • 폐쇄음
> • 마찰음
> • 파찰음
> • 비음
> • 유음

(가) 대화

교육실습생 : 선생님, 학생 B는 발음이 정확하지 않아요.
특 수 교 사 : 그런가요?
교육실습생 : '자가용', '장난감'처럼 /ㅈ/음소가 포함되는 단어를 잘 발음하지 못하더라고요. 이를 지도하는 방법이 있나요?
특 수 교 사 : 네, 이를 지도하는 다양한 접근법이 있는데, 언어인지적 접근법 중 하나인 (㉠) 접근법이 있어요. 이 방법은 말소리 발달 과정에서 남아 있는, 발음을 단순화하는 비정상적인 (㉠) 현상을 제거해주는 방법이에요.
교육실습생 : 이 접근법은 어떤 장점이 있나요?
특 수 교 사 : 자음이나 모음의 정확도만으로 찾아내기 어려운 학생의 조음오류 양상을 찾을 수 있고, 그 오류 양상을 제거하면 여러 개의 오류음을 동시에 수정할 수 있어요.
…(하략)…

> 발음이 정확하지 않음 → 조음·음운장애

> 음운변동의 정의

> 언어인지적 접근법은 조음오류 양상을 찾아 제거하면 여러 개의 오류음을 동시에 수정 가능(전이, 일반화)

(나) 학생 B의 발음 예시

정조음		오조음
풍선	⇨	풍턴
책상	⇨	책강
반바지	⇨	밥바디
자전거	⇨	다던더

> 오조음의 유형을 '동화'에 근거해 제시해보기

기본이론 34-39p, 53p

- 오류 음운변동 분석
- 진단에 필요한 평가기준

조음 · 음운장애
- 이해
- 평가
  - 말소리검사 방법
  - 진단에 필요한 평가기준
  - 목표음소 설정 시 고려사항
- 중재방법
  - 전통적 접근법
  - 언어인지적 접근법

핵심개념

말 명료도
- 화자의 의도를 표현한 것에서 청자가 이해한 정도를 의미하며, 말소리의 정확도가 크게 영향을 미침
- 일반적으로 말소리의 치료 순서를 정할 때, 전반적인 말 명료도에 영향을 많이 주는 오류부터 치료할 것을 권함. 같은 음소의 오류라 하더라도 음소별 빈도나 위치 등 다양한 요소가 작용하여 다른 영향을 미칠 수 있기 때문임
- **말 명료도에 영향을 주는 요소**
  - 오류음소의 수가 많을수록
  - 오류를 보이는 음소가 비일관적 패턴을 보일 경우
  - 오류를 보이는 음소가 우리말에서 사용빈도가 높은 경우
  - 목표음과 오조음 사이에 변별자질 차이가 클 경우
  - 첨가나 생략 부분이 많을 경우
  - 운율적 요소의 결함이 동반될 경우
  - 내용의 친숙도가 낮을 경우

㉠ 말 명료도

음운변동 접근법

2024학년도 중등 A3

19 **(가)는 ○○중학교에 재학 중인 학생 A를 지도하는 일반 교사와 특수 교사의 대화이고, (나)는 학생 A에 대한 조음 · 음운 지도 계획의 일부이다. (가)의 괄호 안의 ㉠에 해당하는 용어를 쓰고, (나)를 참고하여 학생 A에게 적용할 조음 · 음운 중재 기법의 유형을 쓰시오. [2점]**

(가) 일반 교사와 특수 교사의 대화

일반 교사: 선생님, 우리 반 학생 A는 말할 때 입을 크게 벌리지 않고 우물거리며 말을 하는 습관이 있어서 수업 시간에 말을 알아듣기 힘들 때가 많습니다.
특수 교사: 네, (㉠)이/가 낮아서 문제이군요.
일반 교사: 그게 무슨 뜻인가요?
특수 교사: 이것은 학생 A가 발음하는 것을 선생님이 알아듣는 정도를 의미해요.

(나) 학생 A의 조음 · 음운 지도 계획

1. 우리말 조음 · 음운 평가(Urimal Test of Articulation and Phonology: U-TAP) 결과
   1) 개별 음소 분석표
   * 음소 정확도

	자음 정확도	모음 정확도
낱말 수준	38/43	9/10
	88.3%	90.0%
문장 수준	34/43	9/10
	79.0%	90.0%

   2) 음운 오류 분석 결과

… (중략) …

2. 중재 진행 방향
   1) 음운 오류인 탈기식음화 감소를 중재 목표로 설정함
   2) 목표음을 지도할 때 문맥적 훈련에 중점을 두어 진행함
   3) 한 번에 여러 개 음소를 동시에 수정하고자 함

U-TAP 검사결과 해석
- 자 · 모음 정확도
- 음운변동 분석

모음보다 자음 발음에 어려움이 있고, 특히 문장 수준에서 자음 발음에 어려움을 보임

예를 들어, 'ㄱ/ㅋ, ㄷ/ㅌ, ㅈ/ㅊ, ㅂ/ㅍ'과 같은 오류패턴의 경우에는 탈기식음화 현상을 없애는 데 초점을 두고 중재

확장하기

말 명료도(신혜정 외, 2023.)

① 말 명료도는 청자가 들었을 때 화자의 말이 명확한지 불명확한지를 평가하는 것으로, 구어 의사소통능력을 반영하는 지표로 활용된다.

② 말 명료도는 화자가 전달하고자 하는 메시지를 청자가 이해할 수 있는 정도를 반영하는 지표이며, '화자가 전달하고자 하는 메시지를 청자가 해석하는 데 성공하는가를 반영하는 평가방법'이다.

③ 일반적으로 말 명료도는 말에 오류가 있는 화자가 산출한 음향학적 신호가 청자에게 음절이나 낱말 단위로 얼마나 잘 전달되는가를 평가 기준으로 삼는다. 이를 평가하는 방법에는 화자의 말을 청자가 얼마나 알아들을 수 있는가를 평가하는 척도평가와, 화자가 한 말을 청자가 전사하는 받아 적기 방법이 있다.

- 척도평정법의 경우 일반적으로 '매우 잘 알아들을 수 있다'에서 '전혀 알아들을 수 없다'까지의 3점 혹은 5점 등으로 구분된 등간척도에 의한 방법을 사용한다.
- 전사하여 받아적기는 다음과 같이 실시한다.

$$\text{말 명료도} = \frac{\text{청자가 바르게 받아 적은 발화 낱말 수(음절 수)}}{\text{화자가 의도한 발화 낱말 수(음절 수)}} \times 100$$

- 아동의 발화 의도: 엄마 시소를 타고 싶어요.
- 아동의 발화: 어마 이오를 아오 이어요.
- 청자 전사: 엄마 이오 먹고 싶어요.

→ 음절 수준에서 평가한 말 명료도 = 6/10 × 100 = 60(%)
→ 낱말 수준에서 평가한 말 명료도 = 2/4 × 100 = 50(%)

④ 말 명료도에 영향을 미치는 요인으로는 화자와의 친숙도, 오류음의 일관성, 오류음과 목표음의 유사성, 구어목록에 포함되어 있는 오류음의 빈도, 화자의 언어적 요소 및 초분절적 특성, 맥락, 소음 등이 있다. 예를 들어, 조음·음운에 문제가 있는 아동이 오류음을 일관되게 발음한다면 말 명료도는 상대적으로 높아질 것이다.

⑤ 말 명료도는 아동과 5~10분 정도의 자연스러운 대화 상황에서 수집한 낱말들을 통하여 평가할 수 있다. 이때, 표본을 듣고 명료하지 않은 낱말의 수를 세어 이를 전체 낱말의 수로 나누어 백분율로 계산한다.

말 용인도(신혜정 외, 2023.)

① 말 용인도는 말 명료도와 달리 발화의 자연스러움을 평가하는 방법이다. 말 용인도는 일반적으로 '청자가 화자의 발화를 주관적으로 측정하는 방법' 또는 '말에서 느껴지는 자연스러움이나 호감의 정도에 대한 청자의 판단'을 의미하는 것으로, 말이 청자에게 불편함을 주지 않고 자연스러운 것으로 수용되는 정도로 정의된다.

② 말 용인도와 말 명료도는 서로 관련이 있으나, 말의 서로 다른 측면을 평가한다. 말 명료도는 분절적인 측면이 보다 중요하게 작용하는 반면, 말 용인도는 분절적인 것과 함께 초분절적인 면에서 음도·공명·억양·말 속도 등의 지각적인 평가가 같이 이루어진다.

③ 말 명료도와 말 용인도를 측정하는 청지각적 평가의 공통점은 화자의 발화를 듣고 그 정도를 청자가 평가한다는 점이다(김수진, 신지연, 2020).

기본이론 46-47p

짝자극 기법

전통적 접근법

- 초점
- 유형
  - 청지각을 이용한 훈련법
  - 조음점 지시법
  - 조음조절 프로그램
  - 짝자극 기법

짝자극 기법(고음, 2021.)

- 핵심단어와 훈련단어의 짝에 의해 개별음소를 치료하는 방법
- **핵심단어**: 목표음소가 포함된, 정조음할 수 있는 단어
- **훈련단어**: 목표음소가 포함된, 오조음을 보이는 단어
- **핵심단어와 훈련단어의 조건**
  - 아동이 이미 가지고 있는 어휘 목록 내에 있어야 함
  - 어두, 어말 위치에 단 한 번 표적음을 내포해야 함
  - 구체적인 물질명사임

짝자극 기법의 장단점

- **장점**: 이미 습득하고 있는 단어에서 조음 중재가 시작되므로, 학습에 대한 실패 경험이 큰 지적장애 아동의 실패감을 줄여주고, 동기유발에도 도움이 됨
- **단점**
  - 자연스러운 일상생활을 반영하기에는 제한이 있음
  - 핵심단어가 없을 경우 핵심단어를 만드는 데 너무 많은 시간과 노력이 요구됨

① 짝자극 기법
② ◎ 핵심단어는 어두, 어말의 위치 중 단 한 번의 표적음을 내포하고 있어야 한다.

2018학년도 유아 A4

20 **(가)는 유치원 통합학급 김 교사의 이야기 나누기 활동 장면의 일부이며, (나)는 중재 계획이다. 물음에 답하시오. [5점]**

(가)

김 교사: 자, 오늘은 이 책을 가지고 말놀이를 할 거예요.
유아 A: ㉠(책 표지의 글자를 손으로 가리키며) 제목이 무엇이에요?
김 교사: (손가락으로 제목을 짚으며) '동물 이야기'라고 쓰여 있어요.
유아 B: 재미있을 것 같아요.
김 교사: 여기에 호랑이가 있어요. 선생님을 따라해 볼까요? ('호, 랑, 이'하면서 손뼉을 세 번 친다. 짝! 짝! 짝!)
유아들: (교사를 따라 '호, 랑, 이'하면서 손뼉을 세 번 친다. 짝! 짝! 짝!)
김 교사: 곰도 있네요. 그럼 ㉡곰에서 /ㅁ/를 빼고 말하면 어떻게 될까요?
유아 C: '고'요.
김 교사: 잘했어요. 여기 강아지가 공을 가지고 놀고 있어요. ㉢'공'에서 /ㄱ/대신 /ㅋ/를 넣으면 어떻게 될까요?
유아 D: ㉣'꽁'이요, '꽁'.

(나)

㉤ 유아가 발음하지 못하는 음소가 무엇인지를 확인한다.
㉥ 핵심단어(열쇠단어)는 유아가 표적음을 10번 중 적어도 9번은 사회적으로 수용되는 방법으로 발음할 수 있는 단어로 한다.
㉦ 훈련단어(목표단어)는 유아가 표적음을 3번 중 적어도 2번은 바르게 발음하지 못하는 단어로 한다.
◎ 핵심단어(열쇠단어)는 어두와 어말 위치에 각각 표적음을 내포하고 있어야 한다.

음소 대치에서 오류를 보임 → 조음·음운장애

㉤ 발음하지 못하는 개별음소를 확인 → 조음·음운장애 치료접근법 중 전통적 접근법

㉥ 핵심단어는 발음하지 못하는 개별음소(표적음)가 포함된 단어 중에서 10번 중 적어도 9번 정조음할 수 있는 단어로 선정함

㉦ 훈련단어는 발음하지 못하는 개별음소(표적음)가 포함된 단어 중에서 3번 중 적어도 2번 오조음하는 단어로 선정함

◎ 핵심단어와 훈련단어는 표적음을 어두, 어말 위치에 단 한 번 내포하고 있어야 함

3) (나)는 밑줄 친 ㉣과 같은 말소리 오류를 보이는 유아를 위한 중재 계획이다. ① (나)에서 기술된 중재방법을 쓰고, ② ㉤~◎ 중 틀린 것을 찾아 기호를 쓰고 바르게 고쳐 쓰시오. [2점]

조음·음운장애

기본이론 40p, 46-47p

- 조음·음운장애
- 오류 음운변동 분석
- 짝자극 기법

구조화틀

전통적 접근법

- 초점
- 유형
  - 청지각을 이용한 훈련법
  - 조음점 지시법
  - 조음조절 프로그램
  - 짝자극 기법

짝자극 기법

짝자극 기법의 핵심은 하나의 말소리에 지나치게 집중하기보다는, 아동이 정확히 산출하는 단어를 이용해 다른 단어로 자연스럽게 정조음이 전이되게 하는 것

모범답안

① /가지/를 /아지/로 발음함
② 짝자극 기법

2023학년도 초등 A4

21 **(가)는 3~4학년군 국어과 '생활 속 낱말 읽기' 수업에 대한 교수·학습 계획안의 일부이고, (나)는 의사소통에 어려움이 있는 나희와 강우의 특성에 따른 지도 시 유의점이다. 물음에 답하시오. [6점]**

(나) 학생 특성에 따른 지도 시 유의점

학생명	특성	유의점
나희	• 조음기관의 구조와 기능 및 청각에는 문제가 없으나 수용어휘능력에 비해 표현어휘능력이 현저히 떨어짐 • 우리말 조음·음운평가 검사 결과: ㉢ 초성에서 연구개음 생략이 잦음 • 친구들과 말하는 것을 좋아하나 발음이 부정확하여 의사소통이 어려움	㉣ 나희가 발음할 수 있는 '고기'를 핵심단어로 하고 발음하지 못하는 단어를 훈련단어로 선정하여 서로 연결해 발음하도록 함 (그림: 김치, 고기)

조음·음운장애 중 음운장애에 해당함

- 초성의 연구개음은 'ㄱ'
- 핵심단어 '고기'에서 'ㄱ'은 어두초성과 어중초성에 포함됨
- 훈련단어 중 '국수'에서 'ㄱ'은 어두초성과 어중종성에 포함됨

※ 핵심단어, 훈련단어는 어두 또는 어말의 위치에 표적음소가 포함된 적절한 단어가 없는 경우 어중 위치의 단어를 선택할 수 있음

2) ① (나)의 ㉢의 예시를 〈보기〉와 같은 형식으로 1가지 쓰고, ② ㉣에 사용된 중재기법을 쓰시오. [2점]

보기
/나비/를 /다비/로 발음함

확장하기

단어에서 자음이 올 수 있는 위치

- 단어 내 말소리의 위치로는 어두, 어중, 어말이 있다.
- 한 단어 중 제일 첫소리 자음을 어두, 제일 끝소리 자음을 어말, 중간소리 자음을 모두 어중으로 본다. 따라서 자음이 음절과 단어 내에서 올 수 있는 위치는 어두초성, 어중초성, 어중종성, 어말종성 모두 4개 위치이다.

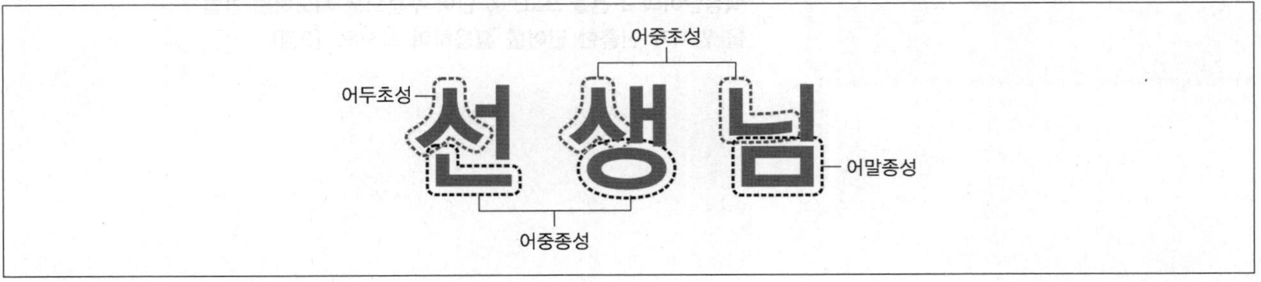

기본이론 46-47p

짝자극 기법

전통적 접근법
- 초점
- 유형
  - 청지각을 이용한 훈련법
  - 조음점 지시법
  - 조음조절 프로그램
  - 짝자극 기법

짝자극 기법(고은, 2021.)
- 핵심단어와 훈련단어의 짝에 의해 개별음소를 치료하는 방법
- **핵심단어**: 목표음소가 포함된, 정조음할 수 있는 단어
- **훈련단어**: 목표음소가 포함된, 오조음을 보이는 단어
- **핵심단어와 훈련단어의 조건**
  - 아동이 이미 가지고 있는 어휘 목록 내에 있어야 함
  - 어두, 어말 위치에 단 한 번 표적음을 내포해야 함
  - 구체적인 물질명사임

모범답안
① 목표음소가 포함된 10번 중 9번 정조음할 수 있는 단어이다.
② 핵심단어인 '뽀이'와 훈련단어인 '뿡'을 연결하여 지도한다.

2024학년도 유아 A5

22 (가)는 유아특수교사와 5세 발달지체 유아 시우와 민지의 대화 장면이고, (나)는 시우와 민지를 위한 의사소통 지도 방안이다. 물음에 답하시오. [5점]

(가)

(교사가 뽀이 인형을 보여 준다.)

민지: 와~ 뽀이다.
시우: ㅂㅂㅂㅂ 뽀이다.

(교사가 뽀이 인형을 들고, 방귀 뀌는 제스처와 함께 입에 공기를 가득 모았다가 터트리면서 '뿡'을 발음하는 입 모양을 보여 준다.)

교사: 뽀이가 지금 어떤 소리를 냈을까요?
민지: ㉠둥~
시우: ㅂㅂㅂㅂ 뿌우~
교사: 그래, 뿡~. 자, 입안에 공기를 넣고 뿡~ 하고 터트려 볼까요? (입에 공기를 가득 모았다가 터트리는 입 모양을 하며) 뿡~
시우: (입술을 긴장하며 대답하지 않는다.)
민지: 탕~
교사: 잘했어요. (뽀이를 보여 주면서) 뽀이는 무엇을 뀌었을까요?
민지: ㉡탕구요.

…(하략)…

(나)

	의사소통 지도 방안
민지	• 일관되지 않은 조음 오류를 지도함 • 목표 음소를 개별적으로 지도하는 ㉤ 짝자극 기법이나 언어인지적으로 접근하는 음운변동접근법을 활용할 수 있음

3) (나)의 ㉤으로 조음 오류를 중재할 때, ① 사용할 수 있는 핵심단어의 조건을 쓰고, ② 단어 수준으로 지도하는 방법을 민지가 산출한 단어를 활용하여 쓰시오. [2점]

확장하기

짝자극 기법(신혜정 외, 2023.)

- 짝자극 기법은 정확하게 발음하는 단어를 활용한 치료법으로, 다양한 연령층을 대상으로 사용 가능하며 준전문가도 치료에 쉽게 적용할 수 있다는 장점이 있다.
- 치료는 과제분석을 통해 단계적으로 이루어지며, 단어 수준에서 치료를 시작함으로써 문맥 활용을 통해 의사소통적 기능을 할 수 있어 내적 동기 유발 및 활용이 쉽고 일반화에 유용하다. 또한, 학습된 목표음소는 전이속도가 빠르고 일관되게 나타난다.
- 짝자극 기법을 실시하기 위해서는 핵심단어와 훈련단어의 조작적 개념을 익히는 것이 필요하다. 여기서 '핵심단어'는 10회 중 9회 이상 목표음소를 바르게 발음할 수 있는 낱말을 말한다. 만약 이런 낱말을 찾을 수 없는 경우에는 전통적 기법의 확립 단계에 제시된 훈련방법으로 핵심단어를 만들어 사용한다.
- '훈련단어'는 3회 발음 중 2회 이상 오류 발음을 나타내는 단어로 선정한다. 핵심단어 하나에 10개의 훈련단어로 훈련조를 구성하는데, 일반적으로 하나의 목표음소에 대해 핵심단어 4개, 훈련단어 40개로 연습을 한다. 또한, 핵심단어와 훈련단어는 모두 그림으로 그릴 수 있는 것으로 선택하여 나이 어린 아동도 쉽게 연습할 수 있도록 한다.
- 이 기법은 조음점 지시법처럼 목표음소의 조음위치나 조음방법을 설명하지 않는다. 핵심단어에서 정조음되는 음소가 그대로 훈련단어에서 일반화되도록 한다.
- 이 기법은 전통적 기법에서 감각지각훈련 단계에 많은 치료시간을 할애하는 것을 비판하여, 감각지각훈련 및 청각훈련 없이 바로 단어 단계에서 확립훈련을 한다.
- 짝자극 기법의 단계는 단어 수준, 문장 수준, 회화 수준의 세 단계로 이루어져 있으며, 프로그램의 단계별 내용은 다음과 같다.

짝자극 기법 프로그램의 단계별 내용

수준	단계	단계별 내용
단어	Ⅰ-A	핵심단어 1을 학습하기 예 목표음소: /ㄱ/ 핵심단어: 그네
	Ⅰ-B	핵심단어 1과 10개의 훈련단어를 짝지어 학습하기(짝자극 시트지 이용) 예 그네-기차, 그네-가방, 그네-구름, 그네-귀, 그네-굴 등
	Ⅰ-C	핵심단어 2를 학습하기
	Ⅰ-D	핵심단어 2와 10개의 훈련단어를 짝지어 학습하기(짝자극 시트지 이용)
	Ⅰ-E	핵심단어 3을 학습하기
	Ⅰ-F	핵심단어 3과 10개의 훈련단어를 짝지어 학습하기(짝자극 시트지 이용)
	Ⅰ-G	핵심단어 4를 학습하기
	Ⅰ-H	핵심단어 4와 10개의 훈련단어를 짝지어 학습하기(짝자극 시트지 이용)
문장	Ⅱ-A Ⅱ-A	핵심단어 1에 해당하는 치료사의 질문에 훈련단어 세트 1을 삽입하여 문장 완성하기 예 치료사가 "그네 옆에 무엇이 있어요?"라고 질문하면, 아동은 "그네 옆에 기차가 있어요.", "그네 옆에 가방이 있어요.", "그네 옆에 구름이 있어요." 등으로 대답함
	Ⅱ-B	핵심단어 2와 3에 해당하는 치료사의 질문에 훈련단어 세트 1과 2를 교대로 삽입하여 문장 완성하기
	Ⅱ-C	핵심단어와 훈련단어 세트 1, 2, 3, 4를 사용하여 4개의 질문을 번갈아 하기
회화	Ⅲ-A Ⅲ-A	표적음소를 포함하는 회화에 참여하여 4개 연속 바른 발음하기 예 "누가 그네를 타지요?"라고 질문하면, "친구랑 아기랑 엄마가 그네를 타요."라고 대답할 때 표적음인 /ㄱ/ 음이 4개 연속하여 정조음하도록 한다.
	Ⅲ-B	표적음소를 포함하는 회화에 참여하여 7개 연속 바른 발음하기
	Ⅲ-C	표적음소를 포함하는 회화에 참여하여 10개 연속 바른 발음하기
	Ⅲ-D	표적음소를 포함하는 회화에 참여하여 13개 연속 바른 발음하기

짝자극 기법의 핵심 용어(석동일 외, 2013.)

핵심단어	핵심단어는 아동이 표적음을 사회적으로 수용되는 방법으로 10번 가운데 적어도 9번 발음할 수 있는 낱말로 규정한다. 핵심단어는 어두나 어말 위치에 단 한 번 표적음을 내포하고 있어야 한다. 만약 핵심단어가 아동의 어휘 가운데 발견되지 않으면 가르쳐서 핵심단어를 만든다.
훈련단어	핵심단어와 짝지어서 훈련시킬 단어로, 3번 발음 중 적어도 2번은 표적음에서 오조음되어야 훈련단어로서의 자격을 가진다. 또한 어두 · 어말 위치에 단 한 번 표적음을 내포하고 있어야 하며, 어두와 어말 위치에 표적음이 있는 단어를 각각 10개를 찾아야 한다. 이때 핵심단어와 훈련단어는 모두 그림으로 그릴 수 있어야 한다.
단위반응	핵심단어와 훈련단어의 짝을 '단위반응'이라고 한다.
훈련조	10개의 훈련단어의 각각과 핵심단어의 짝을 '훈련조'라고 한다.

 기본이론 45p

 조음점 지시법

 **전통적 접근법**

- 초점
- 유형
  - 청지각을 이용한 훈련법
  - 조음점 지시법
  - 조음조절 프로그램
  - 짝자극 기법

 **조음점 지시법**

- 설압자나 면봉 등을 이용하여 조음점을 지적해 주거나, 구강모형이나 그림 등을 사용하여 입술과 혀의 위치를 지도함
- **장점**: 개별음의 정확도를 높일 수 있음
- **단점**: 전후 문맥에서 발생하는 오류는 중재하기 어려움

 조음점 지시법

2024학년도 초등 A3

23 **(가)는 의사소통장애 학생들의 특성과 지원 내용이고, (나)는 영호 어머니와 특수교사가 나눈 대화의 일부이다. 물음에 답하시오. [5점]**

(가)

준우	특성	• 조음기관의 협응이 잘 이루어지지 않음 ┐ • 특정 음소에서 발음이 부정확함 [A] • 구강 운동 기능에 결함을 가지고 있음 ┘ • 말의 속도, 강세, 억양 등이 부자연스러움 • 거칠고 쥐어짜는 소리가 나며 기식성 음성이 나타남
	지원 내용	개별 음소 중재에 주안점을 둠 – 발음할 때 설압자나 면봉 등을 이용하여 입술, 혀, 턱 등의 바른 위치를 지적하여 알려줌 [B] – 발음의 정확도를 높이기 위해 거울이나 구강 모형을 활용함
영호	특성	• 조음기관의 결함은 보이지 않음 ┐ • 문장으로 말할 때 음운상의 오류를 더 많이 보임 [C] • 말소리를 듣고 말소리의 구조를 인지하거나 변별하는 능력에 결함을 보임 ┘ • 모음보다는 자음의 발음에서 오류가 더 많음 • 또래에 비해 제한된 어휘를 사용함
	지원 내용	㉠ <u>음운 인식 훈련</u> 제공

2) (가)의 [B]에서 사용된 중재 방법의 명칭을 쓰시오. [1점]

기본이론 54-55p

교실에서 조음·음운장애 중재 시 고려 사항

조음·음운장애
- 이해
- 평가
- 중재방법

교실에서의 조음·음운장애 중재 시 고려 사항

조음·음운장애를 가지고 있는 아동을 지도할 때 교사는 다음과 같은 점을 고려해 접근해야 함

- 아동의 발달 단계에서 습득시기가 빠른 음소부터 지도
- 일상생활에서 사용 빈도수가 높은 음소부터 지도
- 자극반응도가 높은 음소부터 지도
- 오류의 일관성이 없는, 즉 가끔 올바르게 발음하기도 하는 음소부터 지도
- 첫 음절에 가장 집중이 되기 때문에 가르치고 싶은 음소는 초성에 놓인 것부터 하는 것이 좋음
  - 예 유음 /ㄹ/의 경우 /라면/이 /신라/보다 효과적임
- 단음절이 다음절 단어보다 조음하기 쉬우므로 /자동차/보다는 /차/라는 단어를 먼저 사용
- 명사, 단단어, 의미적으로 쉬운 개념을 갖는 단어를 먼저 가르침
- 음운인식에 대한 지식이 형성되지 않았거나 결함을 가지고 있는 아동에게는 행위와 함께 전달하는 것도 효과적임
- 교사는 좀 더 적극적으로 언어치료적 수업을 설계할 수 있음
- 선택 질문을 줌으로써 아동이 특정 발음을 하되, 교사의 발음을 한 번 듣고 발음할 수 있는 기회를 줌
- 아동이 잘못된 조음을 하였을 때 교사는 즉시 피드백을 해주어야 함

④

2011학년도 초등 18

24 **초등학교 2학년 통합학급을 담당하는 김 교사가 (가)와 같은 국어과 수업을 한 후, 경호의 어려움에 대해 특수교사에게 (나)와 같이 조언을 요청하였다. 특수교사가 조언한 내용으로 적절한 것을 〈보기〉에서 모두 고른 것은?**

(가) 김 교사의 국어 수업

단원	마음을 담아서			
학습 목표	칭찬하는 말을 주고받으면 어떤 점이 좋은지 안다.			
학습 활동	그림을 보고 칭찬하는 말을 들은 경험을 이야기하기			
수업 자료 (그림 카드)	음식을 가리지 않고 잘 먹는구나.	석현이는 청소를 참 잘하는구나.	우리 기정이는 심부름도 참 잘해요.	인사를 참 잘하는구나.

(나) 김 교사가 조언을 요청한 내용

> 우리 반 경호라는 학생 때문에 고민이 되어서 선생님께 여쭤보려고 해요 어제 국어 시간에 '칭찬하는 말 주고받기' 수업을 하는데, 경호가 '음식'은 /음식/으로 '석현이'는 /억현이/로, 또 '심부름'이나 '인사'는 /임부음/과 /인다/라고 발음하더군요. 경호가 말하는 것을 듣고 깔깔대고 웃는 아이들도 있어서 경호는 울려고 했어요. 그래서 아이들에게 놀리지 말라고 했는데요. 요즘에는 친구들과 거의 말하려고 하지 않아요. 평소에 경호가 저한테도 너무 작고 짧게 응답만 하는 것 같아서 수업시간에 일부러 발표도 많이 시키려고 하거든요. 경호 어머니께서 지난 겨울방학 때 경호가 설소대 수술을 했다고 하셨어요. 경호를 위해서 제가 어떻게 해야 할까요?

경호는 개별음소 /ㅅ/에 대한 비일관적인 발음오류를 보임 → 음운장애

보기

ㄱ. 경호의 좌석은 수업에 적극적이고 상호작용이 활발한 급우들 사이에 배치하라고 권한다.
ㄴ. 경호의 언어적 어려움을 고려해서 '인사', '음식' 등 /ㅅ/이 들어간 낱말을 이용하여 짧은 글짓기 수업을 해 보라고 권한다.
ㄷ. 현재 언어치료 지원 서비스가 진행되고 있는지 알아보게 하고 발음오류에 대한 진단 및 처치에 직접 개입하라고 권한다.
ㄹ. 언어치료가 진행되고 있다면 훈련된 낱말 중심으로 다양한 상황에서 일반화가 일어날 수 있도록 국어시간에 적극 활용하라고 권한다.
ㅁ. 경호의 어휘력이 풍부해지고, 발음 능력이 향상되도록 첫 낱말이 /시/로 시작되는 '끝말잇기' 같은 말놀이를 말하기 수업시간에 적용해보라고 권한다.

ㄴ. /ㅅ/ 발음에 어려움이 있으므로 조음에 대한 중재 필요

ㄷ. 통합학급 교사가 발음오류에 대한 진단 및 처치(언어치료)에 직접 개입하게 하는 것은 부적절함

ㄹ, ㅁ. 교사는 좀 더 적극적으로 언어치료적 수업을 설계해야 함

① ㄱ, ㄷ ② ㄴ, ㄹ ③ ㄹ, ㅁ
④ ㄱ, ㄹ, ㅁ ⑤ ㄴ, ㄷ, ㅁ

CHAPTER 04

유창성장애

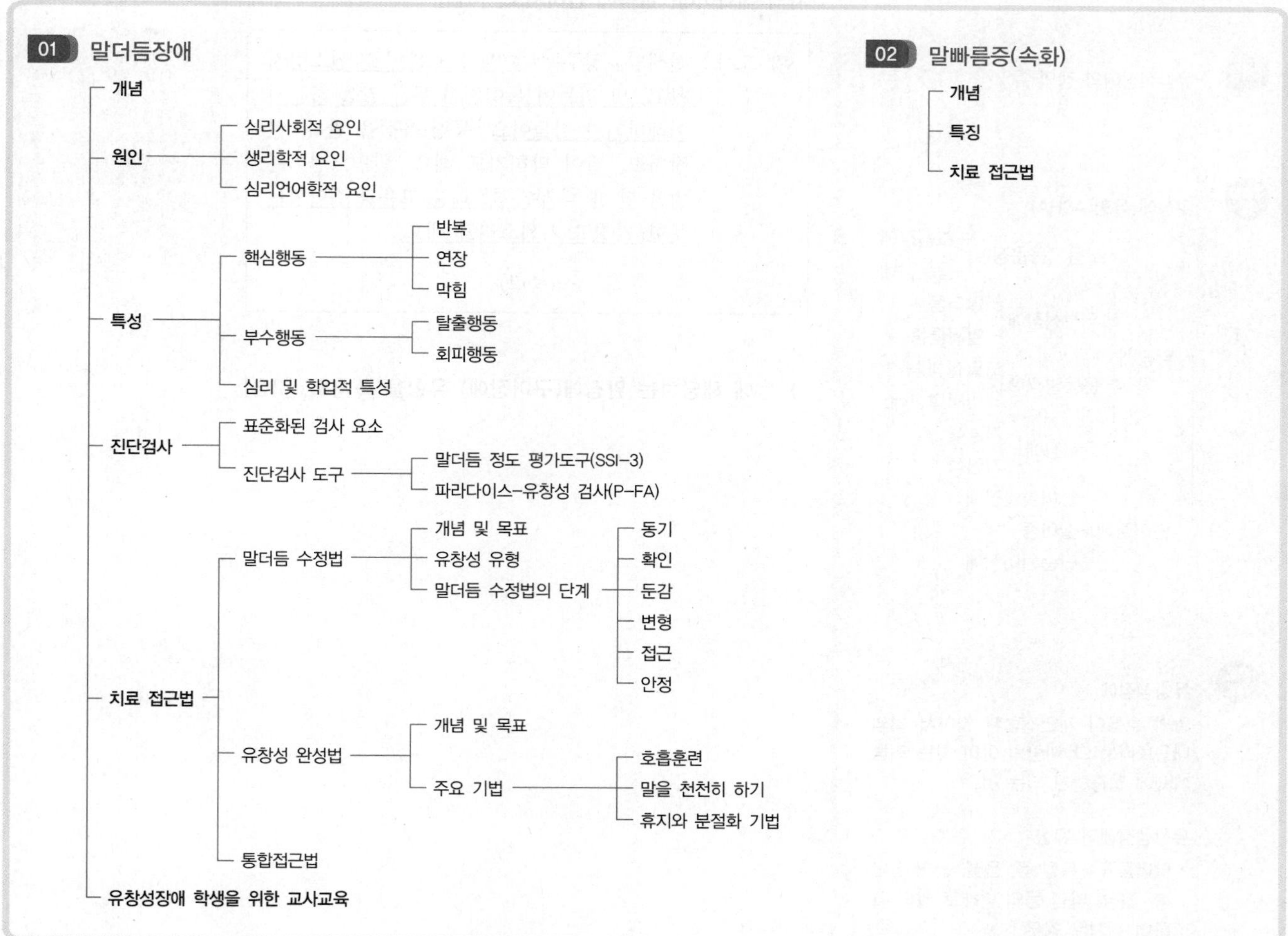
01 말더듬장애
개념
원인
심리사회적 요인
생리학적 요인
심리언어학적 요인
특성
핵심행동
반복
연장
막힘
부수행동
탈출행동
회피행동
심리 및 학업적 특성
진단검사
표준화된 검사 요소
진단검사 도구
말더듬 정도 평가도구(SSI-3)
파라다이스-유창성 검사(P-FA)
치료 접근법
말더듬 수정법
개념 및 목표
유창성 유형
말더듬 수정법의 단계
동기
확인
둔감
변형
접근
안정
유창성 완성법
개념 및 목표
주요 기법
호흡훈련
말을 천천히 하기
휴지와 분절화 기법
통합접근법
유창성장애 학생을 위한 교사교육
02 말빠름증(속화)
개념
특징
치료 접근법

참고자료 기본이론 56p

유창성장애의 정의

말장애 유형(ASHA)

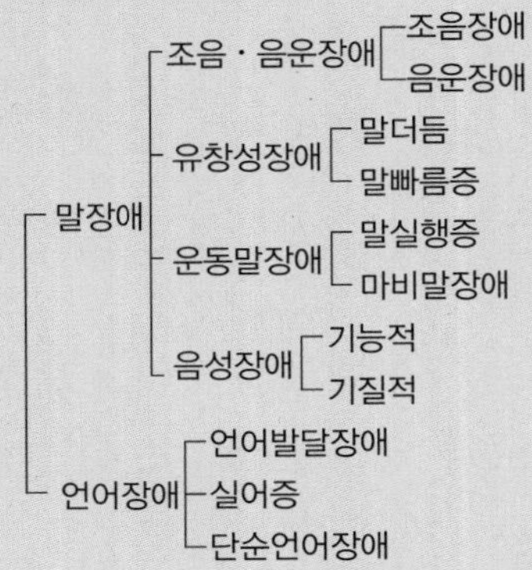

유창성장애

말의 흐름이 자연스럽지 않아서 말의 내용보다는 그 사람의 말이 갖는 리듬 자체에 집중하게 되는 것

유창성장애의 유형

- **말더듬증**: 특정 음, 음절, 단어가 반복, 연장, 막힘 등의 방해로 말의 흐름이 깨지는 경우
- **말빠름증**: 말의 속도가 너무 빨라서 말의 유창성이 깨지는 경우. 말의 리듬이 불규칙하고 발음이 엉키는 듯하며, 강세나 높낮이가 없이 단조로운 어조의 말이 특징

유창성장애

2020학년도 유아 A8

01 **다음은 통합학급 5세 반 황 교사와 유아특수교사 정 교사의 대화이다. 물음에 답하시오. [5점]**

> 황 교사: 선생님, 영주는 ㉠ <u>말의 흐름이 자연스럽지 않고, 말 리듬이 특이해서 무슨 말을 하는지 이해하기가 힘들어요.</u> 특정 음절을 반복, 연장하고, 말이 막히기도 해요. 반면, 선미는 말을 할 때 ㉡ <u>부자연스러운 고음과 쥐어짜는 듯한 거칠고 거센소리를 내요.</u>
>
> …(중략)…

※ 상위 범주로 쓰는 것이 중요. 밑줄 그어진 부분을 잘 확인해야 함 → "특정 음절을 반복, 연장, 말이 막힘"까지 밑줄이 그어져 있다면 '말더듬장애'로 답안을 작성하는 것이 타당하나, "말의 흐름과 리듬이 특이해서 내용에 집중하지 못함"까지 밑줄이 그어져 있으므로 '유창성장애'로 답안을 작성해야 함

1) ㉠에 해당하는 말장애(구어장애) 유형을 쓰시오. [2점]

기본이론 57p

유창성장애 유형

말더듬장애
- 개념
- 원인
- 특성
- 진단검사
- 치료 접근법
- 유창성장애 학생을 위한 교사교육

핵심행동
- **반복**: 말더듬 초기에 가장 빈번하게 관찰되는 행동으로, 말소리나 음절 또는 낱말을 1회 이상 되풀이하는 것
- **연장**: 일반적으로 반복보다 늦게 나타나는 유형으로, 소리나 공기의 흐름은 계속되나 한 소리에 머물러 있는 것
- **막힘**: 가장 늦게 나타나는 핵심행동으로, 말의 흐름은 부적절하게 중단되고 조음기관의 움직임이 고착되는 것

부수행동
- **탈출행동**: 말더듬이 고착화되면서 말더듬에서 빠져나오려는 보상행동으로 나타나는 신체적인 행동
- **회피행동**: 말을 더듬을 가능성이 있는 '상황'을 피하는 행동

말더듬장애

2015학년도 유아 A7

02 **(가)는 활동계획안의 일부이고, (나)는 통합학급 최 교사와 특수학급 박 교사의 대화 내용 중 일부이다. 물음에 답하시오. [5점]**

(가) 활동계획안

활동명	나의 꿈	누리과정 관련 요소	• 사회관계: 사회에 관심 갖기 – 지역사회에 관심 갖고 이해하기 • 의사소통: 말하기 – ㉠ <u>느낌, 생각, 경험 말하기</u>
활동 목표		나의 꿈을 말할 수 있다.	
활동 자료		다양한 직업에 대한 그림 자료, ppt 자료	

(나) 두 교사의 대화

박 교사: 선생님, 요즘 지수가 슬기반에서 잘 지내고 있나요?

최 교사: 네. 대부분의 수업 활동에는 잘 참여하고 있어요. 그러나 자기의 느낌이나 생각을 말하는 시간에는 어려움이 있어요. 작년에는 ㉡ <u>말이 막히거나 말을 더듬는 현상</u>이 종종 있었는데, 올해는 많이 좋아졌어요. 그런데 아직까지도 지수의 발음이 정확하지 않아서 친구들이 잘 알아듣지 못하는 것 같아요. 친구들하고 이야기할 때 ㉢ <u>지속적으로 '풍선'을 '푸선'이라고 하고, '사탕'을 '아탕'이라고 하거든요.</u>

박 교사: 그렇군요. 저는 ㉣ <u>지수가 이야기할 때 상황에 적절치 않게 말을 하는 경우를 많이 보았어요.</u> 얼핏 보면 말을 잘하는 것 같지만, 실제로는 친구들과 대화를 할 때 어려움이 있어요.

2) ㉡에 나타난 언어장애 유형을 쓰시오. [2점]

언어장애 유형
→ '의사소통장애 유형' 또는 '말장애 유형'

※ 실제 해당 문제는 '말장애의 유형'을 묻는 문제임. 15년도 기출 이후에는 범주를 정확하게 묻는 문제로 출제됨

기본이론 59-60p

말더듬장애 특성

말더듬장애
- 개념
- 원인
- 특성
- 진단검사
- 치료 접근법
- 유창성장애 학생을 위한 교사교육

핵심행동
- **반복**: 말더듬 초기에 가장 빈번하게 관찰되는 행동으로, 말소리나 음절 또는 낱말을 1회 이상 되풀이하는 것
- **연장**: 일반적으로 반복보다 늦게 나타나는 유형으로, 소리나 공기의 흐름은 계속되나 한 소리에 머물러 있는 것
- **막힘**: 가장 늦게 나타나는 핵심행동으로, 말의 흐름은 부적절하게 중단되고 조음기관의 움직임이 고착되는 것

부수행동
- **탈출행동**: 말더듬이 고착화되면서 말더듬에서 빠져나오려는 보상행동으로 나타나는 신체적인 행동
- **회피행동**: 말을 더듬을 가능성이 있는 '상황'을 피하는 행동

모범답안
㉠ 연장
㉡ 탈출행동

2014학년도 중등 A11

03 **다음은 말소리 산출에 어려움을 보이는 학생 A에 대해 특수학급 최 교사와 일반학급 김 교사가 나눈 대화 내용이다. 밑줄 친 ㉠의 말더듬 핵심행동과 ㉡의 말더듬 부수행동의 명칭을 각각 쓰시오. [2점]**

> 김 교사: 선생님, 우리 반 학생 A는 말을 더듬는 것 같아요.
> 최 교사: 학생 A가 어떻게 말을 더듬던가요?
> 김 교사: 예를 들면, 학생 A는 말을 할 때 "ㅂㅂㅂㅂㅂ보여요."라고 하기도 하고, ㉠"보-----여요."라고 하기도 하고, "-----보여요."라고 하기도 해요.
> 최 교사: 또 다른 행동은 보이지 않나요?
> 김 교사: 학생 A가 말을 더듬다가 ㉡ 갑자기 고개를 뒤로 젖히기도 해요.

반복
연장
막힘

기본이론 59-61p

- 말더듬장애 특성
- 말더듬장애 원인

말더듬장애
- 개념
- 원인
- 특성
- 진단검사
- 치료 접근법
- 유창성장애 학생을 위한 교사교육

말더듬장애 특성
- **핵심행동**: 반복, 연장, 막힘
- **부수행동**: 탈출행동, 회피행동

말더듬장애의 심리언어학적 요인(음운론적 측면)
- 첫 단어, 단어의 첫 음절, 초성에서 발생함
- 모음보다 자음에서 더 자주 더듬음
- 특정 음에서 특히 말을 자주 더듬음
- 폐쇄음이나 파찰음에서 막힘이 자주 나타남
- 마찰음에서는 연장이 자주 나타남

- ㉠은 회피행동으로, 말을 더듬을 가능성이 있는 상황을 피하려는 행동이다.
  ㉡은 탈출행동으로, 말더듬 상황에서 말더듬에서 빠져나오기 위한 신체적인 행동이다.

- ① 모음보다는 자음에서 더 자주 더듬는다.
  ② 첫 단어, 단어의 첫 음절, 초성에서 발생한다.
  ③ 폐쇄음이나 파찰음에서 반복과 막힘이 자주 나타난다.

2019학년도 중등 B4

04 **(가)는 ○○고등학교 특수학급에 재학 중인 학생 H의 말더듬 행동에 관한 관찰 내용이고, (나)는 국어과와 과학과 수업 장면의 일부이다. 〈작성방법〉에 따라 서술하시오. [4점]**

(가) 학생 H의 말더듬 행동 관찰 내용

- 수업시간 중 어려운 단어가 나오면 연장(prolongation)과 막힘(block)이 나타남 — 핵심행동
- ㉠ 더듬는 단어를 말할 때 동의어로 자주 바꾸어 말함
- 바리스타 직업교육 첫날, ㉡ 커피 종류를 말할 때 눈을 깜빡이거나 아래턱을 떠는 행동이 나타남 — 부수행동

(나) 수업 장면

[국어과]
김 교사: 오늘 주제는 '육하원칙에 따른 대화하기'입니다. (그림을 제시하며) 언제 일어난 일인가요?
학생 H: 일요일 오후입니다.
김 교사: 어디에서 일어난 일인가요?
학생 H: ㉢ ㅂㅂㅂ바닷가입니다. — ㉢ 'ㅂ' 음소는 폐쇄음(파열음)에 해당함

…(중략)…

김 교사: 육하원칙을 이용하여 말을 하면 어떤 점이 좋습니까?
학생 H: ㅈㅈ제 생각을 잘 전달할 수 있습니다. — 'ㅈ' 음소는 파찰음에 해당함

[과학과]
김 교사: 다 같이 포유류의 특징을 핵심 단어로 말해봅시다. 척추, 폐호흡.
학생 H: ㉣ ㅊㅊ척추. — ㉣ 'ㅊ' 음소는 파찰음에 해당함
김 교사: 포유류는 폐로 호흡합니다.
학생 H: ㉤ (입모양만 보이고 소리가 나오지 않다가) ㅍㅍㅍ포유류는 폐로 호흡합니다. — ㉤ 'ㅍ' 음소는 폐쇄음(파열음)에 해당함

작성방법

- 밑줄 친 ㉠과 ㉡의 말더듬 행동 유형을 쓰고, 특성을 순서대로 서술할 것.
- 밑줄 친 ㉢~㉤에서 나타난 말더듬 행동 특성을 심리언어학적 요인 중 음운론적 측면에서 2가지 서술할 것.

확장하기

말더듬의 심리언어학적 요인

① 심리언어학적 측면에서는 말더듬 증상이 나타나는 발화지점에 초점을 둔다.
② 심리언어학적 요인은 말더듬의 직접적인 원인이 된다기보다는 말더듬을 가중시키는 언어적 요인이라는 측면으로 접근하는 관점도 있다.

구분	내용
음운론적 측면	• 첫 단어, 단어의 첫음절, 초성에서 발생한다. • 모음인 경우보다 자음에서 더 자주 더듬는다. • 특정 음에서 특히 말을 자주 더듬는다. • 폐쇄음이나 파찰음에서 막힘이 자주 나타난다. • 마찰음에서는 연장이 자주 나타난다.
형태론적 측면	• 기능어(조사나 접속사)보다 내용어(명사, 동사, 형용사, 부사)에서 더 자주 더듬는다. • 비교적 긴 단어에서 더 많이 나타난다. • 사용빈도가 높은 단어보다 잘 사용하지 않는 단어에서 더 더듬는다.
구문론적 측면	• 문장의 길이가 길수록 출현빈도가 높아진다. • 문장구성이 복잡할수록 출현빈도가 높아진다.
화용론적 측면	• 대화 상대자가 친숙하고 허용적일수록 말을 더듬는 빈도가 낮아진다. • 의사소통 스트레스 정도가 높을수록 빈도가 높아진다.

 기본이론 59-60p

 말더듬장애 특성

 **말더듬장애**
- 개념
- 원인
- 특성
- 진단검사
- 치료 접근법
- 유창성장애 학생을 위한 교사교육

 **말더듬장애 특성**
- **핵심행동**: 반복, 연장, 막힘
- **부수행동**: 탈출행동, 회피행동

모범답안 ㉢ 막힘

2022학년도 중등 B2

05 **(가)는 의사소통장애 학생 B가 속한 학급의 수업 장면이고, (나)는 일반교사와 특수교사가 나눈 대화의 일부이다. 〈작성방법〉에 따라 쓰시오. [2점]**

(가) 수업 장면

심리언어학적 요인
- 첫 단어, 단어의 첫 음절, 초성에서 말더듬 발생
- 폐쇄음(/ㅋ/)과 파찰음(/ㅊ/)에서 반복이 자주 나타남

(나) 대화

특수교사: 수업을 보니까 학생 B가 부쩍 말을 더 더듬는 것 같아요.
일반교사: 맞아요. 실어증 진단을 받고 나서 말을 더 더듬는 것 같아요.
특수교사: 뇌손상 이후에 그런 경우들이 종종 있어요.
일반교사: 얼마 전에는 학생 B가 말을 하는데 ㉤ 목에서 말소리는 안 나오고 후두가 긴장되어 있는 것처럼 보였어요.

말더듬장애
말더듬 초기 단계에서는 일반적으로 긴장이 동반되지 않은 반복이 나타나고 말더듬 증상이 지속되면서 점차 연장과 막힘으로 진행되며, 후두 근육의 긴장이 동반되는 현상이 나타남

작성방법

(나)의 밑줄 친 ㉤에 나타난 말더듬 핵심행동의 유형을 쓸 것.

기본이론 59-61p, 65-67p

- 말더듬장애 특성
- 말더듬 수정법

말더듬장애
- 개념
- 원인
- 특성
- 진단검사
- 치료 접근법
- 유창성장애 학생을 위한 교사교육

말더듬장애 특성
- **핵심행동**: 반복, 연장, 막힘
- **부수행동**: 탈출행동, 회피행동

정상적인 비유창성과 병리적인 비유창성의 차이점(정상적인 비유창성의 특징)
- 구어의 흐름이 간혹 깨지긴 하지만, 근육의 긴장이 느껴지지 않음
- 비유창성을 보인 것에 대한 긴장과 고통이 나타나지 않음

말더듬 수정법
- 말에 대한 불안이나 부수행동을 줄이고, 말더듬을 받아들이는 것에 중점
- **Van Riper의 MIDVAS 단계**
  ① 동기
  ② 확인
  ③ 둔감화
  ④ 변형
  ⑤ 접근(수정)
  ⑥ 안정
- **접근 단계에서 기법의 지도 순서**: 취소기법 → 이끌어 내기 → 준비하기
- **실제 학생들의 사용 순서**: 준비하기 → 이끌어 내기 → 취소기법

⑤

2010학년도 중등 37

06 **다음은 특수교사가 일반교사에게 학생 A를 지도할 때 사용할 수 있는 지도방법을 제시한 것이다. 밑줄 친 부분에 해당하는 지도방법으로 옳은 것은?**

> 일반교사: 선생님, 우리 반의 학생 A는 말을 빨리 하려고 하다 보니, "서, 서, 서, 서---선생님 지, 지, 지----집에 가도 되지요?"라며 낱말 일부를 반복해요. 말이 빨리 나오지 않으니까 말하려고 안간힘을 쓰다가 갑자기 고개가 뒤로 젖혀지기도 해요. 그래서 보고 있자니 답답하고 애가 타요. 어떻게 지도해야 할까요?
> 특수교사: 먼저 A에게 말을 잘하는 사람도 때때로 말을 더듬을 수 있다고 말해 주고, A가 자신의 비유창성을 수용하고 부정적인 감정과 태도를 갖지 않도록 격려해주세요.
> 일반교사: 그 외에 도움을 줄 수 있는 방법이 있나요?
> 특수교사: 네, 선생님께서 지도할 수 있는 방법이 있어요. A에게 말을 더듬을 것으로 예상하는 낱말을 천천히 쉽게 시작하고 조절하도록 지도해보세요. 특히 쉽게 천천히 말을 시작하면 갑자기 고개가 뒤로 젖혀지는 행동도 줄어들 거라고 말해주세요. 그러면 선생님도 좀 더 편안한 마음으로 A와 대화할 수 있을 거예요.

- 핵심행동 중 반복과 연장을 보임
- 부수행동 중 탈출행동을 보임

특수교사가 지도하고자 하는 방법은 '말더듬 수정법'에 해당함

① 둔감화
② 이완치료 접근법
③ 이끌어 내기(pull-out)
④ 취소기법(cancellations)
⑤ 준비하기(preparation)

확장하기

취소기법과 이끌어 내기 기법의 차이점(고은, 2021.)

취소기법	막혔던 단어에서 말하기를 멈추는 것. 말하기를 멈추는 쉼 단계에서는 긴장된 구어 메커니즘을 이완시키고 스스로 문제점을 재검토하고 변화시켜야 함. 집중적으로 자신의 말더듬을 성찰한 후에 더듬었던 단어를 다시 시도하되, 처음과는 다른 방식으로 발화해야 함
이끌어 내기 (말소) 기법	말을 더듬는 순간을 수정하는 전략으로, 느린 속도와 이완된 상태를 되찾아가면서 부드럽고 천천히 연장의 느낌으로 단어를 끝까지 말하는 것. 말이 경직된 상태로 시작되면 의도적으로 더듬은 말이 부드럽게 빠져나간다는 느낌으로 문장을 이어나가는 것이 중요함. 말을 더듬는 순간이 꽉 움켜쥔 주먹이라면, 그 주먹의 힘을 풀면서 부드럽게 말을 이어나가는 느낌으로 말하는 것이 중요함

접근단계 기법(심현섭 외, 2024.)

취소기법	말을 더듬을 때 그 말을 더듬어서 끝낸 후, 잠시 말을 쉬었다가 다시 그 낱말을 편안하게 시도하는 것. 이때 치료사는 더듬는 말을 완전히 끝내는지 확실히 해주고, 말을 더듬는 그 순간에 멈추지 않게 함. 이를 통해 자신의 말더듬을 분석하고 동시에 자신을 안정시키면서 잠시 멈춤을 가진 뒤 다시 말을 쉽게 하도록 함 예 저는 서서서서울역 ……(멈춤)…… *서울역으로 갑니다.
이끌어 내기	이전 방법대로 더듬는 것이 아니라, 아직 말을 더듬는 상황에 있을 때 그 나머지 말을 쉽게 이끌어 내는 것을 말함 예 저는 서서서*서울역으로 갑니다.
준비하기	자신이 공포를 느끼거나 말을 더듬을 것으로 예상되는 낱말에서 천천히 쉽게 시작하고 조절하는 것을 말함 예 저는 *서울역으로 갑니다.

기본이론 59-61p, 65-67p

- 말더듬장애 특성
- 말더듬 수정법

말더듬장애
- 개념
- 원인
- 특성
- 진단검사
- 치료 접근법
- 유창성장애 학생을 위한 교사교육

말더듬 수정법
- 말더듬을 피하려고 애쓰고 두려워하는 것에서 말더듬이 비롯된다고 봄 → 말에 대한 불안이나 회피행동을 줄이고, 말더듬을 받아들이는 데 중점을 둠
- **목표로 하는 유창성 유형**: 자발 유창성, 조절 유창성, 수용 말더듬

④

2013학년도 중등 37

07 다음은 학생 A가 보이는 말더듬 사례이다. 교사는 A를 위해 말 더듬는 순간을 수정하는 '말더듬 수정법'을 적용하고자 한다. 이 중재법에 대한 설명으로 옳은 것만을 〈보기〉에서 있는 대로 고른 것은?

"서서서서어언-생님, 수수수수 (갑자기 머리를 뒤로 젖히고 발을 구르며) 수요일에 국어 교과서만 가져오면 되나요? 그리고 사사사사회 수수수우숙제는 어떻게 해요?"

- 핵심행동 중 반복과 연장을 자주 보임
  - 반복횟수 : 2
  - 단위반복수 '수' : 4
  - 단위반복수 '사' : 3
- 부수행동 중 탈출행동(갑자기 머리를 뒤로 젖히고 발을 구르는 행동)을 보임

보기

ㄱ. 자신의 말과 관련된 두려움을 줄이도록 지도한다.
ㄴ. 말을 더듬을 때의 이차행동을 다루기보다는 편하게 말하기에 초점을 둔다.
ㄷ. 말할 때 자신의 말더듬 행동과 말에 대한 심리 및 태도를 스스로 확인하는 단계를 거치도록 한다.
ㄹ. 초반에는 짧은 발화 내용을 말하도록 하고 점차 긴 발화 내용을 유창하게 말하도록 유도하는 방법이다.
ㅁ. 말을 더듬을 것으로 예상되는 단어를 천천히 쉽게 시작하고 조절하는 준비하기(preparation set) 기법으로 지도한다.

ㄱ, ㄴ. 말더듬 수정법의 기본목표는 말을 유창하게 하는 것이 아니라, 보다 편안하게 말을 더듬도록 하는 것으로, 말에 대한 불안이나 회피행동을 줄이는 것을 목표로 함

ㄷ. 말더듬 수정법 단계 중 '확인' 단계에 해당함

ㄹ. 유창성을 확립하도록 지도하는 것은 '유창성 완성법'에 해당함

ㅁ. 말더듬 수정법 단계 중 '접근' 단계에서는 보다 쉽게 더듬을 수 있도록 하는 3가지 기법을 지도함. 특히 '이끌어내기' 기법은 '고은, 3판'으로 수정해서 공부할 것

① ㄱ, ㄷ ② ㄴ, ㄹ ③ ㄷ, ㄹ
④ ㄱ, ㄷ, ㅁ ⑤ ㄴ, ㄹ, ㅁ

확장하기

말더듬 치료법(심현섭 외, 2024.)

구분	내용
말더듬 수정법 (유창하게 더듬기)	• 편하고 쉽게 반복하기 • 부수행동을 감소시키기 • 비정상적 유창성을 감소시키기
유창성 완성법 (유창하게 말하기)	• 조절된 언어 익히기(음절 늘려 말하기, 숨 적절히 쉬기, 쉽게 시작하기, 살짝 접촉시키기) • 단계적 언어 상황 올리기
통합접근법	• 부정적인 감정 줄이기 • 회피행동 줄이기 • 말더듬 순간을 변화시키기 • 유창성 수립하기

기본이론 62-63p, 65-67p

- 파라다이스-유창성 검사
- 부수행동
- 유창성 장애학생을 위한 교사교육

말더듬장애
- 개념
- 원인
- 특성
- 진단검사
- 치료 접근법
- 유창성장애 학생을 위한 교사교육

핵심 개념

표준화된 검사 요소

말을 더듬는 비율	말을 더듬는 비율은 일반적으로 단어나 음절수로 계산함
말을 더듬는 시간	전체 발화시간이 측정되고 발화 도중에 나타나는 말더듬 시간이 별도로 측정됨
부수행동	• 탈출행동과 회피행동은 말더듬의 정도를 짐작할 수 있는 중요한 요소임 • 부수행동은 말더듬 초반에는 거의 나타나지 않다가 말더듬이 어느 정도 고착화되거나 질적인 변화 단계에서 많이 나타나며, 말더듬을 스스로 지각하면서 나타남

① ㉤ 회피행동
② ㉥ 학생의 심리적 특성을 고려하여 말더듬 수정법을 적용하여 말에 대한 불안이나 회피행동을 줄이고, 말더듬을 받아들이도록 지도한다.

2023학년도 초등 A4

08 (가)는 3~4학년군 국어과 '생활 속 낱말 읽기' 수업에 대한 교수·학습 계획안의 일부이고, (나)는 의사소통에 어려움이 있는 나희와 강우의 특성에 따른 지도 시 유의점이다. 물음에 답하시오. [6점]

(나)

강우	• 파라다이스-유창성 검사 결과: 말더듬 정도 '심함'으로 나타남 • 발표할 차례가 되면 자꾸 화장실이나 보건실에 다녀오겠다고 함 • 원하지 않는 사람들과의 대화 중에는 눈을 마주치지 않고 딴 곳을 보거나 대화에 끼지 않고 싶어함 ㉤	• 심리적으로 불안하면 말더듬 정도가 심해짐 • 수업에서 말하기 활동을 할 때 긴장을 많이 하고 불안한 모습을 보임 • ㉥ 강우의 심리적 특성을 고려하여 지도함

3) ① (나)의 ㉤에 해당하는 말더듬의 부수행동 유형을 쓰고, ② ㉥에 해당하는 지도 방안을 1가지 쓰시오. [2점]

파라다이스-유창성 검사 (P-FA)
- 대상: 취학 전 아동, 초등학생, 중학생 이상의 연령대별로 검사
- 구성: 구어평가와 의사소통태도평가
- 결과: 백분위점수와 백분위점수에 근거한 말더듬 정도(심함, 중간)를 제시함

말더듬장애 학생의 심리적 특성
- 수치심, 좌절감, 낮은 자아개념을 보임. 말에 대한 심리적 부담으로 인해 불안심리가 매우 큼
- 주목받는 상황, 당황스러운 상황에서 말더듬이 더 심하게 나타남

기본이론 60p, 65–69p

- 말더듬장애 특성
- 말더듬 수정법

말더듬장애
- 개념
- 원인
- 특성
- 진단검사
- 치료 접근법
- 유창성장애 학생을 위한 교사교육

핵심 개념

말더듬장애 특성
- **핵심행동**: 반복, 연장, 막힘
- **부수행동**: 탈출행동, 회피행동

말더듬 수정법의 목표(고은, 2021.)
- 수치심과 두려움의 감소
- 의사소통에서 좀 더 부드러운 방법으로 말을 더듬기
- 심리적 압박을 제거하여 2차적 증상인 탈출행동이나 회피행동의 감소

① 반복
② 말더듬 수정법은 심리적 압박을 제거하여 2차적 증상인 탈출행동이나 회피행동을 감소시켜줄 수 있다.

2024학년도 유아 A5

09 **(가)는 유아특수교사와 5세 발달지체 유아 시우와 민지의 대화 장면이고, (나)는 시우와 민지를 위한 의사소통 지도 방안이다. 물음에 답하시오. [5점]**

(가)

(교사가 뽀이 인형을 보여 준다.)

민지 : 와~ 뽀이다.
시우 : ㅃㅃㅃㅃ 뽀이다.

(교사가 뽀이 인형을 들고, 방귀 뀌는 제스처와 함께 입에 공기를 가득 모았다가 터트리면서 '뽕'을 발음하는 입 모양을 보여 준다.)

교사 : 뽀이가 지금 어떤 소리를 냈을까요?
민지 : 뚱~
시우 : ㅃㅃㅃㅃ 뿌우~
교사 : 그래, 뽕~. 자, 입안에 공기를 넣고 뽕~ 하고 터트려 볼까요? (입에 공기를 가득 모았다가 터트리는 입 모양을 하며) 뽕~
시우 : (입술을 긴장하며 대답하지 않는다.)
민지 : 탕~
교사 : 잘했어요. (뽀이를 보여 주면서) 뽀이는 무엇을 뀌었을까요?
민지 : 탕구요.
교사 : 시우도 대답해 볼까요? 뽀이는 무엇을 뀌었을까요?
시우 : (얼굴을 한쪽으로 찌푸리면서) ㉢ <u>ㅂㅂㅂ 방구요</u>.

…(하략)…

(나)

	의사소통 지도 방안
시우	• 말하는 기회를 많이 가질 수 있도록 함 • 유창성 완성법보다는 ㉣ <u>말더듬 수정법을 활용하는 것이 효과적</u>임

2) ① (가)의 ㉢에 해당하는 말더듬의 핵심행동 유형을 쓰고, ② (나)의 ㉣의 이유를 (가)에 제시된 시우의 의사소통 특성을 참고하여 쓰시오. [2점]

기본이론 60p, 70-71p

- 말더듬장애 특성
- 속화(말빠름증)

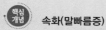

말더듬장애
- 개념
- 원인
- 특성
- 진단검사
- 치료 접근법
- 유창성장애 학생을 위한 교사교육

말빠름증
- 개념
- 특징
- 치료 접근법

핵심개념

속화(말빠름증)
- 말의 속도가 너무 빨라서 말의 유창성이 깨진 경우를 말함
- 속화를 보이는 사람은 말소리의 위치를 바꾸는 실수를 보이기도 함
- **스퍼너리즘**: 두 개 이상의 단어에서 어두음을 무의식적으로 바꿔 발화하는 것
- **스코핑**: 두 개 이상의 단어를 축약해 발화하는 것

말라프로프리즘

문장에서 단어를 우스꽝스럽게 잘못 사용하거나 부정확하게 사용하는 것

말더듬장애 특성
- **핵심행동**: 반복, 연장, 막힘
- **부수행동**: 탈출행동, 회피행동

2) 속화(말빠름증)

3) 말을 더듬는 상황에서 벗어나기 위한 신체적인 행동인 탈출행동을 보이고 있다.

2017학년도 유아 A5

10 **다음은 5세 발달지체 유아의 부모들이 부모 참여 수업 후 나눈 대화 내용의 일부이다. 물음에 답하시오. [5점]**

 우리 세호는 발음이 정확하지 않아요. ㉠ 사탕을 [타탕], 참새를 [참떼], 풍선을 [풍턴]이라고 발음한다니까요.	 우리 민지는 ㉡ 말이 너무 빨라서 발음이 뒤섞이고 심지어 말소리의 위치를 바꾸는 실수를 자주 해서 무슨 말을 하는지 못 알아듣겠어요.
민규는 발음은 괜찮은데 작년부터 말을 더듬기 시작하더니 요즘에는 ㉢ 말을 할 때 얼굴을 찌푸리기도 하고 아랫입술을 심하게 움직이기도 해서 걱정이에요. 말을 더듬고 있을 때 천천히 부드럽게 말하도록 하는 방법이 있다고 하던데 선생님께 여쭈어 봐야겠어요.	 우리 딸 둘은 모두 인공와우 이식 수술을 하고 꾸준히 청능훈련을 받았어요. 그랬더니 선희는 ㉣ 요즘 심부름도 곧잘 하고 대답도 잘해요. 며칠 전에는 선희가 언니의 어음처리기가 궁금한지 언니 것을 달아보더라고요. 그러더니 ㉤ 너무 시끄럽고 무슨 말인지 안 들린다고 했어요. 머리도 어지럽다고 하면서 어음처리기를 떼어버렸어요.

스퍼너리즘: 두 개 이상의 단어에서 어두음을 무의식적으로 바꿔 발화하는 것

이끌어 내기(= 말소) 기법: 말을 더듬고 있을 때 천천히 부드럽게 말하도록 하는 방법

2) ㉡에 해당하는 유창성 장애의 유형을 쓰시오. [1점]

3) 민규가 ㉢의 행동을 하는 이유를 쓰시오. [1점]

기본이론 69-70p

유창성장애 학생을 위한 교사교육

말더듬장애
- 개념
- 원인
- 특성
- 진단검사
- 치료 접근법
- 유창성장애 학생을 위한 교사교육

말더듬장애의 심리적 특성
- 수치심, 좌절감, 낮은 자아개념을 보임. 말에 대한 심리적 부담으로 인해 불안심리가 매우 큼
- 주목받는 상황, 당황스러운 상황에서 말더듬이 더 심하게 나타남

모범답안
- 예상치 못한 질문은 피한다.
- 다른 아동에게 먼저 질문함으로써 준비할 수 있는 시간을 준다.

2019학년도 유아 A7

11 **다음은 4세 반 통합학급 김 교사가 작성한 반성적 저널의 일부이다. 물음에 답하시오. [5점]**

> 일자: 2018년 ○○월 ○○일
>
> 종호가 몇 달 전부터 가끔씩 말을 더듬기 시작했다. ㉣ 오늘 종호 짝꿍 수빈이가 종호에게 갑자기 양말을 어디서 샀냐고 물으니 종호가 말을 더듬으며 "마마마마트"라고 대답했다. 그런데 다른 친구들과 함께 놀이를 하면서 이야기할 때는 더듬지 않았다. 그리고 이야기 나누기 시간에 내가 종호에게 먼저 질문하면 말을 더듬으며 대답했는데, 다른 친구들에게 질문한 후 종호에게 질문하면 더듬지 않고 대답했다.
>
> …(하략)…

말더듬장애

3) ㉣의 내용을 고려할 때, 교사가 종호에게 질문 시 유의해야 할 점을 2가지 쓰시오. [2점]

CHAPTER 05

운동말장애

01 마비말장애
- 정의 및 특성
- 치료

02 말실행증
- 정의 및 특성
- 치료

 기본이론 72-73p

 운동말장애

핵심개념

마비말장애
- 중추 및 말초신경계의 손상으로 인한 말기제의 근육조정 장애로 나타나는 말장애
- 산출체계별(호흡, 발성, 공명, 조음, 말 속도, 운율 및 자연스러움)로 중재

말실행증
- 후천적인 뇌손상으로 인한 근육의 마비나 약화 현상 없이, 조음기관의 위치를 프로그래밍하거나 일련의 조음 운동을 체계적으로 수행하는 데 어려움을 보이는 말장애
- **모색현상**: 발화 시 입술을 끊임없이 움직이면서 정확한 조음의 위치나 방법을 찾는 현상
- 운동학습에 근거한 반복 연습

마비말장애와 말실행증의 차이점

'말운동 계획 및 프로그래밍' 단계에서 손상을 보이는 경우 말실행증으로 진단되고, '말집행' 단계에서 손상을 보이는 경우 마비말장애로 진단됨
- **말실행증 치료의 초점**: 조음 및 운율 지도, 반복수행
- **마비말장애 치료의 초점**: 화자중심적 치료, 의사소통중심적 치료

 ⑤

2013학년도 중등 39

01 **다음 (가)~(라)의 유형에 따른 내용 중 옳은 것을 〈보기〉에서 고른 것은?**

(가) 브로카 실어증(Broca's aphasia)
(나) 베르니케 실어증(Wernicke's aphasia)
(다) 마비말장애(dysarthria)
(라) 말실행증(apraxia of speech)

보기

ㄱ. (가)는 유창하지만 청각적 이해력에서 어려움을 보이고, 느린 발화 속도와 단조로운 운율 특성 등을 보인다.
ㄴ. (나)는 청각적 이해력, 유창성, 따라 말하기는 좋은 편이나 이름대기 수행력이 낮고, 착어가 자주 관찰된다.
ㄷ. (다)는 체계적인 호흡 훈련, 조음 지도 및 운율 지도 등을 통해 말 명료도를 향상시킬 수 있다.
ㄹ. (다)는 말 산출과 관련된 근육의 약화, 불협응 등에 의한 말장애로 정확한 말소리 산출에 어려움을 보인다.
ㅁ. (라)는 노래 형식으로 발화 길이를 늘려가는 방식을 통해 표현력을 향상시킬 수 있다.
ㅂ. (라)는 근육 약화나 협응 곤란은 없지만 말 산출 근육의 프로그래밍 문제로 조음 및 운율 오류를 보이고, 정확한 조음위치를 찾으려는 모색행동(groping)이 관찰된다.

① ㄱ, ㄴ, ㅁ ② ㄱ, ㄷ, ㅂ
③ ㄴ, ㄷ, ㅁ ④ ㄴ, ㄹ, ㅂ
⑤ ㄷ, ㄹ, ㅂ

ㄷ. 마비말장애의 경우 말 산출체계별(호흡, 발성, 공명, 조음 등) 중재를 실시함

ㄹ. 마비말장애는 중추 및 말초신경계 손상으로 인한 말기제의 근육조정장애로 나타나는 말장애임

ㅁ. 말실행증의 정도가 아주 심해 자발화가 거의 불가능할 경우, 노래 부르기 등을 활용해 '음절 → 단어 → 구 → 문장'의 순서로 점차 늘려나갈 수 있음

ㅂ. 말실행증은 근육의 마비나 약화 현상 없이 조음기관의 프로그래밍에 어려움을 보이고, 전반적으로 변이성이 높으며 모색행동이 관찰됨. 치료의 초점은 반복 연습임

기본이론 72-73p

운동말장애

마비말장애

- 중추 및 말초신경계의 손상으로 인한 말기제의 근육조정 장애로 나타나는 말장애
- 산출체계별(호흡, 발성, 공명, 조음, 말 속도, 운율 및 자연스러움)로 중재

말실행증

후천적인 뇌손상으로 인한 근육의 마비나 약화 현상 없이, 조음기관의 위치를 프로그래밍하거나 일련의 조음운동을 체계적으로 수행하는 데 어려움을 보이는 말장애

모범답안 (제시문만 분석)

2014학년도 초등 A6 / 유아 A7

02 **(가)는 경직형 뇌성마비 학생 주희의 언어 관련 특성이고, (나)는 특수교사와 언어재활사가 협의한 내용이다. 물음에 답하시오. [5점]**

뇌성마비는 중추 또는 말초신경계 손상으로 인해 비정상적인 근긴장을 보이는 신경운동장애임

(가) 주희의 언어 관련 특성

- 호흡이 빠르고 얕으며, 들숨 후에 길게 충분히 내쉬는 것이 어려움
- 입술, 혀, 턱의 움직임이 조절되지 않고 성대의 과도한 긴장으로 쥐어짜는 듯 말함
- ㉠ 말소리에 비음이 비정상적으로 많이 섞여 있음
- 전반적으로 조음이 어려우며, 특히 /ㅅ/, /ㅈ/, /ㄹ/음의 산출에 어려움이 보임

마비말장애
중추 및 말초신경계 손상에 기인한 신경말장애 유형 중 말 산출과 관련된 근육의 마비, 약화, 불협응 등에 의한 말장애

(나) 협의록

- 날짜 : 2013년 3월 13일
- 장소 : 특수학급 교실
- 협의 주제 : 주희의 언어 능력 향상을 위한 지도 방안
- 협의 내용 :
  ① 호흡과 발성의 지속 시간을 점진적으로 늘릴 수 있도록 지도하기로 함
  ② 비눗방울 불기, 바람개비 불기 등의 놀이 활동을 통해 지도하기로 함
  ③ /ㅅ/, /ㅈ/, /ㄹ/ 발음의 정확성을 높이기 위하여 반복 연습할 기회를 제공하기로 함
  ④ 자연스럽게 편안한 발성을 위하여 바른 자세 지도를 함께 하기로 함
  ⑤ 추후에 주희의 의사소통 문제는 ㉡ 언어의 3가지 주요 요소(미국언어·청각협회 : ASHS)로 나누어 종합적으로 재평가하여, 필요하다면 주희에게 적합한 ㉢ 보완대체의사소통(AAC) 체계 적용을 검토하기로 함

①, ② 호흡지도

③ 조음지도

④ 자세조정훈련

CHAPTER

06 음성장애

01 음성장애의 정의
- 강도장애
- 음도장애
- 음질장애

02 음성장애의 원인 및 분류
- 기질적 음성장애
- 기능적 음성장애
- 신경학적 음성장애

03 음성장애의 치료방법
- 성대 남용 및 오용
- 신경손상
- 심리적 이상

04 기능적 음성장애를 위한 학교에서의 중재방안

기본이론 75p

음성장애

음성장애
- 정의
- 원인 및 분류
- 치료방법
- 기능적 음성장애를 위한 학교에서의 중재방안

음성장애

음성을 산출하는 기관의 기질적인 문제나 심리적인 문제 또는 성대의 잘못된 습관(기능적 원인)으로 인해 강도, 음도, 음질 등이 성과 연령, 체구와 사회적 환경들에 적합하지 않은 음성의 상태. 이 가운데 한 가지 이상이 정상범위에서 벗어날 때 음성장애라고 판별함

- **강도장애**: 음성을 전혀 낼 수 없거나, 음성이 지나치게 크거나 너무 작은 경우
- **음도장애**: 연령과 성에 따라 기대되는 음도보다 지나치게 높거나 낮은 경우
- **음질장애**: 목쉰 소리, 과대비성, 무비성, 기식성 음성, 성대프라이 등

음성장애

2020학년도 유아 A8

01 다음은 통합학급 5세 반 황 교사와 유아특수교사 정 교사의 대화이다. 물음에 답하시오. [5점]

> 황 교사: 선생님, 영주는 ㉠ <u>말의 흐름이 자연스럽지 않고, 말 리듬이 특이해서 무슨 말을 하는지 이해하기가 힘들어요.</u> 특정 음절을 반복, 연장하고, 말이 막히기도 해요. 반면, 선미는 말을 할 때 ㉡ <u>부자연스러운 고음과 쥐어짜는 듯한 거칠고 거센소리를 내요.</u>
>
> …(중략)…

- "부자연스러운 고음" → 음도장애
- "쥐어짜는 듯한 거칠고 거센소리" → 음질장애

1) ㉡에 해당하는 말장애(구어장애) 유형을 쓰시오. [2점]

기본이론 81p

음성장애를 위한 학교에서의 중재방안

음성장애
- 정의
- 원인 및 분류
- 치료방법
- 기능적 음성장애를 위한 학교에서의 중재방안

음성장애의 유형
- **기질적 음성장애**: 발성기관의 구조적 손상이나 질병에 기인한 음성장애
- **기능적 음성장애**: 성대의 오용이나 남용으로 인한 음성장애
- **신경학적 음성장애**: 근육의 신경학적 문제로 인한 음성장애

학급 안의 소음을 줄인다.
(예 카펫이나 커튼 설치)

2016학년도 초등 B6

02 **(가)는 '2011 개정 특수교육 교육과정' 중 기본 교육과정 실과 '생활용품 만들기' 단원 전개 계획의 일부이고, (나)는 2차시 '도구의 쓰임새 알기' 수업 장면의 일부이다. 물음에 답하시오. [5점]**

(나) 수업 장면

박 교사: 여러분, 오늘은 여러 가지 도구가 어디에 사용되는지 공부해볼 거예요. 풀은 어디에 사용되는 걸까요? 선우가 한번 말해볼까요?
선 우: (ⓗ 매우 거칠고 쉰 목소리로) 붙여요! 붙여요!
박 교사: (소란스러운 아이들을 조용히 시키며) 선우야! 다시 한번 말해볼까?
선 우: (더 큰 소리로) 붙여요!
박 교사: 그래요. 풀은 붙이는 데 사용해요.

(박교사가 책상 아래에서 풀, 가위, 투명 테이프 등이 들어 있는 도구 상자를 꺼내는 사이에 교실은 다시 소란해진다.)

"매우 거칠고 쉰 목소리"
→ 음질장애

매우 소란스러운 학급 환경

3) 성대를 습관적으로 남용하는 선우는 (나)의 ⓗ과 같은 음성적 특성을 보인다. 박 교사가 선우를 위해 할 수 있는 교실 내의 물리적 환경 개선 방안을 1가지 쓰시오. [1점]

"성대를 습관적으로 남용"
→ 기능적 음성장애

※「장애인 등에 대한 특수교육법」이 정의하는 음성장애는 기능적 음성장애만을 포함함. '기능적 음성장애'란 성대를 습관적으로 오용 및 남용하는 것을 말함

교실 내 물리적 환경 개선 방안
- 학급 내 소음이 높을수록 목소리 크기가 더욱 커지기 때문에 학급 내 소음을 줄여야 함
- 간접적 치료 방법으로 성대위생교육(잘못된 성대행동 확인, 습관 유지 및 생수 비치 등)을 실시함

기본이론 79-80p

음성장애 치료접근법

음성장애
- 정의
- 원인 및 분류
- 치료방법
- 기능적 음성장애를 위한 학교에서의 중재방안

음성장애 중재

음성 과소기능 장애와 음성 과기능 장애 중재방법 비교하기

음성 과소기능	음성 과기능
• 성대 내전시키기 예 기침하기, 목 가다듬기, 하품하기, '아' 발성하기 • 밀기 접근법	• 성대 위생교육 • 저작하기, 하품-한숨 기법

모범답안 ⑤

2011학년도 중등 34

03 다음은 김 교사가 학생 A의 음성 산출 행동을 관찰하여 정리한 것이다. 김 교사가 학생 A를 위하여 교실 내에서 적용할 수 있는 음성 관리 방법에 대한 설명으로 가장 적절한 것은?

- 쉬는 시간에 자주 큰 소리로 노래를 부른다.
- 수업시간에 습관적으로 과도한 기침이나 헛기침을 한다.
- 운동 경기를 보며 지나치게 큰 소리로 응원하는 경우가 많다.
- 수업시간에 다른 학생들에 비해 지나치게 큰 소리로 말하여 자주 목쉰 소리가 난다.

학생 A의 음성 산출 행동
- 음성을 남용하는 기능적 음성장애임
- 음성남용의 특징을 보이는 학생에게는 과도한 성대 사용을 줄이고 성대를 이완하도록 하는 기법을 사용해야 함

① 책상을 손바닥으로 강하게 밀면서 음을 시작하게 한다. — ① 밀기 접근법

② 숨을 들이마시면서 목에 긴장을 주며 음을 시작하게 한다.

③ 목청을 가다듬으며 내는 소리를 길게 늘여 음을 시작하게 한다.

④ 말을 적게 하게 하고, 빠르게 숨을 쉬며 힘주어 음을 시작하게 한다.

— ②, ③, ④ 성대 내전 촉진법

⑤ 하품이나 한숨을 쉬는 것처럼 부드럽게 속삭이듯이 음을 시작하게 한다. — ⑤ 하품-한숨 기법

CHAPTER 07

실어증

01 실어증의 개념
- 정의
- 분류 및 특성
  - 베르니케 실어증
  - 브로카 실어증
  - 전도실어증
  - 이름실어증(명칭실어증)
  - 전반실어증

02 실어증의 치료

참고 자료 기본이론 83-85p

키워드 실어증

구조화 틀 실어증
- 개념 및 특성
- 치료

핵심 개념 4가지 과제 수행력에 따른 실어증 분류

	브로카	베르니케	이름
유창성	−	+	+
청각적 이해력	+	−	+
따라 말하기	−	−	+
이름 대기	−	−	−

모범 답안 ⑤

2013학년도 중등 39

01 다음 (가)~(라)의 유형에 따른 내용 중 옳은 것을 〈보기〉에서 고른 것은?

(가) 브로카 실어증(Broca's aphasia)
(나) 베르니케 실어증(Wernicke's aphasia)
(다) 마비말장애(dysarthria)
(라) 말실행증(apraxia of speech)

보기

ㄱ. (가)는 유창하지만 청각적 이해력에서 어려움을 보이고, 느린 발화 속도와 단조로운 운율 특성 등을 보인다.
ㄴ. (나)는 청각적 이해력, 유창성, 따라 말하기는 좋은 편이나 이름대기 수행력이 낮고, 착어가 자주 관찰된다.
ㄷ. (다)는 체계적인 호흡 훈련, 조음 지도 및 운율 지도 등을 통해 말 명료도를 향상시킬 수 있다.
ㄹ. (다)는 말 산출과 관련된 근육의 약화, 불협응 등에 의한 말장애로 정확한 말소리 산출에 어려움을 보인다.
ㅁ. (라)는 노래 형식으로 발화 길이를 늘려가는 방식을 통해 표현력을 향상시킬 수 있다.
ㅂ. (라)는 근육 약화나 협응 곤란은 없지만 말 산출 근육의 프로그래밍 문제로 조음 및 운율 오류를 보이고, 정확한 조음위치를 찾으려는 모색행동(groping)이 관찰된다.

ㄱ. 브로카 실어증은 청각적 이해력은 좋으나 유창성에 어려움을 보임

ㄴ. 베르니케 실어증은 유창하나 청각적 이해력, 이름대기 수행력에 어려움이 있음. 제시문의 유형은 '이름(명칭) 실어증'에 해당함

착어(목표단어 대신 다른 단어를 산출하는 말)를 자주 보임

① ㄱ, ㄴ, ㅁ　② ㄱ, ㄷ, ㅂ
③ ㄴ, ㄷ, ㅁ　④ ㄴ, ㄹ, ㅂ
⑤ ㄷ, ㄹ, ㅂ

기본이론 83p

키워드

실어증 관련 특성

실어증
- 개념 및 특성
- 치료

착어의 유형
- **의미착어**: 목표단어 대신 그 단어와 의미적으로 유사한 다른 단어를 산출 (예 딸기 → 사과)
- **음소착어**: 목표음소 대신 비슷하게 들리는 단어를 산출함. (예 장화 → 갑화) 음소착어 반응이 우연히 일정한 다른 의미를 지니고 있는 실제 단어로 대치된 경우를 '타단어화 음소착어'라고 부름 (예 목발 → 목침)
- **신조어(신조착어)**: 목표 단어와 그 의미와 발음이 전혀 유사하지 않고 그 나라의 어휘에도 속하지 않는 반응 (예 가위 → 열비)

의미착어

2022학년도 중등 B2

02 (가)는 의사소통장애 학생 B가 속한 학급의 수업 장면이다. 〈작성방법〉에 따라 쓰시오. [2점]

(가) 수업 장면

작성방법

(가)의 밑줄 친 ㉠과 ㉡, 그리고 ㉢과 ㉣에서 실어증으로 인해 공통으로 나타난 언어적 특징의 명칭을 쓸 것.

CHAPTER 08

단순언어장애

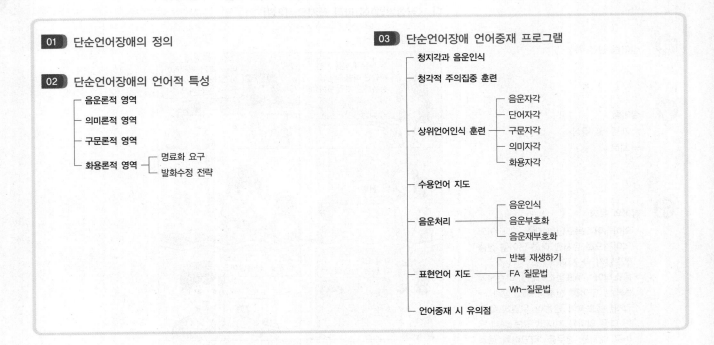

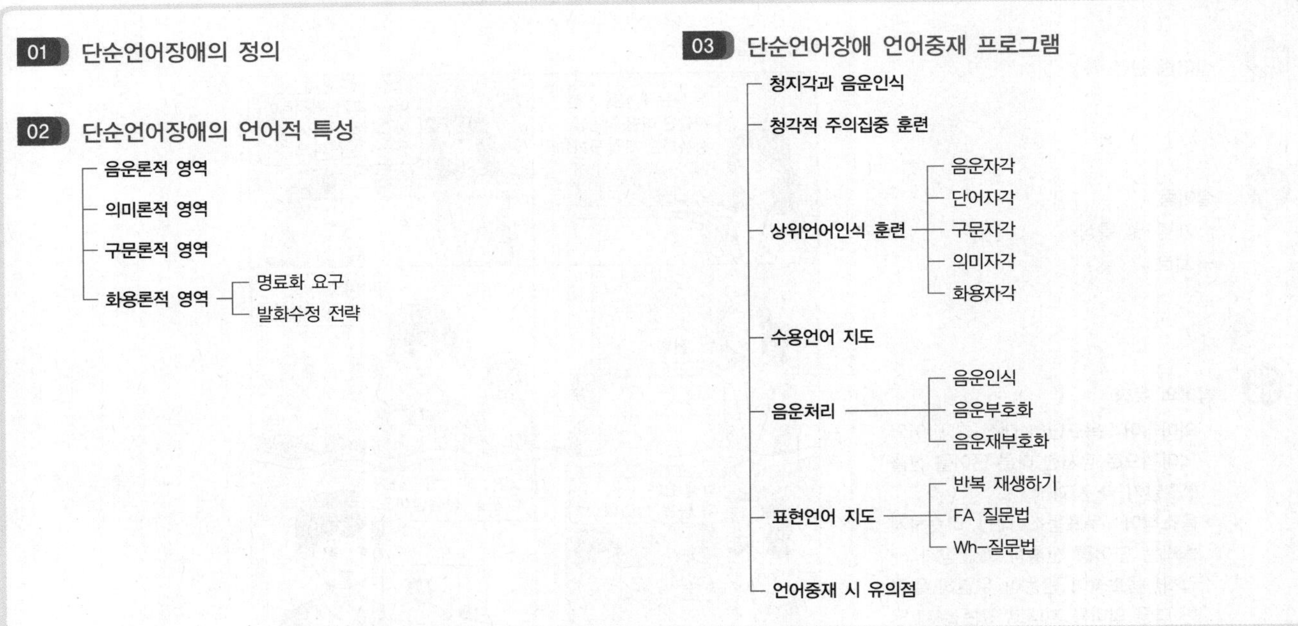

01 단순언어장애의 정의
02 단순언어장애의 언어적 특성
음운론적 영역
의미론적 영역
구문론적 영역
화용론적 영역
명료화 요구
발화수정 전략
03 단순언어장애 언어중재 프로그램
청지각과 음운인식
청각적 주의집중 훈련
상위언어인식 훈련
음운자각
단어자각
구문자각
의미자각
화용자각
수용언어 지도
음운처리
음운인식
음운부호화
음운재부호화
표현언어 지도
반복 재생하기
FA 질문법
Wh-질문법
언어중재 시 유의점

기본이론 88p

단순언어장애 정의

단순언어장애
- 정의
- 언어적 특성
- 언어중재 프로그램

단순언어장애 정의(Leonard)

- 표준화된 언어검사에서 -1.25SD 이하
- 비언어성 지능검사 결과가 85 이상
- 청력검사에서 이상 없음
- 최근 중이염에 걸린 적 없음
- 신경학적 이상 없음
- 구강구조 및 구강운동기능에 이상 없음
- 사회적 상호작용에 어려움 없음

④

2009학년도 초등(유아) 12

01 다음은 소라의 의사소통장애와 관련된 진단평가 결과이다. 소라가 가진 문제와 가장 관련이 깊은 것은?

진단평가 결과

유소라 (7세)

- 이비인후과적 검사
  - 평균청력손실 15dB
  - 중이염 없음
  - 구강구조 정상
- 신경학적 검사
  - MRI 검사(뇌손상) : 정상
  - 뇌파 검사(간질) : 정상
- 언어심리학적 검사
  - K-WICS-Ⅲ : 언어성 지능(IQ) 75, 동작성 지능(IQ) 102
  - 언어학습능력진단검사(ITPA) : 5세
- 기타
  - 정서, 사회성 발달에 심각한 문제없음
  - 감각에 심각한 문제없음

- 언어성 지능 75는 -1SD~-2SD이므로 '경계선'에 해당함
- 동작성 지능 102는 0~+1SD이므로 '평균수준'에 해당함

언어문제를 보임

① 구개파열 ② 운동말장애
③ 마비말장애 ④ 단순언어장애
⑤ 신경언어장애

기본이론 88p, 94p

- 단순언어장애 정의
- 상위언어인식 훈련

언어중재 프로그램
- 청지각과 음운인식
- 청각적 주의집중 훈련
- 상위언어인식 훈련
- 수용언어 지도
- 음운처리
- 표현언어 지도

단순언어장애 정의
- 표준화된 언어검사에서 -1.25SD 이하
- 비언어성 지능검사 결과가 85 이상
- 청력검사에서 이상 없음
- 최근 중이염에 걸린 적 없음
- 신경학적 이상 없음
- 구강구조 및 구강운동기능에 이상 없음
- 사회적 상호작용에 어려움 없음

상위언어인식 훈련
- **음운자각**: 구어에서 사용되는 단어들 속에 들어 있는 여러 가지 단위들을 분리 또는 합성하는 능력
- **단어자각**: 단어의 물리적·추상적 속성을 이해하는 능력
- **구문자각**: 문법에 맞는 문장을 사용하는지에 대해 자각하는 능력
- **의미자각**: 문법적으로는 맞지만 의미가 적절하지 않은 문장을 자각하는 능력
- **화용자각**: 자신의 발화가 상황에 적절한지 혹은 목적 달성에 적합한지 등을 스스로 점검하고 조절하는 능력

- 단순언어장애
- 음운자각, ㉠ 음소를 결합하여 단어로 만들어 답하기

2021학년도 중등 B8

02 **(가)는 ○○중학교에 재학 중인 학생 J의 진단·평가 결과이고, (나)는 순회 교사가 작성한 지도 계획의 일부이다. 〈작성방법〉에 따라 서술하시오. [4점]**

(가) 학생 J의 진단·평가 결과

- 언어 능력에 영향을 미칠 수 있는 지능이나 청력, 신경학적인 손상 등이 없음
- 사회·정서적 영역의 발달에 이상이 없음
- 표준화된 언어검사 결과 −1.5SD임

학생 J는 단순언어장애에 해당함

(나) 지도 계획

- 활동 1
  (㉠)
  − /ㅁ/, /ㅏ/, /ㅊ/, /ㅏ/를 듣고 /마차/라고 답하기
  − /ㅅ/, /ㅏ/, /ㅈ/, /ㅣ/, /ㄴ/을 듣고 /사진/이라고 답하기
- 활동 2
  틀린 문장에서 틀린 이유를 말하기
  − "오빠가 아빠를 낳았다."에서 틀린 이유를 말하기 ┐
  − "짜장면을 마셔요."에서 틀린 이유를 말하기 ┘ ㉡

상위언어인식 훈련의 요소 측면에서는 '의미자각'에 해당함

작성방법

- (가)에 근거하여 학생 J의 언어장애 유형을 쓸 것.
- (나)의 '활동 1'을 통해 향상시킬 수 있는 상위언어기술의 영역 1가지를 쓰고, ㉠에 들어갈 활동 내용을 1가지 제시할 것.

확장하기

상위언어인식 훈련

일반적으로 상위언어인식 능력은 음운, 의미 또는 구문영역에 오류가 있는 문항을 제시한 후 문장의 오류 여부를 판단해 잘못된 부분을 수정하는 과제 수행을 통해 알아볼 수 있다(최차숙, 최예린, 2009).

구분	검사자	반응의 예
음운영역	• 연필로 동가미를 그려요. • 시장에서 살을 사요. • 친구하고 술래잡기를 했어요.	• 틀렸어요, 동그라미를 그려요. • 틀렸어요, 쌀을 사요. • 맞았어요.
의미영역	• 아빠가 화장을 해요. • 다리를 건너다가 다리를 다쳤어요. • 시장에 가면 동물들이 많아요.	• 틀렸어요, 엄마가 화장을 해요. • 맞았어요. • 틀렸어요, 동물원이에요.
구문영역	• 학교를 공부를 해요. • 토끼가 당근에게 먹어요. • 목욕탕에서 세수를 해요.	• 틀렸어요, 학교에서 공부를 해요. • 틀렸어요, 토끼가 당근을 먹어요. • 맞았어요.
화용영역	• "할머니는 잘 있니?"라고 말해요. • "너무 시끄럽지 않아요?"는 무슨 뜻일까요? • 생일에 친구가 선물을 주자 "안녕하세요."라고 해요.	• 틀렸어요, "잘 계시니?"예요. • 조용히 하라는 말이에요. • 틀렸어요, "고마워."라고 말해요.

기본이론 91–93p

청지각과 음운인식

언어중재 프로그램
- 청지각과 음운인식
- 청각적 주의집중 훈련
- 상위언어인식 훈련
- 수용언어지도
- 음운처리
- 표현언어지도

청지각 훈련과 음운인식 프로그램
- **청지각**: 귀로 듣고, 정확히 인식하고, 변별하고, 이해하는 과정
- **음운인식**: 말소리의 구조를 인식하고 분석하는 것. 음절 단위의 음운인식 능력을 갖추었다는 것은 단어를 음절 단위로 인지하고, 초성 자음과 각운 등을 인지하며, 음절 단위로 말소리를 조작하는 등의 능력이 있는 것
- '소리 수준 → 음절 수준 → 음소 수준'의 과제를 제시해 훈련

다른 음소를 대치시켜 발음해본다.

2015학년도 초등 B7

03 **(가)는 통합학급 박 교사가 2학년 청각장애학생 소망이의 국어 수업 계획을 위해 특수학급 김 교사에게 자문을 구하는 대화이다. (나)는 '2009 개정 교육과정' 국어과(듣기 · 말하기) 교수 · 학습 과정안의 일부이다. 물음에 답하시오. [5점]**

(가) 대화 내용

박 교사: 다음 주에 있을 국어과 수업 중에 '낱말 알아맞히기' 활동이 있어요. 소망이는 ㉠ 자신이 궁금한 점을 질문하거나 질문에 대답도 잘하고, 지시 따르기를 잘할 수도 있으니까 활동에 참여하는 데 별 어려움은 없겠지요?

김 교사: 소망이는 의사소통 수단으로 구어를 주로 사용하지만, 독화에 의존하는 경향이 있으니 ㉡ '말추적법(speech tracking)'이라는 의사소통 보충 전략을 미리 가르쳐주시면, 소망이가 수업에 참여하는 데 도움이 될 것 같아요. 저도 소망이가 알아듣기 어려워하는 말소리를 중심으로 ㉢ 청지각 훈련을 해주도록 할게요.

박 교사: 네, 알겠어요. 그런데 국어 수업에 대한 형성평가를 할 때 소망이는 어떻게 해야 할까요?

김 교사: 소망이가 청각중복장애학생이 아니라서 특별히 유의할 사항은 없어요. 소망이가 의사소통 전략을 활용하는 정도에 따라서 형성평가 방법을 계획하시면 될 것 같아요.

3) 다음은 소망이가 듣기 어려워하는 말소리를 중심으로 (가)의 ㉢을 적용한 활동의 일부이다. 아래의 빈칸에 들어갈 내용을 쓰시오. [1점]

청지각과 음운인식

청지각 훈련	소망이를 위한 활동의 예
자음과 모음 카드를 가지고 글자를 구성한다.	/ㅅ/과 /ㅏ/가 만나면 무슨 소리가 될까요?
같은 음절로 시작되는 단어를 찾는다.	'사자', '사과', '아빠' 중에서 시작하는 말이 같은 것은 무엇일까요?
첫소리가 같은 단어를 찾는다.	'상자', '송편', '책상' 중에서 시작하는 말소리가 같은 것은 무엇일까요?
	'실'에서 /ㅅ/ 대신에 /ㅆ/을 넣으면 무슨 소리가 될까요?

음소합성

음절변별

음소변별

음소대치

확장하기

청지각과 음운인식(고은, 2021.)

1. 청지각: 귀로 듣고, 정확히 인식 · 변별 · 이해하는 과정

하위 개념	내용
청각적 이해력	소리를 듣고 의미를 알고, 말을 듣고 이해하는 능력
청각적 변별력	같은 소리인지, 같은 음절인지, 같은 음소인지 등을 구별하는 능력
청각적 기억력	들은 말을 그대로 재현하거나, 청각적 정보를 순서대로 기억하는 능력
청각적 종결력	단어 중에서 빠진 소리를 인식하고 찾아내는 능력
청각적 혼성력	각각의 소리를 단어로 연결하고 종합하는 능력

2. 청지각 훈련을 바탕으로 한 음운인식 프로그램의 예시

단계	활동	예시
Ⅰ (소리 수준)	• 주변에서 나는 소리를 집중해서 듣고, 그 소리가 무엇인지 안다. • 주변에서 나는 소리와 말소리를 구별할 줄 안다. • 남자/여자 목소리를 구별할 줄 안다.	
Ⅱ (문장 수준)	문장을 듣고 해당하는 그림을 고를 수 있다. (밥을 먹어요.) (달리기를 해요.) (공부를 해요.)	
Ⅲ (단어 수준)	문장에서 단어를 쪼갤 줄 안다.	호랑이와 토끼가 만났어요. → /호랑이와/ /토끼가/ /만났어요/
	단어를 듣고 그림카드를 고를 수 있다.	딸기가 어디 있을까요?
Ⅳ (음절 수준)	단어를 듣고 음절 수를 셀 줄 안다.	/호랑이/는 몇 개의 음절로 이루어졌을까요?
	같은 음절로 시작되는 단어를 찾을 수 있다(두운인식).	/사과/, /사슴/, /나비/ 중 첫음절이 다른 것은 무엇일까요?
	같은 음절로 끝나는 단어를 찾을 수 있다(각운인식).	/가방/, /나방/, /가을/ 중 끝음절이 다른 것은 무엇일까요?
	두 개의 음절이 합해지면 만들어지는 소리를 안다.	/나/와 /무/를 합치면 어떤 소리가 될까요?
	하나의 음절을 빼면 만들어지는 소리를 안다.	/사마귀/에서 /마/를 빼면 어떤 소리가 될까요?
	다른 음절로 바꾸어 만들어지는 소리를 안다.	/바다/의 /바/를 /자/로 바꾸면 어떤 소리가 될까요?
Ⅴ (음소 수준)	음절을 듣고 음소 수를 셀 줄 안다.	/창/은 몇 개의 소리로 이루어졌을까요?
	같은 음소로 시작되는 단어를 찾을 수 있다.	/고기/, /기차/, /오리/ 중 첫소리가 다른 것은 무엇일까요?
	같은 음소로 끝나는 단어를 찾을 수 있다.	/수박/, /주먹/, /구멍/ 중 끝소리가 다른 것은 무엇일까요?
	두 개의 음소가 합해지면 만들어지는 소리를 안다.	/ㄱ/과 /ㅗ/를 합하면 어떤 소리가 될까요?
	하나의 음소를 빼면 만들어지는 소리를 안다.	/나비/의 /ㄴ/을 빼면 어떤 소리가 될까요?
	다른 음소로 바꾸어 만들어지는 소리를 안다.	/방/의 /ㅂ/을 /ㄱ/으로 바꾸면 어떤 소리가 될까요?

음운처리(고은, 2021.)

① '음운처리(phonological processing)'란 구어(음성언어)와 문어(시각언어)를 포함한 언어적 정보처리를 위하여 음운에 기초한 정보를 활용하는 것이다.

② 음운처리에 결함을 가진 경우에는 소리를 지각하거나 소리체계의 규칙을 사용하고, 기억 속에 있는 음운정보를 기호화하여 인출하는 것에 문제를 보인다.

음운처리 과정	내용
음운인식	말소리의 구조를 인식하고 분석하는 것을 의미한다.
음운부호화	음운정보를 일시적으로 저장하는 작업기억을 의미한다. l 활동의 예 • 선생님이 말한 것을 잘 기억한 다음에 순서대로 똑같이 따라 말해 보세요. /사과/, /토끼/, /트럭/ • 선생님이 말한 것을 잘 듣고 거꾸로 말해보세요. /바/, /고/, /디/
음운재부호화 (음운부호의 인출)	장기기억으로부터 음운부호의 인출을 의미한다. l 활동의 예 지금부터 선생님이 시간을 잴 거예요. '그만'할 때까지 /바/ 소리로 시작되는 단어를 모두 말해보세요.

음운처리(신혜정 외, 2023.)

- 음운(phonological)과 음운처리(phonological precessing)는 구별되어야 한다. 음운은 언어적 입장에서 아동의 조음산출을 나타내는 용어이며, 음운처리는 말/읽기와 관계되는 기저의 인지능력을 나타낸다. 즉, '음운처리'란 말 또는 언어적 정보를 처리할 때 음운체계를 사용하는 개인의 정신적 작용이며, 음운의 추상적인 표상을 머릿속에 등록(코드화)하고 다시 꺼내어 구어 계획을 세우는 것이라 할 수 있다.
- 음운처리 과정은 음운인식, 음운적 작업기억, 장기기억으로부터의 음운적 정보 회상으로 나뉜다.
- 음운처리의 과정 중 '음운인식'이란 말에서 사용되고 있는 단어 속 여러 가지 소리의 단위와 유형을 아는 것이다. 다시 말해, 단어는 음절과 음소 단위로 나눌 수 있는데, 음절에서 각운과 두운을 인식하고 음소와 음절을 합하여 다시 단어를 만들어낼 수 있는 능력을 음운인식이라 한다. 이러한 음운인식능력은 아동들의 조음능력 및 읽기능력과 관계되는 것으로 알려져 있다.

기본이론 96-97p

표현언어 지도

언어중재 프로그램
- 청지각과 음운인식
- 청각적 주의집중 훈련
- 상위언어인식 훈련
- 수용언어지도
- 음운처리
- 표현언어지도

핵심 개념

Wh-질문법
- 아동의 발화를 자극하는 가장 좋은 동기부여는 관심을 가지고 아동으로부터 답을 알고자 하는 것
- 교사는 아동의 어휘발달 수준에 적합한 질문을 해야 하는데, 단순언어장애의 경우 Wh-질문법이 효과적
- Wh-질문법 가운데 '왜'라는 질문은 답변이 매우 어려울 수 있으며, '어떻게'라는 질문은 아동이 답변을 구성하는 데 혼란스러울 수 있으므로, 폐쇄형 질문과 단답형 질문에서 단계적으로 접근하는 것이 좋음

Wh-질문	질문 내용
누가	이 사람은 누구예요?
어디	어디로 소풍을 간 거예요?
무엇을	소풍 가서 무엇을 하고 놀았어요?
언제	소풍을 언제 간 거예요?
왜	왜 이 친구는 앉아 있어요?

ⓐ "누가 사과를 먹나요?"

2020학년도 초등 B5

04 다음은 초임 특수교사가 관찰한 학생들의 특성과 이에 대한 수석교사의 조언 일부이다. 물음에 답하시오. [5점]

학생	학생 특성	조언
인호	ⓒ"김치 매운 먹어요."와 같은 문장을 사용하거나, ⓓ"생각이 자랐어."와 같은 말을 이해하지 못함	언어학의 하위 영역별로 지도하면 좋음
	ⓔ주어를 빼고 말하는 경우가 자주 있음	ⓕW-질문법을 활용하면 좋음

Wh-질문법
'주어를 빼고 말하는 경우'가 있는 학생에게 관심을 갖고 아동이 해당 주어를 말할 수 있도록 하는 질문을 함

4) ⓔ의 개선을 위한 지도를 할 때 다음의 ⓐ에 들어갈 교사의 말을 ⓕ을 활용하여 쓰시오. [1점]

> 민호 : 먹어요, 사과.
> 교사 : (ⓐ)

기본이론 98-99p

단순언어장애 언어중재 시 유의점

2018학년도 초등 B6

05 다음은 특수학교에서 교육실습 중인 예비 교사가 작성한 의사소통 관찰 결과와 그에 대해 지도 교사가 제공한 피드백의 일부이다. 물음에 답하시오. [5점]

학생	예비 교사 관찰 결과	지도 교사 피드백
지우	주로 2~3개의 단어를 연결하여 말함. 기본적인 단어를 배열하는 수준임. 대부분 조사가 생략된 문장 형태를 보임.	생활 연령에 비해 특히 표현언어 발달이 더 지체되어 있음. ㉧ 지우의 언어 발달 수준을 고려한 언어자극을 주는 것이 중요함

지우는 현재 전보식 문장의 형태를 보이므로, 전보식 문장으로 반복해 말해주기보다는 완전한 문장을 들려주는 것이 바람직함

4) 다음은 밑줄 친 ㉧을 위한 방법이다. 적절하지 않은 방법을 찾아 기호로 쓰고, 바르게 고쳐 쓰시오. [1점]

> ⓐ 말을 약간 천천히 하고, 중요한 단어에는 강세를 준다.
> ⓑ 발음을 분명하게 하고, 질문이나 지시문의 경우에는 짧은 문장으로 말한다.
> ⓒ 구체적이고 일상적인 단어를 사용하며, 복잡하고 어려운 단어는 이미 알고 있는 말로 바꾸어 들려준다.
> ⓓ 새로운 단어는 전보식 문장으로 반복하여 말해 주고, 의사소통의 기회를 충분히 주기 위하여 폐쇄형 질문을 주로 해준다.

의사소통 기회를 충분히 주기 위한 언어중재
- 초기에는 폐쇄형 질문과 단답형 질문에서 점차 개방형 질문으로 접근하는 것이 필요함
- 충분한 의사소통 기회를 제공하기 위해 개방형 질문을 제공함

핵심 개념

언어중재 시 유의점

더 의미 있는 언어자극이 되기 위해서는 대화할 때 아래 사항에 유의해야 함
- 아이가 받아들이기 쉽도록 짧고 구체적인 단어 사용하기
- 목소리의 높이를 다양하게 해서 말하기: 아이들은 단어의 뜻을 이해하기 이전에 말의 운율을 가지고 이해하므로, 음도 변화가 거의 없는 단음도보다는 훨씬 언어자극이 됨
- 중요한 단어에서는 억양을 높이고 강세 주기: 강세를 준 단어를 더 쉽게 배울 수 있기 때문임. 이때 목소리는 밝고 즐거워야 함
- 천천히, 분명한 발음으로 말하기: 천천히 말하되, 아기말투로 이야기하는 것은 피해야 함
- 문법적으로 완전한 문장 사용하기: 짧고 단순한 문장으로 말하되, 문법적으로 완성된 문장을 말하기
  예 "내일은 엄마랑 동물원에 가자."라는 문장을 쉽게 전달하기 위해 "내일 가 동물원 엄마랑"이라고 하는 것은 잘못된 것
- 아이가 이어문 또는 삼어문으로 말하더라도 늘 완전한 문장으로 대답해주기

ⓓ 문법적으로 완전한 문장으로 말해주어야 하며, 의사소통 기회를 충분히 주기 위해서는 폐쇄형 질문보다는 개방형 질문이 적절하다.

CHAPTER 09

의사소통장애 교육

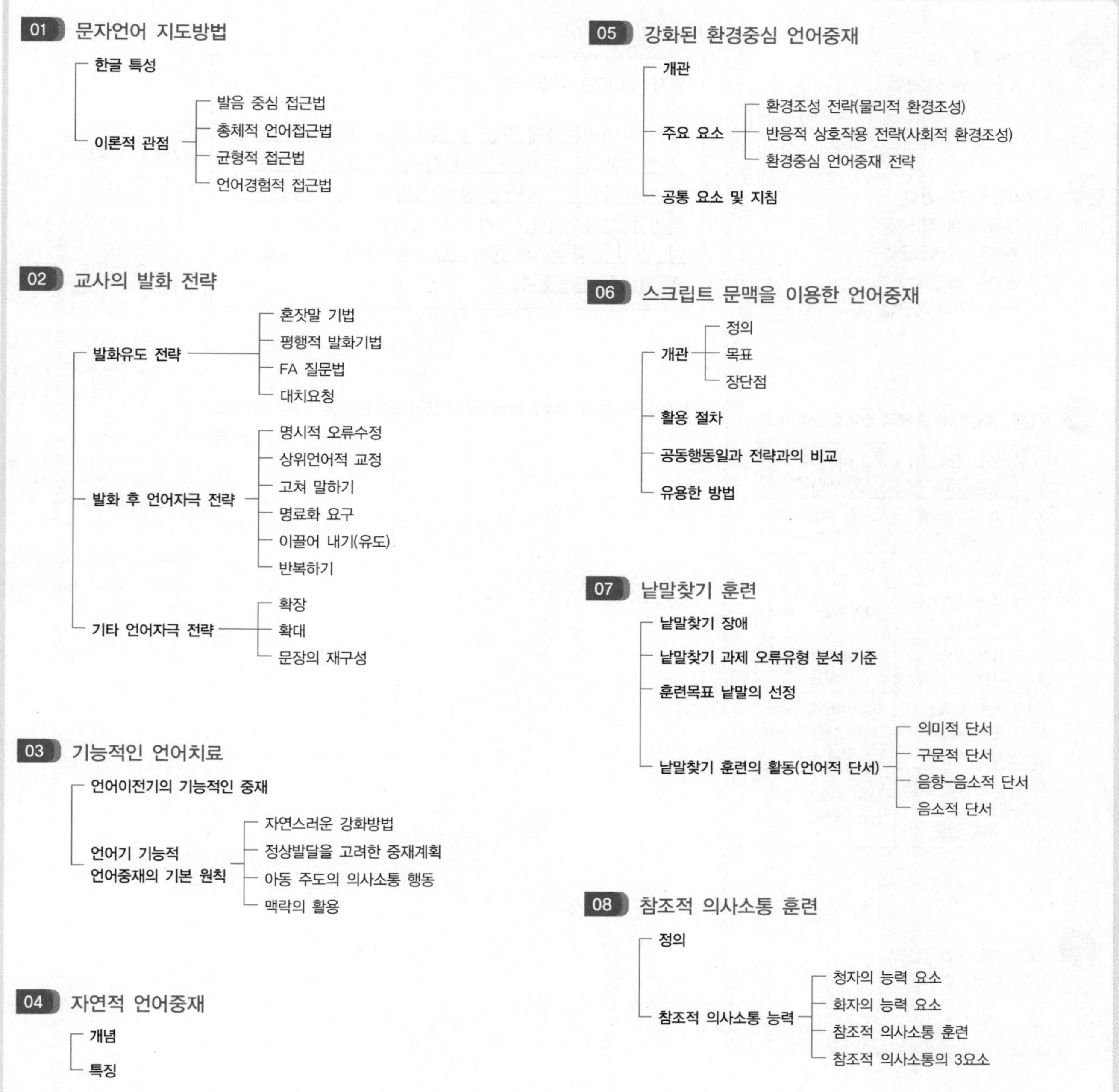

01 문자언어 지도방법
한글 특성
이론적 관점
발음 중심 접근법
총체적 언어접근법
균형적 접근법
언어경험적 접근법
02 교사의 발화 전략
발화유도 전략
혼잣말 기법
평행적 발화기법
FA 질문법
대치요청
발화 후 언어자극 전략
명시적 오류수정
상위언어적 교정
고쳐 말하기
명료화 요구
이끌어 내기(유도)
반복하기
기타 언어자극 전략
확장
확대
문장의 재구성
03 기능적인 언어치료
언어이전기의 기능적인 중재
언어기 기능적
언어중재의 기본 원칙
자연스러운 강화방법
정상발달을 고려한 중재계획
아동 주도의 의사소통 행동
맥락의 활용
04 자연적 언어중재
개념
특징
05 강화된 환경중심 언어중재
개관
주요 요소
환경조성 전략(물리적 환경조성)
반응적 상호작용 전략(사회적 환경조성)
환경중심 언어중재 전략
공통 요소 및 지침
06 스크립트 문맥을 이용한 언어중재
개관
정의
목표
장단점
활용 절차
공동행동일과 전략과의 비교
유용한 방법
07 낱말찾기 훈련
낱말찾기 장애
낱말찾기 과제 오류유형 분석 기준
훈련목표 낱말의 선정
낱말찾기 훈련의 활동(언어적 단서)
의미적 단서
구문적 단서
음향-음소적 단서
음소적 단서
08 참조적 의사소통 훈련
정의
참조적 의사소통 능력
청자의 능력 요소
화자의 능력 요소
참조적 의사소통 훈련
참조적 의사소통의 3요소

기본이론 101-102p

- 발음 중심 접근법
- 총체적 언어접근법

문자언어 지도방법
- 발음 중심 접근법
- 총체적 언어접근법
- 균형적 접근법
- 언어경험적 접근법

발음 중심법과 총체적 언어접근법 비교

발음 중심 언어교육법	총체적 언어교육법
단어 중심으로 지도	문장 중심으로 지도
발음과 음가 중시	의미 파악 중시
인위적인 방법으로 지도	자연주의적 원칙
단어카드, 철자카드 사용	그림 이야기책 사용
그림 · 삽화는 발음지도에 장애라고 봄	의미 파악을 위해 그림 · 삽화 활용을 적극 권장
내용 파악을 위한 질문은 가능한 하지 않음	내용 파악을 위한 예측을 적극 권장

ⓒ 발음 중심 접근법
ⓡ 총체적 언어접근법

2017학년도 유아 B7

01 **(가)와 (나)는 5세 통합학급 최 교사의 반성적 저널 내용의 일부이다. 물음에 답하시오. [6점]**

(나)

일자: 2016년 △월 △일

나는 ⓒ 아이들에게 자음 'ㅎ'은 [ㅎ]로, 모음 'ㅐ'는 [ㅐ]로 발음하고, 'ㅎ'과 'ㅐ'가 더해지면 [해]라고 발음한다고 가르쳐주고, '해'라는 낱말 그림카드를 보여주며 그 의미를 알려주었다. 그리고 ⓡ 아이들의 경험이나 이야기, 그림 동화책으로 문장 전체 맥락에서 적절하게 '해'의 의미를 가르쳤다.

ⓒ
- '단어 → 문장 → 이야기' 순으로 지도하는 전형적인 상향식 접근
- 글자를 읽을 수 있으면(해독) 단어를 읽고 그 다음에 자연스럽게 글의 의미를 이해할 수 있다고 봄

ⓡ
- '이야기 → 문장 → 단어' 순으로 지도하는 하향식 접근
- 언어의 구성요소들을 음소나 자모체계로 분리하지 않고 하나의 전체(맥락)로 가르치는 언어교육법

2) (나)의 ⓒ과 ⓡ에 해당하는 언어교육방법을 각각 쓰시오. [2점]

개정된 '고은, 3판'에서는 '문자언어 지도방법'으로 변화됨

참고자료 기본이론 102-103p

키워드 균형적 접근법

구조화 틀

문자언어 지도방법
- 발음 중심 접근법
- 총체적 언어접근법
- 균형적 접근법
- 언어경험적 접근법

핵심개념

문자언어 지도-총체적 언어접근법
- 언어의 구성요소들을 음소나 자모체계로 분리하지 않고 하나의 전체로 가르치는 언어교육법
- 의미 이해에 중점을 두고 실제 생활에 활용되는 문자언어 자료를 활용하고 학습자 중심 과정으로 지도
- 듣기, 말하기, 읽기, 쓰기를 순서에 따라 각각 제시하지 않고 통합적으로 지도하며, 전체 이야기에서 문장과 단어 순서로 지도하는 하향식 접근법

모범답안

① 총체적 접근법
② 언어의 구성요소들을 음소나 자모체계로 분리하지 않고 하나의 전체로 가르쳐 전체적인 맥락을 이해할 수 있다.

2019학년도 초등 A7

02 **최 교사는 1학년 국어 수업에서 입문기 문자와 발음 지도를 하려고 한다. 물음에 답하시오. [4점]**

[교수 · 학습 과정안]

단계	교수 · 학습 활동
도입	• 동기 유발하기 • 학습 목표 확인하기 – 낱말을 바르게 소리 내어 읽을 수 있다.
전개	〈활동 1〉 사진을 보며 동물의 이름을 말해봅시다. 〈활동 2〉 낱말 카드를 보며 동물의 이름을 읽어봅시다. 거북이 / 복어 / 악어 〈활동 3〉 – 선생님을 따라 낱말을 읽어봅시다. – 모두 함께 낱말을 읽어봅시다. 거북이[거부기] / 복어[보거] / 악어[아거] (〈활동 1〉~〈활동 3〉: [A]) 〈활동 4〉 모음을 구별하는 방법을 알아봅시다.

균형적 접근법
- 의미 파악을 위해 그림과 삽화를 활용
- '그림 → 단어 → 발음'의 하향식 접근
- 발음(해독) 지도 실시

1) **최 교사가 [A]에서 활용하려는 ① 입문기 문자 지도방법을 쓰고, ② 학습 목표와 〈활동 3〉을 근거로 이 지도방법의 장점 1가지를 쓰시오. [2점]**

기본이론 102p

총체적 언어접근법

문자언어 지도방법
- 발음 중심 접근법
- 총체적 언어접근법
- 균형적 접근법
- 언어경험적 접근법

총체적 언어접근법의 특징
- 문장 중심으로 지도
- 의미 파악 중시
- 자연주의적 원칙
- 그림 이야기책 사용
- 의미 파악을 위해 그림·삽화 활용을 적극 권장
- 내용 파악을 위한 예측을 적극 권장

모범답안

총체적 언어접근법은 자발성과 능동적인 언어경험을 강조하기 때문에 아동의 흥미를 유발할 수 있다.

2025학년도 유아 A7

03 **(가)는 5세 발달지체 유아 하윤이를 관찰한 유아 특수교사의 반성적 저널이며, (나)는 교사가 하윤이 어머니와 나눈 대화이다. 물음에 답하시오. [5점]**

(가)

하윤이가 문자에 관심을 보이므로 언어에 대한 경험을 더 많이 제공하려고 한다. 그래서 지도할 때 처음부터 낱자를 지도하기보다는 전체 이야기, 문장, 단어, 낱자 순으로 지도하고자 한다. 그리고 이를 위하여 음악 동화 듣기, 동화 속 등장인물 막대 인형으로 극놀이 하기, 우리 반 친구들의 사진과 이름이 있는 카드로 놀이하기, 낱말 띠 벽지 붙여 놓기 등의 다양한 활동들을 제공해야겠다. [C]

'이야기 → 문장 → 단어 → 낱자' 순서로 지도하는 전형적인 하향식 접근

의미 파악을 위해 그림·삽화 활용을 적극 권장

1) [C]에 해당하는 유아 언어지도 접근법의 장점을 1가지 쓰시오.

기본이론 103p

균형적 접근법

문자언어 지도방법
- 발음 중심 접근법
- 총체적 언어접근법
- 균형적 접근법
- 언어경험적 접근법

균형적 접근법
- 발음 중심법과 총체적 언어접근법의 적절한 균형을 강조한 방법
- 자모체계의 이해와 자소·음소의 대응관계 등에 초점을 맞춘 발음 중심 전략과, 아동의 경험과 흥미를 고려한 익숙한 단어들을 중심으로 의미 이해에 관한 지도에 초점을 맞춘 의미 중심 전략을 함께 지도함
  - 예 교사와 함께 그림책을 읽으면서 자신의 이름에 포함된 음절 찾기

모범답안 ㉢ 균형적 접근법

2019학년도 유아 A7

04 **다음은 4세 반 통합학급 김 교사가 작성한 반성적 저널의 일부이다. 물음에 답하시오. [5점]**

> 일자: 2018년 ○○월 ○○일
>
> 우리 반에는 발달지체 유아 영희와 인규가 있다. 영희는 인규보다 언어발달이 더 지연되어 있다.
>
> …(중략)…
>
> 인규의 언어습득에 도움을 주고자 ㉢ 이야기나 동화 등과 같이 의미 있는 맥락에서 문자를 경험하게 하면서 직접적으로 읽기 하위 기술에 대한 지도를 병행하는 방법을 적용해보기로 했다.
>
> …(하략)…

- '의미 있는 맥락'에서 중재 = 총체적 언어 접근법
- '읽기 하위 기술'에 대한 지도 = 발음 중심법
- 총체적 언어 접근법과 발음 중심법을 병행하여 중재 = 균형적 접근법

2) ㉢이 의미하는 언어교육방법이 무엇인지 쓰시오. [1점]

기본이론 101-103p

언어교육방법

문자언어 지도방법
- 발음 중심 접근법
- 총체적 언어접근법
- 균형적 접근법
- 언어경험적 접근법

총체적 언어접근법
- 발음 중심법과 상반된 접근법으로, 언어의 구성요소들을 음소나 자모체계로 분리하지 않고 하나의 전체로 가르치는 언어교육법
- 의미 이해에 중점을 두고 실제 생활에 활용되는 문자언어 자료를 활용하고 학습자 중심 과정으로 지도함
- 자발성, 능동적인 언어경험, 아동의 흥미 강조

모범답안 ③

2010학년도 유아 29

05 **〈보기〉는 발달지체 유아 숙희의 의사소통 능력을 향상시키기 위해 김 교사가 활용한 다양한 언어활동이다. 〈보기〉에서 '총체적 언어 접근법'에 근거한 활동을 모두 고른 것은?**

보기
ㄱ. 좋아하는 노래를 반복해서 들려주고 부르도록 하였다.
ㄴ. 낱말카드를 주고 '다'로 시작하는 단어를 찾도록 하였다.
ㄷ. 팸플릿, 광고지 등을 이용하여 간단한 단어를 읽도록 하였다.
ㄹ. 녹음 동화를 듣고 생각나는 단어의 음운을 결합하도록 하였다.
ㅁ. 또래가 읽어주는 간단한 이야기를 듣고 지시에 따라 그림 문장을 완성하도록 하였다.

① ㄱ, ㄴ ② ㄴ, ㄷ
③ ㄱ, ㄷ, ㅁ ④ ㄴ, ㄹ, ㅁ
⑤ ㄷ, ㄹ, ㅁ

ㄱ. 총체적 언어접근법 자발적·능동적인 언어 경험, 아동의 흥미 강조

ㄴ. 발음 중심법

ㄷ. 총체적 언어접근법 의미이해에 중점 → 실제 생활에 활용하는 문자언어를 자료로 활용

ㄹ. 균형적 접근법

ㅁ. 총체적 언어접근법 전체 이야기를 지도, 전체 맥락 이해 강조

기본이론 104p

언어경험적 접근법

문자언어 지도방법
- 발음 중심 접근법
- 총체적 언어접근법
- 균형적 접근법
- 언어경험적 접근법

언어경험적 접근법
- 학생이 직접 경험했던 것을 언어교육 자료로 활용
- 총체적 언어접근법의 하위 유형
- 장점
  - 자신의 발달 단계에 맞는 활동 가능
  - 글의 내용을 더 쉽게 예측 가능

㉣ 언어경험적 접근법

2014학년도 유아 B7

06 (가)는 3~5세 혼합연령반에서 산책 활동 후 실시한 언어교육 활동의 한 장면이고, (나)는 교사저널의 일부이다. 물음에 답하시오. [5점]

(나)

> 오늘은 산책을 가서 보았던 꽃에 대해 이야기를 나누고, 동시 짓기와 산책길 그리기를 하였다. 유아들이 직접 경험했던 것을 바탕으로 해서 그런지, 3세 유아들도 재미있어 하며 자신의 생각을 쉽게 표현할 수 있었던 것 같다. 유아가 유치원 안팎에서 겪는 일상적인 경험이 언어교육의 좋은 자료가 될 수 있다는 것을 알게 되었다. 총체적 언어 접근법과 함께 ㉣ 이 접근법을 자주 활용하는 것도 유아들에게 유용할 것 같다.

언어경험적 접근법

4) (나)에 비추어 ㉣에 해당하는 언어교육 접근법 1가지를 쓰시오. [1점]

기본이론 104p

- 평행적 발화기법
- 혼잣말 기법

구조화틀

발화유도 전략

- 혼잣말 기법
- 평행적 발화기법
- FA 질문법
- 대치요청

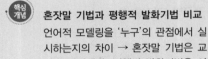

혼잣말 기법과 평행적 발화기법 비교

언어적 모델링을 '누구'의 관점에서 실시하는지의 차이 → 혼잣말 기법은 교사의 관점에서, 평행적 발화기법은 아동의 관점에서 모델링해주는 것

모범답안

① ㉠ 평행적 발화기법, ㉡ 혼잣말 기법
② 평행적 발화기법은 아동의 행위에 대해 아동의 입장에서 말하는 반면, 혼잣말 기법은 교사가 자기 행위에 대해 혼자 대화를 하듯이 말을 한다.

2018학년도 유아 A6

07 다음은 예비 유아특수교사가 통합학급 4세 반 준혁이의 의사소통 특성을 관찰한 일화 기록의 일부이다. 물음에 답하시오. [5점]

관찰 장소	통합학급
㉠ 통합학급 교실로 준혁이가 들어오며 말없이 고개만 끄덕이자 통합학급 담임 교사가 준혁이에게 "선생님, 안녕하세요?"라고 말한다. 미술 영역에서 유아특수교사는 준혁이와 '소방차 색칠하기' 활동을 하고 있다. 준혁이의 자발적 발화를 유도하기 위해서 ㉡ 교사는 소방차를 색칠하면서 "소방차는 빨간색이니깐 빨간색으로 칠해야겠다."라고 말한다. 준혁이가 색칠하기에 집중하고 있을 때 지섭이가 소방차 사이렌 소리를 요란하게 내면서 교사와 준혁이 옆을 지나간다. ㉢ 준혁이는 갑자기 몸을 웅크리며 두 귀를 양손으로 막는다. 준혁이는 활동 중에 큰 소리가 나거나 여러 유아들이 함께 큰 소리를 내면 귀를 막으며 소리를 지르는 행동을 보인다.	

발화유도 전략
의사소통에 자발적으로 참여하지 않는 학생들의 발화를 이끌어 내기 위한 교사의 발화전략이 필요함

2) ① 밑줄 친 ㉠과 ㉡에 사용된 발화유도 전략을 기호와 함께 각각 쓰고, ② 두 전략의 차이점을 비교하여 쓰시오. [2점]

 기본이론 104p

 혼잣말 기법

 발화유도 전략
- 혼잣말 기법
- 평행적 발화기법
- FA 질문법
- 대치요청

핵심개념 발화유도 전략
- 스스로 묻고 답하는 과제 전략적인 혼잣말을 교사가 교사 자신의 입장에서 스스로 모델링해주는 것은 아동에게 직접적인 지시를 하지 않고도 언어적 대화의 상호작용을 유도하는 효과를 기대할 수 있음
- 반면, 평행적 발화기법은 아동 입장에서의 혼잣말을 교사가 사용함
- FA 질문법은 폐쇄형 질문법의 하나로서 반드시 문법적으로 완전할 필요는 없음
- 대치요청은 명료화 요구의 한 전략으로서 아동이 발화 자체를 불완전하게 하면 수정하여 발화하도록 돕는 전략임

 아동에게 직접적인 지시를 하지 않고도 언어적 대화의 상호작용을 유도하는 효과를 기대할 수 있다.

2024학년도 중등 B7

08 **다음은 ○○특수학교 중학교 과정에 재학 중인 학생 A와 B를 지도하는 교육 실습생과 특수 교사의 대화 중 일부이다. 〈작성 방법〉에 따라 서술하시오. [4점]**

> 교육 실습생: 수업 시간에 보니까 학생 B는 말을 잘 하지 않으려고 해요. 어떻게 지도할까요?
> 특수 교사: 발화하기 전에 시범을 보이면서 자극을 주는 전략이 있어요.
> 교육 실습생: 학생 B에게 발화를 이끌어 낼 때 적용해 볼 수 있는 전략이 있으면 알려 주시겠어요?
> 특수 교사: 네, 발화를 유도하는 전략 중에는 선생님이 ㉣ 자신이 하는 행동에 대하여 자신의 입장에서 혼잣말하는 것을 학생에게 들려 주는 방법이 있어요. 예를 들어 선생님이 책장에 책을 넣으면서 "책을 넣어요."라고 말해 주는 기법입니다.

발화유도 전략
의사소통에 자발적으로 참여하지 않는 학생들의 발화를 이끌어 내기 위한 교사의 발화전략이 필요함

작성방법

밑줄 친 ㉣에 해당하는 기법을 적용했을 때, 기대 효과를 1가지 서술할 것.

기본이론 104p

혼잣말 기법

발화유도 전략
- 혼잣말 기법
- 평행적 발화기법
- FA 질문법
- 대치요청

혼잣말 기법	
기능	아동에게 요구하지 않으면서 교사가 자기 행위에 대해 혼자 대화를 하듯이 말함
예시	"밥을 다 먹었으니 이제 식판을 치워야 겠다. … 밥을 다 먹었으니 이제 칫솔에 치약을 짜고, 오른쪽·왼쪽 쓱싹쓱싹 해야지."

모범답안 혼잣말 기법

2025학년도 유아 B5

09 **(가)는 특수교육대상 유아의 특성이고, (나)는 유아교사 최 교사의 관찰 기록이다. (다)는 유아 특수교사 김 교사와 유아교사 최 교사의 대화와 통합학급 놀이 장면이다. 물음에 답하시오. [5점]**

〈토끼 모둠 놀이 장면〉

(유아들이 종이집에 그림을 붙여 한옥을 꾸미고 있다.)
수　지 : (나무, 돌 그림을 만지작거리고 있다.)
김 교사 : (수지의 옆에서 나무 그림을 종이집에 붙이며) 나는 나무 그림 붙여야지.
수　지 : (나무 그림을 붙이는 김 교사를 바라본다.)
김 교사 : (수지의 옆에서 돌 그림을 종이집에 붙이며) 나는 이제 돌 그림 붙여야지.
[C]

발화유도 전략
의사소통에 자발적으로 참여하지 않는 학생들의 발화를 이끌어 내기 위한 교사의 발화전략이 필요함

3) (다)의 [C]에 나타난 김 교사의 발화유도 전략 1가지를 쓰시오. [1점]

참고자료 기본이론 104p

키워드 평행적 발화기법

구조화틀
발화유도 전략
- 혼잣말 기법
- 평행적 발화기법
- FA 질문법
- 대치요청

핵심개념
평행적 발화기법
아동의 행위에 대해 아동의 입장에서 말함

모범답안
① ㉠ 평행적 발화기법
② ㉡ "바구니에 공을 넣어요."

2017학년도 유아 B7

10 **(가)와 (나)는 5세 통합학급 최 교사의 반성적 저널 내용의 일부이다. 물음에 답하시오. [6점]**

(가)

일자 : 2016년 ○월 ○일

의사소통에 자발적으로 참여하지 않는 연지를 위해 유아특수교사인 김 선생님에게 조언을 구했다. 김 선생님은 연지에게 자연스러운 상황에서 말할 수 있는 기회를 주는 것이 필요하다고 강조하며, ㉠ 교사가 유아의 입장에서 유아가 하고 있는 행동을 말로 묘사하는 방법을 알려주었다. 다음 시간에는 연지가 ㉡ 바구니에 공을 넣고 있을 때 이 방법을 사용해서 말을 해봐야겠다.

…(하략)…

발화유도 전략
- 의사소통에 자발적으로 참여하지 않는 학생들의 발화를 이끌어 내기 위한 교사의 발화전략이 필요함
- 평행적 발화기법은 아동 입장의 과제 관련 혼잣말을 교사가 사용하는 것

1) (가)의 ① ㉠에 해당하는 교사의 발화유도 전략을 쓰고, ② 이 전략을 사용하여 ㉡의 상황에서 최 교사가 할 수 있는 적절한 발화의 예를 쓰시오. [2점]

기본이론 104p

평행적 발화기법

발화유도 전략

- 혼잣말 기법
- 평행적 발화기법
- FA 질문법
- 대치요청

평행적 발화기법

아동의 행위에 대해 아동의 입장에서 말함

모범답안

㉦ 풀 주세요.

2016학년도 초등 B6

11 **(가)는 '2011 개정 특수교육 교육과정' 중 기본 교육과정 실과 '생활용품 만들기' 단원 전개 계획의 일부이고, (나)는 2차시 '도구의 쓰임새 알기' 수업 장면의 일부이다. 물음에 답하시오. [5점]**

(나) 수업 장면

박 교사 :	자, 지금부터 풀로 색종이를 붙여 볼 거예요. (도구 상자를 영미에게 보여 주며) 영미야, 선생님에게 무엇을 달라고 해야 하지?
영　미 :	(대답은 하지 않고 도구 상자만 바라본다.) — 발화유도 전략이 필요함
박 교사 :	(영미에게 풀을 건네주며) (　　㉦　　)
영　미 :	(분명하지 않은 발음으로) ◎ 풀 주세요.

4) (나)의 ㉦에 들어갈 교사의 말을 다음 〈조건〉에 맞추어 쓰시오. [1점]

조건

- 영미가 발화한 ◎과 관련지어야 함
- 평행적 발화기법(parallel talk)을 사용해야 함

기본이론 104p, 107p

- 평행적 발화기법
- 혼잣말 기법
- 확장

발화유도 전략
- 혼잣말 기법
- 평행적 발화기법
- FA 질문법
- 대치요청

기타 언어자극 전략
- 확장
- 확대
- 문장의 재구성

모범답안 ⑤

2011학년도 유아 15

12 다음은 김 교사가 만 3세 발달지체 유아 준호에게 2008년 개정 특수학교 기본교육과정 국어과 내용인 '간단한 낱말로 자기의 생각 말하기'를 지도하기 위해 사용한 교수 방법이다. 김 교사가 사용한 교수 방법을 바르게 설명한 것을 〈보기〉에서 모두 고른 것은?

㉠ 김 교사는 준호 옆에서 블록을 만지면서 혼잣말로 "나는 블록을 만져, 블록, 나는 블록을 만져."라고 말하였다. ㉡ 준호가 장난감 자동차를 가리키며 "자동차"라고 말하면 김 교사는 준호의 의도를 알고 "자동차 줘."라고 말해주었다. ㉢ 준호가 장난감 자동차를 갖고 놀면 김 교사가 "자동차 운전하네. 자동차, 준호는 자동차 운전하네."라고 말해주었다.

보기

ㄱ. ㉠은 '혼잣말하기'로, 김 교사는 자신이 무엇을 하고 있는지 말해 주어 준호가 즉시 따라하게 하였다.
ㄴ. ㉡은 '확장하기'로, 김 교사는 준호가 의사소통하려는 내용을 이해하여 준호의 현재 수준보다 조금 더 복잡한 언어로 말해주었다.
ㄷ. ㉢은 '상황설명하기(평행말)'로, 김 교사는 준호의 행동을 말로 표현해줌으로써 준호가 자신의 행동을 나타낸 말을 들을 수 있게 하였다.
ㄹ. 김 교사가 사용한 ㉠~㉢의 교수 방법은 자연적 교수 방법의 하나인 '반응적 상호작용'으로 이 방법은 유아와 성인 간의 균형 있는 의사소통에 효과적이다.

ㄱ. 혼잣말 기법은 교사가 자신의 입장에서 스스로 모델링해주기 때문에 아동에게 직접적인 지시를 하지 않고도 언어적 대화의 상호작용을 유도할 수 있음

ㄷ. 평행적 발화기법의 목적

ㄹ. 반응적 상호작용 대화양식에서 언어촉진을 사용하지 않는 대신, 반응을 요구하지 않는 간접적 구어 단서(확장, 확대, 분리 및 합성, 문장의 재구성, 모방, 이해했음을 표현 등)를 제공함

① ㄱ, ㄷ　② ㄱ, ㄹ
③ ㄴ, ㄹ　④ ㄱ, ㄴ, ㄷ
⑤ ㄴ, ㄷ, ㄹ

기본이론 107p

- 확장
- 확대

기타 언어자극 전략
- 확장
- 확대
- 문장의 재구성

확대

아동의 발화에서 단어의 의미를 보완해 주는 데 초점을 맞춤

확장

아동의 발화를 문법적으로 완전한 문장으로 바꾸어 말해주는 것으로, 특히 조사나 어미 사용이 잘못되거나 생략된 경우에 많이 사용됨

모범답안

(가) 확대

(나)에 사용된 기법은 확장으로, 확장은 아동 발화의 문법적 요소를 보완해 완성된 문장으로 제시하는 반면, 확대는 아동 발화에 의미적 요소를 추가해 들려주는 방법이다.

2016학년도 중등 A2

13 **다음은 필통 만들기 활동 중에 교사가 정신지체 학생의 발화를 유도하기 위한 목적으로 언어중재 기법을 사용한 대화의 일부이다. (가)에 사용된 기법의 명칭을 쓰고, (나)에 사용된 기법의 특성을 (가)에 사용된 기법의 특성과 비교하여 쓰시오. [2점]**

> 발화 후 언어수정 전략
> ※ 주어진 문제에는 "발화를 유도하기 위한 목적으로 언어중재 기법을 사용"으로 범주를 제시하고 있음. 그러나 문제의 맥락은 '발화 후 언어수정 전략'임

(가)

민호 : (색종이를 만지며) 종이 붙여요.
교사 : 색종이 붙여요.

(나)

은지 : (선생님이 보여 주는 재료를 보며) 은지 파랑 좋아.
교사 : 은지가 파란색을 좋아해요.

기본이론 107p

- 확장
- 확대

기타 언어자극 전략
- 확장
- 확대
- 문장의 재구성

확대

아동의 발화에서 단어의 의미를 보완해 주는 데 초점을 맞춤

확장

아동의 발화를 문법적으로 완전한 문장으로 바꾸어 말해주는 것으로, 특히 조사나 어미 사용이 잘못되거나 생략된 경우에 많이 사용됨

모범답안

㉡ 확대
㉢ 확장

2014학년도 유아 B4

14 **특수학교 유치부의 지후는 의사소통 기술이 부족한 4세의 발달 지체 유아이다. (가)는 지후의 월 평균 의사소통(몸짓, 단어, 문장) 횟수와 누적된 총 어휘 수이며, (나)는 의사소통 지도방법 및 내용이다. 물음에 답하시오. [5점]**

(나) 의사소통 지도방법 및 내용

지도방법	내용	사례
㉡	(생략)	유아: (새로 산 신발을 자랑하듯 교사에게 보여주며) "신발, 신발" 교사: "예쁜 신발이네."
㉢	유아의 발화를 문법적으로 바르게 고쳐서 다시 들려 주는 것	유아: (교사가 간식을 나눠주자) "간식, 먹어." 교사: (유아를 보며) "간식을 먹어요."

3) (나)의 지도방법 ㉡과 ㉢을 각각 쓰시오. [2점]

기본이론 104p, 107p

- 평행적 발화기법
- 확대

발화유도 전략
- 혼잣말 기법
- 평행적 발화기법
- FA 질문법
- 대치요청

기타 언어자극 전략
- 확장
- 확대
- 문장의 재구성

확대

아동의 발화에서 단어의 의미를 보완해 주는 데 초점을 맞춤

평행적 발화기법

아동의 행위에 대해 아동의 입장에서 말함

모범답안

① 확대
② 평행적 발화기법

2024학년도 초등 A3

15 **(가)는 의사소통장애 학생들의 특성과 지원 내용이고, (나)는 영호 어머니와 특수교사가 나눈 대화의 일부이다. 물음에 답하시오. [5점]**

(나)

어 머 니 :	선생님, 얼마 전에 참석한 부모 교육이 저에게 많은 도움이 되었어요. 그런데 막상 제가 해 보려니 쉽지가 않은 것 같아요.
특수교사 :	그렇군요. 우선 영호에게는 발화 주제는 그대로 유지한 상태에서 어휘만 더 첨가해서 들려주시는 (㉡)이/가 효과적일 수 있을 것 같습니다. 예를 들면 영호가 "우유"라고 말하면 "초코 우유", "딸기 우유", "바나나 우유"라고 말해 주시면 됩니다.
어 머 니 :	아, 그렇군요. 그러니까 선생님 말씀은 영호가 자동차 놀이를 할 때, "자동차"라고 말하면, "빨간 자동차"라고 말해 주라는 거죠? 혹시 영호에게 적용할 수 있는 또 다른 방법이 있나요?
특수교사 :	영호가 어떤 행동을 할 때 어머니께서 영호의 입장에서 말로 표현해 주시는 방법도 있습니다. 예를 들면 식사 시간에 영호가 반찬을 집을 때마다 "시금치 먹어요.", "고등어 먹어요."와 같이 영호의 입장에서 말씀해 주시는 거예요. 이런 방법을 (㉢)(이)라고 해요.

3) ① (나)의 ㉡에 들어갈 언어 중재 전략의 명칭을 쓰고, ② (나)의 ㉢에 들어갈 언어 중재 전략의 명칭을 쓰시오. [2점]

기본이론 104-106p

교사의 발화전략

구조화틀

발화유도 전략
- 혼잣말 기법
- 평행적 발화기법
- FA 질문법
- 대치요청

발화 후 언어자극 전략(고은, 2판)
- 확장
- 확대
- 교정적 피드백
- 재구성
- 수정
- 수정 후 재시도 요청
- 자기수정

발화 후 언어자극 전략(고은, 1판)

학생이 발화한 내용에 대해 교사가 언어적 피드백을 제공하는 것

확장	문법적으로 오류가 있는 아동의 표현을 문법적으로 완전한 형태로 바꾸어 말해줌 예 학생: "가 늑대" 교사: "늑대가 갑니다."
확대	아동의 발화를 의미적으로 보완해줌 예 학생: (그림을 보고) "아저씨야." 교사: "경찰관 아저씨구나."
재구성	아동의 표현에서 나타난 오류를 빼고 맥락 안에서 다른 형태로 바꾸어서 말해줌 예 학생: "양파는 못 좋아." 교사: "양파를 안 좋아하는구나."
수정	아동의 잘못된 발화를 고쳐서 말해줌 예 학생: (그림을 보고) "큰 차다." 교사: "아니야, 트럭이야."
자기 수정 모델	아동이 잘못 말한 부분을 교사가 그대로 따라한 다음에 곧바로 수정해줌 예 학생: "여기 꽃이가 많아요." 교사: "여기 꽃이가 많아요? 꽃이 많아요."

모범답안 ①

2013학년도 중등 22

16 다음은 교사가 학생의 효과적인 발화를 유도하기 위해 적용한 언어중재 기법의 예이다. (가)~(마)에서 적용한 기법에 대한 설명으로 옳은 것은?

(가)	학생 A: (색연필로 그림을 그리고 있다) 정 교사: 색연필로 그림을 그려요.
(나)	학생 B: (소방차 그림을 보고) 경찰차다. 최 교사: 아니, 이건 소방차에요.
(다)	학생 C: 사과를 먹어요. 김 교사: 맛있는 사과를 먹어요.
(라)	학생 D: 어제 책 읽어요. 박 교사: 어제 책을 읽었어요.
(마)	학생 E: 당근 못 좋아요. 이 교사: 당근을 안 좋아해요.

① (가)에서 정 교사는 A의 행동을 A의 입장에서 말하고 있는데, 이는 '평행적 발화' 기법을 적용한 것이다.

② (나)에서 최 교사는 B가 말한 틀린 단어를 지적하고 바른 단어로 고쳐서 제시하고 있는데, 이는 '재구성' 기법을 적용한 것이다.

③ (다)에서 김 교사는 C의 발화에 의미적 정보를 첨가하고 있는데, 이는 '확장(expansion)' 기법을 적용한 것이다.

④ (라)에서 박 교사는 D의 발화에 문법적 표지를 첨가하고 있는데, 이는 '확대(extention)' 기법을 적용한 것이다.

⑤ (마)에서 이 교사는 E의 발화에서 나타난 오류를 맥락 안에서 다른 형태로 바꾸어 말하고 있는데, 이는 '수정' 기법을 적용한 것이다.

'발화유도 전략' → '교사의 발화전략'
※ 실제 해당 문제는 '발화유도 전략'과 '발화 후 언어자극 전략'이 결합되어 있으므로 범주를 '교사의 발화전략'으로 수정하기

② '수정' 기법의 예시

③ '확대' 기법의 예시

④ '확장' 기법의 예시

⑤ 1판 예시
- 2판 예시-재구성
  예 학생: "때렸어, 준이가, 재인이를."
  교사: "재인이가 준이한테 맞았구나."
- 3판 예시-문장의 재구성: 아동 문장의 뜻은 유지한 채, 문장의 형태를 재구성해서 들려주는 것으로 정의됨
  예 아동: "날아가 뱅기 저기."
  교사: "저기 비행기가 날아가요?"

※ 최신의 내용으로 개념과 예시 알아두기

기본이론 106p

명료화 요구하기

기타 언어자극 전략(고은, 2판)
- 명료화 요구하기
- 초언어적 피드백

명료화 요구
교사와 학생 모두 의사소통 실패 상황에서 '명료화 요구' 전략을 사용할 수 있음

모범답안
(제시문 분석하기)

2017학년도 중등 B4

17 **다음은 학생 D와 K에 대해 특수교사와 일반교사가 나눈 대화이다.**

일반교사: D는 친구들과 대화할 때 상대방의 말이 끝나기 전에 끼어들거나 대답을 듣지도 않고 질문만 합니다. 그래서 대화 내용을 잘 따라가지 못해서 주제를 놓치는 경우가 많습니다. 그리고 반 친구들이 하는 간접적이고 완곡한 표현을 이해하지 못하기도 합니다.
특수교사: 네. D가 대화할 때 '명료화 요구하기' 전략을 활용할 수 있겠어요.

확장하기

명료화 요구하기(고은, 3판)

교사가 아동의 말을 잘 이해하지 못했거나 아동이 잘못된 발화를 하였을 때, 발화를 다시 한번 반복하거나 수정할 것을 요구함. 이때 중립적인 언어를 사용할 수도 있고, "무엇을 주라고?" 등의 질문으로 특정 어휘를 요구할 수도 있음

아동: "선생님, &8^% 있어요."
교사: "미안해, 뭐라고?" 또는 "저기 뭐가 있다고?"

기타 언어자극 전략(고은, 2판)

아동이 잘못 발화한 부분을 반복하거나 재형성하도록 요구하는 피드백임. 직접적으로 "다시 한번 말해줄래?"라고 요구할 수도 있지만, 교사의 입장에서 아동이 말한 메시지를 좀 더 명료화시키는 방법으로 '질문하기'와 '의역하기'가 있음

- 질문하기: 아동의 말을 끝까지 들은 후 명확하지 않은 부분에 대해서 물어보는 것
- 의역하기: 아동의 말을 듣고 교사가 이해한 대로 "네가 방금 말한 것은 ~라는 거지?"라고 다시 말해주는 것

의사소통 실패 해결 능력(김영태, 2014.)

두 사람 이상이 서로 대화를 할 때 의사소통의 실패(혹은 단절)가 일어날 수 있는데, 이런 상황을 해결하는 능력을 습득하는 것 또한 대화기술에서 매우 중요함. 말하는 사람 입장에서는 자신이 무엇을 잘못 말했는지 분석해서 수정해야 하고(발화 수정 전략), 듣는 사람 입장에서는 자신이 이해할 수 없었던 부분에 대해 수정해서 다시 말해줄 것을 요구해야 함(명료화 요구 전략)

발화 수정 전략	정의
반복	이전 발화의 전체 혹은 부분을 반복하는 것
개정	이전 발화의 문장 형태를 구조적으로 변화시키는 것
첨가	이전 발화에 특정 정보를 더하는 것
단서 추가	이전 발화의 용어를 정의, 배경정보에 대한 설명, 발화 수정 자체에 대해 말하는 것

명료화 요구 유형	정의	예
일반적 요구	원래 발화의 의미를 다시 묻는 경우로, 끝을 올리는 억양으로 이전 발화의 특정 부분을 반복해줄 것을 요구함 예 "응?", "뭐라고?", "못 알아듣겠다."	A: "나 어제 할머니 집에 갔어요." B: "응?" 또는 "뭐라고?"
확인을 위한 요구	• 화자의 발화의 일부 혹은 전체를 반복함으로써 원래 발화의 의미를 확인하는 것 • 주로 끝을 올리는 억양이므로 '예/아니오' 질문과 비슷함	A: "나 어제 할머니 집에 갔어요." B: "어제?" 또는 "할머니 집?"
발화의 특별한 부분 반복 요구	원래 발화의 일부 구성요소를 의문사로 바꾸어 질문하여 특정 부분을 반복해줄 것을 요구하는 경우	A: "나 어제 할머니 집에 갔어요." B: "어제 어디에 갔어?"

기본이론 106p

명료화 요구하기

구조화 틀

기타 언어자극 전략(고은, 2판)
- 명료화 요구하기
- 초언어적 피드백

핵심 개념

명료화 요구

교사와 학생 모두 의사소통 실패 상황에서 '명료화 요구' 전략을 사용할 수 있음

모범 답안

명료화 요구하기

2021학년도 중등 A7

18 **(가)는 ○○중학교 특수학급에 재학 중인 학생 C의 특성이고, (나)는 학생 C와 특수교사가 나눈 대화의 일부이다. 〈작성방법〉에 따라 서술하시오. [4점]**

(나) 학생 C와 특수교사의 대화

…(상략)…

특수교사: 그럼, 지난 주말에는 어디 갔었는지 이야기 해 주겠니?
학 생 C: 어저께는요, 엄마랑 아빠랑요, 동물원에 갔어요. 거기서 코끼리 봤는데요. 저번에 선생님이랑 봤던 코끼리요. 코끼리가 자고 일어났어요. 귀가 정말 커요. 코가 되게 길어요. 코끼리는 코가 손이에요. 코끼리 '가자' 줬어요. ㉡
특수교사: 그래. ㉢코끼리에게 '과자'를 주었다는 거지?
학 생 C: 네. 과자 줬어요.
특수교사: 그랬구나. 코끼리는 '우리' 안에 다른 동물들과 함께 있었니?
학 생 C: ………
특수교사: 코끼리 '우리'에 다른 동물도 있었니?
학 생 C: ………
특수교사: 코끼리 '우리'에 누가 있었니?
학 생 C: ㉣'우리'요?
특수교사: 그래. 코끼리 집 말이야.

…(하략)…

㉢ 명료하지 않은 발화에 대해 특수교사가 의역해서 다시 들려주거나 발화의 특정 부분을 반복 요구함

㉣ 명료하지 않은 발화에 대해 다시 한번 질문함

작성방법

(나)의 밑줄 친 ㉢, ㉣에 공통적으로 나타난 대화 참여자들의 의사소통 전략을 1가지 쓸 것.

기본이론 106p

- 명료화 요구하기
- 잠시 멈추기

기타 언어자극 전략(고은, 2판)

- 명료화 요구하기
- 초언어적 피드백

반응적 상호작용 전략 – 차례 주고받기

- 대화에서 학생과 교사가 의사소통하는 차례를 교환하는 것
- 의사소통 차례를 교환하는 것은 비구어적·구어적 의사소통 모두에서 이루어짐
- 학생에게 반응할 시간을 주기 위해서 교사가 잠시 멈추는 것은 의사소통 기회를 증가시키는 좋은 방법임
- 대부분의 중도장애 학생들은 자발적으로 말하는 경우가 적기 때문에, 보다 균형 있는 대화의 차례 교환을 위해서 교사는 덜 말하거나 짧게 자기 차례를 마칠 수 있음
- 교사가 질문을 하면서 자기 차례를 마치는 것도 학생의 반응을 증가시키는 좋은 방법임

"뭐라고?" 또는 "네가 방금 말한 것은 ~라는 거지?"

2022학년도 중등 A1

19 **다음은 장애인의 날에 ○○중학교에서 사용한 장애 이해 교육자료이다. (   ) 안에 들어갈 명료화 전략을 사용한 대화의 예를 1가지 쓰시오. [2점]**

> 장애가 있는 친구와 의사소통을 잘하려면?
>
> 어떻게 하면 장애가 있는 친구와 의사소통을 잘할 수 있을까요?
> - 친구의 표정과 몸짓을 자세히 살펴보세요. 표정과 몸짓에 대답과 생각이 담겨 있습니다.
> - 친구에게 이야기할 때 표정과 몸짓을 많이 사용하여 말해주세요.
> - 쉬운 낱말을 사용하여 짧은 문장으로 천천히 말해 주세요.
> - ㉠ 준언어(paralanguage)적 요소를 사용하여 말해 주세요.
> - 친구가 바로 대답하거나 표현하지 못하더라도 조금만 기다려주세요.
> - 친구의 말을 알아듣기 힘들 땐 (   )(이)라고 말해 주세요.

잠시 멈추기

듣는 사람 입장에서 '명료화 요구 전략'

기본이론 106-107p

교사의 발화전략

교정적 피드백(고은, 3판)
- 명시적 오류수정
- 상위언어적 교정
- 고쳐 말하기
- 명료화 요구
- 이끌어 내기(유도)
- 반복하기

기타(고은, 3판)
- 확장
- 확대
- 문장의 재구성

고쳐 말하기
오류가 있는 말의 일부나 전부를 수정해주는 형태로서, 오류를 명시적으로 지적하지 않고 고정한 상태로 말해줌
예 아동: 띤발(발음오류) 있어.
교사: 아~ 여기 신발이 있구나?

확대
아동의 발화에서 단어의 의미를 보완해 주는 데 초점을 맞춤
예 아동: 자동차!
교사: 빨간 자동차네!

모범답안
㉠ 간식 시간에 사과를 먹었구나.
㉡ 재밌는 영화를 봤어요.

2023학년도 중등 B4

20 **(가)는 특수학교에 재학 중인 학생의 의사소통 특성이고, (나)는 지도 교사가 교육실습생과 학생들의 대화 장면을 관찰하여 작성한 메모이다. 〈작성방법〉에 따라 서술하시오. [4점]**

(가) 학생의 의사소통 특성

학생	의사소통 특성
A	• 일관적이지 않은 조음 오류를 나타냄 • 언어 규칙의 습득이 지체됨
B	• 어휘력이 매우 낮음 • 형용사나 부사의 사용 빈도가 낮음

※ 답안 작성 시 학생의 의사소통 특성이 반영되어야 함

(나) 지도 교사의 메모

상황	대화	관찰
학생 A가 간식시간에 '사과'를 먹은 후 교육실습생과 대화함	• 교육실습생: 간식 시간에 어떤 과일을 먹었어요? • 학생 A: /따가/ 먹을래. • 교육실습생: (㉠)	교정적 피드백 유형 중 고쳐말하기 전략을 사용하여 지도함
학생 B가 주말에 영화를 봤다는 정보를 사전에 듣고 대화를 유도함	• 교육실습생: 주말에 뭐했어요? • 학생 B: 영화 봤어요. • 교육실습생: (㉡)	확대 전략을 사용하여 지도함

'고은, 3판' 내용으로 출제됨

작성방법

(나)의 괄호 안의 ㉠과 ㉡에 해당하는 발화의 예시를 각각 1가지 쓸 것. (단, 학생 A와 B의 특성을 참고할 것)

확장하기

교정적 피드백 전략

유형	설명 및 예시
명시적 오류수정	발화에 오류가 있음을 명확하게 알려주고 올바른 발화를 직접 제시해주는 형태 예 고양이를 보고 "저기 멍멍이!"라고 말하면, "멍멍이가 아니라 고양이야."라고 정확한 표현을 제시해줌
상위언어적 교정	오류를 명확하게 수정하는 대신, 오류에 대한 힌트를 주거나 정확한 형태에 대한 코멘트·정보나 질문을 제공하는 형태 예 "나 줘."라고 말하면, "어른들한테 말할 때는 어떻게 하라고 했지?"라고 하면서 존댓말을 유도함
고쳐 말하기	오류가 있는 말의 일부나 전부를 수정해주는 형태로, 오류를 명시적으로 지적하지 않고 교정한 상태로 말해줌 예 아동: 띤발(발음오류) 있어. 교사: 아~ 여기 신발이 있구나?
명료화 요구	교사가 아동의 말을 잘 이해하지 못했거나 아동이 잘못된 발화를 했을 때, 발화를 다시 한번 반복하거나 수정할 것을 요구함. 중립적인 언어를 사용할 수도 있고, "무엇을 주라고?" 등의 질문으로 특정 어휘를 요구할 수도 있음 예 아동: 선생님, &8^% 있어요. 교사: 미안해, 뭐라고? (또는) 저기 뭐가 있다고?
이끌어 내기 (유도)	학생 스스로 정확한 형태를 발화하도록 유도해 제공하는 피드백. 언급한 것을 완성하게 하거나 올바른 언어형태를 이끌어 내기 위해 질문을 할 수 있음 예 교사: (그림책을 보면서) 여기 큰 호랑이가 있네. 호랑이가 뭐 하고 있어? 아동: 아~ 벌려(어휘오류). 교사: 입을 크게 벌리고 뭐 하고 있지? 아동: 하품
반복하기	잘못된 발화 부분을 반복해 말해줌. 이때는 억양을 다르게 해주는 것이 좋음 예 교사: 내 엄마의 엄마는 뭐라고 부르지? 아동: 엄마엄마(어휘오류) 교사: 엄마엄마? ↗

 기본이론 108-112p

 기능적인 언어치료

 **기능적인 언어치료**
- 자연스러운 강화방법
- 정상발달을 고려한 중재계획
- 아동 주도의 의사소통 행동
- 맥락의 활용(구어적 맥락)
  - 시범
  - 직접적 구어단서
  - 간접적 구어단서

 **반복 요청하기**
아동이 바르게 말했을 경우 다시 반복하도록 요청하는 방법

주제 확대하기
반복 요청하기보다 더 자연스러운 방법으로, 아동에게 말을 알아들었다는 표시를 해주고 나서 좀 더 이야기를 하도록 요청하는 방법

 ⓒ 교사는 "신발을 신어요."라고 말한다.

2020학년도 초등 B5

21 **다음은 초임 특수교사가 관찰한 학생들의 특성과 이에 대한 수석교사의 조언 일부이다. 물음에 답하시오. [5점]**

학생	학생 특성	조언
소희	상황에 맞지 않거나 문법적 오류가 많이 포함된 2~3어절 정도 길이의 말을 함	㉡ 언어지도 시 일상생활과 관련하여 잘 계획되고 통제된 맥락의 활용을 고려해 볼 수 있음
	대화 시 교사의 말에 대한 반응이 없거나 늦음	학생의 의사소통 기회를 증가시키기 위해 교사가 말을 하다가 '잠시 멈추기'를 해 주는 방법을 쓸 수 있음

2) ㉡의 예로 적절하지 않은 것을 다음 ⓐ~ⓓ에서 찾아 바르게 고쳐 쓰시오. [1점]

ⓐ 혼잣말 기법 : 교사가 물을 마시며 "물을 마셔요."라고 말한다.
ⓑ 평행적 발화 : 교사가 학생에게 빵을 주면서 "빵 주세요."라고 말한다.
ⓒ 확장하기 : 학생이 "신어."라고 말하면 교사는 "그것이 맞아요."라고 말한다.
ⓓ 반복 요청하기 : 학생이 "공을 던져요."라고 바르게 말했을 때 교사가 "공을 던져요.", "다시 말해 볼래요?"라고 말한다.

기능적인 언어치료
- 구조적이고 반복적인 분위기에서는 아동의 언어 기능이 한정될 수밖에 없음 → 아동에게 일상생활 속에서 의사소통하기 위한 충분한 여러 가지 기능들을 습득시키기 위해서는 훈련의 맥락을 잘 계획하기 위한 맥락을 활용해 중재해야 함
- 기능적 언어중재에서는 전통적인 시범이나 강화 방법을 사용하는데, 이러한 방법들을 실생활에 좀 더 가까운 상황이나 소재로 유도함

잠시 멈추기
의사소통 기회를 증가시킴 (추후 기출 맥락으로 출제 가능)

기본이론 104p, 107p, 112p

- 평행적 발화기법
- 확장
- 확대

발화유도 전략
- 혼잣말 기법
- 평행적 발화기법
- FA 질문법
- 대치요청

발화 후 언어자극 전략(고은, 2판)
- 확장
- 확대
- 교정적 피드백
- 재구성
- 수정
- 수정 후 재시도 요청
- 자기수정

기능적 언어치료 – 맥락의 활용(김영태)

확장	아동의 문장구조는 유지한 채 문법적으로 바르게 고쳐서 다시 들려주는 것 • 문장완성방법(구문론적 확장): 구를 문장의 형태로 완성시켜서 다시 말해줌 예 아동이 "누나"라고 했을 때 "누나가 줬어요."라고 문법적 확장을 해줌 • 문장변형방법(형태론적 확장): 문장의 형태나 기능을 바꾸어서 말해줌 예 아동이 "누나"라고 했을 때 "누나가"라고 문법적 확장을 해줌
확대	아동의 발화 주제는 유지한 채 정보를 더 첨가해 들려주는 것 예 아동이 "공"이라고 했을 때 "큰 공"이나 "축구공"이라고 어휘를 확대

1) ① 석우는 요리해요.
② 네모난 김

2) 김밥을 자르고 있어요.

2022학년도 유아 A7

22 **(가)는 유아특수교사 김 교사와 통합학급 박 교사가 발달지체 유아의 의사소통 지도에 대해 나눈 대화이고, (나)는 통합학급에서 음운인식 활동을 하는 과정의 일부이다. 물음에 답하시오. [5점]**

(가)

박 교사 : 선생님, 석우에게 자연스러운 놀이 상황에서 의사소통을 지도하는 방법에는 무엇이 있을까요?

김 교사 : 제가 자주 사용하는 자연적인 의사소통 지도 방법인 촉진적 언어 전략을 소개해드릴게요. 이 활동기록을 한번 봐주세요.

	교사의 말	석우의 말
[A]	석우야, 뭐하고 있어요?	
		㉠ 석우 요리해요.
	(㉡)	
		(생략)
	무슨 재료 줄까요?	
		김.
	('네모난'을 강조해서 말하며) 네모난 김?	
		네.
	…(중략)… (석우가 김밥을 자르고 있다.)	
	(석우의 모습을 보며) 김밥을 자르고 있어요.	
		김밥을 자르고 있어요.

기능적 언어중재(김영태)
- 기능적 언어중재 : 자연스러운 놀이 상황에서 의사소통을 지도하는 방법
- 촉진적 언어 전략 : 아동의 바른 구어를 유도하기 위해 어떠한 단서나 연계 반응을 사용하는 전략

1) [A]에서 ① ㉠을 구문확장(expansion)하여 ㉡에 들어갈 말을 쓰고, ② 김 교사가 어휘확대(extension)를 시도한 말을 찾아 쓰시오. [2점]

2) [A]에서 평행적 발화기법에 해당하는 김 교사의 말을 찾아 쓰시오. [1점]

기본이론 110-111p

기능적인 언어치료

기능적인 언어치료

- 언어이전기의 기능적인 중재
- 언어기 기능적 언어중재의 기본원칙
  - 자연스러운 강화방법
  - 정상발달을 고려한 중재계획
  - 아동 주도의 의사소통 행동
  - 맥락의 활용

맥락의 활용 - 구어적 맥락(김영태)

직접적 구어적 단서	
선반응 요구-후 시범	목표언어를 시범 보이기 전에 아동이 자발적으로 반응할 기회를 요구한 후 시범을 보이는 방법 예 공이 떨어졌을 때 아동이 표현하도록 기다리고 "뭐가 떨어졌지?"라고 질문함. 아동이 대답하지 않을 경우 "공이 떨어졌어"라고 시범을 보임

모범답안

1) ① 선반응 요구-후 시범

2025학년도 초등 A6

23 **(가)는 일반 교사와 특수교사가 지적장애 학생 은수에 대해 나눈 대화의 일부이고, (나)는 2015 개정 도덕과 교육과정 5~6학년군 '2. 내 안의 소중한 친구' 공개수업을 위해 일반 교사가 작성한 수업 계획 초안과 특수교사 조언의 일부이다. 물음에 답하시오. [5점]**

(가)

일반 교사 :	선생님, 제가 아직 은수를 잘 파악하지 못해서 선생님께 조언을 구하고 싶습니다.
특수교사 :	은수는 5학년이지만 지적장애가 있어서 언어이해와 표현 능력이 또래보다 낮습니다. 아시겠지만 2~3어문 수준으로 말을 해요. 저도 특수학급에서 은수의 수준에 맞게 읽고 쓰는 것을 지도하고 있습니다. 혹시 제가 어떤 것을 도와드리면 될까요?
일반 교사 :	제가 생각할 때 은수는 말을 전혀 못하는 학생은 아닌데, 수업 시간에 자발적으로 말을 하거나 대화에 주도적으로 참여하지 않아서 걱정입니다.
특수교사 :	선생님, 그럴 때는 이런 방법을 써 보세요. 예를 들면, ㉠ 연필이 바닥에 떨어졌을 때 은수가 표현하기를 기다려요. 잠시 기다렸다가 "은수야, 뭐가 떨어졌어요?"라고 질문을 하고, 은수가 대답을 하지 않으면 그때 "연필이 떨어졌어요."라고 말해 주세요.

언어의 수용 및 표현 능력이 또래보다 낮음

말을 전혀 못하지는 않지만, 자발적으로 말하거나 대화에 주도적으로 참여하기 어려움

목표언어를 시범 보이기 전에 아동이 자발적으로 반응할 기회를 제공하는 것이 필요함

1) (가)의 ① 밑줄 친 ㉠에 사용된 구체적인 맥락언어 지도방법을 쓰시오.

맥락언어 지도방법 = 기능적 언어치료의 맥락의 활용

※ 문제에서 물어보는 키워드의 상·하위 범주를 확인하고 접근

참고자료 기본이론 107p, 111–112p

키워드 기능적인 언어치료

구조화틀

기능적인 언어치료
- 언어이전기의 기능적인 중재
- 언어기 기능적 언어중재의 기본원칙
  - 자연스러운 강화방법
  - 정상발달을 고려한 중재계획
  - 아동 주도의 의사소통 행동
  - 맥락의 활용

핵심개념 **문장의 재구성 각론 비교**

기타 언어 자극 전략(고은)	
문장의 재구성	문장 자체를 바꾸어서 교정해 주는 형태 예 아동: 날라가 뱅기 저기. 교사: 저기 비행기가 날아가요?
구어적 맥락(김영태) – 간접적 구어 단서	
문장의 재구성	아동 문장의 뜻을 유지한 채 문장의 형태를 재구성해서 들려주는 것 예 "미영이가 민이를 찼어." 라는 말에 대해 "민이가 미영이한테 맞았어?"라고 새 형태의 문장으로 말해줌

모범답안
- ㉢ "여기 손소독제 있어요."라고 말하면서 손소독제를 준다.
- ㉣ 문장의 재구성

2025학년도 중등 B5

24 (나)는 통합학급 교사와 특수 교사가 나눈 대화이다. 〈작성 방법〉에 따라 서술하시오. [4점]

(나) 통합학급 교사와 특수 교사의 대화

통합학급 교사: 아, 그렇군요. 그런데 학생 A는 언어재활 서비스를 받고 있다고 들었어요. 학교에서 제가 학생 A의 발음과 표현 향상을 위해 선생님과 언어재활사와 함께 협력해서 지도할 수 있는 방법이 있을까요?

특 수 교 사: [B] 의사소통 자체를 중요시하고, 자연스럽게 언어를 사용하는 환경에서 말소리를 가르치는 의사소통중심법을 사용해 보세요. 이 방법에서는 의사소통에 기초한 반응과 강화를 강조해요. 예를 들어, 학생이 오류를 보이는 /ㅅ/의 발음을 "손 소독제 주세요."라고 정확하게 소리 내었다면, 선생님이 (㉢)와/과 같이 반응하시는 겁니다.

> 기능적인 언어치료
> "자연스럽게 언어를 사용하는 환경에서 말소리를 가르치는 의사소통중심법" → 기능적 언어중재(자연스러운 강화 방법)

통합학급 교사: 선생님, 그런데 학생 A가 조음 오류뿐 아니라 사동과 피동 표현에도 어려움을 보여요. 이럴 경우에는 어떻게 지도하면 좋을까요?

특 수 교 사: 이렇게 한번 해 보시면 어떨까요? 예를 들어, 학생 A가 ㉣ "수찬이가 병호에게 손 소독제를 빌려주었어요." 라고 말하면 선생님께서는 "병호가 수찬이에게 손 소독제를 빌렸구나."라고 새 형태의 문장으로 말해 주는 거예요. 그렇게 하면, 학생 A가 자주 오류를 보이는 /ㅅ/ 발음의 모델링도 자연스럽게 제공할 수 있어요.

> ㉣을 보면 수찬이가 병호에게 손 소독제를 빌려주었다는 문장의 뜻은 같지만, 그 형태가 변화됨

작성방법
- (나)의 [B]를 고려하여 괄호 안의 ㉢에 해당하는 교사 강화의 예를 1가지 서술할 것.
- (나)의 밑줄 친 ㉣에 해당하는 맥락 활용 언어 지도 전략을 쓸 것.

확장하기

기능적인 언어치료 요약

1. 자연스러운 강화방법

① 기능적인 접근법은 언어의 기능성에 초점을 두므로 자연스러운 상황 속에서 언어훈련을 실시하는 것이 중요하다. 따라서 기능적인 접근법에서는 기존에 사용되어 온 강화방법을 좀 더 자연스러운 상황에서 문맥과 이어지게 사용하도록 권고한다. 예를 들면, 배고플 때, 목마를 때, 다른 장난감을 갖고 놀고 싶을 때, 남에게 자랑하고 싶을 때, 또는 무엇에 대해 평가하고 싶을 때 사용할 적절한 표현을 실제 그 상황과 유사한 상황 속에서 습득하게 하는 것이 좋다.

② 이러한 훈련 방법에서의 강화물 역시 과자나 토큰과 같이 인위적인 것보다는 실제 생활에서 얻을 수 있는 강화물과 유사한 것이 좋다. 예를 들어, 아동이 무엇을 요구하면 그 요구한 물건을 주는 것이 가장 효과적인 강화가 될 것이며, 아동이 무엇을 자랑하려고 하였다면 그 물건이나 행동에 대해 칭찬해주는 것이 가장 좋은 강화가 될 것이다.

2. 정상발달을 고려한 중재계획

① 일반아동들이 화용론적 능력을 발달시켜 나가는 과정을 토대로 언어기능을 가르치는 것이 바람직하다.

② 아동에게 의미적인 측면을 가르칠 때도 정상적인 과정을 토대로 하는 것이 바람직하다.

③ 구문적인 측면을 가르칠 때도 정상발달 과정을 토대로 하는 것이 바람직하다.

3. 아동 주도의 의사소통 행동

① 기능적인 언어 사용을 가르치는 데 있어서 아동의 주도에 따르는 것은 일반화를 위해 매우 중요하다. 아동의 주도적인 행동은 훈련 교재의 선택이나 대화의 시도 등에서 이루어질 수 있으며, 이렇게 아동이 선택한 교재나 과업 또는 대화의 주제는 아동의 참여를 도와주고 적극적인 의사소통자로서의 역할을 촉진해줄 수 있다.

② 그러나 아동의 주도적인 의사소통 행동을 따른다는 것이 결코 소극적인 부모나 언어치료사의 역할을 의미하는 것은 아니다.

4. 맥락의 활용

구조적이고 반복적인 분위기에서는 아동의 언어 기능이 한정될 수밖에 없다. 그러므로 아동의 일상생활 속에서 의사소통을 하기에 충분한 여러 가지 기능들을 습득시키기 위해서는 훈련의 맥락을 잘 계획하여야 하는데, 교사 또는 언어치료사가 통제하여야 하는 맥락에는 비구어적 맥락과 구어적 맥락이 있다.

① 비구어적 맥락

구분	설명 및 예시
주고받기 및 물건 요구하기 기능을 위한 맥락	두 아동이 함께하는 활동(머리빗기)에 필요한 도구(빗)를 한 개만 준비한다.
지시 따르기 및 지시하기 기능을 위한 맥락	종이컵에 구멍을 뚫고 흙을 담아 씨를 뿌리는 활동을 하면서, 처음에는 교사의 지시에 따르고, 두 번째는 아동의 지시에 따라 교사가 실시한다.
정보 요청하기 기능을 위한 맥락	흥미롭게 생긴 물건이나 그림을 아동 앞에 보여주되, 아동이 질문할 때까지는 그것이 무엇인지 말을 하지 않는다.
정보 제공하기 기능을 위한 맥락	아동이 만든 찰흙이나 그림에 대해 교사가 궁금한 태도를 취하거나 질문함으로써 설명하게 한다.
도움 요청하기 기능을 위한 맥락	아동이 하기 어려운 물리적인 일을 요청하게 유도한다.
저항하기 기능을 위한 맥락	아동에게 불가능한 것을 요구한다.

② 구어적 맥락

구어적 맥락은 아동의 바른 구어를 유도하기 위해 어떠한 단서나 연계반응을 사용하는 것이다. 기능적인 중재에서도 전통적인 시범이나 강화 방법을 사용하는데, 단지 이러한 방법들을 실생활에 좀 더 가까운 상황이나 소재로 유도한다.

구분	설명 및 예시
시범	아동의 모방을 요구하는 시범과 그렇지 않은 시범이 있다. 기능적 접근법에서는 직접적인 모방을 요구하기보다는 집중적인 자극을 주는 방법을 선호한다. 집중적인 자극에는 다음과 같은 방법이 있다. • **혼잣말 기법**: 아동이 표현할 말을 직접 시범 보이기보다는 교사나 부모가 자신의 입장에서 말하는 것을 들려주는 것이다. 예를 들어, 차를 밀면서 "차가 가네."라고 하거나 물을 마시면서 "물 마셔요."라고 하는 것이다. • **평행적 발화 기법**: 의사소통 상황에서 아동이 말할 만한 문장을 아동의 입장에서 말해주는 것이다. 예를 들어, 장난감 차를 아동에게 주면서, "차 주세요."라고 말한다. 이는 반향어를 하는 아동이나 모방에 익숙한 아동에게는 좋은 효과를 보이기도 하지만, 표현 자체가 부자연스럽기 때문에 조심해서 사용한다.
직접적 구어적 단서	목표언어를 유도하기 위해 흔히 사용하는 구어적 단서로는 질문, 대치요청, 선반응요구−후시범 방법 등이 있다. • **질문**: 단답형, 선택형, 개방 또는 과정형 질문과 훈련자가 시작한 문장에 목표 낱말이나 구를 삽입시켜서 문장을 완성하는 방법들이 있다. • **대치요청**: 아동의 말에서 목표가 되는 언어를 유도하는 방법으로, 목표 낱말이나 문장이 표현될 때까지 아동의 말을 고쳐나가도록 유도하는 것이다. 예를 들어, 아동이 "그걸 땄어요."라고 할 때 "그게 어떤 건데?"라든가 "그걸 따지 않으면 어떻게 되었을까?"와 같은 질문을 하여 더 많은 발화를 유도할 수 있다. • **선반응요구−후시범**: 목표언어를 시범 보이기 전에 아동이 자발적으로 반응할 기회를 요구한 후 시범을 보이는 방법이다.
간접적 구어적 단서	목표언어를 유도하기 위한 간접적인 구어적 단서로는 아동의 반응을 요구하는 것과 요구하지 않는 것이 있다. ① 반응을 요구하는 것 • **수정모델 후 재시도 요청하기**: 아동이 잘못 말한 부분이나 전체 문장을 수정한 상태로 다시 말해주고 나서 아동이 다시 말하도록 요청하는 방법이다. • **오류반복 후 재시도 요청하기**: 아동이 잘못 말한 부분이나 문장을 그대로 반복한 후 아동에게 다시 말하도록 요청하는 방법이다. • **자기교정 요청하기**: 교사가 아동의 말을 되묻거나 맞는지를 물음으로써 아동이 자신의 말을 스스로 교정하도록 하는 방법이다. • **이해하지 못했음을 표현하기**: 아동의 말을 못 알아들었다고 말하거나 "응?"과 같이 말함으로써 아동이 다시 또는 수정하여 말하도록 한다. 이 방법은 자기교정 요청하기보다 다소 자연스럽다. • **확장 요청하기**: 아동에게 완성된 구나 문장을 말하도록 요청하는 것이다. • **반복 요청하기**: 아동이 바르게 말했을 경우에 다시 반복하도록 요청한다. • **주제 확대하기**: 아동의 말을 알아들었다는 표시를 해주고 나서 아동에게 좀 더 이야기를 하도록 요청하는 것으로, 반복 요청보다 좀 더 자연스러운 방법이다. ② 반응을 요구하지 않는 것 • **아동의 요구 들어주기**: 아동이 요구한 사물을 집어주거나 행동을 수행함으로써 아동에게 그 메시지가 전달되었다는 것을 알려주는 것이다. • **이해했음을 표현하기**: 아동이 한 말에 대해 고개를 끄덕이거나 "응", "그래", "그렇지", "그랬어?"와 같은 말을 해줌으로써 아동의 말을 이해했다는 것을 알려주는 것이다. • **모방**: 아동의 말을 그대로 모방함으로써 아동에게 자신의 말이 전달되었다는 것을 알려주는 것이다. 특히, 아동이 목표언어를 바르게 사용했을 때 "맞아", "그래" 등의 긍정적 표현과 함께 아동의 말을 모방해주면 효과적이다. • **확장**: 아동의 문장구조는 유지한 채 문법적으로 바르게 고쳐서 다시 들려주는 것이다. 예를 들어, 아동이 "누나"라고 했을 때 "누나가"라고 문법적 확장을 해준다. 확장에는 구를 문장의 형태로 완성시켜서 다시 말해주는 문장완성방법과 문장의 형태나 기능을 바꾸어서 말해주는 문장변형방법이 있다. • **확대**: 아동의 발화주제는 유지한 채, 정보를 더 첨가하여 들려주는 것이다. 예를 들어, 아동이 "공"이라고 했을 때 "큰 공"이나 "축구공"이라고 어휘를 확대한다. • **분리 및 합성**: 아동의 발화를 구문의 작은 단위들로 쪼개서 말했다가 다시 합쳐서 들려주는 것이다. 예를 들어, 아동이 "형이 유리로 발을 찔렸어."라고 하면 "형이 찔렸구나.", "유리에 찔렸구나."와 같이 작은 단위의 문장으로 쪼개어 말하고 나서 "형이 유리에 발이 찔렸구나."라고 합쳐서 말한다. • **문장의 재구성**: 아동 문장의 뜻은 유지한 채, 문장의 형태를 재구성해서 들려주는 것이다. 예를 들어, "미영이가 민이를 찼어."라는 말에 대해 "민이가 미영이한테 맞았어?"라고 새 형태의 문장을 말해준다.

기본이론 113p

자연적 언어중재

구조화 틀

자연적 언어중재
- 개념
- 특징
  - 중재자
  - 중재환경
  - 중재목표
  - 주요활동

핵심 개념

자연적 언어중재
- 학생 중심의 언어중재
- **중재자**: 일상생활 속에서 만나는 사람
- **중재환경**: 일상적인 자연스러운 환경
- **중재목표**: 일상생활 속 사회적 의사소통 능력 증진
- **주요활동**: 학생이 좋아하는 주제나 활동 중심

모범 답안

③

2009학년도 중등 32

25 '자연적 언어중재'에 대하여 설명하고 있는 내용을 〈보기〉에서 모두 고른 것은?

| 보기 |

ㄱ. 학생이 좋아하는 주제나 활동을 사용한다.
ㄴ. 학생이 자주 만나는 사람들을 중재자로 포함한다.
ㄷ. 사회적 상호작용이 일어나기 쉬운 중재환경을 조성한다.
ㄹ. 학생의 언어행동을 구체적으로 조절하는 중재자 중심의 조작적 모델이다.
ㅁ. 자연적 언어중재의 목적은 일상생활 속에서 사회적 의사소통을 향상시키는 것이다.
ㅂ. 최근에는 컴퓨터 프로그램을 사용하여 특정한 언어기술을 집중적으로 지도하고 스스로 배우도록 한다.

ㄹ. 학생중심의 언어중재

ㅂ. 자연적 언어중재에서 교수는 우발적이고, 하루에 걸쳐 분산되며, 특정 기술 교수를 위한 집중적인 훈련을 하기보다는 일상활동에 삽입되므로 이러한 학습기회가 자주 일어나는 것은 아님

① ㄷ, ㅁ
② ㄱ, ㄴ, ㅁ
③ ㄱ, ㄴ, ㄷ, ㅁ
④ ㄷ, ㄹ, ㅁ, ㅂ
⑤ ㄱ, ㄴ, ㄷ, ㄹ, ㅂ

기본이론 114p

강화된 환경중심 언어중재(EMT)

강화된 환경중심 언어중재(EMT)
- 정의
- 주요 요소
  - 환경조성 전략
  - 반응적 상호작용 전략
  - 환경중심 언어중재 전략
- 공통 요소 및 지침

핵심개념

강화된 환경중심 언어중재
- **환경중심 언어중재**: 기능적 의사소통을 자연스럽게 유도할 수 있도록 아동의 환경 속에서 아동의 관심과 흥미에 따라 언어중재를 한다는 다소 포괄적인 중재 접근법
- 환경중심 언어중재법은 행동주의의 '선행사건(자극) – 반응 – 후속결과(강화)'의 체제 속에서 진행
- **전통적 행동주의적 접근법과 차이점**
  - 선행사건이 훈련자의 촉진이 아닌 아동의 관심표현임
  - 후속사건이 언제나 똑같은 것이 아니라 아동의 반응과 기능적으로 연관됨
- **장점**: 전통적인 언어치료에서는 대부분 아동이 학습한 것을 치료실에서는 사용하지만 그 밖의 환경에서는 그 기능을 일반화시키지 못하는 것이 문제였는데, 환경중심 언어중재법은 언어훈련 장소를 교실이나 가정·일상생활로 옮겨서 지도하기 때문에 일반화가 용이함
- 강화된 환경중심 언어중재는 환경중심 언어중재의 환경교수 절차, 환경조성 전략과 더불어 반응적 상호작용 대화 양식을 포함함

강화된 환경중심 언어중재(EMT)

2021학년도 초등 A5

26 **(가)는 민지의 특성이고, (나)는 교육실습생과 지도 교사의 대화이다. 물음에 답하시오. [5점]**

(가) 민지의 특성

> • 간단한 문장을 읽고 이해할 수 있다.
> • 자신의 의사를 간단하게 표현할 수 있다.
> • 학교에서 배운 것을 일상생활에 잘 적용하지 못한다.

학생의 특성
구어로 말할 수 있으나 기능적인 의사소통 능력이 다소 부족하므로, 자연스러운 환경에서 기능적인 의사소통을 자연스럽게 유도하는 EMT 중재가 적절함 → 일반화 용이

(나) 교육실습생과 지도 교사의 대화

> 교육실습생 : 민지의 의사소통 능력 증진을 위한 교수 전략을 추천해주실 수 있을까요?
> 지 도 교 사 : 일상의 의사소통 상황을 자연스럽게 구조화하여 지속적인 반응적 상호작용을 통해 의사소통을 촉진하는 대화 중심의 교수법을 추천하고 싶습니다. [A]

환경조성 전략
일상의 의사소통 상황을 자연스럽게 구조화

반응적 상호작용 전략
아동의 행동에 상호작용 대상자가 어떻게 반응해야 하는지에 대한 전략으로, 지속적인 반응적 상호작용을 통해 의사소통 촉진

환경중심 언어절차(언어중재 전략)
교사와 학생의 대화를 통해 언어중재

2) [A]에 해당하는 교수법을 쓰시오. [1점]

기본이론 114p

강화된 환경중심 언어중재(EMT)

강화된 환경중심 언어중재(EMT)

- 정의
- 주요 요소
  - 환경조성 전략
  - 반응적 상호작용 전략
  - 환경중심 언어중재 전략
- 공통 요소 및 지침

강화된 환경중심 언어중재(EMT)와 환경중심 언어중재(MT)의 차이점

- 환경조성기법 강화
- 반응적 상호작용 전략 포함

강화된 환경중심 언어중재(강혜경 외)

- 강화된 환경중심 언어중재는 환경중심 언어중재의 기존 전략을 바탕으로 하되, 일반화와 충분한 의사소통의 기회를 증진시키는 데 보다 많은 초점을 둠. 이를 위해 물리적 환경 조성과 반응적 상호작용 전략이 중심을 이룸
- 즉, 강화된 환경중심 언어중재는 아동이 활동에 참여하는 상대자와 의사소통할 수 있도록 환경을 조절하는 전략과 대화 상대자와 새로운 언어 형태를 만들 수 있는 반응적 상호작용을 포함하며, 일상생활의 맥락 안에서 환경중심 언어중재를 사용함

EMT가 MT와 비교해서 갖는 차이점으로는 첫째, EMT에서는 충분한 의사소통 기회를 제공하기 위해 강화된 환경조성 전략을 제공한다. 둘째, EMT에서는 반응적 상호작용 전략이 추가되었다.

2016학년도 중등 A10

27 **(가)는 학생 A에 대한 정보이고, (나)는 국어과 교수 · 학습 방법 및 평가 계획이다. 〈작성방법〉에 따라 순서대로 쓰시오. [4점]**

(가) 학생 A의 정보

- 중도 정신지체의 경도 난청을 가진 중도 · 중복장애 중학생임
- 기본 교육과정 초등학교 1~2학년군의 학업 수행 수준임
- 음성언어로 의사소통을 하기가 어렵고, 자발적인 발화가 거의 나타나지 않음

음성언어로 의사소통을 하기 어렵고 자발적인 발화가 거의 나타나지 않으므로, 자연스러운 환경에서 기능적인 의사소통을 자연스럽게 유도하는 EMT 중재가 적절함

(나) 국어과 교수 · 학습 방법 및 평가 계획

관련 영역		적용
교수 · 학습 방법	교수 · 학습 계획	음성언어를 사용하는 데 어려움이 있는 중도 · 중복장애 학생이므로 ㉠ 보완 · 대체의사소통체계를 활용함
	교수 · 학습 운용	일반적인 교과학습과 동시에 언어경험접근법과 ㉡ 환경중심 언어중재 등을 상황에 맞게 활용하여 지도함
		㉢
평가 계획		㉣

환경중심 언어중재가 충분한 의사소통 기회를 제공하지 못하는 문제점을 보완하기 위해 환경조성 전략을 강화하고 반응적 상호작용 전략을 추가함 → EMT

작성방법

밑줄 친 ㉡과 비교하여 '강화된 환경중심 언어중재'가 가지는 차이점을 2가지 쓸 것.

기본이론 115-116p

환경조성 전략

강화된 환경중심 언어중재(EMT)
- 정의
- 주요 요소
  - 환경조성 전략
  - 반응적 상호작용 전략
  - 환경중심 언어중재 전략
- 공통 요소 및 지침

핵심개념

환경조성 전략
- 아동의 언어를 촉진하기 위한 물리적 상황을 제공함
- 학생의 자발성과 기능성을 높이기 위해 학생이 가장 크게 의사소통적 필요를 느낄 수 있도록 미리 기회를 만들어 지도하는 방법
- 물리적 환경조성 전략의 핵심은 아동의 언어를 촉진하기 위한 물리적 전략으로서 아동이 선호하는 자료를 중심으로 물리적 환경을 설정하는 데 있음

충분한 의사소통 기회를 만들기 위한 환경조성 전략
① 손이 닿지 않는 곳에 물건 두기
② 흥미로운 자료 제공
③ 예기치 못한 상황
④ 선택의 기회 제공
⑤ 부족한 자료 제공
⑥ 도움이 필요한 상황
⑦ 중요 요소 빼기

㉠ 환경조성 전략

2014학년도 유아 B4

28 **특수학교 유치부의 지후는 의사소통 기술이 부족한 4세의 발달 지체 유아이다. (가)는 지후의 월 평균 의사소통(몸짓, 단어, 문장) 횟수와 누적된 총 어휘 수이며, (나)는 의사소통 지도방법 및 내용이다. 물음에 답하시오. [5점]**

(나) 의사소통 지도방법 및 내용

지도방법	내용	사례
㉠	우발교수를 실시하기 전, 유아의 의사소통 동기를 유도하기 위해 의도적으로 상황을 만드는 것	교사: (지후가 좋아하는 파란색 블록을 눈에는 보이지만 손이 닿지 않는 교구장 위에 올려놓은 후) "지후가 블록놀이를 하는구나." 유아: (파란색 블록을 보고 교사의 팔을 잡아당기며) "아, 아, 줘, 줘."
유아 주도에 따르기	(생략)	(생략)
단어 사용과 설명하기	유아의 행동이나 발화를 경험과 연결하여 들려줌으로써 주요 단어와 개념을 학습하게 하는 것	(생략)
㉡	(생략)	유아: (새로 산 신발을 자랑하듯 교사에게 보여주며) "신발, 신발" 교사: "예쁜 신발이네."
㉢	유아의 발화를 문법적으로 바르게 고쳐서 다시 들려주는 것	유아: (교사가 간식을 나눠주자) "간식, 먹어." 교사: (유아를 보며) "간식을 먹어요."

환경조성기법: 손에 닿지 않는 상황

환경조성기법의 목적은 충분한 의사소통 기회를 제공하는 것

반응적 상호작용 전략
반응을 요구하지 않는 간접적 구어 단서(확장, 확대, 분리 및 합성, 문장의 재구성, 모방, 이해했음을 표현 등)를 제공함

2) (나)의 지도방법 ㉠을 쓰시오. [1점]

확장하기

물리적 환경조성(환경조성 전략)

- 물리적 환경조성 전략의 핵심은 아동의 언어를 촉진하기 위한 물리적인 전략으로서 아동이 선호하는 자료를 중심으로 물리적 환경을 설정하는 데 있다.
- 대상 아동의 인지와 언어 수준 등을 잘 고려하여 다양한 방법으로 환경조성 전략을 시도할 수 있으며, 이를 통해 아동의 의사소통 기능이 향상되거나 산출이 이루어지면 중재를 완료할 수 있다.

전략	방법	예시
손이 닿지 않는 위치	아동의 시야 안에 있지만, 아동의 손에는 닿지 않는 곳에 물건을 둔다.	아동이 볼 수 있는 투명한 플라스틱 상자 안에 사물을 넣고 아동의 키보다 조금 더 높은 교구장 위에 둔다.
흥미 있는 자료	아동이 흥미를 가지고 있는 자료를 이용한다.	• 아동이 좋아하는 사물을 교실에 미리 배치한다. • 아동이 평소 좋아하는 공을 슬그머니 아동 쪽으로 굴려준다.
예상치 못한 상황	아동의 기대에 맞지 않는 비상식적이거나 우스꽝스러운 요소를 만들어준다.	• 인형 옷을 입히면서 양말을 머리에 씌우거나, 풀 대신 지우개를 준다. • 성인이 아동의 작은 옷을 입는 상황을 연출한다.
선택의 기회 제공	비슷한 물건을 제시하여 선택할 수 있는 기회를 제공한다.	염색활동을 할 때 어떤 색으로 염색하고 싶은지 선택하도록 한다.
부족한(불충분한) 자료 제공	아동이 추가적인 자료를 요구하도록 수와 양을 적게 제공한다.	• 신발을 주는데 한 짝만 주거나, 미술활동 시간에 만들기에 필요한 재료보다 적은 양의 재료를 준다. • 색칠하기를 좋아하는 아동의 경우, 밑그림 하나만 주고 더 요구하기를 기다린다.
도움이 필요한 상황	성인의 도움이 필요한 상황을 만든다.	아동이 좋아하는 간식을 잘 열리지 않는 투명한 병에 담아놓는다.
중요 요소 빼기	활동 과제에 필요한 중요 요소를 빼고 과제수행을 요구한다.	퍼즐 완성에 꼭 필요한 한 조각을 빼고 과제를 준다.

참고자료 기본이론 116p

키워드 환경조성 전략

구조화 틀

강화된 환경중심 언어중재(EMT)

- 정의
- 주요 요소
  - 환경조성 전략
  - 반응적 상호작용 전략
  - 환경중심 언어중재 전략
- 공통 요소 및 지침

핵심개념

충분한 의사소통 기회를 만들기 위한 환경조성 전략

① 손에 닿지 않는 곳에 물건 두기
② 흥미로운 자료 제공
③ 예기치 못한 상황
④ 선택의 기회 제공
⑤ 부족한 자료 제공
⑥ 도움이 필요한 상황
⑦ 중요 요소 빼기

모범답안

㉡ 뚜껑이 닫힌 찰흙통과 같이 도움이 필요한 상황을 유도한다.

2021학년도 유아 A8

29 **(가)는 발달지체 유아 다영이와 엄마의 대화를 전사한 자료이고, (나)는 김 교사가 (가)를 보고 작성한 알림장이다. (다)와 (라)는 김 교사가 언어를 지도하는 장면이다. 물음에 답하시오. [5점]**

(다)

김 교사 : 다영아, 우리 무슨 놀이할까?
(찰흙통과 비눗방울통을 보여 주며)
찰흙? 비눗방울? — 선택해야 하는 상황
다 영 : 찰흙.
김 교사 : (찰흙이 아니라 비눗방울통을 주며) — 예기치 못한 상황
여기 있어.
다 영 : 싫어.
김 교사 : (찰흙을 아주 조금만 주며) 여기 있어. — 부족한 자료 제공
다 영 : (손을 내밀며) 더.
김 교사 : (㉡) 여기 있어.
다 영 : (찰흙통을 내밀며) ㉢ 열어. — 도움이 필요한 상황
김 교사 : (뚜껑을 열어 주며) 여기 있어.

2) (다)에서 다영이가 ㉢ 발화를 산출할 수 있도록 김 교사가 ㉡에서 계획해야 하는 교수적 상황을 쓰시오. [1점]

발화를 산출할 수 있도록 계획해야 하는 교수적 상황 =환경조성 전략

기본이론 116p

환경조성 전략

강화된 환경중심 언어중재(EMT)

- 정의
- 주요 요소
  - 환경조성 전략
  - 반응적 상호작용 전략
  - 환경중심 언어중재 전략
- 공통 요소 및 지침

충분한 의사소통 기회를 만들기 위한 환경조성 전략

① 손에 닿지 않는 곳에 물건 두기
② 흥미로운 자료 제공
③ 예기치 못한 상황
④ 선택의 기회 제공
⑤ 부족한 자료 제공
⑥ 도움이 필요한 상황
⑦ 중요 요소 빼기

모범답안 ④

2011학년도 유아 13

30 **다음 대화의 ㉠에 들어갈 응답으로 적절한 것을 〈보기〉에서 모두 고른 것은?**

> 김 교 사: 오늘은 두 분 어머니께 자녀의 의사소통 발달을 위해 가정에서 하실 수 있는 방법에 대해 알려드리려고 합니다. 의사소통 발달을 돕기 위해서는 먼저 환경을 구조화하는 것이 필요합니다.
> 연주 어머니: 환경을 구조화하는 것이란 어떤 것인가요?
> 지호 어머니: 저도 그게 궁금해요.
> 김 교 사: 예를 들면, ㉠________________.
> 지호 어머니: 아, 그렇군요. 지호는 몇 개의 단어를 말해 보라고 시키면 말할 수 있지만 정작 그 단어를 사용해야 하는 장소에서 지호가 먼저 말하지는 않아요. 이 문제를 해결할 수 있는 방법은 없을까요?
> 연주 어머니: 연주는 발화가 되지 않아 갖고 싶은 것을 달라고 못하니까 무조건 울어버려요. 어떻게 해야 하나요?
> 김 교 사: 여러 가지 방법이 있습니다.

- 지호 어머니의 말에 따르면 지호는 일반화에 어려움을 보임
- 연주 어머니의 말에 따르면 연주는 기능적 언어중재가 필요함

일반화 어려움

- 기능적 언어중재 필요
- 문제행동의 의사소통적 기능

| 보기 |

ㄱ. 오늘의 간식 그림카드를 냉장고에 붙여 놓습니다.
ㄴ. 아이가 짜증을 낼 때는 그 상황을 고려하여 반응합니다.
ㄷ. 외출할 때는 현관문을 열기 전에 갈 곳을 묻고 대답하게 합니다.
ㄹ. 동화책은 아이의 눈에 쉽게 띄도록 여기저기에 흩어 놓습니다.
ㅁ. 간식은 아이의 손이 닿지는 않으나 잘 보이는 식탁 선반 위에 둡니다.

① ㄱ, ㄹ ② ㄱ, ㅁ
③ ㄴ, ㄷ ④ ㄱ, ㄷ, ㅁ
⑤ ㄴ, ㄷ, ㄹ

기본이론 116p

환경조성 전략

강화된 환경중심 언어중재(EMT)

- 정의
- 주요 요소
  - 환경조성 전략
  - 반응적 상호작용 전략
  - 환경중심 언어중재 전략
- 공통 요소 및 지침

충분한 의사소통 기회를 만들기 위한 환경조성 전략

① 손에 닿지 않는 곳에 물건 두기
② 흥미로운 자료 제공
③ 예기치 못한 상황
④ 선택의 기회 제공
⑤ 부족한 자료 제공
⑥ 도움이 필요한 상황
⑦ 중요 요소 빼기

모범 답안
흥미로운 자료 제공, 선택의 기회 제공

2025학년도 중등 A8

31 **다음은 ○○ 특수학교 중학교 1학년 자폐성장애 학생에 대해 특수 교사 A와 특수 교사 B가 나눈 대화이다. 〈작성 방법〉에 따라 서술하시오. [4점]**

> 특수 교사 A: 혹시 다른 언어 능력 향상 교수법도 있을까요?
>
> 특수 교사 B: 물리적인 환경을 조절하는 것도 도움이 돼요. 예를 들어, ㉠ 학생 K의 경우에는 이 학생이 좋아하는 단어 카드를 학생 K의 눈에 잘 보이는 곳에 두는 거예요. 학생 M의 경우에는 붉은색 공과 푸른색 공을 제시하고 나서 학생 M이 무엇을 원하는지, 어떻게 행동하는지 잠시 기다려 보실 수도 있어요.

흥미 있는 자료
예) 아동이 좋아하는 사물을 교실에 미리 배치한다.

선택의 기회 제공
예) 염색활동을 할 때, 어떤 색으로 염색하고 싶은지 선택하도록 한다.

작성방법

밑줄 친 ㉠에서 제시하고 있는 물리적 환경 조절 전략 중 1가지를 쓸 것.

기본이론 117-119p

반응적 상호작용 전략

강화된 환경중심 언어중재(EMT)
- 정의
- 주요 요소
  - 환경조성 전략
  - 반응적 상호작용 전략
  - 환경중심 언어중재 전략
- 공통 요소 및 지침

핵심개념

반응적 상호작용 전략의 정의

아동의 행동에 성인이 어떻게 반응해야 하는지에 대한 것으로, 아동의 언어적·비언어적 행동에 반응하는 방법

반응적 상호작용 전략(고은, 3판)

① 아동 주도 따르기
② 공동 관심 형성하기
③ 정서 일치시키기
④ 상호적 주고받기
⑤ 시범 보이기
⑥ 확장하기
⑦ 아동을 모방하기
⑧ 아동 발화에 반응하기
⑨ 아동 반응 기다리기

반응적 상호작용 전략의 유의점

- 아동의 눈높이에 맞춘 공동관심, 공동활동, 주고받기 등을 통해 아동이 더 많은 의사소통 기회를 가질 수 있도록 하는 게 주 목적
- 지시나 질문은 가급적 피하고, 성인이 아동의 행동을 모방하거나 아동과 상호작용하여 반응을 기다려주는 것이 중요함

⑤

2012학년도 유아 28

32 제스추어와 한 낱말로 말하기를 주로 사용하는 만 4세 현아에게 카이저(A. Kaiser)의 강화된 환경교수(enhanced milieu teaching)에 포함되는 반응적 상호작용(responsive interaction) 전략을 적용하여 '두 낱말 말하기'를 지도하고자 한다. 이 전략을 가장 옳게 적용한 것은?

① 현아가 말없이 손으로 우유를 가리키면 반응하지 않고, '우유'라고 말하는 경우에만 반응을 한다. — ① 아동 발화에 반응하기가 안 됨

② 현아가 창가에 앉아 있는 새를 가리키면서 '새'라고 말하면, "책에 새가 몇 마리 있나 보자."라고 말하며 새에 대한 그림책을 가리킨다. — ② 아동 주도 따르기가 안 됨

③ 현아가 인형을 만지며 '아기'라고 말하면, "아기? 아기가 뭐하니? 아기가 잔다고 해 봐. 아기가 자니? 아기가 잔다."라고 연속적으로 말한다. — ③ 언어적 촉진은 자발성을 저해할 수 있으므로 지양해야 함

④ 퍼즐 맞추기에 집중하고 있는 현아 옆에 앉아서 퍼즐 조각을 가리키며 "무슨 색이니?"라고 묻고 현아가 반응이 없더라도 반복하여 묻는다. — ④ 아동 반응을 기다려주지 못함

⑤ 현아가 빗으로 머리 빗는 시늉을 하며 '머리'라고 말하면, 현아의 행동을 따라하며 "머리 빗어."라고 말한 후 현아가 반응할 수 있게 잠시 기다린다. — ⑤ 아동 반응 기다리기

확장하기

반응적 상호작용 전략의 요소(고은, 3판)

전략	방법	예시
아동 주도 따르기	아동의 말이나 행동과 유사한 언어적·비언어적 행동을 하며 아동 주도에 따른다. 아동이 말하도록 기다려주고, 아동이 하는 말이나 행동을 모방한다. 아동의 관심에 기초하여 활동을 시작하고 다른 활동으로 전이할 때도 아동의 흥미를 관찰한다.	구어를 산출하지 못하는 지수는 지도를 좋아해서 교실에 들어오면 지도에 늘 관심을 보인다. "선생님이랑 지도 볼까? 경상도는 어디 있을까?" 하며 지명 찾기 놀이를 한다.
공동 관심 형성하기	아동이 하는 활동에 교사가 관심을 보이며 참여한다. 아동이 활동을 바꾸면 성인도 아동이 선택한 활동으로 바꾼다.	아이가 혼자 그림을 그리고 있으면, "우리 깐보, 무슨 그림 그린 거야? 어, 깐보가 좋아하는 둘리를 그렸네." 하면서 대화를 이끌어 간다.
정서 일치시키기	아동의 정서에 맞추어 반응한다. 그러나 아동의 정서가 부적절하면 맞추지 않는다.	아동이 즐겁게 이야기하면 즐거움을, 흥분되어 말하면 흥분됨을 함께 표현하고, 아동이 얼굴을 찡그리면 함께 속상한 표정을 짓고 이야기한다.
상호적 주고받기	상호작용을 할 때는 아동과 성인이 교대로 대화나 사물을 주고받는다.	퍼즐을 하나씩 번갈아가며 맞추거나, 대화를 교대로 주고받는다.
		• 사물 주고받기: 서로 공 굴리며 주고받기 • 대화 주고받기 아동: (공을 굴리며) "공" 성인: (공을 굴리며) "공을 굴려요." 아동: (공을 굴리며) "공" 성인: (공을 던지며) "공을 던져요."
시범 보이기	먼저 모델링이 되어준다. 혼잣말 기법이나 평행적 발화기법을 사용한다.	"밥 먹으러 가야지."라고 말하거나 과제를 하다가 어렵다고 발을 동동거리는 아동을 향해 "선생님, 도와주세요."라고 말한다.
		• 혼잣말 기법: (차를 밀면서) "차가 가네.", (물을 마시며) "물을 마셔요." • 평행적 발화기법: (아동이 블록을 쌓고 있는 상황에서) "블록을 쌓아요."
확장하기	아동의 발화에 적절한 정보를 추가하여 보다 완성된 형태로 다시 들려준다.	아동이 길가의 차를 보고 "차 가"라고 말하면 "차가 가네."라고 말한다.
아동을 모방하기	아동의 행동 또는 말을 모방하여 아동과 공동관심을 형성하거나 아동에게 자신의 말이 전달되었음을 알려준다.	아동이 손가락을 만지며 아프다는 표현을 하면, 교사도 손가락을 만지면서 "아파?"라고 말해준다.
		아동이 자동차를 가지고 탁자 위에서 놀 때 교사도 탁자 위에서 자동차를 움직인다. 아동이 멈추면 따라 멈춘다.
		아동: "공" 성인: "맞아, 공이야." 또는 "공을 굴리자."
아동 발화에 반응하기	아동이 한 말에 대해 고개를 끄덕이거나 "응", "옳지", "그래" 등과 같은 말을 해주면서 아동의 말을 이해했다는 것을 알려주고 인정해준다.	아동이 "이거 (먹어)."라고 말하면, 고개를 끄덕이면서 "그래, 우리 이거 먹자."라고 말해준다.
아동 반응 기다리기	아동이 언어적 자극에 반응할 수 있도록 적어도 5초 정도의 반응시간을 기다려준다.	"물감 줄까?"라고 묻고 반응하지 않더라도 5초 정도 기다렸다가 다시 질문한다.

참고자료 기본이론 118–119p

키워드 반응적 상호작용 전략

구조화틀

강화된 환경중심 언어중재(EMT)

- 정의
- 주요 요소
  - 환경조성 전략
  - 반응적 상호작용 전략
  - 환경중심 언어중재 전략
- 공통 요소 및 지침

핵심개념

반응적 상호작용 전략(김영태)

- 아동의 행동에 성인이 어떻게 반응해야 하는지에 대한 것으로, 아동의 언어적·비언어적 행동에 반응하는 방법
- 아동의 눈높이에 맞춘 공동관심, 공동활동, 주고받기 등을 통해 아동이 더 많은 의사소통 기회를 가질 수 있도록 하는 게 주 목적
- 반응적 상호작용 전략에서 언어촉진은 자발성을 저해하므로, 언어촉진을 사용하지 않는 대신 반응을 요구하지 않는 간접적 구어 단서(예 확장, 확대, 분리 및 합성, 문장의 재구성, 모방, 이해했음을 표현 등)를 제공함

반응적 상호작용 전략(강혜경 외)

- 학생의 의사소통 시도에 민감성을 길러 빠르고 의미 있게 반응해주는 것
- 시도를 인정하고 관심을 나타내는 반응적인 교사는 이미 대화를 촉진하고 있는 것임. 반면, 의도한 것이 아니라고 하더라도 목소리의 크기, 대화 속도나 의사소통 양식 등을 맞추지 못한다면 의사소통을 저해할 수 있음

모범답안 공동관심 형성하기

2017학년도 유아 A1

33 **다음은 중복장애 유아 동우의 어머니가 유아특수교사인 김 교사와 나눈 상담 내용의 일부이다. 물음에 답하시오. [6점]**

> 김 교사: 어머니, 가족들이 동우와 의사소통하는 데 어려움이 있다고 하셨지요?
>
> 어 머 니: 네. 동우는 ㉠ 근긴장도가 높아서 팔다리를 모두 움직이기가 어렵고, 몸을 움직이려고 하면 뻗치는 경우가 많잖아요. 그리고 선생님께서 아시는 것처럼 시각장애까지 있어서, 말하는 것은 물론 눈빛으로 표현하는 것도 어려워해요. 가족들은 동우가 뭘 원하는지 알 수가 없어요.
>
> 김 교사: 그래서 이번 개별화교육계획지원팀 회의에서 결정한 바와 같이 동우에게 보완대체의사소통을 사용하려고 해요. 이를테면, 동우에게 ㉡ 우선적으로 필요한 어휘를 미니어처(실물 모형)로 제시하고, 자신이 원하는 것을 만져서 표현하도록 하면 좋겠어요. ㉢ 미니어처를 사용하면 누구나 동우가 표현하고자 하는 바를 명확하게 알 수 있으니까요.
>
> 어 머 니: 그러면 집에서 동우를 위해 우리 가족이 해야 하는 일은 무엇인가요?
>
> 김 교사: 가족들이 반응적인 의사소통 환경을 만들어 주시면 동우의 의사소통 기술이 발달하는 데 도움이 될 수 있어요. 예를 들어, ㉣ 동우가 장난감 트럭을 앞뒤로 밀고 있다면 어머님도 동우가 밀고 있는 장난감 트럭을 보고 있다는 것을 동우에게 알려주시고, 동우가 보이는 행동에 즉각적으로 의미 있게 반응해주세요.

반응적 상호작용 전략은 의사소통을 위한 사회적 환경을 조성함

"동우가 보이는 행동에 즉각적이고 의미 있게 반응" → 학생 행동에 따른 반응

4) ㉣에서 김 교사가 동우 어머니에게 제시하고 있는 반응적 대화의 요소를 쓰시오. [1점]

기본이론 118–119p

반응적 상호작용 전략

강화된 환경중심 언어중재(EMT)
- 정의
- 주요 요소
  - 환경조성 전략
  - 반응적 상호작용 전략
  - 환경중심 언어중재 전략
- 공통 요소 및 지침

반응적 상호작용 전략의 요소
- **공동관심 형성하기**: 아동이 하는 활동에 교사가 관심을 보이며 참여
- **아동 주도 따르기**: 아동의 관심에 기초해 활동을 시작하고, 다른 활동으로 전이할 때에도 아동의 흥미를 관찰함
- **상호적 주고받기**: 아동의 정서에 맞추어 반응함
- **아동 모방하기**: 아동의 행동 또는 말을 모방해 아동과 공동관심을 형성하거나, 아동에게 자신의 말이 전달되었음을 알려줌

모범답안
반응적 상호작용 전략

2022학년도 초등 A3

34 다음은 은지와 상우를 위한 언어지도 계획안의 일부이다. 물음에 답하시오. [5점]

(가) 학생의 언어적 특성과 지원 내용

학생	언어적 특성	지원 내용
은지	구어 산출은 하지만 주로 몸짓 언어로 의사소통함	언어습득 발달 단계에 따라 일어문, 이어문 순으로 지도
상우	• 구어 산출은 하지만 ㉠ 몇 개의 낱말만으로 의사소통함 • 자발화 산출이 부족함	• 스크립트 문맥 활용 지도 • ㉡ 강화된 환경중심 언어중재 적용

강화된 환경중심 언어중재(EMT)
자연적 언어중재 패러다임에 근거해 아동의 흥미, 관심 등을 활용하여 기능적 언어중재를 실시함

1) (가)의 ㉡ 방법 중에서 다음에 해당되는 전략의 명칭을 쓰시오. [2점]

- 혼자 블록 쌓기를 하고 있으면 교사가 "상우야, 무슨 모양을 쌓은 거야? 좋아하는 버스 모양으로 쌓았네." 하며 대화를 이끌어 가기 — 공동관심 형성하기
- 색칠하기 책을 쳐다보고 있으면 "상우야, 선생님이랑 색칠하기 놀이를 해볼까? 무슨 색을 칠해볼까?" 하며 놀이하기 — 아동 주도 따르기
- 퍼즐을 하나씩 번갈아 맞추며 "상우야, 이번에는 네 차례야." 라며 교대로 대화 주고받기 — 차례(상호적) 주고받기
- 손등을 긁으며 가렵다는 표현을 하면 교사도 자신의 손등을 긁으며 "상우야, 가려워?"라고 말하기 — 아동 모방하기

기본이론 118-119p

강화된 환경중심 언어중재(EMT)

강화된 환경중심 언어중재(EMT)

- 정의
- 주요 요소
  - 환경조성 전략
  - 반응적 상호작용 전략
  - 환경중심 언어중재 전략
- 공통 요소 및 지침

공동관심 형성의 의의

- 공동관심은 교사와 학생이 같은 사물이나 활동에 집중할 때 발생
- 공동관심을 통해 교사는 학생이 흥미를 갖는 사물이나 활동에 대해 즉각적인 언어적 요구나 코멘트를 할 수 있음

모범답안

공동관심 형성을 통해 학생이 흥미를 갖는 사물이나 활동에 즉각적인 언어적 요구를 하거나 코멘트를 제공하기 위함이다.

2017학년도 초등 B2

35 **(가)~(다)는 지체장애 특수학교에서 제작한 '학생 유형별 교육 지원 사례 자료집'에 수록된 Q&A의 일부이다. 물음에 답하시오. [5점]**

(다)

Q 혼합형 뇌성마비 학생 C는 교사가 '요구하기('집' 소리가 녹음된 음성출력도구의 버튼 누르기)' 시범을 보이면 쉽게 따라할 수 있습니다. 교사의 시범 없이도 학생이 '요구하기'를 할 수 있게 하는 방법을 알고 싶습니다.

A 강화된 환경중심 언어중재 전략(EMT) 중 '요구-모델' 절차를 적용하여 다음과 같이 지도할 수 있습니다.

학생 : (하교할 준비를 마치고 닫혀 있는 교실 문을 바라본다.)
교사 : (ⓜ 학생이 바라보고 있는 교실 문을 바라본다.) 뭘 하고 싶어?
학생 : ('집' 소리가 녹음된 버튼을 누른다.) '집'◐
교사 : 그렇구나! 집에 가고 싶구나! (학생을 통학버스 타는 곳까지 데려다 준다.)

…(하략)…

※ ◐는 녹음된 말소리를 의미함

'요구-모델'과 '시범' 차이점
요구-모델이 시범 방법과 다른 점은 아동에게 반응할 기회를 우선 주고 나서 언어적인 시범을 보인다는 것임

- 공동관심은 교사와 학생이 같은 사물이나 활동에 집중할 때 발생함
- 학생이 교실 문을 바라보고 있는 것(공동관심 시작하기)에 교사가 함께 관심을 기울이고 있음

4) 교사가 (다)의 ⓜ과 같이 행동한 이유를 쓰시오. [1점]

기본이론 118-120p

- 환경조성 전략
- 반응적 상호작용 전략

강화된 환경중심 언어중재(EMT)
- 정의
- 주요 요소
  - 환경조성 전략
  - 반응적 상호작용 전략
  - 환경중심 언어중재 전략
- 공통 요소 및 지침

핵심 개념

아동의 관점에서 공동관심의 유형

공동관심 시작하기	
협동적인 공동주시	아동은 성인과 사물을 번갈아 쳐다보고 관심을 공유하기 위해서 다시 성인을 바라봄. 이러한 몸짓은 "저거 봐, 재미있는데!"라는 뜻임
보여주기	아동은 손에 놀잇감을 들고 관심을 끌기 위해서 성인 앞에 들고 보여줌. 아동은 성인에게 놀잇감을 주지는 않음. 이러한 몸짓은 "내가 무엇을 가졌는지 봐!"를 의미함
공유하기 위해 건네주기	아동은 놀잇감에 대한 도움을 얻기 위해서가 아니라 단순히 공유하기 위해서 성인에게 놀잇감을 줌. 이러한 몸짓은 "여기 놀잇감이 있으니까 너도 놀아도 돼!" 또는 "네 차례야!"라는 뜻임
가리키기	아동은 단순히 성인의 관심을 흥미로운 어떤 것으로 이끌기 위해서 사물을 가리킴. 아동은 성인이 놀잇감에 대해 행동하기를 원하지 않음. 이러한 몸짓은 "저거 봐요! 재미있어요."라고 의사소통하는 것임
공동관심 반응하기	
가리키는 곳 따르기	성인이 사물을 가리킨 후에 아동은 가리킨 곳을 따라 동일한 사물을 바라보는 것으로 반응함
시선 따르기	아동은 성인이 바라보고 있는 것으로 성인의 시선을 따름

- ㉠ 쉽게 열리지 않는 보드게임 박스를 제공한다.
  ㉣ 라면을 끓이는 데 필요한 물이나 스프를 조금만 제공한다.
- ㉡ 공동관심 시작하기
  ㉢ 보드게임 박스와 교사를 번갈아 쳐다본다(협동적인 공동주시).

  ㉤ 공동관심 반응하기
  ㉥ 스프 또는 물이 있는 곳을 교사가 가리켜서 교사와 학생이 동일한 사물을 바라보는 것으로 반응한다(가리키는 곳 따르기).

2019학년도 중등 A13

36 **(가)는 자폐성 장애 학생 P의 특성이고, (나)는 김 교사가 학생 P의 선호하는 사물과 활동을 통해 학생의 공동관심을 형성하기 위한 방안이다. 〈작성방법〉에 따라 서술하시오. [4점]**

(가) 학생 P의 특성

- '보드 게임'과 '라면 끓이기'를 좋아함
- 구어를 사용하지 않음

(나) 공동관심 형성 방안

• EMT 환경 구성 전략: 도움 • 활동: 보드 게임	학생의 공동관심 유형	교사와 학생 행동
(㉠)	(㉡)	(㉢)

• EMT 환경 구성 전략: 불충분한 자료 • 활동: 라면 끓이기	학생의 공동관심 유형	교사와 학생 행동
(㉣)	(㉤)	(㉥)

※ EMT는 강화된 환경 교수(Enhanced Milieu Teaching)를 의미함

작성방법

- 'EMT 환경 구성 전략'과 '활동'을 고려하여 괄호 안의 ㉠, ㉣에 해당하는 예 1가지를 순서대로 서술할 것.
- 괄호 안의 ㉡, ㉤에 들어갈 수 있는 '학생의 공동관심 유형'의 명칭을 순서대로 쓰고, 각 유형에 따라 괄호 안의 ㉢, ㉥에 해당하는 '교사와 학생 행동'의 예 1가지를 순서대로 서술할 것. (단, ㉡, ㉤은 교사와 학생의 행동 순서와 관련하여 서로 다른 유형임. ㉠ - ㉡ - ㉢, ㉣ - ㉤ - ㉥의 내용 연계성을 고려하여 작성할 것)

강화된 환경중심 언어중재(EMT)의 정의
아동의 환경 속에서 아동의 관심과 흥미에 따라서 기능적 의사소통을 위한 언어중재를 실시함

불충분한 자료 제공: 아동이 추가적인 자료를 요구하도록 수와 양을 적게 제공함

공동관심의 유형으로는 학생을 주체로 한 '공동관심 시작하기'와 '공동관심 반응하기'가 있음

※ 환경조성 전략 중 '중요 요소 빼기' 전략과 '불충분한 자료 제공' 전략을 구분하여 작성하기
- **중요 요소 빼기**: 활동 과제에 필요한 중요 요소를 빼고 과제수행을 요구함
- **불충분한 자료**: 아동이 추가적인 자료를 요구하도록 수와 양을 적게 제공함

기본이론 118–120p

- 환경조성 전략
- 반응적 상호작용 전략

강화된 환경중심 언어중재(EMT)
- 정의
- 주요 요소
  - 환경조성 전략
  - 반응적 상호작용 전략
  - 환경중심 언어중재 전략
- 공통 요소 및 지침

아동의 관점에서 공동관심의 유형

공동관심 시작하기	
협동적인 공동주시	아동은 성인과 사물을 번갈아 쳐다보고 관심을 공유하기 위해서 다시 성인을 바라봄. 이러한 몸짓은 "저거 봐, 재미있는데!"라는 뜻임
보여주기	아동은 손에 놀잇감을 들고 관심을 끌기 위해서 성인 앞에 들고 보여줌. 아동은 성인에게 놀잇감을 주지는 않음. 이러한 몸짓은 "내가 무엇을 가졌는지 봐!"를 의미함
공유하기 위해 건네주기	아동은 놀잇감에 대한 도움을 얻기 위해서가 아니라 단순히 공유하기 위해서 성인에게 놀잇감을 줌. 이러한 몸짓은 "여기 놀잇감이 있으니까 너도 놀아도 돼!" 또는 "네 차례야!"라는 뜻임
가리키기	아동은 단순히 성인의 관심을 흥미로운 어떤 것으로 이끌기 위해서 사물을 가리킴. 아동은 성인이 놀잇감에 대해 행동하기를 원하지 않음. 이러한 몸짓은 "저거 봐요! 재미있어요."라고 의사소통하는 것임
공동관심 반응하기	
가리키는 곳 따르기	성인이 사물을 가리킨 후에 아동은 가리킨 곳을 따라 동일한 사물을 바라보는 것으로 반응함
시선 따르기	아동은 성인이 바라보고 있는 것으로 성인의 시선을 따름

모범답안: 공동관심 시작하기

2024학년도 유아 A1

37 **(가)는 자폐성장애 유아 동주의 특성이고, (나)와 (다)는 유아 특수교사 임 교사와 유아교사 배 교사가 동주의 놀이를 지원하는 장면과 임 교사의 지도 노트이다. 물음에 답하시오. [5점]**

(가)

- 곤충을 좋아함
- 동영상 보기를 좋아함
- 상호작용을 위한 말을 거의 하지 않음
- 상호작용 중 상대방이 가리키거나 쳐다보는 사물, 사람, 혹은 사건을 함께 쳐다볼 수 있음

(나)

동　　주: (배 교사를 쳐다보지만 통을 보여 주지는 않는다.)
배 교사: 동주 왔구나.
동　　주: (반응하지 않는다.)
임 교사: 동주야, 무당벌레 보여 드리자.
동　　주: (반응하지 않는다.)
임 교사: (통을 든 동주의 팔꿈치를 살짝 밀어 주며) 보여 드리자.
동　　주: (반응하지 않는다.)
임 교사: (동주의 손을 겹쳐 잡아 통에 든 무당벌레를 배 교사에게 보여 주며) 보여 드리자.
배 교사: 와, 동주가 좋아하는 무당벌레구나!
동　　주: (교사를 쳐다보며 환하게 웃는다.)

다른 사람들과 공동관심을 시작하기 위해 '보여주기'를 지도함

1) (나)에서 교사들이 지도하고 있는 공동관심 행동의 목표를 (가)를 참고하여 쓰시오. [1점]

참고자료 기본이론 121–123p

키워드 환경중심 언어중재 전략

구조화틀 강화된 환경중심 언어중재(EMT)
- 정의
- 주요 요소
  - 환경조성 전략
  - 반응적 상호작용 전략
  - 환경중심 언어중재 전략
- 공통 요소 및 지침

핵심개념

모범답안 ①

2010학년도 유아 31

38 민희는 수줍음이 많고 언어발달이 늦어 자신의 요구를 잘 표현하지 못한다. 박 교사는 다양한 중재전략을 통해 민희의 요구행동을 촉진하려고 한다. 〈보기〉에 제시한 사례별 중재전략이 바르게 연결된 것은?

보기
ㄱ. 미술 활동 중에 민희가 요구행동을 할 상황을 만들고 기대하는 표정으로 바라보며 일정시간 기다린다. 민희가 "풀" 하고 요구하면 풀을 준다. 오반응이나 무반응을 보이면 시범을 보인다.
ㄴ. 자유놀이 시간에 소꿉놀이 영역에서 민희가 모자를 가리키며 "모자"라고 말하면 교사는 "모자?"라고 말하여 민희의 의사를 확인한 후 민희의 말을 "모자 주세요."로 반복하여 말해준다.
ㄷ. 간식시간에 마실 것을 선택해야 하는 민희에게 "뭘 마시고 싶니?"라고 한 후 "주스"라고 말하면 "주스가 마시고 싶구나. 여기 주스 줄게."라고 말하고 주스를 준다. 민희가 오반응이나 무반응을 보이면 시범을 보인다.
ㄹ. 이야기 나누기 시간에 융천으로 만든 물고기를 들고 바라보는 민희에게 교사는 "물고기"라고 시범을 보인 후 민희가 모방하면 "그래 이건 물고기야, 물고기 여기에 붙이렴."이라고 말한다. 오반응이나 무반응을 보이면 다시 "물고기"라고 말한다.

(ㄱ: 시간지연법 / ㄴ: 확장 / ㄷ: 요구-모델 / ㄹ: 시범기법)

	ㄱ	ㄴ	ㄷ	ㄹ
①	시간지연	확장하기	요구-모델	시범
②	시간지연	시범	확장하기	요구-모델
③	시범	확장하기	요구-모델	시간지연
④	요구-모델	시간지연	확장하기	시범
⑤	확장하기	시간지연	시범	요구-모델

확장하기

환경교수 전략의 절차 및 유의점(『중도 · 중복장애학생 교육의 이해』, 강혜경, 2018.)

전략	설명 및 유의점	절차
모델링 (아동중심 시범)	아동의 관심이 어디 있는지 관찰하고, 그 물건이나 행동에 같이 참여하면서 그에 대한 적절한 시범을 보여 행동을 학습하게 하는 것이다.	① 아동과 공동관심을 형성한다. ② 아동이 관심을 보이는 것에 대하여 언어적 시범을 보여준다. ③-㉠ 아동이 정확한 반응을 보이면, 즉각적인 칭찬과 함께 언어를 확장하면서 재료를 제공한다. ③-㉡ 아동이 부정확한 반응을 보이거나 반응이 없으면, 다시 모델을 제시한다. ④-㉠ 아동이 두 번째 시범에 정확하게 반응하면, 즉각적인 칭찬 언어 확장과 함께 재료에 접근할 수 있도록 허용한다. ④-㉡ 아동이 두 번째 시범에 부정확한 반응을 보이면 교정적 피드백과 접근을 제공한다.
요구- 모델링	• 아동과 함께 활동하다가 아동에게 언어적인 반응을 구두로 요구해본 후에 시범을 보이는 것이다. • 비모방적인 구어 촉진을 한다는 점에서 모델링과 차이가 있다. • 새롭거나 어려운 형태를 훈련시키거나 명료성 향상을 위해 주로 사용한다.	① 아동과 공동관심을 형성한다. ② 아동에게 먼저 반응을 요구한다. 예 "뭐 가지고 싶어?", "뭐 줄까?" ③-㉠ 아동이 정확한 반응을 보이면, 즉각적인 칭찬과 함께 언어를 확장하면서 재료를 제공한다. ③-㉡ 아동이 부정확한 반응을 보이거나 반응이 없으면, 두 번째 요구(아동의 흥미가 고조되고 아동이 대답을 알고 있을 때)나 시범(아동의 흥미가 감소되고 아동이 대답을 하기 어려울 때)을 제시한다. ④ 아동이 두 번째 요구나 시범에 대해서도 부정확한 반응을 보이면 교정적 피드백을 준다.
시간지연	• 아동과 함께 활동하다가 아동의 언어적 반응을 기다려주는 것으로, 아동이 말해야 하는 상황임을 눈치 채고 말을 하게 되면 그에 적절하게 교정 또는 시범을 보인다. • 반복적 일과의 단계 사이에 잠깐 멈춤으로 진행을 중단시키고, 학생을 바라보고, 요구하는 의사소통을 하기를 기다리고, 학생이 의사소통을 하면 요구한 행동을 해줌으로써 의사소통을 촉진한다. • 아동이 목표행동을 자신의 행동 레퍼토리에 가지고 있을 때에만 사용한다. • 초기 의사소통 단계보다는 자발적 언어 사용을 유도할 때 효과적이다.	① 아동이 자료나 요구를 필요로 하기 쉬운 상황을 찾거나 만든다. ② 아동의 언어적 반응을 수 초간 기다린다. ③ 아동이 정확한 반응을 보이면, 즉각적인 칭찬과 함께 언어를 확장하면서 재료나 보조를 제공한다. ④ 아동이 부정확한 반응을 보이면, 다음 절차를 따른다. ㉠ 두 번째 시간지연(만약 아동이 두 번째 시간지연에 부정확하게 반응하면 요구-모델링 절차나 시범 절차를 사용한다.) ㉡ 요구-모델링 절차 혹은 시범 절차
우발교수 (우연교수)	• 학습자가 어떤 상황이 우연히 발생하였다고 생각하는 것(의사소통의 기회 또는 언어학습의 기회)을 이용하여 언어 훈련을 하는 것이다. • 이는 아동 주도적이며 자연적인 후속결과에 의해 적절한 행동이 강화되고 유지될 수 있다는 장점이 있다. 그러나 우발교수를 위해서는 우선 구어나 비구어적으로 요구할 수 있는 능력과 목표행동을 모방할 수 있는 능력이 선행되어야 한다.	① 아동이 언어적 또는 비언어적 도움이나 자료를 요구할 때 시작한다. ② 아동의 요구에 시간지연, 요구-모델링, 아동중심 시범 기법 중 한 가지 방법을 사용한다.

EMT 기법의 절차 순서도(박은혜 외, 2008.)

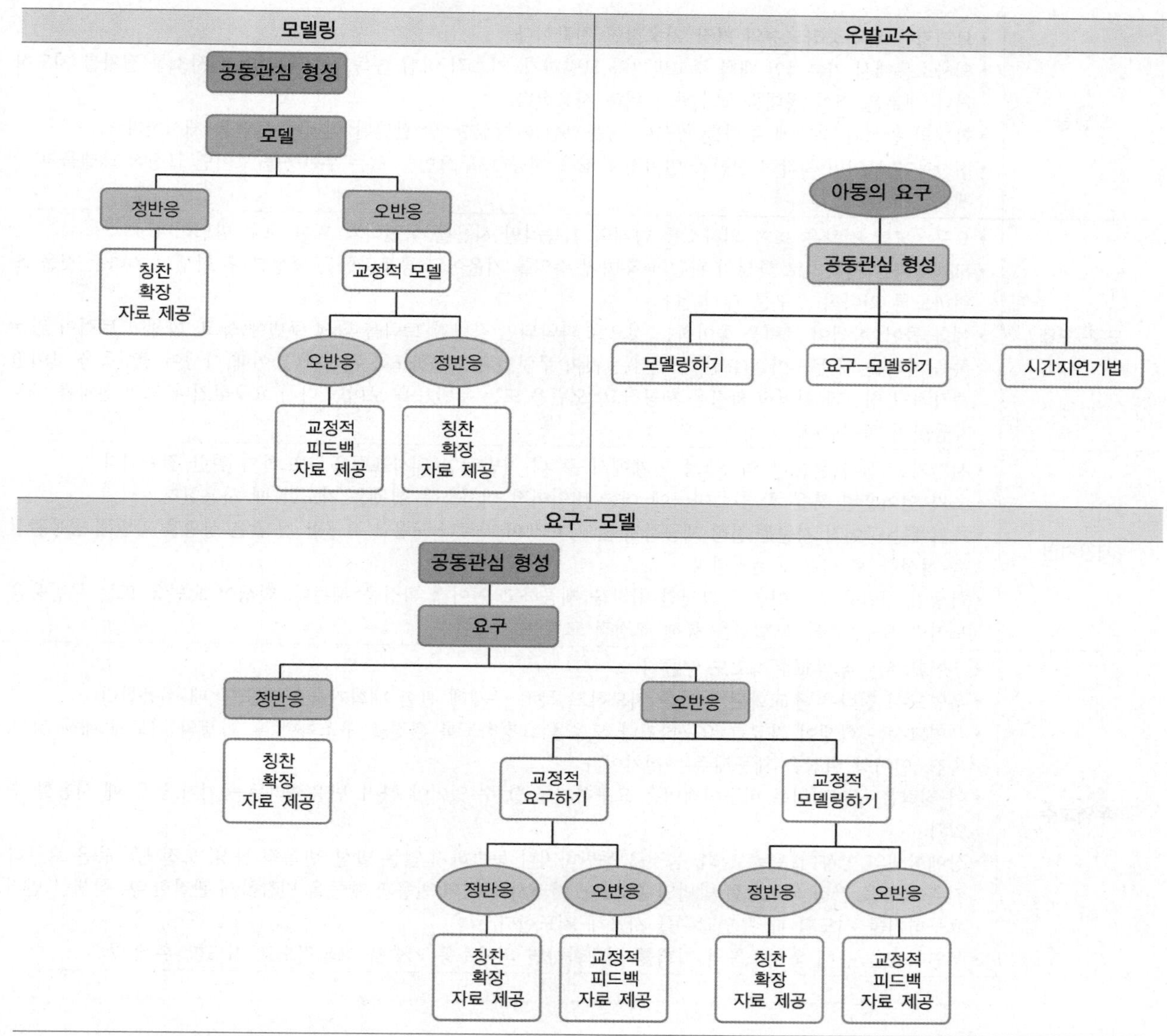

환경중심교수 전략

모델링	• 모델링은 환경중심교수의 가장 기초적인 전략이다. • 의사소통에서 기본적인 대화 주고받기와 모방하기, 기초적 어휘 습득 등 기본적인 의사소통 절차를 지도하거나 새로운 언어 형태를 교수하기 위해 사용한다. • 학생의 관심과 흥미에 주의를 기울여 공동관심을 형성한 후 관련된 언어적 모델을 제시한다. • 정반응을 보이면 즉각적 칭찬과 언어적 확장을 제공하고, 오반응 또는 무반응을 보이면 교정적 모델을 따르게 한다.
요구-모델	• 요구-모델 전략은 초기 의사소통 형태의 기능적인 사용을 촉진하기 위한 교수 방법이다. • 모델링과 마찬가지로 학생의 관심과 흥미에 주의를 기울이고 공동관심을 형성한 후 학생이 원하는 것을 표현하도록 언어적 요구를 제시한다. • 예를 들어, 학생이 트럭을 좋아하는 것으로 파악되면 장난감 트럭을 학생 주변에 놓고, 학생이 트럭이 있는 쪽을 바라볼 때 무엇이 필요한지, 원하는 것이 무엇인지 요구하도록 지시한다. 이때 학생이 정반응을 보이면 즉각적인 칭찬과 언어적 확장을 제공하고, 오반응 또는 무반응을 보이면 다시 요구하거나 모델 절차를 다시 제공하여 촉진한다.
시간지연	• 시간지연 절차는 초기 의사소통 단계에서 좀 더 자발적인 의사표현을 지도하기 위한 전략이다. • 초기 언어훈련 혹은 환경적 자극에 대한 비언어적 의사소통 행동을 지도할 때 사용한다. • 초기에는 구어적 지원을 전혀 제공하지 않고, 학생이 자료나 도움을 요구할 것 같은 상황을 판별해 공동관심을 형성한 후 반응을 촉진한다. • 학생이 정반응을 보이면 즉각적인 칭찬을 제공하고 언어적 확장을 해준다. 학생이 오반응 또는 무반응을 보이면 요구-모델, 모델링을 통해 교정적 모델을 제공한다.
우연교수	• 우연교수는 '우발교수'라고도 부른다. • 우연교수 전략은 정교화된 언어를 지도하고 특정 주제에 관한 대화기술을 지도할 때 사용한다. • 우연교수는 학생이 자료를 요구하거나 도움을 요청하도록 환경을 구조화한 후 학생의 시도에 대해 강화, 촉진, 언어적 확장을 제공해주는 절차이다. • 이 전략은 구어적이든 비구어적이든 요구하기를 할 수 있어야 하며, 반응하려는 동기가 높을 때 사용할 수 있다. • 장애학생의 반향어, 단순 발화, 몸짓을 동반하거나 동반하지 않는 발성, 반복적 몸짓, 도전행동 등은 요구하기의 기능을 가진 의사표현 방법일 수 있다. 따라서 학생의 반응과 행동을 민감하게 관찰한 후, 학생이 먼저 요구하기를 시도할 때 우연교수를 사용해 지도한다. • 우연학습을 통해 의사소통의 기회를 최대화하면 의사소통 기술을 효과적으로 지도할 수 있다.

기본이론 121-123p

환경중심 언어중재 전략

강화된 환경중심 언어중재(EMT)
- 정의
- 주요 요소
  - 환경조성 전략
  - 반응적 상호작용 전략
  - 환경중심 언어중재 전략
- 공통 요소 및 지침

시범절차
① 물리적 환경조성
② 공동관심 형성
③ 교사의 시범
④ 정반응 시 강화, 오반응 시 교정적 피드백

모범답안 ③

2009학년도 유아 30

39 **〈보기〉는 환경중심 언어중재(환경 교수법)의 하나인 아동중심 시범절차를 사용하여 윤희에게 '상황에 적절한 말로 요구하기'를 지도한 과정의 예시이다. 지도과정에서 바르지 <u>않은</u> 것은?**

보기
ㄱ. 윤희가 좋아하는 비눗방울 놀이 활동에서 용기에 비눗물을 조금만 채워 주었다. ㄴ. 비눗물을 다 쓴 윤희는 교사가 들고 있는 비눗물 용기를 쳐다보았다. 교사는 즉시 윤희 앞에 앉으며 눈높이를 맞추었다. ㄷ. 윤희가 "더! 더!"하자 교사는 "윤희야, '더, 더'하지 말고 '더 주세요.' 해 봐."라고 하였다. ㄹ. 윤희가 모방하지 않자, 교사는 구어적 시범을 제공하였다. ㅁ. 윤희가 "더 주세요." 하자 교사는 활짝 웃으며 "비눗물을 더 주세요."라고 하면서 비눗물을 주었다.

① ㄱ ② ㄴ
③ ㄷ ④ ㄹ
⑤ ㅁ

환경조성기법
부족한 자료 제공

공동관심 시작하기

반응적 상호작용 전략 사용 시 유의사항
언어촉진은 자발성을 저해하므로, 언어촉진을 사용하지 않는 대신 아동의 반응을 요구하지 않는 간접적 구어 단서를 제공함

학생의 발화에 피드백을 제공할 때는 의사소통 확장하기 같은 전략을 통해 보다 복잡한 의사소통 형태를 제시하는 것이 좋음
예 "더 주세요." → "비눗물을 더 주세요."

기본이론 121-123p

환경중심 언어중재 전략

강화된 환경중심 언어중재(EMT)
- 정의
- 주요 요소
  - 환경조성 전략
  - 반응적 상호작용 전략
  - 환경중심 언어중재 전략
- 공통 요소 및 지침

환경중심 언어절차
- 모델링
- 요구-모델링
- 시간지연
- 우연교수(우발교수)

(가) 요구모델
(나) 우연교수

2010학년도 초등 35

40 **다음은 황 교사가 지체장애 학생 은희에게 2008년 개정 특수학교 국민공통기본교육과정 영어과를 지도하는 과정을 기술한 것이다. (가)와 (나)에서 황 교사가 적용한 환경교수(환경중심 언어중재) 방법으로 가장 적절한 것은?**

(가)

황 교사: (연필을 보여주며) 어제 은희가 배웠는데 이것을 영어로 뭐라고 하지?
은　 희: (모른다는 표정을 지으며 대답을 하지 않는다.)
황 교사: pencil이지? pencil이라고 말해봐.
은　 희: pencil.
황 교사: 잘했어요.

교사의 요구로부터 중재가 시작됨

(나)

은　 희: (연필 옆에 교사가 교수환경을 구조화하기 위해 놓아둔 지우개에 관심을 보이며 지우개를 쳐다본 후 교사의 눈을 응시한다.) 지우개.
황 교사: (지우개를 영어로 뭐라고 하는지 알고 싶다는 은희의 요구를 이해하고 웃으며) 지우개는 영어로 eraser라고 해.

학생 반응으로부터 중재가 시작됨

기본이론 121p

- 모델링
- 요구-모델링

환경중심 언어절차

- 아동중심의 시범 기법(모델링)
- 요구-모델링
- 시간지연
- 우연교수(우발교수)

핵심 개념

아동중심의 시범 기법(모델링)

- EMT 가장 초기 단계에서 실시하는 것으로, 아동이 어떻게 표현해야 할지를 모를 때 사용됨
- 먼저 교사는 아동이 흥미를 보이는 것에 공동관심을 형성한 후 모델링을 함. 아동이 적절하게 모방하면 긍정적 피드백을 제공하고, 모방이 제대로 되지 않으면 교정적 피드백을 제공함

요구-모델링

- 교사의 요구가 선행된다는 점에서 모델링과 차이가 있음
- 교사는 아동에게 무엇을 원하는지 질문하며, 아동이 바르게 반응하면 즉각적·긍정적·확장적으로 반응해주고, 아동이 무반응을 보이거나 부적절하게 반응하면 적절한 반응을 모델링해주어 모방할 수 있도록 함

교사의 요구가 선행된다는 점에서 모델링과 차이가 있다.

2019학년도 초등 B6

41 **다음은 교육 봉사를 다녀온 예비 특수교사와 지도 교수의 대화 내용이다. 물음에 답하시오.**

> …(상략)…
>
> 예비 특수교사: 중재 전략이 정말 다양하군요.
> 지 도 교 수: 중요한 것은 어떤 전략이든 ㉣ <u>자연스러운 환경에서 적용해야 일반화가 쉽다는 겁니다. 언어중재도 마찬가지예요.</u>

3) ㉣에 해당하는 언어중재 방법에서 사용되는 요구모델이 모델링과 다른 점을 1가지 쓰시오. [1점]

기본이론 121p

환경중심 언어중재 전략

강화된 환경중심 언어중재(EMT)

- 정의
- 주요 요소
  - 환경조성 전략
  - 반응적 상호작용 전략
  - 환경중심 언어중재 전략
- 공통 요소 및 지침

핵심개념

요구-모델링(박은혜 외)

① 아동과 공동관심을 형성한다.
② 아동에게 먼저 반응을 요구한다.
예 "뭐 가지고 싶어? 뭐 줄까?"
③-㉠ 아동이 정확한 반응을 보이면, 즉각적인 칭찬과 함께 언어를 확장하면서 재료를 제공한다.
③-㉡ 아동이 부정확한 반응을 보이거나 반응이 없으면, 두 번째 요구(아동의 흥미가 고조되고 아동이 대답을 알고 있을 때)나 시범(아동의 흥미가 감소되고 아동이 대답을 하기 어려울 때)을 제시한다.
④ 아동이 두 번째 요구나 시범에 대해서도 부정확한 반응을 보이면 교정적 피드백을 준다.

선반응요구-후시범 기법

- 시범 방법에서와 같이 아동과 교사가 함께 활동을 하다가, 아동에게 언어적인 반응을 구두로 요구해본 후에 시범을 보이는 것임
- 시범 방법과 다른 점은 아동에게 반응할 기회를 우선 주고 나서 언어적인 시범을 보이는 것임
- 반응을 요구할 때는 흔히 명령 후에 시범을 보이거나(예 "말해봐." … "차"), 의문사 질문 후 시범(예 "뭐 가지고 놀까?" … "차")을 보이거나, 또는 선택형 질문 후에 시범(예 "차 가지고 놀까? 주사기 가지고 놀까?" … "차")을 보임
- 그러나 일부 연구자들은 아동이 지나치게 교사의 요구촉진에 의존함으로써 자발적인 의사소통을 저해할 수 있다는 위험성을 제기하기도 함

요구-모델링

2025학년도 중등 A8

42 **다음은 ○○ 특수학교 중학교 1학년 자폐성장애 학생에 대해 특수 교사 A와 특수 교사 B가 나눈 대화이다. 〈작성 방법〉에 따라 서술하시오. [4점]**

> 특수 교사 A: 선생님, 올해 우리 반에 자폐성장애 학생이 3명있어요. 3명 모두 구어를 사용할 수 있는데도, 필요한 상황에서 말을 하지 않아요. 어떻게 지도하면 좋을까요?
> 특수 교사 B: 학생들이 좋아하는 물건들을 활용해 보세요. 예를 들어, 학생 K의 경우, 이 학생이 좋아하는 공을 보여주면서 "뭐라고 해야 하지?"라고 말해보세요. 그때 학생 K가 "공 주세요."라고 말을 하면 공을 주면 돼요. 그런데 학생 K가 아무 말도 하지 않으면 "공 주세요 해야지."라고 하면서 선생님께서 시범을 보여주세요. [A]

환경중심 언어중재 전략이 필요

"뭐라고 해야 하지?"라는 교사의 요구가 선행

작성방법

강화된 환경 중심 언어 중재(Enhanced Milieu Teaching : EMT)에 근거하여 [A]에서 교사가 사용한 교수 기법의 명칭을 쓰시오.

기본이론 123p

환경중심 언어중재 전략

강화된 환경중심 언어중재(EMT)
- 정의
- 주요 요소
  - 환경조성 전략
  - 반응적 상호작용 전략
  - 환경중심 언어중재 전략
- 공통 요소 및 지침

우연교수의 장점
- 아동의 자연스러운 환경 속에서 일어나는 학습이기 때문에 일반화를 촉진할 수 있음
- 아동의 요구로부터 시작되기 때문에 아동 주도적인 사회적 시작행동을 강화할 수 있음
- 자연적인 후속결과로 적절한 행동을 강화하고 유지시킴

우연교수의 단점
자연스러운 환경을 만들기 위해 교사의 노력과 시간이 필요함

모범답안
© 우연교수(우발교수),
장점 – 아동의 요구로부터 시작되기 때문에 아동 주도적인 사회적 시작행동을 강화할 수 있다.

2013학년도 추가초등 B3

43 **다음은 2011 특수교육 교육과정 중 기본 교육과정 초등 1~2학년 국어과 수업 활동의 일부이다. 물음에 답하시오.** **[4점]**

진수의 특성	• 흥미 있는 대상에 대해 관심을 표현함 • 단순 모방이나 지시 따르기는 가능함 • 의미 있는 자발적 구어 산출 및 문자 언어 사용에 어려움이 있음 • 평소에 축구공을 매우 좋아함
단원명	㉠ 내 생각을 표현해요.
학습 목표	㉡ 필요한 물건의 명칭을 말로 표현할 수 있다.
㉢ 진수의 수업 활동	교사는 축구공을 진수의 손이 닿지 않는 높은 진열대에 올려놓았고, 진수는 그곳을 물끄러미 바라본다. 진　수: (으~ 우~ 소리를 내며 손가락으로 축구공이 있는 곳을 가리킨다.) 김 교사: 축구공 갖고 싶어? 진　수: (축구공이 있는 진열대 쪽으로 교사의 손을 잡아끈다.) 김 교사: 진수야, 그래 이건 축구공이야. 진　수: (축구공을 바라보면서) 추-우-! 김 교사: 그래, 축구공. 잘했어! 축구공 줄게.

강화된 환경중심 언어중재(EMT)
아동의 환경 속에서 아동의 관심과 흥미에 따라서 기능적 의사소통을 위한 언어중재를 실시함

- 환경조성기법: 손에 닿지 않는 상황
- 반응적 상호작용 전략: 공동관심 형성

환경중심 언어절차
학생 반응으로 언어중재가 시작되고 있으므로(진수의 비구어적 반응 – 몸짓) 우연교수에 해당함

EMT에서 후속결과는 아동의 반응과 기능적으로 연관된 것(자연적 강화제)을 줌

3) 김 교사가 ㉢에서 활용한 의사소통 전략과 이 전략의 장점을 1가지만 쓰시오. [2점]

기본이론 123p

환경중심 언어중재 전략

강화된 환경중심 언어중재(EMT)
- 정의
- 주요 요소
  - 환경조성 전략
  - 반응적 상호작용 전략
  - 환경중심 언어중재 전략
- 공통 요소 및 지침

우연교수 절차
① 물리적 환경조성
② 공동관심 형성
③ 학생의 반응(구어적 · 비구어적 반응)
④ 정반응 시 강화, 오반응 시 교정적 피드백

EMT의 특징
중재자인 교사는 매우 치밀하게 환경을 구조화하지만, 학생 입장에서는 이 환경을 우연히 일어난 자연스러운 상황이면서 요구가 필요한 상황으로 인식함

모범답안
우연교수(우발교수)

2018학년도 유아 A6

44 다음은 예비 유아특수교사가 통합학급 4세 반 준혁이의 의사소통 특성을 관찰한 일화 기록의 일부이다. 물음에 답하시오. [5점]

관찰 장소	특수학급
준혁이의 자발적 의사소통 지도를 위해 교사는 준혁이가 볼 수 있지만 손이 닿지 않는 선반에 준혁이가 좋아하는 모형 자동차를 올려놓는다. 준혁이가 선반 아래에 와서 교사와 자동차를 번갈아 쳐다보며 교사의 팔을 잡아 당긴다. 교사는 준혁이가 말하기를 기대에 찬 눈으로 바라본다. 잠시 후 준혁이는 모형 자동차를 가리키며 "자동차"라고 말한다. 교사가 준혁이에게 모형 자동차를 꺼내 주니 자동차를 바닥에 굴리며 논다. [A]	

환경조성기법
손에 닿지 않는 상황

환경중심 언어절차
아동의 반응("선반 아래에 와서 교사와 자동차를 번갈아 쳐다보며 교사의 팔을 잡아 당긴다")으로 시작하므로 우연교수에 해당함

1) 교사가 준혁이의 자발적 발화를 증진하기 위하여 [A]에서 사용한 환경중심 의사소통 전략을 쓰시오. [1점]

참고자료 기본이론 123p

키워드 환경중심 언어중재 전략

구조화틀 **강화된 환경중심 언어중재(EMT)**
- 정의
- 주요 요소
  - 환경조성 전략
  - 반응적 상호작용 전략
  - 환경중심 언어중재 전략
- 공통 요소 및 지침

핵심개념 **우연교수 절차**
① 물리적 환경조성
② 공동관심 형성
③ 학생의 반응(구어적 · 비구어적 반응)
④ 정반응 시 강화, 오반응 시 교정적 피드백

모범답안
① 우연교수(우발교수)
② 풍선 주세요.

2024학년도 유아 A6

45 **(가)는 유아특수교사 안 교사와 유아교사 김 교사의 대화이고, (나)는 5세 발달지체 유아 단비를 위한 교육목표의 일부이며, (다)는 풍선놀이 장면의 일부이다. 물음에 답하시오. [5점]**

(다)

(안 교사는 유희실 천장에 줄이 달린 헬륨 풍선을 띄워 놓았다.)
단　비 : (천장에 붙어 있는 풍선을 바라본다.)
안 교사 : (풍선을 같이 바라본다.)
단　비 : (안 교사를 바라본다.)
안 교사 : 단비야, 뭐 줄까?
단　비 : (손가락으로 풍선을 가리킨다.)
안 교사 : ________ⓛ________
단　비 : 풍. 선.
안 교사 : 자, 풍선 줄게. (풍선을 건넨다.)

[A]

3) **환경중심언어중재(Milieu Language Teaching ; MLT)에 근거하여 (다)의 ① [A]에서 적용한 교수기법을 쓰고, ② ⓛ에 들어갈 내용을 쓰시오. [2점]**

확장하기

강화된 환경교수의 4가지 구성요소(이소현 외)

1. 환경 구성

환경 구성의 목표는 언어교수 및 학습의 맥락을 만들어내는 것이다. 아동이 관심을 보이는 자료와 활동을 고르고 배치하는 것은 아동의 참여와 성인과의 상호작용 증진을 지원한다.

2. 반응적 상호작용

- 반응적 상호작용의 목표는 새로운 형태의 언어를 모델링할 기회를 제공하는 비구어 및 구어 의사소통에 아동을 참여시키고, 아동이 의사소통 파트너로 성인과 상호작용할 가능성을 높이는 것이다.
- 놀이와 의사소통에서 아동의 주도 따르기, 구어 또는 비구어로 차례 주고받기, 아동의 행위를 구어로 설명하기 등의 전략은 강화된 환경교수의 구성요소인 반응적 상호작용에 포함되는 핵심 전략이다.
- 특히 '아동 주도 따르기'와 '비구어적으로 따라하기'는 아동과 성인 간의 연계를 촉진하고 비구어 참여를 확대하려는 의도를 지니면서도 성인이 아동의 행동에 후속적으로 반응할 때 기존의 행동을 강화하기도 한다. 이 전략의 효과적인 사용을 위해서 성인은 아동이 적절한 행동이나 놀이행동을 할 때까지 기다려야 한다.

3. 언어 모델링

언어 모델링은 아동에게 진행 중인 성인과의 상호작용 내에서 목표 언어형태에 대한 명백한 특정 모델을 제공한다. 또한 아동이 목표행동을 자발적으로 모방하도록 유도한다.

4. 환경교수

- 환경교수의 촉진 전략은 아동이 새로운 의사소통 형태를 산출하도록 촉진하기 위해 설계되었다.
- 환경교수에서 촉진의 순서는 최대최소(most-to-least) 촉진 지원전략을 따른다. 따라서 아동은 모방에서부터 독립적으로 목표형태를 시작하는 것까지 점진적으로 익혀간다.
- 아동이 모델링 상황에서 통제 촉진을 모방할 때, 통제 촉진은 소거되거나 최소화될 수 있어야 한다.
- 모델 절차는 통제 촉진인 "~라고 말해봐."로 시작하는데, 이는 아동이 성인 모델을 모방해야 한다는 것을 알려준다. 이후 "말해 봐."라는 촉진은 없애고 아동이 해야 하는 말을 강조해서 말함으로써 성인이 모방을 요구하는 의도를 명확히 알 수 있게 한다.

  예 아동이 주스를 향해 손을 뻗을 때 성인이 "주스 주세요라고 말해봐."라는 촉진을 제공하면, 아동은 "주스 주세요라고 말해봐."라고 따라 말한다. 이럴 때 성인은 대신 "주스 주세요."라고만 촉진할 수 있다.
- 환경교수에서는 어떤 촉진 절차를 사용하든지(모델, 요구모델, 시간지연, 우발교수) 성인은 항상 아동이 신체적으로 성인이나 물건을 향한다든가 물건을 향해 손을 뻗거나 쳐다보는 것을 통해 선호나 사회적 의도를 나타낼 수 있을 만큼 충분한 시간을 허용해야 한다.

환경교수 절차 사용 시 지침(박은혜 외, 2008.)

- 네 가지 환경교수 절차 중 한 가지를 선택하여 가르칠 때는 다음 두 가지의 일반적인 지침이 적용된다. 첫째, 진행 중인 상호작용에 가장 자연스럽게 맞는 방법을 택한다. 예를 들어, 학생의 의도나 원하는 것이 명확하지 않거나 세부적인 것을 묻는 것이 자연스러운 경우(예 "우유 먹을래요? 아니면 아이스티 먹을래요?")에는 질문하는 방법(요구-모델하기)을 사용하는 것이 자연스럽다. 모델링 절차는 학생이 적절한 반응을 잘 모를 때 언제든지 사용한다. 예를 들어, 학생이 사물의 이름을 모른다면, 모델을 보여주는 것이 자연스럽다(예 "이건 레고 블록이야.").
- 둘째, 학생이 적절한 의사소통 반응을 하는 데 필요한 수준의 지원을 제공하는 교수 절차를 사용한다. 모델은 학생의 반응을 위한 최대 수준의 지원을 제공한다. 요구-모델하기는 중간 수준의 지원을 제공하며, 학생의 기술 수준에 맞도록 질문만 하거나, 두 개 중 선택하도록 하는 질문을 하는 등(예 "땅콩 버터 샌드위치와 치즈 샌드위치가 있는데, 뭘 먹을래?")의 수정을 해줄 수 있다. 시간지연은 초기의 구어적 지원을 전혀 제공하지 않는다.
- 우발교수는 항상 학생의 요구를 따라가기 때문에 앞의 세 절차와 차이가 난다. 즉, 우발교수는 학생이 먼저 요구를 했을 때에만 사용되어야 한다. 요구하기는 구어나 발성, 몸짓 등을 사용할 수 있다. 정교화된 반응을 촉진하기 위해 교사가 학생의 요구에 어떻게 반응할 것인가는 학생이 적절히 반응하기 위해 어느 정도의 지원이 필요한가에 따라 달라진다. 모든 환경교수 절차에서 불완전하거나 부정확한 학생의 반응 뒤에는 반드시 정확한 반응을 할 수 있도록 하는 지원이 제공되어야 한다(예 만약 학생이 요구-모델하기에서의 요구하기에 응답하지 않았다면, 올바른 반응 모델이 제공된다). 모든 교수 회기는 긍정적 결과와 계속적인 의사소통, 확장된 형태의 시범을 포함한다. 모든 절차의 목표는 상호작용이 최대한 의사소통적이고 자연스러우며 긍정적이 되도록 하고, 상호작용의 마지막에는 학생이 강화를 얻을 수 있도록 하는 것이다.
- 우발교수를 사용하고자 하는 교사에게는 개별 학생들의 다양한 요구하기 형태를 파악하는 것이 어려운 과제이다. 반향어, 단순한 발화, 반복적 몸짓, 문제행동, 기타 행동(예 책상을 손으로 두드림), 몸짓을 동반하거나 동반하지 않는 발성 등이 모두 요구하기의 기능을 가질 수 있다. 이러한 행동들이 요구하기의 기능을 의도하고 있는지 파악하기 위해서는 체계적인 관찰이 도움이 된다. 신체능력에 제한이 많은 학생의 경우에는 눈 응시나 고개 돌리기 등도 요구하기가 될 수 있다. 자폐학생이나 구어가 부족한 학생들은 명확한 요구하기는 거의 보이지 않지만, 체계적 관찰을 통해 그들의 독특한 의사소통 형태와 강화제들을 파악할 수 있다. 모든 학생은 의사소통을 하며, 거의 대부분의 학생들은 요구를 하고 있다. 교사가 해야 할 과제는 이러한 요구하기를 교수할 기회로 인식하고 반응해주는 것이다.

기본이론 116p, 121-123p

- 환경중심 언어중재 전략
- EMT 공통요소 및 지침

강화된 환경중심 언어중재(EMT)

- 정의
- 주요 요소
  - 환경조성 전략
  - 반응적 상호작용 전략
  - 환경중심 언어중재 전략
- 공통 요소 및 지침

강화된 환경중심 언어중재의 공통 요소

- 훈련은 아동의 흥미나 주도에 따름
- 언어의 형태를 가르칠 때 일상생활에서 흔히 접할 수 있는 많은 사례를 이용함
- 아동의 반응을 확실하게 촉진함
- 아동의 반응에 대한 강화는 특정 언어 형태와 연결된 것으로 하고, 훈련 문맥 속에서 자연스럽게 함
- 훈련은 교사-학생 간 상호작용 속에서 다양하게 실시함

2) 교사는 민호에게 "강아지 장난감 줄까, 고양이 장난감 줄까?"라고 물어본다.

3) 민호가 볼 수 있으나 손에 닿지 않는 책상 위에 장난감 자동차가 움직이도록 태엽을 감아서 놓아둔 것이다.

2015학년도 초등 B3

46 **민호는 뇌성마비와 최중도 정신지체의 중복장애학생으로 그림이나 사진을 이해하지 못하며, 구어로 의사소통이 어렵다. (가)는 교사와 민호의 상호작용 기록의 일부이다. 물음에 답하시오. [5점]**

(가) 교사와 민호의 상호작용

(교사는 민호가 볼 수 있으나 손이 닿지 않는 책상 위에 장난감 자동차가 움직이도록 태엽을 감아 놓아두고 다음 시간 수업을 준비하고 있다. 장난감 자동차가 소리 내며 움직이다 멈춘다.)

민호 : (교사를 바라보며 크게 발성한다.) 으으~ 으으~
교사 : 민호야, 왜 그러니? 화장실 가고 싶어?
민호 : (고개를 푹 떨구고 가만히 있다.)
교사 : 화장실 가고 싶은 게 아니구나.
민호 : (고개를 들고 장난감 자동차와 교사를 번갈아 바라보며 발성한다.) 으으응~ 응~
교사 : (장난감 자동차를 바라보며) 아! 자동차가 멈추었구나.
민호 : (몸을 뒤로 뻗치며) 으으응~ 으으응~
교사 : 자동차를 다시 움직여 줄게. (장난감 자동차가 움직이도록 해 주고 잠시 민호를 보고 있다.) ㉠ 이번에는 민호가 한번 해 볼까? (교사는 장난감 자동차에 스위치를 연결하여 휠체어 트레이 위에 놓은 뒤 민호의 손을 잡고 함께 스위치를 누른다.)
민호 : (오른손으로 천천히 스위치를 눌러 자동차가 움직이자 교사를 바라보며 웃는다.)
교사 : 민호 잘하네. ㉡ (강아지와 고양이 장난감이 놓인 책상에서 강아지 장난감을 집어 들고) 민호야, 이것도 한번 움직여봐. (강아지 장난감을 스위치에 연결해준다.)
민호 : (㉢ 고양이 장난감 쪽을 바라본다.)

비상징적 의사소통

강화된 환경중심 언어중재(EMT)
아동의 환경 속에서 아동의 관심과 흥미에 따라서 기능적 의사소통을 위한 언어중재를 실시함

환경조성기법
손에 닿지 않는 상황

환경중심 언어절차
학생 반응으로 언어중재가 시작되고 있으므로(민호의 비구어적 반응 - 발성) 우연교수에 해당함

비상징적 행동의 기능 → 거절

비상징적 행동의 기능 → 긍정 대답

EMT에서 후속결과는 아동의 반응과 기능적으로 연관된 것(자연적 강화제)을 줌

2) 민호의 행동 ㉢을 고려한다면, (가)의 교사 행동 ㉡이 어떻게 바뀌어야 하는지 1가지 쓰시오. [1점]

아동 중심
아동이 좋아하는 주제나 활동을 사용해야 함

3) 교사가 환경중심교수(Milieu Teaching)의 환경조성 전략을 적용한 사례를 (가)에서 찾아 1가지 쓰시오. [1점]

기본이론 126p

EMT 공통 요소 및 지침

강화된 환경중심 언어중재(EMT)
- 정의
- 주요 요소
  - 환경조성 전략
  - 반응적 상호작용 전략
  - 환경중심 언어중재 전략
- 공통 요소 및 지침

강화된 환경중심 언어중재의 공통 요소
- 훈련은 아동의 흥미나 주도에 따름
- 언어의 형태를 가르칠 때 일상생활에서 흔히 접할 수 있는 많은 사례를 이용함
- 아동의 반응을 확실하게 촉진함
- 아동의 반응에 대한 강화는 특정 언어 형태와 연결된 것으로 하고, 훈련 문맥 속에서 자연스럽게 함
- 훈련은 교사-학생 간의 상호작용 속에서 다양하게 실시함

모범답안
- 민호가 하고 싶은 말을 교사가 대신 해준다.
- 민호가 발음을 잘못했을 때 틀린 발음을 반복적으로 지적하여 계속 연습한다.

2017학년도 유아 B7

47 **(가)와 (나)는 5세 통합학급 최 교사의 반성적 저널 내용의 일부이다. 물음에 답하시오. [6점]**

(나)

> 의사소통 욕구가 부족한 민호를 위해서는 몇 가지 방법을 사용하였다. 자유놀이 시간에는 민호가 좋아할 만한 놀잇감을 제공하여, 그중에서 민호가 원하는 것을 선택할 수 있도록 해 주었다. 이야기 나누기 활동 시간에는 민호가 하고 싶어 하는 말을 내가 대신 해 주었다. 미술 활동 시간에는 활동 자료를 약간 부족하게 주어서 민호가 다른 친구들에게 자료를 빌려 달라고 요청할 수 있는 기회를 제공하였다. 그 외에도 민호가 발음을 잘못했을 경우에는 틀린 발음을 반복적으로 지적하여 계속 연습하게 하였다. 그리고 가끔 민호의 손이 닿지 않는 곳에 민호가 좋아하는 놀잇감을 볼 수 있게 두어서 나에게 도움을 요청할 수 있도록 하였다. [A]
>
> …(하략)…

3) (나)의 [A]에서 민호의 특성을 고려할 때, 최 교사의 의사소통 지도 방법으로 적절하지 않은 내용 2가지를 찾아 쓰시오. [2점]

기본이론 121p, 126p

- 환경중심 언어중재 전략
- EMT 공통 요소 및 지침

강화된 환경중심 언어중재(EMT)
- 정의
- 주요 요소
  - 환경조성 전략
  - 반응적 상호작용 전략
  - 환경중심 언어중재 전략
- 공통 요소 및 지침

EMT의 정의

기능적인 의사소통을 유도할 수 있는 자연스러운 환경 속에서 아동의 관심이나 흥미에 따라서 언어중재를 제공하는 포괄적인 중재 접근법

강화된 환경중심 언어중재의 공통 요소
- 훈련은 아동의 흥미나 주도에 따름
- 언어의 형태를 가르칠 때 일상생활에서 흔히 접할 수 있는 많은 사례를 이용함
- 아동의 반응을 확실하게 촉진함
- 아동의 반응에 대한 강화는 특정 언어 형태와 연결된 것으로 하고, 훈련 문맥 속에서 자연스럽게 함
- 훈련은 교사-학생 간의 상호작용 속에서 다양하게 실시함

① 요구모델
② 교사는 "퍼즐을 주세요."라고 말하며 퍼즐조각을 준다.

2022학년도 유아 A8

48 **(가)는 발달지체 유아 동호의 통합학급 놀이 상황이고, (나)는 유아특수교사 최 교사의 반성적 저널의 일부이다. 물음에 답하시오. [5점]**

(나)

학기 초, 동호가 친구들과 의사소통을 하고 싶어 하는 모습을 보여, 자연스러운 놀이 상황에서 동호에게 반응이나 행동을 먼저 요구한 후 그에 대해 적절한 반응을 보이는 방법을 적용했다. 나와 통합학급 선생님은 기회가 주어질 때마다 이 방법을 동호에게 적용하려고 노력했다. 특히 동호가 좋아하는 퍼즐놀이 시간에 자주 활용했다. 동호가 퍼즐놀이를 할 때 동호와 공동 관심을 형성하고 동호에게 뭐가 필요한지, 무엇을 찾고 있는지 물어 보면서 동호의 반응을 유도했다. 처음에는 동호가 아무런 반응을 하지 않아서 손을 뻗거나 내미는 모습을 보여주었다. 요즘 동호가 퍼즐놀이 할 때 뭐가 필요한지 질문을 하면 ㉢ 퍼즐 조각을 향해 손을 뻗거나 내미는 행동을 한다. 자주는 아니지만, 친구들에게 의사소통을 시도하는 동호의 모습을 보니 대견스럽고 뿌듯하다.

EMT의 정의

① 동호에게 반응이나 행동을 먼저 요구한 후 그에 대해 적절한 반응을 보이는 방법을 적용

② 동호에게 무엇이 필요한지, 무엇을 찾고 있는지 물어보면서 동호의 반응을 유도

③ 요즘 동호가 퍼즐놀이 할 때 무엇이 필요한지 질문을 하면 손을 뻗거나 내미는 행동을 함

3) (나)에서 ① 최 교사가 적용한 환경언어중재(Milieu Language Teaching : MLT) 방법이 무엇인지 쓰고, ② ㉢에 대해 최 교사가 해주어야 할 반응을 쓰시오. [2점]

기본이론 118p, 121–126p

EMT 구성 요소

강화된 환경중심 언어중재(EMT)
- 정의
- 주요 요소
  - 환경조성 전략
  - 반응적 상호작용 전략
  - 환경중심 언어중재 전략
- 공통 요소 및 지침

핵심개념

1) 공동관심

2) 첫째, 아동 발화에 적절하게 반응해 주고 있기 때문이다. 둘째, 아동의 발화에 적절한 정보를 추가해 보다 완전한 형태로 다시 돌려주고 있기 때문이다(확장하기).

3) 시간지연법

4) 환경조성기법

2013학년도 유아 A8

49 영지는 만 3세 발달지체 유아이다. 유아특수교사인 최 교사는 부모 지원을 위해 영지와 어머니가 상호작용하는 동영상 자료를 보고 영지 어머니의 의사소통 행동을 분석하였다. 물음에 답하시오. [5점]

(가) 동영상 자료의 일부

> 영 지 : (장난감 자동차를 가지고 놀고 있다.)
> 어머니 : ㉠ (그림책을 가지고 와서) 영지야, 엄마랑 책 보자.
> 영 지 : (어머니를 보지 않고 계속 장난감 자동차를 가지고 논다.)
> 어머니 : (그림책을 펴며) 동물원이네. 사자랑 호랑이랑 있네.
> 영 지 : (장난감 자동차를 굴리며) 빠~.
> 어머니 : ㉡ 빠~, 그래 그건 큰 빵빵이야.
> 어머니 : ㉢ 영지야, 빵빵 해볼까? 빵빵.

아동중심
아동이 좋아하는 주제나 활동을 사용해야 함

언어촉진은 자발성을 저해하기 때문에 반응을 요구하지 않는 간접적 구어 단서를 제공해야 함

1) ㉠에서 어머니는 의사소통 참여자로서 상호작용에 필요한 (　　)을(를) 이루지 못하고 있다. 괄호 안에 알맞은 말을 쓰시오. [1점]

의사소통을 위한 사회적 환경 조성 = 반응적 상호작용 전략

2) 최 교사는 ㉡의 행동을 긍정적으로 판단하여 어머니를 격려하였다. 최 교사의 판단 근거 2가지를 쓰시오. [2점]

3) 최 교사는 ㉢과 관련하여 어머니에게 "영지가 반응을 보일 수 있도록 기다려 주세요."라고 조언하였다. 이는 환경중심 언어중재의 전략 중 무엇인지 쓰시오. [1점]

4) 다음은 최 교사가 영지 어머니에게 제안한 내용이다. 괄호 안에 알맞은 말을 쓰시오. [1점]

> 환경중심 언어중재를 실행하기 위해서는 (　　)이(가) 중요합니다. 이는 영지의 의사소통 욕구를 촉진하기 위한 전략입니다. 예를 들어, 영지가 원하는 것을 약간 부족하게 주거나 원하는 물건을 눈에 보이지만 손이 닿지 않는 곳에 두는 것입니다.

환경조성기법의 목적 및 의의

기본이론 114-119p

EMT 구성 요소

강화된 환경중심 언어중재(EMT)

- 정의
- 주요 요소
  - 환경조성 전략
  - 반응적 상호작용 전략
  - 환경중심 언어중재 전략
- 공통 요소 및 지침

강화된 환경중심 언어중재

- **환경중심 언어중재**: 기능적 의사소통을 자연스럽게 유도할 수 있도록 아동의 환경 속에서 아동의 관심과 흥미에 따라 언어중재를 한다는 다소 포괄적인 중재 접근법
- 환경중심 언어중재법은 행동주의의 '선행사건(자극) – 반응 – 후속결과(강화)'의 체제 속에서 진행
- **전통적 행동주의적 접근법과 차이점**
  - 선행사건이 훈련자의 촉진이 아닌 아동의 관심표현임
  - 후속사건이 언제나 똑같은 것이 아니라 아동의 반응과 기능적으로 연관됨
- **장점**: 전통적인 언어치료에서는 대부분 아동이 학습한 것을 치료실에서는 사용하지만 그 밖의 환경에서는 그 기능을 일반화시키지 못하는 것이 문제였는데, 환경중심 언어중재법은 언어훈련 장소를 교실이나 가정·일상생활로 옮겨서 지도하기 때문에 일반화가 용이함

④

2011학년도 초등 14

50 다음은 보람특수학교(초등) 송 교사가 자폐성 장애 학생 진규를 지도한 사례이다. 지도 사례에 나타난 송 교사의 지도 전략을 〈보기〉에서 고른 것은?

학생 특성	• 장난감 자동차를 좋아함 • 구어를 할 수는 있으나, 자발적 발화가 거의 나타나지 않음
학습 목표	말로 물건을 요구할 수 있다.
지도	송 교사는 진규의 손이 닿지는 않지만 볼 수 있는 선반 위에 진규가 좋아하는 장난감 자동차를 올려놓았다. 진　　규: (선반 위에 놓아둔 장난감 자동차를 응시한다.) 송 교사: 뭘 보니? 뭘 줄까? 진　　규: (계속해서 장난감 자동차를 응시만 하고 말을 하지 않는다.) 송 교사: 자동차? 자동차 줄까? 진　　규: (계속 쳐다 보기만하고 말을 하지 않는다.) 송 교사: "자동차 주세요."라고 말해 봐. 진　　규: (잠시 머뭇거리다가) 자동차 주세요. 송 교사: (진규에게 장난감 자동차를 준다.) 진　　규: (장난감 자동차를 받아서 논다.) (송 교사는 어머니에게 진규가 가정에서도 장난감 자동차를 달라는 표현을 말로 할 경우에만 장난감 자동차를 주라고 자세히 설명하였다.)

강화된 환경중심 언어중재(EMT)
아동의 환경 속에서 아동의 관심과 흥미에 따라서 기능적 의사소통을 위한 언어중재를 실시함

환경조성기법
손에 닿지 않는 상황

환경중심 언어절차
학생 반응으로 언어중재가 시작됨

EMT에서 후속결과는 아동의 반응과 기능적으로 연관된 것(자연적 강화제)을 줌

(상황) 일반화

보기

㉠ 간헐 강화를 사용하였다.
㉡ 반응 대가를 사용하였다.
㉢ 일반화를 고려하여 지도하였다.
㉣ 기술 중심 접근법을 사용하였다.
㉤ 신체적 촉진(촉구)을 사용하였다.

㉣ 기술 중심 접근법에서는 응용행동분석의 원리에 근거하여 자극을 제시하고, 아동이 반응하면 그에 따른 후속결과가 제시되는 절차가 이루어짐

① ㉠, ㉡　② ㉠, ㉢
③ ㉡, ㉢　④ ㉢, ㉣
⑤ ㉣, ㉤

기본이론 113-119p, 127-130p

- 강화된 환경중심 언어중재(EMT)
- 스크립트 문맥을 이용한 언어중재

강화된 환경중심 언어중재(EMT)

- 정의
- 주요 요소
  - 환경조성 전략
  - 반응적 상호작용 전략
  - 환경중심 언어중재 전략
- 공통 요소 및 지침

스크립트 문맥을 활용한 언어중재

- 스크립트 문맥의 개관
- 활용 절차
- JARs와 비교
- 유용한 방법

강화된 환경중심 언어중재(EMT)의 의의

아동의 자발적인 의사소통 능력을 강화(충분한 의사소통 기회를 제공)

스크립트 문맥을 활용한 언어중재의 정의 및 특징

'일상적인 상황'에서 '대본'을 통해 '상황언어'를 학습하는 전략

①

2012학년도 중등 25

51 **다음은 자폐성 장애학생 A와 B의 언어 특성이다. 학생들의 의사소통 능력 향상을 위한 가장 적절한 중재방법은?**

> 학생 A는 일상생활에 필요한 기본적인 단어의 의미는 이해할 수 있고, 일상 사물의 이름들을 주로 한 단어(일어문)로 말할 수 있다. 그러나 자신의 관심사에만 집착하고, 타인과 의사소통하는 데 관심이 없어서 자발적으로 언어표현을 시도하는 경우가 매우 드물고 교사나 친구들과 의사소통하는 것이 어렵다.
>
> 학생 B는 학교 일과에서 교사나 친구들과 이야기할 때에 주로 두 단어(이어문)로 의사소통을 할 수 있다. 그러나 어떤 특정한 활동 속에서 요구되는 상황적 언어를 논리적인 순서에 따라 말하는 데 어려움이 있다. 특히 지역사회 참여활동, 복지관 실습, 가사실습 시간에 요구되는 상황적 언어들을 그 활동 맥락 안에서 표현하는 데 어려움이 있다.

스크립트 언어중재 목적
- 상황적 언어를 논리적인 순서로 말할 수 있음
- 상황적 언어를 활동 맥락 안에서 표현할 수 있음

	학생 A의 중재방법	학생 B의 중재방법
①	환경중심 언어중재	스크립트 활용 언어중재
②	환경중심 언어중재	언어경험 접근법
③	언어경험 접근법	스크립트 활용 언어중재
④	언어경험 접근법	환경중심 언어중재
⑤	스크립트 활용 언어중재	환경중심 언어중재

기본이론 127-130p

스크립트 문맥을 활용한 언어중재

스크립트 문맥을 활용한 언어중재
- 스크립트 문맥의 개관
- 활용 절차
- JARs와 비교
- 유용한 방법

스크립트 문맥을 활용한 언어중재
- '스크립트'란 어떤 특정한 문맥 속에서 진행되는 단계적인 일련의 사건을 말함
- 자주 경험하는 일상생활에서의 상황일 경우에는 시간적-인과적 위계에 따른 순서화된 구조를 형성함. 즉, 친숙한 일상 상황에 대해서는 잘 조직된 스크립트를 가지고 있음
- 스크립트 문맥을 이용한 언어중재는 일상적으로 사용되는 상황에 적합한 언어를 사용하기 위해서 그 상황이 그려진 대본의 도움을 받아 지도하는 전략임

* 인지부하이론
인간의 작동기억에는 한계가 있어, 학습자에게 지나치게 많은 양의 정보를 한꺼번에 제공하면 인지적 과부화를 일으켜 효과적 학습을 방해한다는 이론

인지부하의 측면에서 ㉠의 이유는 일상적인 상황문맥을 제공하면 학생이 상황맥락을 이해하는 데 필요한 인지적 부담이 줄어들어 목표언어를 학습하는 데 인지적 자원을 활용할 수 있기 때문이다.

2019학년도 중등 A11

52 **(가)는 중도 지적장애 학생 M의 특성이고, (나)는 학생 M을 위한 스크립트 중재 적용 계획의 일부이다. 〈작성방법〉에 따라 서술하시오. [4점]**

(가) 학생 M의 특성

- 15번 염색체 쌍 가운데 어머니로부터 물려받은 염색체가 결손이 있음
- 발달지연이 있으며, 경미한 운동장애를 보임
- 부적절한 웃음, 행복해하는 행동, 손을 흔드는 것 같은 독특한 행동을 종종 보임
- 수용언어 능력이 표현언어 능력보다 비교적 좋음
- 표현언어는 두 단어 연결의 초기 단계임 — 가능한 목표언어는 이어문

(나) 스크립트 중재 적용 계획

〈중재 전 점검 사항〉

1. 상황 선정 시 점검 사항
   - ㉠ 학생이 상황 맥락을 이해하는 데 신경 쓰지 않도록, 화자 간에 공유하는 상황지식(shared event knowledge)을 제공하는 상황으로 선정
   - 학생에게 익숙하고 자연스러운 상황으로 선정
2. 상황언어 선정 및 중재 적용 점검 사항 — 상황언어 선정 시 고려사항
   - 일상적이고 익숙한 상황언어를 선택
   - 기능적 언어 사용을 향상시킬 수 있도록 지도
   - 수용 및 표현언어의 습득 효율성을 고려한 지도

…(하략)…

〈활용할 스크립트〉

상황	하교 시 학교버스 이용하기			
하위행동	유도상황/발화	가능한 목표언어	목표언어 구조	
			의미관계	화용적 기능
교실에서 하교 준비하기	겉옷을 입도록 한다.	"옷 주세요."	대상-행위	행동 요구
교실에서 복도로 이동하기	"누가 교실 문을 열까요?"	"제가 열래요."	(㉡)	주장
…(중략)…				
자리에 앉기	"어디에 앉을까요?	"(㉢)"	장소-행위	질문에 대한 반응

└ ㉣ ┘

작성방법

밑줄 친 ㉠의 이유를 인지부하(cognitive load) 측면에서 1가지 서술할 것. (단, 목표언어와 관련지어 서술할 것)

확장하기

스크립트 문맥을 활용한 언어중재 예시

1. 생일잔치 스크립트의 예(김영태, 2014.)

스크립트	하위행동	유도상황/발화	가능한 목표언어	목표언어구조	
				의미관계	화용적 기능
생일 잔치	상자에서 케이크/작은 빵 꺼내기	잘 안 열리는 케이크 상자를 아동에게 준다.	• "케이크/빵 꺼내주세요." • "이거 열어주세요."	대상-행위	물건 요구
	상자 위에 케이크 올려놓기	케이크를 다시 상자 안이나 책상 아래에 놓으려고 한다.	"위에 놓아요."	장소-행위	행동 요구
	초 꽂기	초를 꽂지도 않고 성냥을 켜려고 한다.	"초/이거 꽂아요."	대상-행위	행동 요구
	성냥으로 촛불 붙이기	"이걸로 뭐할까?"	• "성냥 켜요." • "촛불 붙여요."	대상-행위	행동 요구
	생일 노래 부르기	"누가 노래 부를까?"	"선생님이 부르세요."	행위자-행위	행동 요구
	촛불 끄기		"내가 불래요."	행위자-행위	주장
	초 빼기	"누가 뺄까?"	"내가 뺄래요."	행위자-행위	주장
	칼로 자르기	"선생님이 자를까?"	"내가 자를래요."	행위자-행위	주장
	접시에 놓기	케이크를 들고 두리번거린다.	"접시에/여기에 주세요."	장소-행위	행동 요구
	포크로 먹기	포크를 꺼내놓지 않는다.	• "포크 주세요." • "포크로 먹을래요."	• 대상-행위 • 도구-행위	물건 요구, 주장
	휴지로 입 닦기	휴지와 종이, 또는 수건을 선택하게 한다.	• "휴지 주세요." • "휴지로 닦을래요."	• 대상-행위 • 도구-행위	행동 요구, 주장
	휴지통에 휴지 넣기	닦은 휴지를 들고 두리번거린다.	"휴지통에 버리세요/넣으세요."	장소-행위	행동 요구
		휴지통으로 던진다.	"(안)들어갔어요."	(부정)-상태	서술
	주스를 컵에 따르기	좋은 컵과 낡은 컵, 색이 다른 컵 등을 준비한다.	• "그 컵 싫어요." • "빨간 컵 주세요."	• 체언수식-실체-서술 • 체언수식-대상-행위	거부, 물건 요구
	주스 마시기	주스를 마시며 맛없는 척을 한다.	• "이거/이 주스 맛있어요." • "이거/이 주스 시원해요."	체언수식-실체-상태	서술

2. 과일가게에 가기(고은, 2021.)

주요 활동	구조화된 상황	교사 발화	아동의 목표발화
과일가게에 가기	가게에 들어간다.	"안녕!"	"안녕하세요!"
	주인에게 다가간다.	"뭐 줄까?"	"○○ 주세요."
	손으로 가리킨다.	"얼마만큼 줄까?"	"○○개 주세요."
	주인이 이해를 못한 표정을 짓는다.	"몇 개 달라고 했지?"	"○○개 주세요."
	봉투에 과일을 담는다.	"자, 여기 있어."	"감사합니다."

3. 책 읽기 활동(고은, 2021.)

주요 활동	활동 상황 및 강화된 환경 중심 언어중재	교사의 언어적 단서	아동의 목표 기능적 의사소통			
			사회화	요구에 대한 반응	의문사 질문에 대답	요구하기
교실에 들어오기	교실에 들어와서 교사와 어머니께 인사한다. (시간 지연, 아동 반응 기다리기)	"영현이 왔네, 영현이 안녕?"	"안녕하세요?"			
		"엄마 가신다. 어머니께도 인사하자."	"안녕히 가세요."			
		"교실에 누가 있지?"			"○○이요."	
		"친구에게도 인사하자."	"안녕?"			
실내화 바르게 정리하기	실내화 한 짝을 교사가 잡고 있는다. (도움, 닿지 않는 위치, 시범 보이기, 선반응요구-후시범, 시간 지연)	"실내화를 정리하자. 어디에 실내화를 두어야 하니?"			"신발장"	
		신발 한 짝을 잡고 아동을 바라본다.				"신발 주세요."
		"이제 교실로 들어가자."		"네."		
책 선택하기	• 아동을 책장이 있는 쪽으로 데리고 간다. • 아동이 읽고 싶어 하는 책을 고른다. (아동 주도 따르기, 공동 관심 형성, 흥미 있는 자료 매치, 선택) • 읽고 싶은 책을 꺼내 제목을 말한다. (아동 발화에 반응하기, 확장하기) • 아동이 선택한 책을 교사가 들고 주지 않는다. (시간 지연, 시범 보이기, 확장하기, 아동 반응 기다리기, 선반응요구-후시범)	"아침활동 시간인데 우리 아침마다 하는 활동이 무엇이에요?"			"책 읽기요."	
		"책을 읽으려면 무엇부터 해야 해요?"			"책을 꺼내요."	
		"맞아요. 책을 꺼내요. 책을 꺼냈으면 책 제목을 말해보자."		책 제목 말하기		
		아동이 선택한 책을 교사가 잡고 아동을 바라본다.				"책 주세요."
책 읽기	• 선택한 책을 가지고 자리로 간다. • 의자에 앉지 못하게 의자를 잡고 있는다. (도움, 시범 보이기, 아동 반응 기다리기) • 책이 펴지지 않도록 손으로 누르고 있는다. (도움, 시간 지연, 선반응요구-후시범) • 함께 책을 읽는다. (공동관심 형성, 정서 일치시키기, 상호적 주고받기, 시범보이기)	"책 읽으러 자리로 가자."		"네."		
		의자를 빼지 못하도록 살며시 의자 위를 잡고 있는다.				"도와주세요."
		의자 빼는 것을 도와준다.	"고맙습니다."			
		"이제 책을 읽어보자. 책을 읽으려면 무엇부터 해야 하나요? "			"책을 펴요."	
		책을 못 피게 손으로 누르고 있는다.				"손 치워주세요."
책 정리하기	• 책장으로 가서 책을 넣는다. 책을 꽂을 때 교사가 가로막고 서 있는다. (시간 지연, 도움, 아동중심 시범) • 교실을 나가면서 교사와 친구에게 인사한다. (시간 지연, 선반응요구-후시범)	"영현이 책 더 읽을래?"		"네. / 아니요."		
		"다 읽었으면 책을 어떻게 해야 하지…."			"책장에 꽂아요."	
		책장에 책을 꽂을 때 막고 서 있는다.				"비켜주세요."
		"이제 올라갈 시간이다. 인사하고 올라가자."	"안녕히 계세요."			
		"친구에게도 인사해야지."	"○○아, 안녕."			

참고자료 기본이론 127–130p

키워드 스크립트 문맥을 활용한 언어중재

구조화틀
스크립트 문맥을 활용한 언어중재
- 스크립트 문맥의 개관
- 활용 절차
- JARs와 비교
- 유용한 방법

핵심개념
스크립트 문맥을 이용한 언어중재의 목표
스크립트 활용은 구어능력을 증진시키는 전략으로서, 사회가 요구하는 방식의 의사소통과 행동양식을 습득하여 적절한 의사소통을 하는 것을 목표로 함

스크립트 문맥을 이용한 언어중재의 장점
스크립트 활용의 가장 큰 장점은 상황에 맞는 언어를 가장 일반화된 형태로 지도할 수 있다는 것임

스크립트 문맥을 활용한 언어중재의 활용 절차
'유도상황 또는 발화'를 미리 계획하되, 융통성 있게 활용하기

모범답안 교사는 신발장 문을 열어주지 않는다.

2022학년도 초등 A3

53 다음은 은지와 상우를 위한 언어지도 계획안의 일부이다. 물음에 답하시오. [5점]

(가) 학생의 언어적 특성과 지원 내용

학생	언어적 특성	지원 내용
은지	구어 산출은 하지만 주로 몸짓 언어로 의사소통함	언어습득 발달 단계에 따라 일어문, 이어문 순으로 지도
상우	• 구어 산출은 하지만 ㉠ 몇 개의 낱말만으로 의사소통함 • 자발화 산출이 부족함	• 스크립트 문맥 활용 지도 • ㉡ 강화된 환경중심 언어중재 적용

(다) 상우를 위한 '신발 신기' 스크립트 문맥 활용

하위 행동	유도 상황	목표언어		
		언어사용 기능	의미 관계	가능한 목표 발화
신발장 문 열기	(㉣)	㉤ 요구하기	㉥ 대상-행위	㉦ "신발장 열어 주세요." "이거 열어."
바닥에 신발 내려놓기	교사가 신발을 다시 신발장 안이나 위에 놓으려고 한다.	㉧ 요구하기	㉨ 장소-행위	(㉩)
신발 신기	교사가 신발 위에 발을 올려놓고 신지는 않는다.	요구하기	대상-행위	"신발 신어요." "이거 신어."

3) (다)의 ㉣에 들어갈 목표언어 유도 상황을 ㉤, ㉥, ㉦을 고려하여 쓰시오. [1점]

확장하기

스크립트 문맥의 활용 절차 및 특징(김영태, 『아동언어장애의 진단 및 치료』, 2014.)

① 단기적인 목표언어의 구조 계획	스크립트 문맥을 통해 계획할 수 있는 언어구조는 수용언어/표현언어, 의미론/구문론/화용론 등 다양하다.
② 아동에게 익숙하며 주제가 있는 일상적인 활동(스크립트) 선정	아동의 머릿속에서 그 활동의 순서가 이미 익숙한 활동을 선택한다. 예를 들어, 생일잔치라는 주제 활동에 대해서는 생일축하 노래를 부르고 나서 케이크에 꽂혀 있는 촛불을 불고, 케이크를 자르는 일련의 행동들을 떠올릴 것이다. 목욕 스크립트도 자주 사용되는데, 인형을 목욕시킬 때 비누칠하는 행동, 물로 행구는 행동, 머리 감는 행동, 마른 수건으로 몸을 닦는 행동들이 자연스럽게 떠오르기 때문이다. 이처럼 익숙한 활동을 선택하는 것은 아동이 상황이나 문맥을 이해하는 데 신경 쓰느라 막상 말에는 주의를 집중하지 않는 문제를 없애기 위함이다.
③ 선택한 스크립트에 포함될 하위행동 나열	생일잔치나 목욕하기 등의 익숙한 스크립트라도 아동의 경험에 따라 그 하위행동들은 조금씩 다를 수 있으며, 주제에 핵심적인 하위행동이 있는가 하면 부수적인 하위행동들도 있다. 예를 들어, 폭죽 터트리기나 선물 열어보기 등의 하위행동은 촛불 끄기, 케이크 먹기 등의 하위행동에 비해서는 부수적이다. 하위행동의 범위를 정하는 것은 해당 하위행동이 목표언어를 유도해내는 데 필요한지 여부에 따라서 정하는 것이 바람직하다. 신체결함으로 인해 전체 스크립트를 다 끝내는 데 시간이 오래 걸리거나, 인지 및 언어수준이 매우 낮아 다양한 하위행동들보다는 짧은 스크립트를 여러 번 반복하는 것이 더 나은 경우에는 하위행동의 수를 최소한으로 줄이는 것도 좋은 방법이다. 자폐아동처럼 일상의 변화를 싫어하는 경우 너무 똑같은 하위행동만 반복해서 고착되지 않도록 매 회기 약간의 변화를 주는 것도 좋은 방법이다.
④ 선택한 하위행동마다 구체적인 목표언어 계획	하위행동 옆에 목표언어를 기재한다. '목표언어'는 실제 아동이 배울 말로, 지시를 따르게 하거나(수용언어 증진이 목표인 경우) 말하게(표현언어 증진이 목표인 경우) 할 내용이다. 예를 들어 생일파티 스크립트에서 목표언어 구조가 두 낱말 의미관계 '장소-행위'의 표현이라면, "머리에 (모자를) 써.", "케이크에 (초를) 꽂아.", "접시에 (케이크를) 담아.", "냅킨 위에 놔.", "휴지통에 넣어." 등의 목표언어를 설정할 수 있다.
⑤ 불필요한 하위행동 삭제	목표언어를 끼워넣기에 적절하지 않은 하위행동은 스크립트에서 제외한다. 이때 설정한 스크립트의 핵심행동이나 아동이 특히 좋아하는 하위행동은 가능한 유지하도록 하고, 그 외 목표언어를 유도할 수 없는 하위행동은 시간을 절약하기 위해 제외하는 것이 좋다.
⑥ 목표언어를 유도할 수 있는 상황이나 발화 계획	목표언어 구조나 기능에 따라 하위행동을 하면서 유도해야 하는 상황이나 말이 있을 수 있다. 이러한 유도 상황이나 말은 미리 계획하되, 치료 회기 동안에는 아동의 반응에 따라 그 표현이나 상황을 융통성 있게 활용하는 것이 좋다. 예를 들어, '부정/거부' 기능을 유도하기 위해서는 아동이 선호하는 컵 대신 다른 컵을 제시하는 것이 적절하고, '주장하기' 기능을 유도하기 위해서는 두 가지 이상의 컵을 제시해서 "이거/그거 (주세요)"라고 주장할 수 있는 상황을 만들어주는 것이 중요하다.
⑦ 계획한 활동들을 체계적으로 변화시키면서 여러 회기 동안 반복해 실시	계획한 목표언어의 사용 수준(종료준거)을 미리 정해 아동이 그 준거에 도달할 때까지 매 회기 같은 활동을 반복하거나, 아동이 싫증 내지 않도록 세 가지 정도의 유사한 스크립트 활동을 매번 바꿔가면서 실시한다.

기본이론 127-130p

스크립트 문맥을 활용한 언어중재

구조화틀

스크립트 문맥을 활용한 언어중재
- 스크립트 문맥의 개관
- 활용 절차
- JARs와 비교
- 유용한 방법

스크립트 문맥을 이용한 언어중재의 목표
스크립트 활용은 구어능력을 증진시키는 전략으로서, 사회가 요구하는 방식의 의사소통과 행동양식을 습득하여 적절한 의사소통을 하는 것을 목표로 함

스크립트 문맥을 이용한 언어중재의 장점
스크립트 활용의 가장 큰 장점은 상황에 맞는 언어를 가장 일반화된 형태로 지도할 수 있다는 것임

스크립트 문맥을 활용한 언어중재의 유용한 방법
- 스크립트 안에서 주고받는 대화(turn-taking)의 기회를 많이 가질 것
- 상황적 언어를 활동에서 많이 사용할 것
- 아동이 일반 스크립트에 익숙해지면 의도적으로 스크립트를 위반하는 사건을 만들어 자발적인 언어를 유도할 것

스크립트 문맥을 이용한 언어중재의 목적은 ① 구어 능력을 증진시키고 ② 사회가 요구하는 방식의 의사소통과 행동양식을 습득하여 적절한 의사소통을 하는 것이다.

㉠ 의도적으로 스크립트를 위반하는 사건을 만들어 자발적인 언어를 유도하기 위함이다.

2014학년도 중등 B1

54 **다음의 (가)는 특수교사가 의사소통장애학생 A에게 스크립트 문맥을 이용하여 언어중재를 실시한 장면이고, (나)는 학생 A가 (가) 스크립트에 익숙해진 후에 다시 언어중재를 실시한 장면이다. (가)에서 특수교사가 스크립트 문맥을 이용하여 언어중재를 실시한 목적을 2가지만 쓰고, 특수교사가 (나)에서 ㉠과 같이 행동한 이유를 쓰시오. [3점]**

(가) 스크립트 문맥을 이용한 언어중재 장면

> 아동에게 익숙한, 일상적 상황인 '아이스크림 주문하기' 장면

학생 : (다양한 종류의 아이스크림을 훑어보고 카운터로 간다.)
교사 : 뭐 드릴까요?
학생 : 바닐라 아이스크림 주세요.
교사 : 콘, 컵 중 어디에 드려요?
학생 : 콘에 주세요.
교사 : 콘 사이즈는 뭐로 하실래요? 싱글콘요, 더블콘요?
학생 : 싱글콘이요.
교사 : 2,800원입니다. 카드로 계산할 거예요, 현금으로 계산할 거예요?
학생 : 현금으로요. (돈을 건네며) 여기 있어요.
교사 : (바닐라 아이스크림을 콘에 담아 학생에게 건넨다.)

> 아동의 발화는 일상적이고 익숙

(나) 학생 A가 (가) 스크립트에 익숙해진 후의 언어중재 장면

> 스크립트에 익숙해진 후 위반사건을 제시함

…(상략)…

교사 : 2,800원입니다. 카드로 계산할 거예요, 현금으로 계산할 거예요?
학생 : 현금으로요. (돈을 건네며) 여기 있어요.
교사 : (㉠ 딸기 아이스크림을 콘에 담아 학생에게 건넨다.)
학생 : (의아한 표정을 지으며) 어……. 바닐라 아이스크림 주세요.
교사 : (바닐라 아이스크림을 콘에 담아 학생에게 건넨다.)

> ㉠ 학생의 자발적인 언어를 유도함

기본이론 127–130p

스크립트 문맥을 활용한 언어중재

스크립트 문맥을 활용한 언어중재
- 스크립트 문맥의 개관
- 활용 절차
- JARs와 비교
- 유용한 방법

스크립트 문맥을 활용한 언어중재의 단점
- 최소한의 구어적 능력을 가지고 있어야 실시할 수 있음
- 그러나 최근에는 스크립트 활용이 보완대체의사소통(비구어 의사소통)이나 다른 매체와 결합되어 사용되기도 함(고은, 2021.)

모범답안

㉡ 스크립트 문맥을 활용한 언어중재

상황에 맞는 언어를 가장 일반화된 형태로 지도할 수 있다.

2018학년도 중등 A12

55 다음은 특수교사인 김 교사가 보완 · 대체의사소통(AAC) 기기를 사용하는 학생 J의 부모님께 보낸 전자우편이다. <작성방법>에 따라 서술하시오.

> 안녕하세요? Y 교육지원청 특수교육지원센터에서 실시하는 'AAC 기기 활용 워크숍'에 대해 안내문 드립니다.
>
> 이번 워크숍에서는 학생 J가 사용 중인 AAC 기기를 개발한 전문가와 함께 기기에 새로운 상징을 추가해보고, 유형에 따라 상징을 분류하는 방법을 실습합니다. 또한 배터리 문제 발생 시 해결할 수 있는 기기 관리 방법에 대해서도 안내할 예정입니다. ㉠
>
> 저와 학생 J의 담임교사도 이 워크숍에 참여합니다. 부모님께서도 이 워크숍이 AAC 기기 활용과 관리에 많은 도움이 되시기를 바랍니다. 워크숍에 대한 자세한 내용은 첨부한 파일을 참조하십시오.
>
> 감사합니다.
>
> p.s. 다음과 같이 패스트푸드점을 이용하는 상황을 구조화한 내용으로 의사소통 중재를 시작할 예정입니다. 학생 J가 잘 참여할 수 있도록 격려해주십시오.
>
> 점 원 : 안녕하세요?
> 학생 J : [안녕하세요.]
> 점 원 : 무엇을 주문하시겠어요?
> 학생 J : [치즈버거] [주세요]
> 점 원 : 2,500원입니다.
> 학생 J : (카드를 꺼내며)
> [카드 여기 있어요.]
> 점 원 : 예, 맛있게 드십시오.
> 학생 J : [감사합니다.]
> ※ [ ]는 상징을 눌렀을 때 출력된 음성을 의미함 ㉡

'대본'을 사용하여 패스트푸드점 이용 시 필요한 '상황 언어'를 중재

AAC 활용

작성방법

㉡에 해당하는 의사소통 중재방법의 명칭을 쓰고, 이 중재방법의 장점을 교사 입장에서 1가지 서술할 것.

확장하기

AAC 일과 스크립트 활동 교수(박은혜 외, 2024.)

- 일과 스크립트(scripted routines) 활동 교수는 스크립트를 활용한 구조화된 언어교수 방법이다. 이는 교사가 주도하는 반복 연습형의 짧은 회기를 개별적으로 또는 소그룹으로 반복하여 실시하는 구조화된 교수법이다.
- '스크립트'란 특정한 공간 및 시간 맥락에 적합한 행동들을 목적과 순서에 따라 진행하는 것으로, 특정 상황에서 행할 수 있는 구체적인 행동과 하위 활동을 예측할 수 있도록 인지적 맥락을 활용한 교수법이다. 스크립트는 상황의 친숙도에 따라 효과가 달리 나타날 수 있으므로, 새로운 활동이나 과제를 제시하기보다는 학생의 인지 부담을 줄이고 언어 능력을 최대한 발휘할 수 있는 활동으로 구성한다. 학생이 스크립트 상황에 익숙해지고 나면 요소 중 하나를 의도적으로 바꾸거나 빠뜨리는 등의 변형을 통해 학생의 자발적인 언어 사용을 유도한다.
- 스크립트 중재는 학생에게 친숙한 활동이나 경험 중에서 선택하고 하위 활동으로 상세화한다. 교사는 각 하위 활동에서 언어적·비언어적 단서를 사용하여 학생에게 반응하는 방법을 지도할 수 있다.
- 스크립트 중재는 언어의 기능보다는 형태를 강조하고, 의사소통 맥락에서 새로운 어휘를 다루기보다는 단순히 명명하기(labeling)만을 가르친다는 비판을 받기도 하지만 유용한 점도 있다. 우선 학생의 개별화된 목표어휘를 적용하는 데 교사의 부담을 줄여줄 수 있으며, 사회화된 언어 사용(허락 요구, 같이 놀자는 제의, '고맙다' 등의 다양한 감정 표현 등) 교수에 적절하다. 또한 잦은 의사소통 실패, 교사의 잦은 교정적 피드백 등으로 의사소통 자체를 부정적인 경험으로 인식하는 학생에게는 효과적이다.
- 장점
  - 일정 시기 동안 구조화된 교수를 통해 정확한 의사소통 방법을 지도하므로 초기의 선택하기, 요구하기 등의 의사소통 목표행동을 체계적으로 학습할 수 있다.
  - 의사소통 시도의 수를 집중적으로 제공하기 때문에 빠르게 학습할 수 있으며, 기본적 상호작용 형식인 주고받기의 교수는 정확한 반응의 가능성을 증가시킬 수 있다.
  - 학습된 기술은 자연스러운 환경에서 기능적으로 사용하도록 하므로, 기초적인 어휘와 화용론적 언어 형태를 지도하는 데 도움이 된다.
- 단점
  - 구조화된 접근법은 단시간 내에 효과를 얻을 수 있지만, 구조화된 프로그램은 장애학생에게 학습해야 하는 많은 단계를 요구하기 때문에 습득된 기술을 학습 외의 조건에서 일반화하는 데 한계가 있다.
  - 학생의 반응만을 강화하고 의사소통 시도하기의 교수를 간과했기 때문에 기능적인 기술을 교수하는 데 실패했다는 비판을 받는다. 그러므로 구조화된 환경에서의 집중적인 교수는 통합적 교수, 환경적 중재와 함께 실시하여 문제점을 보완하는 것이 바람직하다.

스크립트 활용하기(박은혜 외, 2024.)

'옷 입기' 스크립트의 예

엄마, 아빠가 할 일	엄마, 아빠가 할 말 (AAC 모델링 적용)	아동이 할 말 또는 행동 (AAC 사용)
침대 위에 옷 준비하기	(AAC 도구를 눌러서 모델링하며) "○○아, 옷 입자."	…
아동 부르기	(AAC 도구를 눌러서 모델링하며) "○○아, 이리 와."	• 다가오기 • (AAC 도구를 누르며) "도와주세요." 도움 요청하기
바지 들어올리기	(AAC 도구를 눌러서 모델링하며) "바지."	바지 쳐다보기
• 잠시 멈추기 • 바지 가리키기	(AAC 도구를 눌러서 모델링하며) "바지 입어."	바지 쳐다보고 엄마 보기
• 아동의 다리를 가리키거나 살짝 만지기 • 필요하면 아동이 바지에 다리 넣는 것을 도와주기	(AAC 도구를 눌러서 모델링하며) "한 쪽 다리." ※ 도와주는 사람 규칙 적용	• 한 쪽 다리를 올리거나 도움 요청하기 • (AAC 도구를 누르며) "도와주세요." 도움 요청하기
• 아동의 다리를 가리키거나 살짝 만지기 • 필요하면 아동이 바지에 다리 넣는 것을 도와주기	(AAC 도구를 눌러서 모델링하며) "다른 쪽 다리." ※ 도와주는 사람 규칙 적용	• 한 쪽 다리를 올리거나 도움 요청하기 • (AAC 도구를 누르며) "도와주세요." 도움 요청하기
• 바지 가리키기 • 바지의 일부를 잡고 올리는 일 시작하고 도와주기	(AAC 도구를 눌러서 모델링하며) "바지 올려." ※ 도와주는 사람 규칙 적용	• 바지 올리기 • (AAC 도구를 누르며) "도와주세요." 도움 요청하기
포옹하고 칭찬하기	(AAC 도구를 눌러서 모델링하며) "바지 답 입었다.", "잘했어."	• 만족, 미소, 박수 등 • (AAC 도구를 누르며) "다 입었다."
작업의 '끝' 알려주기	(AAC 도구를 눌러서 모델링하며) "다 끝났다."	• 다 끝났다 반응하기 • (AAC 도구를 누르며) "다 끝났다."

기본이론 131-133p

낱말찾기 훈련

낱말찾기 훈련
- 낱말찾기 장애
- 언어적 단서

낱말찾기 훈련의 활동

- **기억확장활동**: 기억용량을 늘리는 활동으로, 주로 의미적인 단서를 제공함
- **기억인출활동**: 기억창고에서 기억을 효율적으로 끄집어내는 책략활동으로, 주로 소리정보를 제공함

언어적 단서
- 의미적 단서
- 구문적 단서
- 음향-음소적 단서
- 음소적 단서

※ 언어적 단서의 유형과 예시 기억하기

모범답안 ③

2011학년도 중등 37

56 **다음은 언어장애 학생 A가 미술 시간에 특수교사와 나눈 대화이다. 특수교사가 학생 A의 언어 문제를 해결하기 위하여 제시할 수 있는 언어적 단서와 그에 따른 교수 활동이 바르게 연결된 것을 (가)~(라)에서 고른 것은?**

> 학생 A: (그림 오려 붙이기 활동 중 색종이를 들고 교사에게 다가와) 선생님!
> (손가락으로 가위 모양을 만들어 자르는 흉내를 내며) 이렇게 이렇게 하는 거 있잖아요. 그거 주세요.
> (머뭇거리다가) 어-어- 자르는 건데….
> 특수교사: 무엇이 필요한데요?
> 학생 A: 어-어- 동그란 손잡이가 있고 쇠로 만들었고, (손가락으로 가위 모양을 만들어 자르는 흉내를 내며) 자르는 거요. 그거, 음- 그거요.

낱말찾기 장애
어떤 상황이나 자극하에서 특정한 낱말을 산출하는 데 어려움을 보임

	단서	교수 활동
(가)	의미적 단서	"이건 문구의 종류인데요."라고 학생 A에게 말하기
(나)	구문적 단서	학생 A 앞에서 '가위'의 음절 수만큼 손으로 책상 두드리기
(다)	형태적 단서	(손동작으로 '가위 바위 보'를 하며) "○○, 바위, 보"라고 말하기
(라)	음소적 단서	학생 A의 손바닥에 'ㄱ'을 적어 주며 "선생님이 쓴 글자로 시작합니다."라고 말하기

(나) → 음향-음소적 단서

(다) → 구문적 단서

① (가), (나)　② (가), (다)
③ (가), (라)　④ (나), (라)
⑤ (다), (라)

기본이론 131-133p

낱말찾기 훈련

낱말찾기 훈련

- 낱말찾기 장애
- 언어적 단서

언어적 단서의 유형

구분	정의	예
의미적 단서	동의어	'선생님'에 대해 '교사'
	반의어	'선생님'에 대해 '학생'
	연상어	'팥'에 대해 '빙수'
	동음이의어	'사과'에 대해 손바닥으로 싹싹 비는 흉내
	목표낱말의 상위범주어 또는 하위범주어	• '모자'에 대해 '옷' • '옷'에 대해 '바지, 치마'
	목표낱말의 기능	'자동차'에 대해 '타는 거'
	몸짓으로 낱말을 흉내내는 것	
구문적 단서	그 낱말이 자주 사용되는 문맥이나 상용구 활용하기	'고추'는 '○○ 먹고 맴맴'
음향-음소적 단서	첫 음절 말해주기	'자동차'의 경우 '자'
	음절 수를 손으로 두드리기 또는 손가락으로 알려주기	
음소적 단서	첫 글자 써주기	

㉡ 동의어, 예를 들어 '선생님'을 '교사'로 말하기 등이 있다.

2017학년도 중등 B4

57 **다음은 학생 D와 K에 대해 특수교사와 일반교사가 나눈 대화이다. K에게 적용할 수 있는 ㉡의 유형 1가지와 그 예 1가지를 순서대로 제시하시오. [4점]**

> 일반교사: 요즘 K는 표현하려는 단어의 이름을 잘 말하지 못합니다. 예를 들면, "어.... 그거 있잖아... 그거..."라고 말하곤 해요.
>
> 특수교사: K가 단어를 떠올리는 데 어려움을 보일 때는 ㉡ 의미 단서나 구문 단서와 같은 다양한 단서를 사용하는 활동이 도움이 됩니다.

낱말찾기 장애
어떤 상황이나 자극하에서 특정한 낱말을 산출하는 데 어려움을 보임

참고자료 기본이론 131–133p

키워드 낱말찾기 훈련

구조화틀 낱말찾기 훈련
- 낱말찾기 장애
- 언어적 단서

핵심개념 언어적 단서의 유형

구분	정의	예
의미적 단서	동의어	'선생님'에 대해 '교사'
	반의어	'선생님'에 대해 '학생'
	연상어	'팥'에 대해 '빙수'
	동음이의어	'사과'에 대해 손바닥으로 싹싹 비는 흉내
	목표낱말의 상위범주어 또는 하위범주어	• '모자'에 대해 '옷' • '옷'에 대해 '바지, 치마'
	목표낱말의 기능	'자동차'에 대해 '타는 거'
	몸짓으로 낱말을 흉내내는 것	
구문적 단서	그 낱말이 자주 사용되는 문맥이나 상용구 활용하기	'고추'는 'OO 먹고 맴맴'
음향-음소적 단서	첫 음절 말해주기	'자동차'의 경우 '자'
	음절 수를 손으로 두드리기 또는 손가락으로 알려주기	
음소적 단서	첫 글자 써주기	

모범답안
㉡ '자동차'의 '자'를 말해준다.
㉢ 자동차는 "타는 것이에요."라고 말해준다.

2024학년도 중등 B7

58 다음은 ○○특수학교 중학교 과정에 재학 중인 학생 A와 B를 지도하는 교육 실습생과 특수 교사의 대화 중 일부이다. 〈작성 방법〉에 따라 서술하시오. [4점]

> 교육 실습생 : 선생님, 우리 반 학생 A는 '컵'이라는 이름이 잘 생각나지 않을 때 "어, 어, 그거 있잖아요."라고 하거나, 손으로 마시는 흉내를 내면서 표현하는 경우가 있어요. 왜 낱말의 이름을 떠올리는 것을 어려워 하나요?
>
> 특 수 교 사 : 학생A는 어휘 수도 부족하고 낱말을 확실하게 기억하지 못해서, 낱말의 이름을 떠올려 산출하는 것을 어려워합니다.
>
> 교육 실습생 : 그럼 학생 A를 위한 낱말 찾기 지도 방법은 무엇이 있을까요?
>
> 특 수 교 사 : ㉡ 음운적 단서, ㉢ 범주어의 이름이나 기능을 설명하는 단서, 상용구를 활용하는 단서로 낱말을 떠올려서 산출할 수 있어요.

낱말찾기 장애
어떤 상황이나 자극하에서 특정한 낱말을 산출하는 데 어려움을 보임

작성방법

밑줄 친 ㉡, ㉢의 예를 1가지씩 각각 서술할 것. (단, 명사를 활용하여 제시할 것)

기본이론 134-136p

참조적 의사소통 훈련

참조적 의사소통 훈련
- 참조적 의사소통 훈련의 정의
- 참조적 의사소통 능력 요소

참조적 의사소통 훈련
언어의 화용적 기술로, 특정 참조물에 대해 다른 사람과 정보를 주고받는 것

화자의 참조적 의사소통 능력
말하는 사람이 듣는 상대방으로 하여금 특정 대상을 정확하게 파악할 수 있도록 언어적으로 표현하는 능력으로, 전제기술·결속표지·상대방의 반응에 대한 적절한 피드백을 제공하는 것

※ 결속표지의 기능과 ⓛ에 제시된 적절한 예를 잘 연결해 답안 작성하기

모범답안

- ㉠ '결속표지'는 가리킴말을 써서 문장 속에 포함된 낱말을 이해하기 쉽게 만들고, 접속사나 연결어미를 사용해 문장과 문장 사이의 관계를 명확하게 해주며, 중복되는 부분을 생략하여 불필요한 부분까지 다 듣지 않아도 되게 해준다.
  - 가리킴말 측면: "어저께", "거기서", "저번에"
  - 생략 측면: "(코끼리) 코가 되게 길어요."
- ⓛ 참조적 의사소통 능력

2021학년도 중등 A7

59 **(가)는 ○○중학교 특수학급에 재학 중인 학생 C의 특성이고, (나)는 학생 C와 특수교사가 나눈 대화의 일부이다. 〈작성방법〉에 따라 서술하시오. [4점]**

(가) 학생 C의 특성

- 일반 특성
  - 경도 지적장애
  - 친구나 교사의 말 중 어려운 단어가 나오면 대답을 회피하려고 함
- 언어 및 의사소통 특성
  - 어휘력은 부족하나 이야기하기를 좋아함
  - 문장 안에서 형태소를 생략하는 경우가 많음
  - 상대방과 함께 알고 있는 지식을 바탕으로 대화할 수 있음
  - 이야기를 구성할 때 ㉠결속표지를 사용할 수 있음
  - 상대방이 특정 대상을 파악할 수 있도록 특정한 정보를 언어적으로 표현할 수 있음

(가)에 제시된 학생 C의 언어 및 의사소통 특성 분석
- 상대방과 함께 알고 있는 지식을 바탕으로 대화할 수 있음(전제기술)
- 정보를 전달하는 능력(결속표지)
- 상대방이 특정 대상을 파악할 수 있도록 특정한 정보를 언어적으로 표현할 수 있음(참조적 의사소통 화자 기술)

(나) 학생 C와 특수교사의 대화

…(상략)…

특수교사: 그럼, 지난 주말에는 어디 갔었는지 이야기 해주겠니?
학 생 C: 어저께는요, 엄마랑 아빠랑요, 동물원에 갔어요. 거기서 코끼리 봤는데요. 저번에 선생님이랑 봤던 코끼리요. 코끼리가 자고 일어났어요. 귀가 정말 커요. 코가 되게 길어요. 코끼리는 코가 손이에요. 코끼리 '가자' 줬어요. ⓛ
특수교사: 그래. ⓒ코끼리에게 '과자'를 주었다는 거지?
학 생 C: 네. 과자 줬어요.
특수교사: 그랬구나. 코끼리는 '우리' 안에 다른 동물들과 함께 있었니?
학 생 C: ………
특수교사: 코끼리 '우리'에 다른 동물도 있었니?
학 생 C: ………
특수교사: 코끼리 '우리'에 누가 있었니?
학 생 C: ㉣'우리'요?
특수교사: 그래. 코끼리 집 말이야.

…(하략)…

전제기술

결속표지
- "어저께" → 지난 주말
- "거기서" → 동물원
- "저번에" → 선생님과 동물원에 갔었을 때
- "(코끼리) 귀가 정말 커요. (코끼리) 코가 되게 길어요." → 생략

작성방법

- (가)의 밑줄 친 ㉠의 기능을 서술하고, ㉠에 해당하는 표현을 (나)의 ⓛ에서 찾아 1가지를 쓸 것.
- (가)에 제시된 학생 C의 언어 및 의사소통 특성에 근거할 때, ⓛ에서 볼 수 있는 '언어의 화용적 능력'에 해당하는 용어를 1가지 쓸 것.

※ ⓛ에 나타난 학생의 의사소통 행동을 포괄할 수 있는 답안이 필요함

확장하기

결속표지의 유형(김영태, 2019.)

유형	설명	예시
지시	선행 또는 후행 문장에서 언급되는 사물, 사람, 사건 등의 실제를 지시	이거, 그거, 이것들, 그것들, 여기, 거기, 지금, 다음
대치	청자와 화자가 공유하고 있다고 여겨지는 정보를 지시하되, 공유 정보의 자리에 다른 낱말을 대신하여 사용함	−거, −같은 거(same), −해(do), 그거(that), 그렇게(so), −말고(not)
접속	문장 간의 내용을 논리적으로 연결하는 의미체로서 문장 간의 관계를 밝힘	• 첨가 관계(−하고, 그리고) • 반전 관계(−지만, 그러나) • 시간 관계(−한 후에, −한 다음에, −하고 나서, −기 전에, −하면서) • 인과 관계(−때문에, −결과로, −경우에, −하기 위해서, 그래서)
어휘적 결속	사람, 생물, 사물, 무생물, 추상적 의미체, 행동, 장소, 사실들을 의미하는 명사를 사용해 전·후 문장과의 관계를 분명히 함. 즉, 앞선 문장에 나타난 참조물을 동일어휘 또는 유사어휘를 사용해 참조하는 것	

CHAPTER 10

자발화 분석

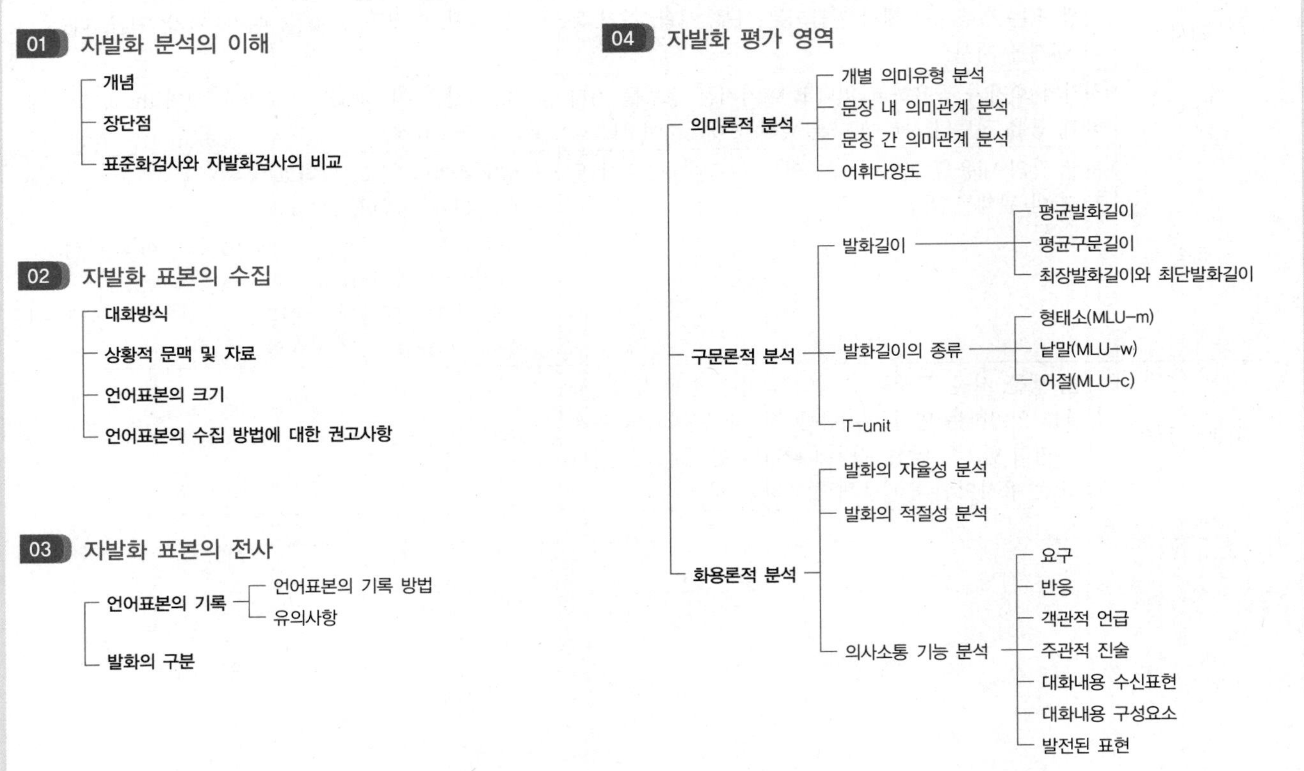

01 자발화 분석의 이해
개념
장단점
표준화검사와 자발화검사의 비교
02 자발화 표본의 수집
대화방식
상황적 문맥 및 자료
언어표본의 크기
언어표본의 수집 방법에 대한 권고사항
03 자발화 표본의 전사
언어표본의 기록
언어표본의 기록 방법
유의사항
발화의 구분
04 자발화 평가 영역
의미론적 분석
개별 의미유형 분석
문장 내 의미관계 분석
문장 간 의미관계 분석
어휘다양도
구문론적 분석
발화길이
평균발화길이
평균구문길이
최장발화길이와 최단발화길이
발화길이의 종류
형태소(MLU-m)
낱말(MLU-w)
어절(MLU-c)
T-unit
화용론적 분석
발화의 자율성 분석
발화의 적절성 분석
의사소통 기능 분석
요구
반응
객관적 언급
주관적 진술
대화내용 수신표현
대화내용 구성요소
발전된 표현

참고자료 기본이론 137–165p

키워드 자발화 분석의 개관

구조화틀
자발화 분석의 개관
- 개념
- 장단점

자발화 분석 절차
- 자발화 표본의 수집
- 자발화 표본의 전사
- 자발화 평가 영역

핵심개념
자발화 분석의 장단점
- **장점**
  - 구체적인 교수목표 파악에 유용함
  - 아동의 성취수준 또는 일간·주간 진보 정도 점검
- **단점**
  - 시간과 노력이 많이 소요됨
  - 의도적으로 특정 단어 혹은 발화 자체를 회피할 수 있음

자발화 분석 절차
자발화 수집 → 전사 → 평가

모범답안 ④

2013학년도 중등 38

01 다음은 자발화 평가에 대한 내용이다. ㉠~㉣에 대한 설명으로 옳은 것을 〈보기〉에서 고른 것은?

> ㉠ 자발화 평가는 각 언어 영역별 능력, 즉 의미론적 능력, ㉡ 구문론적 능력, ㉢ 화용론적 능력 등을 측정할 수 있다. 자발화 분석은 많은 시간과 노력이 요구된다는 단점이 있지만, ㉣ 교육적 장점도 포함하고 있다.

자발화 분석의 장단점

보기

가. ㉠을 통해 언어 영역별 능력을 알아보기 위해서는 구조화된 상황에서의 자발화 수집이 요구된다.
나. ㉡을 알아보기 위해서 복문은 문장 간 의미관계를 분석한 후, 각 단문의 문장 내 의미관계를 분석한다.
다. ㉡을 알아보기 위해서 학령기 아동의 문장능력과 문장 성숙도는 T-unit(terminable unit)를 활용하여 분석한다.
라. ㉢을 알아보기 위해서 의사소통의 의도와 대화능력을 분석한다.
마. ㉢을 알아보기 위해서 어휘다양도를 통해 다양한 낱말의 사용 정도에 대하여 살펴본다.
바. ㉣에는 성취 수준 및 교수 목표를 파악하는 데 유용하다는 점이 포함된다.

가. '대표적'이고 '자연스러운' 언어표본을 수집해야 함

나. 문장 간 의미관계 분석은 문장 간 의미(나열·연결·내포)관계를 분석한 후, 각 단문의 문장 내 의미관계를 분석함 → 이는 의미론적 분석에 해당함

다. 한 문장 내에서 주어가 유지되면 1개의 T-UNIT이고 바뀌면 바뀐 만큼의 T-UNIT 수가 됨
예
- "나는 이거 먹고 저거 먹었어."(1개의 T-UNIT)
- "나 이거 먹고 언니는 저거 먹었어."(2개의 T-UNIT)
- "나 이거 먹고 언니는 저거 먹었는데 그건 매웠어."(3개의 T-UNIT)

마. 어휘다양도를 통해 다양한 낱말의 사용 정도에 대해 살펴보는 것은 의미론적 분석에 해당함

① 가, 나, 라 ② 가, 다, 마
③ 나, 라, 바 ④ 다, 라, 바
⑤ 다, 마, 바

참고자료 기본이론 138–165p

자발화 분석의 개관

자발화 분석의 개관
- 개념
- 장단점

자발화 분석 절차
- 자발화 표본의 수집
- 자발화 표본의 전사
- 자발화 평가 영역

자발화 상황 전체를 기록하는 이유

의미론·화용론적 분석을 할 때 아동 발화의 언어적·상황적 문맥 이해가 중요하기 때문임

평균발화길이

아동의 발화에 포함된 형태소, 낱말, 어절의 수를 평균내어 구함

$\rightarrow \dfrac{\text{각 발화(\quad) 수의 합}}{\text{총 발화 수}}$

③

2009학년도 초등(유아) 33

02 김 교사는 발달지체 유아인 영지의 표현언어 수준을 평가하려고 자발화 표본을 수집하였다. 김 교사가 자발화 표본 수집에 사용한 방법으로 적절한 것을 〈보기〉에서 고른 것은?

보기
ㄱ. 총 발화 수를 총 낱말 수로 나누어 평균발화길이를 구하였다. ㄴ. 발화 자료를 사용하여 영지의 의미 발달과 구문 발달, 화용론에서의 발달을 분석하였다. ㄷ. 어머니와의 대화, 친구나 형제와의 대화와 같은 다양한 대화 상대자들과의 발화 자료를 수집하였다. ㄹ. 영지의 발화와 대화 상대자의 말이나 행동, 의사소통 시의 상황 등을 기입한 후, 영지와 상대자의 문장을 순서대로 문장번호를 붙였다.

① ㄱ, ㄴ　　② ㄱ, ㄷ
③ ㄴ, ㄷ　　④ ㄴ, ㄹ
⑤ ㄷ, ㄹ

표현언어능력 평가

ㄱ. 평균낱말길이
총 낱말 수의 합 / 총 발화 수

ㄴ. 자발화 평가영역

ㄷ. 자발화 수집
자발화 수집 시 '대표적'인 발화를 수집하기 위해 다양한 상황에서 다양한 대화 상대자와의 발화를 수집해야 함

ㄹ. 자발화 전사
발화 상황 전체를 기록하되, 학생의 발화에만 문장번호를 붙임

기본이론 141–142p

- 자발화 분석의 개관
- 발화 구분원칙

자발화 분석의 개관
- 개념
- 장단점

자발화 분석 절차
- 자발화 표본의 수집
- 자발화 표본의 전사
- 자발화 평가 영역

발화 구분원칙
- 발화는 문장이나 그보다 작은 언어적 단위로 이루어짐
- 시간의 경과나 두드러진 운율의 변화, 주제의 변화가 있을 때는 발화 수를 나눔
- 같은 말이라도 다른 상황이나 문맥에서 표현되거나, 새로운 의미로 표현되었을 때에는 다른 발화로 취급함
- 아동이 스스로 수정하거나 새로운 의미의 첨가 없이 낱말이나 구를 반복할 때는 한 문장 안에 넣되, 괄호로 구분하고 분석에서 제외함 → 스스로 수정한 경우 최종발화만, 단순 반복한 경우 최초발화만 분석에 포함
- 습관적으로 사용하는 간투어는 분석에서 제외함
- 감탄하는 소리나 문장을 이어가기 위한 무의미한 소리들은 분석에서 제외함
- 자동구어는 아동의 언어능력을 과대평가하기 쉬우므로 분석에서 제외함

②, ③ 숫자 세기와 같은 자동구어는 발화 구분에서 제외한다.
⑧, ⑨ 2회 이상 발화가 단순 반복되었을 경우 최초의 발화만을 분석한다.

2016학년도 중등 B6

03 초임 특수교사 A는 자폐성 장애 학생 성우의 자발화를 분석하기로 하였다. (가)는 성우와 어머니의 대화를 전사한 것이고, (나)는 발화를 구분하여 기록한 표이다. 〈작성방법〉에 따라 순서대로 서술하시오. [5점]

(가) 전사 기록

> 아동 발화 자체만 기록하기보다는 그 말을 할 때의 상황과 아동의 말을 유도한 대화 상대자의 말도 같이 기록 → 이는 발화를 통해 의미·화용 분석 시 아동발화의 언어적·상황적 문맥을 이해하는 데 중요

(주차장에서 차 문을 열면서)
성 우: ㉠ 성우 주차장에서 뛰면 안 돼.
어머니: 그렇지. 엄마가 주차장에서 뛰면 안 된다고 말했지?

(엘리베이터를 타고 나서)
성 우: 일 이 삼 사 오 육 칠 (5초 경과) 칠 육 오 사 삼 이 일.
어머니: 성우야, 육층 눌러야지.
성 우: 육층 눌러야지.

(마트 안에서)
성 우: 성우 아이스크림 먹고 싶어요.
어머니: 알았어. 사줄게.
성 우: 네.
어머니: 성우야, 무슨 아이스크림 살까?
성 우: ㉡ 오늘 비 왔어요.

(식당에서)
어머니: 성우야, 뭐 먹을래?
성 우: ㉢ 물 냄새나요 물 냄새나요.
어머니: 성우야, 김밥 먹을래?
성 우: ㉣ 김밥 먹을래?

(나) 발화 기록표

> 아동의 발화에만 문장번호를 붙여 분석함

① 성우 주차장에서 뛰면 안 돼
② 일 이 삼 사 오 육 칠
③ 칠 육 오 사 삼 이 일
④ 육층 눌러야지
⑤ 성우 아이스크림 먹고 싶어요
⑥ 네
⑦ 오늘 비 왔어요
⑧ 물 냄새나요
⑨ 물 냄새나요
⑩ 김밥 먹을래

> 대화맥락 속에서 의사소통 기능이 있으므로 발화구분에서 제외하지 않음

작성방법

(나)의 발화 구분에서 잘못된 점을 2가지 찾고 그 이유를 각각 설명할 것.

기본이론 138p

표준화검사 vs 자발화검사

자발화 분석의 개관
- 개념
- 장단점

자발화 분석 절차
- 자발화 표본의 수집
- 자발화 표본의 전사
- 자발화 평가 영역

표준화검사 vs 자발화검사

표준화검사
• 정적인 상황에 이루어짐 • 검사 시간의 효율성이 좋음 • 자료 수집이 용이함 • 언어 측정에 대한 신뢰도가 높음 • 반복적인 검사 실시 가능 • 검사 실시와 분석이 간단함 • 객관적 진단 및 평가 자료로 활용됨 • 실제 언어사용에 대한 정보 수집이 어려움
자발화검사
• 실제적인 언어능력 파악이 용이함 • 검사목적에 따라 다양하게 적용할 수 있음 • 자연스러운 상황에서의 정보 수집 가능 • 발화의 질적 분석 가능 • 표현언어와 대화기술 파악이 용이함 • 장애 정도와 상관없이 모두에게 실시 가능 • 시간과 노력이 많이 소요됨 • 개별화계획 수립 시 평가지표로 활용

① 자발화검사
② 표준화검사는 정적인 상황에서 검사가 이루어지는 반면, 자발화검사는 자연스러운 상황에서의 정보수집이 가능해 아동의 실제적인 언어 능력 파악이 용이하다.

2025학년도 유아 A3

04 다음은 유아 특수교사와 5세 발달지체 유아 선우, 5세 자폐성 장애 유아 지혜의 대화 및 지혜의 언어 표본이다. 물음에 답하시오. [5점]

(피자를 다 먹은 후, 자유놀이 시간에 유아들이 기차놀이를 하고 있다.)
지혜 : (기차놀이를 하면서) 피자 다음에 더 줄게.
교사 : (지혜를 바라보며) 피자 다 먹었어.
지혜 : (피자 상자를 바라보며) 피자 다음에 더 줄게.
교사 : (지혜를 바라보며) 그래, 더 먹고 싶구나.
지혜 : (피자를 달라는 간절한 눈빛으로 선생님을 바라보며) 피자 다음에 더 줄게. 피자 다음에 더 줄게.
[A]

…(하략)…

지혜의 언어 표본
1. 두 개.
2. 피자 다음에 더 줄게.
3. 피자 다음에 더 줄게.
4. 피자 다음에 더 줄게.
5. 피자 다음에 더 줄게.
…(하략)…
[B]

발화구분 원칙
- 시간의 경과나 두드러진 운율의 변화, 주제의 변화가 있을 때는 발화 수를 나눔
- 같은 말이라도 다른 상황이나 문맥에서 표현되거나, 새로운 의미로 표현되었을 때에는 다른 발화로 취급함

3) ① [B]와 같은 언어 표본을 활용하는 언어발달검사 방법이 무엇인지 쓰고, ② 이 검사 방법으로 유아의 언어 능력을 평가할 때의 장점을 표준화된 언어발달검사와 비교하여 1가지 쓰시오. [2점]

참고자료 기본이론 137-165p

키워드
- 자발화 평가 영역
- 어휘다양도

구조화 틀

자발화 평가 영역

- 의미론적 분석
  - 개별 의미유형 분석
  - 문장 내 의미관계 분석
  - 문장 간 의미관계 분석
  - 어휘다양도(TTR)
- 구문론적 분석
  - 평균발화길이
  - T-unit(최소종결단위)
- 화용론적 분석
  - 발화의 자율성 분석
  - 발화의 적절성 분석
  - 의사소통 기능 분석

핵심개념

어휘다양도(TTR)
- 얼마나 다양한 낱말을 사용하는가를 평가하는 의미론적 분석 방법
- 아동이 사용한 총 낱말 중에서 다른 낱말의 비율이 얼마나 되는가를 산출

모범답안 ⑤

2010학년도 중등 24

05 다음은 특수교사가 일반교사에게 학생의 표현언어 능력 평가 결과를 설명한 것이다. ㉠~㉣에서 옳은 것을 고른 것은?

> 아동의 평상시 표현언어 능력을 평가

특수교사:	학생 A의 자발화를 분석한 결과입니다. ㉠ 어휘다양도 수준을 고려하면 형태론 발달은 문제가 없다고 봅니다.
일반교사:	그럼 화용론 발달수준은 어떤가요?
특수교사:	㉡ 평균발화길이를 평가한 결과, 화용론 발달에는 별 문제가 없습니다.
일반교사:	다른 언어능력의 특성은 어떤가요?
특수교사:	㉢ 조사나 연결어미의 발달을 확인한 결과 구문론 발달에는 문제가 없는 것 같은데, ㉣ 다른 낱말의 수(number of different words ; NDW)를 살펴보니 의미론 발달에 문제가 좀 있는 것 같습니다. 그래도 A의 말은 알아듣기 쉽죠?
일반교사:	맞아요. 아주 정확하게 말해요.

> ㉠ 어휘다양도 분석은 형태론 발달이 아닌 의미론 발달을 평가함

> ㉡ 아동의 문장의 길이 분석을 위한 평균발화길이 평가는 화용론이 아닌 구문론 발달을 평가함

① ㉠, ㉡　　② ㉠, ㉣
③ ㉡, ㉢　　④ ㉡, ㉣
⑤ ㉢, ㉣

기본이론 137-165p

- 자발화 분석의 개관
- 자발화 평가 영역
- 어휘다양도

자발화 평가 영역

- 의미론적 분석
  - 개별 의미유형 분석
  - 문장 내 의미관계 분석
  - 문장 간 의미관계 분석
  - 어휘다양도(TTR)
- 구문론적 분석
  - 평균발화길이
  - T-unit(최소종결단위)
- 화용론적 분석
  - 발화의 자율성 분석
  - 발화의 적절성 분석
  - 의사소통 기능 분석

자발화 표본 수집

'대표적'이고 '자연스러운' 발화를 수집해야 함

어휘다양도(TTR)

- 얼마나 다양한 낱말을 사용하는가를 평가하는 의미론적 분석 방법
- 아동이 사용한 총 낱말 중에서 다른 낱말의 비율이 얼마나 되는가를 산출

1) ㉠ 자발화 표본은 아동의 평상시 언어를 대표할 수 있어야 한다. 아동의 언어는 장소나 상황에 따라 달라질 수 있으므로 다양한 장소에서 수집된 표본이 더 큰 대표성을 가질 수 있다. ㉡ 아동이 외워서 자동구어가 된 발화는 자발화 분석에서 제외해야 한다. 아동이 외우고 있는 문구를 표본으로 잡는다면 아동의 표현언어 능력을 과소 또는 과대평가하는 결과를 초래할 수 있다.

2) ㉢ 어휘다양도(TTR)

2016학년도 유아 A5

06 **다음은 통합학급 유아교사인 김 교사와 유아특수교사인 최 교사의 대화이다. 물음에 답하시오. [5점]**

> 박 교사: 최 선생님, 오늘 은미가 교실에서 말을 많이 했어요.
> 최 교사: 와! 우리 은미 멋지네요.
> 김 교사: 실은 오늘뿐 아니라 요즘 계속 말을 많이 해서 얼마나 달라졌는지 알아보고 싶어요. 어떤 방법이 있을까요?
> 최 교사: 언어발달 평가에는 여러 가지가 있지만, 자발화 평가를 해도 좋을 것 같아요.
> 김 교사: 그러면 ㉠ 은미가 가장 말을 많이 하는 영역인 도서 영역 한 곳에서 자발화 수집을 하면 되겠네요. ㉡ 은미는 좋아하는 동화책을 외워 그 내용을 혼자 계속 중얼거리는데, 그것도 자발화 수집에 포함시켜야겠어요. 그런데 은미가 하는 말이 계속 같은 낱말을 반복하는 것인지 아니면 여러 가지 어휘를 사용하는 것인지도 알아보고 싶어요. 그것은 어떻게 알 수 있을까요?
> 최 교사: 아, 그건 은미가 ㉢ 사용한 총 낱말 중에서 서로 다른 낱말의 비율을 산출해보면 알 수 있어요.

자발화 분석의 장점
- 일간・주간 진보 점검에 사용 가능
- 구체적인 교수목표

어휘 다양도

1) 자발화 수집 시 고려할 사항에 근거하여 ㉠과 ㉡이 적절하지 않은 이유를 각각 쓰시오. [2점]

2) ㉢에서 측정하고자 하는 것은 무엇인지 쓰시오. [1점]

참고자료 기본이론 152p

키워드 어휘다양도

구조화틀 **의미론적 분석**
- 개별 의미유형 분석
- 문장 내 의미관계 분석
- 문장 간 의미관계 분석
- 어휘다양도(TTR)

핵심개념 **어휘다양도(TTR)**
- 얼마나 다양한 낱말을 사용하는가를 평가하는 의미론적 분석 방법
- 아동이 사용한 총 낱말 중에서 다른 낱말의 비율이 얼마나 되는가를 산출

모범답안 아동이 사용한 총 낱말 중에서 다른 낱말의 비율을 산출한다.

2017학년도 중등 B4

07 다음은 학생 D와 K에 대해 특수교사와 일반교사가 나눈 대화이다. 학생 K의 ㉠을 알아보는 방법을 제시하시오.

> 일반교사 : K는 많은 단어를 사용하지 못하고 같은 단어들만 반복하는 것 같아요.
> 특수교사 : 그래요? 그럼 K의 어휘력을 알아보는 것이 좋겠네요. K에게 TV 프로그램에 대하여 말하게 한 후 ㉠ 어휘다양도를 살펴봐야겠습니다.
>
> …(하략)…

기본이론 142-145p

문장 내 의미관계 분석

자발화 평가 영역

의미론적 분석
- 개별 의미유형 분석
- 문장 내 의미관계 분석
- 문장 간 의미관계 분석
- 어휘다양도(TTR)

문장 내 의미관계 분석 공식
- 행위자 – 대상 – 행위
- 경험자 – 실체 – 서술
- 수식언(재현, 부정, 비교, 도구, 장소, 때, 조건, 이유, 양보)

모범답안
㉡ 행위자 – 행위
㉢ 여기에 앉아요.

2019학년도 중등 A11

08 **(가)는 중도 지적장애 학생 M의 특성이고, (나)는 학생 M을 위한 스크립트 중재 적용 계획의 일부이다. 〈작성방법〉에 따라 서술하시오. [4점]**

(나) 스크립트 중재 적용 계획

〈활용할 스크립트〉

상황	하교 시 학교버스 이용하기			
하위행동	유도상황/발화	가능한 목표언어	목표언어 구조	
			의미관계	화용적 기능
교실에서 하교 준비하기	겉옷을 입도록 한다.	"옷 주세요."	대상–행위	행동 요구
교실에서 복도로 이동하기	"누가 교실 문을 열까요?"	"제가 열래요."	(㉡)	주장
…(중략)…				
자리에 앉기	"어디에 앉을까요?"	"(㉢)"	<u>장소–행위</u>	<u>질문에 대한 반응</u>

└ ㉣ ┘

의사소통 의도
- 요구
- 반응
- 객관적 언급
- 주관적 표현
- 수신표현
- 구성요소
- 발전된 표현

작성방법

괄호 안의 ㉡에 해당하는 의미관계를 쓰고, 괄호 안의 ㉢에 해당하는 '가능한 목표언어'를 밑줄 친 ㉣에 근거하여 쓸 것.

확장하기

개별 의미유형 분석

유형	내용	구성 요소
체언	문장의 주체나 객체의 역할을 하는 의미들	행위자, 경험자, 소유자, 공존자, 수혜자, 대상, 실체, 인용/창조문
용언	문장에서 행위나 서술의 역할을 하는 의미들	행위, 서술
수식언	문장에서 체언이나 용언, 또는 수식언을 수식하는 의미들	체언 수식, 용언 수식, 배경
기능적 구성 요소	문장의 다른 낱말들과는 관계를 형성하지 않고 독립적인 기능을 하는 의미들	주의 끌기, 되묻기, 감탄, 예/아니오, 강조, 동반소리, 인사, 접속, 자동구, 기타

기본이론 149-151p

문장 내 의미관계 분석

자발화 평가 영역

의미론적 분석
- 개별 의미유형 분석
- 문장 내 의미관계 분석
- 문장 간 의미관계 분석
- 어휘다양도(TTR)

문장 내 의미관계 분석 공식
- 행위자 – 대상 – 행위
- 경험자 – 실체 – 서술
- 수식언(재현, 부정, 비교, 도구, 장소, 때, 조건, 이유, 양보)

모범답안
㉧ 여기에 놓아요.

2022학년도 초등 A3

09 **다음은 은지와 상우를 위한 언어지도 계획안의 일부이다. 물음에 답하시오. [5점]**

(가) 학생의 언어적 특성과 지원 내용

학생	언어적 특성	지원 내용
상우	• 구어 산출은 하지만 ㉠몇 개의 낱말만으로 의사소통함 • 자발화 산출이 부족함	• 스크립트 문맥 활용 지도 • ㉡강화된 환경중심 언어중재 적용

(다) 상우를 위한 '신발 신기' 스크립트 문맥 활용

화용적 기능

하위 행동	유도 상황	목표언어		
		언어사용 기능	의미 관계	가능한 목표 발화
신발장 문 열기	(㉣)	㉤ 요구하기	㉥ 대상-행위	㉦"신발장 열어 주세요." "이거 열어."
바닥에 신발 내려놓기	교사가 신발을 다시 신발장 안이나 위에 놓으려고 한다.	㉧ 요구하기	㉨ 장소-행위	(㉧)
신발 신기	교사가 신발 위에 발을 올려놓고 신지는 않는다.	요구하기	대상-행위	"신발 신어요." "이거 신어."

3) (다)의 ◎과 ㉨에 근거하여 ㉧에 들어갈 가능한 목표 발화를 쓰시오. [1점]

기본이론 142-160p

- 의미론적 분석
- 구문론적 분석

자발화 평가 영역

의미론적 분석
- 개별 의미유형 분석
- 문장 내 의미관계 분석
- 문장 간 의미관계 분석
- 어휘다양도(TTR)

구문론적 분석
- 평균형태소길이(MLU-m)
- 평균낱말길이(MLU-w)
- 평균어절길이(MLU-c)
- T-unit

문장 내 의미관계 분석 공식
- 행위자 – 대상 – 행위
- 경험자 – 실체 – 서술
- 수식언(재현, 부정, 비교, 도구, 장소, 때, 조건, 이유, 양보)

구문론적 분석
- 낱말의 배열에 의해 구, 절, 문장을 형성하는 체계 또는 규칙
- 구문론의 주성분은 문장이며, 문장은 단어들이 일정한 규칙에 의해 연결되고 조직된 형태임
- 일어문에서 이어문, 이후 보다 복잡한 문장을 산출함

① 이어문 문장으로 표현하기
② 대상 행위

2021학년도 유아 A8

10 **(가)는 발달지체 유아 다영이와 엄마의 대화를 전사한 자료이고, (나)는 김 교사가 (가)를 보고 작성한 알림장이다. (다)와 (라)는 김 교사가 언어를 지도하는 장면이다. 물음에 답하시오. [5점]**

표본 수집 시 아동의 발화만 기록하기보다는 그 말을 할 때의 상황과 대화 상대자의 말과 함께 기록함. 그 이유는 발화를 통해 의미분석이나 화용분석을 할 때 아동 발화의 언어적·상황적 문맥을 이해하는 것이 중요하기 때문임

(라)

다　영: (도장 찍기 놀이통을 갖고 오면서) 도장.
김 교사: (고개를 끄덕이며) 도장 찍어.
다　영: (꽃을 찍으면서) 꽃.
김 교사: 꽃 찍어.
다　영: (자동차 동장을 찍으면서) 빠방.
김 교사: 빠방 찍어.
다　영: (강아지 도장을 찍으면서) 멍멍이.
김 교사: 멍멍이 찍어.
다　영: (소 도장을 찍으면서) ㉣ 음매 찍어.
김 교사: 그렇지. 잘했어.

3) (라)에서 김 교사가 중재하고자 한 언어의 ① 구문론적 목표와 ② ㉣에 해당하는 의미관계 유형을 쓰시오. [2점]

기본이론 142-153p

의미론적 분석

자발화 평가 영역

의미론적 분석
- 개별 의미유형 분석
- 문장 내 의미관계 분석
- 문장 간 의미관계 분석
- 어휘다양도(TTR)

핵심개념
문장 내 의미관계 분석 공식
- 행위자 – 대상 – 행위
- 경험자 – 실체 – 서술
- 수식언(재현, 부정, 비교, 도구, 장소, 때, 조건, 이유, 양보)

모범답안
① 나는 감정을 말해요(발표해요 등).

2025학년도 초등 A6

11 **(가)는 일반 교사와 특수교사가 지적장애 학생 은수에 대해 나눈 대화의 일부이고, (나)는 2015 개정 도덕과 교육과정 5~6학년군 '2. 내 안의 소중한 친구' 공개수업을 위해 일반 교사가 작성한 수업 계획 초안과 특수교사 조언의 일부이다. 물음에 답하시오. [5점]**

(나)

일반 교사가 작성한 수업 계획의 초안	은수의 학습 활동을 위한 특수교사의 조언
• 감정과 욕구 알아보기 – 여러 가지 감정과 욕구를 나타내는 어휘 분류하기	• 여러 가지 감정과 욕구를 나타내는 어휘와 표정 그림을 짝짓는 활동으로 변경하기
• 감정 사진 만들기 • '감정, 조절, 이해, 욕구, 대상, 실천' 등의 단어를 활용해 짧은 글 쓰기	• ㉣ 3어문으로 말하기
• ㉤ 자기보고법 – 자기보고서 쓰기 – 하루 동안 있었던 일 생각하며 나의 감정 일지 쓰기	• 하루 동안 있었던 일의 목록 만들기

'감정, 조절, 이해, 욕구' 등의 단어를 활용할 때 상태 서술이 되지 않도록 주의

3) (나)의 ① 밑줄 친 ㉣의 예를 '행위자–대상–행위' 의미 관계에 맞게 1가지 쓰시오.

참고자료 기본이론 137–138p, 161p

- 자발화 분석의 개관
- 구문론적 분석

구문론적 분석

- 평균형태소길이(MLU-m)
- 평균낱말길이(MLU-w)
- 평균어절길이(MLU-c)
- T-unit

평균발화길이(MLU)

- 아동의 자발적인 발화의 길이를 측정하는 척도로, 아동의 각 발화 속에 포함된 형태소, 낱말, 어절의 수를 평균 내는 방법
- 아동의 표현언어 발달에 대한 지표로 활용됨
- MLU를 분석할 때는 "아, 오, 음, 어" 등과 같은 감탄사나 무의미한 발화는 제외하는 것이 일반적임

1) ㉠ 자발화 분석
   ㉡ 형태소

2) 낱말 단위 2

2013학년도 유아 A6

12 유아특수교사인 김 교사는 만 4세 발달지체 유아 미나의 말하기 지도 방향을 구상하고 있다. 이를 위해 '취학 전 아동의 수용언어 및 표현언어 척도(PRES)'를 사용하여 검사를 실시한 후, 미나가 한 말을 수집하여 분석하였다. 물음에 답하시오. [5점]

(가) 김 교사가 분석한 자료의 일부

김 교사 : 미나 거기서 뭐 하니?
미 나 : 이거 이거 보고 이떠.
김 교사 : 어머, 나비구나.
미 나 : 나비 와떠.
미 나 : 어 노난 나비.
김 교사 : 나비가 진짜 예쁜데?
미 나 : 애뻐.
미 나 : 나비 음 조아.

1) 다음 ㉠과 ㉡에 들어갈 말을 쓰시오. [2점]

미나가 한 말을 수집하여 분석하는 언어 평가 방법을 (㉠)이라 하며, 이를 통해 평균발화길이를 측정할 수 있다. 평균발화길이는 어절, 낱말, (㉡) 단위로 측정한다.

2) (가)에서 미나의 평균발화길이를 낱말 단위(MLU-w)로 산출하시오. [1점]

평균낱말길이(MLU-w) 분석

※ 미나의 발화에만 문장번호 붙이기
① 이거(이거) / 보고 / 이떠 (3)
② 나비 / 와떠 (2)
③ (어) / 노난 / 나비 (2)
④ 애뻐 (1)
⑤ 나비 / (음) / 조아 (2)
∴ 10/5 = 2

※ 발화구분 원칙에 의거해 단순 반복된 말은 최초의 발화만 포함함

※ 감탄사, 무의미한 소리는 분석에서 제외함

기본이론 154-160p

구문론적 분석

구문론적 분석
- 평균발화길이
- T-unit(최소종결단위)

평균발화길이(MLU)
- 아동의 자발적인 발화의 길이를 측정하는 척도로, 아동의 각 발화 속에 포함된 형태소, 낱말, 어절의 수를 평균 내는 방법
- 아동의 표현언어 발달에 대한 지표로 활용됨

형태소와 낱말의 구분 기준 예시
- 곰인형 → 낱말(한 개의 형태소가 낱말이 되기도 하고, 2~3개의 형태소가 합쳐져서 낱말이 되기도 함)
- 곰 / 인형 → 형태소(더 이상 쪼갤 수 없는 의미의 최소단위)

1) ㉠ 평균형태소길이
㉡ 평균낱말길이

2) ㉢ 평균발화길이 분석은 유아의 표현언어 능력을 평가하고 교육진단에 목적을 두며, 구문론적 특성을 알아보기 위해서 하는 것

2020학년도 유아 A5

13 **다음은 통합학급 최 교사와 특수학급 윤 교사가 협의회에서 나눈 대화이다. 물음에 답하시오. [5점]**

윤 교사: 선생님, 은지의 언어평가를 위해서 자발화 분석을 했어요. 여기 평균발화길이 분석 결과를 한번 보세요.
최 교사: 어떻게 나온 결과예요?
윤 교사: 100개의 발화를 수집하여 평균발화길이를 분석했어요.

평균발화길이	유아 발화	계산식
㉠	아빠-가 | 주-었-어 (5) 돔-인형 | 좋-아 (4) 아빠 | 돔 (2) 이 | 돔-인형 | 은지 | 돔 (5)	5+4+2+5 +…/100 = 4.00
㉡	아빠-가 | 주었어 (3) 돔인형 | 좋아 (2) 아빠 | 돔 (2) 이 | 돔인형 | 은지 | 돔 (4)	3+2+2+4 +…/100 = 2.75
평균어절길이	아빠가 | 주었어 (2) 돔인형 | 좋아 (2) 아빠 | 돔 (2) 이 | 돔인형 | 은지 | 돔 (4)	2+2+2+4 +…/100 = 2.50

최 교사: 평균발화길이 분석은 ㉢ 유아의 수용언어 능력을 평가하고 교육진단에 목적을 두며, 구문론적 특성을 알아보기 위해서 하는 것이군요.

…(중략)…

윤 교사: 자발화 분석을 하면 조음오류도 분석할 수 있어요. 예를 들면, ㉣ /곰인형/을 /돔인형/이라고 조음하는 것 등이 되겠지요.

대표적인 표본을 얻기 위해 얼마나 많은 발화가 필요한가에 대해서 다소 차이가 있음. 연구자들이 추천하는 표본의 크기는 50~200개까지 그 범위가 다양함(대표성을 위해 충분한 수의 발화가 수집되어야 함)

교사는 자발화 검사를 통해
- 조음평가 가능
- 각 언어 영역별로 발달수준을 알 수 있음(의미론, 구문론, 화용론)
- 몸짓언어를 비롯한 비구어적 의사소통 발달 정도 평가 가능

1) ㉠과 ㉡에 들어갈 평균발화길이(MLU)의 유형을 각각 쓰시오. [2점]

2) ㉢에서 틀린 내용을 찾아 바르게 고쳐 쓰시오. [1점]

기본이론 154-160p

구문론적 분석

구문론적 분석
- 평균형태소길이(MLU-m)
- 평균낱말길이(MLU-w)
- 평균어절길이(MLU-c)
- T-unit

평균발화길이(MLU)
- 아동의 자발적인 발화의 길이를 측정하는 척도로, 아동의 각 발화 속에 포함된 형태소, 낱말, 어절의 수를 평균 내는 방법
- 아동의 표현언어 발달에 대한 지표로 활용됨

모범답안 2.5

2017학년도 유아 A7

14 **(가)는 영유아의 언어발달과 관련한 내용의 일부이고, (나)는 유아의 발화 수준을 평가하기 위하여 수집한 교사와 영미의 대화 내용이다. 물음에 답하시오. [6점]**

(나)

교사 : 영미야, 뭐 하니? 영미 : 돌 쌓아. 교사 : 어머! 영미가 돌탑을 쌓고 있구나! 영미 : 큰 돌 많이 쌓아. 교사 : 돌을 몇 개나 쌓았니? 영미 : 많이. 교사 : 선생님이랑 함께 세어 볼까? 영미 : 이거 같이 세. 교사 : 그래, 같이 세어 보자.

4) (나)에 제시된 영미의 평균발화길이를 낱말 수준(MLU-w)에서 산출하여 쓰시오. [1점]

평균낱말길이(MLU-w) 분석

※ 영미의 발화에만 문장번호 붙이기
① 돌 / 쌓아 (2)
② 큰 / 돌 / 많이 / 쌓아 (4)
③ 많이 (1)
④ 이거 / 같이 / 세 (3)
→ 평균낱말길이

$= \frac{\text{각 발화 낱말 수의 합}}{\text{총 발화 수}}$

$= \frac{10}{4} = 2.5$

참고자료 기본이론 161–164p

키워드 화용론적 분석

구조화틀 **화용론적 분석**
- 화용적 적절성 · 자율성 분석
- 의사소통 기능 분석 방법
- 의사소통 의도의 분석 유형 (상위 · 하위기능)

핵심개념 **의사소통 의도의 분석 유형(대화기능 분석)**
- **요구**: 상대방에게 정보, 행위, 사물, 허락을 요구하는 기능
- **반응**: 상대의 요구에 답하고 대응하는 기능
- **객관적 언급**: 객관적 사실에 대한 언급이나 현재 관찰 가능한 사물 · 사건에 대한 인지/묘사, 아동이 의도적으로 사물이나 행위에 대해 상대의 주의를 끄는 행동

모범답안 ①

2012학년도 중등 33

15 **다음은 패스트푸드점 주문대 앞에서 교사와 정신지체학생이 나눈 대화이다. 화용론적 관점에서 학생의 대화 내용을 분석한 결과가 적절한 것을 〈보기〉에서 고른 것은?**

교사 : 뭐 먹을래?
학생 : 햄버거요.
교사 : 무슨 햄버거 먹을래?
학생 : 햄버거 먹고 싶어요.
교사 : 뭐라고? 무슨 햄버거?
학생 : 햄버거 먹고 싶어요. 햄버거 맛있어요.
교사 : 주스 먹을래?
학생 : 네. 주스 좋아요. 집에 엄마 있어요. 엄마 집에서 살아요.
교사 : 나도 알아.
학생 : 가방 주세요. 집에 갈래요.
교사 : 갑자기 어딜 간다고 그래? 햄버거 먹고 학교에 가야지.

(메모: 질문에 대한 반응(성공) / 질문에 대한 반응(실패) / 명료화 요구하기(교사) / 주관적 진술 / 전제(교사))

보기

ㄱ. '행위 요구'는 가능하지만, 자기중심적이어서 대화 상황에 부적절하다.
ㄴ. '질문에 대한 반응'은 나타나지만, 상황에 부적절한 대답을 하는 경우가 있다.
ㄷ. 상대방에게 '명료화 요구하기'는 가능하나, '주관적 진술'은 나타나지 않는다.
ㄹ. 단순한 '요구에 대한 반응'은 하지만, 상대방의 '명료화 요구'에는 적절하게 응답하지 못한다.
ㅁ. 상황에 적절한 '주제 유지'가 가능하나, '전제 기술(presuppositional skills)'은 나타나지 않는다.

ㄷ. '명료화 요구하기'는 학생이 아닌 교사의 발화("뭐라고? 무슨 햄버거?")에 나타남. 또한 '주관적 진술'("햄버거 먹고 싶어요. 햄버거 맛있어요." 등)이 학생 발화에 나타남

ㅁ. 학생의 발화는 '주제 유지'가 잘 이루어지지 않아 상황에 부적절함. 또한 '전제 기술'은 학생이 아닌 교사의 발화("나도 알아.")에 나타남

① ㄱ, ㄴ, ㄹ　② ㄱ, ㄴ, ㅁ
③ ㄱ, ㄷ, ㄹ　④ ㄴ, ㄷ, ㅁ
⑤ ㄷ, ㄹ, ㅁ

기본이론 161-164p

화용론적 분석

화용론적 분석
- 화용적 적절성 · 자율성 분석
- 의사소통 기능 분석방법
- 의사소통 의도의 분석 유형 (상위 · 하위기능)

핵심 개념

③

2010학년도 초등 19

16 다음은 장 교사가 자폐성 장애 학생 동수와 국어 수업 시간에 나눈 대화이다. 장 교사가 말하기 지도를 위해 동수의 의사소통 특징을 바르게 분석한 것을 〈보기〉에서 고른 것은?

> 표현언어능력을 평가하기 위해 자발화 분석 실시

장 교사 : 이번에는 순서대로 해보자.
동 수 : 내가도 집에 있어.
장 교사 : 동수가 하겠다고?
동 수 : (단음조의 억양으로) 내가도 집에 있어.
장 교사 : (학생이 알아듣기 어려울 정도로 작게 말하며) 동수가 해야지.
동 수 : (아무런 반응 없이 대답이 없다.)
장 교사 : 이제 누가 할 차례지?
동 수 : 선생님이가 있어.

보기

ㄱ. 명료화 요구하기가 가능하다.
ㄴ. 대명사를 사용하여 말하고 있다.
ㄷ. 비언어적 의사소통 수단을 사용한다.
ㄹ. 말 차례 지키기(turn-taking)가 가능하다.
ㅁ. 주격조사를 정확하게 사용하며 말하고 있다.

> ㄱ. '명료화 요구하기'는 학생의 발화가 아닌 교사의 발화("동수가 하겠다고?")에 나타남

> ㄷ. 비언어적 의사소통 수단은 몸짓, 자세, 표정 등으로 말이나 언어에 의존하지 않고 메시지를 전달함

> ㅁ. 학생은 주격조사를 정확하게 사용하지 못하고 있음("내가도 집에 있어.")

① ㄱ, ㄴ ② ㄱ, ㄷ
③ ㄴ, ㄹ ④ ㄷ, ㅁ
⑤ ㄹ, ㅁ

확장하기

대화 참여 기술의 발달(김영태, 2019.)

'대화 참여 기술'이란 대화를 적절하게 시작하고, 상대방의 선행 발화에 적절하게 반응하며, 주제를 유지하면서 순서적으로 말차례를 주고받고, 듣는 이의 피드백에 따라 반응을 수정하는 것을 포함하는 포괄적인 능력임

1. 말차례 주고받기 능력

말차례에서는 상대방의 말이 끝나기 전에 끼어드는 중첩, 지나친 자기중심적 발화를 하는 발화방향의 오류, 상대방의 말에 대해 시간 내에 반응하지 못하는 반응률 오류, 상대방의 말에 의미적으로 관계없는 말을 하는 의미연결 오류 등의 오류가 나타날 수 있음

2. 대화주제 관리 능력

대화주제 관리 능력에는 대화주제를 시작하는 능력, 대화주제를 유지하다가 잘 바꾸는 능력 그리고 대화를 자연스럽게 잘 끝내는 능력이 포함됨

3. 의사소통 실패 해결 능력

두 사람 이상이 서로 대화할 때 의사소통의 실패(또는 단절)가 일어날 수 있음. 의사소통의 실패 원인이 파악되면 그 문제를 해결하려는 시도가 필요한데, 이는 발화 수정 전략과 명료화 요구 전략으로 구분할 수 있음

① **발화 수정 전략**: 말하는 사람의 입장에서 자신이 무엇을 잘못 말했는지 분석해서 수정하는 전략

발화 수정 전략	정의
반복	이전 발화 전체 혹은 부분을 반복하는 것
개정	이전 발화의 문장 형태를 구조적으로 변화시키는 것
첨가	이전 발화에 특정 정보를 더하는 것
단서 추가	이전 발화의 용어 정의, 배경정보에 대한 설명, 발화 수정 자체에 대해 말하는 것

② **명료화 요구 전략**: 듣는 사람의 입장에서 자신이 이해할 수 없었던 부분에 대하여 수정해서 다시 말해줄 것을 요구하는 전략

명료화 요구 유형	정의	예
일반적 요구	원래 발화의 의미를 다시 묻는 것으로, 끝을 올리는 억양으로 이전 발화의 어떤 부분에 대해 반복해줄 것을 요구함. 주로 "응?", "뭐라고?", "못 알아듣겠다."	A: "나 어제 할머니 집에 갔어요." B: "응?" 또는 "뭐라고?"
확인을 위한 요구	화자의 발화의 일부 혹은 전체를 반복함으로써 원래 발화의 의미를 확인하는 것. 주로 끝을 올리는 억양이므로 '예/아니오' 질문과 비슷함	A: "나 어제 할머니 집에 갔어요." B: "어제?" 또는 "할머니 집?"
발화의 특별한 부분 반복 요구	원래 발화의 구성요소의 일부를 의문사로 바꾸어 질문하여 특별한 부분을 반복해줄 것을 요구하는 경우	A: "나 어제 할머니 집에 갔어요." B: "어제 어디에 갔어?"

참고자료 기본이론 137–164p

자발화 분석 혼합형 문제

③

2011학년도 중등 35

17 다음은 특수학교에 재학 중인 중학생 A와 B가 쉬는 시간에 나눈 대화이다. 대화 내용을 분석한 것으로 옳은 것을 〈보기〉에서 고른 것은?

> 학생 A : 나는 책이 이렇게 많아.
> 학생 B : ㉠ 엄마가 빨리 온대.
> 학생 A : 나랑 같이 볼래?
> 학생 B : ㉡ (책을 쳐다본다.)
> 학생 A : 나하고 책 같이 보자.
> 학생 B : (고개를 가로저으며) 나하고 책 같이 보자.
> 학생 A : 여기서 무슨 책 볼 거야?
> 학생 B : ㉢ 응.
> 학생 A : 네가 그러면 너랑 안 본다!
> 학생 B : 응. 같이 본다.

㉡ 의사소통 의도의 산출형태는 '몸짓이나 발성'이 동반된 형태 또는 '말' 형태로 구분하여 분석함. 단, 말에 동반되는 몸짓이나 발성은 '말' 형태로 분석함

보기

ㄱ. ㉠의 의미관계는 '행위자 – 용언수식 – 행위'이다.
ㄴ. ㉡은 행동에 해당하므로 화용론적 능력을 분석하는 데 포함하지 않는다.
ㄷ. ㉢은 화용론적 분석의 대화 기능에서 '반응하기'에 해당한다.
ㄹ. 학생 A의 발화 중 최장형태소 길이는 10.0이다.
ㅁ. 학생 A의 모든 발화에서 어휘다양도(TTR)는 .50이다.

ㄷ. 의례적 반응

ㄹ. 최장형태소 길이

① 나/는/책/이/이러하/게/많/아(8)
② 나/랑/같이/보/-ㄹ래(5)
③ 나/하고/책/같이/보/자(6)
④ 여기/서/무슨/책/보/-ㄹ거야(6)
⑤ 네/가/그러/면/너/랑/안/보/ㄴ/다(10)

ㅁ. 어휘다양도(TTR)

① 나/는/책/이/이렇게/많아
② 나/랑/같이/볼래
③ 나/하고/책/같이/보자
④ 여기/서/무슨/책/볼거야
⑤ 네/가/그러면/너/랑/안/본다

∴ 17/27

※ .50보다 클 경우 어휘를 다양하게 사용 / .42보다 작을 경우 어휘를 반복적으로 사용

① ㄱ, ㄴ, ㄷ
② ㄱ, ㄴ, ㅁ
③ ㄱ, ㄷ, ㄹ
④ ㄴ, ㄹ, ㅁ
⑤ ㄷ, ㄹ, ㅁ

확장하기

단어에 대한 견해(고은, 2021.)

의미론의 주성분인 단어에 대한 견해는 문법론적으로 다음과 같이 크게 세 가지로 나누어볼 수 있다.

> 철수가 동화를 읽었다.
> ㉠ 철수/가/ 동화/를/ 읽/었다.
> ㉡ 철수/가/ 동화/를/ 읽었다.
> ㉢ 철수가/ 동화를/ 읽었다.

㉠은 주시경을 중심으로 한 초기 문법가들의 입장이며, ㉡은 조사는 단어로 인정하나 어미는 단어로 인정하지 않는 견해로서 최현배를 중심으로 1930~1940년대에 유행했던 입장이다. ㉢은 조사와 어미를 모두 단어로 보지 않는 견해로, 단어의 개념을 '독립할 수 있는 최소의 형식', 즉 자립성에 초점을 둔 견해다. 실제 단어의 정의에 따르면, '일정한 뜻과 기능을 가지며 홀로 쓰일 수 있는 가장 작은 말의 단위'라는 관점에서 볼 때 ㉢의 견해가 가장 적합하다고 할 수 있으나, 이는 한국어가 가지고 있는 조사의 특이성을 반영하지 못한다는 한계도 가지고 있다. 북한의 학자들은 종합적 체계라 불리는 ㉢의 견해를 따르고 있지만, 우리나라 학교문법에서는 조사도 하나의 단어로 인정하고 있다.

형태소 구분 방법(김영태)

구분 방법	예시
한 언어 내에서 의미를 내포하고 있는 가장 작은 단위로, 더 분석하면 그 뜻을 잃어버리는 말을 하나의 형태소로 분류한다.	'같이'와 '많이'의 경우 '함께'라는 뜻의 '같이'는 '같다'의 파생어가 아니므로 '같'과 '이'는 나눌 수 없다. 그러므로 1개의 형태소로 분석한다. 그러나 '많다'에서 파생된 '많이'는 '많'과 '이' 2개의 형태소로 분석한다.
모든 문법형태소를 독립된 형태소로 계산한다.	'좋아서'는 '좋/아서' 2개의 형태소로 분석한다.
말의 구성성분이 하나의 음소로 사용되었을지라도 개별적인 의미를 가지고 사용되면 개별적인 형태소로 분류한다.	• '갔다 올게'는 '가/았/다/오/ㄹ게'의 5개의 형태소로 분석한다. • '수박인 것'은 '수박/이/ㄴ/것'의 4개의 형태소로 분석한다.
한 의미를 가지고 중복되어 표현한 어휘는 하나의 형태소로 계산한다.	깡충깡충, 빵빵, 칙칙폭폭은 각각 1개의 형태소로 분석한다.
중복된 의미의 문법형태소[예 '-(에)서', '다(가)', '아(서)', '네(들)']는 하나의 형태소로 계산한다.	• '-때에'의 경우, '갈 때'와 '갈 때에' 사이에 뜻의 변화가 없기 때문에 '때'와 '에'를 각각의 형태소로 분석하지 않고 하나의 형태소로 취급한다. • '먹/다'와 '먹/다가' 모두 2개의 형태소로 분석한다. • '좋/아/죽/겠/네'와 '좋/아서/죽/겠/네' 모두 5개의 형태소로 분석한다.
각 형태소를 잇기 위해 발음상 매개되는 모음 또는 자음은 개별적인 형태소로 분류하지 않는다.	'몰라'에서 '몰'의 'ㄹ'은 어간 '모르'의 'ㄹ'이 붙게 된 것이다. 그러므로 여기에서 'ㄹ'은 하나의 형태소로 분석하지 않는다.
이름 등의 고유명사는 하나의 형태소로 분류하지만, 호칭에 있어서 발음을 위해 관습적으로 붙이는 '-이'는 개별적인 형태소로 분석하지 않는다.	'하정 언니'와 '하정이 언니'에서 '하정'과 '하정이'는 그 의미가 똑같으므로 1개의 형태소로 분석한다.
우리말에는 여러 형태의 문장종결어미들이 있다. 문장의 끝에 오는 것은 '어말종결어미'(예 '다', '소/오', '네', '아/어', '으마/마', '-지' 등)라고 하고, 문장의 중간에 오는 것은 '비어말종결어미'[예 '습/읍', '-았/었/렀', '-겠', '-(으)시' 등]라고 한다.	

CHAPTER 11

언어발달

01 언어습득이론

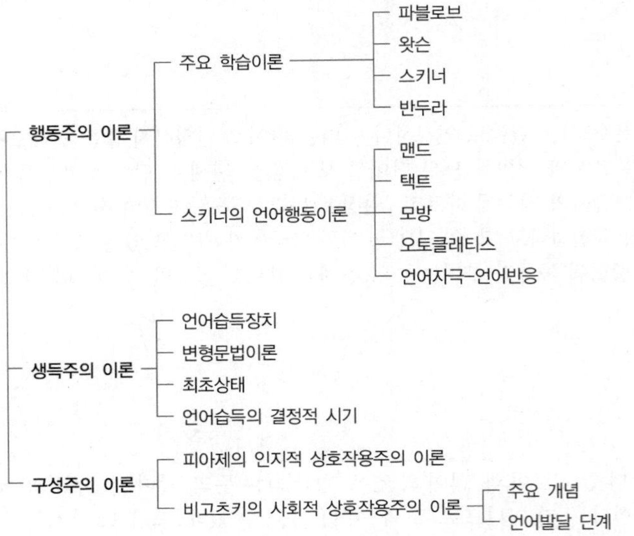

- 행동주의 이론
  - 주요 학습이론
    - 파블로브
    - 왓슨
    - 스키너
    - 반두라
  - 스키너의 언어행동이론
    - 맨드
    - 택트
    - 모방
    - 오토클래티스
    - 언어자극-언어반응
- 생득주의 이론
  - 언어습득장치
  - 변형문법이론
  - 최초상태
  - 언어습득의 결정적 시기
- 구성주의 이론
  - 피아제의 인지적 상호작용주의 이론
  - 비고츠키의 사회적 상호작용주의 이론
    - 주요 개념
    - 언어발달 단계

02 언어발달 단계

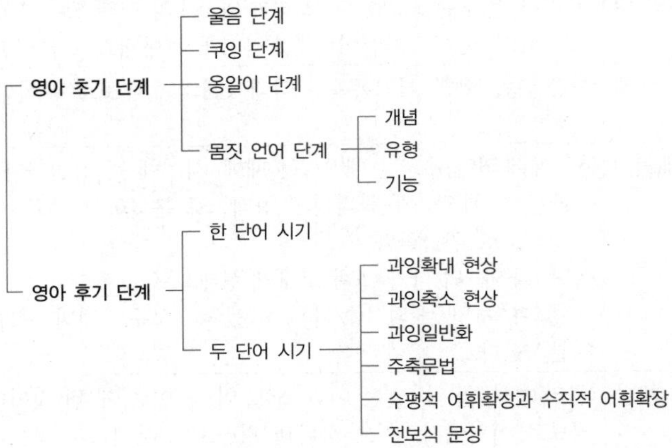

- 영아 초기 단계
  - 울음 단계
  - 쿠잉 단계
  - 옹알이 단계
  - 몸짓 언어 단계
    - 개념
    - 유형
    - 기능
- 영아 후기 단계
  - 한 단어 시기
  - 두 단어 시기
    - 과잉확대 현상
    - 과잉축소 현상
    - 과잉일반화
    - 주축문법
    - 수평적 어휘확장과 수직적 어휘확장
    - 전보식 문장

기본이론 167-170p

- 행동주의
- 스키너의 언어행동이론

언어습득이론
- 행동주의 이론
- 생득주의 이론
- 구성주의 이론

핵심 개념

스키너의 언어 유형

맨드(mand)
'command'와 'demand' 등의 단어에서 유래된 용어로, 아이가 무엇인가를 요구하고 부모가 그 요구를 충족시켜주는 과정에서 만들어지는 언어행동. 맨드는 언어습득 시 가장 먼저 사용되는 방법임 예) "물"이라는 말로 물을 얻고 갈증을 해소함으로써 강화가 되었다면 맨드(mand)가 일어난 것

택트(tact)
• 'contact'에서 유래된 용어로, 대상이나 사건에 이름을 붙이는 기능을 하는 언어반응을 말함. '접촉' 또는 '지칭'의 의미를 가지고 있는 택트는 단순히 욕구충족이 아니라 어떤 사물과 접촉하였을 때 이루어지는 방법임. 어떤 대상을 보고 대상의 명칭을 말하면 강화가 주어짐 예) 아이가 토끼인형을 가지고 놀 때 아이가 "이끼 이끼"라고 할 때마다 엄마가 "맞아! 토끼지. 잘했어!" 라고 말하며 안아주면 아이는 '토끼'라는 단어를 정확하게 습득하게 됨. 즉, 택트는 사물을 접촉하면서 낱말과 연결해 배우게 되는 것을 말함 • 택트는 대부분 사물이나 사건을 명명하기 위해서 사용된다는 것이 맨드와의 가장 큰 차이점임

택트(tact)

2025학년도 유아 B4

01 **(가)는 발달지체 유아 대호의 통합학급 놀이 장면이고, (나)는 유아 특수교사 김 교사와 유아교사 민 교사가 나눈 대화 및 김 교사의 수업 장면이다. 물음에 답하시오. [5점]**

(가)

(은서가 색깔 실로폰을 치고 있다.) 대호 : (실로폰 소리를 들으며) 소리 나. 은서 : 응. 예쁜 소리가 나. 대호 : (은서가 빨간색 음판을 치고 있는 모습을 보며) 빨간색. 은서 : (고개를 끄덕이며) 맞아! 빨간색 치고 있어. [A]

1) 스키너(B. Skinner)의 행동주의 이론에 근거하여 (가)의 [A]에 제시된 대호의 말에 해당하는 언어 행동 유형을 쓰시오. [1점]

확장하기

언어행동 기능의 조작(고은, 3판)

언어행동	전제조건	결과	조작활동
mand	특정한 동기나 상황	직접적 효력	교사: 왜, 뭐 하고 싶어? 아동: 화(소리를 내지 않고 입모양으로) 교사: 우리 ○○이, 화장실 가고 싶구나!
tact	물리적 환경과의 접촉	사회적 효력	교사: (그림카드를 보여주며) 이건 무엇일까요? 아동: 토끼. 교사: 참 잘했어요.
echoic	다른 사람의 언어적 행동	사회적 효력	교사: 완전 잘했어요. (박수 치며) 훌륭해! 아동: 훈늉해?
autoclitics	자신의 언어적 행동	직접적 효력	아동: 아이스크림 줘. 아동: 아이스크림 하나 더 먹고 싶어요. 아동: 딸기 말고 민트로 주세요.
intraverbal	다른 사람의 언어적 행동	직접적 효력	교사: (신체놀이 시간에 익숙한 멜로디와 함께) 코는 어디 있나? 아동: 여기. 교사: 입은 어디 있나? 아동: 여기.

기본이론 167-174p

- 생득주의
- 구성주의

언어습득이론
- 행동주의 이론
- 생득주의 이론
- 구성주의 이론

생득주의
- 언어습득은 인간 고유의 타고난 능력
- 촘스키의 언어습득장치 존재의 증거
- 촘스키의 언어습득의 결정적 시기

구성주의
- 언어습득은 환경과의 상호작용을 통해 이루어지는 것
- 피아제의 인지적 상호작용주의 이론과 비고츠키의 사회적 상호작용주의 이론

비고츠키의 언어발달 단계

① 전언어적 단계(초보적 단계)
- 0~2세의 영아기 - 언어와 인지가 독립적 형태로 나타남
② 상징적 언어 단계
- 약 2세 - 언어와 인지가 만남 - 외적 언어(사회적 언어)가 나타남
③ 자기중심적 언어 단계
- 약 3~6세 - 스스로에게 조용하게 말하는 혼잣말 형태가 나타남
④ 내적 언어 단계
- 말이 사고로 내면화되는 단계 - 자기중심적 언어의 성숙으로 나타남

1) ① 언어습득장치
② 언어습득장치가 존재하는 근거는 첫째, 최소한의 언어환경에 노출되면 계획적인 훈련 없이도 언어를 습득한다. 둘째, 지능이 뛰어난 유아와 그렇지 않은 유아 모두 언어를 습득할 수 있다.

2) 결정적 시기

3) ① 상징적 언어 단계
② 내적 언어 단계는 말이 사고로 내면화되는 단계로, 소리 없는 언어가 가능하다.

2017학년도 유아 A7

02 (가)는 영유아의 언어발달과 관련한 내용의 일부이고, (나)는 유아의 발화 수준을 평가하기 위하여 수집한 교사와 영미의 대화 내용이다. 물음에 답하시오. [6점]

(가)

- ㉠ 영유아의 언어는 환경적 요인뿐만 아니라 생물학적 능력에 의해서도 발달한다. — 생득주의
- 영유아기 언어발달은 주로 또래나 성인과의 대화를 통해서 이루어진다.
- ㉡ 영유아기는 언어습득에 중요한 시기이므로 풍부한 언어적 자극이 필요하다.
- 영유아의 언어발달은 인지, 운동, 사회성 발달과 밀접하게 관련되어 있다.
- ㉢ 사회문화적 배경, 상호작용 등과 같은 환경적 요인은 언어발달에 중요한 영향을 미친다.

(구성주의)

1) (가)의 ㉠과 관련하여 촘스키(N. Chomsky)는 인간에게 언어를 학습할 수 있도록 준비된 장치가 있다고 하였다. ① 이 장치의 명칭을 쓰고, ② 이 장치가 존재하는 근거 중 2가지를 쓰시오. [2점]

2) (가)의 ㉡과 관련하여 언어습득을 위한 특정 시기를 지칭하는 용어를 쓰시오. [1점]

3) (가)의 ㉢과 관련하여 비고츠키(L. Vygotsky)의 언어와 사고 발달 4단계에서 ① 언어와 사고가 점차 결합하기 시작하는 두 번째 단계의 명칭을 쓰고, ② 네 번째 내적 언어 단계의 특징을 쓰시오. [2점]

기본이론 172-174p

구성주의

언어습득이론

- 행동주의 이론
- 생득주의 이론
- 구성주의 이론

구성주의

- 비고츠키의 언어발달 단계
- 아동지향적 말 또는 엄마 말투
  - 유아와 대화를 할 때 나타나는 성인의 말에 포함된 특성으로, 무의식적으로 천천히 큰소리로 또박또박 말하며, 말할 때 중간에 쉬는 간격이 많고 과장된 억양을 사용함
  - **음운적 측면**: 음도가 높고 음도의 변화가 큼
  - **의미적 측면**: 제한된 단어를 사용하고 쉬운 단어로 이야기함
  - **구문적 측면**: 짧고 단문식 발화를 하지만, 비문법적 문장은 사용하지 않음

2) ① 자기중심적 언어 단계
② 스스로에게 조용히 혼잣말하는 형태를 보이기 때문이다.

3) 아동지향적 말(엄마 말투)

2016학년도 유아 B5

03 **(가)는 ○○유치원 4세 반 유아특수교사인 최 교사의 수업 장면의 일부이고, (나)는 최 교사와 혜주 어머니의 대화의 일부이다. 물음에 답하시오. [5점]**

(가)

최 교사: 동물 유치원에서는 매일 어떤 일들이 일어났나요?
유 미: 재미있는 일, 화나는 일, 즐거운 일, 울고 싶은 일들이 일어났어요.
최 교사: 여러분들도 동물 유치원 친구들처럼 유치원에서 화나는 일, 즐거운 일이 있었나요?
동 우: 블록 쌓기 할 때, 친구가 블록을 가져가서 속상했어요.
최 교사: 그랬군요. 정말 속상했겠어요. 친구 물건을 빌리고 싶을 때는 어떻게 하면 좋을까요?
지 아: "한번 빌려줄래?"라고 말하고 빌려줄 때까지 기다려요.
최 교사: 좋은 생각이에요. 지아처럼 "친구야, 한번 빌려줄래?"라고 하면 돼요.
재 민: ㉠ (중얼거리며) 어떻게 말할까…. "친구야, 한번 빌려줄래?"라고 해야지.

비고츠키 언어 발달단계
① 전언어적 단계
② 상징적 언어 단계
③ 자기중심적 언어 단계
④ 내적 언어 단계

(나)

어 머 니: 선생님, 얼마 전에 언어발달검사를 받았는데, 우리 혜주가 아직 2세 수준이라고 해서 걱정이에요.
최 교사: 제 생각에는 유치원과 가정에서 더 많은 언어 자극을 혜주에게 주는 것이 도움이 될 것 같아요.
어 머 니: 그러면 집에서는 어떻게 하면 될까요?
최 교사: 혜주에게 말할 때 높고 과장된 억양으로 천천히 말해주세요. 그리고 쉬운 단어와 간단한 문장으로 반복해서 말해주세요. 이렇게 어린 아이들과 상호작용할 때 어른이 사용하는 독특한 말투를 (㉡)(이)라고 하지요.

2) (가)의 ㉠에 해당하는 ① 비고츠키(L. Vygotsky)의 언어 발달 단계가 무엇인지 쓰고, ② 그렇게 판단한 근거를 쓰시오. [2점]

3) (나)의 ㉡에 들어갈 용어를 쓰시오. [1점]

기본이론 172–174p

구성주의

구성주의 이론
- 피아제의 인지적 상호작용주의 이론
- 비고츠키의 사회적 상호작용주의 이론

핵심개념

구성주의
- 언어습득은 환경과의 상호작용을 통해 이루어지는 것
- 피아제의 인지적 상호작용주의 이론과 비고츠키의 사회적 상호작용주의 이론

비고츠키의 언어발달 단계

① 전언어적 단계(초보적 단계)
- 0~2세의 영아기
- 언어와 인지가 독립적 형태로 나타남

② 상징적 언어 단계
- 약 2세
- 언어와 인지가 만남
- 외적 언어(사회적 언어)가 나타남

③ 자기중심적 언어 단계
- 약 3~6세
- 스스로에게 조용하게 말하는 혼잣말 형태가 나타남

④ 내적 언어 단계
- 말이 사고로 내면화되는 단계
- 자기중심적 언어의 성숙으로 나타남

① 전언어적 단계
② 의사소통을 위한 외적 언어가 출현하기 전이기 때문이다.

2024학년도 유아 A2

04 **(가)는 지호의 개별화가족지원계획을 작성하기에 앞서 지호 어머니와 장애영아학급 교사가 나눈 대화의 일부이고, (나)는 지호 어머니가 반응성 교수법을 연습한 후 지호와 놀이하는 장면이다. 물음에 답하시오. [5점]**

(나)

지호 : 드럼을 향해 손을 뻗는다. 손바닥으로 드럼을 2번 두드린다.
엄마 : 지호처럼 손바닥으로 드럼을 2번 두드린다.
지호 : 엄마를 바라보며 미소를 짓고 손을 흔든다.
엄마 : 미소를 지으며 지호처럼 손을 흔든다.
지호 : 엄마에게 손을 뻗는다.
엄마 : 손을 뻗어 지호의 손바닥과 맞닿자 깍지를 껴서 잡는다.
지호와 엄마 : 서로 눈을 마주치고 웃으며 잡은 손을 흔든다.
지호 : 흔들던 손을 내려놓고 환하게 웃으며 "아앙~"하고 소리를 낸다.
엄마 : 지호처럼 웃으며 "아앙~"하고 소리를 낸다.

3) (나)를 참고하여 ① 지호의 의사소통 행동이 비고츠키(L. Vygotsky)의 언어 발달 단계 중 어느 단계에 해당하는지 쓰고, ② 그렇게 판단한 근거를 쓰시오. [2점]

기본이론 172-173p

구성주의

언어습득이론
- 행동주의 이론
- 생득주의 이론
- 구성주의 이론

비고츠키의 외적 언어와 내적 언어
비고츠키는 혼잣말이 아동의 사고발달에 매우 중요하며, 쉬운 과제보다는 어려운 과제를 할수록, 사회적 상호작용의 기회를 많이 얻을수록 혼잣말이 늘어난다고 주장 → 초기 단계에서는 외적 언어가 나타나고 점차 내적 언어가 출현

① 외적 언어
② 내적 언어

2013학년도 추가유아 B5

05 **다음은 만 5세 초록반 김 교사의 '무지개 물고기' 활동계획안의 일부이다. 물음에 답하시오. [5점]**

활동명	동화 '무지개 물고기' 듣고 표현하기
활동목표	• 동화를 듣고 창의적으로 표현해 본다. • 극놀이에 참여하여 창의적인 표현 과정을 즐긴다.
활동자료	'무지개 물고기' 동화책, 동극 대본, 동극 배경 음악, 동극용 소품
활동방법	

1. 동화 '무지개 물고기'를 듣는다.
2. 동화를 회상하며 '무지개 물고기'가 되어본다.
   • '무지개 물고기'는 어떤 모습일까?
   • ㉠ 선생님을 따라 이렇게 '무지개 물고기'가 되어보자.
3. 동화의 줄거리를 말해본다.
4. 극놀이를 위해 준비해야 할 것들에 대해 유아들과 이야기 나눈다.
   • 무대는 어디에, 어떻게 꾸밀까?
   • 역할은 어떻게 정할까?
   • ㉡ '무지개 물고기'는 누가 해볼까?

5. ㉢ 극놀이를 한다.

3) 다음은 ㉢의 극놀이 중 나타난 유아의 행동을 기술한 것이다. 비고츠키(L. Vygotsky)에 의하면, 준호의 혼잣말은 (①)이(가) 점차 내면화되어 (②)(으)로 발달하는 과정에서 생겨나는 과도기적 언어이다. ①과 ②에 해당하는 용어를 각각 쓰시오. [2점]

> 준호는 물고기 머리띠를 한 채 혼자서 중얼거리고 있다. "물고기는 예쁜 비늘이 있어야 해……. 비늘은 배에도 있고 등에도 있어……. 그러니까 여기에다 비늘을 달아야 돼. 그래야 진짜 물고기처럼 되는 거야."

기본이론 173–174p

키워드 구성주의

언어습득이론

- 행동주의 이론
- 생득주의 이론
- 구성주의 이론

핵심 개념

비고츠키의 외적 언어와 내적 언어

비고츠키는 혼잣말이 아동의 사고발달에 매우 중요하며, 쉬운 과제보다는 어려운 과제를 할수록, 사회적 상호작용의 기회를 많이 얻을수록 혼잣말이 늘어난다고 주장 → 초기 단계에서는 외적 언어가 나타나고 점차 내적 언어가 출현

내적 언어

2014학년도 유아 B7

06 **(가)는 3~5세 혼합연령반에서 산책 활동 후 실시한 언어교육 활동의 한 장면이고, (나)는 교사저널의 일부이다. 물음에 답하시오. [5점]**

(가)

> …(상략)…
>
> 교 사: 그런데 우리가 오늘 산책 갔던 길이 아주 아름다웠어. 우리 이 산책길을 한번 그려볼까? 자, 각자 종이 위에 그려보자.
>
> 미연(5세): 선욱아, 난 이렇게 그렸다. 어때?
>
> 선욱(5세): 우와! 잘 그렸다!
>
> 윤정(4세): ㉢(혼자 중얼거리며) 음…… 이쪽으로 길이 주~욱 있어. 이쪽이야. (사인펜으로 몇 개의 선을 그리더니 계속 중얼거린다.) 근데…… 진달래가 어디에 많았지? 개울 옆에, 개울……. (종이 위에 또 다른 선을 하나 그린다.)

3) 다음은 ㉢에서 나타난 유아의 혼잣말에 대한 설명이다. A에 들어갈 용어 1가지를 쓰시오. [1점]

> 비고츠키(L. Vygotsky)에 의하면, 혼잣말은 자기지향적인 언어이며, 연령이 증가함에 따라 점점 축약되고, 사고와 융합되면서 (A)(으)로 발달해 간다.

기본이론 172-173p

구성주의

언어습득이론
- 행동주의 이론
- 생득주의 이론
- 구성주의 이론

근접발달영역(ZPD)
실제적 발달 수준과 잠재적 발달 수준 간의 차이를 의미함
- **실제적 발달 수준**: 이미 완성된 지적 발달 수준
- **잠재적 발달 수준**: 주어진 문제를 현재는 혼자 해결하지 못하지만, 다른 사람의 도움을 받아 학습하면 해결할 수 있는 수준

비계의 유형과 예(송준만 외, 2022.)

유형	예
모델링	교사가 학생에게 먼저 시범을 보임
소리 내어 생각하기	교사가 문제를 풀면서 문제 풀이 과정을 소리 내어 말함
질문	중요한 시점에서 관련 질문을 던져 학생이 문제를 쉽게 이해할 수 있도록 함
교수학습 자료 조정하기	뜀틀 높이를 낮추었다가 익숙해지면 뜀틀 높이를 높여줌
조언과 단서	운동화 끈을 끼울 때 엇갈려 가면서 끼우는 것에 대한 힌트를 줌

[B]를 실행함으로써 아동의 잠재적 발달수준을 찾고자 한다.

2022학년도 초등 A2

07 (가)는 특수학교 독서 교육 교사 학습 공동체 협의회에 참여한 교사들의 대화 내용의 일부이고, (나)는 지수의 행동 관찰 기록이다. 물음에 답하시오. [5점]

(가) 대화 내용

김 교사: 우리 반 학생들의 생활지도를 위해서 저는 그림책을 활용해 볼 계획이에요. 학생들 수준과 상황에 맞는 그림책을 선정하고 교육과정을 재구성하려고 해요.
박 교사: 독서 활동을 통해서 생활지도를 교과 지도와 연계하는 것은 좋은 시도예요. 그림책을 교과 지도에 활용하면 ㉠ 학생들이 글을 재미있게 읽으면서 문학이 주는 즐거움을 경험할 수 있어요.
김 교사: 그런데 우리 반 지수가 요즘 놀이실에서 친구들을 자주 괴롭혀서 어떻게 생활지도를 해야 할지 고민이에요.
이 교사: 그러면 현재 지수의 행동이 어느 정도 수준인지를 알아보기 위해서 놀이 상황에서 관찰해보세요.
김 교사: 아, 그럼 관찰 결과를 보고 지수를 어떻게 지도할지 구체적인 계획을 세우는 게 좋겠네요.
(며칠 뒤)
박 교사: 선생님이 지수와 함께 그림책을 읽으면서 선생님의 사과하는 말을 따라해 보게 하는 식으로 ㉡ 비계를 제공(scaffolding)하는 건 어때요?
김 교사: 좋은 방법인 것 같아요. 문장 완성 카드 같은 전략도 활용해봐야겠어요.
이 교사: 그리고 ㉢ 학생들의 생활 속에서 일어나는 다양한 경험을 중심으로 주제를 선정하고 교과를 연결해서 수업을 해보면 어떨까요?

> 지수의 행동이 어느정도인지 알아보기 위해 일화 기록을 실시함 → 현재의 수준을 알 수 있음(실제적 수준)

> 타인의 도움을 받아 할 수 있는 잠재적 수준

(나) 지수의 행동 관찰 기록

〈지수의 일화 기록〉

• 관찰 날짜: 2021년 ○월 ○일 • 대상: 박지수(11세 10월)	• 관찰 시간: 체육(10:00~10:40) • 장소: 놀이실
□ 기록 지수가 볼풀장에서 놀다가 옆에 있던 현우에게 "비켜!"라고 소리치며 밀었다. 현우가 넘어져서 소리를 지르며 울기 시작했다. 지수는 공을 던지면서 놀고 있었다. 내(교사)가 "지수야, 현우가 아파서 울고 있잖아. 사과해야지." 하고 말하자 지수는 현우를 잠시 쳐다보다가 "싫어!" 하고 다시 공을 던지기 시작했다.	
□ 요약 말을 할 수 있지만 상황에 맞는 말을 하지 않는 것이 지수의 실제적 수준이다.	□ 수행 목표 친구의 마음을 이해하고 자기의 잘못을 친구에게 사과하는 수준에 도달할 수 있다.

[B]

> 타인의 도움 없이 스스로 할 수 있는 수준

2) ㉡을 위해 지수에게 [B]를 실행함으로써 파악하고자 하는 것을 쓰시오. [2점]

기본이론 172–174p

피아제의 인지적 상호작용주의

언어습득이론
- 행동주의 이론
- 생득주의 이론
- 구성주의 이론

핵심개념
피아제의 인지적 상호작용주의

전조작기
• 상징놀이는 베개를 아이라고 생각하고 등에 업는 행위와 같은, 아동의 마음속에 있는 것을 정신적 표상으로 만들어낸 행위임 • '심상(imagery)'이란 현재 눈앞에 없는 대상을 눈앞에 보이는 것처럼 머릿속에 떠올릴 수 있는 능력으로서, 과거에 있었던 어떤 일을 머릿속으로 끌어오는 것을 말함 • 전조작기 초기(23세)에 급속히 발달하는 언어를 통해 아동은 현재 존재하지 않는 것을 다른 사람에게 표현할 수 있게 됨 • 이 시기에는 모든 것을 자기 입장에서만 보고 판단하는 자기중심적 사고가 대표적으로 나타남. 여기서 '자기중심적'이란 다른 사람의 입장에서 생각할 수 없는 유아들의 사고 경향임. 세상을 자신의 방식으로 이해하고, 다른 사람이 자기와 똑같이 생각한다고 믿기 때문에 타인의 마음을 읽을 수 없음. 이러한 자아중심성은 언어에서도 나타남

자기중심성

2025학년도 유아 B3

08 **(가)와 (나)는 4세 자폐성장애 유아 승호의 통합학급 놀이 장면이고, (다)는 유아 특수교사 박 교사와 유아교사 송 교사의 대화이다. 물음에 답하시오. [5점]**

(가)

(승호와 예리가 햄버거 가게 놀이를 한다.)
예리 : 사장님! 맛있는 햄버거 주세요.
승호 : (빵 모형 위에 고기 모형 3개를 쌓아서 준다.)
예리 : 토마토가 없어요. 토마토 넣어 주세요.
승호 : (고기 모형만 쌓은 햄버거를 주며) 이거! 최고!
예리 : 토마토가 없잖아! 승호는 점심시간에 나온 토마토도 안 먹더니 놀이할 때도 안 먹네.
승호 : (고기 모형만 쌓은 햄버거를 가리키며) 나 좋아! 고기 햄버거! 예리야, 고기 햄버거 먹어.
예리 : 안 먹어!
승호 : (손가락으로 고기 햄버거를 튕기자 고기 햄버거가 바닥에 떨어진다.)
예리 : 어, 햄버거가 떨어졌네. 이거 못 먹어. 에이, 재미없어. 난 블록 놀이나 하러 갈래. (블록이 있는 곳으로 이동한다.)
승호 : (예리를 따라간다.)

1) **피아제(J. Piaget)의 인지발달이론에 근거하여 (가)의 승호에게 해당하는 전조작기 단계의 특징 1가지를 쓰시오. [1점]**

피아제의 인지발달 단계
- 감각운동기
- 전조작기
- 구체적 조작기
- 형식적 조작기

확장하기

피아제의 인지발달 이론(송준만 외, 2022.)

단계	특징	예
감각운동기 (출생 후 2세까지)	목표지향 행동	손에 닿지 않는 곳에 있는 물체를 꺼내기 위해 그것에 달려 있는 끈을 잡아당기거나 깔개를 잡아당겨 손에 넣을 수 있다.
	대상영속성	장난감이 치워졌어도 엄마 뒤에 있다는 것을 알고 찾는다.
전조작기 (2세에서 7세까지)	언어능력 성장과 과잉일반화	"할아버지도 식사하고 동생도 식사하셔."라고 말한다.
	상징적 사고	베개를 아기처럼 업고 다니고 토닥거리며 재우는 시늉을 한다.
	지각에 의한 지배	수도꼭지 안에 물이 담겨 있다고 생각한다.
구체적 조작기 (7세에서 11세까지)	구체물의 논리적 조작	저울에서 평형을 이루는 물체는 하나가 다른 것보다 부피가 커도 무게가 같다고 한다.
	분류와 서열화	접시를 큰 순서대로 배열한다.
형식적 조작기 (11세 이후)	추상적이고 가상적인 문제 해결	생각할 일이 많아서 잠이 안 오는 것이 아니라 지금 해야 할 일이 많아서 잠이 안 오는 것이라고 판단한다.
	조합적인 사고	햄, 치즈, 계란, 빵으로 몇 가지 샌드위치를 만들 수 있을지 생각할 수 있다.

참고자료 기본이론 174p, 176p

키워드
- 피아제의 인지적 상호작용주의
- 몸짓 언어

구조화틀

언어습득이론
- 행동주의 이론
- 생득주의 이론
- 구성주의 이론

영아 초기 언어발달 단계
- 울음 단계
- 쿠잉 단계
- 옹알이 단계
- 몸짓 언어 단계

핵심개념

피아제의 인지적 상호작용주의

자기중심적 언어
'자기중심적'이란 다른 사람의 입장에서 생각할 수 없는 유아들의 사고 경향임. 유아는 세상을 자신의 방식으로 이해하고, 다른 사람이 자기와 똑같이 생각한다고 믿기 때문에 타인의 마음을 읽을 수 없음 피아제는 자기중심적 언어에서 사회화된 언어로 언어발달이 이루어진다고 봄. 자기중심적 언어에는 반복, 개인적 독백 그리고 집단적 독백이 있음 • **반복**: 특정한 누군가에게 말하려는 의도 없이 단지 즐거움을 얻기 위해 단어를 되풀이하는 것 • **개인적 독백**: 혼자 있을 때 큰 소리로 자기 자신에게 말하는 것 • **집단적 독백**: 두 명 이상의 아이들이 함께 있는 상태에서 서로에게 말을 하고 있는 것 같지만, 실제로는 한 명의 아동이 혼잣말을 하고 다른 아동은 주의를 기울여 듣지 않고 있는 것

모범답안

② 자기중심적 언어
③ 표상적 몸짓

2025학년도 초등 A6

09 (가)는 일반 교사와 특수교사가 지적장애 학생 은수에 대해 나눈 대화의 일부이고, (나)는 2015 개정 도덕과 교육과정 5~6학년군 '2. 내 안의 소중한 친구' 공개수업을 위해 일반 교사가 작성한 수업 계획 초안과 특수교사 조언의 일부이다. 물음에 답하시오. [5점]

(가)

> 일반 교사: 아, 도움이 될 것 같아요. 또 하나 질문이 있습니다. 은수를 보면서 궁금했던 것인데요, 은수는 세상을 자신의 방식으로 이해하고, 다른 사람이 자기와 똑같이 생각한다고 믿는 것 같아요. 그리고 말할 때 보면 ㉡ <u>상대방과 대화를 한다기보다는 자신에게 말하는 것처럼 독백 느낌의 말을 해요.</u>
>
> … (중략) …
>
> 특수교사: 은수의 경우에는 구어와 함께 몸짓 언어를 활용해 주시면 은수가 말의 의미를 이해하는 데 도움이 됩니다. 예를 들면, ㉢ <u>전화하기는 휴대전화를 손으로 쥐고 귀에 대서 통화하는 동작을 한다든지, 컴퓨터는 자판을 타자하는 동작을 보여 주시면 좋아요.</u>

1) ② 밑줄 친 ㉡의 언어 유형을 피아제(J. Piaget) 이론에 근거하여 쓰고, ③ 밑줄 친 ㉢에 나타난 몸짓 언어 유형을 쓰시오. [3점]

몸짓 언어 유형
- 지시적 몸짓
- 표상적 몸짓
- 관습적 몸짓

확장하기

몸짓 언어의 단계

① 일반적으로 영아기, 특히 첫 단어가 출현하기 이전에 나타나는 의사소통 형태는 몸짓 언어다. 몸짓이나 제스처를 통한 비구어적 의사소통 능력은 선천적으로 내재된 범언어적 능력이며, 모든 아이들은 태어날 때부터 표현적 몸짓을 가지고 태어난다.

② 영아들은 울음이나 소리, 눈맞춤과 몸짓 등을 통해 자신의 욕구와 흥미 등을 표현한다. 그러한 비구어적 의사소통은 상황적 맥락에 의해서만 이해되고 주변 양육자의 해석에 의존해야 하는 한계가 있다. 영아는 그의 음성적 표현, 몸짓 또는 일정한 행동에 대해 부모가 반응하는 것을 경험하고, 부모와의 상호작용을 통해 주고받는(turn-taking) 것을 배우게 된다.

③ 몸짓 언어를 통한 비구어적 의사소통 행동들은 사회성 발달과, 특히 정서적 영역에서 매우 중요한 역할을 한다.

④ 몸짓 언어는 지시적 · 표상적 · 관습적 몸짓으로 구분할 수 있다.

구분	내용
지시적 몸짓	• 뻗기, 건네주기, 보여주기, 가리키기 등과 같이 맥락에 의해 화자의 의도를 파악할 수 있는 몸짓을 말한다. • 대개 8~10개월 사이에 나타나며, 어떤 사물이나 사건이 존재할 때 수행되는 몸짓이다.
표상적 몸짓	• 이 닦기, 머리 빗기, 잠자기, 전화하기 등과 같이 상징적 의미가 일관성 있게 보이는 몸짓을 말한다. 어떤 대상이나 행위의 특성을 표상해서 행동으로 묘사하는 몸짓이다. • 일반적으로 12개월경에 나타나며, 연령이 높아질수록 지시적 몸짓이 줄고 표상적 몸짓의 출현이 늘어난다.
관습적 몸짓	손 흔들기, 고개 끄덕이기, 고개 젓기 등과 같이 몸짓의 형태와 의미가 문화적으로 정해진 몸짓을 말한다. 예 우리나라에서는 엄지를 위로 들어 보이면 "아주 잘했어." 또는 "최고야."의 의미를 갖지만, 방글라데시에서는 여자를 유혹할 때 사용하는 몸짓으로 전혀 다른 의미를 가지고 있다(최윤희, 2006). 또한 고개를 위아래로 끄덕이는 것은 우리나라에서는 "예."의 의미이지만, 불가리아나 그리스에서는 "아니오."의 의미를 갖는다(강옥미, 2006).

⑤ 몸짓을 통한 의사소통 형태는 유아가 단어를 통해 사물을 지시하고 단어로 의미를 조합해 나가면서 점차 사라진다. 그러나 장애로 인해 음성언어를 사용하는 데 어려움이 있는 유아들은 여전히 비구어적 의사소통에 의존하게 된다.

⑥ 비구어적 의사소통 수단으로서의 몸짓 언어는 다음과 같은 기능이 있다.

상징적 기능	실제적인 의사소통에서 음성언어와 동일한 기능을 갖는다. 예 주먹으로 위협하는 동작
참조적 기능	손가락이나 머리 또는 눈으로 대상을 가리키는 기능을 한다. 예 가까이 있는 물컵이 필요할 때 머리나 손가락으로 가리킨다.
의미론적 기능	구어적 표현에 몸짓을 첨가함으로써 구어적 표현을 강조 또는 보충해주거나, 구어적 표현과 상반된 의미를 전달하는 기능을 한다. 예 – 보충의미 : 긍정적 답변과 함께 머리를 끄덕이는 몸짓 – 상반된 의미 : 상대방이 심각하게 말하고 있는데 미소를 짓는 몸짓
화용론적 기능	대화를 유지하는 수단이 된다. 예 누군가가 말을 끊으려고 할 때 손을 들어 가볍게 제지하는 몸짓, 상대방의 말을 제어할 때 신호를 주는 몸짓

기본이론 23p

- 비구어적 요소
- 몸짓언어

의사소통의 개념
- 언어적 요소
- 준언어적 요소
- 비구어적 요소
- 초언어적 요소

의사소통의 개념

성공적인 의사소통이 이루어지기 위해서는 말이나 언어와 같은 언어적 요소와 준언어적·비언어적·초언어적 요소를 이해하고 사용하는 의사소통 능력을 갖추어야 함

몸짓 언어의 개념(고은, 2021.)
- 몸짓이나 제스처를 통한 비구어적 의사소통 능력은 선천적으로 내재된 범언어적 능력이며, 모든 아이들은 태어날 때부터 표현적 몸짓을 타고남
- 영아는 울음, 소리, 눈맞춤과 몸짓 등을 통해 자신의 욕구와 흥미 등을 표현함
- 그러나 비구어적 의사소통은 상황적 맥락에 의해서만 이해되고 주변 양육자의 해석에 의존해야 하는 한계가 존재함
- 몸짓 언어를 통한 비구어적 의사소통 행동들은 사회성 발달, 특히 정서적 영역에서 매우 중요한 역할을 수행함
- 몸짓 언어는 때로 음성언어 표현을 강조하거나 확장시키기도 하지만, 비구어적 표현들은 타인과 상호작용하는 데 얼굴이 되기도 함
  예) 상대방과 더 이상 대화하고 싶지 않을 때 시선을 돌리거나, 상대방이 거짓을 말하고 있을 때 상대의 얼굴을 뚫어져라 쳐다보기도 함

사회적 의사소통에 있어 몸짓과 손짓 등의 비구어적 요소는 언어에 의존하지 않고 메시지를 전달할 수 있기 때문이다.

2023학년도 유아 B1

10 **(가)는 통합학급 놀이 지원 내용의 일부이고, (나)는 통합학급 김 교사와 순회교육을 담당한 유아특수교사 박 교사의 대화내용이며, (다)는 인공와우를 한 청각장애 유아 현우에 대한 관찰 기록의 일부이다. 물음에 답하시오. [5점]**

(가)

교사 : (놀이 영상을 보여 주며) 이 영상에서 현우가 뭐라고 하는지 말해 볼까요?
민수 : 조용히 하라고 한 것 같아요.
현우 : (고개를 가로젓는다.)
상미 : 내가 맞혀 볼게요. 현우가 그네를 한 번 더 타고 싶은 것 같은데요.
현우 : (고개를 끄덕이며) 응.
교사 : 상미는 ㉠ <u>현우의 손 모양이랑 표정을 같이 보았구나. 우리는 몸짓이나 손짓으로도 말할 수 있어요.</u>

1) (가)의 ㉠이 사회적 의사소통에서 중요한 이유를 1가지 쓰시오. [1점]

기본이론 178-179p

두 단어 시기(이어문 시기)의 언어발달 특징

두 단어 시기의 언어발달 특징
- 과잉확대
- 과잉축소
- 과잉일반화
- 주축문법
- 수평적 · 수직적 어휘확장
- 전보식 문장

어휘 발달과정에서의 오류 – 과잉축소, 과잉확대
- **과잉확대 현상**: 유아가 알고 있는 어휘의 양이 아직 부족하고 정확한 지식이 형성되지 않아서 생기는 현상
- **과잉축소 현상**: 단어를 그 본래의 뜻보다도 좁은 의미로 사용하는 현상으로, 단어의 의미를 자신의 경험에만 제한하는 것

과잉확대

2013학년도 초등 A5

11 **다음의 (가)는 최 교사가 실시한 2학년 국어과 교수 · 학습 활동이고, (나)는 의사소통장애 학생 영희를 관찰한 내용이다. 물음에 답하시오. [6점]**

영희의 특성	• K-WISC-Ⅲ 검사 결과: 지능지수 59 • PRES 검사 결과: 수용언어 발달연령 5세, 표현언어 발달연령 4세 6개월 • 우리말 조음 · 음운검사 결과: 1%ile 미만 • 청력 및 신경학적 손상 없음 • 심각한 상호작용 문제 없음
학습 목표	• 그림을 보고 동물의 움직임을 나타내는 낱말을 말한다. • 동물의 움직임을 나타내는 낱말을 따라 읽는다. • 동물의 움직임을 나타내는 낱말을 따라 쓴다.

(가) 교수 · 학습 활동	(나) 관찰 내용
• 동물원에서 찍은 동영상 함께 보기 • 학생들이 동물원에서 경험한 것을 이야기하도록 동기 부여하기 – 동물의 움직임을 나타내는 낱말을 말하도록 격려한다. – 동물의 움직임을 나타내는 낱말을 동작으로 표현하도록 한다. • 학생들이 이야기한 내용을 받아 적기 – 교사는 움직임을 나타내는 낱말을 추가한다. • 받아 적은 글로 읽기 활동하기 – 받아 적은 글에서 움직임을 나타내는 낱말을 따라 읽도록 한다. • 받아 적은 글로 쓰기 활동하기 – 받아 적은 글에서 움직임을 나타내는 낱말을 따라 쓰도록 한다.	• ㉠모음은 정확하게 발음하는 편이나, 자음은 발음오류를 자주 보임 (㉡ 예 '호랑이'를 /호앙이/, '원숭이'를 /원충이/, '꼬리'를 /꼬디/, '동물원'을 /동물런/으로 발음) • 움직임을 나타내는 낱말의 의미는 이해하지만 자발적 표현은 어려움 • ㉢'표범', '치타', '호랑이'를 모두 '호랑이'라고 함 • 소리와 표기가 다른 낱말을 읽는 데 어려움이 있음 (예 같이, 걸어가) • 낱말을 따라 쓸 수 있으나 낱말의 획순대로 쓰지 못함 • 평소 국어 시간에 비해 흥미를 보이고 주의집중을 잘함

4) 일반적인 어휘 발달 과정에서 흔히 나타나는 (나)의 ㉢과 같은 현상이 무엇인지 쓰시오. [1점]

- '어휘' 발달과정에서의 오류 → 과잉확대 · 과잉축소
- '문법' 발달과정에서의 오류 → 과잉일반화

참고자료 기본이론 178–179p

키워드 두 단어 시기(이어문 시기)의 언어발달 특징

구조화틀 **두 단어 시기의 언어발달 특징**
- 과잉확대
- 과잉축소
- 과잉일반화
- 주축문법
- 수평적 · 수직적 어휘확장
- 전보식 문장

핵심개념 **어휘 발달과정에서의 오류 – 과잉축소, 과잉확대**
- **과잉확대 현상**: 유아가 알고 있는 어휘의 양이 아직 부족하고 정확한 지식이 형성되지 않아서 생기는 현상
- **과잉축소 현상**: 단어를 그 본래의 뜻보다도 좁은 의미로 사용하는 현상으로, 단어의 의미를 자신의 경험에만 제한하는 것

모범답안 과잉축소

2022학년도 초등 A3

12 **다음은 은지와 상우를 위한 언어지도 계획안의 일부이다. 물음에 답하시오. [5점]**

(가) 은지의 언어적 특성과 지원 내용

학생	언어적 특성	지원 내용
은지	구어 산출은 하지만 주로 몸짓 언어로 의사소통함	언어습득 발달 단계에 따라 일어문, 이어문 순으로 지도

확장하기 참고

(나) 은지를 위한 언어지도

단계	목표	유의점
일어문	친숙한 사물이나 대상의 이름을 이용하여 한 단어 산출	㉢ 자기 집 강아지만 '강아지'라고 하고, 다른 강아지는 '강아지'라고 하지 않음

학생이 사용하는 한 단어는 많은 의미를 가지고 있기 때문에 상황적 맥락 속에서만 이해될 수 있음

2) (나)의 ㉢과 같이 탈문맥 과정에서 나타나는 정상적인 어휘 발달과정에서의 오류 형태를 쓰시오. [1점]

※ '어휘' 발달과정에서의 오류

확장하기

과대일반화와 과소일반화(김영태, 2014.)

- 초기 낱말은 흔히 특정 상황이나 문맥에 의존하는 경우가 많다. 예를 들어, 손을 흔들며 "빠이빠이"라고 한다든지, 업히면서 "어부바"라고 하는 등이다. 즉, 아동의 첫 낱말은 그 아동이 자주 접하는 경험적 상황과 연계되어 습득된다. 이러한 낱말들은 너무 한정된 문맥 속에서만 사용되기 때문에 엄밀한 의미에서 상징적이거나 참조적(referential)이라고 볼 수 없다. 진정한 어휘의 습득은 특정한 문맥이 아니더라도 일반화해서 사용할 수 있는 탈문맥적 사용이 가능할 때 이루어지는데, 초기 낱말들은 상황 전체를 나타내거나 상황이 바뀌면 그 낱말을 사용하지 못하는 경우가 많기 때문이다. 탈문맥적 어휘의 사용은 약 13~16개월 정도에 나타난다.
- 일부 낱말은 처음부터 융통성 있게 사용되기도 하지만, 대부분의 낱말은 문맥 의존적인 특징을 보이다가 탈문맥적으로 발전한다. 탈문맥 과정에서 아동은 과대일반화나 과소일반화 현상을 보이는데, 이는 언어습득 과정에서 나타나는 정상적인 오류형태이다. '과대일반화'는 자신이 배운 낱말을 너무 넓은 범위까지 적용해 사용하는 것이고, '과소일반화'는 자신이 경험한 제한된 상황에서만 그 낱말을 사용하는 것이다.

과잉축소(고은, 2021.)

단어를 그 본래의 뜻보다도 좁은 의미로 사용하는 현상으로, 단어의 의미를 자신의 경험에만 제한하는 것이다. 예를 들면, 유아는 '의자'가 앉는 데 사용되는 개념이라는 것을 아직 알지 못하기 때문에, 자기가 아는 특정한 대상만을 '의자'라고 생각한다. 이 현상은 어휘력과 지식이 증가하면서 곧 사라진다.

기본이론 176p

몸짓 언어

몸짓 언어의 단계
- 정의
- 한계
- 유형
- 기능

몸짓 언어
몸짓이나 제스처를 통한 비구어적 의사소통 능력, 즉 표현적 몸짓은 모든 아이들에게 선천적으로 내재된 범언어적 능력임

모범답안
1) 몸짓 언어
2) ㉠ 요구하기
㉡ 거절하기

2022학년도 유아 A8

13 **(가)는 발달지체 유아 동호의 통합학급 놀이 상황이고, (나)는 유아특수교사 최 교사의 반성적 저널의 일부이다. 물음에 답하시오. [5점]**

신혜 : (옆에 지나가는 민수를 바라보며)
민수야, 같이 모래놀이 하자.
민수 : 그래, 같이 하자.
동호 : (신혜와 민수를 바라본다.)
신혜 : 동호야, 너도 같이 할래?
동호 : (고개를 끄덕인다.)
민수 : 그래. 동호야, 우리 같이 모래 구덩이 만들자.
신혜 : (동호에게 모래를 파는 행동을 보이며)
이렇게. 이렇게 파면 구덩이가 생겨.
민수 : 우리처럼 이렇게 모래를 파는 거야.
동호 : ㉠ (신혜가 가진 꽃삽을 향해 손을 내민다.) [A]
민수 : 응? 뭐가 필요해?
신혜 : (옆의 나뭇가지를 동호에게 주며) 자, 이거!
동호 : (㉡ 나뭇가지를 밀어내며, 다시 한 번 꽃삽을 향해 손을 내민다.)
민수 : (신혜를 바라보며) 동호가 꽃삽이 필요한가봐.
신혜 : 아, 꽃삽! 자. 동호야, 너도 해봐.
동호 : (꽃삽을 받아들고 모래를 파기 시작한다.)

…(하략)…

1) **언어 발달 과정에 근거하여, (가)의 [A]에 공통적으로 나타난 동호의 의사소통 수단은 무엇인지 쓰시오. [1점]**

2) **(가)의 ㉠과 ㉡에서 동호의 행동에 나타난 의사소통 기능을 각각 쓰시오. [2점]**

기본이론 178–179p

두 단어 시기(이어문 시기)의 어휘발달 특징

두 단어 시기의 언어발달 특징
- 과잉확대
- 과잉축소
- 과잉일반화
- 주축문법
- 수평적 · 수직적 어휘확장
- 전보식 문장

초기 문법발달 과정에서의 오류 – 과잉일반화
언어를 배우는 과정에서 사용규칙을 일반화하는 것. 가장 대표적인 것은 주격조사의 과잉일반화로, 아이들은 초기 단계에서 모든 단어에 '–가'를 붙이는 경향이 나타남
예 '삼춘이가', '선생님이가'

모범답안
과잉일반화

2025학년도 초등 A3

14 **(가)는 일반 학교에서 통합교육을 받고 있는 자폐성장애 학생들의 특성이고, (나)는 예비 교사와 특수교사가 나눈 대화의 일부이다. 물음에 답하시오. [6점]**

(가)

학생	특성
정우	• 2어문 수준에서 말할 수 있음 • 문장으로 말을 할 때, "선생님이 와요."를 "선생님이가 와요.", "밥이 맛있어요."를 "밥이가 맛있어요." 라고 말함 [B]

과잉일반화는 문법 습득과정에서 나타나는 시스템적인 오류를 말한다.

2) (가)의 [B]와 같은 언어적 특징을 쓰시오. [1점]

기본이론 178-179p

두 단어 시기(이어문 시기)의 어휘발달 특징

두 단어 시기의 언어발달 특징
- 과잉확대
- 과잉축소
- 과잉일반화
- 주축문법
- 수평적 · 수직적 어휘확장
- 전보식 문장

초기 문법발달 과정에서의 오류 – 과잉일반화

언어를 배우는 과정에서 사용규칙을 일반화하는 것. 가장 대표적인 것은 주격조사의 과잉일반화로, 아이들은 초기 단계에서 모든 단어에 '-가'를 붙이는 경향이 나타남

예 '삼춘이가', '선생님이가'

모범답안

㉠ 과잉일반화

2014학년도 유아 B7

15 **(가)는 3~5세 혼합연령반에서 산책 활동 후 실시한 언어교육 활동의 한 장면이고, (나)는 교사저널의 일부이다. 물음에 답하시오. [5점]**

(가)

교　　사 :	오늘 산책 가서 본 꽃에 대해 이야기해 보자. 자, 누가 말해볼까?
미연(5세) :	개나리꽃 봤어요. 엄청 많았어요.
윤정(4세) :	진달래가 많았어요. 근데, 예뻤어요.
교　　사 :	그렇구나. 또 무슨 꽃을 보았니?
호연(3세) :	민들레가 있어요. ㉠ 벚꽃이가 있어요.
교　　사 :	아, 민들레와 벚꽃이 있었구나. 그래, 너희들 정말 아름다운 꽃을 많이도 보았구나. 그럼, 이제 너희들이 이야기했던 것을 가지고 동시를 지어볼까? 선생님이 칠판에 적을게. 처음에 무슨 말을 적을까?

…(중략)…

1) **㉠은 유아기에 자주 보이는 초기 문법발달의 특징을 보여준다. 이를 설명하는 용어 1가지를 쓰시오. [1점]**

어휘(언어)발달 과정 오류 vs 문법발달 특징

기본이론 178–179p

두 단어 시기(이어문 시기)의 어휘발달 특징

두 단어 시기의 언어발달 특징
- 과잉확대
- 과잉축소
- 과잉일반화
- 주축문법
- 수평적 · 수직적 어휘확장
- 전보식 문장

언어발달 과정에서의 오류 – 전보식 문장
조사 또는 문법적 의미를 가진 단어를 모두 생략하고 대부분 핵심단어로만 이루어진 문장
예 "나는 바나나가 좋아요."라고 말하기보다는 "나 바나나 좋아."라고 줄여서 말함

㉠ 과잉확대
㉡ 전보식 문장

2019학년도 유아 A7

16 **다음은 4세 반 통합학급 김 교사가 작성한 반성적 저널의 일부이다. 물음에 답하시오. [5점]**

> 일자: 2018년 ○○월 ○○일
>
> 우리 반에는 발달지체 유아 영희와 인규가 있다. 영희는 인규보다 언어발달이 더 지연되어 있다.
> 오늘 자유선택활동 시간에 영희가 ㉠ <u>교실 어항의 공기 펌프에서 나오는 공기 방울을 가리키며 "콜라"라고 말했다. 영희 어머니와 통화를 하다가 그 이유를 알게 되었다. 며칠 전 집에서 컵에 따라놓은 콜라의 기포를 본 후로 공기 방울만 보면 "콜라"라고 한다는 것이었다.</u>
> 인규는 말이 많이 늘었다. 요즘은 좋아하는 것, 싫어하는 것도 표현한다. 완벽한 문장은 아니지만 필요한 건 요구도 한다. ㉡ <u>놀이터에 가고 싶을 때는 "선생님 놀이터 가.", 과자를 좋아한다는 표현에 대해 "나 과자 좋아."라고 말한다.</u>
>
> …(중략)…

1) **㉠과 ㉡은 언어발달 과정에서 나타나는 특징 중 무엇에 해당하는지 각각 쓰시오. [2점]**

기본이론 178–179p

두 단어 시기(이어문 시기)의 어휘발달 특징

두 단어 시기의 언어발달 특징

- 과잉확대
- 과잉축소
- 과잉일반화
- 주축문법
- 수평적 · 수직적 어휘확장
- 전보식 문장

언어발달 과정에서의 오류 – 전보식 문장

조사 또는 문법적 의미를 가진 단어를 모두 생략하고 대부분 핵심단어로만 이루어진 문장

예 "나는 바나나가 좋아요."라고 말하기보다는 "나 바나나 좋아."라고 줄여서 말함

모범답안

㉠ 전보식 문장

2022학년도 중등 B10

17 **(가)는 의사소통장애 학생 I의 기본 정보 및 현행 언어 수준의 일부이고, (나)는 우리말 조음 · 음운평가(U-TAP)의 실시 방법이다. 〈작성 방법〉에 따라 서술하시오. [4점]**

(가) 기본 정보 및 현행 언어 수준

> 1. 기본 정보
> - 현재 13세 여학생으로 통합교육을 받고 있음
> - 주 양육자인 어머니의 보고에 의하면 첫 돌 무렵에 첫 낱말을 산출하였으나, 두 낱말 표현은 36개월경에 나타났음
> - 오랫동안 조사나 연결어 등을 생략하고 명사와 동사 중심으로 짧게 말하는 (㉠)(으)로 말을 하는 경향이 있었음
>
> …(중략)…

작성방법

> (가)의 괄호 안의 ㉠에 해당하는 용어를 기호와 함께 각각 쓸 것.

김은진
스페듀 기출분석집

Vol. 1

PART

02

정서·행동장애

Special Education

정서 및 행동장애의 이해

01 정서 및 행동장애의 정의
- 「장애인 등에 대한 특수교육법」의 정의
- 정서 및 행동장애의 정의를 어렵게 하는 요인
- 학자 및 법적 정의의 공통성

02 정서 및 행동장애의 선별 및 진단
- 행동장애의 체계적 선별(다관문 절차; SSBD)
- 유아 · 아동 · 청소년 행동평가척도(ASEBA)

03 정서 및 행동장애의 분류
- 의학적 분류(임상적 · 범주적 분류)
- 교육적 분류(행동적 · 차원적 · 경험적 분류)
- 장애의 공존

참고자료 기본이론 182p

키워드 「장애인 등에 대한 특수교육법」에서의 정서 및 행동장애 정의

구조화 틀 **정서 및 행동장애의 정의**
- 특수교육법의 정의
- 정의를 어렵게 하는 요인
- 학자 및 법적 정의의 공통성

핵심개념 **「장애인 등에 대한 특수교육법」에 제시된 정서 및 행동장애 정의**
- 장기간(지속성)
- 5가지 항목 중 1가지 이상에 해당
  - 가. 지적·감각적·건강상의 이유로 설명할 수 없는 학습상의 어려움을 지닌 사람
  - 나. 또래나 교사와의 대인관계에 어려움이 있어 학습에 어려움을 겪는 사람
  - 다. 일반적인 상황에서 부적절한 행동이나 감정을 나타내어 학습에 어려움이 있는 사람
  - 라. 전반적인 불행감이나 우울증을 나타내어 학습에 어려움이 있는 사람
  - 마. 학교나 개인 문제에 관련된 신체적인 통증이나 공포를 나타내어 학습에 어려움이 있는 사람
- 교육적 성취에 어려움

모범답안 ①

2009학년도 중등 6

01 **「장애인 등에 대한 특수교육법 시행령」에 명시된 정서·행동장애를 지닌 특수교육대상자 선정기준에 해당하는 것을 〈보기〉에서 고른 것은?**

보기

장기간에 걸쳐 다음 각 목의 어느 하나에 해당하여, 특별한 교육적 조치가 필요한 사람

ㄱ. 또래나 교사와의 대인관계에 어려움이 있어 학습에 어려움을 겪는 사람
ㄴ. 지적·감각적·건강상의 이유로 설명할 수 없는 학습상의 어려움을 지닌 사람
ㄷ. 인지능력에 비하여 언어 수용 및 표현능력이 낮아 학습에 어려움이 있는 사람 — ㄷ. 의사소통장애 정의
ㄹ. 사회적 상호작용과 의사소통에 결함이 있어 학교생활 적응에 어려움이 있는 사람 — ㄹ. 자폐성장애 정의
ㅁ. 일반적인 상황에서 부적절한 행동이나 감정을 나타내어 학습에 어려움이 있는 사람
ㅂ. 학교나 개인 문제에 관련된 신체적인 통증이나 공포를 나타내어 학습에 어려움이 있는 사람

① ㄱ, ㄴ, ㅁ, ㅂ　② ㄱ, ㄷ, ㄹ, ㅂ
③ ㄱ, ㄹ, ㅁ, ㅂ　④ ㄴ, ㄷ, ㄹ, ㅁ
⑤ ㄷ, ㄹ, ㅁ, ㅂ

기본이론 183p

정서 및 행동장애의 정의

정서 및 행동장애의 정의
- 특수교육법의 정의
- 정의를 어렵게 하는 요인
- 학자 및 법적 정의의 공통성

정의의 공통성
- 일반적으로 정서 및 행동장애란 정서·행동의 표현방법이 또래집단의 규준에 비해 강도나 빈도, 지속성, 상황적합성 등의 측면에서 편향된 특성을 보이는 것을 말함
- 정서 및 행동장애 아동은 부적절한 행동이 보다 심각하고 장기간 지속되며, 발생 빈도가 높고 복합적임

모범답안
지속성(만성성)

2017학년도 초등 B1

02 **(가)는 특수교사가 일반교사에게 정서·행동 문제를 가진 학생에 대해 자문한 내용이고, (나)는 특수교사가 정서·행동장애 학생 현수를 위해 실시한 행동중재 내용의 일부이다. 물음에 답하시오. [6점]**

(가)

일반교사 :	우리 반에 또래와 다르게 문제행동을 자주 보이는 학생이 있어요. 이 학생이 혹시 정서·행동장애가 있는 것은 아닌지 궁금합니다.
특수교사 :	정서·행동장애 학생으로 진단하기 위해서는 문제행동의 발생 빈도나 강도가 높은 심각성, (㉠), 교육적 성취의 어려움을 종합적으로 고려해요.

정서·행동장애의 정의
- '정서·행동장애 학생 vs 일탈적인 정서 및 행동문제'의 구분 기준
- 우리나라 「장애인 등에 대한 특수교육법」에는 '지속성'은 언급되어 있으나('장기간') 심각성에 대한 언급은 없음

1) (가)의 ㉠에 들어갈 말을 문제행동 양상(차원) 측면에서 쓰시오. [1점]

문제행동의 조작적 정의를 위한 6가지 차원
빈도, 지속시간, 지연시간, 위치, 강도, 형태
※ '지속성'이라는 답안을 좁혀주는 단서에 근거하여 작성해야 함. 상황 적합성은 제외됨

기본이론 185-187p

정서 및 행동장애의 분류

정서 및 행동장애의 분류
- 의학적 분류
- 교육적 분류
  - 내재화 요인
  - 외현화 요인
- 장애의 공존

의학적 분류

- 의사들 간의 의사소통을 용이하게 하기 위해 만들어진 것으로, 대표적으로 미국의 정신장애진단통계편람(DSM), 국제질병분류(ICD)가 있음
- 장애의 유형을 식별하는 데 초점을 두기 때문에 장애학생에 대한 표찰과 낙인의 우려가 있음

교육적 분류

- 하나의 행동 유형을 나타내는 정도가 서로 얼마나 다른지 설명해줌
- 장점
  - 낙인 효과를 줄임
  - 구체적이고 세분화된 중재 제공 가능
  - 특수교육에서 상대적으로 관심을 덜 받아온 내재화 문제에 대한 관심을 높일 수 있음

장애의 공존(동시발생)

개인에게 두 가지 이상의 장애 상태가 동시에 나타나는 것

②

2013학년도 중등 33

03 정서 · 행동장애의 진단 · 분류체계와 관련된 설명 중 옳은 것만을 〈보기〉에서 있는 대로 고른 것은?

보기

ㄱ. 행동적 · 차원적 분류체계는 문제행동의 유형을 두 가지 차원에서 범주화하는데, 그중 하나는 외현화 문제행동의 범주로 과잉통제행동이라고도 하며, 반항, 불복종, 불안 등이 포함된다.
ㄴ. 행동적 · 차원적 분류체계의 내재화 문제행동 범주에는 사회적 위축, 우울 등과 같이 개인의 정서 및 행동적 어려움을 야기하는 문제가 포함된다.
ㄷ. 정서 · 행동장애가 학습장애 등과 같이 다른 장애와 함께 나타나거나, 정서 · 행동장애의 하위 유형인 품행장애와 우울장애 등이 함께 나타나는 경우, 이를 장애의 공존(comorbidity) 또는 동시발생이라고 한다.
ㄹ. 정신장애진단통계편람(DSM-Ⅳ-TR)과 같은 의학적 분류체계는 정서 · 행동장애의 각 하위 유형을 식별하는 데 초점을 두는 분류체계로 특수교육대상학생들에 대한 표찰(labeling) 문제를 줄일 수 있다.

> ㄱ. 외현화 문제행동은 '통제결여'라고도 함

> ㄹ. 의학적 분류체계는 표찰과 낙인의 우려가 있음

① ㄱ, ㄴ　　② ㄴ, ㄷ
③ ㄱ, ㄴ, ㄷ　　④ ㄱ, ㄷ, ㄹ
⑤ ㄴ, ㄷ, ㄹ

확장하기

정서 · 행동장애의 분류

1. 의학적 분류(임상적 · 범주적 분류)
   ① 의학적 분류는 정신의학 분야에서 다양한 정신장애를 체계화하고 의사들 간의 의사소통을 용이하게 하기 위해 만들어졌다.
   ② 의사들이 사용하는 분류체계에는 정신장애진단통계편람(DSM)과 국제질병분류(ICD) 두 가지가 있다.
   ③ DSM은 범주적(categorical)으로 정신장애를 분류하기 때문에 아동이 진단에 의뢰될 경우 진단준거를 충족시키거나 충족시키지 않는 것으로 판단한다. 즉, 정상과 이상의 차이를 양적 차이가 아닌 질적 차이로 본다.

예 DSM-5의 품행장애의 진단기준

A. 연령에 적합한 주된 사회적 규범 및 규칙 또한 다른 사람의 권리를 위반하는 행동을 반복적이고 지속적으로 보이며, 아래의 항목 중에서 세 가지 이상을 12개월 동안 보이고 그중에서 적어도 한 항목을 6개월 동안 지속적으로 보인다.

I 사람과 동물에 대한 공격성
1. 다른 사람을 괴롭히거나 위협하거나 협박한다.
2. 신체적 싸움을 먼저 시도한다.
3. 다른 사람에게 심각한 신체적 손상을 입힐 수 있는 무기(예 방망이, 벽돌, 깨진 병, 칼, 총 등)를 사용한다.
4. 사람에 대해 신체적으로 잔인한 행동을 한다.
5. 동물에 대해 신체적으로 잔인한 행동을 한다.
6. 강도, 약탈 등과 같이 피해자가 있는 상황에서 강탈을 한다.
7. 성적인 행동을 강요한다.

…(하략)…

   ④ 의학적 분류는 정서 및 행동장애의 각 하위 유형을 식별하는 데 초점을 두는 분류체계로, 특수교육대상자에 대한 표찰의 문제가 발생할 수 있다.

2. 교육적 분류(행동적 · 차원적 · 경험적 분류)
   ① 교육적 분류에는 내재화 요인과 외현화 요인이 있다. 두 범주는 상호배타적인 것은 아니며, 한 아동이 각 범주의 특성을 동시에 혹은 번갈아가면서 보일 수도 있다.
   ② 이 분류에 의한 대표적인 분류체계는 ASEBA다.
   - ASEBA는 각 차원에서 특정 수준을 초과하는 경우 그 행동차원에서 문제가 있는 것으로 판단한다. 즉, 표본으로부터 수집된 자료로 작성된 각 차원별 규준을 통해 점수를 산출하고, 그 점수가 기준으로 제시된 분할점수를 초과하는지를 살펴봄으로써 각 차원에서의 문제 여부를 판단한다.
   - ASEBA는 문제행동을 차원적으로 분류하기 때문에 아동들은 모든 차원에서 높은 수준, 중간 수준, 낮은 수준을 보일 수 있다. 즉, 모든 아동과 청소년들은 정도만 다를 뿐 모든 차원에서 특성을 나타낸다. 즉, 정상과 이상의 차이를 질적 차이가 아닌 양적 차이로 본다.

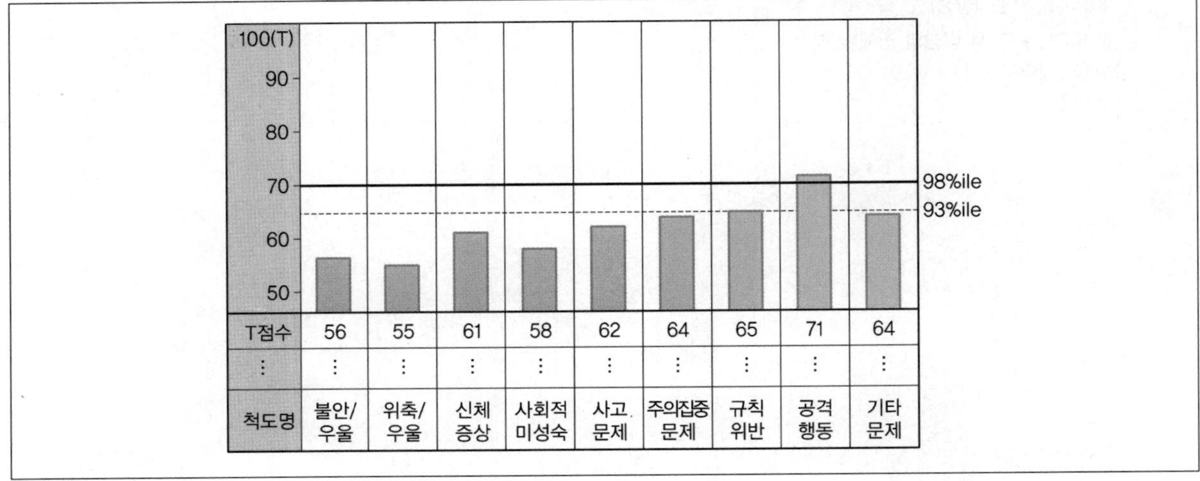

③ 교육적 분류의 장단점은 다음과 같다.
- 교육적 분류는 낙인의 효과를 줄이고, 좀 더 구체적이고 세분화된 중재를 제공할 수 있으며, 특수교육에서 상대적으로 관심을 덜 받아온 내재화 문제에 대한 관심을 높일 수 있다는 점에서 중요하다.
- 그러나 두 가지 문제를 모두 보이는 상당수의 학생들을 어떻게 분류할 것인지에 대한 문제가 있고, 정신의학적 분류체계와 마찬가지로 단독 분류만으로 특수교육 서비스의 적합성을 결정하는 것은 충분한 조건이 되지 못한다는 단점이 있다.

임상적 분류와 교육적 분류의 비교

임상적 분류	교육적 분류
임상적 합의에 의한 정신의학적 분류	통계적 기법에 의한 경험적 분류
정서행동장애를 범주(category)로 분류	정서행동장애를 차원(dimension)으로 분류
어떤 범주에서의 진단준거 충족 여부에 의해 정서행동장애가 판별됨	어떤 차원에서의 특정 수준 초과 여부에 의해 정서행동장애가 판별됨
정상과 이상의 차이를 종류(kind)의 차이로 간주하여 질적으로 구분함	정상과 이상의 차이를 정도(degree)의 차이로 간주하여 양적으로 구분함
정서행동장애를 진단하는 정신건강전문가에게 유용함	정서행동장애를 예방하고 중재하는 교육전문가에게 유용함

기본이론 186–187p

정서 및 행동장애의 분류

정서 및 행동장애의 분류
- 의학적 분류
- 교육적 분류
  - 내재화 요인
  - 외현화 요인
- 장애의 공존

핵심 개념

교육적 분류의 유형

• **내재화 요인**
- '과잉통제(over-controlled)'라고도 하며 우울, 불안, 위축 등과 같이 개인의 정서 및 행동상의 어려움이 외적으로 표출되기보다는 내면적인 어려움을 야기하는 상태를 포함
- 내재화 문제를 가진 학생들은 가시적인 문제행동을 일으키지 않는 경우가 많아 교사의 주목을 받지 못할 가능성이 크고, 이로 인해 적절한 중재와 지원을 받지 못하는 가운데 내재화 문제가 더욱 심각해질 수 있음
- 내재화 문제가 심해지면 어느 시점에 이르러 자살 또는 폭력성의 형태로 나타나기도 함

→ 우울, 불안, 위축 등의 내면적인 어려움

• **외현화 요인**

'통제결여(under-controlled)'라고도 하며, 공격성이나 반항행동 등과 같이 개인의 정서 및 행동상의 어려움이 타인이나 환경을 향해 표출되는 상태

→ 공격성, 반항행동 등의 외현적인 어려움

외현화 요인

2018학년도 초등 A2

04 (가)는 정서 · 행동장애 학생 정우의 행동 특성이다. 물음에 답하시오. [5점]

(가)

• 친구들을 자주 때리고 친구들에게 물건을 집어던짐 • 교사의 지시에 대해 소리 지르고 거친 말을 하며 저항함 • 수업 시작종이 울려도 제자리에 앉지 않고 교실을 돌아다님

1) (가)는 정서 · 행동장애를 이분하는 교육적 분류 중 어느 유형에 해당하는지 쓰시오. [1점]

CHAPTER 02

정서 및 행동장애의 원인

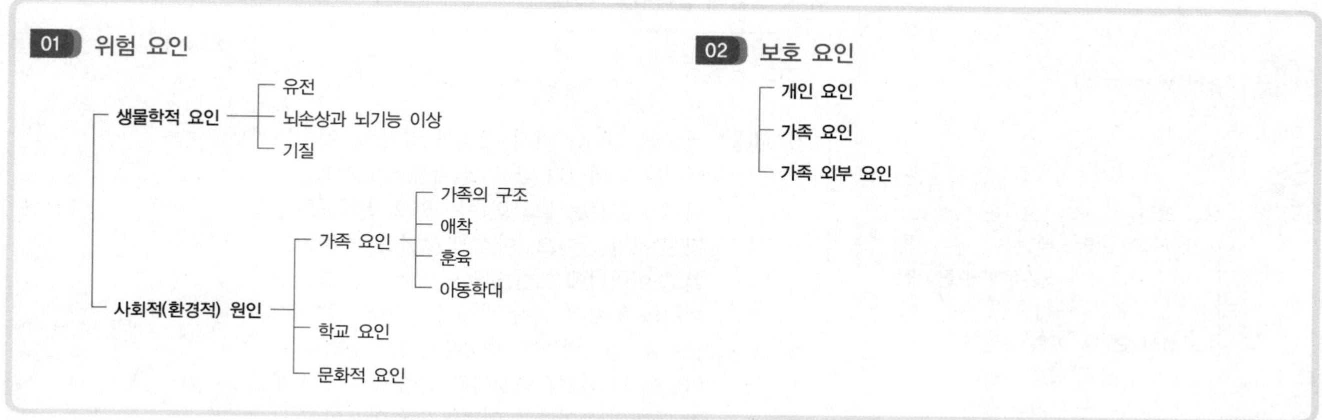

기본이론 190p

기질

위험 요인
- 생물학적 요인
  - 유전
  - 뇌손상과 뇌기능 이상
  - 기질
- 사회적 요인
  - 가족 요인
  - 학교 요인
  - 문화적 요인

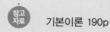

기질

- 선천적으로 타고나는 생물학적 특성으로, 개인의 생득적인 행동양식과 정서적인 반응 유형
- 특정 기질 자체가 장애를 유발하는 것이 아니라, 기질과 부모의 양육방식 간 상호작용에 의해 장애가 발생함
- **조화의 부적합성**: 영아의 기질과 양육방식이 적절한 균형을 이루지 못하는 상태
- **토마스와 체스**: 기질을 구성하는 9가지 특성(규칙성, 활동 수준, 접근/회피, 적응성, 기분의 질, 반응 역치, 반응 강도, 주의산만, 지속성)에 따라 까다로운 기질/느린 기질/순한 기질로 구분함

까다로운 기질, 순한 기질, 느린 기질

2013학년도 추가중등 A6 / 초등 3 / 유아 2

01 **다음은 정서 · 행동 문제가 있는 영수와 은지의 행동 특성을 기술한 것이다. 물음에 답하시오. [5점]**

영수의 행동 특성	영수는 잠시도 가만히 있지 못하며 발을 꼼지락거린다. 때로는 멍하니 딴 생각을 하다가 교사가 주의를 주면 바른 자세를 취한다. 그리고 친구를 때리고 괴롭히는 행동이 잦아 ㉠ 자기교수 훈련을 실시했더니, 때리는 행동이 조금 줄어들었다. 그러나 친구들의 놀이를 방해하는 행동은 여전히 심하다. 특히, 과제를 수행할 때 실수를 자주 범한다. 소아정신과 의사는 영수의 이런 특성이 ㉡ 기질과 관련이 있을 수 있다고 했다.

2) 토마스(A. Thomas)와 체스(S. Chess)가 분류한 ㉡의 3가지 유형을 쓰시오. [1점]

기본이론 191p

애착(Attachment)

위험 요인
- 생물학적 요인
  - 유전
  - 뇌손상과 뇌기능 이상
  - 기질
- 사회적 요인
  - 가족 요인
  - 학교 요인
  - 문화적 요인

애착
- 생애 초기 영아와 양육자 사이에 형성되는 친밀한 정서적 유대감
- 크게 안정애착과 불안정애착으로 구분. 불안정애착에는 회피애착, 저항애착, 혼란애착이 포함됨

모범답안
㉢ 회피애착
㉣ 안전기지

2015학년도 유아 A3

02 다음은 통합학급 김 교사와 특수학급 박 교사 간의 대화이다. 물음에 답하시오. [5점]

…(중략)…

김 교사: 선생님, 또 한 가지 걱정이 있어요. 진수는 어머니가 데리러 와도 별 반응이 없어요. 어머니가 부르는데도 진수는 별로 반가워하는 것 같지가 않아요. 아침에 헤어질 때 울지도 않고 어머니에 대한 반응이 별로 없어요. 어머니와 진수의 애착 관계가 괜찮은 걸까요?

박 교사: 글쎄요. 진수의 애착 행동은 (㉢) 유형의 유아들이 나타내는 특성이긴 한데……. 안정애착 유형의 유아들은 어머니가 돌아오면 반기며 좋아해요. 그리고 어머니를 (㉣)(으)로 생각하기 때문에 낯선 상황에서도 적극적으로 환경을 탐색하거든요. 앞으로 진수를 더 많이 관찰해야 할 것 같아요.

회피애착
- 진수의 불안정애착 유형은 회피애착에 해당함
- 어머니에게 반응을 별로 보이지 않고, 낯선 상황에서도 울지 않고, 어머니가 돌아와도 무시하거나 회피함

안정애착
- 부모가 민감하고 즉각적인 반응을 통해 신뢰를 형성함
- 아동은 어머니를 안전기지로 삼아 친숙하지 않은 상황에서도 주위를 탐색함

3) 에인스워드(M. Ainsworth)의 애착 이론에 근거하여 ㉢에 해당하는 애착 유형 1가지를 쓰고, ㉣에 알맞은 말을 쓰시오. [2점]

확장하기

애착 유형별 아동의 특성

안정애착	안정애착	• 낯선 사람보다 어머니에게 더 확실한 관심을 보임 • 어머니를 안전기지로 삼아 친숙하지 않은 상황에서도 주위를 탐색함 • 어머니와 분리된 상황에서는 불안해하지만 능동적으로 위안을 찾고, 어머니가 돌아오면 쉽게 안정됨
불안정애착	회피애착	• 어머니에게 별로 반응을 보이지 않음 • 낯선 사람과 있는 불안한 상황에서도 울지 않고, 어머니가 돌아와도 무시하거나 회피함
	저항애착	• 어머니와 함께 있는 중에도 불안해함 • 어머니 옆에 붙어서 주위를 별로 탐색하지 않음 • 어머니와 헤어질 때 강하게 저항하며, 어머니가 돌아와도 안정감을 느끼지 못하고 화를 내며 거부함
	혼란애착	어머니가 보이지 않으면 계속 울지만, 돌아왔을 때도 어머니에게 얼어붙은 표정으로 접근하거나 어머니가 안아줘도 먼 곳을 쳐다보는 등 혼란스러운 모습을 보임

참고자료 기본이론 191p

키워드 애착(Attachment)

구조화 틀

위험 요인
- 생물학적 요인
  - 유전
  - 뇌손상과 뇌기능 이상
  - 기질
- 사회적 요인
  - 가족 요인
  - 학교 요인
  - 문화적 요인

핵심개념

모범답안 ㉣ 저항애착

2020학년도 유아 B4

03 다음은 통합학급 김 교사와 유아특수교사 강 교사가 나눈 대화이다. 물음에 답하시오. [5점]

(가) 대화 내용

김 교사: 혹시 시우가 집에서는 어떤지 좀 아세요?
강 교사: 네. 시우 어머니와 면담 시간을 가졌어요. 시우 부모님은 시우가 갓난아기 때부터 맞벌이를 하였고 주양육자도 자주 바뀌었대요. 그래서 ㉣ 시우가 평소에 엄마랑 떨어지지 않고 꼭 붙어 있으려고 했대요. 엄마가 자리를 비우면 심하게 불안해하면서 울지만, 막상 엄마가 다시 돌아오면 반가워하기보다는 화를 냈대요. 그리고 엄마가 달래려 하면 엄마를 밀어내서 잘 달래지지 않았다고 해요.

…(하략)…

저항애착
- 시우의 불안정애착 유형은 저항애착에 해당함
- 어머니와 함께 있어도 불안해하고, 헤어질 때 강하게 저항하며, 어머니가 돌아와도 안정감을 느끼지 못함

3) 에인스워스 외(M. Ainsworth et al.)의 애착유형 중에서 ㉣에 해당하는 유형을 쓰시오. [1점]

기본이론 192p

훈육

위험 요인
- 생물학적 요인
  - 유전
  - 뇌손상과 뇌기능 이상
  - 기질
- 사회적 요인
  - 가족 요인
  - 학교 요인
  - 문화적 요인

ⓛ 권위주의적(독재적) 훈육

2025학년도 유아 B1

04 **(가)는 5세 발달지체 유아 정후의 어머니와 유아 특수교사 김 교사가 나눈 대화이고, (나)는 김 교사의 반성적 저널이다. 물음에 답하시오. [5점]**

(가)

어 머 니 : 선생님, 정후가 요즘 부쩍 산만해지고 집중을 잘 못해서 병원을 찾았더니 ㉠ 주의력결핍-과잉행동 장애라고 하네요. 믿을 수가 없어서 여러 병원을 돌아다녀 보았지만 동일한 진단을 받았어요. 내년이면 초등학교에 가야 하는데 정말 걱정이에요.

김 교사 : 어머님, 걱정이 많으시겠어요.

어 머 니 : ㉡ 정후 아빠가 이런 문제는 초등학교 가기 전에 해결해야 한다고 하면서 정후가 집에서 지켜야 할 규칙을 만들어서 무조건 지키게 해요. 그걸 지키지 못하면 심하게 야단을 쳐서 요즘 정후가 스트레스가 많아요.

김 교사 : 무조건 못하게 한다고 행동이 나아지는 건 아닌데, 염려가 되네요.

…(하략)…

권위주의적 훈육
부모가 자신의 요구만을 아동에게 가용하고 엄격한 통제를 하며 아동의 부적절한 행동에 대해 부정적인 후속결과를 제공

2) (가)의 밑줄 친 ㉡에 나타난 정후 아버지의 양육 태도 유형을 쓰시오. [1점]

확장하기

훈육의 유형

Steinberg, Lamborn, Darling, Mounts Dornbusch는 훈육을 통제와 수용의 정도에 따라 4가지 유형으로 분류하고, 정서 및 행동장애 예방을 위한 가장 적절한 훈육으로 권위적 훈육을 들고 있다.

유형	내용
권위적 또는 신뢰적 훈육	• 권위적 훈육의 부모는 아동의 행동에 대해 반응적이고 요구적이다. 이는 반응적이고 상호 호혜적이며 애착 형성이 이루어져 있어 가장 좋은 효과를 보이는 양육 형태이다. • 이러한 부모는 통제와 수용 간 적절한 균형을 유지한다.
권위주의적 또는 독재적 훈육	• 권위주의적 훈육의 부모는 아동의 요구에 반응은 하지 않으면서 자신의 요구만을 아동에게 강요하고 엄격한 통제를 하며 아동의 부적절한 행동에 부정적인 후속결과를 제공한다. • 권위주의적 훈육을 받은 아동은 공격적인 행동을 보이거나 매우 낮은 자존감을 가질 수 있다.
관대한/허용적 훈육	• 부모는 아동이 스스로 자신을 조절하도록 하여 아동의 충동성에 대해 매우 관대한 태도를 보인다. • 이러한 훈육을 받은 아동은 충동적이고 공격적이며 의존적인 행동을 보인다.
무관심한 훈육	• 부모는 아동의 어떠한 행동에도 관여하지 않으며 훈육에 시간을 쓰지 않고 관심을 보이지도 않는다. • 무관심한 훈육을 받은 아동은 또래 및 성인과의 부정적인 상호작용과 반사회적 행동을 보인다.

CHAPTER 03

정서 및 행동장애의 개념적 모델

01 신체생리학적(생물학적) 모델

- **기본적 견해**
- **원인과 발달**
  - 유전적 요인
  - 생화학적 · 신경학적 요인
  - 기질 요인
- **진단 및 평가**
  - 발달사
  - 신체기능평가
  - 행동의 기능적 분석
- **중재**
  - 약물치료
  - 영양치료

02 심리역동적(정신역동적) 모델

- **기본적 견해**
- **원인과 발달**
  - 정신분석학적 이론(Freud, Erikson)
  - 인간중심이론(Rogers, Maslow)
- **진단 및 평가**
  - 투사법
  - 자기보고식 검사
- **중재**
  - 심리치료
  - 현실치료
  - 집단중재
  - 생활공간 면접
  - 정서교육

03 행동주의적 모델

- **기본적 견해**
- **원인과 발달**
  - 수동적 · 고전적 조건화 이론
  - 조작적 조건화 이론
  - 사회적 학습/모델링 이론
- **진단 및 평가**
  - 체크리스트와 평정척도
  - 행동관찰
  - 기능적 행동평가(FBA)
- **중재**
  - 목표행동 증가시키기
  - 목표행동 감소시키기
  - 사회적 기술 훈련

04 인지주의적 모델

- **기본적 견해**
- **원인과 발달**
  - 모델링
    - 기본 개념
    - 교수방법
    - 효과
    - 기능
  - 사회정보처리
  - 인지결함과 인지왜곡
- **진단 및 평가**
  - 자기보고
  - 사고목록
  - 소리 내어 생각하기
- **중재**
  - 인지결함에 대한 중재
    - 인지 전략 및 초인지 전략
    - 문제해결 훈련
  - 인지왜곡에 대한 중재
    - 분노대처 프로그램
    - 합리적 정서행동치료(REBT)
    - 귀인 재훈련
    - 멈춰서 생각하고 행동하기
    - 거북이 기법
    - 분노조절 훈련

05 생태학적 모델

- **기본적 견해**
- **원인과 발달**
- **진단 및 평가**
- **중재**
  - 가족 관련 중재
  - 학교 중심 생태학적 프로그램

기본이론 198-205p

- 심리역동적 모델
- 행동주의적 모델

심리역동적(정신역동적) 모델
- 기본적 견해
- 원인과 발달
- 진단 및 평가
- 중재

행동주의적 모델
- 기본적 견해
- 원인과 발달
- 진단 및 평가
- 중재

심리역동적 모델

- 정서 및 행동 문제는 정신 내적 과정상의 기능장애에 기인한다는 가정하에, 건강한 정서 발달을 촉진하는 여러 방법으로 치료해야 한다고 봄
- 정서 및 행동 문제는 개인의 무의식적 욕구·충동·불안·죄의식·갈등 등으로 인해 발현된다고 보고, 아동의 내적 갈등을 해결해 건강한 심리적 기능을 촉진하고 발달을 돕는 데 중점을 둠

행동주의적 모델

- 정서 및 행동 문제는 잘못된 학습에 기인한 결과라고 봄
- 부적응 행동을 포함한 모든 행동은 학습된 것이므로, 잘못 학습된 행동을 제거하거나 새로운 학습을 통해 바람직한 다른 행동으로 대체할 수 있음

김 교사 – 심리역동적 모델
박 교사 – 행동주의적 모델

2017학년도 중등 B2

01 **다음은 정서·행동장애 학생 A에 대해 교사들 간에 나눈 대화 내용이다. 김 교사와 박 교사가 A의 행동을 바라보는 정서·행동장애의 이론적 관점을 순서대로 쓰시오. [4점]**

김 교사

A는 생후 13개월 즈음에 위탁 가정에 맡겨져, 4살 때 지금의 가정으로 입양되어 성장했다고 합니다. A는 영아기 때 정서적 박탈을 경험하면서 불안정한 심리와 정서를 갖게 되었고, 유아기 때 안정애착이 형성되지 않아서 수업시간에 이상한 소리를 내며 주변 사람들의 주의를 끌려고 한 것 같습니다.

김 교사는 학생 A의 부적응 행동의 원인을 유아기 때 안정애착이 형성되지 않았기 때문이라고 봄 → 내적 과정상의 기능장애에 해당함

B(행동) → C(후속결과)

A가 영유아기에 자신이 한 행동에 적절한 반응을 받지 못한 것 같아요. 잘 지내고 있을 때보다 부적절한 행동을 했을 때 선생님에게 관심을 더 받는다는 것을 알고, 지금의 부적절한 행동이 계속 유지되고 있는 것 같습니다.

박 교사

박 교사는 학생 A의 부적응 행동의 원인을 부적절한 행동이 강화받았기 때문이라고 봄 → 잘못된 학습에 기인함

…(하략)…

기본이론 198-201p

심리역동적 모델

심리역동적(정신역동적) 모델

- 기본적 견해
- 원인과 발달
- 진단 및 평가
- 중재

심리역동적 모델

- 정서 및 행동 문제는 정신 내적 과정상의 기능장애에 기인한다는 가정하에, 건강한 정서 발달을 촉진하는 여러 방법으로 치료해야 한다고 봄
- 정서 및 행동 문제는 개인의 무의식적 욕구·충동·불안·죄의식·갈등 등으로 인해 발현된다고 보고, 아동의 내적 갈등을 해결해 건강한 심리적 기능을 촉진하고 발달을 돕는 데 중점을 둠

모범답안 심리역동적(정신역동적) 모델

2013학년도 추가중등 A6 / 초등 3 / 유아 2

02 다음은 정서 · 행동 문제가 있는 영수와 은지의 행동 특성을 기술한 것이다. 물음에 답하시오. [5점]

은지의 행동 특성	은지는 2년 전 자신을 키워준 할머니가 돌아가신 후부터 수업시간마다 눈을 깜빡이거나 코를 찡그리고 쉬는 시간에는 코를 킁킁거려서 친구들로부터 "조용히 해."라는 소리를 많이 듣는다. 한동안 ㉢자신의 물건에 집착하는 행동을 보여서 심리극을 실시한 결과 집착 행동이 많이 줄어들었다. 그러나 학습에 대한 흥미는 점점 떨어지고 있다. 소아정신과 의사는 은지의 행동이 내과적 질환에 의한 것은 아니라고 했다.

㉢ 심리역동적 모델의 중재 방법으로는 심리극, 역할극, 집단중재 등의 상담을 주로 실시함

3) 정서 · 행동장애 학생에게 적용 가능한 개념적 지도 모델 중 ㉢에 해당하는 모델을 쓰시오. [1점]

기본이론 198-201p

심리역동적 모델

심리역동적(정신역동적) 모델
- 기본적 견해
- 원인과 발달
- 진단 및 평가
- 중재

핵심개념

Freud의 정신분석학적 이론
- 구강기, 항문기, 남근기, 잠복기, 성기기의 심리성적 발달과정을 거침
- 이들 각 단계의 주요 발달적 과제를 잘 이행하지 못하고 특정 단계에 고착될 경우 비정상적 성격발달이 나타남

Maslow의 욕구위계이론
- 인간은 결핍 욕구와 자아실현 욕구를 가짐
- 인간의 욕구는 이전 단계가 충족되어야 다음 단계를 추구하는 점증의 원리를 바탕으로 함

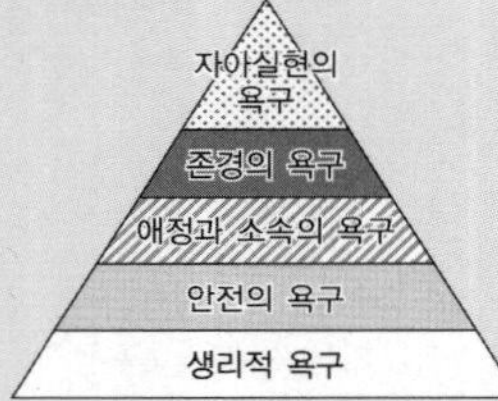

㉢ 인간의 욕구는 이전 단계가 충족되어야 다음 단계를 추구하는 점증의 원리를 바탕으로 하기 때문이다.

2023학년도 중등 B5

03 **(가)는 신규교사와 수석교사가 나눈 대화의 일부이고, (나)는 배변 훈련 계획의 일부이다. 〈작성 방법〉에 따라 서술하시오. [4점]**

(가) 신규교사와 수석교사의 대화

신규교사 : 중도중복장애 학생의 보호자가 교과교육을 강하게 요구하고 있어요. 하지만 우리 반 학생들의 장애 정도가 너무 심하다보니 교과지도보다는 식사지도와 배변지도에 치중하게 되는 것 같아요.

수석교사 : 물론 교과지도도 중요합니다. 그러나 상위 욕구와 하위 욕구로 욕구의 위계를 설명하였던 매슬로우(A. Maslow)에 따르면, (㉢)(이)라고 합니다. 중도중복장애 학생의 생리 및 안전의 욕구를 고려하여 이를 충족하기 위한 기능적 기술을 우선적으로 가르치는 것이 중요합니다. 기본적인 생리·안전이 제공되었을 때 비로소 학습이 이뤄진다고 생각합니다.

작성방법

(가)의 괄호 안의 ㉢에 해당하는 내용을 서술할 것.

기본이론 198-201p, 225-229p

- 심리역동적 모델
- 생태학적 모델

심리역동적 모델(정신역동적 모델)
- 기본적 견해
- 원인과 발달
- 진단 및 평가
- 중재

생태학적 모델
- 기본적 견해
- 원인과 발달
- 진단 및 평가
- 중재

생태학적 모델
- 학생의 개인적인 특성뿐만 아니라 학생의 행동에 대한 환경과의 상호작용 요소가 일탈의 발생과 지속에 영향을 미친다고 봄
- 학생이 문제행동을 보이면 문제행동만을 중재의 대상으로 삼는 것이 아닌, 행동이 일어난 상황, 즉 학생을 둘러싼 사회적·물리적 환경을 함께 고려할 것을 강조

㉠ 심리역동적 모델
㉡ 생태학적 모델

2016학년도 유아 A1

04 다음은 통합학급 유아교사인 김 교사와 유아특수교사인 박 교사의 대화이다. 물음에 답하시오. [5점]

> 김 교사: 선생님, 현수가 근래에 들어서 자꾸 친구를 때리는데, 걱정이 많아요. 장점이 참 많은 아이인데…. 그런 행동만 하지 않으면 좋을 텐데요. 게다가 곧 초등학교에 입학해야 하는 상황이라….
> 박 교사: 현수 부모님과 상담은 해보셨나요?
> 김 교사: 네. 어머니 말씀을 들어보니, 현수가 아기일 때 가족과 떨어져 친척 집에 머물면서 ㉠ <u>심리적으로 무척 위축되고 불안한 시기를 보낸 것 같아요. 그러한 부정적인 경험들이 내재되어 있다가 지금 친구를 때리는 공격 행동으로 나타나는 것</u>은 아닌가 생각되더군요.
> 박 교사: 그럴 수도 있지만, 현수의 행동을 어느 한 가지 이유가 아니라 ㉡ <u>가족 관계, 또래 관계, 유치원 생활, 지역사회 환경 등 현수와 직·간접적으로 연결되어 있는 다양한 환경 맥락과 상황 속에서 이해하는 것</u>이 필요할 수도 있어요.
>
> …(하략)…

㉠ 김 교사는 현수의 부적응 행동의 원인을 내재된 경험, 갈등 등에 의한 것으로 보고 있음 → 내적 과정상의 기능 장애에 해당함

㉡ 박 교사는 현수의 부적응 행동의 원인을 개인적 요인뿐 아니라 개인을 둘러싼 환경과의 상호작용으로 보고 있음 → 생태학적 모델에 해당함

1) ㉠과 ㉡에 반영된 이론적 관점이 무엇인지 각각 쓰시오. [2점]

참고자료 기본이론 225–226p

키워드 생태학적 모델

구조화틀 **생태학적 모델**
- 기본적 견해
- 원인과 발달
- 진단 및 평가
- 중재

핵심개념 **브론펜브레너의 생태체계 요소**
- **미시체계**: 물리적·사회적 환경 내에서 개인이 직접 경험하는 활동과 역할 및 관계. 미시체계 내의 환경은 사람들이 면대면으로 마주하여 상호작용하는 상황을 말함
- **중간체계**: 개인이 참여하는 환경들 간의 상호작용. 개인이 직접적으로 상호작용하는 미시체계 간의 상호작용으로, 학생의 부모와 교사 간의 상호작용, 가정과 또래 간의 상호작용 등을 포함함. 이들의 상호작용은 직접적인 영향을 미치지 않지만 간접적인 영향을 줌
- **외체계**: 개인이 직접적으로 참여하지 않지만 개인이 속한 환경에 영향을 주고받는 상황. 부모의 직장, 형제의 학교, 교회, 병원 등을 포함함
  - 예 부모의 일시적 부재 시 학생을 돌볼 수 있는 친척 또는 지역사회 기관의 활용 여부가 학생의 발달에 영향을 미칠 수 있음
- **거시체계**: 문화적 가치 및 태도, 정치적 환경, 대중매체, 법 등과 같이 하위체계(미시·중간·외)에서 일관되게 나타나는 것

※ 대중매체의 경우 미시체계와 중간체계에 영향을 줄 수 있는 외체계로 분류되기도 함

모범답안 ①

2009학년도 유아 14

05 다음은 건강장애 영아인 건우의 환경을 기술한 내용이다. 브론펜브레너(U. Bronfenbrenner)의 생태학적 모델에 근거하여 건우의 환경을 바르게 분류한 것은?

> 28개월 된 건우는 건강문제로 인하여 가정에서 보내는 시간보다 병원에 입원해 있는 시간이 훨씬 더 많으며, 병원에서 순회교육을 받고 있다. 순회교사는 동물에 관심을 보이는 건우를 데리고 동물원으로 현장학습을 가는 것에 대하여 어머니와 상의하였다. 순회교사는 어머니와의 대화를 통하여, 부모가 건우의 교육에 대해 높은 관심을 갖고 있으며, 장기입원으로 인한 여러 가지 어려움을 해결하기 위하여 종교단체의 도움을 받고 있다는 사실도 알게 되었다.

① 건우가 입원해 있는 병원은 미시체계(소구조)에 해당된다.

② 건우 부모와 순회교사의 관계는 미시체계(소구조)에 해당된다. — ② 중간체계

③ 건우 가족에게 도움을 주는 종교단체는 중간체계(중간구조)에 해당된다. — ③ 외체계

④ 건우가 현장학습을 갈 지역사회 동물원은 거시체계(대구조)에 해당된다. — ④ 미시체계
- 학생이 직접 참여하는 장소 → 미시체계
- 지역사회 존재 → 외체계

⑤ 건우가 받는 순회교육의 법적 근거인 현행 장애인 등에 대한 특수교육법은 외부체계(외부구조)에 해당된다. — ⑤ 거시체계

확장하기

브론펜브레너의 생태체계 요소

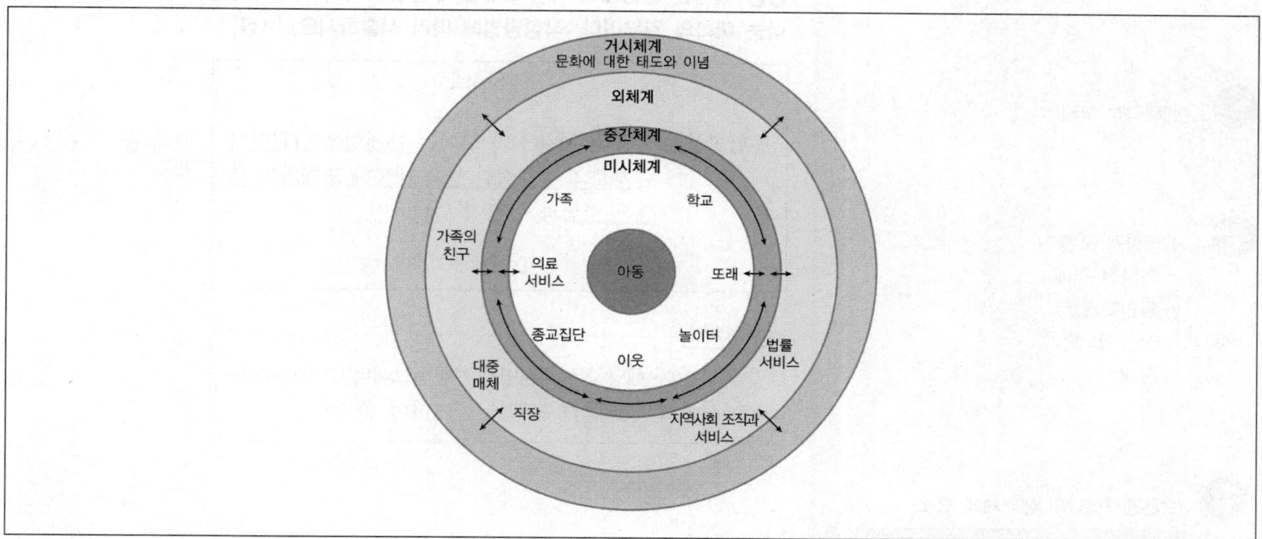

브론펜브레너에 따르면 환경은 하나의 고정된 방식으로 아동에게 영향을 주는 정적인 것이 아니라, 역동적이고 항상 변화하는 것임

1. 미시체계

- 개인에게 가장 인접한 수준의 환경으로, 친밀한 사회환경 내에서 매일매일 겪게 되는 상황과 직접 접촉하는 물리적 환경 내에서 경험하는 상황
- 미시체계 안에서 학생은 수동적 반응만 하는 것이 아닌 능동적으로 상호작용함

  예) 부모의 양육행동이 아동에게 영향을 주는 것과 마찬가지로 아동의 성격, 신체적 특성, 능력 등도 부모의 태도에 영향을 줌

2. 외체계

- 학생이 직접 참여하지 않지만 학생의 발달에 영향을 주는 환경체계
- 일방적이고 간접적인 방식으로 영향을 미침
- 유형: 부모의 직장과 사회적 관계망, 사회복지 서비스, 법 서비스, 대중매체 등

  예) 부모의 직장환경이 불만족스럽고 억압적이면 부모와 자녀의 상호작용 방식에 영향을 미칠 수 있고, 육아휴직 가능 여부도 아동의 발달에 영향을 미칠 수 있음

  예) 교육위원회에 아동이 직접 참여하지 않지만 교육위원회의 결정(도서관 폐관, 방과후활동 폐지 등)은 아동에게 영향을 미침

  예) 폭력을 조장하는 미디어(대중매체)는 가정의 안전을 위협할 수 있음

기본이론 225-226p

생태학적 모델

구조화 틀

생태학적 모델
- 기본적 견해
- 원인과 발달
- 진단 및 평가
- 중재

핵심 개념

브론펜브레너의 생태체계 요소

생태체계	예시
미시체계	가족, 친구, 학교, 이웃, 놀이터, 종교, SNS 등
중간체계	부모와 교사의 관계, 형제관계, 가족과의 관계, 가족과 또래와의 관계 등
외체계	부모의 직장, 대중매체, 이웃 환경, 학교 시스템, 정부기관, 사회복지기관, 교육위원회, 직업세계, 교육제도 등
거시체계	사회 관습, 유행, 미의 기준, 성별에 따른 적절한 행동 정의 등
시간체계	이혼, 가정폭력, 남녀평등, 전쟁, 친한 타인의 죽음, 형제의 출생 등

미시체계

2022학년도 중등 A9

06 다음은 품행장애 학생 D에 관해 통합교사와 특수교사가 나눈 대화의 일부이다. 작성방법에 따라 서술하시오. [4점]

> …(중략)…
>
> 통합교사 : 선생님, 학생 D가 보이는 문제행동의 원인이 ㉢ 부모의 부적절한 양육 태도나 또래와의 부정적 경험과 관련이 있나요?
>
> …(중략)…

학생-부모 / 학생-또래와의 관계

작성방법

밑줄 친 ㉢에 해당하는 체계명을 브론펜브레너(U. Bronfen-brenner)의 생태학적 모델에 근거하여 쓸 것.

기본이론 225-229p

생태학적 모델

생태학적 모델
- 기본적 견해
- 원인과 발달
- 진단 및 평가
- 중재

중간체계

미시체계 내에 있는 구성물 간 관계로 이루어지는 환경으로, 아동은 이러한 관계들로부터 영향을 받음

예 부모와 친구의 관계, 부모와 교사의 관계 등

모범답안

㉠ 중간체계

2021학년도 유아 A3

07 **(가)는 유아특수교사 박 교사와 최 교사, 통합학급 김 교사가 5세 발달지체 유아 지호에 대해 나눈 대화이고, (나)는 지호의 울음 행동 원인을 알기 위해 실시한 실험적 기능평가 결과이다. (다)는 박 교사가 계획한 놀이 지원의 일부이다. 물음에 답하시오. [5점]**

(가)

[9월 7일]

김 교사: 신입 원아 지호가 일과 중에 갑자기 울음을 터뜨리는 일이 많은데 기질상의 문제일까요? — 신체생리학적 모델

박 교사: 글쎄요. 지호가 울기 전과 후에 어떤 일이 있었는지 자세히 살펴봐야 할 것 같아요. — 행동주의적 모델

최 교사: 지호를 둘러싼 사회적 맥락과의 상호작용도 중요한 것 같아요. 지호가 다녔던 기관은 소규모이고, 굉장히 허용적인 곳이었다니, 지호에게 요구하는 것이 크게 달라진 것이죠. 지호뿐만 아니라 ㉠ 지호 어머니도 새 선생님들과 관계를 맺고 소통하는 것이 큰 부담이시래요. 이런 점도 영향이 있겠지요? [A]

"지호를 둘러싼 사회적 맥락과의 상호작용도 중요" → 생태학적 모델은 개인적 특성뿐만 아니라 환경과의 상호작용으로 인해 정서·행동장애가 발생한다고 봄

미시체계

…(하략)…

1) [A]와 같이 유아의 정서·행동문제를 바라보는 모델에 근거하여, ㉠에 해당하는 체계가 무엇인지 쓰시오. [1점]

기본이론 225-227p

생태학적 모델

생태학적 모델
- 기본적 견해
- 원인과 발달
- 진단 및 평가
- 중재

미시체계
- 학생과 직접 상호작용하거나 학생이 활동하는 직접적인 환경
- 양방향적 상호교류
- 시간이 경과하여도 지속되며 학생의 경험에 커다란 영향을 미침
  예 가족, 친구, 학교, 이웃, 부모의 사회경제적 수준, 또래 집단의 사회경제적 수준, 부모의 교육수준과 정치적 신념, 이웃과 학교 놀이터 등의 시설물 등

외체계
- 학생을 포함하지 않으나 학생의 경험에 영향을 미치는 사회적 상황
- 일방적이고 간접적인 영향력
  예 부모의 직장 같은 공식적인 조직, 부모의 사회적 관계망 같은 비공식적 조직 등

모범답안
외체계

2013학년도 추가유아 A5

08 **다음은 김 교사가 담당하고 있는 특수학급 유아들과 가족의 사례이다. 물음에 답하시오. [6점]**

…(상략)…

[영호네 가족]
영호는 생후 19개월에 사고로 중증의 장애를 갖게 되었다. 영호는 처음에 주위에서 일어나는 일에 전혀 반응이 없었다. 영호가 24개월이 되었을 때, 영호 어머니는 지역사회 초등학교의 사회봉사 프로그램과 연계하여 '영호에게 책 읽어 주기 자원봉사 프로그램'을 만들었다. 그 후 매주 3일간 초등학교에서 자원봉사 학생이 영호네 집에 와서 영호에게 책을 읽어주고 있다. 영호는 현재 4세 2개월이고 책 읽어 주기 자원봉사자인 민수가 영호의 손을 책 위에 올려주고 만지도록 하면 웃으며 좋아한다. 그 후에도 ㉠ 영호의 어머니는 영호의 발달을 촉진하기 위해 스스로 프로그램을 개발하고 지역사회 자원을 활용하고 있다.

미시체계

4) 다음 문장을 완성하시오. [1점]

영호의 사례를 접한 다른 가족들은 적극적인 교류를 통해 정보를 주고받으며 자녀의 성장과 발달을 위해 노력하게 되었다. 이러한 가족 간의 관계는 브론펜브레너(U. Bronfenbrenner)의 생태학적 모델의 (   )에 해당한다.

기본이론 226p

생태학적 모델

생태학적 모델
- 기본적 견해
- 원인과 발달
- 진단 및 평가
- 중재

외체계
- 학생을 포함하지 않으나 학생의 경험에 영향을 미치는 사회적 상황
- 일방적이고 간접적인 영향력
  - 예 부모의 직장 같은 공식적인 조직, 부모의 사회적 관계망 같은 비공식적 조직 등

모범답안

어머니의 직장

2023학년도 유아 A3

09 다음은 특수교육지원센터 유아특수교사와 서아 어머니의 면담 내용 중 일부이다. 물음에 답하시오. [6점]

어머니 : 서아는 지금 23개월인데, 임신 30주에 이른둥이로 태어났어요.
교　사 : 네. 이른둥이로 태어나 어려움이 있으셨나요?
어머니 : 자라면서 또래에 비해 발육이 늦었어요. 걷는 것도, 말도 늦게 시작해 걱정을 했어요.
교　사 : ㉠ 발달이 늦어 걱정이 많으셨겠네요. 그럼 양육은 주로 누가 하시나요?
어머니 : 제가 직장을 다녀서 낮에는 주로 서아 할머니께서 저희 집으로 오셔서 서아를 돌봐주시고 있어요. 제가 다니는 직장은 일이 너무 많아 외출이나 휴가를 신청하는 데 눈치가 보여요.
교　사 : 그렇군요. 현재 가장 큰 걱정거리가 무엇인가요?
어머니 : 할머니는 서아를 늘 업고 다니시고 매번 밥도 떠먹이고, 옷도 다 입혀주세요. 서아가 원하는 것은 다 들어주세요. 그래서인지 요즘 서아가 원하는 대로 되지 않으면 울며 떼를 써서 걱정이에요.
교　사 : 할머니께서 서아가 스스로 할 수 있는 것까지 모두 해주시고, 최근에 서아에게 고집스러운 행동이 생겨 걱정이 된다는 말씀이시군요.
어머니 : 맞아요.
교　사 : 그럼 서아 어머니는 어떻게 양육하시나요?
어머니 : 저는 서아가 느리고 서툴러도 스스로 하게 해요.
교　사 : 어머니는 서아가 스스로 하게 하시는군요.
어머니 : 네, 할머니께 서아 스스로 하게 하시라고 말씀드리지만, 서아가 아직 어려 괜찮다고만 하셔서 걱정도 되고, 화도 나고 그래요. 이 문제를 어떻게 해결해야 할지 고민이 돼요.
교　사 : 생각하시는 해결 방법이 있나요?
어머니 : 직장에서 시간 내기도 어렵고, 서아를 일관성 있게 돌보려면 휴직을 해야 하나 고민하고 있어요.
교　사 : 그러시군요.

… (하략) …

3) 어머니와 교사의 대화에 근거하여 브론펜브레너(U. Bronfenbrenner)의 생태학적 체계모델의 외체계에 해당하는 것을 1가지 쓰시오. [1점]

기본이론 202-204p

행동주의적 모델

행동주의적 모델
- 기본적 견해
- 원인과 발달
- 진단 및 평가
- 중재

행동주의적 모델
- **기본적 견해**: 정서 및 행동의 문제는 잘못된 학습에 기인한 결과
- **원인과 발달**: Pavlov 고전적 조건화, Skinner 조작적 조건화, Bandura 사회인지이론
- **진단 및 평가**: 관찰 가능한 행동에 대해 평가 → 체크리스트와 평정척도, 행동관찰, 기능적 행동평가(FBA)
- **중재방법**: 바람직한 행동 증가 기법, 바람직하지 않은 행동 감소 기법, 사회적 기술 훈련

모범답안 ①

2011학년도 초등(유아) 13

10 **다음은 특수학급을 담당하고 있는 김 교사와 최 교사가 학습장애 학생 교육에 대하여 나눈 대화이다. 이 대화에서 최 교사가 말하고 있는 관점에서 주장하는 학생 지도 내용으로 적절한 설명을 〈보기〉에서 고른 것은?**

> 최 교사: 김 선생님, 저는 특수학급에서 학습장애 학생을 지도할 때에는 이론적 관점이 중요하다고 생각해요.
> 김 교사: 그러면 선생님께서는 어떠한 관점을 가지고 계시나요?
> 최 교사: 저는 학습이 경험의 결과로 나타나는 관찰 가능한 행동의 변화라고 생각해요. 그리고 자극과 반응의 관계를 중요하게 생각한답니다. 그러므로 학습활동의 선행조건이나 결과를 조작함으로써 학습장애 학생의 학업성취를 향상시킬 수 있다고 봐요.
> 김 교사: 그렇다면 학습장애 학생의 학습 문제는 왜 발생한다고 생각하세요?
> 최 교사: 그 이유는 교사에 의해서 제공되는 교수 자극이 부적절하기 때문이라고 생각해요. 그러니까 학생이 배워야 하는 과제를 어떻게 제공하느냐가 관건이겠지요.

행동주의적 관점
기본적 견해와 중재방법

보기

ㄱ. 반복된 연습과 강화를 제공하여 학업성취를 향상시킨다.
ㄴ. 학습과제를 세분화하고, 학생의 학습 활동에 대한 피드백을 제공한다.
ㄷ. 실생활과 관련된 과제와 경험을 활용하여 정보를 능동적으로 구성할 수 있도록 지도한다.
ㄹ. 후속자극의 변화가 어떻게 학생의 학습행동에 영향을 미치는지 체계적인 분석을 수행한다.
ㅁ. 학습전략을 개발·응용할 수 있는 방법 혹은 학습내용을 잘 기억할 수 있는 방법을 지도한다.

ㄱ, ㄴ, ㄹ. 행동주의에 해당
ㄷ. 구성주의에 해당
ㅁ. 인지주의에 해당

① ㄱ, ㄴ, ㄹ ② ㄱ, ㄷ, ㅁ
③ ㄴ, ㄷ, ㄹ ④ ㄴ, ㄹ, ㅁ
⑤ ㄷ, ㄹ, ㅁ

기본이론 197-198p, 202-205p

- 신체생리학적 모델
- 행동주의적 모델

신체생리학적 모델
- 기본적 견해
- 원인과 발달
- 진단 및 평가
- 중재

행동주의적 모델
- 기본적 견해
- 원인과 발달
- 진단 및 평가
- 중재

신체생리학적 모델
- 정서 및 행동 문제는 개인 내부에 특정 병리적 특성이 존재하기 때문임
- 신체생리학적 중재는 주로 의사·신경학자 등의 전문가에 의해 이루어지며, 약물치료와 영양치료의 2가지 중재방법을 주로 적용함
- 교사의 역할은 관련 전문가들에게 의뢰하고, 약물치료나 식이요법 등의 중재 후 아동의 교실 내 행동을 점검하는 것임

행동주의적 모델
- 정서 및 행동 문제는 잘못된 학습에 기인한 결과라고 봄
- **진단 및 평가**: 체크리스트와 평정척도, 행동관찰, 기능적 행동평가(FBA)
- 부적응 행동을 포함한 모든 행동은 학습된 것이므로, 잘못 학습된 행동을 제거하거나 새로운 학습을 통해 바람직한 다른 행동으로 대체할 수 있음

㉠ 신체생리학적 모델
㉡ 행동주의적 모델

2024학년도 중등 A12

11 **다음은 정서·행동장애 학생 A에 대한 특수 교사 A와 B의 대화이다. 〈작성 방법〉에 따라 서술하시오. [4점]**

특수 교사 A: 선생님, 우리 학교에 재학 중인 학생 A가 최근 운동장에서 흙을 입에 넣는 모습을 봤어요. 바로 뛰어갔는데, 벌써 삼켜서 말릴 수가 없었어요. 그런 행동을 예전에도 여러 번 봤어요. ㉠ <u>학생 A와 같은 행동이 나타나면 의사와 먼저 상담을 하고 진단을 받아 봐야 할 것 같아요. 혹시 특정 영양소가 결핍되어 그런 행동이 발생할 수도 있지 않나 싶습니다.</u>

특수 교사 B: 그럴 수도 있겠네요. 일전에 학생 A의 담임 선생님과 이야기 나눌 기회가 있었는데 ㉡ <u>학생 A가 2개월 전부터 갑자기 그런 행동을 했다고 하더라고요. 담임 선생님도 걱정이 많아요. 혹시 학생A가 그 행동을 했을 때 누군가 관심을 줬고, 그 행동이 계속 관심을 받아서 지속되는 건 아닐까 하는 생각도 들어요. 일단 그 행동의 기능을 파악하는 것이 좋겠습니다.</u>

작성방법

밑줄 친 ㉠, ㉡의 정서·행동 문제를 바라보는 관점은 어떤 개념적 모델에 근거한 것인지 순서대로 쓸 것.

기본이론 207-208p

사회인지이론

인지주의적 모델

- 기본적 견해
- 원인
  - 모델링
  - 사회정보처리
  - 인지결함과 인지왜곡
- 진단 및 평가
- 중재
  - 인지결함 중재
  - 인지왜곡 중재

반두라의 모델링(관찰학습) 이론

- 모델링 이론을 발전시켜 도출함
- 모델링은 학생이 타인을 관찰하면서 나타나는 감정, 행동, 사고의 변화를 의미함. 학생들이 모델을 관찰함으로써 나타나는 효과를 인지적 습득과 모방적 수행으로 구분함
  - **습득과 관찰학습**: 주의, 파지, 반응재생은 주로 모델의 행동을 관찰하면서 습득하는 새로운 행동과 관련됨
  - **수행과 대리효과**: 모델 행동의 관찰 결과에 따라 학생의 행동이 더 나타나거나(대리강화) 덜 나타남(대리처벌)

① 모델링
② "야, 지훈이는 아빠같이 힘이 세고 집도 잘 짓네."라고 하며 좋아한다.

2013학년도 유아 B6

12 **다음 사례는 하늘유치원 만 5세 반 박 교사가 자유선택활동 시간에 관찰한 내용의 일부이다. 물음에 답하시오.**

> 자유선택활동 시간에 역할놀이 영역에서 남아인 지훈이와 여아인 다빈이가 같이 놀이를 하고 있다.
>
> …(중략)…
>
> 지훈이가 놀잇감 속에서 여성용 머플러와 가발, 여성용 구두를 꺼내 든다. 그리고 가발과 머플러를 머리 위에 뒤집어 쓰고 구두를 신고는 거울 앞에 선다. 지훈이가 거울에 비친 자기의 모습을 바라보더니 요리하는 엄마 흉내를 낸다.
> 이것을 본 다빈이가 "야, 넌 왜 남자가 엄마처럼 하고 있냐? ㉠ 가발 쓰고 구두 신는다고 남자가 엄마가 되냐? 그리고 ㉡ 밥은 여자만 하는 거야."라고 말한다. 그러자 지훈이는 재빨리 가발과 머플러, 구두를 바구니에 던져 넣고는 쌓기 영역으로 가서 다른 남아들과 집짓기 놀이를 한다. 집짓기 놀이 중 지훈이가 무거운 블록을 들고 와 집을 짓자 남아들이 "야! 지훈이는 아빠같이 힘이 세고 집도 잘 짓네."라고 하며 좋아한다. 그 말을 듣고 지훈이는 블록을 많이 들고 와서 더 열심히 집짓기에 참여한다. 집을 다 지은 후, 남아들이 ㉢ "집은 우리 남자들만 짓는 거야."라는 말을 한다.

사회적 강화(칭찬)

1) 반두라(A. Bandura)의 (①)이론에서는 모델이 보이는 행동을 관찰하고 모델의 행동을 따라하는 모방과 ② 정적 강화가 인간의 사회성 발달에 있어 필수적이라고 본다. ①이 무엇인지 쓰고, 위 사례에서 ②의 예를 1가지 찾아 쓰시오. [2점]

'정적강화'란 유쾌자극을 제공하여 행동 발생을 증가시키는 것임

확장하기

효과적인 모델링의 종류(김형일, 2014.)

선행 모델링	아동에게 반응을 요구하기 전에 각 단계에서 요구하는 올바른 반응을 교사가 먼저 시범보여 주고 이를 모방하도록 함 예 교사의 시범 → 학생에게 반응요구→ 학생의 반응 → 칭찬
실수-의존 모델링	아동의 반응 오류가 나타날 때에만 교사가 모델링하는 것으로, 이미 학습한 내용을 복습할 경우에 주로 사용됨 예 아동에게 반응요구 → 아동의 정반응 칭찬 → 아동에게 반응요구 → 아동의 반응 오류 → 교사의 정반응 모델링 → 아동에게 반응요구 → 아동의 정반응 칭찬
부분 모델링	교사가 정반응의 일부를 제시해주고 아동으로 하여금 정반응의 나머지 부분을 완성하도록 하는 방법 예 교사가 '모자'라는 낱말 카드 제시 → 아동의 무반응 → 교사가 "모~"하고 발성 → 아동이 "모자"라고 반응 → 칭찬

기본이론 208-209p

사회인지이론

인지주의적 모델
- 기본적 견해
- 원인
  - 모델링
  - 사회정보처리
  - 인지결함과 인지왜곡
- 진단 및 평가
- 중재
  - 인지결함 중재
  - 인지왜곡 중재

핵심개념
- **대리학습**: 자신이 직접 실행하지 않고 관찰에 의한 간접경험으로 학습하는 것
- **대리효과**
  - **대리강화**: 자신이 직접 강화받지 않고 다른 사람이 강화받는 것을 관찰하도록 함으로써 행동의 빈도 또는 강도를 증가시키는 기법
  - **대리처벌**: 자신이 직접 벌을 받지 않고 다른 사람이 벌을 받는 것을 관찰하도록 함으로써 행동의 빈도 또는 강도를 감소시키는 기법

① 주의 과정
② 대리강화

2019학년도 유아 A5

13 **원기는 손을 흔드는 상동행동을 하는 5세 발달지체 유아이다. 다음은 현장 체험학습을 다녀온 후에 통합학급 김 교사와 특수학급 박 교사가 평가회에서 나눈 대화의 일부이다. 물음에 답하시오. [5점]**

> …(중략)…
>
> 김 교사: 아이들은 교사의 말이나 행동을 그대로 따라하는 것 같아요. 지난번 현장 체험학습 때 놀림을 받은 원기에게 아이들이 다가가 안아 주거나 토닥거려주고, 함께 손을 잡고 다녔죠. ㉡ 평소 박 선생님과 제가 원기에게 하던 행동을 아이들이 자세히 본 것 같아요. 교사의 행동이 아이들에게 참 중요하다는 것을 다시 알았어요.
>
> 박 교사: 네. 그리고 아이들끼리도 서로 영향을 주고받는 것 같아요. ㉢ 지난번 현장 체험학습 때 제가 원기를 도와주었던 친구들을 칭찬해 줬더니, 그 모습을 보고 몇몇 유아들은 원기를 도와주는 행동을 따라하는 것 같아요.
>
> …(중략)…

㉡ 주의집중

㉢ 동기화
도와주는 행동 → 재생

2) 반두라(A. Bandura)의 사회학습이론에 근거하여, ① ㉡은 관찰학습과정 중 어디에 해당하는지 쓰고, ② ㉢에 해당하는 강화의 유형을 쓰시오. [2점]

확장하기

관찰학습의 하위 과정

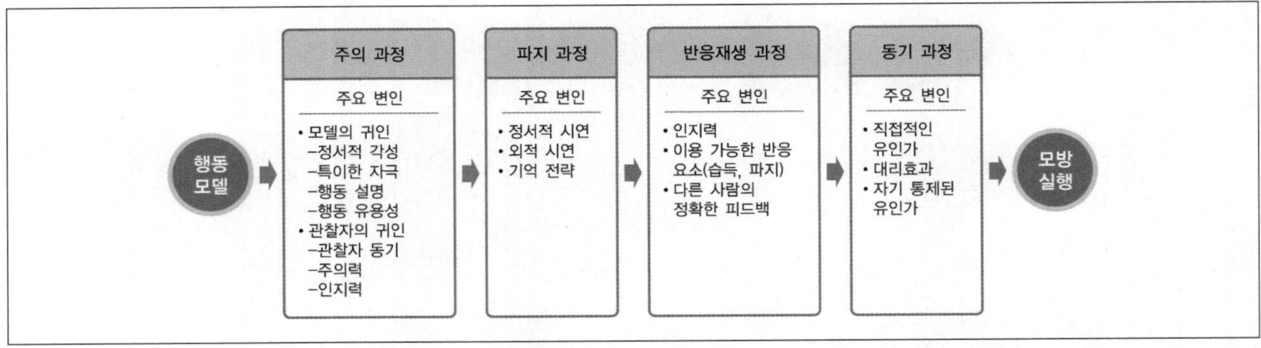

기본이론 208-209p

사회인지이론

인지주의적 모델

- 기본적 견해
- 원인
  - 모델링
  - 사회정보처리
  - 인지결함과 인지왜곡
- 진단 및 평가
- 중재
  - 인지결함 중재
  - 인지왜곡 중재

반두라의 사회인지이론(사회학습이론)

사회학습이론에서 행동은 관찰학습과 대리강화를 통해 학습 가능함. 즉, 개인이 특정 행동을 직접 수행하거나 학습에 필수적인 직접적인 강화가 주어지지 않아도 학습이 가능함

다른 친구들이 부적절한 행동을 했을 때 강화받거나 처벌받지 않는 것을 관찰하여 부적절한 행동을 학습하였다.

2019학년도 초등 A4

14 **(가)는 정서 · 행동장애 학생 민규의 특성이고, (나)는 2015 개정 사회과 교육과정 5~6학년 정치 · 문화사 영역 교수 · 학습 과정안의 일부이다. 물음에 답하시오. [6점]**

(가) 민규의 특성

- 자주 무단결석을 함
- 주차된 차에 흠집을 내고 달아남
- 자주 밤늦게까지 집에 들어오지 않고 동네를 배회함
- 남의 물건을 함부로 가져간 후, 거짓말을 함
- 반려동물을 발로 차고 집어던지는 등 잔인한 행동을 함
- 위와 같은 행동이 12개월 이상 지속되고 있음

1) 민규의 행동 원인을 반두라(A. Bandura)의 사회학습관점에 근거하여 쓰시오. [2점]

 기본이론 208p

 사회인지이론

 인지주의적 모델
- 기본적 견해
- 원인
  - 모델링
  - 사회정보처리
  - 인지결함과 인지왜곡
- 진단 및 평가
- 중재
  - 인지결함 중재
  - 인지왜곡 중재

핵심 개념

대리효과

- **정의**: 학생이 행동을 수행하게 하는 동기에 영향을 줌
- **유형**
  - **대리강화**: 다른 사람의 행동과 그 행동의 결과로 주어지는 강화를 관찰하도록 함으로써 관찰한 행동의 빈도 또는 강도를 증가시키는 것 → 행동을 수행하고자 하는 동기에 영향
  - **대리처벌**: 다른 사람의 행동과 그 행동의 결과로 주어지는 벌을 관찰하도록 함으로써 관찰한 행동의 빈도 또는 강도를 감소시키는 것 → 행동을 억제하려는 동기에 영향

 파지

2022학년도 초등 B5

15 **다음은 2015 개정 특수교육 교육과정 중 기본 교육과정 실과 5~6학년군 '건강한 식생활' 단원 지도 계획의 일부이다. 물음에 답하시오. [5점]**

단원	2. 건강한 식생활
단원 목표	건강과 성장을 위해 올바른 식생활 습관을 실천할 수 있다. • 건강에 이롭고 안전한 식품을 선택한다. • 골고루 먹는 식습관을 실천한다.
학습 목표	건강에 이로운 음식으로 균형 잡힌 밥상을 차릴 수 있다.
활동 지도 계획	• 도입(주의집중) – 교사가 모델이 된 동영상 보여주기 ◦ 균형 잡힌 밥상을 차리는 모습 ◦ 건강에 이로운 음식을 먹는 모습 • 활동 1: 건강에 이로운 음식 알기 [B] – 교사가 도입 동영상에 나온 이로운 음식 설명하기 – 도입의 동영상을 보고 학생이 어제 먹은 음식과 교사가 먹은 음식에서 이로운 음식 찾기 – 제시된 그림에서 학생이 이로운 음식 찾아 붙임딱지 붙이며 범주화하기 – 학생이 새롭게 배운 이로운 음식을 기억할 수 있도록 시연하고 노랫말 만들어 부르기  • 활동 2: 골고루 먹는 균형 잡힌 밥상 차리기 – 건강에 이로운 음식으로 식단 짜기 – 균형 잡힌 밥상 차리기 [C] ◦ 접시에 반찬을 골고루 담기 ◦ 반찬을 담은 접시를 밥상 위에 놓기 ◦ 숟가락과 젓가락을 밥상 위에 놓기 ◦ 밥과 국을 밥상 위에 놓기 ※ 유의점 – ㉠ 학생의 건강상 특이사항을 고려하여 식단 구성에 유의하도록 지도함 – 밥상 차리기 활동 중 학생이 오류를 보이면 피드백을 제공하여 교정함 • 정리: 학생들의 결과물 중에서 가장 균형 잡힌 식단을 선정하여 칭찬하기

주의집중
학습자가 모델에게 주의를 기울이는 선택적 지각의 과정

파지
모델의 행동을 저장하는 과정(인지적 내적 시연의 과정을 통한 상징적 부호화)
※ 모델의 행동을 아직 밖으로 표출하지 않음

운동재생
기억되어 있는 모델의 행동을 신체로 직접 표출(재생산)

동기화
강화기대에 따른 동기부여

2) [B]에 적용된 반두라(A. Bandura)의 관찰학습 하위 과정(단계)의 명칭을 쓰시오. [2점]

기본이론 208-209p

사회인지이론

인지주의적 모델
- 기본적 견해
- 원인
  - 모델링
  - 사회정보처리
  - 인지결함과 인지왜곡
- 진단 및 평가
- 중재
  - 인지결함 중재
  - 인지왜곡 중재

핵심개념

대리효과
- **정의**: 학생이 행동을 수행하게 하는 동기에 영향을 줌
- **유형**
  - **대리강화**: 다른 사람의 행동과 그 행동의 결과로 주어지는 강화를 관찰하도록 함으로써 관찰한 행동의 빈도 또는 강도를 증가시키는 것 → 행동을 수행하고자 하는 동기에 영향
  - **대리처벌**: 다른 사람의 행동과 그 행동의 결과로 주어지는 벌을 관찰하도록 함으로써 관찰한 행동의 빈도 또는 강도를 감소시키는 것 → 행동을 억제하려는 동기에 영향

① 파지
② 대리강화를 받았기 때문이다.

2022학년도 유아 B4

16 **(가)는 발달지체 유아 영호의 통합학급 놀이 장면의 일부이고, (나)는 교사들이 나눈 대화의 일부이다. 물음에 답하시오. [5점]**

(나)

김 교사:	오늘 아이들이 '내가 만든 똑딱 소리'라는 놀이를 만들고 모두가 재미있게 참여했어요.
박 교사:	맞아요. 특히, 수줍음이 많고 자리 이탈이 심했던 영호가 이전과는 다르게 놀이에 참여하는 모습을 볼 수 있어서 참 흐뭇했어요.
김 교사:	저도 그렇게 느꼈어요. 다른 친구들이 나와서 각자 만든 리듬을 연주할 때마다 유심히 보더라고요. 가끔씩 ㉣ 영호는 혼잣말로 "두구두구 두구두구"라고 하며 중얼거리기도 하고, "요렇게, 아니, 아니."라고 하면서 고개를 가로젓다가 까딱거리며 리듬 막대를 살살 움직여보기도 하더군요.
박 교사:	그래요. 그러다가 ㉤ 진아가 리듬 연주를 하고 나서 친구들에게 큰 박수를 받았잖아요. 그런 진아를 보더니 영호도 리듬 연주를 하겠다며 손을 번쩍 들었어요.
김 교사:	오늘 놀이에서 영호는 자신감이 커졌을 거예요.

"다른 친구들이 나와서 각자 만든 리듬을 연주할 때마다 유심히 보더라고요" → 주의집중

㉣ '파지'와 '운동적 재생'의 차이점은 운동적 재생은 기억되어 있는 모델의 행동을 신체로 직접 표출한다는 것 (리듬 연주)

㉤ "진아가 리듬 연주를 하고 큰 박수를 받자 영호도 손을 번쩍 들었어요." → 동기화
※ 동기화의 위치는 자유로움

3) 반두라(A. Bandura)의 관찰학습 이론에 근거하여, ① ㉣에 해당하는 용어를 쓰고, ② ㉤에서 영호가 손을 든 이유를 쓰시오. [2점]

참고자료 기본이론 207p

키워드 사회인지이론

구조화틀 인지주의적 모델
- 기본적 견해
- 원인
  - 모델링
  - 사회정보처리
  - 인지결함과 인지왜곡
- 진단 및 평가
- 중재
  - 인지결함 중재
  - 인지왜곡 중재

핵심개념

모범답안
㉢ 파지
㉣ 다른 친구들이 지시를 따르지 않는 행동을 했을 때 벌을 받지 않는 것을 관찰한 후, 지시를 따르지 않는 행동을 지속하는 것이다.

2025학년도 중등 A10

17 (가)는 고등학교에 재학 중인 지적장애 학생 K의 교육 및 지원요구이고, (나)는 학생 K의 교육 지원을 위한 특수 교사의 교육 계획 노트이다. 〈작성 방법〉에 따라 서술하시오.

> 3. 학생 K에게 필요한 지시 따르기 기술을 지도하기 위해 반두라(A. Bandura)의 관찰 학습 방법 적용
> – 관찰 학습의 과정인 주의집중–(㉢)–재생–동기화에 영향을 주는 요인 파악
> – ㉣ 지시 따르기 기술을 배우기 위한 관찰 학습 중 탈금지(탈제지)가 나타나지 않도록 주의

작성방법

(나)의 괄호 안의 ㉢에 해당하는 관찰 학습 과정의 명칭을 쓰고, 밑줄 친 ㉣의 예를 서술할 것.

확장하기

모델링의 기능 – 금지/탈금지

- 모델을 관찰하는 것은 이전에 학습한 행동을 하지 말 것을 강화하거나 약화할 수 있음
- 금지: 모델이 어떤 행위를 수행함으로써 벌을 받을 경우 발생함(모델이 특정 행동을 한 다음, 처벌받는 장면을 관찰한 후 그 행동을 금지하거나 억제하는 것을 말함)
- 탈금지: 모델이 부정적인 결과를 경험하지 않고 위협적이고 금지된 활동을 수행했을 때 발생함. 모델이 금지된 행동을 한 후, 보상을 받거나 부정적 결과를 받지 않는 것을 관찰한 후 평소 억제하고 있던 그 행동을 수행하는 것을 의미함
  예) 실수에 대하여 벌받지 않은 학생은 '탈금지'되어 행동이 지속되고, 반대로 교사가 한 학생을 실수 때문에 훈육했을 때 다른 학생들의 실수는 '금지'됨
- 행동에 대한 금지/탈금지 효과는 장애학생에게 만일 그들이 모델행동을 수행한다면 유사한 결과가 발생할 것이라고 전달되기 때문에 발생함
- 금지/탈금지는 행동이 다른 사람들에게 이미 학습한 행동들에 영향을 주는 점에서 반응 촉진과 유사함. 그러나 반응 촉진이 일반적으로 사회적으로 수용할 만한 행동을 포함하는 반면, 금지/탈금지는 종종 도덕적 정서를 수반한다는 차이가 있음

기본이론 211p

자기보고

인지주의적 모델

- 기본적 견해
- 원인
  - 모델링
  - 사회정보처리
  - 인지결함과 인지왜곡
- 진단 및 평가
- 중재
  - 인지결함 중재
  - 인지왜곡 중재

자기보고

- **정의**: 자기보고 형태의 체크리스트, 평정척도, 질문지 등을 통해 자기 자신, 세상, 미래에 대한 부정적 사고와 관련된 정보를 수집하는 방법
- **기본 가정**: 학생은 자신의 사고와 행동을 관찰하고 기술하며, 자신의 다양한 경험을 이용하여 응답할 수 있음
- **장점**: 외현적인 행동만으로는 알 수 없는 정서와 반응을 평가할 수 있음
- **한계점**: 학생이 자신의 행동에 대한 객관적인 판단자가 아닐 수 있기 때문에 의식적 · 무의식적으로 자신의 반응을 왜곡할 수 있음. 따라서 자기보고는 종합적인 평가의 일부분으로 활용하는 것이 바람직함

② 체크리스트, 평정척도, 질문지

2025학년도 초등 A6

18 **(가)는 일반 교사와 특수교사가 지적장애 학생 은수에 대해 나눈 대화의 일부이고, (나)는 2015 개정 도덕과 교육과정 5~6학년군 '2. 내 안의 소중한 친구' 공개수업을 위해 일반 교사가 작성한 수업 계획 초안과 특수교사 조언의 일부이다. 물음에 답하시오. [5점]**

(나)

일반 교사가 작성한 수업 계획의 초안	은수의 학습 활동을 위한 특수교사의 조언
• 감정과 욕구 알아보기 – 여러 가지 감정과 욕구를 나타내는 어휘 분류하기	• 여러 가지 감정과 욕구를 나타내는 어휘와 표정 그림을 짝짓는 활동으로 변경하기
• 감정 사진 만들기 • '감정, 조절, 이해, 욕구, 대상, 실천' 등의 단어를 활용해 짧은 글 쓰기	• ㉣ 3어문으로 말하기
• ㉤ 자기보고법 – 자기보고서 쓰기 – 하루 동안 있었던 일 생각하며 나의 감정 일지 쓰기	• 하루 동안 있었던 일의 목록 만들기

2) ②의 밑줄 친 ㉤에 적용할 수 있는 평가방법을 1가지 쓰시오.

확장하기

자기보고(방명애 외, 2022.)

자기보고(self-report)는 학생이 체크리스트, 평정도, 면접 등에 직접 임하여 자신의 행동이나 감정을 기술하는 사정 방법이다. 학생이 스스로를 어떻게 지각하고 다양한 상황에 대해 감정적으로 어떻게 반응하는지는 사정의 중요한 부분이다. 특히 자기보고는 높은 수준의 감정과 관련되고 직접 관찰에서는 잘 노출되지 않는 약물남용, 불안, 공포, 우울 같은 장애를 평가할 때 중요하게 활용된다. 그러나 자기보고는 말을 하지 않거나 자신의 반응을 분명하게 조직화할 수 없는 청소년에 사용될 때는 제한점이 있다. 더욱이 학생이 검사자가 알고 싶어한다고 생각되는 것을 말하거나 자신을 특별하게 드러내고자 하는 등의 경우 의도적으로 과잉 혹은 과소 보고할 수 있다는 취약점이 있다. 그러므로 자기보고 자료는 다른 정보원의 자료로 확인되어야 한다.

기본이론 212p

초인지 전략 중재

인지결함에 대한 중재
- 인지 전략
- 초인지 전략
- 문제해결 훈련

핵심 개념

초인지 전략

과제 수행에 사용한 전략의 모든 과정을 알고 조정하는 전략

초인지적 지식	
학습자가 학습에 영향을 주는 개인·과제·전략 변인을 아는 것	
선언적 지식	자신과 전략에 대한 지식
절차적 지식	전략 사용에 대한 지식
조건적 지식	전략 사용 시기와 이유에 관한 지식
자기조정	
인지과정을 스스로 조절하는 것으로, 인지 전략을 효율적으로 선택·관리하고, 목표에 도달하기 위해 학습하는 동안 학습활동을 점검하고 재지시하는 것	
계획 활동	결과 예측, 전략 계획, 다양한 형태의 대리적 시행착오 등
점검 활동	학습 전략의 점검, 수정, 재계획
결과 점검	전략 효과에 대한 평가

초인지 능력이 부족한 은수에게 자기점검 방법을 적용하였다.

2015학년도 초등 A4

19 **(가)는 학습장애학생 은수의 인지적 특성이고, (나)는 '2009 개정 교육과정' 과학과 3~4학년군 '식물의 생활' 단원의 교수·학습 과정안 일부이다. 물음에 답하시오. [5점]**

(가) 은수의 인지적 특성

- (㉠) 능력이 부족하여, 관련 없는 정보나 자극을 무시하고 중요한 정보에 주의를 기울이는 데 어려움이 있음
- (㉡) 능력이 부족하여, 과제 해결을 위해 어떤 전략이 필요한지 잘 모르고, 하는 일에 대해 지속적으로 검토하지 못함

(나) 교수·학습 과정안

단원	식물의 생활		
제재	특이한 환경에 사는 식물의 특징 알아보기		
학습 목표	일반학생	채은수	
	사막 식물의 특징을 사는 곳과 관련지어 설명할 수 있다.	선인장의 특징을 설명할 수 있다.	
	교수·학습 활동	교수·학습 활동	자료 및 유의점
전개	…(중략)… <활동> 사막 식물 관찰하기 • 겉 모양 관찰하기 • 속 모양 관찰하기 • 수분 관찰하기 • 사막 식물의 공통점 알아보기 • 사막에서 살아가는 데 이로운 점 생각해보기 • 관찰 기록지 완성하기 …(생략)…	…(중략)… <활동> 선인장 관찰하기 • 겉 모양 관찰하기 • 속 모양 관찰하기 • 수분 관찰하기 • 그래픽 조직자 완성하기 …(생략)…	• ㉢ 기록지 제공 • 활동 단계별로 자료 구분하여 제공 • 그래픽 조직자 형식 제공

2) 은수의 ㉡ 능력을 고려하여 다음과 같은 ㉢을 제공하였다. 이는 은수에게 어떤 전략을 가르치기 위한 것인지 쓰시오.

선인장 관찰하기

이름 : 채은수

나는 ……	○	×
1. 색을 관찰하여 적었다.		
2. 모양을 관찰하여 그렸다.		
3. 가로로 잘랐다.		
4. 가로로 자른 단면을 그렸다.		
5. 세로로 잘랐다.		
6. 세로로 자른 단면을 그렸다.		

- 초인지 전략의 유형 : 초인지적 지식, 자기조정
- 자기조정 : 스스로 계획·점검·평가·강화하는 방법

기본이론 213p

자기교수의 절차

인지결함에 대한 중재
- 인지 전략
- 초인지 전략
- 문제해결 전략

자기교수의 단계
(Meichenbaum & Goodman)

① 인지적 모방	교사는 큰 소리로 과제 수행의 단계를 말하면서 시범을 보이고 학생은 이를 관찰함
② 외적 모방	학생은 교사의 지시에 따라 교사가 말하는 자기교수의 내용을 그대로 소리 내어 따라 말하면서 교사가 수행하는 것과 똑같은 과제를 수행함. 즉, 1단계에서 관찰한 내용을 지시에 따라 그대로 따라함
③ 외적 자기 교수	• 학생은 큰 소리로 과제 수행 단계를 말하면서 같은 과제를 수행함. 즉, 2단계를 교사의 모델 없이 스스로 해봄 • 교사는 이를 관찰하며 피드백을 제공함
④ 외적 자기 교수 용암	• 학생은 작은 목소리로 과제 수행 단계를 속삭이면서 과제를 수행함 • 교사는 이를 관찰하며 피드백을 제공함
⑤ 내적 자기 교수	학생은 소리 내지 않고 내적 언어를 사용하며 과제를 수행함

⑤

2009학년도 초등 29

20 **〈보기〉는 황 교사가 정신지체 학생 현우에게 두 자리 수 덧셈을 지도하기 위해 적용한 전략이다. 황 교사가 적용한 교수법의 실행절차를 바르게 나열한 것은?**

보기

ㄱ. 현우가 과제의 각 단계를 속으로 생각하며 수행하도록 하였다.
ㄴ. 현우가 과제의 각 단계를 큰 소리로 말하며 수행하도록 하였다.
ㄷ. 현우가 과제의 각 단계를 혼잣말로 중얼거리며 수행하도록 하였다.
ㄹ. 황 교사가 과제의 각 단계를 큰 소리로 말하며 수행하는 시범을 보였다.
ㅁ. 황 교사가 과제의 각 단계를 수행하면서 현우에게는 각 단계를 큰 소리로 말하도록 하였다.

① ㄱ → ㄴ → ㅁ → ㄷ → ㄹ
② ㄷ → ㄱ → ㄹ → ㅁ → ㄴ
③ ㄷ → ㄹ → ㅁ → ㄴ → ㄱ
④ ㄹ → ㄴ → ㅁ → ㄱ → ㄷ
⑤ ㄹ → ㅁ → ㄴ → ㄷ → ㄱ

기본이론 213p

자기교수의 절차

인지결함에 대한 중재

- 인지 전략
- 초인지 전략
- 문제해결 훈련

자기교수

자신의 행동을 규제하기 위해 자기 자신에게 이야기하는 과정. 자기교수에서는 과제 수행에 필요한 의사결정과 행동 실행의 지침을 스스로 이야기함

자기교수의 절차

1	인지적 모델링	인지적 모델링	인지적 모델링
2	외적 안내	외현적 자기교수 안내	외현적 지도
3	외적 자기교수	외현적 자기교수	외현적 자기지도
4	자기교수 용암	자기교수 용암	외현적 자기지도 감소
5	내적 자기교수	내재적 자기교수	내재적 자기지도

※ 위와 같이 각론마다 단계의 명칭이 상이하나, 상관없이 1가지로 정해서 외우면 됨

① 교사는 큰 목소리로 과제수행의 단계를 말하면서 시범을 보인다.
② 학생은 작은 목소리로 과제수행 단계를 속삭이면서 과제를 수행한다.

2013학년도 추가중등 A6 / 초등 3 / 유아 2

21 **다음은 정서 · 행동 문제가 있는 영수의 행동 특성을 기술한 것이다. 물음에 답하시오. [5점]**

영수의 행동 특성	영수는 잠시도 가만히 있지 못하며 발을 꼼지락거린다. 때로는 멍하니 딴 생각을 하다가 교사가 주의를 주면 바른 자세를 취한다. 그리고 친구를 때리고 괴롭히는 행동이 잦아 ㉠ 자기교수 훈련을 실시했더니, 때리는 행동이 조금 줄어들었다. 그러나 친구들의 놀이를 방해하는 행동은 여전히 심하다. 특히, 과제를 수행할 때 실수를 자주 범한다. 소아정신과 의사는 영수의 이런 특성이 ㉡ 기질과 관련이 있을 수 있다고 했다.

1) 다음은 ㉠의 단계별 교수 · 학습 활동이다. ①과 ②에 들어갈 알맞은 활동을 쓰시오. [2점]

※ 자기교수 절차의 각 단계에서 교사와 학생의 역할 각각 정리하기

단계	교수 · 학습 활동
1단계. 인지적 모델링	교사 : ① ______________ 학생 : 이를 관찰한다.
2단계. 외현적 외부 지도	학생 : 교사의 지시에 따라 ①에서 교사가 보여준 것을 그대로 한다. 교사 : 학생이 과제를 수행하는 동안 큰 소리로 자기교수의 내용을 말한다.
3단계. 외현적 자기교수	학생 : 큰 소리로 자기교수의 내용을 말하면서 교사가 보여준 것을 그대로 한다. 교사 : 이를 관찰하고 피드백을 제공한다.
4단계. 자기교수 용암	학생 : ② ______________ 교사 : 이를 관찰하고 피드백을 제공한다.
5단계. 내재적 자기교수	학생 : 자기교수의 내용을 속으로 말하며 그대로 행동한다.

기본이론 213p

자기교수의 절차

인지결함에 대한 중재
- 인지 전략
- 초인지 전략
- 문제해결 훈련

자기교수의 단계
(Meichenbaum & Goodman)

① 인지적 모방	교사는 큰 소리로 과제 수행의 단계를 말하면서 시범을 보이고, 학생은 이를 관찰함
② 외적 모방	학생은 교사의 지시에 따라 교사가 말하는 자기교수의 내용을 그대로 소리 내어 따라 말하면서 교사가 수행하는 것과 똑같은 과제를 수행함. 즉, 1단계에서 관찰한 내용을 지시에 따라 그대로 따라함
③ 외적 자기 교수	• 학생은 큰 소리로 과제 수행 단계를 말하면서 같은 과제를 수행함. 즉, 2단계를 교사의 모델 없이 스스로 해봄 • 교사는 이를 관찰하며 피드백을 제공함
④ 외적 자기 교수 용암	• 학생은 작은 목소리로 과제 수행 단계를 속삭이면서 과제를 수행함 • 교사는 이를 관찰하며 피드백을 제공함
⑤ 내적 자기 교수	학생은 소리 내지 않고 내적 언어를 사용하며 과제를 수행함

① 자기교수법
② 민수가 큰소리로 "책을 꽂아요."라고 말하면서 책을 제자리에 꽂는다.

2018학년도 유아 A3

22 **(가)는 5세 지적장애 유아 민수의 특성이고, (나)는 민수를 위한 책 정리 지도방법이며, (다)는 언어 영역에서 나타난 민수의 행동에 대한 기록이다. 물음에 답하시오. [5점]**

(가)

- 2~3개 단어를 이용하여 자신의 요구나 의사를 말로 표현할 수 있음
- 동물 그림을 보고 이름을 말할 수 있음
- 책 읽는 것을 좋아하지만 책을 제자리에 정리하지 못함

(나)

단계	활동 내용
인지적 모델링	교사가 큰 소리로 "책을 꽂아요."라고 말하면서 책을 제자리에 꽂는다.
외현적 지도	교사가 큰 소리로 "책을 꽂아요."라고 말을 하고, 민수는 교사의 말을 큰 소리로 따라하면서 책을 제자리에 꽂는다.
외현적 자기지도	( )
외현적 자기지도의 감소	민수가 점점 작은 목소리로 "책을 꽂아요." 라고 말하고, 책을 제자리에 꽂는다.
내재적 자기 지도	마음속으로 '책을 꽂아요.'를 생각하며 책을 제자리에 꽂는다.

1) (가)에 근거하여 ① (나)에서 민수에게 적용한 지도방법의 명칭과 ② ( )에 들어갈 활동 내용을 쓰시오. [2점]

참고자료 기본이론 213p

키워드 자기교수의 절차

구조화 틀

인지결함에 대한 중재
- 인지 전략
- 초인지 전략
- 문제해결 전략

핵심개념

자기교수의 단계
(Meichenbaum & Goodman)

① **인지적 모방**	교사는 큰 소리로 과제 수행의 단계를 말하면서 시범을 보이고, 학생은 이를 관찰함
② **외적 모방**	학생은 교사의 지시에 따라 교사가 말하는 자기교수의 내용을 그대로 소리 내어 따라 말하면서 교사가 수행하는 것과 똑같은 과제를 수행함. 즉, 1단계에서 관찰한 내용을 지시에 따라 그대로 따라함
③ **외적 자기 교수**	• 학생은 큰 소리로 과제 수행 단계를 말하면서 같은 과제를 수행함. 즉, 2단계를 교사의 모델 없이 스스로 해봄 • 교사는 이를 관찰하며 피드백을 제공함
④ **외적 자기 교수 용암**	• 학생은 작은 목소리로 과제 수행 단계를 속삭이면서 과제를 수행함 • 교사는 이를 관찰하며 피드백을 제공함
⑤ **내적 자기 교수**	학생은 소리 내지 않고 내적 언어를 사용하며 과제를 수행함

모범답안

① 외적 자기교수 용암
② 태호는 소리 내지 않고 내적 언어를 사용하며 과제를 수행한다.

2022학년도 유아 B1

23 **다음은 통합학급 김 교사와 유아특수교사 박 교사가 나눈 대화의 일부이다. 물음에 답하시오. [5점]**

> …(중략)…
>
> 김 교사: 전에 태호가 좀 충동적이고 산만했었는데, 최근에는 ㉡ 태호가 속삭이듯 혼잣말로 "나는 조용히 그림책을 볼 거야."라고 말하며 그림책을 꽤 오랫동안 잘 보더라고요.
>
> 박 교사: 네. 사실은 얼마 전부터 태호에게 자기교수법으로 가르치고 있었어요. 자기교수법은 충동적이고 주의산만한 아이에게 효과가 있다고 해요.
>
> 김 교사: 그럼 자기교수법은 어떻게 가르치나요?
>
> 박 교사: 자기교수법에는 5단계가 있어요. 첫 번째 인지적 모델링 단계에서는 교사가 유아 앞에서 "나는 조용히 그림책을 볼 거야."라고 말하며 책을 보는 거예요. 두 번째 외적 모방 단계에서는 교사가 말하는 자기 교수 내용을 유아가 그대로 따라 말하면서 그림책을 보는 것입니다. …(중략)… 마지막으로 다섯 번째는 ㉢ 내적 자기교수 단계가 있어요.

공격성과 충동성을 포함한 정서·행동장애는 주로 인지결함을 수반

자기교수 단계

3) **마이켄바움과 굿맨(D. Meichenbaum & J. Goodman)의 자기교수법에 근거하여, ① ㉡에 해당하는 자기교수법 단계의 명칭을 쓰고, ② ㉢에서 태호가 할 행동의 예를 쓰시오. [2점]**

기본이론 213p

자기교수의 절차

인지결함에 대한 중재
- 인지 전략
- 초인지 전략
- 문제해결 훈련

핵심개념

자기교수의 단계
(Meichenbaum & Goodman)

① 인지적 모방	교사는 큰 소리로 과제 수행의 단계를 말하면서 시범을 보이고, 학생은 이를 관찰함
② 외적 모방	학생은 교사의 지시에 따라 교사가 말하는 자기교수의 내용을 그대로 소리 내어 따라 말하면서 교사가 수행하는 것과 똑같은 과제를 수행함. 즉, 1단계에서 관찰한 내용을 지시에 따라 그대로 따라함
③ 외적 자기 교수	• 학생은 큰 소리로 과제 수행 단계를 말하면서 같은 과제를 수행함. 즉, 2단계를 교사의 모델 없이 스스로 해봄 • 교사는 이를 관찰하며 피드백을 제공함
④ 외적 자기 교수 용암	• 학생은 작은 목소리로 과제 수행 단계를 속삭이면서 과제를 수행함 • 교사는 이를 관찰하며 피드백을 제공함
⑤ 내적 자기 교수	학생은 소리 내지 않고 내적 언어를 사용하며 과제를 수행함

㉡ 학생은 교사를 관찰한다.

㉢ 교사의 지시에 따라 교사가 말하는 "줄을 서서 차례로 기다려요."를 그대로 소리 내어 따라 말하면서 교사가 수행하는 것과 똑같은 과제를 수행한다.

2023학년도 유아 B4

24 **(가)는 5세 발달지체 유아 지우에 대한 통합학급 교사들의 대화이고, (나)는 통합학급 놀이 장면이며, (다)는 지우의 자기교수 훈련 과정의 예시이다. 물음에 답하시오. [5점]**

(가)

김 교사: 지우가 장구도 많이 좋아하는 것 같아요. 그런데, 악기놀이를 할 때 다른 친구들의 장구채를 빼앗거나 밀치고 먼저 하려는 행동을 하는 것 같아요.

박 교사: 네, 맞아요. 지우가 이제 곧 초등학교 진학도 하게 될 테니, 입학 전 적응기술을 가르치기 위해 마이켄바움과 굿맨(D. Meichenbaum & J. Goodman)의 자기교수 훈련을 시작하려고요. [B]

(나) 자기교수 전략

[자기교수 훈련 과정]	
박 교사의 행동	지우의 행동
"줄을 서서 차례를 기다려요." 라고 큰 소리로 말하면서 줄을 선다.	㉡
(생략)	㉢
지우의 행동을 관찰하고 피드백을 제공한다.	(생략)
(생략)	(속삭이듯 작은 목소리로) "줄을 서서 차례를 기다려요." 라고 말하면서 줄을 선다.
(생략)	('줄을 서서 차례를 기다려요.' 라고 속으로 말하면서) 줄을 선다.

3) (가)의 [B]에 근거하여 (다)의 ㉡과 ㉢에 해당하는 지우의 행동을 각각 쓰시오. [2점]

기본이론 213-214p

- 자기교수에서 사용하는 진술문의 예시
- 자기교수의 절차

인지결함에 대한 중재
- 인지 전략
- 초인지 전략
- 문제해결 훈련

자기교수에서 사용하는 진술문 비교

Meichenbaum & Goodman	Bash & Camp
문제 정의	문제 정의
문제접근	주의집중과 행동의 지시
주의집중과 자기강화	자기강화
정답 선택	자기평가와 오류수정
자기평가 및 실패에 대한 교정	–

1) ㉠ 문제 정의

2) 지우의 수행을 관찰하고 피드백을 제공한다.

2015학년도 초등 B6

25 **(가)는 정서 · 행동장애 학생 지우의 특성이고, (나)는 통합학급 교사와 특수학급 교사가 지우의 수업 참여 증진을 위해 협의하여 지도한 자기교수 전략이다. (다)는 '2009 개정 교육과정' 음악과 3~4학년군 '덕석몰자'를 제재로 지우를 고려하여 작성한 교수 · 학습 계획서의 일부이다. 물음에 답하시오. [5점]**

(가)

- 대부분의 시간에 위축되어 있고 다른 친구들과 상호작용을 하지 않음
- 자기 표현을 하지 않고 수업 활동에 참여하지 않음
- 음악 시간에 따라 부르기를 할 때에 소리를 내지 않고 창밖만 응시함

(나) 자기교수 전략

자기교수 단계와 자기진술문의 예시
– (㉠): "나는 지금 무엇을 해야 하지?" – 계획: "이제 어떻게 하지?" – 자기평가: "어떻게 했지?" – 자기강화: "잘했어."

자기교수 전략을 가르치기 위한 교수 활동
1단계: 인지적 모델링 2단계: 외현적 자기교수 안내 3단계: ㉡ 외현적 자기교수 4단계: 자기교수 용암 5단계: 내재적 자기교수

1) (나)의 ㉠ 단계의 명칭을 쓰시오. [1점]

※ 자기교수에서 사용하는 진술문은 단계를 외우기보다 각 단계의 질문 예시를 기억하는 것이 중요함

2) 다음은 (나)의 ㉡에 해당되는 활동이다. 괄호에 들어갈 교사의 활동을 쓰시오. [1점]

지우가 큰 소리로 자기교수를 말하면서 과제를 수행한다. 그리고 교사는 (   ).

 기본이론 217-222p

 인지왜곡에 대한 중재

구조화 틀

인지주의적 모델
- 기본적 견해
- 원인
- 진단 및 평가
- 중재
  - 인지결함 중재
  - 인지왜곡 중재

인지결함 중재의 초점
- 인지결함의 관점에서 정서 및 행동장애는 필요한 인지처리과정의 부재로 나타남
- 공격성과 충동성을 포함한 정서 및 행동장애는 주로 인지결함을 수반
- **대표적 중재방법**: 인지 전략 교수, 초인지 전략 교수, 문제해결 훈련 등

인지왜곡 중재의 초점
- 인지왜곡의 관점에서 정서 및 행동장애는 왜곡된 인지처리과정에 따라 발생
- 불안·우울은 주로 인지왜곡으로 발생
- 왜곡된 사고(인지)를 바꾸는 인지적 재구조화 방법을 사용
- **대표적 중재방법**: 합리적 정서행동치료(REBT), 귀인 재훈련, 분노대처 프로그램, 멈춰서 생각하고 행동하기 기법, 거북이 기법 등

분노조절 훈련
- 자기교수를 통해 분노와 공격행동을 자제하거나 조절하는 것을 지도
- **훈련의 3단계**: 인지 준비 단계 → 기술 습득 단계 → 적용 훈련 단계
- 분노조절 훈련에서는 이완훈련(예 심호흡하기, 숫자 세기, 화난 상황 피하기, 기분 좋아지는 상상하기, 음악 듣기 등)을 함께 적용함
- 분노 일지를 활용할 수 있음

2022학년도 초등 A6

26 **(가)는 특수교사가 체크한 5학년 지호의 특성이고, (나)는 2015 개정 도덕과 교육과정 5~6학년군 '내 안의 소중한 친구' 단원 교수 학습 과정안의 일부이며, (다)는 특수교사가 특수학급에서 분노조절 중재를 실시한 후에 지호가 작성한 분노조절 기록지의 일부이다. 물음에 답하시오. [5점]**

(가) 지호의 특성

최근 지호는 수업 활동으로 게임을 하다 질 때마다 심하게 화를 내며 성질을 부리고 좌절하는 모습을 보인다.	
자주 또는 쉽게 화를 낸다.	√
자주 다른 사람에 의해 쉽게 기분이 상하거나 신경질을 부린다.	√
자주 화가 나 있고 원망스러워 한다.	√
자주 권위자 또는 성인과 논쟁한다.	
자주 권위자의 요구나 규칙 따르기를 적극적으로 무시하거나 거부한다.	
자주 고의적으로 타인을 귀찮게 한다.	
자주 본인의 실수나 잘못된 행동을 타인의 탓으로 돌린다.	√
위와 같은 행동이 적어도 6개월 동안 지속되었다.	√

(나) 교수·학습과정안

<table>
<tr><td>단원</td><td colspan="3">㉠ <u>2. 내 안의 소중한 친구</u></td></tr>
<tr><td>학습 목표</td><td colspan="3">감정과 욕구를 적절하고 바르게 표현하는 방법을 알고 실천할 수 있다.</td></tr>
<tr><td>단계</td><td colspan="3">교수 학습 활동</td></tr>
<tr><td>학습 문제 인식 및 동기 유발</td><td colspan="3">• 동기 유발하기
• 그림 속 인물들이 감정과 욕구를 표현하는 방식을 살펴보며 앞으로 일어날 결과 예상하기</td></tr>
<tr><td rowspan="4">모범 행동의 실습 실연</td><td colspan="3">• 감정과 욕구 조절 방법 실천하기
• <u>마음 신호등 3단계 활동</u></td></tr>
<tr><td>1단계</td><td>멈추기</td><td>상황을 있는 그대로 바라보고 감정과 욕구를 진정시키기</td></tr>
<tr><td>2단계</td><td>생각하기</td><td>상황에 맞는 행동을 생각하며 감정과 욕구를 긍정적으로 바꾸어 보기</td></tr>
<tr><td>3단계</td><td>표현하기</td><td>• 감정과 욕구를 조절하여 적절하게 표현하기
• ㉡ <u>'나 전달법'</u>을 사용해 친구에게 마음을 전달하기</td></tr>
</table>

멈춰서 생각하고 행동하기
충동적 행동을 즉각적으로 다룰 수 있도록 교통신호를 활용함

(다) 지호가 작성한 분노조절 기록지

나의 감정 기록지	
지난 수업시간 경험했던 부정적 느낌을 쓰세요.	너무 화가 나고 속상했어.
부정적 느낌이 들기 직전에 무슨 일이 있었는지 쓰세요.	철수와 한 팀이 되어 게임했더니 져버렸어.
이 상황이 발생한 이후 든 생각을 쓰세요.	게임에서 지는 것은 절대 있을 수 없어.
이 상황 이후에 나 자신에게 한 말을 쓰세요.	나는 항상 철수 때문에 게임에 져.
현재 갖게 된 합리적 신념을 자기 말로 쓰세요.	(㉢)

목표: 인지왜곡 중재
비합리적 신념을 합리적 신념으로 바꾸기
※ 분노조절 훈련은 인지왜곡과 인지결함에 모두 사용할 수 있음

3) ① (가)와 (다)에 근거하여 특수교사가 지호에게 적용한 분노조절 중재와 같이 인지 왜곡을 중재하는 목표를 쓰고, ② 지호에게 성공적으로 중재를 실시한 후, (다)의 ㉢에 들어갈 지호의 합리적 신념을 자기말(self-talk)로 쓰시오. [2점]

모범답안

① 비합리적 신념을 합리적으로 수정하는 것이다.
② 친구에게 져도 괜찮아.

확장하기

분노조절 훈련 방법(박지연 외, 2022.)

- 분노조절 훈련은 청소년이 훈련 과정에 참여함으로써 다른 대안들을 충분히 고려할 수 있게 되고, 자기도 모르게 나타나는 공격적 반응을 보다 잘 조절할 수 있게 될 것이라는 가정에 바탕을 둔다(Goldstein et al, 1998).
- 분노조절 훈련 또한 모델링·역할극·피드백·전이 등의 행동주의적 기법을 적용하고, 자신의 분노와 공격성에 대한 이해를 증진시키기 위해 'ABC 분노 주기'를 활용한다. 이는 선행 사건(antecedents) → 행동(behavior) → 결과(consequences)로 연결되는 분노 주기에 근거하여 분노를 일으키는 상황을 이해하고, 이완 대처 훈련과 같은 분노 감소 기법을 사용하며, 자기지시·자기평가·자기강화 등을 수행하면서 결과를 예측하는 연습을 한다(Curulla, 1991).
- 이 훈련에서는 자신에게 나타나는 정서적 반응인 분노의 단서를 민감하게 알아차리고 분노 감소 기법을 적용하는 것이 가장 중요한데, 주로 사용되는 기법으로는 심호흡, 거꾸로 세기, 즐거운 이미지, 알림 목록, 예측되는 결과 미리 생각하기 등이 있다(Goldstein et al., 1998).
- 분노조절 훈련은 10주 프로그램을 따르지만, 모든 교육 계획은 학생의 요구와 환경적 제약을 고려하여 개발되어야 한다.
- 분노조절 훈련은 학생에게 하지 말아야 할 것(공격적 행동)과 그것을 하지 않을 수 있는 방법(분노 조절 기술)을 지도한다. 또한, 학생이 도발적인 상황에서 공격성에 의존하지 않고 적절한 사회적 기술을 사용하는 방법을 알아야 하므로, 마지막 세 회기에서 사회성 기술을 연습할 수 있는 기회(스킬스트리밍 기술)를 추가하였다.
- 중재자는 프로그램의 핵심인 분노조절 기술의 적절한 사용을 모델링하고, 역할극과 같은 분노조절 단계의 연습을 이끌며, 연습의 결과에 대한 피드백을 제공하고 외부에서 이루어지는 학생의 연습을 감독한다.
- 이 프로그램은 회기 중과 후, 회기 사이에 배부된 과제에 학생의 적극적인 참여가 요구된다. 또한 이 프로그램에서는 일반적으로 그림과 같은 '분노 일지'를 사용하며, 학생이 소속된 특정 학교·기관 또는 기타 시설의 상황에 맞게 수정할 수 있다.

분노 일지 예시

이름: 이○○　　날짜: 2022. ○. ○.

☐ 오전　☑ 오후　☐ 밤

- 당신이 있던 장소는 어디였나요?
  ☐ 교실　☐ 화장실　☐ 학교 바깥　☐ 기숙사　☐ 팀 사무실　☐ 홀
  ☑ 체육관　☐ 식당　☐ 과제 중　☐ 레크리에이션실　☐ 운동장　☐ 기타

- 무슨 일이 일어났나요?
  ☑ 누군가가 나를 놀렸다.　☐ 누군가가 내 것을 가져갔다.　☐ 누군가가 내가 좋아하지 않는 일을 하였다.　☐ 내가 뭔가 잘못했다.
  ☐ 내가 누군가와 싸우기 시작했다.　☐ 기타

- 다른 사람은 누구였나요?
  ☑ 다른 청소년　☐ 보조 인력　☐ 교사　☐ 상담원　☐ 기타

- 당신은 무엇을 했나요?
  ☐ 반격했다.　☐ 친구나 어른에게 말했다.　☐ 도망쳤다.　☐ 무시했다.　☐ 소리 질렀다.
  ☑ 분노 조절 기술을 사용했다(깊은 심호흡).　☐ 울었다.　☐ 침착하게 물러났다.　☐ 무엇인가를 부숴버렸다.
  ☐ 말을 했다.　☐ 자제했다.　☐ 스킬스트리밍 기술을 사용했다.(　　　)　☐ 보조 인력이나 상담원에게 말했다.

- 얼마나 화를 냈나요?
  ☐ 심각하게　☐ 매우　☐ 보통　☑ 약간　☐ 전혀

- 자신을 잘 다스렸나요?
  1 매우 부족함　2 부족함　3 보통　4 잘함　5 (매우 잘함)

기본이론 206p, 218p

- 모델링
- 합리적 정서행동치료(REBT)

인지왜곡에 대한 중재
- 분노대처프로그램
- 합리적 정서행동치료(REBT)
- 귀인 재훈련
- 멈춰서 생각하고 행동하기
- 거북이 기법
- 분노조절 훈련

모델링(관찰학습)
- 인지결함, 인지왜곡 관점과 상관없이 모든 관점에서 활용 가능한 중재
- 다른 사람의 행동을 관찰함으로써 새로운 행동을 학습하는 것

인지적 재구조화(⊃ 합리적 정서행동치료)
- 학생의 비합리적인 신념을 합리적으로 전환하도록 돕는 기법
- 인지적 재구조화를 위해 논박 기법을 사용하는 것은 합리적 정서행동치료
- 합리적 정서행동치료의 논박 기법은 비합리적 신념의 논리, 증거, 유용성이 부족하다고 설명함

(가) 합리적 정서행동치료(REBT)
(나) 모델링

2016학년도 중등 A4

27 **다음은 정서 · 행동의 문제를 이해하기 위한 이론적 관점이 적용된 사례이다. (가)와 (나)에서 사용된 전략의 명칭을 순서대로 쓰시오. [2점]**

늘 우울해하는 민수가 창가를 정리하다가 화분을 깨뜨렸다.

비합리적 신념

REBT 기법에서 '논박'은 비합리적 신념의 논리 · 증거 · 유용성이 부족함을 증명할 수 있어야 함
※ 제시문에서는 논박의 논리 · 증거 · 유용성이 다소 부족함

합리적 신념

기본이론 218p

합리적 정서행동치료(REBT)

인지왜곡에 대한 중재
- 분노대처프로그램
- 합리적 정서행동치료(REBT)
- 귀인 재훈련
- 멈춰서 생각하고 행동하기
- 거북이 기법
- 분노조절 훈련

핵심 개념

합리적 정서행동치료(REBT)
- REBT의 초점은 학생의 신념을 비합리적인 것에서 합리적인 것으로 전환시키는 인지 재구조화에 있음
- 학생은 불쾌한 정서와 부적응행동의 원인(C)을 선행사건(A)의 탓으로 돌리는 경향이 있음
- REBT에서는 학생의 비합리적 신념(B)이 부적응행동의 실제적인 원인이라는 것을 강조
- 교사는 학생의 비합리적인 신념을 논박(D)하여 인지 재구조화를 촉진
- 논박기법(D)은 비합리적 신념의 논리, 증거, 유용성이 부족하다고 설명함. 논박 단계에서는 모델링, 소크라테스식 질문법, 설득, 유머, 역할 바꾸기, 합리적·정서적 심상법 등과 같은 다양한 방법을 통해서 학생의 비합리적 신념체계에 도전함

㉠ 합리적 정서행동치료(REBT)

2020학년도 중등 B1

28 **(나)의 대화에서 괄호 안의 ㉠에 해당하는 용어를 쓰시오.** **[2점]**

(가) 학생 A의 특성

- 최근 7개월간 학교와 가정에서 과도한 불안을 보인 날이 그렇지 않은 날보다 더 많음
- 자신의 걱정을 스스로 통제하는 것이 어렵다고 호소함
- 과제에 집중하기 힘들어 하고 근육의 긴장을 보이며 쉽게 피곤해 함
- 학교, 가정 등 일상생활에서 불안이나 걱정 때문에 고통을 받고 있음
- 특정 물질의 생리적 영향이나 다른 의학적 상태 때문에 나타난 증상이 아님
- 이 장애는 다른 정신장애에 의해 더 잘 설명되지 않음

불안이나 우울은 주로 인지왜곡으로 발생함

(나) 대화

통합학급 교사:	학생 A의 어려움을 줄여줄 수 있는 방안에는 어떠한 것이 있나요?
특 수 교 사:	네, 선생님, 다양한 중재방법이 있습니다. 그중 하나는 인지적 모델을 바탕으로 하는 (㉠)입니다. 이 중재방법에서는 정서·행동장애 학생이 보이는 부정적 정서 반응과 행동의 원인을 비합리적 신념 때문이라고 봅니다. 그래서 학생의 비합리적 신념을 논박하면, 비합리적 신념이 합리적 신념으로 변화하여 바람직한 정서를 보이고 적절한 행동을 하게 된다고 봅니다.

비합리적 신념을 논박을 통해 합리적 신념으로 바꿈 → REBT

기본이론 218p

합리적 정서행동치료(REBT)

구조화 틀

인지왜곡에 대한 중재
- 분노대처프로그램
- 합리적 정서행동치료(REBT)
- 귀인 재훈련
- 멈춰서 생각하고 행동하기
- 거북이 기법
- 분노조절 훈련

① 내가 너무 이상하게 생겨서 나를 쳐다보는 거야.
② 논박
③ 비합리적 신념
④ 합리적 신념

2014학년도 초등 B1

29 **(가)는 정서 · 행동장애 학생 영희의 특성이고, (나)는 통합학급 김 교사가 사회과 '사회 변화와 우리 생활' 단원을 지도하기 위해 작성한 교수 · 학습 과정안이다. 물음에 답하시오. [5점]**

(가) 영희의 특성

- 외국인 어머니에게 태어난 다문화 가정의 자녀임
- 친구들이 자신을 자꾸 쳐다보는 상황에 대해 '자신이 너무 이상하게 생겼기 때문'이라고 생각하여 친구들 눈에 띄지 않게 항상 혼자 다님 — 인지왜곡
- 영희의 행동을 이해하지 못하는 친구들로부터 놀림과 따돌림을 당함

1) **김 교사는 영희에게 엘리스(A. Ellis)의 합리적 정서행동치료(REBT) 전략을 사용하여 지도 방안을 수립하였다. 다음의 ①에 들어갈 내용을 쓰고, ②~④에 들어갈 내용을 각각 쓰시오. [2점]**

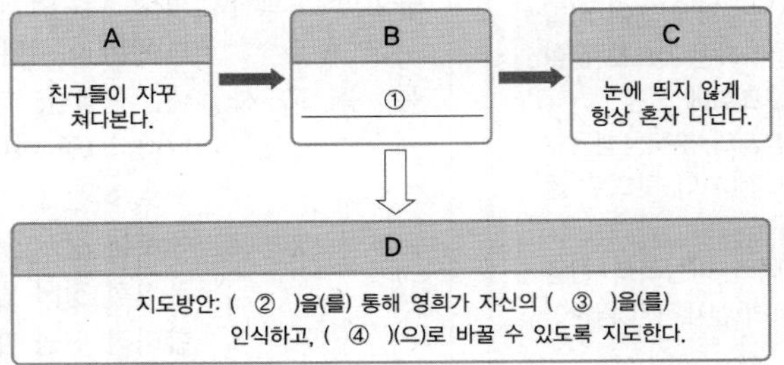

확장하기

합리적 정서행동치료(REBT)

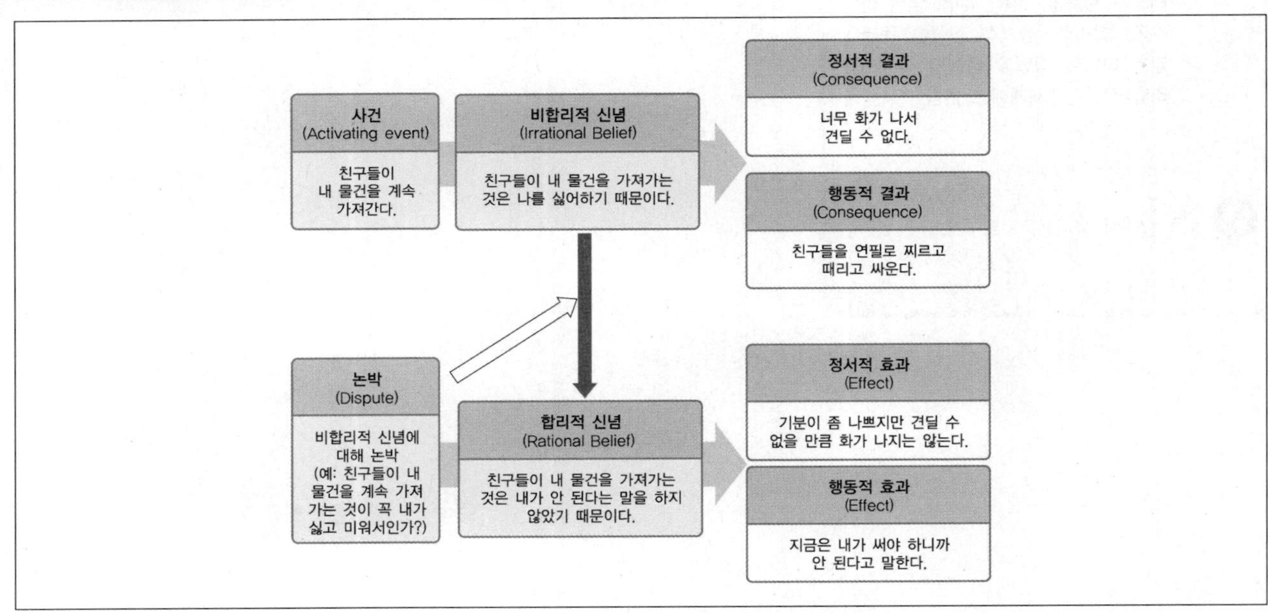

참고자료 기본이론 218p

합리적 정서행동치료(REBT)

인지왜곡에 대한 중재
- 분노대처프로그램
- 합리적 정서행동치료(REBT)
- 귀인 재훈련
- 멈춰서 생각하고 행동하기
- 거북이 기법
- 분노조절 훈련

① 신념
② 떨어진 공을 다시 주워 공놀이를 한다.

2014학년도 유아 B2

30 **통합유치원에 다니는 은수는 5세로 정서 · 행동상의 문제를 보이고 있다. (가)는 은수의 행동 특성이고, (나)는 활동계획안의 일부이다. 물음에 답하시오. [5점]**

(가) 은수의 행동 특성

• 작은 실수에도 안절부절 못하면서 울어버림 • 놀이 활동 시 주의를 기울이지 않고 규칙을 잘 따르지 않음

불안이나 우울은 주로 인지왜곡으로 발생함

(나) 활동계획안

행동 관찰 내용	• ㉡ 은수가 차례를 기다리지 못하고 친구를 밀어 버림 • 은수는 머리 위로 공을 전달하다 갑자기 ㉢ 공을 떨어뜨리자 "나는 바보야."라고 울며 공놀이를 하지 않겠다고 함

1) 다음은 (나)의 ㉢에 나타난 은수의 행동을 엘리스(A. Ellis)의 합리적 정서행동치료 이론에 근거하여 ABC를 작성한 것이다. ①과 ②에 해당하는 내용을 각각 쓰시오. [2점]

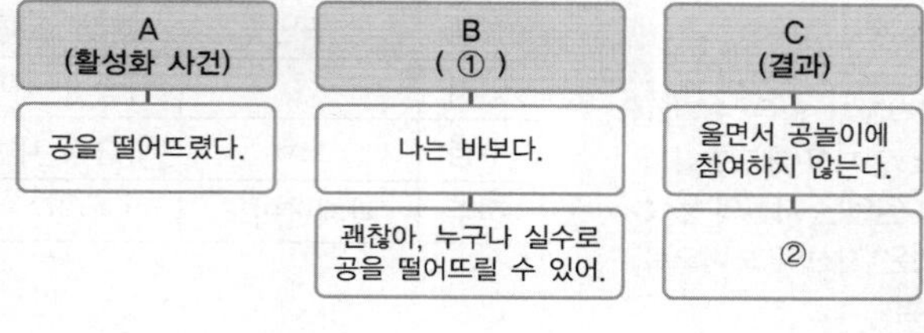
A (활성화 사건)
B (①)
C (결과)
공을 떨어뜨렸다.
나는 바보다.
울면서 공놀이에 참여하지 않는다.
괜찮아, 누구나 실수로 공을 떨어뜨릴 수 있어.
②

확장하기

합리적 정서행동치료(REBT)

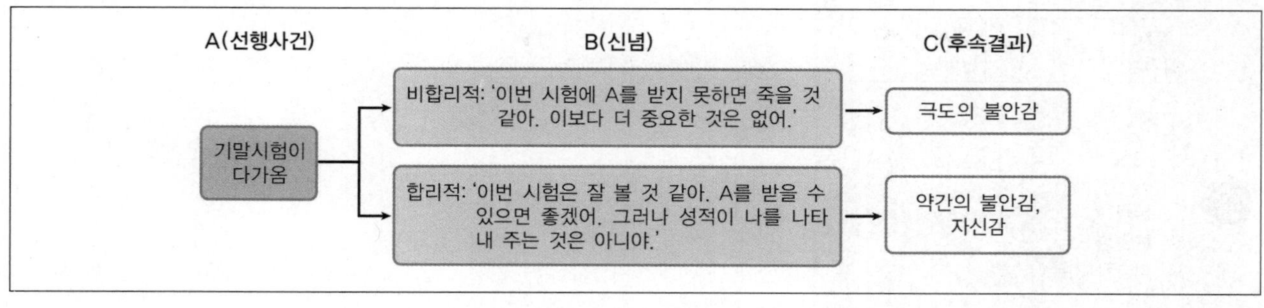
A(선행사건)
B(신념)
C(후속결과)
기말시험이 다가옴
비합리적: '이번 시험에 A를 받지 못하면 죽을 것 같아. 이보다 더 중요한 것은 없어.'
극도의 불안감
합리적: '이번 시험은 잘 볼 것 같아. A를 받을 수 있으면 좋겠어. 그러나 성적이 나를 나타내 주는 것은 아니야.'
약간의 불안감, 자신감

기본이론 220p

귀인 재훈련

인지왜곡에 대한 중재
- 분노대처프로그램
- 합리적 정서행동치료(REBT)
- 귀인 재훈련
- 멈춰서 생각하고 행동하기
- 거북이 기법
- 분노조절 훈련

핵심 개념

귀인

학생이 일상생활에서 경험하는 사건의 원인에 대해 생각하는 신념으로, 수행 성공과 실패의 원인이 어디에 있는지를 설명함

귀인 재훈련

학생이 가진 바람직하지 않은 귀인을 바람직한 귀인으로 인지적 재구조화시키는 전략. 성공의 원인은 자신의 능력으로, 실패의 원인은 자신의 노력으로 귀인하도록 해야 함

통제 가능성	내부		외부	
	안정적	불안정적	안정적	불안정적
통제 가능	평소의 노력 (지속적 노력)	일시적 노력	교사의 편견	타인의 부정 기적 도움
통제 불가능	능력	기분	과제 난이도	운

① 능력
② 불안정
③ 학습자 외부

2013학년도 추가중등 B6

31 **(가)는 A중학교 2학년에 재학 중인 학습장애 학생들의 대화 중 일부이고, (나)는 박 교사가 진주와 상담한 후 A 대학교 이 교수로부터 자문받은 내용의 일부이다. 물음에 답하시오. [6점]**

(가) 학생들의 대화

> 민지 : 수영아! 나 시험 엉망이었어. ㉠ 나는 공부에 재능이 없나봐.
> 수영 : 나도 시험 잘 못 봤어. ㉡ 시험 공부를 열심히 안 했기 때문에 그런 것 같아.
> 진주 : 이번 시험은 너무 어렵지 않았니? ㉢ 선생님이 문제를 너무 어렵게 냈기 때문에 시험을 잘 못 본 것 같아. 다음에는 쉬운 문제가 나왔으면 좋겠어.
>
> …(중략)…

1) 민지, 수영, 진주는 시험 결과를 각각 ㉠, ㉡, ㉢와 같이 귀인하였다. Weiner의 귀인이론에 근거하여 ①~③에 알맞은 말을 쓰시오. [3점]

학생	귀인	통제 소재	안정성
민지	①	학습자 내부	안정(바꿀 수 없음)
수영	노력	학습자 내부	②
진주	과제난이도	③	안정(바꿀 수 없음)

기본이론 220p

귀인 재훈련

인지왜곡에 대한 중재
- 분노대처프로그램
- 합리적 정서행동치료(REBT)
- 귀인 재훈련
- 멈춰서 생각하고 행동하기
- 거북이 기법
- 분노조절 훈련

귀인

학생이 일상생활에서 경험하는 사건의 원인에 대해 생각하는 신념으로, 수행 성공과 실패의 원인이 어디에 있는지를 설명함

귀인 재훈련

학생이 가진 바람직하지 않은 귀인을 바람직한 귀인으로 인지적 재구조화시키는 전략. 성공의 원인은 자신의 능력으로, 실패의 원인은 자신의 노력으로 귀인하도록 해야 함

통제 가능성	내부		외부	
	안정적	불안정적	안정적	불안정적
통제 가능	평소의 노력(지속적 노력)	일시적 노력	교사의 편견	타인의 부정기적 도움
통제 불가능	능력	기분	과제 난이도	운

①

2012학년도 초등(유아) 11

32 **다음은 일반학급의 김 교사가 자신의 학급에 통합되어 있는 민지에 대해서 특수학급 교사에게 한 이야기이다. 김 교사의 이야기를 근거로 할 때, 민지가 보이는 DSM-Ⅳ 분류상의 장애 유형(㉠)과 귀인 유형(㉡~㉣)을 바르게 제시한 것은?**

> ㉠ 민지는 평소 학급 활동에 매우 소극적이고 수업에 잘 집중하지 못합니다. 사소한 일에도 부적절한 죄책감을 가지고 있으며, 또래들과 잘 어울리지 못하는 아이입니다. 민지 어머니도 민지가 지난 달 초부터는 매사 흥미를 잃고 피곤하다고 하면서 별로 먹지도 않고 과민해져서 걱정이 많으시더군요.
> 제가 보기에는 충분히 해낼 수 있는 과제에 대해서도 자신을 스스로 낮게 평가하고 과제를 회피하는 것 같습니다. 어제는 수업 중에 친구들과 게임을 하였는데, ㉡ 자기가 게임에서 진 것은 자신의 무능함 때문이라고 말하더군요. 또한, ㉢ 자기는 언제나 시험을 잘 치지 못하고, ㉣ 학급의 모든 활동에서 다른 친구들에게 뒤지고 잘하지 못한다고 하더군요.

능력

	장애 유형	귀인 유형		
	㉠	㉡	㉢	㉣
①	우울장애	내적	안정적	전체적
②	우울장애	외적	불안정적	전체적
③	범불안장애	내적	안정적	특정적
④	범불안장애	외적	불안정적	특정적
⑤	강박장애	내적	불안정적	전체적

- **특정적 귀인**: 한 가지 과제나 사건에 관계된 귀인
  예 학생이 이번 시험에서만 적절히 공부하는 것을 실패했다고 믿는다면 특정적 귀인을 가진 것
- **전체적 귀인**: 모든 상황에 걸쳐 나타나는 귀인
  예 학생이 학교의 모든 과제에 대해 항상 못한다고 믿는다면 전체적 귀인을 가진 것

기본이론 220p

귀인 재훈련

인지왜곡에 대한 중재

- 분노대처프로그램
- 합리적 정서행동치료(REBT)
- 귀인 재훈련
- 멈춰서 생각하고 행동하기
- 거북이 기법
- 분노조절 훈련

핵심개념

귀인 재훈련

학생이 가진 바람직하지 않은 귀인을 바람직한 귀인으로 인지적 재구조화시키는 전략. 성공의 원인은 자신의 능력으로, 실패의 원인은 자신의 노력으로 귀인하도록 해야 함

통제 가능성	내부 안정적	내부 불안정적	외부 안정적	외부 불안정적
통제 가능	평소의 노력(지속적 노력)	일시적 노력	교사의 편견	타인의 부정기적 도움
통제 불가능	능력	기분	과제 난이도	운

③

2010학년도 초등(유아) 4

33 다음은 특수학급 강 교사가 학습장애 학생 영규와 나눈 대화이다. 영규의 말에 나타난 귀인과 그 특성이 바르게 연결된 것은?

강 교사: 지난 시간에 했던 단어카드 놀이 재미있었니?
영　 규: (머뭇거린다.)
강 교사: 단어카드에서 나온 단어를 기억할 수 있니? 한번 말해보렴.
영　 규: 기억이 잘 안나요. ㉠ 저는 잘할 수 있는 게 전혀 없어요.
강 교사: 그렇게 생각하니? 너도 얼마든지 잘할 수 있어.
영　 규: 하지만, ㉡ 선생님은 질문을 할 때마다 제가 모르는 것만 물어보세요.
강 교사: 영규는 선생님이 좀 쉬운 것을 물어봤으면 좋겠다고 생각하는구나.
영　 규: 예. 그리고 ㉢ 저는 단어카드 놀이가 어려워서 하기 싫어요.
강 교사: 단어카드 놀이가 어렵니?
영　 규: 예, 그래도 ㉣ 공부를 잘하는 은혜에게 도움을 받으면 할 수 있을 것 같기도 해요.
강 교사: 은혜의 도움을 받는 것도 좋지만, 네가 스스로 열심히 해야 한다고 생각하지 않니?
영　 규: (머리를 긁적이며) 그럴 것 같아요. ㉤ 그럼 앞으로는 열심히 해볼게요.

㉠ 능력: 내적, 안정적, 통제 불가능

㉡ 운: 외적, 불안정적, 통제 불가능

㉢ 과제난이도: 외적, 안정적, 통제 불가능

㉣ 타인의 도움: 외적, 불안정적, 통제 가능

㉤ (일시적) 노력: 내적, 불안정적, 통제 가능

	영규의 말	귀인	안정성	원인의 소재	통제성
①	㉠	노력	불안정	내적	통제 불가능
②	㉡	행운	불안정	외적	통제 가능
③	㉢	과제	안정	외적	통제 불가능
④	㉣	타인	안정	외적	통제 가능
⑤	㉤	능력	불안정	내적	통제 불가능

기본이론 220p, 265–268p

- 자기관리 기법 – 자기점검
- 귀인 재훈련

구조화틀

인지결함에 대한 중재
- 인지 전략
- 초인지 전략
- 문제해결 전략

인지왜곡에 대한 중재
- 분노대처프로그램
- 합리적 정서행동치료(REBT)
- 귀인 재훈련
- 멈춰서 생각하고 행동하기
- 거북이 기법
- 분노조절 훈련

자기관리 기술
- **자기관리**: 자신의 행동을 더 바람직하게 변화시키기 위한 의도를 가지고 자신에게 스스로 행동의 원리를 적용하는 것
- **자기관리 훈련에 자주 사용되는 절차**: 자기점검, 자기평가, 자기강화

자기점검(자기기록)
- 자신의 특정 행동의 빈도 등을 기록하는 것
- **자기점검 시 장점**
  - 행동에 대한 기록은 학생과 교사에게 행동에 대한 확실하고 구체적인 피드백을 줄 수 있음
  - 반동효과가 있어 기록 자체만으로도 바람직한 방향으로 행동변화를 이끌어낼 수 있음
  - 과제 완성을 스스로 점검하기 위해 점검표를 사용하는 것과 같은 자기관리 기법을 배우면, 일반화 상황에서 다른 사람의 강화나 도움이 없더라도 스스로 자신의 행동을 관리하며 유지할 수 있음

1) ㉠ 자기점검

3) ㉢ 귀인 재훈련

2017학년도 유아 A4

34 다음은 정서 · 행동문제를 가진 5세 유아 영우에 대해 방과후 과정 교사인 민 교사, 통합학급 교사인 박 교사, 그리고 유아특수교사인 강 교사가 나눈 대화이다. 물음에 답하시오. [4점]

> 민 교사: 자유놀이 시간에 영우가 색칠하기를 하고 있었어요. 그런데 색칠하던 크레파스가 부러지자 옆에 있던 민영이에게 "야, 네가 방해해서 크레파스가 부러졌잖아."하고 화를 내면서 들어 있던 크레파스를 교실 바닥에 내동댕이 쳤어요. 영우는 자신의 실수로 크레파스가 부러진 것을 민영이 탓으로 돌리며 화를 낸 거죠.
>
> 박 교사: 우리 반에서도 자신이 실수할 때면 항상 다른 친구들이 방해했기 때문이라며 화를 내고 물건을 던졌어요. 영우의 이런 행동을 지도하기 위해 ㉠ 영우가 물건을 던질 때마다 달력에 스스로 표시하도록 가르치려고 하는데, 이 방법이 영우에게 도움이 될까요?
>
> 강 교사: 박 선생님께서 선택하신 중재방법은 영우의 귀인 성향으로 보아 ㉡ 영우에게 바로 적용하기는 어려울 것으로 보여요. 영우의 행동은 누적된 실패 경험에서 비롯된 것일 수 있어요. 그러므로 성공경험을 통해 ㉢ 영우의 귀인 성향을 바꿀 수 있도록 지도하는 것이 우선되어야 해요.

영우는 자신의 실수를 외부의 탓으로 귀인하고 있는 '외적 통제소'를 보임

자기점검

'외적 통제소'를 가진 경우 자기결정 및 자기조정적 문제해결 능력을 발달시키기 어려움

1) ㉠에 해당하는 자기관리 기술을 쓰시오. [1점]

자기관리 기술 = 자기통제 훈련 = 자기조정 훈련

3) 강 교사의 대화를 근거로 ㉢에 해당하는 인지적 중재기법을 쓰시오. [1점]

인지적 재구조화 방법
합리적 정서행동치료, 귀인재훈련

기본이론 220p, 265-268p

- 자기관리 기법 – 자기평가
- 귀인 재훈련

인지왜곡에 대한 중재

- 분노대처프로그램
- 합리적 정서행동치료(REBT)
- 귀인 재훈련
- 멈춰서 생각하고 행동하기
- 거북이 기법
- 분노조절 훈련

자기평가

- 자신의 수행이 특정 기준에 부합하는지를 결정하는 것
- 특징
  - 학생에게 자기 행동을 평가하도록 할 때는 어떤 종류의 준거를 사용해야 하는지 알려주어야 함
  - 자신의 적절한 행동과 부적절한 행동을 변별할 수 있는 능력이 요구됨
  - 자기평가를 하기 위해서는 자기기록 기술이 요구됨

귀인

통제 가능성	내부		외부	
	안정적	불안정적	안정적	불안정적
통제 가능	평소의 노력(지속적 노력)	일시적 노력	교사의 편견	타인의 부정기적 도움
통제 불가능	능력	기분	과제 난이도	운

① 자기평가
② 내부

2024년도 유아 A4

35 **다음은 유아특수교사 최 교사와 박 교사가 나눈 대화이다. 물음에 답하시오. [5점]**

최 교사 : 이번 크리스마스 카드 만들기는 어땠어요?
박 교사 : 유아들이 정말 즐거워했어요. 특히 소윤이가 모양 스티커를 활용해 카드를 잘 꾸몄어요. 그동안 소윤이의 자율성이 향상된 것이 더 도움이 된 것 같아요.
최 교사 : 어떤 방법을 사용하셨어요?
박 교사 : 먼저 순서에 따라 카드를 완성하면 좋아하는 트램펄린 타는 것을 약속했어요. 활동 중에는 각 단계마다 그림과제분석표에 동그라미를 그려 점검하게 했고요. ㉡ <u>활동이 끝난 후에는 스스로 그림과제분석표를 보고, 사전에 정한 기준대로 모든 단계에 동그라미가 있으면 웃는 강아지 얼굴에 스탬프를 찍게 했어요.</u> 그랬더니 카드 만들기 활동 후 소윤이가 웃는 강아지 얼굴에 표시한 걸 가지고 와서 "소윤이 트램펄린 탈래."라고 말하더라고요.

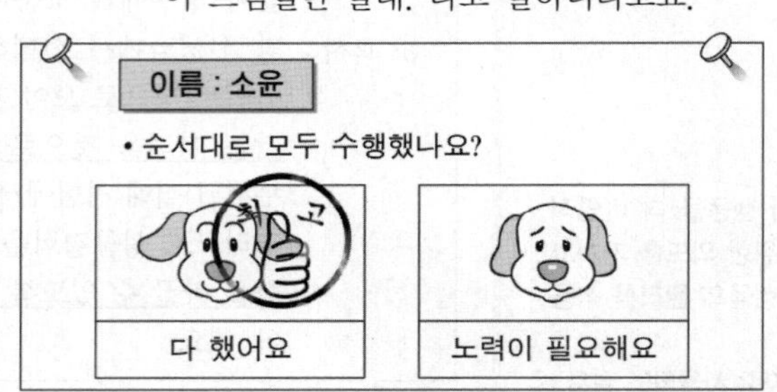

최 교사 : 정말 기특하네요.
박 교사 : 네. 그리고 ㉢ <u>소윤이가 친구들에게 "이것 봐. 이거 내가 했어. 혼자 만든 거야. 많이 연습했어. 잘했지? 예쁘지?"라고 자랑했어요. 소윤이가 자신의 노력 덕분에 잘 완성했다고 생각하더라고요.</u>
최 교사 : 소윤이의 자신감이 높아진 것 같아 기쁘네요.

2) ① ㉡에서 박 교사가 지도한 자기관리 기술을 쓰고, ② 귀인이론 중 통제 소재의 차원에서 ㉢에 해당하는 특성을 쓰시오. [2점]

통제 소재
개인이 자신의 성공이나 실패의 원인을 어떻게 인식하는지를 나타내는 개념으로, 주로 내부적 요인(자신의 노력·능력 등)과 외부적 요인(운·상황 등)으로 나눌 수 있음

참고자료 기본이론 197-229p

키워드 개념적 모델 혼합형(선택형) 문제

구조화 틀

핵심 개념

모범 답안 ②

2010학년도 중등 19

36 정서 · 행동장애학생의 문제행동에 대한 특수교사의 관점에 따른 지도 내용을 바르게 설명한 것을 〈보기〉에서 모두 고른 것은?

= 이론적 관점 / 개념적 모델

| 보기 |

ㄱ. 문제행동의 원인을 정신내적과정상의 기능장애에 의한 것으로 보고, 자기점검 및 행동형성 절차를 적용하여 학생의 행동 변화를 이끌어 낸다.

ㄴ. 문제행동의 원인을 잘못된 학습에 의한 것으로 보고, 문제행동과 관련된 환경적 변인을 파악하고, 이를 조작하여 학생들의 행동 변화를 이끌어 낸다.

ㄷ. 문제행동은 개인의 기질 등에 기인하나 이러한 문제가 환경적 요인으로 발현될 수 있다고 보고, 문제행동을 직접 중재하기보다는 의사 등 관련 전문가에게 의뢰한다.

ㄹ. 문제행동이 사고, 감정, 행동 간 상호작용에 의해 발생하는 것으로 보고, 학생이 자신의 욕구와 갈등을 표현할 수 있도록 환경을 지원하여 건강한 성격발달이 이루어지도록 한다.

ㄱ. 심리역동적 모델 / 행동주의 모델

ㄴ. 행동주의적 모델

ㄷ. 신체생리학적 모델

ㄹ. 인지주의적 모델 / 심리역동적 모델

① ㄱ, ㄷ ② ㄴ, ㄷ
③ ㄴ, ㄹ ④ ㄱ, ㄴ, ㄹ
⑤ ㄱ, ㄷ, ㄹ

기본이론 197-229p

개념적 모델 혼합형(선택형) 문제

생태학적 사정(ecological assessment)

- **생태학적 모델**: 학생의 행동에 관한 정보와 학생이 기능을 수행하는 생태체계에 관한 정보를 수집하는 생태학적 사정에 근거
- **생태학적 사정**: 대상 학생과 의미 있는 상호작용이 이루어지고 있는 생태체계에 관한 정보를 수집 및 평가하는 것

모범답안 ④

2012학년도 중등 23

37 **(가)~(마)의 정서 · 행동장애학생들의 사례에 나타난 이론적 모델과 중재방법으로 옳은 것은?**

(가) 학생 A는 학교에서 과잉행동과 충동성을 보였다. 이에 교사는 부모에게 병원에서 진단을 받도록 권유하였다. 학생 A는 병원에서 약물을 처방받아 복용하고 있다. 약물처방 후의 학생 행동에 대하여 교사는 주의를 기울였다.

(나) 학생 B는 인근 작업장에서 일하고부터 감정 기복이 심하고, 친구들에게 자주 분노를 표출하였다. 이에 교사는 작업장, 가정, 학교의 환경을 조사하고, 일어날 수 있는 사건에 대한 체크리스트를 만들었다.

(다) 학생 C는 무단결석을 빈번히 하고, 친구들과 자주 싸운다. 이에 교사는 학생에게 자신이 처한 상황에서의 문제를 파악해 기록하게 한 후, 그 문제를 해결할 수 있는 여러 방법과 결과에 대해 생각해보도록 하였다. 그리고 자신이 선택하여 실행한 방법과 결과를 기록하도록 지도하였다.

(라) 학생 D는 여러 사람 앞에서 소리 내어 책을 읽는 것을 두려워하여, 그런 상황을 자주 회피한다. 이에 교사는 두려움 유발 자극을 낮은 단계부터 높은 단계로 서서히 직면하도록 하는 이완훈련을 통해 두려움을 극복할 수 있도록 지도하였다.

(마) 학생 E는 경쟁적 학습과 스트레스 등으로 인해 스스로 좌절하고 친구들과 어울리지 못한다. 이에 교사는 타인 위로하기, 감정 공유하기 등과 같은 집단 프로그램을 통해 소외당하거나 우울해하는 학생 E가 자존감을 회복할 수 있도록 지도하였다.

(가) 신체생리학적 모델의 관점에 근거한 의료적 처치와 교사의 역할

(나) 생태학적 모델에 근거한 생태학적 사정

(다) 인지주의적 모델에 근거한 문제해결 훈련

(라) 행동주의적 모델에 근거한 체계적 둔감화

(마) 심리역동적 모델에 근거한 집단중재

① (가)는 신체생리학적 모델을 근거로 교사가 학교에서 약물요법을 실행한 것이다.
② (나)는 생태학적 모델을 근거로 교사가 분노통제훈련을 실행한 것이다.
③ (다)는 심리역동적 모델을 근거로 합리적 정서행동치료의 절차를 적용한 것이다.
④ (라)는 행동주의 모델을 근거로 체계적 둔감화 절차를 적용한 것이다.
⑤ (마)는 인지모델을 근거로 자기교수 절차를 적용한 것이다.

확장하기

문제해결 훈련

- 문제해결 훈련은 갈등 · 선택 · 문제 상황에 직면했을 때 효과적으로 대처하고 해결하는 능력을 지도하는 것으로, 문제에 대한 해결책이 아닌 문제해결 과정을 배운다.
- 즉, 학생들은 필요한 문제를 인식하고, 문제를 정의하며, 문제를 해결할 방안을 만들고, 우선적으로 적용할 방안을 선정하며, 실행계획을 세우고, 해결 방안의 결과를 점검하는 문제해결 절차를 학습한다. 이때 교사는 학생이 학습해야 할 문제해결 전략(2단계)을 학생들이 숙달할 수 있도록 하는 것이 매우 중요하다.
- 학생은 문제에 대한 해결책을 배우는 것이 아니라, 문제해결 과정에서 필요한 전략인 '① 문제 인식하기 → ② 문제 정의하기 → ③ 가능한 문제해결 방안 만들기 → ④ 해결 방안 검토하기 → ⑤ 해결 방안 실행하기 → ⑥ 결과 점검하기'를 학습한다.

문제해결 훈련 단계

단계	정의	방법
1단계	문제해결 훈련의 중요성을 설명한다.	교사는 문제를 해결하는 방법을 학습하는 것이 왜 중요한지를 학생에게 설명한다. 학생은 문제해결 전략을 학습해야 하는 이유를 이해하고 최선을 다할 것을 다짐한다.
2단계	효과적인 문제해결 전략을 지도한다.	교사는 학생에게 문제해결 전략(예 문제 인식하기, 문제 정의하기, 가능한 해결 방안 만들기, 해결 방안 검토하기, 해결 방안 실행하기, 결과 점검하기)을 설명한다.
3단계	문제해결 전략의 시범을 보인다.	교사는 문제해결 전략을 사용할 수 있는 상황과 구체적인 전략을 설명하고, 보조원 또는 또래 학생과 함께 문제해결 전략의 시범을 보인다.
4단계	문제해결 전략을 사용할 수 있는 역할놀이 기회를 제공한다.	교사는 실생활에서 접할 수 있는 문제해결 전략 적용 상황을 준비하고, 학생들이 문제해결 전략을 사용할 수 있는 역할놀이에 참여할 수 있도록 한다. 교사는 학생들의 역할놀이에 대한 피드백을 제공한다.
5단계	문제해결 관련 숙제를 제공한다.	교사는 학생들에게 실생활 상황에서 문제해결 전략을 연습할 수 있는 숙제를 내준다.
6단계	피드백과 강화제를 제공한다.	교사는 학생이 사용한 문제해결 전략에 대한 피드백을 제공하고 적절한 강화제를 제공한다.

CHAPTER 04

불안장애

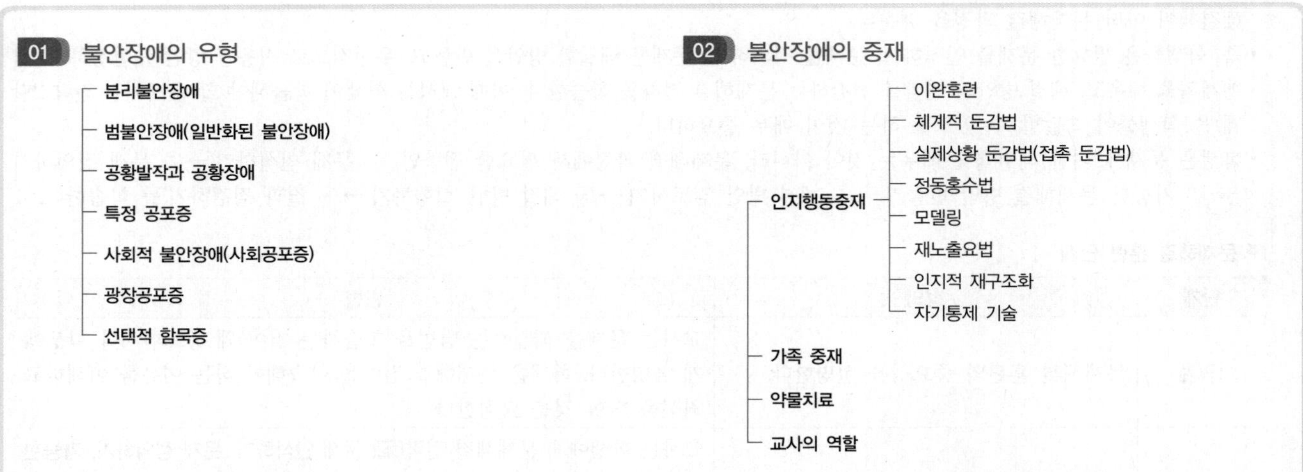

기본이론 218p, 231-232p

- 범불안장애
- 합리적 정서행동치료

불안장애 유형

- 분리불안장애
- 범불안장애(일반화된 불안장애)
- 공황발작과 공황장애
- 특정 공포증
- 사회적 불안장애(사회적 공포증)
- 광장공포증
- 선택적 함묵증

불안장애의 중재 - 인지행동중재(행동수정)

- 이완훈련
- 체계적 둔감법
- 실제상황 둔감법 (접촉 둔감법, 탈감법)
- 정동홍수법
- 모델링
- 재노출요법
- 인지적 재구조화
- 자기통제 기술

범불안장애(일반화된 불안장애)

- 특정 사물이나 상황에 초점이 맞추어 지지 않은 불안으로, 통제할 수 없는 만성적 과도 불안을 의미함
- 최소한 6개월 이상 몇 개의 사건이나 활동에 대해 과도하게 불안해하며 걱정함
- 자신이 걱정하는 것을 통제할 수 없음

범불안장애(일반화된 불안장애)

㉠ 합리적 정서행동치료(REBT)

2020학년도 중등 B1

01 **(가)의 학생 A의 특성에 해당하는 장애 명칭을 '정신장애의 진단 및 통계 편람 제5판(DSM-5)'의 진단기준에 근거하여 쓰고, (나)의 대화에서 괄호 안의 ㉠에 해당하는 용어를 쓰시오. [2점]**

(가) 학생 A의 특성

- 최근 7개월간 학교와 가정에서 과도한 불안을 보인 날이 그렇지 않은 날보다 더 많음
- 자신의 걱정을 스스로 통제하는 것이 어렵다고 호소함
- 과제에 집중하기 힘들어하고 근육의 긴장을 보이며 쉽게 피곤해함
- 학교, 가정 등 일상생활에서 불안이나 걱정 때문에 고통을 받고 있음
- 특정 물질의 생리적 영향이나 다른 의학적 상태 때문에 나타난 증상이 아님
- 이 장애는 다른 정신장애에 의해 더 잘 설명되지 않음

(나) 대화

통합학급 교사 : 학생 A의 어려움을 줄여줄 수 있는 방안에는 어떠한 것이 있나요?

특 수 교 사 : 네, 선생님, 다양한 중재방법이 있습니다. 그중 하나는 인지적 모델을 바탕으로 하는 (㉠)입니다. 이 중재방법에서는 정서·행동장애 학생이 보이는 부정적 정서 반응과 행동의 원인을 비합리적 신념 때문이라고 봅니다. 그래서 학생 A의 비합리적 신념을 논박하면, 비합리적 신념이 합리적 신념으로 변화하여 바람직한 정서를 보이고 적절한 행동을 하게 된다고 봅니다.

기본이론 237-239p

- 이완훈련
- 신체생리학적 모델 중재(약물치료)

불안장애의 중재 – 인지행동중재(행동수정)
- 이완훈련
- 체계적 둔감법
- 실제상황 둔감법 (접촉 둔감법, 탈감법)
- 정동홍수법
- 모델링
- 재노출요법
- 인지적 재구조화
- 자기통제 기술

이완훈련
- 깊고 느린 호흡기법, 근육이완, 심상을 통해 불안장애를 가진 학생의 긴장 수준을 낮추는 것
- 공포와 불안 문제를 구성하는 자율적 각성의 경험을 감소시키는 전략

모범답안
㉠ 이완훈련
㉡ 부작용

2019학년도 중등 A8

02 **다음은 ○○중학교 건강장애 학생 K의 보호자와 송 교사가 나눈 대화이다. 밑줄 친 ㉠에 해당하는 인지행동중재방법의 명칭을 쓰고, 괄호 안의 ㉡에 해당하는 내용 1가지를 쓰시오. [2점]**

> 보 호 자: 선생님, 학생 K가 퇴원 후 학교에 복귀하게 되었는데, 학습 결손도 걱정이지만 오랜만에 학교에 가서 그런지 불안과 긴장이 심해지는 것 같아요.
>
> 송 교사: 개별적인 지원 방법을 고민해 봐야겠군요. 먼저, 학업 지원 측면에서 학습 결손 보충과 평가 조정 등을 고려하겠습니다. 불안과 긴장에 대해서는 ㉠ 깊고 느린 호흡, 심상(mental image) 등을 통해 근육의 긴장을 감소시키는 방법을 고려해보면 좋겠네요.
>
> 보 호 자: 학생 K가 병원에서 처방받은 약을 복용해야 하는데, 건강관리 측면에서는 어떠한 지원이 가능한가요?
>
> 송 교사: 개별화교육지원팀에서 약물 투여 담당자 지정을 포함하여 건강관리에 관한 제반 사항을 논의하고 결정할 것입니다. 교사들은 학생 K가 정해진 시간에 약을 복용하는지 확인할 것이고, 약물 복용에 따른 (㉡)을/를 관찰하겠습니다. 그리고 혹시 있을지 모르는 응급상황 대처 요령을 숙지할 것입니다.

불안장애의 중재 – 이완훈련

약물치료 시 학교에서 교사의 역할
- 불안장애를 가지고 있는 아동이나 청소년들에게 약물치료를 하는 것은 매우 신중해야 하며, 약물치료를 하더라도 인지행동중재를 병행하는 것이 바람직함
- **교사의 역할**: 약물의 부작용이나 행동의 변화를 점검하거나, 교실과 다른 학교 환경에서 실시되는 행동치료를 도와야 함

기본이론 238p

- 체계적 둔감법
- 실제상황 둔감법

불안장애의 중재 – 인지행동중재(행동수정)

- 이완훈련
- 체계적 둔감법
- 실제상황 둔감법 (접촉 둔감법, 탈감법)
- 정동홍수법
- 모델링
- 재노출요법
- 인지적 재구조화
- 자기통제 기술

체계적 둔감법

- 불안을 야기하는 장면을 점진적으로 묘사하는 것을 상상하면서 이완하는 것을 학습하여 공포반응을 감소시키는 전략
- **체계적 둔감법의 절차**
  ① 학생은 앞서 기술된 절차 중 하나를 사용하는 이완기술을 학습함
  ② 치료자와 학생은 공포를 야기하는 자극의 위계를 만듦
  ③ 학생과 치료자가 위계에 따라 장면을 묘사하는 동안 이완기술을 연습함

실제상황 둔감법

- 두려움을 유발하는 자극에 점진적으로 접근하거나 점진적으로 노출된다는 점을 제외하고는 체계적 둔감법과 유사
- **장점**: 불안 상황과 실제로 접촉하게 만들기 때문에 불안 상황에서 더 일반화할 수 있음

㉣ 체계적 둔감법은 불안을 일으키는 자극을 현실적 장면이 아닌 상상을 통해 대응시킴으로써 실제적인 자극을 효과적으로 대치할 수 있고 중재과정이 안전하다.

㉤ 실제상황 둔감법은 실제 불안 상황을 접촉하게 만들기 때문에 일반화에 용이하다.

2019학년도 유아 A5

03 **원기는 손을 흔드는 상동행동을 하는 5세 발달지체 유아이다. 다음은 현장 체험학습을 다녀온 후에 통합학급 김 교사와 특수학급 박 교사가 평가회에서 나눈 대화의 일부이다. 물음에 답하시오. [5점]**

> …(중략)…
>
> 김 교사: 참, 선생님. 원기가 혼자 화장실에 가는 것을 좀 불안해해요. 꼭 저와 같이 가려고 하고 화장실 문도 못 닫게 하네요. 이때는 어떻게 하면 좋을까요?
>
> 박 교사: 저는 원기의 불안감을 줄여주는 것이 무엇보다 중요하다고 봐요. 불안감을 줄여주는 방법에는 여러 가지가 있는데, 그중에 ㉣ 체계적 둔감법과 ㉤ 실제 상황 둔감법이 생각나네요.
>
> …(하략)…

불안장애

3) ㉣과 ㉤의 장점을 각각 1가지 쓰시오. [2점]

확장하기

체계적 둔감법과 실제상황 둔감법(이성봉 외)

1. 체계적 둔감법

- 체계적 둔감법은 학습이론 중 양립 불가능 반응법에 근거하여 Wolpe(1958, 1973)가 발전시켰다. Wolpe에 의하면 어떤 반응 유발 자극이 존재할 때 그로 인하여 일어난 불안 반응과 상반되는 반응이 일어나 불안을 완전히 혹은 부분적으로 제지할 수 있다면, 불안 유발 자극과 불안 반응 사이의 결합은 약화된다. 즉, 어떤 반응의 유발이 동시에 일어나는 다른 반응의 강도를 약화시킬 때, 이들 두 반응은 상호 제지한다는 것이다. 따라서 불안을 줄이는 방법 중 하나는 불안과 양립할 수 없는 다른 반응을 찾아 그 강도를 높이는 것이다. Wolpe는 이처럼 불안과 양립할 수 없는 반응을 유발하는 방법으로 이완훈련이 적용될 수 있다고 보았다.
- 심한 불안이 야기되는 상황에서 불안의 통제가 불가능하다고 본 Wolpe는 불안을 일으키는 자극을 현실적 장면에서가 아니라 상상을 통해 대응시킴으로서 실제적인 자극을 효과적으로 대치할 수 있다고 보고, 불안을 처리하는 일련의 방법으로 체계적 둔감법을 제안하였다. 이는 근육의 이완과 불안이 양립할 수 없기 때문에, 불안을 가장 적게 일으키는 자극부터 불안을 가장 많이 일으키는 자극의 순서로, 상상을 통해 불안 유발 자극을 제시함으로써 어떤 자극과 조건형성된 불안을 줄일 수 있다는 원리다.

2. 실제상황 둔감법

- 실제상황 둔감법은 두려움을 유발하는 자극에 점진적으로 접근하거나 노출된다는 점을 제외하고는 체계적 둔감법과 유사하다. 실제상황 둔감법의 장점은 불안 상황과 실제로 접촉하게 만든다는 것이다. 이는 불안 상황에서 더 효과적으로 일반화할 수 있으므로 체계적 둔감법보다 선호된다.
- 하지만 실제상황 둔감법은 체계적 둔감법보다 실현하기가 어렵고 시간과 비용이 많이 든다. 따라서 체계적 둔감법의 결과가 충분히 일반화되지 못할 경우 체계적 둔감법의 효과를 증진시키고 일반화를 보장하기 위해 실제상황 둔감법을 부가적으로 사용할 수 있다.

3. 수동적 소거

Pavlov는 조건화된 자극이 무조건 자극 없이 계속 제시되면, 성립되었던 조건화된 반사가 약해져 결국 사라진다는 것을 발견하였다. 예를 들어, Pavlov의 개 실험에서 만약 메트로놈 소리가 음식과 함께 계속해서 제시되지 않으면 개가 침 흘리는 반응을 이끌어내던 힘이 점차 사라진다. 이처럼 조건화된 자극(메트로놈 소리)이 무조건 자극(음식) 없이 계속적으로 제시되어 더 이상 조건화된 반응(침 흘림)을 이끌어내지 못하는 과정을 '수동적 소거'라고 부른다.

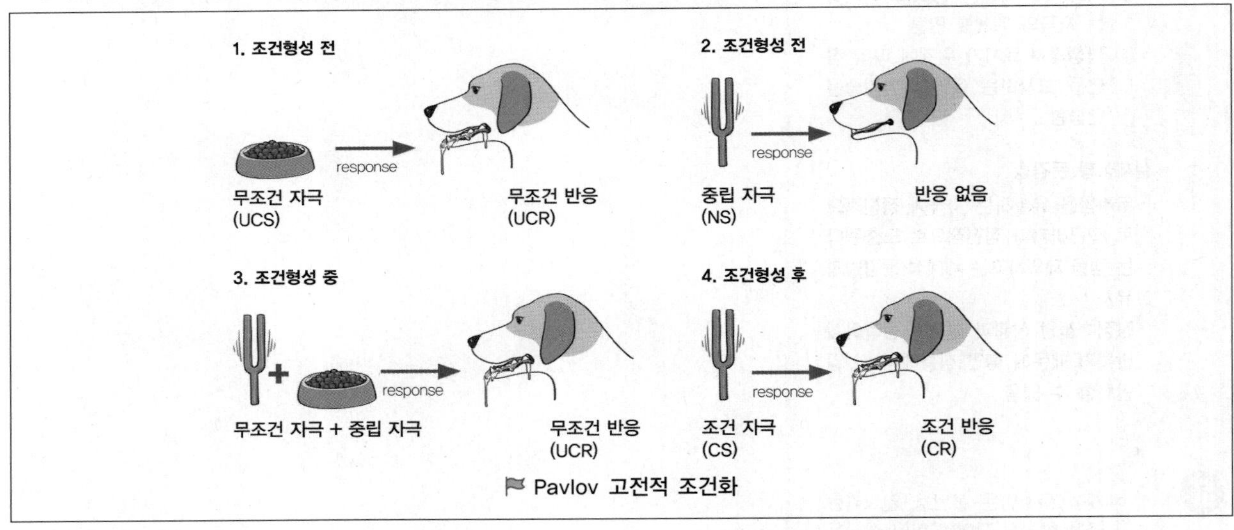

Pavlov 고전적 조건화

두려움 및 불안 감소 전략(안병환 외, 2017.)

- 이완 연습은 불안을 야기하는 상황에서 자율적 각성을 이완반응으로 대체하도록 돕는다.

점진적 근육이완 연습	신체의 주요 근육군을 각각 긴장시켰다가 이완하는 것
횡격막 호흡 연습	천천히 그리고 깊게 호흡하는 것
주의집중 연습	불안을 야기하는 자극에서 고요한 장면으로 주의를 돌리는 것
행동이완훈련	이완 자세에 초점을 둔 기법

- 체계적 둔감법과 실제상황 둔감법은 두려움을 극복하는 것을 돕는 절차이다. 체계적 둔감법에서 개인은 이완하고 최소한의 두려움에서 최대한의 두려움 위계표에 따라 배열된 두려움을 유발하는 상황을 상상한다.
- 실제상황 둔감법에서 개인은 이완을 유지하거나 도피 혹은 회피행동과 반대되는 행동에 참여하면서(최소한의 두려움에서 최대한의 두려움 위계에 따라 배열된) 실제 두려움을 야기하는 상황에 점진적으로 노출된다. 체계적 둔감법과 실제상황 둔감법의 주요한 구성요소는 불안을 더욱 많이 야기하는 장면이나 상황으로의 점진적인 노출을 이끄는 위계표에 따라 진행한다.
- 실제상황 둔감법은 내담자가 두려운 자극에 실제적인 접촉을 하도록 하여 일반화를 높인다는 장점이 있다. 단점은 절차를 수행하는 데 시간과 노력이 많이 든다는 것이다. 체계적 둔감법은 수행이 더 쉽고 용이하지만, 실제 두려움을 야기하는 상황까지 충분히 일반화되지 않을 수 있다는 단점이 있다.

기본이론 238p

- 실제상황 둔감법
- 비디오 모델링

불안장애의 중재 – 인지행동중재(행동수정)

- 이완훈련
- 체계적 둔감법
- 실제상황 둔감법 (접촉 둔감법, 탈감법)
- 정동홍수법
- 모델링
- 재노출요법
- 인지적 재구조화
- 자기통제 기술

모델링

모델링 절차에서 아동은 다른 사람이 공포자극에 접근하거나 공포활동에 참여하는 것을 관찰한 후에 유사한 행동을 더욱 쉽게 수행할 수 있게 됨

예 개를 두려워하는 아동으로 하여금 다른 아동이 개를 두려워하지 않고 친숙하게 노는 장면을 비디오나 실제 상황을 통해 역할 모델로 보여줌으로써 아동의 두려움을 감소시킬 수 있음

비디오 모델링

- 아동 자신의 적절한 행동만 보여주는 편집된 영상을 제공
- 아동이 자신의 바람직한 행동만 보여주는 편집된 영상을 관찰하게 되면 보다 나은 자기상(self-image)을 갖고 더 나은 자기 효능감을 발휘하게 되어 아동의 행동이 더 바람직한 방향으로 변화될 수 있음
  cf. 비디오 자기관찰: 바람직한 행동과 바람직하지 않은 행동을 모두 관찰함

㉠ 실제상황 둔감법
㉡ 비디오 모델링

2018학년도 중등 A6

04 **다음은 학생 B가 보이는 행동 특성에 대해 특수교사와 방과 후 교사가 나눈 대화이다. 밑줄 친 ㉠과 ㉡에 해당하는 중재방법을 순서대로 쓰시오. [2점]**

특 수 교 사: 안녕하세요? 학생 B는 방과 후 활동 시간에 잘 참여하고 있습니까?

방과 후 교사: 예, 잘 참여하고 있습니다. 그런데 그리기 활동 후 감상 시간에 본인의 작품을 발표하는 순서가 되면 극도의 불안감을 나타내면서 손을 벌벌 떨거나 안절부절못하는 행동을 보입니다. 그러다 갑자기 화를 내고 심한 경우 소리 내며 우는 행동까지 이어집니다. 학생 B의 불안감을 줄이기 위해 어떻게 하면 좋을까요?

특 수 교 사: 예, 여러 가지 방법이 있는데 그중에서 두 가지 정도가 학생 B에게 적절할 것 같습니다. 첫 번째는 ㉠ 이완 기술을 습득하고 유지하면서 짝, 모둠, 학급 전체로 점차 대상을 확대하여 발표를 해보도록 하는 방법입니다. 두 번째는 ㉡ '발표 성공 사례' 영상을 보고 영상 속 주인공의 발표 행동을 따라하는 절차를 반복하는 방법이 있습니다.

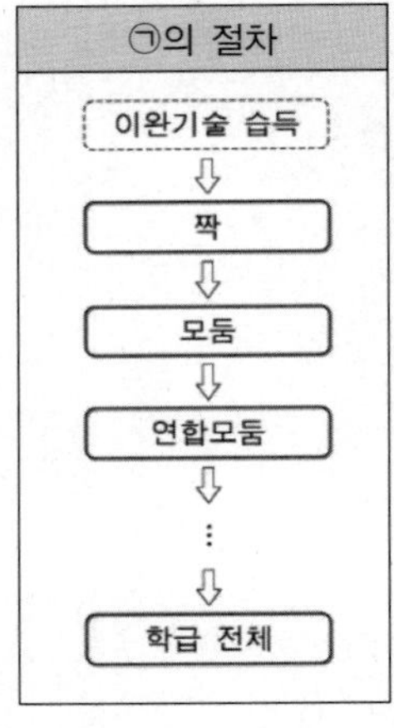

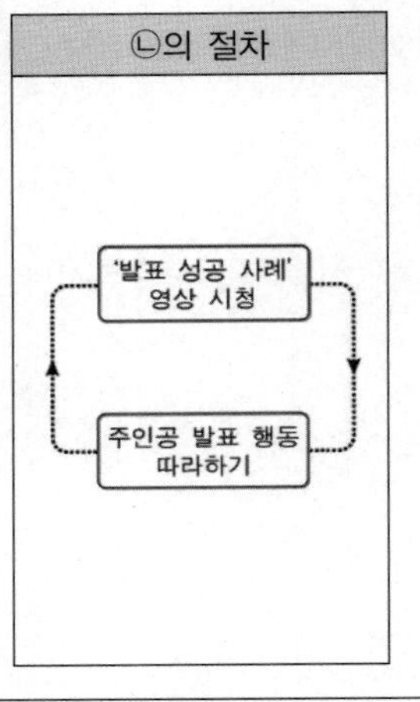

학생 B의 사례는 사회적 불안장애에 가까움 → 사회적 불안장애는 사회적 상황, 관찰되는 상황, 다른 사람 앞에서의 수행 등에 대해 6개월 이상 현저한 불안이나 두려움을 보이는 것

㉠ 실제상황 둔감법
불안을 야기하는 실제 자극에 노출하며 이완훈련을 학습하도록 하여(상호제지효과) 공포반응을 감소시키는 전략

㉡ 영상을 보고 주인공의 발표 행동을 따라하므로 '비디오' 모델링 전략임

기본이론 237-238p

- 체계적 둔감법
- 실제상황 둔감법

불안장애의 중재 - 인지행동중재(행동수정)
- 이완훈련
- 체계적 둔감법
- 실제상황 둔감법 (접촉 둔감법, 탈감법)
- 정동홍수법
- 모델링
- 재노출요법
- 인지적 재구조화
- 자기통제 기술

실제상황 둔감법
- 불안 위계의 각 장면을 상상하는 것이 아니라 공포 반응을 대체하는 반응으로서의 이완을 유지하면서 각 위계 상황을 직접 경험하도록 함
- **장점**: 불안 상황과 실제로 접촉하게 만들기 때문에 불안 상황에 더 효과적으로 일반화할 수 있음

모범답안

① ㉢ 실제상황 둔감법
② ㉣ 이완훈련

2023학년도 유아 B2

05 **(가)와 (나)는 발달지체 유아 민지의 통합학급 놀이 장면이고, (다)는 유아특수교사 박 교사와 통합학급 김 교사의 대화이다. 물음에 답하시오. [5점]**

(다)

김 교사: 오늘 놀이 시간에 민지가 병원놀이를 많이 무서워했어요.
박 교사: 그래서 민지 어머니도 민지가 아플 때 병원에 가기 어렵다고 하셨어요.
김 교사: 주사가 무섭긴 하겠지만 지나치게 불안을 나타내는 것에 대해서는 걱정이 되네요. 무슨 좋은 방법이 있을까요?
박 교사: ㉢ 친구들이 주사기 놀잇감을 가지고 병원놀이하는 모습을 멀리서 지켜보는 낮은 자극 수준부터 점차 높은 자극 수준으로 올라가도록 단계를 만들고, 자극 단계 순서대로 차츰 노출시켜서 민지가 불안을 줄여갈 수 있도록 연습시켜 봐요.
김 교사: 네, 선생님. 그런데 민지가 각 단계마다 연습을 하다가 불안이 높아질 때에는 어떻게 하지요?
박 교사: 그럴 때를 대비해서 스스로 불안을 낮출 수 있도록 (㉣)을/를 가장 먼저 연습해야 해요.

특정 공포증

3) (다)의 ① ㉢에 해당하는 중재 방법이 무엇인지 쓰고, ② ㉢과 관련하여 ㉣에 들어갈 용어를 쓰시오. [2점]

외상 및 스트레스 관련 장애

01 외상 및 스트레스 관련 장애
- 외상 후 스트레스 장애(PTSD)
- 반응성 애착장애
- 탈억제 사회관여 장애

 기본이론 241-244p

 외상후 스트레스 장애

 외상 및 스트레스 관련 장애
- 외상후 스트레스 장애
- 반응성 애착장애
- 탈억제 사회관여 장애

핵심개념

외상후 스트레스 장애(PTSD) DSM-5 진단기준(1개월 이상)
- A: 외상적 사건의 경험
- B: 외상적 사건의 지속적 재경험
  예 악몽, 회상 등
- C: 외상적 사건과 관련된 자극에 대한 지속적 회피
- D: 외상적 사건과 관련된 인지와 기분의 부정적 변화
- E: 외상적 사건과 관련된 각성 반응의 변화

재노출요법
중재자와 함께 안전하고 지원적인 환경에서 아동에게 정신적인 충격을 일으킨 사건을 재검토하고 재생하는 중재

 ④

2011학년도 초등 1 / 유아 9

01 다음의 영기와 인수는 공통된 장애가 있다. 정신장애 진단 및 통계 편람 제4판(DSM-Ⅳ-TR)에 제시된 이 장애의 진단준거에 해당하는 것은?

- 영기는 어느 날 집 앞에서 심한 교통사고를 당한 후, 지금까지 자동차를 보면 몹시 초조해하고 집 앞 도로를 혼자 다니지 못한다. 또한 혼자서 장난감 자동차 충돌을 재연하며 논다.
- 인수는 엄마와 함께 지하철을 타고 가다 화재로 심한 화상을 입은 후, 밤에 잠을 이루지 못하고 자주 악몽을 꾼다. 또한 텔레비전에서 불이 나오는 장면만 보면 심하게 울면서 안절부절 못하며 엄마에게 안긴다.

영기와 인수는 외상후 스트레스 장애에 해당

① 손 씻기와 같은 반복적인 행동이 적어도 하루에 한 시간 이상 나타난다.
② 여러 사건이나 활동에 대한 과도한 불안이나 걱정이 적어도 6개월 이상, 최소한 한 번에 며칠 이상 일어난다.
③ 말을 해야 하는 특정한 사회적 상황에서 말을 할 수 있음에도 불구하고 1개월 이상 지속적으로 말을 하지 않는다.
④ 외상과 관련된 사건의 재경험, 그 사건과 관련된 자극의 회피, 일반적인 반응의 마비, 각성 상태의 증가가 1개월 이상 지속적으로 나타난다.
⑤ 애착이 형성된 사람으로부터 분리되는 것에 대해 부적절하고 과다하게 반응하며, 이러한 반응은 4주 이상 지속되고 18세 이전에 나타난다.

① 강박-충동장애
② 범불안장애(일반화된 불안장애)
③ 선택적 함묵증
④ 외상후 스트레스 장애
⑤ 분리불안장애

CHAPTER 06

강박 – 충동 및 관련 장애

01 강박–충동 및 관련 장애
- 강박–충동장애
- 신체추형장애

기본이론 245–246p, 247–249p

- 강박–충동장애
- 우울장애

강박–충동장애 DSM-5 진단기준

- 강박적 증상(비합리적인 생각을 반복)과 충동적 증상(특정 의식이나 행동을 반복)으로 구성되며, 일반적으로 두 증상이 함께 나타남
- 성인은 자신의 생각이 비이성적이고 비합리적인 것을 인식하는 반면, 대부분의 아동은 자신의 생각이 비합리적이라는 것을 깨닫지 못하거나, 깨닫더라도 비합리적인 생각을 반복해야 할 필요성을 강하게 느낌
- 증상들은 매우 시간 소모적(하루에 한 시간 이상)이며, 아동이나 청소년의 학업기능 또는 사회적 기능에 심각한 결함을 초래함

지속성 우울장애 DSM-5 진단기준

- 최소 2년 동안 우울한 기분이 하루의 대부분 지속됨(아동이나 청소년의 경우 최소 1년 동안 지속됨)
- 주요 우울장애는 지속성 우울장애에 선행할 수 있고, 주요 우울증상은 지속성 우울장애 증상 중에 나타날 수 있음
- 2년간 주요 우울장애 진단기준을 충족시키는 증상을 가질 경우, 주요 우울장애뿐 아니라 지속성 우울장애 진단도 추가해야 함

③

2012학년도 중등 24

01 다음은 「정신장애진단통계편람」을 근거로 하여 제시한 정서 · 행동장애 유형의 주요 특성 중 일부이다. (가)~(다)에 해당하는 장애 유형이 바르게 짝지어진 것은?

(가) 여러 사건이나 활동에 대한 지나친 불안 또는 걱정(염려스런 예견)이 적어도 6개월 동안, 최소한 한 번에 며칠 이상 발생한다. 걱정을 조절하는 것이 어렵다는 것을 스스로 인식한다. 안절부절 못함, 쉽게 피로해짐, 집중 곤란, 쉽게 화를 냄, 과민기분, 근육 긴장, 수면 문제 등과 같은 부수적 증상을 3개 이상 동반한다.

(나) 비합리적인 생각을 반복하거나 특정 의식 또는 행동을 반복한다. 이러한 소모적이고 심각한 사고 또는 행동이 과도하거나 불합리하다는 것을 스스로 인식한다. 흔히 오염에 대한 생각, 반복적 의심 등과 더불어 반복적인 손 씻기, 정돈하기 등의 행동을 한다.

(다) 적어도 2년 동안 하루의 대부분이 우울하고, 우울하지 않은 날보다 우울한 날이 더 많다. 아동과 청소년은 최소한 1년 이상 과민한 상태를 보이기도 한다. 식욕 부진 또는 과식, 불면 또는 수면 과다, 기력 저하 또는 피로감, 자존감 저하, 절망감 등과 같은 부수적 증상을 2개 이상 동반한다.

	(가)	(나)	(다)
①	외상후 스트레스장애	기분부전장애	양극성장애
②	외상후 스트레스장애	강박장애	주요 우울장애
③	범불안장애	강박장애	기분부전장애
④	공황장애	분리불안장애	기분부전장애
⑤	범불안장애	공황장애	주요 우울장애

DSM-IV-TR의 '기분부전장애'가 DSM-5의 '지속성 우울장애'로 명칭이 변화됨

CHAPTER

07 우울장애

01 우울장애의 유형
- 주요 우울장애
- 지속성 우울장애
- 파괴적 기분조절장애

02 우울장애 중재
- 약물치료
- 인지행동중재

기본이론 247-249p

주요 우울장애

우울장애 유형
- 주요 우울장애
- 지속적 우울장애
- 파괴적 기분조절장애

우울장애 중재
- 약물치료
- 인지행동중재

주요 우울장애 DSM-5 진단기준
- 적어도 2주 동안의 우울한 기분 또는 거의 모든 활동에서의 흥미나 즐거움의 상실을 보임
- 진단기준 중 지속성 우울장애와의 차이는 '9. 반복되는 죽음에 대한 생각, 특정한 계획 없이 반복되는 자살 생각 또는 자살 기도나 자살 수행에 대한 특정 계획'임

①

2012학년도 초등 11 / 유아 7

01 **다음은 일반학급의 김 교사가 자신의 학급에 통합되어 있는 민지에 대해서 특수학급 교사에게 한 이야기이다. 김 교사의 이야기를 근거로 할 때, 민지가 보이는 DSM-Ⅳ 분류상의 장애 유형(㉠)과 귀인 유형(㉡~㉣)을 바르게 제시한 것은?**

> ㉠ 민지는 평소 학급 활동에 매우 소극적이고 수업에 잘 집중하지 못합니다. 사소한 일에도 부적절한 죄책감을 가지고 있으며, 또래들과 잘 어울리지 못하는 아이입니다. 민지 어머니도 민지가 지난 달 초부터는 매사 흥미를 잃고 피곤하다고 하면서 별로 먹지도 않고 과민해져서 걱정이 많으시더군요.
> 제가 보기에는 충분히 해낼 수 있는 과제에 대해서도 자신을 스스로 낮게 평가하고 과제를 회피하는 것 같습니다. 어제는 수업 중에 친구들과 게임을 하였는데, ㉡ 자기가 게임에서 진 것은 자신의 무능함 때문이라고 말하더군요. 또한, ㉢ 자기는 언제나 시험을 잘 치지 못하고, ㉣ 학급의 모든 활동에서 다른 친구들에게 뒤지고 잘하지 못한다고 하더군요.

2주 이상 나타남

	장애 유형	귀인 유형		
	㉠	㉡	㉢	㉣
①	우울장애	내적	안정적	전체적
②	우울장애	외적	불안정적	전체적
③	범불안장애	내적	안정적	특정적
④	범불안장애	외적	불안정적	특정적
⑤	강박장애	내적	불안정적	전체적

기본이론 239p, 247-250p

주요 우울장애

우울장애 유형
- 주요 우울장애
- 지속적 우울장애
- 파괴적 기분조절장애

우울장애 중재
- 약물치료
- 인지행동중재

핵심 개념

정동홍수법
- 중재 초기에 불안을 일으키는 정도가 가장 심한 자극에 아동을 오랫동안 노출시키는 절차로, 체계적 둔감법의 점진적인 접근 방법과는 대조됨
- 이는 불안을 일으키는 정도가 가장 심한 자극에 노출되더라도, 사람은 계속 높은 각성상태를 유지할 수 없으므로 결국 불안 반응은 약화된다는 수동적 소거 원리에 근거함
  예) 개에 대한 공포가 있는 사람은 치료자의 동행하에 오랫동안 개와 같은 방에 있게 됨. 조건자극(개, 공포반응)과 무조건자극(물리거나 놀라게 되는 것) 없이 존재하기 때문에 오랜 시간이 지나면 조건자극은 더 이상 조건반응(불안)을 일으키지 않게 됨
- 정동홍수법은 전문가에 의해서 수행되어야만 함

⑤

2010학년도 중등 21

02 다음 사례와 같이 우울증이 있는 정서 · 행동장애학생에 대한 지도방법으로 가장 거리가 먼 것은?

> • 대상 : 중학교 2학년 특수교육대상자
> • 관찰 및 상담 내용 :
> 일반교사에 의하면, 학생은 평소 우유부단함을 보이고 꾸중을 듣거나 일이 자기 뜻대로 되지 않으면 잘 울며, 자주 죽고 싶다고 말하기도 한다. 친구들과 함께 있을 때에도 대부분 혼자서 무관심하게 시간을 보내고, 수업시간에 과제를 완수하지 못하거나 종종 실패하기도 한다. 1학기에 실시한 중간고사와 기말고사에서 성적이 부진했다. 부모에 의하면, 밤에 쉽게 잠들지 못하고 만성적 피로감을 호소한다고 한다. 학생의 성격검사 결과, 자신에 대해 지나친 죄책감을 지니고 있는 것으로 나타났으며, 현재 의사의 처방에 따라 약물 치료를 받고 있다.

대상 학생은 주요 우울장애 증상을 보임

① 이완훈련으로 충동 조절을 할 수 있도록 지도한다.
② 멘토를 지정해 사회적 관계를 확대하고 교우관계의 범위를 넓혀가도록 지도한다.
③ 부정적인 자동적 사고에 대한 신념을 논박하고 왜곡된 사고를 재구조화할 수 있도록 지도한다.
④ 일반교사, 상담교사, 부모 등과 팀을 이루어 다양한 인지적 접근방법으로 학생의 문제를 지도한다.
⑤ 정동홍수법을 사용하여 주어진 과제를 완수하게 하고 단기간에 학업 성취도를 높일 수 있도록 지도한다.

REBT

⑤ 정동홍수법은 불안을 일으키는 정도가 가장 심한 자극에 오랫동안 노출시키는 절차이므로 단기간에 학업 성취도를 높일 수는 없음

확장하기

우울장애 유형(파괴적 기분조절장애)

- 파괴적 기분조절장애라는 진단 분류가 추가됨으로써 청소년기 이전의 아동들을 과다하게 양극성 장애로 진단하는 것을 예방 가능
- 파괴적 기분조절장애는 화낼 상황이나 이유에 대해 심한 울화 폭발이 부적절한 강도 또는 기간 동안 언어적 · 행동적으로 반복되며, 일주일에 평균 세 번 이상 나타남

양극성 및 관련 장애

01 양극성장애의 유형
- 제1형 양극성장애
- 제2형 양극성장애

02 양극성 및 관련 장애 중재
- 약물치료
- 심리치료
- 교사의 역할

참고자료 기본이론 253-256p

키워드 양극성장애

구조화틀

양극성장애의 유형
- 제1형 양극성장애
- 제2형 양극성장애

양극성 및 관련 장애의 중재
- 약물치료
- 심리치료
- 교사의 역할

핵심개념

제1형 양극성 장애 DSM-5 진단기준
- 최소한 한 번의 조증 삽화(적어도 1주일간) + 주요 우울장애 진단기준
- **주된 증상**: 팽창된 자존감과 과대성향, 수면욕구의 감소, 평소보다 말이 많고 말을 많이 하려는 경향성, 사고의 비약이나 사고가 분주하다는 주관적인 경험, 산만함 등

제2형 양극성 장애 DSM-5 진단기준
- 최소한 한 번의 경조증 삽화 + 주요 우울장애 진단기준
- 주요 우울삽화 – 최소 2주 이상 지속
- 경조증 삽화 – 최소 4일 동안 지속

모범답안

※ 양극성장애는 한 번도 출제된 적이 없으므로, 양극성장애의 유형 정도만 공부해두기

파괴, 충동조절 및 품행장애

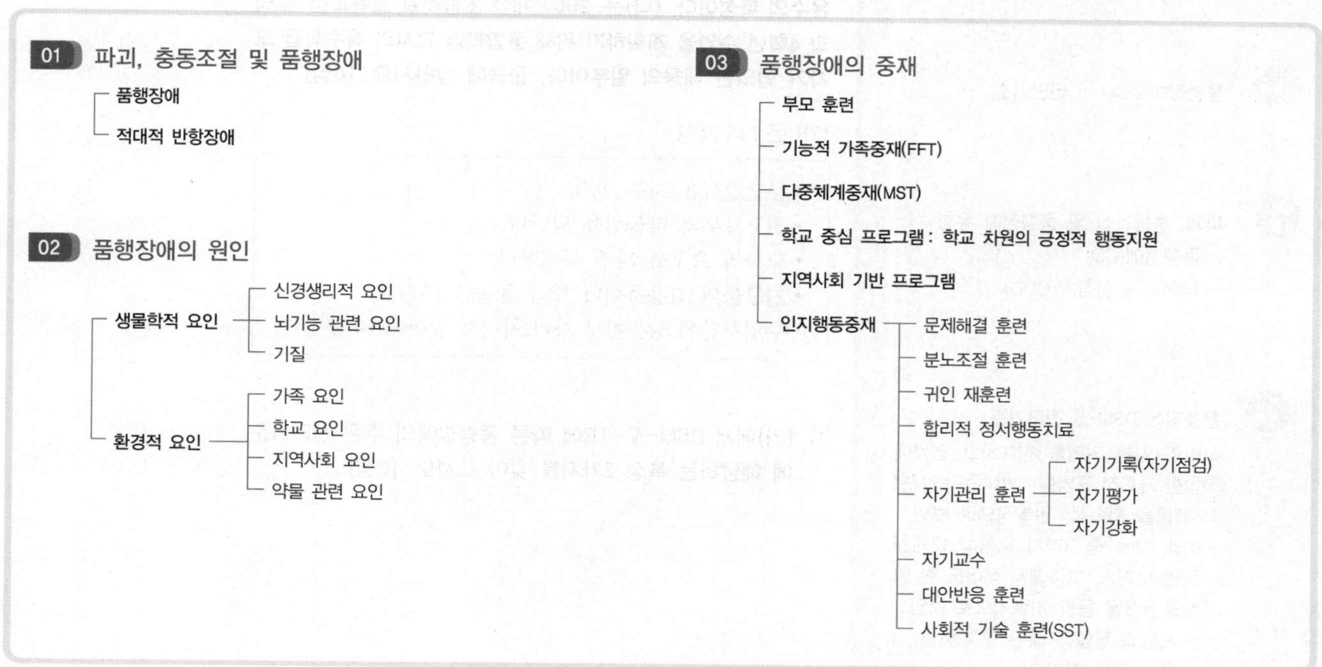
01 파괴, 충동조절 및 품행장애
품행장애
적대적 반항장애
02 품행장애의 원인
생물학적 요인
신경생리적 요인
뇌기능 관련 요인
기질
환경적 요인
가족 요인
학교 요인
지역사회 요인
약물 관련 요인
03 품행장애의 중재
부모 훈련
기능적 가족중재(FFT)
다중체계중재(MST)
학교 중심 프로그램: 학교 차원의 긍정적 행동지원
지역사회 기반 프로그램
인지행동중재
문제해결 훈련
분노조절 훈련
귀인 재훈련
합리적 정서행동치료
자기관리 훈련
자기기록(자기점검)
자기평가
자기강화
자기교수
대안반응 훈련
사회적 기술 훈련(SST)

기본이론 258p

품행장애 DSM-5 진단기준

파괴, 충동조절 및 품행장애 유형

- 품행장애(CD)
- 적대적 반항장애(ODD)

품행장애 DSM-5 진단기준

타인의 기본 권리를 침해하고 연령에 적합한 사회적 규범을 위반하는 반사회적 행동을 지속적·반복적으로 보임

- 아래 항목 중 3가지 이상을 12개월 동안 보이고, 그중에서 적어도 한 항목을 6개월 동안 지속적으로 보임
  - 사람과 동물에 대한 공격성(7)
  - 재산/기물 파괴(2)
  - 사기 또는 절도(3)
  - 심각한 규칙위반(3)
- 18세 이상의 경우, 반사회적 인격장애의 준거에 부합하지 않아야 함
- **아동기 발병형**: 10세 이전에 품행장애의 특징적인 증상 중 적어도 1개 이상을 보이는 경우
- **청소년기 발병형**: 10세 이전에는 품행장애의 특징적인 증상을 전혀 충족하지 않는 경우
- **명시되지 않은 발병형**

- 무단결석을 자주 한다.
- 친구들의 학용품이나 학급 물품을 부순다.

2013학년도 초등 B3

01 **다음의 (가)는 통합학급에 입급된 정서·행동장애 학생 은수의 특성이다. (나)는 '2007 개정 초등학교 교육과정' 도덕과 4학년 수업을 계획하기 위해 통합학급 교사와 특수학급 교사가 협의한 내용의 일부이다. 물음에 답하시오. [6점]**

(가) 은수의 특성

- 무단결석을 자주 한다.
- 친구로부터 따돌림을 당한다.
- 교사의 요구를 자주 무시한다.
- 친구들의 학용품이나 학급 물품을 부순다.
- 수업시간에 5분 이상 자기 자리에 앉아 있지 못한다.

1) **(가)에서 DSM-Ⅳ-TR에 따른 품행장애의 주된 진단기준에 해당하는 특성 2가지를 찾아 쓰시오. [2점]**

참고자료 기본이론 258p

품행장애 DSM-5 진단기준

파괴, 충동조절 및 품행장애 유형

- 품행장애(CD)
- 적대적 반항장애(ODD)

핵심개념 **품행장애 DSM-5 진단기준**

타인의 기본 권리를 침해하고 연령에 적합한 사회적 규범을 위반하는 반사회적 행동을 지속적·반복적으로 보임

- 아래 항목 중 3가지 이상을 12개월 동안 보이고, 그중에서 적어도 한 항목을 6개월 동안 지속적으로 보임
  - 사람과 동물에 대한 공격성(7)
  - 재산/기물 파괴(2)
  - 사기 또는 절도(3)
  - 심각한 규칙위반(3)
- 18세 이상의 경우, 반사회적 인격장애의 준거에 부합하지 않아야 함
- **아동기 발병형**: 10세 이전에 품행장애의 특징적인 증상 중 적어도 1개 이상을 보이는 경우
- **청소년기 발병형**: 10세 이전에는 품행장애의 특징적인 증상을 전혀 충족하지 않는 경우
- **명시되지 않은 발병형**

품행장애

2019학년도 초등 A4

02 (가)는 정서·행동장애 학생 민규의 특성이고, (나)는 2015 개정 사회과 교육과정 5~6학년 정치·문화사 영역 교수·학습 과정안의 일부이다. 물음에 답하시오. [6점]

(가) 민규의 특성

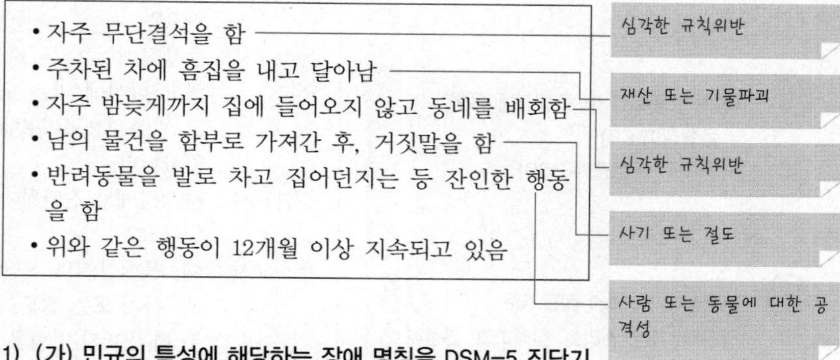
- 자주 무단결석을 함
- 주차된 차에 흠집을 내고 달아남
- 자주 밤늦게까지 집에 들어오지 않고 동네를 배회함
- 남의 물건을 함부로 가져간 후, 거짓말을 함
- 반려동물을 발로 차고 집어던지는 등 잔인한 행동을 함
- 위와 같은 행동이 12개월 이상 지속되고 있음

1) (가) 민규의 특성에 해당하는 장애 명칭을 DSM-5 진단기준을 근거로 쓰시오. [2점]

기본이론 258p

품행장애 DSM-5 진단기준

파괴, 충동조절 및 품행장애 유형
- 품행장애(CD)
- 적대적 반항장애(ODD)

핵심개념

품행장애 DSM-5 진단기준

타인의 기본 권리를 침해하고 연령에 적합한 사회적 규범을 위반하는 반사회적 행동을 지속적·반복적으로 보임

- 아래 항목 중 3가지 이상을 12개월 동안 보이고, 그중에서 적어도 한 항목을 6개월 동안 지속적으로 보임
  - 사람과 동물에 대한 공격성(7)
  - 재산/기물 파괴(2)
  - 사기 또는 절도(3)
  - 심각한 규칙위반(3)
- 18세 이상의 경우, 반사회적 인격장애의 준거에 부합하지 않아야 함
- **아동기 발병형**: 10세 이전에 품행장애의 특징적인 증상 중 적어도 1개 이상을 보이는 경우
- **청소년기 발병형**: 10세 이전에는 품행장애의 특징적인 증상을 전혀 충족하지 않는 경우
- **명시되지 않은 발병형**

㉠ 사람과 동물에 대한 공격성
㉡ 10세 이전

2022학년도 중등 A9

03 다음은 품행장애 학생 D에 관해 통합교사와 특수교사가 나눈 대화의 일부이다. 〈작성방법〉에 따라 서술하시오. [4점]

통합교사: 선생님, 우리 반에 전학 온 학생 D에게 품행장애가 있다고 합니다. 품행장애는 어떤 건가요?
특수교사: 품행장애는 다른 사람의 기본 권리를 침해하고 나이에 맞는 규범과 규칙을 지속적이고 반복적으로 위반하는 행동을 하는 것을 말합니다.
통합교사: 품행장애로 진단하기 위한 구체적인 기준이 있나요?
특수교사: 예, 품행장애로 진단하려면 (㉠), 재산 파괴, 사기 또는 절도, 심각한 규칙위반에 포함된 하위 15가지 항목 중에서 3가지 이상의 행동을 12개월 동안 보이고, 이로 인해 학업적·사회적으로 현저한 손상이 있어야 합니다.
통합교사: 그렇군요. 품행장애는 아동기 발병형이 청소년기 발병형보다 예후가 더 안 좋다고 하던데요. 그 둘은 어떻게 구분하나요?
특수교사: 예, 이 둘은 증상이 나타나는 시기로 구분할 수 있습니다. 아동기 발병형은 (㉡)에 품행장애의 특징적인 증상을 한 가지 이상 보이는 경우를 말합니다.

…(중략)…

통합교사: 선생님, 학생 D가 보이는 문제행동의 원인이 ㉢ 부모의 부적절한 양육 태도나 또래와의 부정적 경험과 관련이 있나요?

…(중략)…

적대적 반항장애와 품행장애의 차이점
- 타인의 권리 침해 여부
- 연령에 적합한 사회적 규범 위반 여부

품행장애 DSM-5 진단기준

품행장애 원인 중 환경적 요인에 해당함
- "부모의 부적절한 양육태도" → 가족 요인
- "또래와의 부정적 경험" → 학교 요인

작성방법

괄호 안의 ㉠, ㉡에 해당하는 내용을 '정신장애 진단 및 통계편람 제5판(DSM-5)'의 진단기준에 근거하여 기호와 함께 각각 쓸 것.

참고자료 기본이론 258p, 262p

키워드
- 품행장애 DSM-5 진단기준
- 품행장애 환경적 요인

구조화 틀

품행장애의 원인

- 생물학적 요인
  - 신경생리적 요인
  - 뇌기능 관련 요인
  - 기질
- 환경 요인
  - 가족 요인
  - 학교 요인
  - 지역사회 요인
  - 약물 관련 요인

핵심개념

가족 요인

- 가족 요인 내 여러 요인이 상호작용하여 품행장애에 영향을 미침. 또한, 가족 내 하나의 위험 요인이 다른 긍정적 요인에 상쇄되어 품행장애의 발생 가능성을 감소시킬 수 있으므로, 가족 내 긍정적 요인인 보호 요인을 증가시키는 것이 품행장애를 예방할 수 있음
- **품행장애 아동 지도**: 아동의 행동에 대한 직접적인 중재를 적용하기 전에, 우선적으로 아동의 행동에 영향을 미치는 다양한 요인, 특히 위험 요인과 보호 요인을 우선적으로 살펴보고, 이에 근거하여 위험 요인을 줄이고 보호 요인을 강화시킬 수 있는 방향으로 중재를 계획해야 함
  - **위험 요인**: 공격 및 품행 문제에 영향을 미치는 객관적 요인
  - **보호 요인**: 위험 요인에 직면했을 때 부정적인 영향력을 완화시켜서 문제행동의 발생 가능성을 낮춤. 보호 요인은 적응유연성을 증가시키고, 위험 요인에 대한 대처능력을 향상시킴

* 적응유연성: 문제행동을 일으킬 수 있는 위험을 극복하고 자신을 보호하여 긍정적인 결과를 이끌어낼 수 있는 능력

학교 요인

교사·또래의 영향에 의해 비행 가능성 및 품행장애 가능성이 높아질 수 있음

모범답안 ②

2012학년도 중등 21

04 품행장애에 대한 설명으로 적절한 것만을 〈보기〉에서 있는 대로 고른 것은?

보기
ㄱ. 적대적 반항장애의 전조가 되는 외현화 장애이다. ㄴ. 만 18세 이전은 아동기 품행장애로 구분되며, 성인의 경우에는 반사회적 성격장애의 기준에 부합하여야 한다. ㄷ. 교사의 차별 대우, 폭력, 무관심으로 인한 적개심, 낮은 학업 성취, 일탈 또래와의 상호작용 경험 등이 품행장애의 발현에 영향을 미칠 수 있다. ㄹ. 사람과 사물에 대한 공격성, 재산 파괴, 사기 또는 절도 등의 행동들이 품행장애의 진단준거에 포함되나, 방화와 심각한 규칙 위반 행동은 제외된다. ㅁ. 부모의 부정적 양육태도, 가정 내 학대 등이 품행장애의 원인이 될 수 있으므로, 가족 내의 긍정적 요인을 증가시키는 것이 품행장애 예방의 한 가지 방법이다.

① ㄱ, ㄴ　② ㄷ, ㅁ
③ ㄱ, ㄷ, ㄹ　④ ㄴ, ㄹ, ㅁ
⑤ ㄱ, ㄷ, ㄹ, ㅁ

ㄱ. 적대적 반항장애는 품행장애의 전조가 되는 외현화 장애임

ㄴ. 10세를 기준으로 아동기와 청소년기 발병형으로 구분되며, 성인의 경우 반사회적 성격장애의 기준에 부합하지 않아야 함

ㄷ. 교사의 차별 대우, 폭력, 무관심으로 인한 적개심, 낮은 학업 성취, 일탈 또래와의 상호작용 경험 등 → 품행장애의 원인 중 환경적 요인(학교 요인)에 해당함

ㄹ. 방화는 재산 또는 기물 파괴 진단준거에 해당함

ㅁ. 부모의 부정적 양육태도, 가정 내 학대 등 → 품행장애의 원인 중 환경적 요인(가족 요인)에 해당함

기본이론 258p, 261-262p

- 품행장애 DSM-5 진단기준
- 품행장애 생물학적 요인

품행장애의 원인
- 생물학적 요인
  - 신경생리적 요인
  - 뇌기능 관련 요인
  - 기질
- 환경 요인
  - 가족 요인
  - 학교 요인
  - 지역사회 요인
  - 약물 관련 요인

품행장애의 중재
- 부모 훈련
- 기능적 가족중재
- 다중체계중재
- 학교 중심 프로그램
- 지역사회 기반 프로그램
- 인지행동중재
  - 문제해결 훈련
  - 분노조절 훈련
  - 귀인 재훈련
  - 합리적 정서행동치료
  - 자기관리 훈련
  - 자기교수
  - 대안반응 훈련
  - 사회적 기술 훈련

②

2011학년도 중등 20

05 학생 A(중1, 13세)는 2년 전부터 다음과 같은 행동문제가 심화되었다. 학생 A의 행동에 대한 설명으로 옳은 것만을 〈보기〉에서 모두 고른 것은?

- 친구의 농담이나 장난을 적대적으로 해석하여 친구가 자주 다툰다.
- 행위의 결과에 대한 고려 없이 자주 타인의 물건을 훔치고 거짓말을 한다.
- 부모와 교사에게 매우 반항적이며, 최근 1년 동안 가출이 잦고 학교에 무단결석하는 일이 빈번해졌다.
- 부모의 금지에도 불구하고 자주 밤늦게까지 거리를 돌아다니며, 주차된 자동차의 유리를 부수고 다닌다.
- 자신의 학업성적이 반에서 최하위권에 머무는 것을 공부 잘하는 급우 탓으로 돌리며 신체적 싸움을 건다.

> 학생 A는 품행장애 진단기준을 충족함

보기

ㄱ. 학생 A의 행동은 DSM-Ⅳ-TR의 진단 준거에 따르면 적대적 반항장애이다.
ㄴ. 학생 A의 대인관계 기술은 다양한 행동중재 기법을 종합적으로 적용하는 사회적 기술 훈련(SST)을 통하여 향상될 수 있다.
ㄷ. 학생 A가 보이는 행동의 원인으로 신경생리적 요인, 뇌기능 관련 요인, 기질과 같은 생물학적 요인을 배제할 수 없다.
ㄹ. 학생 A가 보이는 공격행동의 외적 변인을 통제하고자 한다면, 인지처리과정의 문제를 다루는 인지행동적 중재가 적합하다.

① ㄱ, ㄴ　　② ㄴ, ㄷ
③ ㄷ, ㄹ　　④ ㄱ, ㄴ, ㄹ
⑤ ㄱ, ㄷ, ㄹ

> ㄴ. 사회적 기술 훈련(SST) 확장하기 자료 참고

> ㄷ. 품행장애의 생물학적 요인
> - 신경생리학적 요인, 뇌기능 관련 요인, 기질
> - 기질의 경우, 기질 자체가 문제행동의 직접적인 원인이 되는 것은 아니지만, 기질이 문제를 쉽게 유발하는 요인이 됨
>   예 까다로운 기질의 아동이 순한 기질의 아동에 비해 품행장애를 보일 가능성이 높음

> ㄹ. 인지처리과정의 문제를 다루는 것은 내적 변인을 통제하는 중재임

확장하기

사회적 기술 훈련(SST)

① SST 훈련: 다른 사람과의 효율적 상호작용과 사회적으로 수용 가능한 행동, 원만한 또래관계 형성과 긍정적 상호적응에 필요한 다양한 기술 등을 훈련하는 것

② 비장애학생들이 발달 과정을 통해 사회적 기술에서 다양한 행동목록을 자연스럽게 내면화하는 것과 달리, 정서 및 행동장애 학생들은 사회적 기술을 스스로 터득하는 것이 어렵기 때문에 체계적인 사회적 기술 훈련이 필요함

③ 근거하는 이론적 관점(예 행동주의적 관점, 인지주의적 관점 등)에 따라 훈련을 구성하는 요소 상이 → 조작적 학습이론에 근거한 프로그램은 정적 강화의 사용을 강조하고, 인지적 이론에 근거한 프로그램은 학생이 사회적 환경에서 문제를 접할 때 적용할 수 있는 인지적 문제해결 스크립트나 해결 기술을 지도함

④ 대부분의 훈련에서 언어적 지시와 모델링, 시연, 피드백과 강화, 문제행동 감소 절차의 교수적 요소를 포함함

언어적 지시와 모델링	• 언어적 지시는 사회적 기술을 기술·조장·설명·규정하며 요구하는 등 언어를 중심으로 이루어지는데, 사회적 기술 습득을 촉진할 수 있는 구체적 개념이나 추상적 개념을 이용함 • 모델링은 행동을 실제로 하거나 영상화하여 사회적 기술을 어떻게 수행하는지를 보여줌
시연	사회적 기술의 반복연습으로 언어적 시연, 사고적 시연, 행동적 시연의 3가지 유형이 있음 • 언어적 시연: 학생이 특정한 사회적 상황에서 무엇을 해야 하는지를 말하게 하는 것 • 사고적 시연: 학생이 사회적 기술을 실제로 행동하기보다 생각하고 상상하는 것 • 행동적 시연: 학생이 실제로 행동하는 것
피드백과 강화	• 피드백은 학생에게 사회적 기술의 실제 수행이 목표와 일치하는지에 대한 정보를 제공함 • 강화는 행동빈도를 증가시키기 위해 환경적 자극을 제시하거나 철회하는 것을 말하며, 정적 강화와 부적 강화로 구분함
문제행동 감소 절차	• 문제행동은 효과적인 사회적 기술 지도를 방해하기 때문에 문제행동을 감소시키거나 제거하는 절차가 필요함 • 문제행동의 빈도를 감소시키기 위해 환경적 사건을 제시하거나 제거하는 것으로 차별강화, 소거, 반응대가, 과잉교정, 타임아웃 등이 있음

사회적 기술 훈련 프로그램

McGinnis & Goldstein 스킬스트리밍	• 유아용, 초등학생용, 청소년용으로 구성됨 • 사회적 기술 훈련의 지도 절차는 ① 사회적 기술 정의 → ② 사회적 기술 모델링 → ③ 학생의 요구 파악 → ④ 연기자 선정 → ⑤ 역할극 준비 → ⑥ 역할극 수행 → ⑦ 피드백 제공 → ⑧ 과제 부여 → ⑨ 다음 연기자 선정의 9단계로 이루어짐
Gresham & Elliott 사회적 기술 평정체계	사회적 기술을 협력, 자기주장, 책임, 공감, 자기통제 등의 5가지 영역으로 나누어 평가함

기본이론 258p

품행장애 DSM-5 진단기준

파괴, 충동조절 및 품행장애 유형
- 품행장애(CD)
- 적대적 반항장애(ODD)

핵심 개념

품행장애 DSM-5 진단기준

타인의 기본 권리를 침해하고 연령에 적합한 사회적 규범을 위반하는 반사회적 행동을 지속적·반복적으로 보임

- 아래 항목 중 3가지 이상을 12개월 동안 보이고, 그중에서 적어도 한 항목을 6개월 동안 지속적으로 보임
  - 사람과 동물에 대한 공격성(7)
  - 재산/기물 파괴(2)
  - 사기 또는 절도(3)
  - 심각한 규칙위반(3)
- 18세 이상의 경우, 반사회적 인격장애의 준거에 부합하지 않아야 함
- **아동기 발병형**: 10세 이전에 품행장애의 특징적인 증상 중 적어도 1개 이상을 보이는 경우
- **청소년기 발병형**: 10세 이전에는 품행장애의 특징적인 증상을 전혀 충족하지 않는 경우
- **명시되지 않은 발병형**

품행장애

2023학년도 초등 B4

06 **(가)는 특수교사 성찰일지의 일부이고, (나)는 수업 설계 노트이다. 물음에 답하시오. [5점]**

(가) 성찰일지

- 오늘은 동물보호협회와 협력수업으로 '반려견과 친구되기' 수업을 진행함
  - 지우가 수업 시간에 강아지를 괴롭히고 강아지에게 위협적인 행동을 자주 함
- 지우의 부모 면담 내용
  - 집에서 키우는 강아지를 학대함
  - 자주 주변 사람을 괴롭히고 위협하거나 협박함
  - 이웃집 자동차를 고의적으로 망가뜨림
  - 동생에게 이유 없이 자주 시비를 걸고 몸싸움을 함
  - 이런 행동이 1년 이상 지속되고 있음

  [A]
  - 현재 소아 정신과에서 치료를 받고 있음
- 지우에 대한 각별한 지도가 필요함

…(하략)…

1) 「정신질환의 진단 및 통계 편람 제5판」에 근거하여, (가)의 [A]에 해당하는 장애 진단명을 쓰시오. [1점]

기본이론 258-260p

- 품행장애
- 적대적 반항장애

파괴, 충동조절 및 품행장애 유형
- 품행장애(CD)
- 적대적 반항장애(ODD)

품행장애와 적대적 반항장애의 차이점
- 타인의 권리 침해 여부
- 연령에 적합한 사회적 규범 위반 여부

모범답안
㉠ 타인의 권리 침해
㉡ 심각한 규칙 위반

2016학년도 초등 B2

07 **(가)는 정서 · 행동장애로 진단받은 영우에 대해 통합학급 김 교사와 특수학급 최 교사가 나눈 대화의 일부이고, (나)는 영우의 행동에 대한 ABC 관찰기록의 일부이다. 물음에 답하시오. [6점]**

(가)

김 교사:	영우는 품행장애로 발전할 수 있는 적대적 반항장애가 있다고 하셨는데, 이 둘은 어떻게 다른가요?
최 교사:	DSM-Ⅳ-TR이나 DSM-5의 진단기준으로 볼 때, 적대적 반항장애는 품행장애의 주된 특성인 (㉠)와/과 (㉡)이/가 없거나 두드러지지 않는다는 점이 달라요. 그래서 적대적 반항장애를 품행장애의 아형으로 보기도 하고, 발달 전조로 보기도 해요.
	…(중략)…

적대적 반항장애
- 적대적 반항장애는 품행장애의 발달적 전조 내지 경도의 품행장애라고 볼 수 있음
- 고집이 세고 어른의 요구나 지시에 따르지 않으며, 다양한 반항행동이 지속적으로 빈번하게 나타나면서도 사회적 규범을 위반하지 않고, 타인의 기본 권리를 침해하지 않는 경우 적대적 반항행동으로 간주됨

1) (가)의 ㉠과 ㉡에 해당하는 내용을 각각 쓰시오. [2점]

기본이론 258-260p

- 품행장애
- 적대적 반항장애

파괴, 충동조절 및 품행장애 유형
- 품행장애(CD)
- 적대적 반항장애(ODD)

품행장애와 적대적 반항장애의 차이점
- 타인의 권리 침해 여부
- 연령에 적합한 사회적 규범 위반 여부

적대적 반항장애 DSM-5 진단기준

아래와 같은 행동이 최소 6개월 이상 지속되고, 형제가 아닌 다른 사람 1인 이상과의 상호작용에서 다음 항목의 하위 항목 중 적어도 네 가지 증후를 보임
- 화난, 민감한 기분(3)
- 시비를 걸거나 반항하는 행동(4)
- 보복적인 행동(1)

㉠ 사회적 규범을 위반하지 않고 타인의 권리를 침해하지 않으므로 적대적 반항장애에 해당한다.

2020학년도 초등 A3

08 **(가)는 정서 · 행동장애 학생 성우의 사회과 수업 참여 방안에 대해 특수교사와 일반교사가 나눈 대화의 일부이고, (나)는 '아동 · 청소년 행동평가척도(Child Behavior Checklist : CBCL 6-18)' 문제행동증후군 하위 척도와 설명이다. 물음에 답하시오. [6점]**

(가) 대화 내용

일반교사 :	성우는 교실에서 자주 화를 내고 주변 친구들을 귀찮게 합니다. 제가 잘못된 행동을 지적해도 자꾸 남의 탓으로 돌려요. 그리고 교사가 어떤 일을 시켰을 때 무시하거나 거부하기도 합니다. 이 모든 문제행동이 7개월 넘게 지속되고 있어요. 성우가 품행장애인지 궁금합니다. [A]
특수교사 :	제 생각에는 ㉠ 품행장애가 아닙니다. 관찰된 행동만으로 판단하는 것은 어렵지만 '아동 · 청소년 행동평가척도(CBCL 6-18)' 검사 결과를 참고하면 좋겠어요.
	…(하략)…

품행장애 진단기준은 12개월 이상, 적대적 반항장애 진단기준은 6개월 이상이므로 둘 다 가능함

※ 따라서 품행장애와 적대적 반항장애의 차이점 키워드에 초점을 두고 답안 작성하기

1) (가)의 [A]를 참고하여 ㉠의 이유를 DSM-5에 근거하여 1가지 쓰시오. [1점]

참고자료 기본이론 260p

키워드 적대적 반항장애

구조화틀 **파괴, 충동조절 및 품행장애 유형**
- 품행장애(CD)
- 적대적 반항장애(ODD)

적대적 반항장애 DSM-5 진단기준

아래와 같은 행동이 최소 6개월 이상 지속되고, 형제가 아닌 다른 사람 1인 이상과의 상호작용에서 다음 항목의 하위 항목 중 적어도 네 가지 증후를 보임

- 화난, 민감한 기분(3)
- 시비를 걸거나 반항하는 행동(4)
- 보복적인 행동(1)

모범답안 ④

2009학년도 중등 18

09 A중학생이 보이는 행동 특징에 가장 적합한 장애는?

> 2008년 1월부터 현재까지 A는 의도적으로 부모나 교사가 화낼 일을 자주 해왔다. 부모나 교사가 주의를 줄 때마다 그들과 말다툼을 하거나 성질을 부리면서 화를 낸다. 또한 자신이 실수를 하거나 나쁜 행동을 하고도 다른 친구 때문이라고 그 친구들을 비난하는 일이 잦다.

① 틱장애(Tic Disorder)
② 품행장애(Conduct Disorder)
③ 뚜렛장애(Tourette Disorder)
④ 반항성 장애(Oppositional Defiant Disorder)
⑤ 주의력결핍 과잉행동장애(Attention Deficit Hyperactivity Disorder)

참고자료 기본이론 260p

적대적 반항장애

파괴, 충동조절 및 품행장애 유형
- 품행장애(CD)
- 적대적 반항장애(ODD)

핵심개념 **적대적 반항장애 DSM-5 진단기준**

아래와 같은 행동이 최소 6개월 이상 지속되고, 형제가 아닌 다른 사람 1인 이상과의 상호작용에서 다음 항목의 하위 항목 중 적어도 네 가지 증후를 보임
- 화난, 민감한 기분(3)
- 시비를 걸거나 반항하는 행동(4)
- 보복적인 행동(1)

적대적 반항장애

2022학년도 초등 A6

10 **(가)는 특수교사가 체크한 5학년 지호의 특성이고, (나)는 2015 개정 도덕과 교육과정 5~6학년군 '내 안의 소중한 친구' 단원 교수 학습 과정안의 일부이며, (다)는 특수교사가 특수학급에서 분노조절 중재를 실시한 후에 지호가 작성한 분노조절기록지의 일부이다. 물음에 답하시오. [5점]**

(가) 지호의 특성

최근 지호는 수업 활동으로 게임을 하다 질 때마다 심하게 화를 내며 성질을 부리고 좌절하는 모습을 보인다.	
자주 또는 쉽게 화를 낸다.	√
자주 다른 사람에 의해 쉽게 기분이 상하거나 신경질을 부린다.	√
자주 화가 나 있고 원망스러워 한다.	√
자주 권위자 또는 성인과 논쟁한다.	
자주 권위자의 요구나 규칙 따르기를 적극적으로 무시하거나 거부한다.	
자주 고의적으로 타인을 귀찮게 한다.	
자주 본인의 실수나 잘못된 행동을 타인의 탓으로 돌린다.	√
위와 같은 행동이 적어도 6개월 동안 지속되었다.	√

1) 「정신장애진단 및 통계편람 제5판 DSM-5」에 근거하여 (가)의 지호 특성에 해당하는 장애 진단명을 쓰시오. [1점]

기본이론 265-268p

자기관리 훈련
(= 자기통제 훈련, 자기조절 훈련)

구조화 틀

품행장애의 중재
- 부모 훈련
- 기능적 가족중재
- 다중체계중재
- 학교 중심 프로그램
- 지역사회 기반 프로그램
- 인지행동중재
  - 문제해결 훈련
  - 분노조절 훈련
  - 귀인 재훈련
  - 합리적 정서행동치료
  - 자기관리 훈련
  - 자기교수
  - 대안반응 훈련
  - 사회적 기술 훈련

자기관리 기술
- **자기관리**: 자신의 행동을 더 바람직하게 변화시키기 위한 의도를 가지고 자신에게 스스로 행동의 원리를 적용하는 것
- **자기관리 훈련에 자주 사용되는 절차**
  - **자기점검**: 학생이 자신의 특정한 행동의 빈도 등을 기록하는 것
  - **자기평가**: 학생이 자신의 수행을 특정 기준과 비교하여 이에 부합하는지를 결정하는 것
  - **자기강화**: 학생이 강화물을 선정하고 자신의 적절한 행동에 대해 직접 강화를 제공하는 것

②

2009학년도 초등 34

11 **김 교사는 2008년 개정 특수학교 기본교육과정 실과의 '청소하기'를 지도하기 위한 과제분석표를 작성하여 정신지체 학생 진수가 스스로 청소를 할 수 있도록 하였다. 진수가 사용한 (가)와 (나)의 전략은?**

순서	할 일	확인
1	청소에 알맞은 옷차림과 청소용구 준비하기	○
2	창문 열기	○
3	의자를 책상 위에 올리고 뒤쪽으로 밀기	○
4	앞 쪽부터 비로 바닥 쓸기	○
5	책상을 다시 앞쪽으로 밀기	○
6	뒤쪽부터 비로 바닥 쓸기	○
7	책상을 제자리로 갖다 놓기	○
8	의자 내려놓기	○
9	청소용구 제자리에 놓기	×

진수는 순서에 따라 청소를 하고 (가) 각각의 순서에 제시된 일을 끝낼 때마다 확인란에 ○표를 하였다. 진수는 청소가 끝난 후에 확인란의 ○표를 세어 (나) 자기가 세운 목표 8개를 달성하였으므로, 청소를 시작하기 전에 정한 대로 컴퓨터 게임을 하였다.

	(가)	(나)
①	자기점검	자기교수
②	자기점검	자기강화
③	자기교수	자기점검
④	자기강화	자기점검
⑤	자기교수	자기강화

기본이론 265-268p

자기관리 훈련의 장점

품행장애의 중재

- 부모 훈련
- 기능적 가족중재
- 다중체계중재
- 학교 중심 프로그램
- 지역사회 기반 프로그램
- 인지행동중재
  - 문제해결 훈련
  - 분노조절 훈련
  - 귀인 재훈련
  - 합리적 정서행동치료
  - 자기관리 훈련
  - 자기교수
  - 대안반응 훈련
  - 사회적 기술 훈련

자기관리 기술

- **자기관리**: 자신의 행동을 더 바람직하게 변화시키기 위한 의도를 가지고 자신에게 스스로 행동의 원리를 적용하는 것
- **자기관리 훈련에 자주 사용되는 절차**
  - **자기점검**: 학생이 자신의 특정한 행동의 빈도 등을 기록하는 것
  - **자기평가**: 학생이 자신의 수행을 특정 기준과 비교하여 이에 부합하는지를 결정하는 것
  - **자기강화**: 학생이 강화물을 선정하고 자신의 적절한 행동에 대해 직접 강화를 제공하는 것

④

2011학년도 중등 17

12 **다음은 정신지체학생 A에 대한 관찰 내용이다. 학생 A를 위한 특수교사의 교수적 고려로 적절하지 않은 것은?**

- 학습한 내용을 일반화하는 데 어려움이 있음
- 과제 수행 시 집중하는 시간이 짧고, 선택적 주의집중이 어려움
- 학습 의지가 부족하고 수동적이며, 학습한 내용을 잘 기억하지 못함
- 정해진 일정은 잘 따르지만 갑작스러운 환경 변화에는 민감하게 반응함

① 기억에 어려움이 있는 것을 고려하여 시연전략을 사용한다.
② 과제와 관련된 적절한 자극과 부적절한 자극을 구별할 수 있도록 지도한다.
③ 과제 수행에 대한 자기점검과 자기강화를 통해 과제 참여도와 학습동기를 높인다.
④ 여러 가지 색깔 단서를 사용하여 과제 수행에 대한 일반화를 높이고 흥미를 유도한다.
⑤ 과제를 단계별로 나누어 쉬운 내용을 먼저 지도하고, 과제의 난이도를 서서히 높인다.

기본이론 265p

자기관리 훈련의 장점

품행장애의 중재

- 부모 훈련
- 기능적 가족중재
- 다중체계중재
- 학교 중심 프로그램
- 지역사회 기반 프로그램
- 인지행동중재
  - 문제해결 훈련
  - 분노조절 훈련
  - 귀인 재훈련
  - 합리적 정서행동치료
  - 자기관리 훈련
  - 자기교수
  - 대안반응 훈련
  - 사회적 기술 훈련

자기관리 훈련

- 자신의 행동을 더 바람직하게 변화시키기 위한 의도를 가지고 자신에게 스스로 행동의 원리를 적용하는 것
- 장점
  - 학생이 주도적으로 접근하여 외부 통제자가 놓칠 수 있는 행동에 대해서도 스스로 통제할 수 있게 해줌
  - 외부 통제자의 지속적인 관리 감독 없이도 보다 적절한 행동을 학습할 수 있게 해줌
  - 행동의 일반화를 가능하게 함
  - 자기관리 절차에 의해 이루어진 행동 개선은 소거 절차가 적용되었을 때에도 외부 통제 절차에 의해 이루어진 행동 개선보다 더 잘 유지됨

②

2013학년도 중등 2

13 발달장애 학생들은 학습한 내용을 일반화(generalization)하는 데 어려움이 있을 수 있다. 일반화에 대한 내용으로 옳지 않은 것은?

① 자기통제 기술을 지도하면 실생활에서의 독립기능이 촉진될 수 있으므로 일반화에 도움이 된다.

> 자기관리훈련(자기통제 기술)의 장점

② 교실에서의 수업은 다양한 예시를 활용하되, 제시되는 자극이나 과제 매체는 단순화하는 것이 일반화에 효과적이다.

> 일반화를 위해서는 다양한 예시와 매체, 자료를 활용하는 것이 좋음

③ 수업시간에 일과표 작성하기를 배운 후, 집에 와서 가족일과표를 작성할 수 있는 것은 '자극일반화'에 해당한다.

④ 수업시간에 숟가락으로 밥 떠먹기를 배운 후, 숟가락으로 국을 떠먹을 수 있는 것은 '반응일반화'에 해당한다.

⑤ 수업시간에 흰 강아지 그림카드를 보고 '개'를 배운 후, 개가 흰색일 경우에만 '개'라고 말하는 것은 '과소일반화'에 해당한다.

기본이론 265-266p

자기점검의 장점

품행장애의 중재
- 부모 훈련
- 기능적 가족중재
- 다중체계중재
- 학교 중심 프로그램
- 지역사회 기반 프로그램
- 인지행동중재
  - 문제해결 훈련
  - 분노조절 훈련
  - 귀인 재훈련
  - 합리적 정서행동치료
  - 자기관리 훈련
  - 자기교수
  - 대안반응 훈련
  - 사회적 기술 훈련

핵심개념

자기점검(자기기록)
- 자신의 특정한 행동의 빈도 등을 기록하는 것
- **자기점검 시 장점**
  - 행동에 대한 기록은 학생과 교사에게 행동에 대한 확실하고 구체적인 피드백을 줄 수 있음
  - 반동효과가 있어 기록 자체만으로도 바람직한 방향으로 행동 변화를 이끌어낼 수 있음
  - 과제 완성을 스스로 점검하기 위해 점검표를 사용하는 것과 같은 자기관리 기법을 배우면, 일반화 상황에서 다른 사람의 강화나 도움 없이도 스스로 자신의 행동을 관리하며 유지할 수 있음

- 자기점검의 장점
  - 학습된 무기력을 보이는 학생 S의 특성을 고려할 때, 자기기록은 반동효과가 있어서 기록 자체만으로도 바람직한 방향으로 행동이 바뀔 수 있다.
  - 자신이 스스로 얼마나 잘할 수 있는지를 모르는 학생 S의 특성을 고려할 때, 행동에 대한 기록은 학생과 교사에게 행동에 대한 확실하고 구체적인 피드백을 줄 수 있다.
- 자기점검법을 배우면 일반화 상황에서 다른 사람의 강화나 도움 없이도 스스로 자신의 행동을 관리하며 유지할 수 있다.

2018학년도 중등 B8

14 **(가)는 지적장애 고등학생 S의 특성이고, (나)는 특수교사가 교육실습생에게 자문한 내용이다. 학생 S의 과제 습득, 일반화, 유지 능력을 향상시키기 위하여 특수교사가 교육실습생에게 자문한 전략과 방법을 〈작성방법〉에 따라 논하시오. [10점]**

(가) 학생 S의 특성

- ㉠ 새로운 과제를 제시하면 "이거 하기 싫어요.", "다음에 할래요", "전에도 해 봤는데 어차피 못해요.", "너무 어려워요.", "저는 잘 못해요."라고 함 — 학습된 무기력
- 주어진 문제를 스스로 해결하기보다는 선생님의 눈치를 살핌 — 외부지향성
- 새로운 과제를 학습하는 데 어려움이 있음 — 습득 어려움
- 학습할 때 자신이 스스로 얼마나 잘할 수 있는지를 알지 못함 — 낮은 성공 기대감

(나) 자문 내용

교육실습생: 한 가지 더 궁금한 것이 있어요. 학생 S가 학습한 기술을 유지하는 데 도움이 되는 좋은 방법이 있을까요? — 일반화

특 수 교 사: 예, 그런 경우에는 ㉥ 자기점검 방법을 적용해 볼 수 있을 것 같네요.

작성방법

- ㉥의 장점을 학생 S의 특성에 근거하여 2가지 서술할 것.
- 유지의 중요성과 자기점검 방법을 연계하여 서술할 것.

참고자료 기본이론 265-266p

키워드 자기점검

구조화틀

품행장애의 중재
- 부모 훈련
- 기능적 가족중재
- 다중체계중재
- 학교 중심 프로그램
- 지역사회 기반 프로그램
- 인지행동중재
  - 문제해결 훈련
  - 분노조절 훈련
  - 귀인 재훈련
  - 합리적 정서행동치료
  - 자기관리 훈련
  - 자기교수
  - 대안반응 훈련
  - 사회적 기술 훈련

핵심개념

모범답안

① 자기점검
② 지시가 있어야만 행동하는 특성을 보이는 재우에게 자기관리 기술을 가르치는 것은 부모나 교사에 대해 의존하는 정도를 줄이고 스스로 행동하는 것을 촉진한다.

2022학년도 유아 A3

15 **(가)는 자폐성장애 유아 재우의 행동 특성이고, (나)는 유아특수교사 최 교사와 홍 교사가 나눈 대화 내용이다. 물음에 답하시오. [10점]**

(나)

최 교사: 선생님, 재우에 대한 가족진단 내용을 보면서 지원방안을 협의해 봐요.

홍 교사: 네. 재우 부모님은 재우의 교육목표에 대해 다양한 요구가 있으신데, 그중에서도 재우가 혼자 할 수 있는 일은 시키지 않아도 스스로 하기를 가장 원한다는 의견을 주셨어요. [A]
그리고 교육에도 적극적이셔서 가정에서 사용할 수 있는 지도방법에 관심이 많으세요.

최 교사: 그럼, 부모님의 의견을 반영해서 개별화교육계획 목표를 '성인의 지시 없이 스스로 하기'로 정해요. 재우의 행동 특성을 고려해보면 중심축반응훈련을 적용해서 지도하면 좋을 것 같아요.

홍 교사: 네. 지시가 있어야만 행동하는 특성에는 중심(축) 반응 중에서 자기관리 기술을 습득하도록 지도해야겠지요?

최 교사: 네. 먼저 이 닦기부터 적용해 보죠. 재우가 이 닦기 그림을 보고 이를 닦고 난 후, 스티커를 붙여서 수행 여부를 확인하는 시각적 자료를 활용하면 좋을 것 같아요. [B]

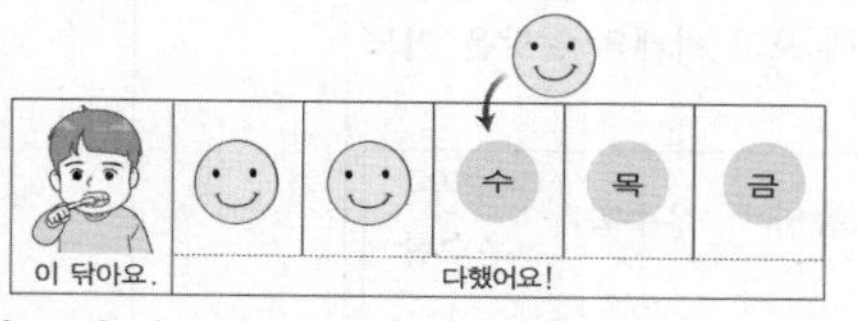

홍 교사: 이 자료를 재우 어머니에게 보내 드려서 가정에서도 지도할 수 있게 해야겠어요.

…(하략)…

2) ① (나)의 [B]에서 재우에게 적용하고자 하는 자기관리 전략의 유형을 쓰고, ② 이 전략의 지도 목적을 재우의 행동 특성에 근거하여 1가지 쓰시오. [2점]

확장하기

자기기록(자기점검)

이름 : ________ 날짜 : ________

종이 울리는 순간에 선생님의 허락 없이 말을 걸고 있었으면 해당하는 시간 간격 칸에 +표를 하고, 그렇지 않으면 −표를 하세요.

1	2	3	4	5	6	7	8	9	10
11	12	13	14	15	16	17	18	19	20

순간 관찰기록 방법을 이용한 자기기록 양식의 예

이름 : ________ 날짜 : ________

수업시간에 선생님의 허락 없이 짝꿍에게 말을 걸 때마다 ✓표를 하고, 수업이 끝날 때 총 몇 번 짝꿍에게 말을 걸었는지 합계를 적으세요.

합계 : ________

빈도 관찰기록 방법을 이용한 자기기록 양식의 예

자기평가

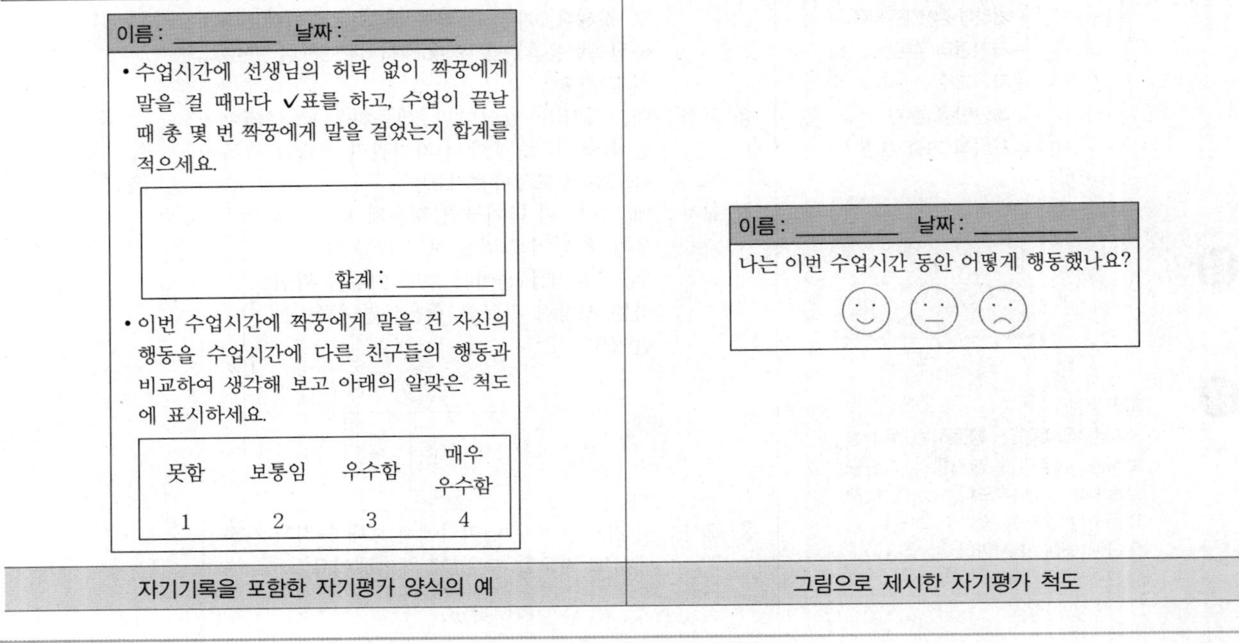

이름 : ________ 날짜 : ________

- 수업시간에 선생님의 허락 없이 짝꿍에게 말을 걸 때마다 ✓표를 하고, 수업이 끝날 때 총 몇 번 짝꿍에게 말을 걸었는지 합계를 적으세요.

합계 : ________

- 이번 수업시간에 짝꿍에게 말을 건 자신의 행동을 수업시간에 다른 친구들의 행동과 비교하여 생각해 보고 아래의 알맞은 척도에 표시하세요.

못함	보통임	우수함	매우 우수함
1	2	3	4

자기기록을 포함한 자기평가 양식의 예

이름 : ________ 날짜 : ________

나는 이번 수업시간 동안 어떻게 행동했나요?

그림으로 제시한 자기평가 척도

기본이론 268p

자기관리기법-자기강화

구조화 틀

품행장애의 중재
- 부모 훈련
- 기능적 가족중재
- 다중체계중재
- 학교 중심 프로그램
- 지역사회 기반 프로그램
- 인지행동중재
  - 문제해결 훈련
  - 분노조절 훈련
  - 귀인 재훈련
  - 합리적 정서행동치료
  - 자기관리 훈련
  - 자기교수
  - 대안반응 훈련
  - 사회적 기술 훈련

자기강화
- 학생이 직접 강화물을 선정하고 자신의 적절한 행동에 대해 스스로 강화를 제공하는 것
- 특징
  - 학생이 직접 강화제를 선택하고, 강화제 값을 결정하며, 목표하는 행동을 선택하도록 함
  - 학생이 자신에게 강화를 줄 수 있는 기준을 결정할 때 쉽게 강화받을 수 있도록 기준을 지나치게 낮게 설정하지 않게 하기 위해, 좀 더 엄격한 기준을 선정하는 방법을 가르쳐야 함

자기강화

2021년도 유아 B7

16 다음은 5세 통합학급 발달지체 유아 민지와 또래들의 바깥 놀이 중 대화이다. 물음에 답하시오. [5점]

교사 : 잘했어요. 민지야, 잘할 때마다 선생님이랑 어떻게 하기로 약속했지요? ┐ 민지 : (엄지를 추켜세우며) 민지 최고! 민지 잘했다! ┘ [C]

2) [C]에서 나타난 자기관리 유형을 쓰시오. [1점]

기본이론 267p

자기관리 훈련
(= 자기통제 훈련, 자기조절 훈련)

구조화틀

품행장애의 중재
- 부모 훈련
- 기능적 가족중재
- 다중체계중재
- 학교 중심 프로그램
- 지역사회 기반 프로그램
- 인지행동중재
  - 문제해결 훈련
  - 분노조절 훈련
  - 귀인 재훈련
  - 합리적 정서행동치료
  - 자기관리 훈련
  - 자기교수
  - 대안반응 훈련
  - 사회적 기술 훈련

자기평가
- 학생이 자신의 수행을 특정 기준과 비교하여 이에 부합하는지를 결정하는 것
- **자기평가 비교 준거**
  - 교사에 의해 설정된 준거와 비교
  - 다른 학생들의 수준과 비교
  - 자신의 이전 수준과 비교
- **특징**
  - 학생에게 자기 행동을 평가하도록 할 때는 어떤 종류의 준거를 사용해야 하는지 알려주어야 함
  - 자신의 적절한 행동과 부적절한 행동을 변별할 수 있는 능력이 요구됨
  - 자기평가를 하기 위해서는 자기기록 기술이 요구됨

자신의 이전 준거와 비교

2021학년도 초등 A4

17 **(가)는 사회과 수업 설계 노트의 일부이고, (나)는 상황 간 중다기초선설계 그래프이다. 물음에 답하시오. [6점]**

(가) 수업 설계 노트

- 기본 교육과정 사회과 분석
  - 내용 영역: 시민의 삶
  - 내용 요소: 생활 속의 질서와 규칙, 생활 속의 규범
  - 내용 조직: ㉠나선형 계열구조
- 은수의 특성 [A]
  - 3어절 수준의 말과 글을 이해함
  - 말이나 글보다는 그림이나 사진 자료의 이해도가 높음
  - 통학버스 승하차 시, 급식실, 화장실에서 차례를 지키지 않음
- 목표
  - 순서를 기다려 차례를 지킬 수 있다.
- 교수 학습 방법
  - '사회 상황 이야기'

[B]

문제 상황
은수는 수업을 마치고 통학버스를 타러 달려간다. 학생들이 통학버스를 타려고 줄을 서서 기다리고 있을 때 맨 앞으로 끼어든다.

- 평가 방법
  - 자기평가
    - ◦ 교사에 의해 설정된 준거와 비교하기
    - ◦ (㉡)와/과 비교하기
    - ◦ 다른 학생들의 수준과 비교하기
  - 교사 관찰: ㉢상황 간 중다기초선설계
  - 부모 면접

3) ㉡에 들어갈 비교 준거의 예를 1가지 쓰시오. [1점]

CHAPTER 10

주의력결핍 과잉행동장애(ADHD)

01 주의력결핍 과잉행동장애의 정의와 특성

- 주의력결핍 과잉행동장애
- 행동 특성
  - 핵심 특성
  - 이차적 특성

02 주의력결핍 과잉행동장애의 원인

- 각성 수준
- 보상에 대한 민감성
- 지연에 대한 혐오
- 억제기능과 실행기능(Barkley의 다면모형)
- 이중경로 모형

03 주의력결핍 과잉행동장애의 중재

- 약물치료
- 행동치료
- 학교에서의 행동관리

참고자료 기본이론 270-272p

키워드 ADHD DSM-5 진단기준

구조화틀

핵심개념

ADHD DSM-5 진단기준

A	부주의	• 세부적인 면에 대해 면밀한 주의를 기울이지 못하거나, 학업·직업 또는 다른 활동에서 부주의한 실수를 저지름 • 지속적인 주의집중에 어려움이 있음 • 경청하지 않는 것처럼 보임 • 지시를 따르지 못하고, 학업·잡일 또는 직장에서의 임무를 수행하지 못함 • 과업과 활동 조직에 어려움이 있음 • 지속적인 정신적 노력을 요하는 과업에의 참여를 피하고, 싫어하고, 저항함 • 과제나 활동에 필요한 물건들을 잃어버림 • 일상활동에서 잘 잊어버림 • 외부 자극에 의해 쉽게 산만해짐
	과잉행동－충동성	• 손발을 가만히 두지 못하거나 의자에 앉아서도 몸을 움직임 • 앉아 있도록 기대되는 교실이나 상황에서 자리를 뜸 • 부적절한 상황에서 지나치게 뛰어다니거나 기어오름 • 흔히 여가활동에 조용히 참여하거나 놀지 못함 • 흔히 끊임없이 움직이거나 마치 자동차에 쫓기는 것처럼 행동함 • 흔히 지나치게 수다스럽게 말함 • 흔히 질문이 채 끝나기 전에 성급하게 대답함 • 흔히 차례를 기다리지 못함 • 흔히 다른 사람의 활동을 방해하고 간섭함
B	몇몇 부주의 또는 과잉행동－충동성 증상이 만 12세 이전에 나타남	

모범답안 ④

2013학년도 중등 30

01 **정신장애진단통계편람(DSM-Ⅳ-TR)에 근거하여 주의력결핍 과잉행동(ADHD)에 관련된 내용을 기술한 것 중 옳은 것은?**

① 손상을 초래하는 과잉행동 및 충동 또는 부주의 증상들이 만 3세 이전에 나타난다.
② 부주의에는 흔히 질문이 채 끝나기도 전에 성급하게 대답하는 증상이 포함된다.
③ 충동성에는 흔히 다른 사람이 직접적으로 말을 할 때 경청하지 않는 것처럼 보이는 증상이 포함된다.
④ 과잉행동에는 흔히 손발을 가만히 두지 못하거나 의자에 앉아서도 몸을 움직이는 증상이 포함된다.
⑤ 주의력결핍 과잉행동장애 복합형은 부주의와 충동성에 관한 증상들 중 5가지가 2개월 동안 부적응적이고 발달수준에 적합하지 않은 정도로 지속되는 경우이다.

① DSM-5 진단기준에서는 12세 이전으로 바뀜

② 질문이 채 끝나기도 전에 성급하게 대답하는 증상 → 충동성

③ 다른 사람이 말을 할 때 경청하지 않는 것처럼 보임 → 부주의

④ 손발을 가만히 두지 못하거나 의자에 앉아서도 몸을 움직이는 증상 → 과잉행동

⑤ 주의력결핍 과잉행동장애 복합형은 부주의와 과잉행동-충동성 증상 9가지 중 6가지 이상을 6개월 이상 지속적으로 보일 때 진단함

참고자료 기본이론 270p

키워드 ADHD DSM-5 진단기준

구조화 틀

ADHD 정의와 특성
- 주의력결핍 과잉행동장애
- 행동 특성
  - 핵심 특성
  - 이차적 특성

핵심 개념

ADHD 핵심 특성
- **주의력결핍**
  - 선택적 주의
  - 주의용량
  - 주의지속
- **과잉행동 – 충동성**
  - 과잉행동
  - 충동성

모범답안 ㉠ 주의력결핍, 과잉행동, 충동성

2025학년도 유아 B1

02 **(가)는 5세 발달지체 유아 정후의 어머니와 유아 특수교사 김 교사가 나눈 대화이고, (나)는 김 교사의 반성적 저널이다. 물음에 답하시오. [5점]**

(가)

어 머 니 : 선생님, 정후가 요즘 부쩍 산만해지고 집중을 잘 못해서 병원을 찾았더니 ㉠ 주의력결핍-과잉행동 장애라고 하네요. 믿을 수가 없어서 여러 병원을 돌아다녀 보았지만 동일한 진단을 받았어요. 내년이면 초등학교에 가야 하는데 정말 걱정이에요.

김 교사 : 어머님, 걱정이 많으시겠어요.

…(하략)…

1) (가)의 밑줄 친 ㉠의 핵심적인 특성 3가지를 쓰시오. [1점]

※ 핵심적인 특성이라는 키워드를 잘 생각하며 융통성 있는 접근이 필요

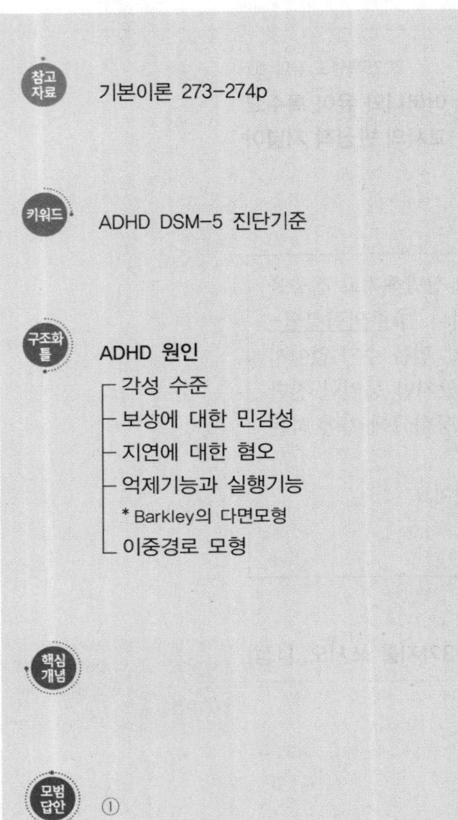

참고자료
기본이론 273-274p
키워드
ADHD DSM-5 진단기준
구조화틀
ADHD 원인
각성 수준
보상에 대한 민감성
지연에 대한 혐오
억제기능과 실행기능
* Barkley의 다면모형
이중경로 모형
핵심개념
모범답안
①

2007학년도 중등 13

03 **〈보기〉는 주의력결핍 과잉행동장애의 특성에 대한 설명이다. 바르게 설명한 것으로 묶인 것은?**

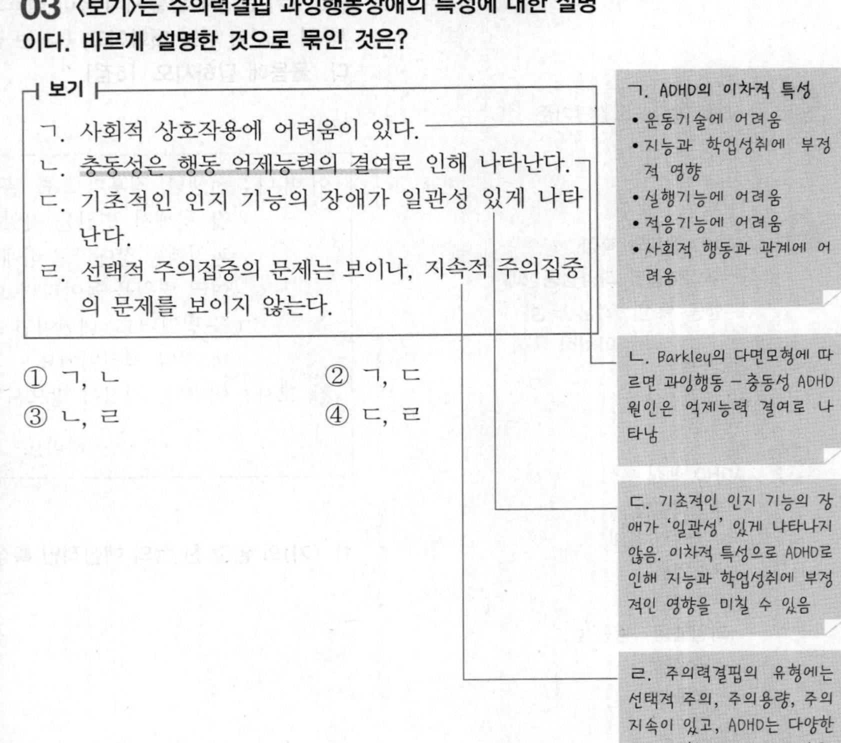

보기

ㄱ. 사회적 상호작용에 어려움이 있다.
ㄴ. 충동성은 행동 억제능력의 결여로 인해 나타난다.
ㄷ. 기초적인 인지 기능의 장애가 일관성 있게 나타난다.
ㄹ. 선택적 주의집중의 문제는 보이나, 지속적 주의집중의 문제를 보이지 않는다.

① ㄱ, ㄴ ② ㄱ, ㄷ
③ ㄴ, ㄹ ④ ㄷ, ㄹ

ㄱ. ADHD의 이차적 특성
• 운동기술에 어려움
• 지능과 학업성취에 부정적 영향
• 실행기능에 어려움
• 적응기능에 어려움
• 사회적 행동과 관계에 어려움
ㄴ. Barkley의 다면모형에 따르면 과잉행동 - 충동성 ADHD 원인은 억제능력 결여로 나타남
ㄷ. 기초적인 인지 기능의 장애가 '일관성' 있게 나타나지 않음. 이차적 특성으로 ADHD로 인해 지능과 학업성취에 부정적인 영향을 미칠 수 있음
ㄹ. 주의력결핍의 유형에는 선택적 주의, 주의용량, 주의지속이 있고, ADHD는 다양한 주의 유형에 어려움이 있음

참고자료 기본이론 270-272p

키워드 ADHD DSM-5 진단기준

구조화 틀

핵심 개념

모범 답안 (제시문만 분석)

2013학년도 추가중등 A6 / 초등 3 / 유아 2

04 다음은 정서 · 행동 문제가 있는 영수와 은지의 행동 특성을 기술한 것이다. 물음에 답하시오. [5점]

영수의 행동 특성	영수는 잠시도 가만히 있지 못하며 발을 꼼지락거린다. 때로는 멍하니 딴 생각을 하다가 교사가 주의를 주면 바른 자세를 취한다. 그리고 친구를 때리고 괴롭히는 행동이 잦아 ㉠ 자기교수 훈련을 실시했더니, 때리는 행동이 조금 줄어들었다. 그러나 친구들의 놀이를 방해하는 행동은 여전히 심하다. 특히, 과제를 수행할 때 실수를 자주 범한다. 소아정신과 의사는 영수의 이런 특성이 ㉡ 기질과 관련이 있을 수 있다고 했다.

과잉행동

영수의 장애 진단명을 직접 묻지 않았지만, 영수가 보이는 행동 특성은 어떤 장애에 해당하는지 알 수 있음

부주의

기본이론 270p

ADHD DSM-5 진단기준

ADHD 진단기준(DSM-Ⅳ-TR에서 DSM-5로 변화된 내용)
- 발병시기에서 연령 기준이 '7세 이전'에서 '12세 이전'으로 변경
- 청소년과 17세 이상 성인의 진단기준 항목 수를 5가지로 제시하는 것이 포함
- 현재의 심각도(경도, 중등도, 중도)를 명시
- 주의점을 추가하여 감별진단의 명료성이 향상

- 몇 가지 부주의 또는 과잉행동-충동성 증상이 7세 이전에서 12세 이전에 나타나야 하는 것으로 연령을 조정했다.
- 후기 청소년이나 성인(17세 이상)의 경우 부주의, 과잉행동-충동성 각각의 증상에 대해 5가지 증상만 충족되어야 진단할 수 있게 되었다.

2018학년도 중등 A11

05 **(가)는 주의력결핍 과잉행동장애 학생 H와 관련하여 특수교사와 통합학습 교사가 나눈 대화이고, (나)는 특수교사가 학생 H의 문제행동을 관찰한 결과이다. 〈작성방법〉에 따라 서술하시오. [4점]**

(가) 특수교사와 통합학급 교사의 대화

통합학급 교사: 「정신장애의 진단 및 통계 편람 제5판(DSM-5)」에서 주의력결핍 과잉행동장애의 진단 준거가 바뀌었다면서요?
특 수 교 사: 예, 주의력결핍 과잉행동장애의 진단 준거가 「정신장애의 진단 및 통계 편람 제4판 개정판(DSM-Ⅳ-TR)」에 비해 DSM-5에서는 ㉠ 몇 가지 변화가 있습니다.

…(중략)…

작성방법

밑줄 친 ㉠에 해당하는 내용을 2가지 쓸 것.

기본이론 273–274p

ADHD 원인

ADHD 원인
- 각성 수준
- 보상에 대한 민감성
- 지연에 대한 혐오
- 억제기능과 실행기능
  * Barkley의 다면모형
- 이중경로 모형

핵심 개념

실행기능 중 억제기능 결여
- ADHD 아동은 계획, 조직화, 목표지향적 행동 실현 등에 필요한 고차원 기술인 실행기능의 결여를 보임
- 실행기능에는 반응을 억제하는 능력이 포함되는데, ADHD 아동에게서 많이 나타나는 억제력 결여는 ADHD 장애를 설명하는 핵심 요인

Barkley의 다면모형
- 과잉행동–충동성 우세형에게만 적용
- 반응억제 결여가 ADHD의 핵심 요소

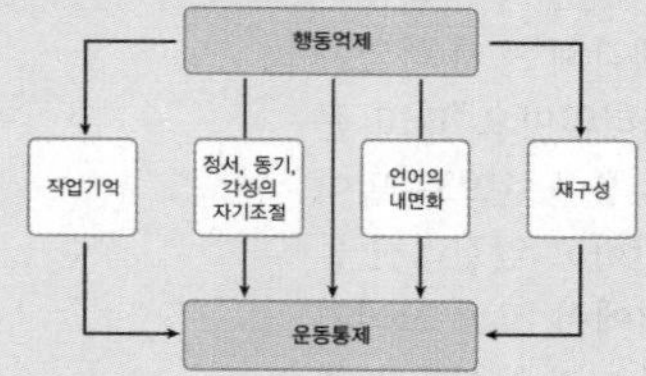

- **4가지 실행기능**
  - **비언어적 작업기억**: 정보를 마음속에 온라인 상태로 유지시켜주는 기억체계의 일부
  - **정서·동기·각성에 대한 자기조절**: 정서와 동기를 조절할 수 있게 해주는 처리 과정들을 포함
  - **언어의 내재화**: 언어적 작업기억으로, 행동지침으로 내재화된 규칙과 지시를 마음속으로 생각할 수 있게 해줌
  - **재구성**: 언어적·비언어적 정보를 분석·통합하고, 해체·재조합하는 것

모범 답안 ③

2010학년도 초등 9

06 **다음은 정신장애 진단 통계편람(DSM-Ⅳ-TR)에 따라 주의력결핍 과잉행동장애 하위 유형 중 하나로 진단된 나래의 행동 관찰기록이다. 이에 비추어 나래에게 나타나는 장애 유형의 특성과 이를 개선하기 위한 교수전략을 가장 적절하게 짝지은 것은?**

> ADHD 유형
> - 부주의 우세형
> - 과잉행동–충동성 우세형
> - 복합형

〈행동 관찰〉

- 이름 : 이나래
- 관찰자 : 교사 박민수
- 관찰 기간 : 2009년 3월 9일~10월 15일
- 관찰 내용
  - 수업시간에 이유 없이 자리를 뜬다.
  - 다른 사람의 활동을 방해하고 간섭한다.
  - 여가활동에 조용히 참여하거나 놀지 못한다.
  - 선생님의 질문이 끝나기 전에 성급하게 대답한다.
  - 점심시간에 식당에서 자기 차례를 기다리지 못한다.
  - 책상에 앉아 있을 때 손이나 발을 가만히 있지 못하고 계속 움직인다.
- 관찰자 의견 : 학교생활에서 위와 같은 행동이 자주 나타난다.

> 학생의 ADHD 유형은 과잉행동–충동성 ADHD에 해당함

	〈특성〉	〈교수전략〉
①	능력 결여	인지적 능력을 증진시키기 위하여 행동계약 전략을 사용한다.
②	동기 결여	주어진 과제에 집중하는 시간을 증가시키기 위하여 모델링 전략을 사용한다.
③	억제력 결여	행동의 지침이 될 규칙을 마음속으로 생각해보도록 자기대화 전략을 사용한다.
④	작업기억 결여	단기기억을 증진시키기 위하여 자기교수 전략을 사용한다.
⑤	자기조절력 결여	자기가 행동을 통제하도록 주기적 전략을 사용한다.

> ADHD의 원인
> Barkley가 주장한 '억제력 결여'

기본이론 275p

ADHD 중재전략

ADHD 중재
- 약물치료
- 행동치료
- *ADHD 중재전략(특수교육학 개론)
- 학교에서의 행동관리

핵심개념

ADHD 중재전략

- **주의집중 문제해결 세부전략**
  - 주의산만과 무관심의 특성을 보임
  - 약속된 신호, 즉각적 강화, 눈 마주침이 가능한 좌석배치, 단순명료한 지시, 속도감 있는 수업진행, 신체적 근접성, 지속적 점검, 다양한 수업진행, 교재의 단순화 등의 전략을 활용할 수 있음
- **조직력 문제해결 세부전략**
  - 일의 우선순위를 결정하지 못하고, 세부적 계획 수립에 어려움을 보임
  - 수업시간 활동계획표 작성, 과제 난이도 조절, 지시수용 정도 확인 후 분명하고 정확한 지시의 전달 등의 전략을 활용할 수 있음
- **반응정확도 향상 세부전략**
  - 얕은 인지처리에 의한 즉각적인 처리 등 충동성과 주의집중 부족 문제가 나타남
  - 정확도 점검과정 평가, 교재 난이도 고려, 시험보기 연습, 생각한 후 말하기, 반응대가, 교정연습 등의 전략을 활용할 수 있음
- **과잉행동 중재**

  활동시간을 짧게 나누어 움직일 시간을 제공하기, 방해 않는 범위 내에서 과잉행동 욕구를 처리할 수 있는 활동을 제공하기 등의 전략을 활용할 수 있음

2012학년도 유아 25

07 (가)는 유치원 통합학급 김 교사가 탐구생활 영역을 지도하는 것을 관찰한 특수학급 박 교사가 작성한 수업 관찰 일지이고, (나)는 수업 평가 협의회에서 수업을 관찰한 박 교사와 동료 교사들이 김 교사의 수업에 대해 나눈 대화이다. (나)에 제시된 교사들의 대화 내용 중 옳은 것을 고른 것은?

(가)

수업 관찰 일지					
날짜	2011년 10월 5일	수업 교사	김○○	관찰자	박○○
활동 목표	물에 가라앉는 물건과 가라앉지 않는 물건이 있음을 안다.				
준비물	물놀이 통, 물, 동전, 탁구공, 비누(10cm×6cm×4cm), 스티로폼 조각(10cm×10cm×10cm), 쇠구슬(지름 1cm) 등				
관찰 내용					
민수는 수업이 시작되어도 여전히 주위를 두리번거리거나 자리에 가만히 앉아 있지 못하고 안절부절 못하며, 몸을 뒤틀기도 하고, 옆 친구를 갑자기 미는 등의 행동을 하며 수업에 집중을 하지 않았다. 교사가 실험 준비물을 나누어주는 동안에도 민수는 교실을 돌아다니거나 책상 아래를 기어다니고, 다른 유아의 물건을 빼앗으면서 수업을 방해하였다. 김 교사가 실험 과정과 실험 시 주의해야 할 규칙(물놀이 통에 든 물로 장난치지 않기)을 설명하는 동안, 민수는 김 교사의 설명을 듣지 않고 계속해서 주위를 두리번거리다가 갑자기 자리에서 일어나서 교실을 돌아다녔다. 잠시 후 자리로 돌아와 비누와 탁구공을 물놀이 통에 넣고 두 물건이 가라앉는지를 관찰하였다. 김 교사가 실험 결과를 생각해 보게 하였을 때 민수는 불쑥 "크기(부피)가 큰 물건이 가라앉아요."라고 큰 소리로 말한 후 규칙을 지키지 않고 물놀이 통을 손으로 밀어 물을 엎질렀다. 김 교사는 수업을 잠시 중단하고 엎질러진 물을 닦은 후, 민수에게 교실 뒤편 조형 영역에서 그림 그리기 활동을 하게 하였다. 이후 김 교사의 지도에 따라 유아들은 준비물을 하나씩 물놀이 통에 넣으면서 어떤 물건이 가라앉고, 어떤 물건이 가라앉지 않는지를 관찰하였다. 민수는 수업이 종료될 때까지 조형 영역에서 그림 그리기 활동을 하였다.					

민수가 보이는 행동의 특징 → ADHD에 해당

(나)

오 교사: 민수의 문제 행동을 줄이기 위해서는 수업 중 움직일 수 있는 기회를 주지 않는 것이 좋습니다. 예를 들어, 김 교사의 수업에서는 민수가 준비물을 나누어주게 하는 것보다는 자리에 앉혀두고 계속해서 문제 행동을 억제하는 것이 좋습니다.

과잉행동을 보이는 학생에게는 오교사가 제시한 방법과 반대의 방법으로 중재해야 함

정 교사: 김 교사는 민수가 "크기(부피)가 큰 물건이 가라앉아요."라고 말했을 때 그 생각이 잘못되었다고 즉시 말로 설명해주는 것보다는 민수가 좋아하는 물건 중 실험 목적에 맞는 물건으로 실험을 다시 해보게 하는 것이 더 적절합니다.

박 교사: 민수에게 실험에 참여하게 하는 대신 수업이 종료될 때까지 그림 그리기 활동을 하게 한 것은 행동 중재 전략 중 체계적 둔감법에 해당합니다.

송 교사: 만일 스티로폼 조각과 쇠구슬을 물놀이 통에 넣어보면, 민수의 생각이 잘못되었음을 알 수 있습니다.

① 오 교사, 정 교사
② 오 교사, 송 교사
③ 정 교사, 박 교사
④ 정 교사, 송 교사
⑤ 박 교사, 송 교사

④

CHAPTER

11 틱장애

01 틱장애
- 틱의 개념
- 틱의 유형
  - 운동 틱
  - 음성 틱

02 틱장애 중재
- 습관 반전
  - 틱 알기 훈련
  - 경쟁 반응법
  - 이완훈련
  - 후속사건 중심 중재법
- 상황 역실행

기본이론 277p

틱장애 진단기준

틱장애
- 정의
- 틱장애 진단기준(하위 유형)
- 중재

틱장애 DSM-5 진단기준

틱장애 유형	기간	증상 (운동/음성)
일과성 (잠재적)	1년 이하	각각 보이거나 둘 다 보이거나
만성	1년 이상	각각
뚜렛	1년 이상	둘 다

모범답안

학생 A – 만성 음성 틱장애
학생 B – 뚜렛장애

2015학년도 중등 A9

01 **다음은 학생 A와 B에게 나타나는 행동 특성으로, 이 행동들은 약물이나 기타 일반적인 의학적 문제로 발생하는 것은 아니다. 정신장애의 진단 및 통계 편람(DSM-Ⅳ-TR)의 진단 준거에 근거하여 학생 A와 B의 장애 진단명을 순서대로 쓰시오. [2점]**

- 학생 A의 행동 특성
  지난 1년 4개월 동안 콧바람 불기 행동과 "시끄러." 하는 고함 지르기 행동이 본인의 의지와 상관없이 나타나고 있다. 이러한 행동들은 버스를 탈 때에나 영화를 관람할 때에도 나타난다. 그래서 학생 A는 여러 사람이 있는 장소에 가기 싫어하고, 다른 사람에 의해 관찰되는 상황에 대해 두려움을 나타내고 있다. 또한 친구들로부터 자주 놀림을 받기도 하였고, 수차례 무단결석을 하였다. 이로 인해 학업에 어려움을 겪고 있으며, 우울, 자기 비하 등의 정서적 문제를 보이고 있다.

- 학생 B의 행동 특성
  다른 사람과 대화를 할 때나 혼자 있을 때, 본인의 의지와 상관없이 거의 매일 어깨 움츠리기 행동과 반복적 발 구르기 행동이 작년 1월부터 10월까지 10개월간 나타났고, 작년 11월 한 달 동안은 이 행동들이 나타나지 않다가 작년 12월부터 올해 2월까지 3개월간 다시 나타났다. 올해 3월부터는 이전 행동들이 나타나지 않았으나, 다른 행동인 킁킁거리기 행동과 상대방이 마지막으로 말한 단어를 반복하는 행동이 9개월째 나타나고 있다. 이로 인해 사회적 대인관계에 고통을 호소하고 있다.

음성 틱
콧바람 불기 행동, "시끄러" 하는 고함 지르기 행동

운동 틱
어깨 움츠리기, 발 구르기 행동 → 1년 1개월 나타남

음성 틱
킁킁거리기, 상대방이 마지막으로 말한 단어 반복하기 → 9개월 동안 나타남

기본이론 277p

틱장애 진단기준

틱장애
- 정의
- 틱장애 진단기준(하위 유형)
- 중재

틱장애 DSM-5 진단기준

틱장애 유형	기간	증상 (운동/음성)
일과성 (잠재적)	1년 이하	각각 보이거나 둘 다 보이거나
만성	1년 이상	각각
뚜렛	1년 이상	둘 다

모범답안

뚜렛장애

2013학년도 추가중등 A6 / 초등 3 / 유아 2

02 다음은 정서 · 행동 문제가 있는 영수와 은지의 행동 특성을 기술한 것이다. 물음에 답하시오. [5점]

은지의 행동 특성	은지는 2년 전 자신을 키워 준 할머니가 돌아가신 후부터 수업시간마다 눈을 깜빡이거나 코를 찡그리고 쉬는 시간에는 코를 킁킁거려서 친구들로부터 "조용히 해."라는 소리를 많이 듣는다. 한동안 ㉢ 자신의 물건에 집착하는 행동을 보여서 심리극을 실시한 결과 집착 행동이 많이 줄어들었다. 그러나 학습에 대한 흥미는 점점 떨어지고 있다. 소아정신과 의사는 은지의 행동이 내과적 질환에 의한 것은 아니라고 했다.

- 운동 틱 : 눈을 깜빡이거나 코를 찡그림
- 음성 틱 : 코를 킁킁거림

4) DSM-Ⅳ-TR(2000)의 장애 진단기준에 의하면 은지의 행동 특성은 어떤 장애에 해당하는지 쓰시오. [1점]

기본이론 277p

틱장애 진단기준

틱장애
- 정의
- 틱장애 진단기준(하위 유형)
- 중재

틱장애 DSM-5 진단기준

틱장애 유형	기간	증상 (운동/음성)
일과성 (잠재적)	1년 이하	각각 보이거나 둘 다 보이거나
만성	1년 이상	각각
뚜렛	1년 이상	둘 다

모범답안 만성 운동 틱장애

2023학년도 중등 A5

03 **(가)는 특수학급에 재학 중인 학생 A의 특성이다. (나)는 학생 A의 행동에 대한 관찰 기록 자료의 일부이고, (다)는 부분간격 기록법을 사용한 관찰자 A와 B의 자료를 비교한 결과이다. 〈작성 방법〉에 따라 서술하시오. [4점]**

(가) 학생 A의 특성

- 일상생활 중 자신의 의지와 상관없이 다음과 같은 행동을 보임
  - 갑자기 손목을 꺾으면서 앞·뒤로 빨리 반복적으로 파닥거림 → 운동 틱
  - 다른 소리(예 헛기침하기, 킁킁거리기)는 내지 않음
  - 초등학교 입학 이후 지속적으로 이와 같은 행동 특성을 보였음 → 현재 중·고등학교 학생이므로 초등학교 입학 이후 지속적으로 틱을 보임 → 1년 이상 지속됨을 알 수 있음
- 현재 특별한 약물을 복용하거나 다른 질병은 없음

작성방법

(가)의 학생 A의 행동 특성에 해당하는 장애명을 쓸 것. (단, DSM-5의 신경발달장애 하위 범주 기준에 근거할 것)

Memo

김은진
스페듀 기출분석집

Vol. 1

PART

03

자폐범주성장애

Special Education

CHAPTER 01

자폐범주성장애의 이해

01 자폐범주성장애 학습자를 이해하기 위한 세 가지 관점
- 의학적 관점
- 장애학적 관점
- 다중지능의 관점

02 자폐범주성장애의 정의
- 「장애인 등에 대한 특수교육법」의 정의
- 정신장애의 진단 및 통계편람(DSM-5)의 진단준거

참고자료 기본이론 283-284p

키워드 자폐범주성장애 학습자를 이해하기 위한 세 가지 관점

구조화 틀

세 가지 관점
- 의학적 관점
- 장애학적 관점
- 다중지능의 관점

핵심개념

의학적 관점

ASD 아동의 사회적 상호작용과 의사소통 및 행동은 결핍 또는 손상 때문

장애학적 관점

ASD 아동의 사회적 상호작용과 의사소통 및 행동은 단일화된 사회적 기준이나 사회적 인식 부족으로 인해 이해받지 못하기 때문

다중지능의 관점
- 특정 지능의 우세 때문
- 다중지능 유형
  - 개인 내 지능
  - 음악적 지능
  - 공간적 지능
  - 신체·운동적 지능
  - 개인 간 지능
  - 자연친화 지능
  - 언어적 지능
  - 논리·수학적 지능
- ASD 아동의 강점지능을 발견하여 교수전략과 교수평가에 활용하는 접근은 문제행동을 감소시키고 교육적인 효과도 얻을 수 있음

2020학년도 중등 B4

01 **(가)는 ○○중학교에서 통합교육을 받고 있는 학생 D와 E에 대해 담임교사와 특수교사가 나눈 대화의 일부이고, (나)는 특수교사가 작성한 수업 지원 계획의 일부이다. 〈작성방법〉에 따라 서술하시오. [4점]**

(가) 대화

특수교사: 학생 D와 E의 특성에 대해 이야기해보고, 수업에서 지원할 수 있는 방법을 의논해볼까요?

담임교사: 네, 먼저 학생 D는 ⓐ 수업의 주제를 도형이나 개념도와 같은 그림으로 표현하는 것을 좋아한다고 합니다. 자신이 지각한 것을 머릿속에서 시각화하고, 이것을 창의적으로 표현하는 능력이 뛰어난 학생입니다. 그리고 학생 E는 체육 활동에 적극적으로 참여하고, 수행 수준도 우수하다고 해요. 하지만 제 수업인 국어 시간에는 흥미가 없어서인지 활동에 잘 참여하지 않아서 걱정입니다.

특수교사: 두 학생의 장점이나 흥미를 교수·학습 활동에 반영하고, 선생님과 제가 수업을 함께 해보면 어떨까요?

담임교사: 네, 좋은 생각입니다. 제 수업시간에는 ⓑ 제가 반 전체를 맡고, 선생님께서는 학생 D와 E를 포함하여 4~5명의 학생을 지도해 주시면 좋겠어요.

…(중략)…

시공간 지능

신체운동지능

강점 기반의 접근(강점 기반 중재)

모범 답안 ㉡ 공간지능(시공간지능)

(나) 수업 지원 계획

수업 지원 교과		국어	
수업 주제		상대의 감정을 파악하며 대화하기	
학생	다중지능 유형	학생 특성을 반영한 활동 계획	협력교수 모형
D	(㉡)	상대의 감정을 시각화하여 창의적으로 표현하기	(㉢)
E	신체운동 지능	상대의 감정을 신체로 표현하기	

작성방법

(가)의 밑줄 친 ⓐ를 참고하여 (나)의 괄호 안의 ㉡에 해당하는 내용을 가드너(H. Garner)의 다중지능이론에 근거하여 쓸 것.

확장하기

Gardner의 다중지능 관점

- 다중지능이론의 핵심은 다양한 학습자에게 획일적인 학습방법이나 평가방법을 사용하지 않고, 학습자들의 특성에 맞춘 다양한 학습방법이나 평가방법을 사용하여 학습의 효과를 높이는 것이다.
- ASD 아동의 행동 특성을 관찰하고 이들의 강점지능을 발견하여 교수전략과 교수평가에 활용하는 접근은 문제행동을 감소시키고 교육적인 효과도 얻을 수 있다.

언어적 지능	말이나 글을 통하여 언어를 효과적으로 구사할 수 있는 능력 예 작가, 시인, 정치가, 웅변가, 언론인 등
논리·수학적 지능	논리적·수학적으로 사고하는 능력 예 컴퓨터 공학자, 수학자 등
음악적 지능	음악뿐만 아니라 소리와 관련된 모든 사항에 대해 남보다 민감하게 반응하거나 분석할 수 있는 지능
신체·운동적 지능	자신의 신체적 기능을 통제하는 능력으로, 스포츠와 같이 격렬한 운동 외에도 균형, 민첩성, 손의 섬세한 움직임, 표현력 등이 해당됨
공간적 지능	공간 및 시각과 관련된 것에 대한 파악 능력 예 건축가, 예술가, 장식가, 발명가, 지리학자 등
개인 간 지능 (인간친화지능, 대인지능)	주로 사람들과 교류하고 타인의 감정과 행동을 파악하는 능력 예 정치가, 종교인, 교사 등
개인 내 지능 (자기성찰지능)	자기 자신의 상태나 감정을 파악하는 능력으로, 자신에 대한 생각을 철저하게 객관적으로 이해하며 그에 기초하여 잘 행동하는 능력 예 소설가, 상담가, 임상학자 등
자연친화지능	자연과 상호작용(주변 사물을 잘 관찰하고 분석)하는 능력 예 과학자, 공학자, 동식물을 다루는 직업 분야 등

기본이론 283-284p

자폐범주성 장애 학습자를 이해하기 위한 세 가지 관점

세 가지 관점
- 의학적 관점
- 장애학적 관점
- 다중지능의 관점

핵심개념

의학적 관점
ASD 아동의 사회적 상호작용과 의사소통 및 행동은 결핍 또는 손상 때문

장애학적 관점
ASD 아동의 사회적 상호작용과 의사소통 및 행동은 단일화된 사회적 기준이나 사회적 인식 부족으로 인해 이해받지 못하기 때문

다중지능의 관점
- 특정 지능의 우세 때문
- 다중지능 유형
  - 개인 내 지능
  - 음악적 지능
  - 공간적 지능
  - 신체 · 운동적 지능
  - 개인 간 지능
  - 자연친화 지능
  - 언어적 지능
  - 논리 · 수학적 지능
- ASD 아동의 강점지능을 발견하여 교수전략과 교수평가에 활용하는 접근은 문제행동을 감소시키고 교육적인 효과도 얻을 수 있음

개인 간 지능(대인지능)

2024학년도 중등 A11

02 **(가)는 지적장애 학생A의 특성이고, (나)는 초임 교사와 수석 교사의 대화 중 일부이다. 〈작성 방법〉에 따라 서술하시오. [4점]**

(가) 학생 A의 특성

- 잘 웃고 인사성이 좋음
- 혼자 있는 것보다 사람에게 먼저 다가가 말하는 것을 좋아함
- 다른 사람의 감정과 태도를 잘 알아차리며, 상호작용을 잘하는 편임

(나) 초임 교사와 수석 교사의 대화

초임 교사: 선생님, 전공과 바리스타 수업 시간에 실습을 하는데, 학생 A에게는 여러 역할 중에서 에스프레소를 추출하는 연습을 시켰어요. 그런데 반복적으로 추출하는 일을 지루해합니다. 학생A에게 더 적합한 역할이 뭘까요?

수석 교사: ㉠ 학생 A의 강점을 고려하여 전환 계획을 수립하는 것이 중요해요. 학생 A에게 주문을 받고 계산하는 역할을 맡겨 보면 어떨까요?

초임 교사: 네, 좋은 생각입니다. 학생A는 친화력이 좋아서 잘할 거예요.

작성방법

(나)의 밑줄 친 ㉠에 해당하는 지능의 유형을 쓸 것. [단, (가)의 학생 특성과 가드너(H. Gardner)의 다중지능이론에 근거하여 쓸 것]

기본이론 284p

「장애인 등에 대한 특수교육법」의 정의

자폐범주성장애의 정의
- 「장애인 등에 대한 특수교육법」
- DSM-5 진단기준

자폐성장애에 대한 특수교육법의 정의
- 사회적 상호작용과 의사소통에 결함
- 제한적이고 반복적인 관심과 활동
- 교육적 성취 및 일상생활 적응에 도움이 필요한 사람

제한적이고 반복적인 관심과 활동

2014학년도 유아 A4

03 보라는 특수학교 유치부에 다니는 4세의 자폐성 장애 여아이다. (가)는 보라의 행동 특성이고, (나)는 보라를 지원하기 위한 활동 계획안이다. 물음에 답하시오. [6점]

(가) 보라의 행동 특성

- 교실이나 화장실에 있는 ㉠ 전등 스위치만 보면 계속 반복적으로 누른다.
- ㉡ 타인의 말을 반복한다.
- 용변 후 물을 내려야 한다는 것을 모른다.
- 용변 후 손을 제대로 씻지 않고 나온다.
- 배변 실수를 자주 한다.

1) 현행 '「장애인 등에 대한 특수교육법 시행령」 [별표] 특수교육대상자 선정기준(제10조 관련) 6. 자폐성 장애를 지닌 특수교육대상자'에 제시된 내용에서 (가)의 ㉠ 행동이 해당되는 내용을 쓰시오. [1점]

기본이론 284-285p

DSM-5 진단기준

자폐범주성장애의 정의
- 「장애인 등에 대한 특수교육법」
- DSM-5 진단기준

자폐범주성장애에 대한 DSM-5의 정의
- 사회적 상호작용과 사회적 의사소통의 지속적인 결함
- 제한적이고 반복적인 행동, 관심 또는 활동 패턴
- 발달기 초기에 증상 발현

모범답안

제한적이고 반복적인 행동, 관심 또는 활동 패턴

2025학년도 초등 A3

04 **(가)는 일반 학교에서 통합교육을 받고 있는 자폐성장애 학생들의 특성이고, (나)는 예비 교사와 특수교사가 나눈 대화의 일부이다. 물음에 답하시오. [6점]**

(가)

학생	특성
승우	• 학교에 오면 나무 블록을 일렬로 세워 놓는 행동을 계속 반복함 • 색연필이나 사인펜을 무지개색 순서대로 항상 정리함 • 큰 소리에 과민하게 반응하며 귀를 틀어막음 ⌉ [A]

…(하략)…

- 상동적이거나 반복적인 동작성 움직임, 물건 사용 또는 말
- 동일성 고집, 일상활동에 대한 완고한 집착, 의식화된 언어적 혹은 비언어적 행동 패턴
- 감각적 입력에 대한 과대반응 혹은 과소반응, 환경의 감각적 측면에 대한 이례적인 관심

1) (가)의 ① [A]에 해당하는 DSM-5의 자폐스펙트럼장애 진단 기준을 쓰시오.

확장하기

제한적이고 반복적인 행동, 관심 또는 활동 패턴

진단기준	예
상동적이거나 반복적인 동작성 움직임, 물건 사용, 또는 말	단순한 운동 상동증, 장난감 줄 세우기, 물체 튕기기, 반향어, 특이한 문구 사용
동일성 고집, 일상활동에 대한 완고한 집착, 의식화된 언어적 혹은 비언어적 행동 패턴	작은 변화에 대한 극심한 고통, 활동 간 전환의 어려움, 완고한 사고방식, 의례적인 인사, 매일 같은 길로만 다니거나 같은 음식 먹기
강도와 초점이 비정상적인 매우 제한적이고 고착된 관심	특이한 물체에 대한 강한 애착 또는 집착, 과도하게 국한되거나 고집스러운 흥미
감각적 입력에 대한 과대반응 혹은 과소반응, 환경의 감각적 측면에 대한 이례적인 관심	통증이나 온도에 대한 명백한 무관심, 특정 소리나 감촉에 대한 부정적 반응, 과하게 사물의 냄새를 맡거나 만지기, 빛이나 움직임에 대한 시각적 매료

기본이론 284-285p

DSM-5 진단기준

자폐범주성장애의 정의

┌「장애인 등에 대한 특수교육법」
└ DSM-5 진단기준

자폐범주성장애에 대한 DSM-5의 정의

- 사회적 상호작용과 사회적 의사소통의 지속적인 결함
- 제한적이고 반복적인 행동, 관심 또는 활동 패턴
- 발달기 초기에 증상 발현

모범답안

㉠ 사회적 · 정서적 상호성의 결함

㉡의 예는 비정상적인 눈 맞춤과 몸짓 언어이다.

2017학년도 중등 A7

05 **다음은 「정신장애의 진단 및 통계 편람 제5판(DSM-5)」의 자폐스펙트럼장애(자폐성 장애) 진단기준과 관련하여 일반교사와 특수교사가 나눈 대화의 일부이다. ㉠에 들어갈 내용을 쓰고, ㉡에 해당하는 예를 1가지 쓰시오. [2점]**

> 일반교사: 최근에 자폐스펙트럼장애의 진단기준이 새롭게 제시되었다면서요?
>
> 특수교사: 네. DSM-5에 의하면, 자폐스펙트럼장애의 대표적인 특징에는 2가지가 있습니다. 첫째, 다양한 분야에 걸쳐 사회적 의사소통 및 사회적 상호작용의 지속적인 결함이 현재 또는 과거력상 나타나야 합니다. 둘째, 제한적이고 반복적인 행동, 흥미, 활동이 현재 또는 과거력상 나타나야 합니다.
>
> 일반교사: 네, 그렇군요. 첫 번째 특징인 사회적 의사소통 및 사회적 상호작용의 지속적 결함에는 어떤 것들이 있나요?
>
> 특수교사: 여기에는 3가지 하위 특징이 있습니다. 첫째, (㉠)의 결함을 보입니다. 예를 들어, 사회적 상호작용의 시작 및 반응에서 실패하는 것을 말합니다. 둘째, ㉡ 사회적 상호작용을 위한 비언어적 의사소통 행동의 결함입니다. 셋째, 관계 발전, 유지 및 관계에 대한 이해의 결함을 보입니다. 예를 들면, 상상놀이를 공유하거나 친구를 사귀는 것이 어렵습니다.
>
> …(하략)…

자폐범주성 장애에 대한 DSM-5의 정의

DSM-5의 진단준거 중 첫 번째 특징인 사회적 의사소통 및 사회적 상호작용의 지속적 결함 준거

다음의 세 가지가 현재 나타나고 있거나 나타난 내력이 있어야 함

- 사회적 · 정서적 상호성에서의 결함
- 사회적 상호작용을 위해 사용되는 비언어적 의사소통 행동에서의 결함
- 관계의 형성, 유지, 이해에서의 결함

상징놀이
(= 가상놀이, 상상놀이)

- 아동의 성장과정에서 사물에 이름을 붙이는 시기를 '상징기'라고 하는데, 이 시기에 상징놀이나 언어 등을 통해 자신의 의사를 표현함
- 상징놀이 발달단계는 언어 발달단계와 밀접한 관계가 있는데, 언어가 심각하게 지연된 아동은 상상놀이가 늦게 나타남

PART 03

기본이론 284-285p

DSM-5 진단기준

자폐범주성장애의 정의
- 「장애인 등에 대한 특수교육법」
- DSM-5 진단기준

자폐범주성장애에 대한 DSM-5의 정의
- 사회적 상호작용과 사회적 의사소통의 지속적인 결함
- 제한적이고 반복적인 행동, 관심 또는 활동 패턴
- 발달기 초기에 증상 발현

모범답안
- 강도와 초점이 비정상적인 매우 제한적이고 고착된 관심
- 감각적 입력에 대한 과대반응 혹은 과소반응, 환경의 감각적 측면에 대한 이례적인 관심

2017학년도 유아 A2

06 다음은 유아특수교사인 김 교사와 유아교사인 최 교사 간 협력적 자문 내용의 일부이다. 물음에 답하시오. [5점]

> 최 교사: 선생님, 지난 회의에서 자폐성 장애의 주요 특성은 '사회적 의사소통 및 사회적 상호작용에서의 어려움'과 '제한된 반복 행동, 흥미, 활동'을 보이는 것이라고 하셨지요? 이와 관련해서 민수를 조금 더 잘 이해하고 싶은데 어떻게 하면 좋을까요?
> 김 교사: 민수를 잘 이해하시려면 민수의 사회적 의사소통 특성을 아는 것이 중요해요. 그리고 '제한된 반복 행동, 흥미, 활동'을 이해하는 것도 필요한데, 여기에는 상동행동, 동일성에 대한 고집과 그 외에 ㉠ 다른 특성들이 더 있어요.
>
> …(하략)…

자폐범주성장애에 대한 DSM-5의 정의

DSM-5의 진단준거 중 두 번째 특징인 제한적이고 반복적인 행동, 관심 또는 활동 패턴
다음 네 가지 중 적어도 두 가지가 현재 나타나고 있거나 나타난 내력이 있어야 함
- 상동적이거나 반복적인 동작성 움직임, 물건 사용 또는 말
- 동일성 고집, 일상활동에 대한 완고한 집착, 의식화된 언어적 혹은 비언어적 행동 패턴
- 강도와 초점이 비정상적인, 매우 제한적이고 고착된 관심
- 감각적 입력에 대한 과대반응 혹은 과소반응, 환경의 감각적 측면에 대한 이례적인 관심

DSM-IV-TR에서는 자폐성 장애의 유형을 5가지로 분류(자폐성 장애, 레트장애, 소아기 붕괴성 장애, 아스퍼거 증후군, 불특정 전반적 발달장애)했으나 DSM-5 정의에서는 자폐성 장애의 분류를 없애고 '스펙트럼(범주성) 장애'로 명칭을 변경했음
→ 이는 자폐성 장애의 특징이 매우 다양한 스펙트럼(범주성)을 가진다는 것을 반영

1) DSM-5의 자폐스펙트럼장애(자폐성 장애) 진단기준에 근거하여 ㉠에 해당하는 특성 2가지를 쓰시오. [2점]

기본이론 284-285p

DSM-5 진단기준

자폐범주성장애의 정의
- 장애인 등에 대한 특수교육법
- DSM-5 진단기준

자폐범주성장애에 대한 DSM-5의 정의
- 사회적 상호작용과 사회적 의사소통의 지속적인 결함
- 제한적이고 반복적인 행동, 관심 또는 활동 패턴
- 발달기 초기에 증상 발현

모범답안
제한적이고 반복적인 행동, 관심 또는 활동 패턴

2013학년도 유아 B4

07 **다음은 통합유치원에 재원 중인 만 5세 자폐성 장애 유아 민지에 관한 내용이다. 물음에 답하시오. [5점]**

(가) 민지의 특성

- 시각적 정보처리 능력이 뛰어난 편이다.
- 좋아하지 않는 활동에 잘 참여하지 않는다.
- 다양하게 바뀌는 자료에 대해 과민하게 반응한다.
- ㉠장난감 자동차 바퀴를 돌리는 행동을 계속 반복한다.
- 다른 사람과 대화를 시작하거나 유지하는 데 어려움을 보인다.

시각적 정보처리에 강점을 보임

좋아하지 않는 활동에 잘 참여하지 않음

감각 이상

상동행동

사회적 상호작용 및 의사소통 어려움
→ 1-1 상호성 결함

1) 다음 괄호 안에 들어갈 말을 쓰시오. [1점]

(가)의 ㉠에 나타난 민지의 행동은 '정신장애진단통계편람(DSM-Ⅳ-TR)'에 제시된 자폐성 장애의 진단기준 3가지 중 (   )에 해당한다.

DSM-Ⅳ-TR의 3가지 진단기준
① 사회적 상호작용 결함
② 사회적 의사소통 결함
③ 제한적이고 반복적인 행동, 관심 또는 활동 패턴

→ 현재의 DSM-5에서는 진단기준 ①, ②가 합쳐지고 2가지 진단기준을 제시함
① 사회적 상호작용 및 의사소통 결함
② 제한적인 반복적인 행동, 관심 또는 활동 패턴

PART 03

참고자료 기본이론 284-286p

키워드 DSM-5 진단기준

구조화틀

자폐범주성장애의 정의
- 「장애인 등에 대한 특수교육법」
- DSM-5 진단기준

핵심개념

자폐범주성장애에 대한 DSM-5의 정의
- 사회적 상호작용과 사회적 의사소통의 지속적인 결함
- 제한적이고 반복적인 행동, 관심 또는 활동 패턴
- 발달기 초기에 증상 발현

자폐범주성장애 진단 시 주의점
- DSM-Ⅳ의 진단기준상 자폐성장애, 아스퍼거장애 또는 불특정 전반적 발달장애로 진단된 경우에는 자폐범주성장애의 진단이 내려져야 함
- 사회적 의사소통에 뚜렷한 결함이 있으나 자폐범주성장애의 다른 진단 항목을 만족하지 않는 경우에는 사회적(실용적) 의사소통장애로 평가해야 함

모범답안 ㉡ 사회적 의사소통 장애

2018학년도 중등 A5

08 다음은 자폐스펙트럼장애와 관련하여 오 교수와 예비특수교사가 나눈 대화의 일부이다. ㉡에 들어갈 내용을 쓰시오. [2점]

교수님, 제가 교육봉사활동을 하였던 학교의 자폐스펙트럼장애 학생 중에서 특정 주제에만 몰두하고, 자신이 좋아하는 활동을 그만두려고 하지 않으며, 사소한 변화에 대해 지나치게 민감하게 반응하는 학생이 있었습니다.

예, 그것은 자폐스펙트럼장애의 인지적 특성 중 (㉠)(으)로 볼 수 있습니다. (㉠)이/가 있는 학생은 계획을 세우고, 충동을 조절하며, 사고와 행동의 유연성과 체계적으로 환경을 탐색하는 것 등에서 문제를 보입니다.

만약, 사회적 의사소통에서 현저한 결함을 가지고 있지만 자폐스펙트럼장애의 다른 진단 준거를 충족하지 않는 경우에는 어떤 장애로 평가해야 하나요?

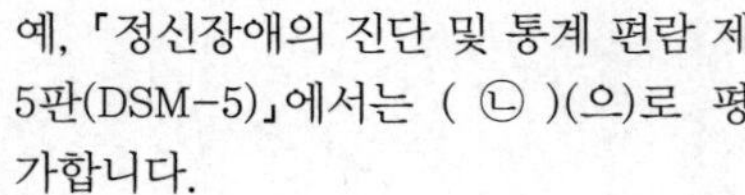

예, 「정신장애의 진단 및 통계 편람 제5판(DSM-5)」에서는 (㉡)(으)로 평가합니다.

ASD 아동의 일반적인 특성 분석
- 특정 주제에 몰두함
- 자신이 좋아하는 활동을 그만두려고 하지 않음
- 사소한 변화에 지나치게 민감하게 반응함

사회적 의사소통에 뚜렷한 결함이 있으나 자폐범주성장애의 다른 진단항목을 만족하지 않는 경우
→ 사회적(실용적 · 화용적) 의사소통 장애로 평가해야 함

CHAPTER 02

자폐범주성장애 아동의 특성

01 인지적 특성

- 마음이해능력의 결함
  - 마음이론의 이해
  - 자폐성장애 학생의 마음이해능력
  - 마음이해능력의 결함이 일상생활에 미치는 영향
  - 교육적 지원
- 실행기능의 결함
  - 실행기능의 이해
  - 자폐성장애 학생의 실행기능
  - 교육적 지원
- 중앙응집능력의 결함
  - 중앙응집능력의 이해
  - 자폐성장애 학생의 중앙응집능력
  - 교육적 지원

02 사회적 상호작용 특성

03 사회적 의사소통 특성

- 사회적 의사소통의 질적 손상
- 자폐성장애 학생이 언어의 화용론적 측면에서 보이는 결함

04 제한적 · 반복적 · 상동적인 행동 특성

- 제한적 · 반복적 · 상동적인 행동의 이해
- 상동행동, 자기자극행동, 의식행동의 기능
  - 자극에 대한 생물학적 요구
  - 각성상태의 증가
  - 스트레스 감소
  - 환경조절
- 자폐성장애의 언어 특성
  - 대명사 전도
  - 신조어
  - 반향어
    - 반향어의 이해
    - 반향어의 기능적 범주

05 감각 특성

- 자폐성장애의 감각 특성
- Dunn의 감각처리 모델
  - 개관
  - 유형
    - 낮은 등록
    - 감각 추구
    - 감각 민감
    - 감각 회피

기본이론 288-293p

마음이해능력의 결함

인지적 특성

- 마음이해능력의 결함
- 실행기능의 결함
- 중앙응집능력의 결함

마음이해능력의 결함

- 다른 사람의 생각과 마음을 이해하는 능력, 즉 다른 사람의 행동을 이해하고 그 사람의 행동을 통해 그 사람이 다음에 어떤 일을 하게 될 것인지 추론하는 능력의 결함
- 마음이해능력은 '조망수용능력', '공감' 등과 동의어로 사용되기도 함

마음이해능력 향상을 위한 교수 방법

- 활동 중심의 마음이해능력 향상 프로그램
- 사회적 상황이야기
- 짧은만화대화

마음이해능력

2013학년도 추가유아 B5

01 **다음은 만 5세 초록반 김 교사의 '무지개 물고기' 활동계획안의 일부이다. 물음에 답하시오. [5점]**

활동명	동화 '무지개 물고기' 듣고 표현하기
활동목표	• 동화를 듣고 창의적으로 표현해본다. • 극놀이에 참여하여 창의적인 표현 과정을 즐긴다.
활동자료	'무지개 물고기' 동화책, 동극 대본, 동극 배경 음악, 동극용 소품
활동방법	

1. 동화 '무지개 물고기'를 듣는다.
2. 동화를 회상하며 '무지개 물고기'가 되어본다.
   - '무지개 물고기'는 어떤 모습일까?
   - ㉠ 선생님을 따라 이렇게 '무지개 물고기'가 되어보자.
3. 동화의 줄거리를 말해본다.
4. 극놀이를 위해 준비해야 할 것들에 대해 유아들과 이야기 나눈다.
   - 무대는 어디에, 어떻게 꾸밀까?
   - 역할은 어떻게 정할까?
   - ㉡ '무지개 물고기'는 누가 해볼까?
5. ㉢ 극놀이를 한다.

2) 다음은 ㉡에 대한 유아들의 행동을 기술한 것이다. 아래 사례에서 승기의 행동은 다른 사람의 관점, 생각, 감정을 추론하고 이해할 수 있는 (①)의 결핍으로 볼 수 있다. ①에 해당하는 용어를 쓰시오. [1점]

> 승기와 수지는 서로 자신이 '무지개 물고기'의 역할을 하고 싶어 한다. 승기는 "내가요, 내가 할래요."라고 말한다. 교사가 수지에게 "괜찮니?"라고 묻자, 수지는 싫은 표정을 짓고 있다. 승기는 "수지는 다른 거 하면 돼요. 그냥 내가 할래요."라고 말한다.

기본이론 288-293p

마음이해능력의 결함

인지적 특성
- 마음이해능력의 결함
- 실행기능의 결함
- 중앙응집능력의 결함

핵심 개념

마음이해능력의 결함
- 다른 사람의 생각과 마음을 이해하는 능력, 즉 다른 사람의 행동을 이해하고 그 사람의 행동을 통해 그 사람이 다음에 어떤 일을 하게 될 것인지 추론하는 능력의 결함
- 마음이해능력은 '조망수용능력', '공감' 등과 동의어로 사용되기도 함

마음이해능력 향상을 위한 교수 방법
- 활동 중심의 마음이해능력 향상 프로그램
- 사회적 상황이야기
- 짧은만화대화

②

2012학년도 초등 25

02 **다음은 수학시간에 문장으로 된 문제 해결에 어려움을 보이는 아스퍼거장애(증후군) 학생과 일반학급 교사의 대화이다. 이 학생의 특성과 그에 따른 지도방법으로 옳은 것을 〈보기〉에서 모두 고르면?**

> DSM-5에서는 자폐성 장애를 따로 분류하지 않고 범주성(스펙트럼)으로 봄

교사 : 민규야, 2133 더하기 4217은 뭐지?
민규 : (바로 대답하며) 6350이지요.
교사 : 그렇지. 정말 빠르구나. (문장으로 된 문제를 보여주며) 이 문제를 소리내어 읽어보겠니?
민규 : 영화관에서 사람들이 영화를 보러왔습니다. 금요일에 영화를 보러 온 사람은 2133명, 토요일에 영화를 보러 온 사람은 4217명입니다. 금요일과 토요일에 영화를 보러 온 사람은 모두 몇 명입니까?
교사 : 잘 읽었어. 어떻게 풀면 될까?
민규 : 모르겠어요.
교사 : 먼저, 금요일에 온 사람이 몇 명이었지?
민규 : 2011년 11월 4일 금요일인가요? 2011년 11월 11일 금요일인가요?
교사 : 그건 이 문제를 푸는 데 꼭 알아야 하는 것은 아니잖니?

> 단순연산 가능

> 문장제 문제에 어려움

보기

ㄱ. 민규는 기계적 암기력이 부족하기 때문에 문장으로 된 연산 문제를 푸는 데 기본적인 어려움이 있다.
ㄴ. 중요하지 않은 정보에 집중하는 민규의 특성을 고려하여 문제의 핵심어를 진하게 표시하여 제시한다.
ㄷ. 문장으로 된 문제의 해결능력을 향상시키기 위하여 학생이 문제 유형에 맞는 도식을 사용하도록 가르친다.
ㄹ. 민규는 풀이과정에서 연산의 기본 원리를 잘못 파악하고 있으므로 직접교수를 이용하여 덧셈의 기본 원리를 먼저 이해하도록 한다.
ㅁ. 아스퍼거장애(증후군) 학생이 보이는 전형적인 '생각의 원리(theory of mind)'상의 결함을 보여주는 예이므로 시간지연 전략을 사용할 수 있다.

> ㄱ. 아스퍼거장애 학생은 기계적 암기력이 뛰어남. 그러나 언어이해 부족으로 문장제 문제 해결에는 어려움이 있음

> ㄴ. 문장제 문제 해결에 어려움을 보이나 자폐성 장애 학생은 시각적 강점이 있음

> ㄷ. 문장제 문제 해결 전략 중 하나인 시각적 표상화 전략에 해당함

> ㄹ. 아스퍼거장애는 연산의 기본 원리 이해에는 어려움이 없음(문장제 문제에 어려움을 보임)

> ㅁ. 자폐성 장애 아동의 인지적 특성 결함 중 '생각의 원리' 결함이 아닌 '실행기능' 결함에 해당함. 실행기능은 문제를 파악하고 계획을 세워 해결하는 능력을 포함하기 때문임

① ㄱ, ㄴ ② ㄴ, ㄷ
③ ㄷ, ㄹ ④ ㄴ, ㄹ
⑤ ㄷ, ㄹ

기본이론 288-293p

마음이해능력의 결함

인지적 특성
- 마음이해능력의 결함
- 실행기능의 결함
- 중앙응집능력의 결함

마음이해능력의 결함
- 다른 사람의 생각과 마음을 이해하는 능력, 즉 다른 사람의 행동을 이해하고 그 사람의 행동을 통해 그 사람이 다음에 어떤 일을 하게 될 것인지 추론하는 능력의 결함
- 마음이해능력은 '조망수용능력', '공감' 등과 동의어로 사용되기도 함

마음이해능력 향상을 위한 교수 방법
- 활동 중심의 마음이해능력 향상 프로그램
- 사회적 상황이야기
- 짧은만화대화

시각적 조망수용능력이 발달하지 않았기 때문이다.

※ 유아에서는 '조망수용능력'이라고 부르기도 함

2016학년도 유아 B4

03 다음은 김 교사가 작성한 활동계획안의 일부이다. 물음에 답하시오. [5점]

활동명	식빵 얼굴	활동 형태	대·소집단 활동	활동 유형	미술
대상 연령	4세	주제	나의 몸과 마음	소주제	감정 알고 표현하기
활동 목표	• 얼굴 표정을 보고 어떤 감정인지 안다. • 친구들과 협동하며, 도움이 필요할 때 도움을 주고 받는다. • 미술 재료를 이용하여 다양한 표정의 얼굴을 표현한다.				

활동 방법	발달지체 유아 효주를 위한 활동 지원
얼굴 표정 가면을 이용하여 나의 감정에 대해 이야기 나눈다.	…(생략)…
다양한 표정의 반 친구 사진을 보며, 친구의 감정에 대해 이야기 나눈다.	
활동 방법을 소개한다. • 식빵과 그리기 재료를 나눈다. • 식빵에 초콜릿펜을 이용하여 얼굴 표정을 그린다.	• 좋아하는 친구와 짝이 되어 협동 활동을 하도록 한다. • 초콜릿펜 뚜껑을 열기 어려워할 경우, 도움을 요청하도록 한다.
• 식빵에 다양한 표정의 얼굴을 그린다. – 어떤 표정을 그렸니? – 누구의 사진을 보고 표정을 그렸니? • ㉡ '식빵 얼굴'을 들고 앞으로 나와 친구들에게 보여준다.	• 상호작용을 촉진하기 위해 각각 다른 색깔의 초콜릿펜을 주고, 친구와 바꿔 쓰게 한다. • ㉢ 얼굴 표정 전체를 그리기 어려워하는 경우, 얼굴 표정의 일부를 표현하게 한다.
활동에 대해 평가한다. • 무엇이 재미있었니? • 어려운 점은 없었니?	활동 후 성취감을 느끼도록 친구들과 서로 칭찬하는 말이나 몸짓을 주고받을 수 있게 한다.

마음이해능력 결함이 일상생활에 미치는 영향
- 다른 사람의 얼굴표정에 나타난 사회·정서적 메시지 이해의 어려움
- 글자 그대로 해석
- 다른 사람을 존중하지 않는 태도
- 지나친 솔직함
- 다른 사람의 실수, 장난과 의도적 행동을 구분하는 데 어려움
- 갈등 관리의 어려움
- 당황스러운 정서 이해의 어려움
- 다른 사람의 정서적 상태 이해의 어려움
- 심리적 상태 관련 어휘 사용의 어려움
- 다른 사람의 정보적 상태 이해의 어려움(= 틀린 믿음 과제에서 실패함)
- 목소리 톤이나 운율 이해·사용의 어려움

활동 중심의 마음이해능력 향상 프로그램 → 얼굴 표정 인식

2) ㉡에서 효주는 다음과 같은 행동을 하였다. 효주가 이러한 행동을 하는 이유는 어떤 능력이 아직 발달하지 않았기 때문인지 쓰시오. [1점]

> 효주가 식빵에 얼굴 표정이 그려진 쪽을 자신에게 향하게 하고, 친구들에게 얼굴 표정이 보이지 않는 쪽을 보여주자, 친구들이 "얼굴이 안 보여."라고 말했다. 이에 효주는 "난 보이는데…"라고 말했다.

자폐성장애학생은 일반학생에 비해 다른 사람의 정보적 상태에 대한 이해능력에 어려움이 있음. 즉, 다른 사람의 시각적 조망수용을 이해하거나, 다른 사람의 틀린 믿음을 이해하는 게 어려움

기본이론 288-293p

마음이해능력의 결함

인지적 특성
- 마음이해능력의 결함
- 실행기능의 결함
- 중앙응집능력의 결함

마음이해능력의 결함
- 다른 사람의 생각과 마음을 이해하는 능력, 즉 다른 사람의 행동을 이해하고 그 사람의 행동을 통해 그 사람이 다음에 어떤 일을 하게 될 것인지 추론하는 능력의 결함
- 마음이해능력은 '조망수용능력', '공감' 등과 동의어로 사용되기도 함

마음이해능력 향상을 위한 교수 방법
- 활동 중심의 마음이해능력 향상 프로그램
- 사회적 상황이야기
- 짧은만화대화

모범답안

ⓐ와 같은 행동이 나타나는 이유는 자폐성 장애의 인지적 특성인 마음이해능력의 결함 때문이다.

2020학년도 중등 A5

04 **(가)는 자폐성 장애 학생 D의 특성이고, (나)는 행동지원 계획안의 일부이다. 〈작성방법〉에 따라 서술하시오.**

(가) 학생 D의 특성

• 친구의 얼굴 표정이나 눈빛을 보고 감정을 이해하는 데 어려움을 보임 • 친구가 싫어할 수 있는 이야기를 지나치게 솔직하게 말함 ⓐ • 친구의 관심과는 관계없이 자신이 좋아하는 주제와 관련된 이야기를 계속함 • 가수 E를 매우 좋아하여 가수 E가 출연하는 프로그램은 거의 모두 시청하고 있음

작성방법

(가)의 ⓐ와 같은 행동 양상이 나타나는 이유를 자폐성 장애의 인지적 특성과 관련지어 1가지 쓸 것.

ASD 아동의 일반적인 특성
제한적이고 고착된 관심
(=특별한 관심)

마음이해능력의 결함이 일상생활에 미치는 영향
- 다른 사람의 얼굴표정에 나타난 사회·정서적 메시지 이해 어려움
- 글자 그대로 해석
- 다른 사람을 존중하지 않는 태도
- 지나친 솔직함
- 다른 사람의 실수, 장난과 의도적 행동을 구분하는 데 어려움
- 갈등 관리의 어려움
- 당황스러운 정서 이해의 어려움
- 다른 사람의 정서적 상태 이해의 어려움
- 심리적 상태 관련 어휘 사용의 어려움
- 다른 사람의 정보적 상태 이해의 어려움(= 틀린 믿음 과제에서 실패함)
- 목소리 톤이나 운율 이해·사용의 어려움

PART 03

기본이론 288-293p

마음이해능력의 결함

인지적 특성

- 마음이해능력의 결함
- 실행기능의 결함
- 중앙응집능력의 결함

마음이해능력의 결함

- 다른 사람의 생각과 마음을 이해하는 능력, 즉 다른 사람의 행동을 이해하고 그 사람의 행동을 통해 그 사람이 다음에 어떤 일을 하게 될 것인지 추론하는 능력의 결함
- 마음이해능력은 '조망수용능력', '공감' 등과 동의어로 사용되기도 함

마음이해능력 향상을 위한 교수 방법

- 활동 중심의 마음이해능력 향상 프로그램
- 사회적 상황이야기
- 짧은만화대화

모범답안

마음이해능력의 결함

2025학년도 중등 B8

05 **다음 (가)는 ○○ 고등학교 특수 교사와 일반 교사가 자폐성장애 학생 C에 대해 나눈 대화이고, (나)는 특수 교사가 제작한 상황 이야기이다. 〈작성 방법〉에 따라 서술하시오. [4점]**

(가) 특수 교사와 일반 교사의 대화

일반 교사: 학생 D가 학생 C에게 키링을 선물했는데 학생 C가 싫다고 받지 않아 너무 속상해 했어요.
특수 교사: 그건 학생 C가 다른 사람의 생각이나 감정, 의도와 같은 내면 상태를 추론하는 능력이 많이 부족하기 때문일 수 있어요.
일반 교사: 그렇군요. 생각해 보니 학생 C가 친구가 하는 농담이나 관용어를 문자 그대로 받아들여 엉뚱한 대답을 해서 친구가 웃기도 했어요.
특수 교사: 맞아요. 학생 C는 상황이나 바람, 신념에 따라 달라지는 사람의 감정도 파악하기 어려워해요. [A]
일반 교사: 그럼 제가 학생 C를 어떻게 지도하면 좋을까요? 선물을 주었던 학생 D가 얼마나 속상했을지 알려 주고 싶어요.
특수 교사: 그럼 선생님이 학생 C와 그림을 그리면서 어제 일에 대해 이야기해 보실래요?
일반 교사: 그림을 그리면서 이야기를 나눌 수 있나요?
특수 교사: 네. 막대 사람, 말풍선, 생각 풍선 같은 간단한 상징을 사용하기 때문에 빠르게 그리면서 말을 주고받을 수 있어요. 교사와 학생이 생각이나 감정을 그림으로 그리고, 색으로 표현하면서 학생 C가 자신과 타인의 생각이나 기분에 대해 조금씩 파악할 수 있게 돼요. [B]
일반 교사: 네, 한번 해 볼게요. 그런데 선생님, 또 다른 방법도 있나요?
특수 교사: 네. 상황 이야기 중재도 있어요.
…(하략)…

마음이해능력 결함이 일상생활에 미치는 영향
- 다른 사람을 존중하지 않는 태도
- 지나친 솔직함
- 다른 사람의 정서적 상태 이해의 어려움
- 글자 그대로 해석하기
- 다른 사람의 정서적 상태 이해의 어려움(= 틀린 믿음 과제에서 실패함)

작성방법

(가)의 [A]에서 학생 C가 나타내는 인지적 결함은 무엇인지 쓸 것.

 기본이론 288-293p

 마음이해능력의 결함

구조화틀

인지적 특성
- 마음이해능력의 결함
- 실행기능의 결함
- 중앙응집능력의 결함

핵심개념

마음이해능력 향상을 위한 교수 방법
- 활동 중심의 마음이해능력 향상 프로그램
- 사회적 상황이야기
- 짧은만화대화

모범답안

상황에 근거한 정서를 이해할 수 있다.

2023학년도 유아 A4

06 **(가)는 유아특수교사가 자폐성장애 유아 지수를 위해 작성한 지원 계획이며, (나)와 (다)는 교사가 제작한 그림책이다. 물음에 답하시오. [5점]**

(가)

- 지수의 특성
  - 그림책 읽기를 좋아함
  - 공룡을 좋아하여 혼자만 독차지하려고 함
  - 얼굴 표정(사진, 그림, 도식)을 보고 기본 정서를 말할 수 있음
- 지원 계획
  - 상황이야기 그림책과 마음읽기 그림책으로 제작하여 지도하기
  - 교사가 제작한 그림책을 매일 지수가 등원한 직후와 놀이 시간 직전에 함께 읽기
  - 참여도를 높이기 위해 지수가 그림책을 읽을 때마다 공룡 스티커를 주어 5개를 모으면 공룡 딱지로 바꾸어 주기

마음이해능력 결함이 일상생활에 미치는 영향
- 다른 사람의 정서적 상태 이해의 어려움
- 심리적 상태 관련 어휘 사용의 어려움

(다)

유미가 공룡을 가지고 놀고 있어요.
민호가 유미의 공룡을 빼앗아 갔어요.
공룡을 빼앗긴 유미의 기분은 어떨까요?
기쁠까? 슬플까? 화날까? 겁날까?

3) 하울린, 바론 코헨과 하드윈(P. Howlin, S. Baron-Cohen & J. Hadwin)의 마음읽기 중재 단계에 근거하여 (다)의 단계에서 교사가 지수에게 지도하고자 하는 정서 이해의 목표를 쓰시오. [1점]

확장하기

활동 중심의 마음이해능력 향상 프로그램

1. 제1부 – 정서이해 향상 프로그램

주제	내용	활동 예시
1단계. 얼굴 표정 인식	• 얼굴 표정 이해 향상 활동 • 즐거움, 슬픔, 화남, 두려움의 감정을 알고 사진이나 그림 속에서 찾기 • 여러 가지 감정을 그림으로 표현하기	• 어떤 표정일까요? • 얼굴 표정 콜라주
2단계. 상황에 근거한 감정	• 여러 가지 상황과 그에 따른 감정 이해를 위한 활동 • 생일 선물을 받고 즐거워하는 그림을 보면서 그림 속 주인공의 감정은 어떨지 알아보는 활동	• 내가 행복할 때 • 우리 엄마와 아빠가 슬플 때 • 친구가 무서울 때
3단계. 바람에 근거한 감정	• 상호작용 대상자가 원하는 것이 무엇인지를 알고 원하는 것, 즉 바람이 이루어졌을 때의 감정과 이루어지지 않았을 때의 감정 이해를 위한 활동 • 생일 선물로 장난감 자동차를 원했는데, 책을 선물받은 경우 어떤 감정일지 생각해보는 활동	• 오늘은 나의 생일 • 친구가 바라보는 음식은? • 새 자전거를 갖고 싶은 내 친구
4단계. 믿음에 근거한 감정	• 다른 사람의 믿음을 이해하고 추론하며, 이러한 믿음과 이후의 결과에 대한 감정을 이해할 수 있는 활동 • 친구가 생일 선물로 원하는 것이 장난감 자동차이고, 친구는 생일 선물로 장난감 자동차를 받을 수 있을 것으로 믿고 있는데, 실제로는 선물로 책을 받았다면 그 친구의 감정이 어떨지를 생각하고 말로 표현하기	• 내 마음을 아는 우리 엄마 • 내 생각에는 우리 엄마는 • 놀이 공원에 가고 싶은 내 친구

2. 제2부 – 믿음이해 향상 프로그램

주제	내용	활동 예시
1단계. 시각적 조망수용	다른 사람의 시각적 조망에 대한 이해 촉진 활동으로, 나와 다른 위치에서 사물을 바라볼 때 다른 것을 볼 수 있다는 것을 이해하도록 하는 활동	• 선생님은 무엇을 보고 계실까요? • 선생님께는 어떻게 보일까요?
2단계. 경험을 통한 인식의 이해	• 사람들은 자신이 경험한 것은 잘 알지만 경험하지 않은 것은 알 수 없다는 것을 이해하는 활동 • 나는 과자 상자에 무엇인가를 넣는 것을 봐서 알지만, 다른 친구는 넣는 것을 못 봤으므로 알 수 없다는 것을 이해하는 활동	친구는 무엇을 감추었는지 알 수 있을까요?
3단계. 사실과 일치하는 믿음의 이해	• 다른 사람이 생각하거나 믿고 있는 것이 사실과 같은 것을 이해하는 활동 • 친구는 초콜릿을 냉장고에 넣어뒀다고 생각하는데, 실제로 초콜릿이 그 친구의 생각처럼 냉장고에 있는 경우	• 어디에 있는 자동차를 가지고 놀까? • 친구는 어디에 있는 블록을 가져올까?
4단계. 틀린 믿음의 이해	• 다른 친구가 생각하고 있는 것이 사실과 일치하지 않는 것을 이해하는 활동 • 친구가 초콜릿을 냉장고에 넣어뒀고, 친구는 초콜릿이 냉장고에 있다고 생각하는데, 사실은 다른 친구가 냉장고에 있는 초콜릿을 다른 장소로 옮겨뒀지만, 여전히 그 친구는 냉장고에 있을 것이라고 생각하는 것을 이해하는 활동	• 내 과자 상자는 어디에 있을까? • 내 초콜릿은 어디에 있을까?

참고자료 기본이론 288-293p

키워드 마음이해능력의 결함

구조화틀 인지적 특성
- 마음이해능력의 결함
- 실행기능의 결함
- 중앙응집능력의 결함

핵심개념

모범답안 ⑤

2011학년도 유아 20

07 **만 5세인 윤호는 자기의 물건이나 장난감을 만지는 친구를 밀어 넘어뜨리거나 다치게 한다. 권 교사는 2007년 개정 유치원 교육과정 사회생활 영역의 내용인 '나의 감정 알고 조절하기'를 지도하면서 윤호의 문제를 해결하기 위한 지도방법을 〈보기〉와 같이 고안하였다. 지도방법과 교수전략이 바르게 연결된 것은?**

보기

ㄱ. 자신과 친구의 기분을 나타내는 얼굴 표정을 찾아 문제 상황 그림에 붙이게 하고, 왜 기분이 그런지에 대해 답하게 한다.

ㄴ. 친구를 밀지 않고 자신의 감정을 말로 표현하면 파란 스티커를, 친구를 밀면 빨간 스티커를 개별 기록판에 윤호가 스스로 붙이게 한다.

ㄷ. 화가 나기 시작하면 윤호 스스로 '멈춰, 열까지 세자.'라고 마음속으로 말하면서 팔을 움츠리고 서서 천천히 열까지 세며 화를 가라앉히게 한다.

ㄹ. 친구를 밀지 않고 "내 거 만지는 거 싫어."라고 말하면 칭찬한 후 장난감을 가지고 놀게 하고, 친구를 밀면 장난감을 가지고 놀 수 없게 한다.

	ㄱ	ㄴ	ㄷ	ㄹ
①	상황이야기	자기점검	자기교수	대안행동 차별강화
②	상황이야기	자기강화	문제해결 기술	대안행동 차별강화
③	상황이야기	자기점검	문제해결 기술	상반(양립 불가)행동 차별강화
④	마음읽기 중재	자기강화	자기교수	상반(양립 불가) 행동 차별강화
⑤	마음읽기 중재	자기점검	자기교수	대안행동 차별강화

마음읽기 중재
생각의 원리에 근거해 자폐성장애 아동에게 타인의 생각, 의도, 희망(감정·믿음·정서) 등을 알 수 있도록 하는 훈련

기본이론 288-293p

마음이해능력의 결함

인지적 특성
- 마음이해능력의 결함
- 실행기능의 결함
- 중앙응집능력의 결함

마음이해능력의 결함
- 다른 사람의 생각과 마음을 이해하는 능력, 즉 다른 사람의 행동을 이해하고 그 사람의 행동을 통해 그 사람이 다음에 어떤 일을 하게 될 것인지 추론하는 능력의 결함
- 마음이해능력은 '조망수용능력', '공감' 등과 동의어로 사용되기도 함

마음이해능력 향상을 위한 교수 방법
- 활동 중심의 마음이해능력 향상 프로그램
- 사회적 상황이야기
- 짧은만화대화

마음이해능력의 결함(생각의 원리 결함)으로 민희의 생각을 이해할 수 없기 때문이다. (정보적 상태 이해의 어려움)

2018학년도 초등 A4

08 (가)는 자폐스펙트럼장애 학생 지호의 특성이고, (나)는 최 교사가 2015 개정 특수교육 교육과정 중 기본 교육과정 과학과 3~4학년 '지구와 우주' 영역을 주제로 작성한 교수 · 학습 과정안의 일부이다. 물음에 답하시오. [5점]

(가)

- 모방이 가능함
- 낮과 밤을 구분할 수 있음
- 동적 시각 자료에 대한 주의집중이 양호함

(나)

영역	일반화된 지식	
지구와 우주	지구와 달의 운동은 생활에 영향을 준다.	
가설 검증	• 실험 결과에 따라 가설 검증하기 • ㉣ 지구 자전 놀이로 알게 된 내용 정리하기	대형 지구의, 손전등

4) 다음은 (나)의 밑줄 친 ㉣의 지도 장면이다. 지호가 밑줄 친 ⓐ와 같이 오반응을 보이는 이유를 자폐성 장애의 결함 특성과 관련지어 쓰시오. [1점]

최 교사: (실험실의 조명을 어둡게 한다.) 지호, 민희, 승우 모두 실험 결과를 잘 이해하고 있군요. 이제 지구 자전 놀이로 실험 내용을 정리해 봅시다.
(학생들을 [그림 자료]와 같이 배치한다.)
지호야, 지호가 바라보는 지구는 지금 낮과 밤 중 어느 쪽일까요?

지 호: 낮이요.

최 교사: 잘했어요. 지호야, 그렇다면 민희가 바라보는 지구는 지금 낮과 밤 중 어느 쪽일까요?

지 호: ⓐ 낮이요.

[그림 자료]

마음이해능력 결함이 일상생활에 미치는 영향
- 다른 사람의 얼굴표정에 나타난 사회·정서적 메시지 이해의 어려움
- 글자 그대로 해석
- 다른 사람을 존중하지 않는 태도
- 지나친 솔직함
- 다른 사람의 실수, 장난과 의도적 행동을 구분하는 데 어려움
- 갈등 관리의 어려움
- 당황스러운 정서 이해의 어려움
- 다른 사람의 정서적 상태 이해의 어려움
- 심리적 상태 관련 어휘 사용의 어려움
- 다른 사람의 정보적 상태 이해의 어려움(= 틀린 믿음 과제에서 실패함)
- 목소리 톤이나 운율 이해 · 사용의 어려움

참고자료 기본이론 288-293p

마음이해능력의 결함

인지적 특성

- 마음이해능력의 결함
- 실행기능의 결함
- 중앙응집능력의 결함

핵심개념

샐리-앤 테스트

- 다른 사람이 잘못된 믿음을 가질 수 있다는 사실을 이해하는지 평가하는 검사
- "Sally가 바구니에 구슬을 넣어둔 다음 밖으로 나가고, Sally가 나간 다음 Anne이 들어와서 구슬을 다른 상자로 옮겨 담았으며, 그 뒤에 Sally가 돌아왔다. Sally가 어디에서 구슬을 찾을까?"라는 질문에 Sally는 바구니에 구슬이 들어있을 것이라고 잘못 믿고 있으며, 잘못된 믿음에 따라 행동한다는 것을 이해하는 과제

틀린 믿음의 이해

다른 사람의 생각이 사실과 일치하지 않는 것을 이해하는 것

③

2012학년도 유아 34

09 다음은 유아의 '마음이론(theory of mind)' 발달을 측정하는 과제이고, (가)는 이 과제의 질문에 대한 유아 A와 유아 B의 반응이다. 두 유아의 '마음이론' 발달의 특징을 기술한 것으로 적절하지 <u>않은</u> 것은?

㉠ <u>철수는 찬장 X에 초콜릿을 넣어두고 놀러 나간다.</u>

㉡ <u>철수가 나간 사이에 어머니가 돌아와 초콜릿을 찬장 Y로 옮겨 놓고 나간다.</u>

㉢ <u>철수가 돌아온다.</u>

유아 A와 유아 B에게 위의 ㉠~㉢ 장면을 보여 주고 설명한 후, "철수는 초콜릿을 찾기 위해 어디로 갔을까?"라고 묻는다.

(가)	• 유아 A: 철수는 찬장 X로 가요. • 유아 B: 철수는 찬장 Y로 가요.

생각의 원리 O

생각의 원리 X

① 유아 A는 유아 B보다 철수의 관점을 더 잘 읽을 수 있다.

② 유아 A는 유아 B보다 마음이론이 더 잘 발달되어 있을 수 있다.

③ 유아 B는 유아 A보다 상위인지 능력이 더 발달되어 있을 가능성이 높다.

④ 유아 A는 철수의 생각이나 믿음이 실제와 다를 수 있다는 것을 이해한다.

⑤ 유아 B는 자기가 알게 된 정보를 이용하여 철수의 행동을 자기중심적으로 설명한다.

PART 03

기본이론 288-293p

마음이해능력의 결함

인지적 특성
- 마음이해능력의 결함
- 실행기능의 결함
- 중앙응집능력의 결함

믿음-바람 추론 구조
- **믿음**: 자폐학생은 사회적 상황에서 다른 사람들의 의도나 감정을 이해하는 데 어려움을 겪음. 이로 인해 그들은 자신만의 해석을 만들고 이를 믿음
- **바람**: 자폐학생은 믿음에 기반하여 특정 행동을 보임. 예를 들어, 상대방의 의도를 잘못 이해하여 그에 따른 반응을 함
- **추론**: 자폐학생은 자신의 믿음과 행동을 바탕으로 사회적 상황을 해석하고, 이를 통해 추가적인 믿음을 형성함. 이는 종종 사회적 상호작용에서 오류를 일으킬 수 있음

거짓신념(틀린 믿음)에 대한 이해

2017학년도 유아 B3

10 **(가)는 5세 통합학급 심 교사가 작성한 반성적 저널이고, (나)는 자폐성 장애 유아 성규를 위한 마음이해 향상 프로그램의 일부이다. 물음에 답하시오. [4점]**

(나)

활동명	엄마의 간식 바구니
활동 자료	인형(엄마, 동생), 간식 바구니, 식탁, 거실 탁자
활동 과정	1. 엄마가 간식 바구니를 찾는 상황에 대한 활동임을 설명한다. 2. 상황을 설정하고 교사가 시범을 보인다. 1) 엄마가 간식이 들어 있는 바구니를 부엌의 식탁 위에 둔다. 2) 엄마가 방에 들어간 후 동생이 나와서 간식 바구니를 거실에 있는 탁자로 옮긴다. 3) 엄마가 방에서 나와서 간식 바구니를 찾는다. 3. ㉢"엄마는 어디에서 간식 바구니를 찾으려고 할까?"라고 성규에게 물어본다. 4. 왜 그렇게 생각하는지 질문하고 피드백을 준다. 5. 역할놀이를 통해 연습한다. 6. 활동을 정리한다.

3) (나)에서 성규는 ㉢에 대해 "엄마는 거실에 있는 탁자에서 간식 바구니를 찾는다."라고 대답하였다. 이를 근거로 성규에게 필요한 '믿음-바람 추론 구조'의 요소를 쓰시오. [1점]

'믿음-바람 추론 구조' = 마음이론

※ 마음이론의 '요소'를 쓰는 문제이므로 "거짓신념에 대한 이해"로 답안을 작성하는 것이 타당함

참고자료 기본이론 288-293p, 310p

키워드 마음이해능력의 결함

구조화틀 **인지적 특성**
- 마음이해능력의 결함
- 실행기능의 결함
- 중앙응집능력의 결함

핵심개념 **생각의 원리 결함을 가진 ASD 아동을 위한 중재방안**
- 활동 중심의 마음이해능력 향상 프로그램
- 사회적 상황이야기
- 짧은만화대화

모범답안 사회적 상황이야기

2020학년도 유아 A1

11 **(가)는 5세 자폐범주성 장애 민호와 진우의 특성이고, (나)는 민호 어머니가 가입한 장애아동 부모 커뮤니티의 게시물이며, (다)는 교사의 반성적 저널의 일부이다. 물음에 답하시오. [5점]**

(가)

	특성
민호	• 주위 사람들에게 친밀감을 보이지 않고 상호작용을 하지 않음 — 사회적 상호작용에서의 어려움 • 구어적 의사소통을 거의 하지 않음 — 사회적 의사소통에서의 어려움 • 그림과 사진 등의 자료에 관심을 보이기 시작함 — 시각적 강점(그림과 사진 등)
진우	• ㉠ 사물의 전체가 아니라 부분에 집중함. 예를 들면 코끼리 그림을 보면 전체적인 코끼리 그림을 보는 것이 아니라, 코끼리의 꼬리나 발과 같은 작은 부분에만 집중하여 그림이 코끼리인지 아는 것에 결함이 있음 — 중앙응집능력의 결함 • 동화책의 재미있는 부분만 큰 소리로 읽음 — 제한적인 관심 • 자신의 기분을 표현하기 어려워하고 다른 사람의 감정을 이해하지 못함 — 생각의 원리 결함 • 또래들과 어울리지 못함 — 사회적 상호작용 결함

(다)

우리 반 진우는 생일잔치에 참여하는 데 어려움이 있다. 그래서 다음과 같은 문장을 활용하여 지도하였다.

[A]
오늘은 ○○ 생일이에요.
교실에서 생일잔치를 해요.
케이크와 과자가 있어요.
나는 기분이 참 좋아요.
친구들도 즐겁게 웃고 있어요.
모두 신났어요.
나는 박수를 쳐요.
선생님도 기뻐해요.
앞으로 나는 친구들과 생일잔치에서 즐겁게 놀 거예요.

…(하략)…

3) (다)의 [A]는 5세 반 담임교사가 진우의 마음이해능력을 촉진하기 위한 전략에 활용한 것이다. 이 전략을 무엇이라고 하는지 쓰시오. [2점]

기본이론 288-293p, 294-295p

- 실행기능 결함
- 중앙응집능력 결함

인지적 특성
- 마음이해능력의 결함
- 실행기능의 결함
- 중앙응집능력의 결함

실행기능의 주요 요소와 역할
- 조직 및 계획 능력
- 시간 관리 및 우선순위 결정
- 작업기억
- 복합적 · 추상적 개념의 이해
- 반응억제 및 충동조절
- 새로운 전략 사용 및 유연한 사고
- 자기반성 및 자기점검

모범답안 ①

2010학년도 중등 26

12 다음은 자폐성 장애의 특징을 설명한 것이다. (가)와 (나)에 해당하는 특징으로 옳은 것은?

(가) 스스로 계획하는 데 어려움이 있고, 억제력이 부족하여 하고 싶은 일을 충동적으로 하므로 부적절한 행동을 하게 된다. 또한 생각과 행동의 융통성이 부족하여 학습한 내용을 일반화하는 데 어려움이 있다.

(나) 정보처리 방식이 상향식이어서 임의로 주변 환경에 의미를 부여함으로 인하여, 의미 있는 환경을 받아들이는 데 어려움을 겪는다. 따라서 사소하거나 중요하지 않은 일에 사로잡히게 된다.

실행기능 결함 요소
- 계획 능력 부족
- 억제력 부족
- 생각과 행동의 융통성 부족
- 일반화 능력 부족

중앙응집능력 결함 요소
- 상향식 정보처리
- 환경과 관련된 정보 이해 어려움
- 전체를 보기보다 부분에 집착하는 특성을 보임

	(가)	(나)
①	실행기능 결함	중앙응집 결함
②	마음읽기 결함	실행기능 결함
③	중앙응집 결함	감각적 정보처리 결함
④	마음읽기 결함	중앙응집 결함
⑤	실행기능 결함	선택적 주의집중 결함

기본이론 294-295p

실행기능 결함

인지적 특성
- 마음이해능력의 결함
- 실행기능의 결함
- 중앙응집능력의 결함

실행기능의 주요 요소와 역할
- 조직 및 계획 능력
- 시간 관리 및 우선순위 결정
- 작업기억
- 복합적·추상적 개념의 이해
- 반응억제 및 충동조절
- 새로운 전략 사용 및 유연한 사고
- 자기반성 및 자기점검

모범답안
㉠ 실행기능 결함

2018학년도 중등 A5

13 **다음은 자폐스펙트럼장애와 관련하여 오 교수와 예비 특수교사가 나눈 대화의 일부이다. ㉠에 공통으로 들어갈 내용을 쓰시오. [2점]**

교수님, 제가 교육봉사활동을 하였던 학교의 자폐스펙트럼장애 학생 중에서 특정 주제에만 몰두하고, 자신이 좋아하는 활동을 그만두려고 하지 않으며, 사소한 변화에 대해 지나치게 민감하게 반응하는 학생이 있었습니다.

예, 그것은 자폐스펙트럼장애의 인지적 특성 중 (㉠)(으)로 볼 수 있습니다. (㉠)이/가 있는 학생은 계획을 세우고, 충동을 조절하며, 사고와 행동의 유연성과 체계적으로 환경을 탐색하는 것 등에서 문제를 보입니다.

…(하략)…

실행기능 결함 요소
- 계획 세우기에 어려움
- 충동 조절에 어려움
- 사고와 행동의 유연성 결함
- 체계적인 환경 탐색 어려움

기본이론 294-295p

실행기능 결함

인지적 특성
- 마음이해능력의 결함
- 실행기능의 결함
- 중앙응집능력의 결함

실행기능의 주요 요소와 역할
- 조직 및 계획 능력
- 시간 관리 및 우선순위 결정
- 작업기억
- 복합적·추상적 개념의 이해
- 반응억제 및 충동조절
- 새로운 전략 사용 및 유연한 사고
- 자기반성 및 자기점검

모범답안

실행기능의 결함으로 인해 [A]와 같은 행동 양상이 나타난다.

2020학년도 초등 A4

14 **(가)는 초등학교 6학년 자폐성 장애 학생 민호의 특성이고, (나)는 '지폐 변별하기' 지도 계획의 일부이다. 물음에 답하시오. [4점]**

(가) 민호의 특성

- 물건 사기와 같은 일상생활의 문제를 해결하기 위해 스스로 계획하고 수행하는 데 어려움이 있음
- 점심시간과 같이 일상적으로 반복되던 시간에 작은 변화가 생기면 유연하게 대처하기보다 우는 행동을 보임 [A]
- 수업시간 중 과자를 먹고 싶을 때 충동적으로 과자를 요구하거나 자리이탈 행동을 자주 보임 [A]
- 다른 사람의 감정과 사고를 파악하는 데 어려움이 있음
- 시각적 자극으로 이루어진 교수 자료에 관심을 보임
- 지폐의 구분과 사용에 어려움이 있음

자폐범주성장애 아동에게는 실행기능의 결함이 나타나는데, 특히 행동과 사고의 유연성 결함으로 행동이 유연하지 못하고 환경 내의 작은 변화에도 어려움을 겪음. 또한 계획에 어려움을 보이고, 충동조절을 잘 하지 못하는 모습이 나타남

생각의 원리 결함

1) (가)의 [A]와 같은 행동 양상이 나타나는 이유를 자폐성 장애의 인지적 특성과 관련지어 쓰시오. [1점]

기본이론 296-297p

중앙응집능력 결함

인지적 특성
- 마음이해능력의 결함
- 실행기능의 결함
- 중앙응집능력의 결함

- **중앙응집능력**: 세부적인 정보들을 함께 엮어서 전체적인 의미를 이끌어 내는 능력
- **중앙응집능력의 결함**: 전체보다는 특정 부분에 초점을 맞추는 경향
- **중앙응집능력의 결함으로 인한 어려움**
  - 복잡한 정보 중에서 필요한 정보를 선택하고, 그 정보를 의미 있게 연계하고 사용하는 데 어려움을 보이며, 복잡한 정보를 처리하는 데 어려움
  - 이야기 내용의 특정 부분이나 사소한 내용을 잘 기억하지만, 이야기의 주요 주제나 전체 흐름을 파악하는 데 어려움
  - 여러 가지 정보를 종합적으로 이해하는 데 어려움
  - 전체를 보기보다는 부분에 집착하는데, 이는 마치 나무를 보고 숲을 보지 못하는 것과 같음

모범답안

중앙응집능력의 결함

2015학년도 유아 A5

15 **영수는 ○○ 유치원 5세 반에 다니고 있다. (가)는 담임 교사인 박 교사의 관찰 메모이고, (나)는 박 교사와 특수교육 지원센터 순회교사인 최 교사와의 대화 내용이다. 물음에 답하시오. [5점]**

(가) 박 교사의 관찰 메모

관찰대상 : 영수	관찰일 : 4월 2일	관찰장면 : 자유선택활동

다른 아이들은 아래 그림을 보고 '5'와 '가방'이라고 말했는데, ㉠ 영수는 '3'과 '꽃'이라고 대답했다.

자극과다선택성
사물의 모든 특징에 주의를 기울이는 것에 어려움을 겪고 한정된 단서에 기반한 부정확한 반응을 보이는 것

1) **자폐성 장애 유아에게 나타나는 ㉠과 같은 인지적 결함은 무엇인지 쓰시오. [1점]**

기본이론 296-297p

중앙응집능력 결함

인지적 특성
- 마음이해능력의 결함
- 실행기능의 결함
- 중앙응집능력의 결함

핵심 개념
- **중앙응집능력**: 세부적인 정보들을 함께 엮어서 전체적인 의미를 이끌어 내는 능력
- **중앙응집능력의 결함**: 전체보다는 특정 부분에 초점을 맞추는 경향
- **중앙응집능력의 결함으로 인한 어려움**
  - 복잡한 정보 중에서 필요한 정보를 선택하고, 그 정보를 의미 있게 연계하고 사용하는 데 어려움을 보이며, 복잡한 정보를 처리하는 데 어려움
  - 이야기 내용의 특정 부분이나 사소한 내용을 잘 기억하지만, 이야기의 주요 주제나 전체 흐름을 파악하는 데 어려움
  - 여러 가지 정보를 종합적으로 이해하는 데 어려움
  - 전체를 보기보다는 부분에 집착하는데, 이는 마치 나무를 보고 숲을 보지 못하는 것과 같음

중앙응집능력의 결함

2020학년도 유아 A1

16 **(가)는 5세 자폐범주성 장애 민호와 진우의 특성이고, (나)는 민호 어머니가 가입한 장애아동 부모 커뮤니티의 게시물이며, (다)는 교사의 반성적 저널의 일부이다. 물음에 답하시오. [5점]**

(가)

	특성
민호	• 주위 사람들에게 친밀감을 보이지 않고 상호작용을 하지 않음 • 구어적 의사소통을 거의 하지 않음 • 그림과 사진 등의 자료에 관심을 보이기 시작함
진우	• ㉠ 사물의 전체가 아니라 부분에 집중함. 예를 들면 코끼리 그림을 보면 전체적인 코끼리 그림을 보는 것이 아니라, 코끼리의 꼬리나 발과 같은 작은 부분에만 집중하여 그림이 코끼리인지 아는 것에 결함이 있음 • 동화책의 재미있는 부분만 큰 소리로 읽음 • 자신의 기분을 표현하기 어려워하고 다른 사람의 감정을 이해하지 못함 • 또래들과 어울리지 못함

중앙응집능력 결함
세부적인 정보들을 함께 엮어서 전체적인 의미를 이끌어내는 능력의 결함

생각의 원리 결함
사회적 상황이야기 중재 적용

1) (가)의 ㉠에서 진우가 결함을 보이는 인지적 특성을 무엇이라고 하는지 쓰시오. [1점]

참고자료 기본이론 296-297p

키워드 중앙응집능력 결함

구조화틀

인지적 특성
- 마음이해능력의 결함
- 실행기능의 결함
- 중앙응집능력의 결함

핵심개념

- **중앙응집능력**: 세부적인 정보들을 함께 엮어서 전체적인 의미를 이끌어 내는 능력
- **중앙응집능력의 결함**: 전체보다는 특정 부분에 초점을 맞추는 경향

모범답안 ㉠ 중앙응집능력의 결함

2022학년도 중등 B7

17 **(가)는 자폐성 장애 학생 F에 관해 교육실습생과 특수교사가 나눈 대화의 일부이고, (나)는 교육실습생이 작성한 사회상황이야기(Social Stories) 초안이다. 〈작성방법〉에 따라 서술하시오. [4점]**

(가) 대화

교육실습생 : 선생님, 우리 반 학생 F는 여러 가지 정보 중에서 필요한 정보를 선택하고 이것을 의미 있게 연계하는 것을 힘들어해요. 그리고 복잡한 정보를 처리하는 것도 어려워하는 것 같아요. 국어 시간에 글을 읽고 나서 특정 부분이나 사소한 내용은 잘 기억하는데, 전체적인 흐름과 내용 파악은 어려워해요.

특 수 교 사 : 예, 그것은 자폐성 장애 학생이 흔히 보이는 인지적 결함 중에서 (㉠) 때문인 것 같아요.

…(중략)…

중앙응집능력 결함 요소
- 여러 가지 정보 중에서 필요한 정보를 선택하고 이것을 의미 있게 연계하는 것을 어려워함
- 복잡한 정보처리에 어려움
- 전체 맥락 파악에 어려움

작성방법

(가)의 괄호 안 ㉠에 해당하는 내용을 쓸 것.

기본이론 296-297p, 338p

- 중앙응집능력 결함
- 자극 과다선택성

인지적 특성
- 마음이해능력의 결함
- 실행기능의 결함
- 중앙응집능력의 결함

자극 과다선택성

사물의 모든 특징에 주의를 기울이는 것에 어려움을 겪고, 한정된 단서에 기반한 부정확한 반응을 보이는 것

자극 과다선택성 지도 방안
- PRT 복합단서에 반응하기
- 단순화된 선화 제공
- 비디오 모델링 활용 등

모범답안

① ⓒ, ⓓ
② 복합단서에 반응하기

2022학년도 유아 A3

18 (가)는 자폐성 장애 유아 재우의 행동 특성이고, (나)는 유아특수교사 최 교사와 홍 교사가 나눈 대화 내용이다. 물음에 답하시오. [5점]

(가)

ⓐ 매일 다니던 길로 가지 않으면 울면서 주저앉는다.
ⓑ 이 닦기, 손 씻기, 마스크 쓰기를 할 수 있지만 성인의 지시가 있어야만 수행한다.
ⓒ 이 닦기 시간에 "이게 뭐야?"라고 물으면 칫솔을 아는데도 칫솔에 있는 안경 쓴 펭귄을 보고 "안경"이라고 대답한다.
ⓓ 1가지 속성(예 색깔 또는 모양)만 요구하면 정확히 반응하는데 2가지 속성(예 색깔과 모양)이 포함된 지시에는 오반응이 많다.

ⓐ 동일성에 대한 고집
ⓑ 자극의존성
ⓒ 자극과다선택성
ⓓ 복합단서에 대한 부정확한 반응

(나)

최 교사: 선생님, 재우에 대한 가족진단 내용을 보면서 지원방안을 협의해봐요.

홍 교사: 네. 재우 부모님은 재우의 교육목표에 대해 다양한 요구가 있으신데, 그중에서도 재우가 혼자 할 수 있는 일은 시키지 않아도 스스로 하기를 가장 원한다는 의견을 주셨어요. [A]
그리고 교육에도 적극적이셔서 가정에서 사용할 수 있는 지도방법에 관심이 많으세요.

최 교사: 그럼, 부모님의 의견을 반영해서 개별화교육계획 목표를 '성인의 지시 없이 스스로 하기'로 정해요. 재우의 행동 특성을 고려해 보면 중심축반응훈련을 적용해서 지도하면 좋을 것 같아요.

홍 교사: 네. 지시가 있어야만 행동하는 특성에는 중심(축)반응 중에서 자기관리 기술을 습득하도록 지도해야겠지요?

최 교사: 네. 먼저 이 닦기부터 적용해보죠. 재우가 이 닦기 그림을 보고 이를 닦고 난 후, 스티커를 붙여서 수행 여부를 확인하는 시각적 자료를 활용하면 좋을 것 같아요. [B]

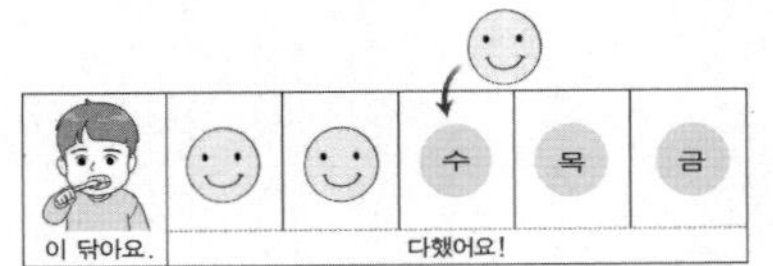

홍 교사: 이 자료를 재우 어머니에게 보내드려서 가정에서도 지도할 수 있게 해야겠어요.

최 교사: 좋아요. 그리고 재우는 ㉠제한적인 자극이나 관련없는 자극에 반응하는 특성이 있기 때문에 중심(축)반응 중 (㉡)을/를 증진시켜야겠어요.

…(하략)…

ASD 아동의 일반화 능력을 향상시키기 위해 중심축반응훈련 지도 시 복합단서에 반응하기를 통해 관련 요소를 식별하여 과잉선택을 줄일 수 있음

3) ① (가)의 ⓐ~ⓓ 중 ㉠에 해당하는 재우의 행동 특성을 2가지 찾아 기호를 쓰고, ② 중심(축)반응 4가지 중 ㉡에 들어갈 말을 쓰시오. [2점]

확장하기

자극 과다선택성

- '자극의 과잉선택성(stimulus over selectivity)'이란 사물의 모든 특징에 주의를 기울이는 것에 어려움을 겪고 한정된 단서에 기반한 부정확한 반응을 보이는 것이다. 중심축 반응 훈련의 복합단서에 반응하기에서 복수단서를 사용하는 것은 조건적 식별을 가르치는 것으로, 두 개 이상의 요소에 주의를 기울여 정확한 반응을 하도록 지도할 수 있다. 또한, 자극의 과잉선택 경향을 보이는 자폐아동의 경우 사진보다는 단순화된 선화가 적절하다.
- 자폐아동은 학습상황에서 자신에게 주어진 자극 중 오직 하나의 단서(또는 부분의 자극)에만 제한되게 반응하는 과다선택을 보인다.

  예 – 다른 사람이 말을 할 때 그 사람의 안경이나 손동작에 집중하여, 그런 단서가 없을 때는 그 사람을 인식하지 못할 수 있다.
  – 학습의 초점은 크기 식별(크다/작다)인데 자폐학생은 왼쪽에 놓인 항목을 선택하기 위해 크기 속성은 인식하지 않는 것이다.
  – 시각자극(입모양)과 청각자극(음성언어)을 동시에 제시할 경우, 자폐아동은 두 가지의 자극 중 어느 하나의 자극에 주의를 집중하는 경향이 있어 시각자극에 주의를 기울일 경우 청각자극에 주의를 기울이지 못하게 된다. 이는 자폐아동의 수용언어장애의 원인이 되기도 한다.
- 과다선택은 사회적 행동 발달, 언어습득, 새로운 행동 학습, 일반화 그리고 안전에 영향을 줄 수 있다.

자극통제 수립하기

- 어떤 행동이 특정 자극이 있는 경우에만 발생한다면, 그 행동은 자극통제(stimulus control) 되었다고 할 수 있다.
- 자폐성장애 학생들의 행동은 예상하지 못한 자극들의 통제 아래 있다고 알려져 있다. 예를 들어 색깔 개념을 가르치기 위해 일련의 동일한 자료(예 색깔을 가르치기 위한 색판지 카드 한 세트)를 사용할 경우 그 자료가 바뀌었을 때 자폐성장애 학생들은 갑자기 색깔을 가려내는 능력을 잃어버린다. 교사가 깨닫지 못한 것은 빨간색 카드는 모서리가 접혀 있고, 파란색 카드에는 어떤 표시가 되어 있으며, 녹색 카드는 구겨져 있는 것이 해당 학생에게 자극되었다는 점이다. 즉, 학생이 '배운 것'은 색깔이 아니라 각각의 카드가 지닌 특이함이었던 것이다.
- 비슷한 방식으로 자폐성장애 학생들은 많은 구성요소를 지닌 복합자극(complex stimuli)에 반응하는 데 어려움을 보인다. 예를 들어, 학생에게 "문에 가장 가까이에 있고 쿠션이 없는 녹색의자에 가서 앉아라."라고 지시를 하면 학생은 교사의 지시를 따르지 못한다. 자극이 복잡해지면 학생은 그중 하나의 요소(문에서 가장 가까운)만을 선택하여 이에 따라 행동할 수 있다.
- 자극통제를 개발하기 위해 학생들은 반드시 자극을 변별하는 방법과 특정 자극이 존재할 때 반응하는 방법을 배워야 한다.
- 교사는 복잡하지 않은 단순한 자극들로 시작해서 예기치 않은 측면이 자극통제의 기반이 되지 않도록 자료들을 순환시켜야 한다.
- 자극이 존재할 때(예 "일렬로 서!"와 같은 언어적 지시) 교수는 발생하고, 학생은 정확하게 반응하도록 기대받은 대로 혹은 도움받은 대로 행동하도록 강화된다. 연습과 반응에 대한 강화나 교정받을 기회가 반복되는 것은 자극통제를 촉진할 수 있다.

기본이론 296-297p

중앙응집능력 결함

인지적 특성
- 마음이해능력의 결함
- 실행기능의 결함
- 중앙응집능력의 결함

핵심개념
- **중앙응집능력**: 세부적인 정보들을 함께 엮어서 전체적인 의미를 이끌어내는 능력
- **중앙응집능력의 결함**: 전체보다는 특정 부분에 초점을 맞추는 경향
- **중앙응집능력의 결함으로 인한 어려움**
  - 복잡한 정보 중에서 필요한 정보를 선택하고, 그 정보를 의미 있게 연계하고 사용하는 데 어려움을 보이며, 복잡한 정보를 처리하는 데 어려움
  - 이야기 내용의 특정 부분이나 사소한 내용을 잘 기억하지만, 이야기의 주요 주제나 전체 흐름을 파악하는 데 어려움
  - 여러 가지 정보를 종합적으로 이해하는 데 어려움
  - 전체를 보기보다는 부분에 집착하는데, 이는 마치 나무를 보고 숲을 보지 못하는 것과 같음

중앙응집능력의 결함

2021학년도 유아 B4

19 **다음은 유아특수교사의 놀이 기록 일부이다. 물음에 답하시오. [5점]**

> 자폐성 장애 선우에게는 선우가 좋아하는 색종이로 꽃을 만들 수 있도록 '꽃 만드는 그림순서표 카드'를 제시하였다.
>
> 그런데 선우는 카드에 그려진 꽃에는 관심이 없고, 카드의 테두리선에만 반응을 보였다. 이처럼 주요 단서가 되는 자극에 주의를 기울이지 못하는 선우에게는 변별훈련을 통해서 과제해결을 더 잘할 수 있도록 지도해야겠다. [B]
>
> …(중략)…
>
> 다양한 꽃들로 교실이 가득할 때 갑자기 우진이가 "얘들아, 우리 '오소리네 집 꽃밭' 동화로 극놀이 하자."라고 큰 소리로 말했다. 그러자 ㉠ 아이들은 동화의 줄거리를 이야기하고, 극놀이에 필요한 배경과 소품을 만들었다. 소품이 완성된 후 "선생님, 점심 먹을 시간이에요. 우리 점심 먹고 와서 극놀이 준비를 계속 해요."라고 우진이가 말했다. 점심을 먹기 위해 아이들과 이동하려고 하는데 선우가 "아니야, 아니야."하면서 소품을 만지작거렸다. "선우야, 지금은 점심시간이야. 밥 먹으러 가자."라고 말했지만, 선우는 그 자리에서 움직이지 않았다. 선우에게는 ㉡ 활동 간 전이 계획이 필요한 것 같다.

자극과다선택성
- 사물의 모든 특징에 주의를 기울이는 것에 어려움을 겪고 한정된 단서에 기반한 부정확한 반응을 보이는 것
- 자폐성 장애의 인지적 특성 중 '중앙응집능력의 결함'에 해당함

PRT 복합단서에 반응하기를 통해 관련 요소를 식별하여 과잉선택을 줄일 수 있음

유연성 부족 → 실행기능 결함

2) [B]에서 알 수 있는 선우의 인지적 특성을 쓰시오. [1점]

기본이론 296-297p

중앙응집능력 결함

인지적 특성

- 마음이해능력의 결함
- 실행기능의 결함
- 중앙응집능력의 결함

핵심개념

- **중앙응집능력**: 세부적인 정보들을 함께 엮어서 전체적인 의미를 이끌어 내는 능력
- **중앙응집능력의 결함**: 전체보다는 특정 부분에 초점을 맞추는 경향
- **중앙응집능력의 결함으로 인한 어려움**
  - 복잡한 정보 중에서 필요한 정보를 선택하고, 그 정보를 의미 있게 연계하고 사용하는 데 어려움을 보이며, 복잡한 정보를 처리하는 데 어려움
  - 이야기 내용의 특정 부분이나 사소한 내용을 잘 기억하지만, 이야기의 주요 주제나 전체 흐름을 파악하는 데 어려움
  - 여러 가지 정보를 종합적으로 이해하는 데 어려움
  - 전체를 보기보다는 부분에 집착하는데, 이는 마치 나무를 보고 숲을 보지 못하는 것과 같음

중앙응집능력의 결함

2023학년도 초등 B3

20 **(가)는 특수학교의 김 교사가 작성한 자폐성장애 1학년 학생 동호의 행동 관찰 노트이고, (나)는 교사들이 나눈 대화 내용의 일부이다. 물음에 답하시오. [5점]**

(가) 행동 관찰 노트

- 관찰자: 김○○ 교사
- 관찰 기간: 2022년 3월 7일 ~ 3월 11일(5일간)
- 관찰 결과
  - 구어보다 그림 카드를 더 잘 이해함
  - 손 씻기 지도를 위해 비누를 제시했을 때, 비누는 보지 않고 비누통에 붙은 캐릭터에만 집중함 ┐
  - 수업 중에 교사가 칠판을 가리키며 "여기를 보세요."라고 할 때 칠판은 보지 않고 교사의 단추만 보고 있음 ┘[A]

1) (가)의 [A]에 나타난 자폐성장애의 인지적 특성을 1가지 쓰시오. [1점]

기본이론 298-299p

사회적 의사소통 특성

사회적 의사소통 특성

┌ 언어의 운율학적 측면
└ 언어의 화용론적 측면

ASD 아동의 사회적 의사소통 특성

- 구어발달이 지체되거나 완전히 결여될 수 있고, 구어를 사용하는 아동의 경우에도 언어를 사회적 목적으로 사용하지 못함
- 언어의 형태적 측면보다 내용적·사용(화용)적 측면에 결함을 보임
- 화용론의 결함으로 인해 음운론적 요소들을 학습할 기회가 제한되어 있어 많은 어려움을 경험함
- 운율학적 측면은 말의 강세·높낮이·리듬·억양 등으로, 이는 상대방의 심리상태·기분을 알려주는 단서이므로 언어의 매우 중요한 측면임

모범답안

㉡ 운율학적 측면 또는 준언어적 요소

화용론의 결함으로 인해 운율학적 측면에 어려움을 보인다.
(화용론의 결함으로 음운론적 요소들을 학습할 기회가 제한되어 있다.)

2013학년도 추가유아 A6

21 **다음은 교사 협의회 중 2명의 유아특수교사가 나눈 대화 내용이다. 물음에 답하시오. [5점]**

박 교사 :	선생님, 저는 ㉠ 요즘 혜수를 위해 학급의 일과를 일정하게 하고 등원 후에는 하루 일과를 그림으로 안내해줘요. 그리고 활동이 끝나기 5분 전에 종을 쳐서 알려줘요.
김 교사 :	그래서인지 혜수가 활동에 잘 참여하는 것 같아요. 그런데 걱정하시던 혜수의 언어 평가 결과는 어때요?
박 교사 :	다른 부분은 다 좋아졌는데, ㉡ 말의 높낮이, 강세, 리듬, 속도와 같은 언어의 ( ) 측면에는 전혀 변화가 없어요.
김 교사 :	그런 부분은 자폐성 장애의 특성 중 하나지요.

2) ㉡의 (   ) 안에 적합한 말을 쓰고, ㉡의 이유를 자폐성 장애 아동의 사회적 의사소통 특성에 근거하여 쓰시오. [2점]

기본이론 299p

사회적 의사소통 특성

사회적 의사소통 특성
┌ 언어의 운율학적 측면
└ 언어의 화용론적 측면

ASD 아동의 사회적 의사소통 특성

- 구어발달이 지체되거나 완전히 결여될 수 있고, 구어를 사용하는 아동의 경우에도 언어를 사회적 목적으로 사용하지 못함
- 언어의 형태적 측면보다 내용적·사용(화용)적 측면에 결함을 보임
- 화용론의 결함으로 인해 음운론적 요소들을 학습할 기회가 제한되어 있어 많은 어려움을 경험함
- 운율학적 측면은 말의 강세·높낮이·리듬·억양 등으로, 이는 상대방의 심리상태·기분을 알려주는 단서이므로 언어의 매우 중요한 측면임

모범답안 운소(또는 초분절적 요소)

2015학년도 유아 A5

22 **영수는 ○○ 유치원 5세 반에 다니고 있다. (가)는 담임교사인 박 교사의 관찰 메모이고, (나)는 박 교사와 특수교육지원센터 순회교사인 최 교사와의 대화 내용이다. 물음에 답하시오. [5점]**

(가) 박 교사의 관찰 메모

관찰대상 : 영수	관찰일 : 4월 2일	관찰장면 : 자유선택활동
아이들은 퍼즐놀이를 하면서 항상 ㉡ 높낮이의 변화 없이 같은 톤으로 말하는 영수를 보고, "선생님, 영수는 말하는 게 똑같아요."라고 했다.		

"높낮이의 변화 없이 같은 톤" → 준(반)언어적 요소 = 초분절적 요소 = 운소 = 운율학적 측면

2) ㉡과 관련하여, 다음의 A에 들어갈 알맞은 말을 쓰시오. [1점]

> 영수의 특성은 자폐성 장애 유아의 언어적 결함 중 하나로 음운론적 영역 가운데 (A) 사용의 제한을 보인다.

"언어적 결함 중 음운론적 영역"이라고 제시 → 음운론적 영역에는 음소(분절적 요소)와 운소(초분절적 요소)가 있음

음운론
┌ 음성학
└ 음운론 ┌ 음소
　　　　 └ 운소

기본이론 302-303p

반향어

언어 특성
- 대명사 전도
- 신조어
- 반향어
  - 이해
    - 발생 이유
    - 기능
    - 유형
  - 기능적 범주
    - 즉각
    - 지연

반향어

상대방이 말한 것을 그대로 따라 말하는 것으로, 즉각적 반향어와 지연된 반향어가 있음

반향어 발생 이유
- 분절하지 못했을 때
- 들은 언어를 이해하지 못했을 때

반향어를 사용하는 학생 지도 시 교사 언어 사용 유의점
- 학생의 연령에 적합한 언어를 사용
- 학생의 언어이해 수준을 고려한 언어를 사용

모범답안

① 반향어를 무조건 없애려고 하는 것이 아니라 반향어의 기능을 파악해 기능적인 언어로 활용해야 한다.

2013학년도 추가유아 B8

23 **준이는 통합유치원에 다니는 만 5세 자폐성 장애 유아이다. 물음에 답하시오. [5점]**

(가) 준이의 행동 특성

- 단체 활동에서 차례를 기다리는 것을 어려워한다.
- 친구가 인사를 하면 눈을 피하면서 ㉠ 반향어 형태의 말만 하고 지나간다.
- 친구가 제안하는 경우 놀이에 참여하나 자발적으로 친구에게 놀이를 제안하거나 시작행동을 보이지는 않는다.

반응억제·충동조절 어려움 → 실행기능 결함

반향어

사회적 상호작용 결함

2) 다음은 ㉠에 나타난 준이의 특성에 비추어 교사가 고려해야 할 점이다. 적절하지 않은 내용 1가지를 찾아 번호를 쓰고 바르게 고쳐 쓰시오. [2점]

① 자폐성 장애 아동의 반향어는 언어 발달을 저해하므로 소거해야 한다.
② 자폐성 장애 아동이 여러 단어로 구성된 반향어를 사용하더라도 그 표현은 하나의 단위로 인식할 수 있다.
③ 반향어를 환경 내의 행위나 사물에 연결시켜 반향어와 환경적인 요소들 사이의 관계를 강조하도록 해야 한다.
④ 반향어는 주로 아동이 자신이 들은 언어를 분할하지 못할 때와 이해력이 제한되었을 때 발생하므로, 교사는 아동의 정보처리 능력에 적합한 언어를 사용한다.

참고자료 기본이론 302-303p

키워드 반향어

구조화 틀

언어 특성
- 대명사 전도
- 신조어
- 반향어
  - 이해
    - 발생 이유
    - 기능
    - 유형
  - 기능적 범주
    - 즉각
    - 지연

핵심개념

반향어의 유형
- **즉각 반향어**: 들은 것을 즉각적으로 반복
- **지연 반향어**: 들은 것을 일정 시간이 지난 후에 반복

모범답안 ㉠ 지연 반향어

2018학년도 중등 B2

24 **(가)는 자폐스펙트럼장애 학생 D에 대한 특수교사와 통합학급 교사의 대화이고, (나)는 학생 D를 위해 그레이(C. Gray)의 이론에 근거하여 만든 중재방법이다. 〈작성방법〉에 따라 서술하시오. [4점]**

(가) 특수교사와 통합학급 교사의 대화

> 통합학급 교사: 선생님, 우리 반에 있는 학생 D가 ㉠ 광고에 나오는 단어나 문장을 일정한 시간이 지난 뒤에 다시 말할 때가 자주 있어요.
>
> …(중략)…

작성방법

> 밑줄 친 ㉠에 해당하는 반향어의 유형을 쓸 것.

확장하기

즉각 반향어(고은, 2021.)

즉각 반향어 유형	기능
비초점	시선이나 동작이 사람이나 사물을 향하지 않고 발화 후에도 그 의도를 나타내는 증거가 보이지 않음 예 "종호야, 하지 마."라고 말하면 시선을 전혀 맞추지 않고 여전히 자기 할 일을 하면서 무의미하게 따라 말함
주고받기 반응	시선이나 동작이 사람이나 사물을 향하고 있으나, 주고받는 순환적인 반응이나 이해를 동반하지 않음 예 "이건 뭐야?"라고 물으면, 무의미하게 "이건 뭐야?"라고 따라 말하지만 시선은 사물을 바라봄
연습	행동을 일으키기 전에 생긴 반향어로서 직후의 동작이나 의도가 추측됨 예 "밥 먹고 이 닦아야지."라고 말하면 그것을 예측하고 행동을 하러 가면서 "밥 먹고 이 닦아야지."라고 말함
자기규제	동작을 행하는 중에 자기가 행해야 할 동작에 대해서 반향어로 말함 예 손을 물고 있는 아동에게 "물지 마!"라고 말하면 "물지 마!"라고 말하면서 손을 뗌
기술	시선이나 동작이 사람이나 사물을 향해 있고 사물의 명칭을 반향어로서 말함 예 아동이 선생님 시계를 뚫어져라 쳐다볼 경우 "이건 선생님 시계야."라고 말하면, "선생님, 시계야."라고 말함
대답	반향어로 긍정을 표현하는 것으로, 직전 또는 직후의 동작으로 그 의도가 표현되어 있다는 것을 알 수 있음 예 놀이터에서 발걸음을 멈추어, 교사가 "지금은 비가 와서 안 돼."라고 말하자 "비가 와서 안 돼."라고 말함
요구	필요한 물건을 얻거나 하고 싶은 행동을 하기 위하여 반향어를 말하는 것으로, 허가가 주어지면 사물을 가져가거나 하고 싶은 행동을 함 예 교사가 학습꾸러미에서 모형 비행기를 꺼내면서 "빨간 것은 찬희 것, 파란 것은 종호 것"이라고 말하자, "파란 것은 종호 것"이라고 말함

즉각 반향어 반응 기록지

표본	교사발화	아동발화	기능분석
1	"우와 예쁜 옷 입었네!"	"예쁜 옷 입었네?"	비초점(시선 ×)
2	"자동차 줄까?"	"자동차 줄까?"	대답하기
3	"자동차 가져올까?"	"자동차 가져올까?" (자동차를 가지러 감)	연습
4	"이게 뭐야?"	"이게 뭐야?"	주고받기 반응
5	"이제 정리하자."	"이제 정리하자." (장난감을 치움)	자기규제
6	"이제 집에 가는 거야?"	"집에 가는 거야?"	긍정대답
7	"내일 또 올 거야?"	"내일 또 올 거야?"	긍정대답
8	"악수하자."	"악수하자."	진술

지연 반향어(김영태, 2019.)

지연 반향어 유형	기능
비목적적 기능	즉각 반향어의 기능과 마찬가지로 아무런 목적도 관찰되지 않으며 자기자극적임
상황 연상 기능	물체나 사람 또는 행동에 의해서 초래되는 반향어 예 칫솔을 보면, "잘 닦아라."
연습 기능	언어적 형식을 갖춘 문장을 연습하듯이 반복함. 대개 낮고 작은 소리로 연습하는 경향
자기 지시적 기능	대개 활동을 하기 전이나 활동을 하면서 반향어를 하는데, 연습에서처럼 다소 작은 소리로 함. 자신의 행동을 통제하는 인지적인 기능을 가짐
상호적 명명하기 기능	대개 제스처를 동반하여 활동이나 사물을 명명함
비상호적 명명하기 기능	행동이나 사물에 대해 명명함. 상호적인 명명과 유사하지만, 이 경우에는 스스로에게 말하는 것처럼 보이며 의사소통 의도가 보이지 않음
순서 지키기 기능	교대로 말하는 상황에서 자신의 구어 순서를 채우는 기능. 의사소통적 의도는 관찰되지 않음
발화 완성하기 기능	상대방에 의해서 시작된 일상적인 말에 반응하여 그 발화를 완성함
정보 제공하기 기능	상대방에게 새로운 정보를 제공함 예 "동생이 아파요."
부르기 기능	상대방의 주의를 끌거나 상호작용을 유지하려는 기능을 가짐. 상대방이 쳐다보지 않으면 계속해서 부르는 경우가 많음
수긍하기 기능	상대방의 말을 수긍하는 기능. 대개 바로 전에 말한 것을 행동에 옮김 예 "장난감을 집어." 하면서 장난감을 챙김
요구하기 기능	원하는 물건을 얻기 위하여 요구하기 기능을 나타냄. 대개 원하는 물건을 바라보면서 말하며, 그 물건을 얻을 때까지 계속함
저항하기 기능	다른 사람의 행동에 저항하는 기능을 가짐. 다른 사람의 행동을 저지하는 결과를 초래함 예 "안 돼."
지시하기 기능	다른 사람의 행동을 지시하고 통제하는 기능 예 "하지 말랬지."

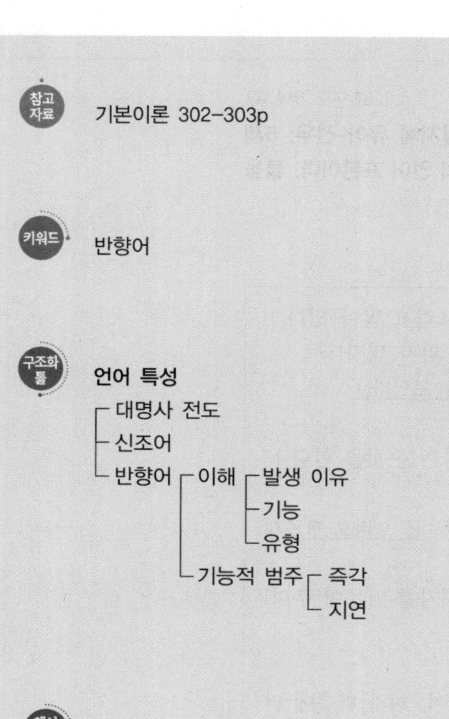

2025학년도 초등 A3

25 **(가)는 일반 학교에서 통합교육을 받고 있는 자폐성장애 학생들의 특성이고, (나)는 예비 교사와 특수교사가 나눈 대화의 일부이다. 물음에 답하시오. [6점]**

(가)

유라	• ㉠ 며칠 전에 들었던 "구독, 좋아요, 알림 설정"을 상황에 맞지 않게 반복하여 말하고 다님 • 선생님이 "연필 꺼내야지."라고 말하면, "연필 꺼내야지."라고 말함

• 지연 반향어: 들은 것을 일정 시간이 지난 후에 반복
• 즉각 반향어: 들은 것을 즉각적으로 반복

PART 03

1) ② 밑줄 친 ㉠과 같은 자폐성장애의 의사소통 특성을 쓰시오.

기본이론 302-303p

반향어

구조화 틀

언어 특성
- 대명사 전도
- 신조어
- 반향어
  - 이해
    - 발생 이유
    - 기능
    - 유형
  - 기능적 범주
    - 즉각
    - 지연

반향어의 유형
- **즉각 반향어**: 들은 것을 즉각적으로 반복
- **지연 반향어**: 들은 것을 일정 시간이 지난 후에 반복

반향어의 기능적 범주

	즉각 반향어	지연 반향어
상호작용	• 차례 지키기 • 진술 • 긍정 대답 • 요청	• 정보제공 • 부름 • 차례 지키기 • 명명하기 • 요청 • 항의 • 확인 • 지시 • 언어의 완료
비상호작용	• 분명치 않음 • 시연 • 자기조절	• 분명치 않음 • 시연 • 자기지시 • 상황연계 • 명명

자기지시 = 자기조절

자신의 행동을 조절하는 데 사용하는 말로, 운동기능을 이용한 행동과 동시에 산출됨(self regulation)

① 지연반향어
② 요청하기

2025학년도 유아 A3

26 **다음은 유아 특수교사와 5세 발달지체 유아 선우, 5세 자폐성 장애 유아 지혜의 대화 및 지혜의 언어 표본이다. 물음에 답하시오. [5점]**

(가)

(요리 활동 후 유아들이 피자를 먹으려고 앉아 있다.)
교사: 얘들아, 우리가 만든 맛있는 피자 먹자!
선우: ㉠ (손을 내밀며 달라는 눈빛을 보인다.)
교사: 아! 선우 피자 줄까?
선우: (웃으며 두 손을 모으고 달라는 손짓을 한다.)
교사: 선우야, "주세요." 해야지.
선우: 주세요! ㉡ (많이 달라는 의미로 큰 소리로 빠르게 말하며) 많이! 많이!
교사: 그래, 선우야. (유아들에게 피자를 나누어 주며) 피자 한 개씩 줄게.
지혜: 두 개.
교사: 오늘은 한 개씩만 먹을 수 있어. 피자 다음에 더 줄게.

…(중략)…

(피자를 다 먹은 후, 자유놀이 시간에 유아들이 기차놀이를 하고 있다.)
지혜: (기차놀이를 하면서) 피자 다음에 더 줄게.
교사: (지혜를 바라보며) 피자 다 먹었어.
지혜: (피자 상자를 바라보며) 피자 다음에 더 줄게.
교사: (지혜를 바라보며) 그래, 더 먹고 싶구나.
지혜: (피자를 달라는 간절한 눈빛으로 선생님을 바라보며) 피자 다음에 더 줄게. 피자 다음에 더 줄게.
[A]

2) ① [A]에서 지혜가 사용한 반향어의 유형을 쓰고, ② 이 반향어의 의사소통 기능을 쓰시오. [2점]

기본이론 302-303p

반향어

언어 특성
- 대명사 전도
- 신조어
- 반향어
  - 이해
    - 발생 이유
    - 기능
    - 유형
  - 기능적 범주
    - 즉각
    - 지연

핵심개념

반향어의 유형
- **즉각 반향어**: 들은 것을 즉각적으로 반복
- **지연 반향어**: 들은 것을 일정 시간이 지난 후에 반복

반향어의 기능적 범주

	즉각 반향어	지연 반향어
상호 작용	• 차례 지키기 • 진술 • 긍정 대답 • 요청	• 정보제공 • 부름 • 차례 지키기 • 명명하기 • 요청 • 항의 • 확인 • 지시 • 언어의 완료
비상호 작용	• 분명치 않음 • 시연 • 자기조절	• 분명치 않음 • 시연 • 자기지시 • 상황연계 • 명명

자기지시 = 자기조절

자신의 행동을 조절하는 데 사용하는 말로, 운동기능을 이용한 행동과 동시에 산출됨(self regulation)

지연 반향어

요청하기

2014학년도 유아 A4

27 **보라는 특수학교 유치부에 다니는 4세의 자폐성 장애 여아이다. (가)는 보라의 행동 특성이고, (나)는 보라를 지원하기 위한 활동 계획안이다. 물음에 답하시오. [6점]**

(가) 보라의 행동 특성

- 교실이나 화장실에 있는 ㉠ 전등 스위치만 보면 계속 반복적으로 누른다.
- ㉡ 타인의 말을 반복한다.
- 용변 후 물을 내려야 한다는 것을 모른다.
- 용변 후 손을 제대로 씻지 않고 나온다.
- 배변 실수를 자주 한다.

Ⅱ 제한적이고 반복적인 관심과 활동

2) 다음은 (가)의 ㉡과 관련하여 교사가 관찰한 내용이다. ①에서 나타난 자폐성 장애의 의사소통 특성을 쓰고, 보라의 말이 의도하는 의사소통 기능을 쓰시오. [2점]

오전 자유선택활동이 끝나고 정리 정돈하는 시간이 되자 보라는 교사를 화장실 쪽으로 끌면서 ① 며칠 전 들었던 "화장실 갈래?"라는 말을 반복하였다. 교사는 "화장실에 가고 싶어요."라고 말한 후 화장실로 데리고 갔더니 용변을 보았다.

PART 03

참고자료 기본이론 302-303p

키워드 반향어

구조화틀 언어 특성
- 대명사 전도
- 신조어
- 반향어
  - 이해
    - 발생 이유
    - 기능
    - 유형
  - 기능적 범주
    - 즉각
    - 지연

핵심개념 반향어의 기능적 범주

	즉각 반향어	지연 반향어
상호작용	• 차례 지키기 • 진술 • 긍정 대답 • 요청	• 정보제공 • 부름 • 차례 지키기 • 명명하기 • 요청 • 항의 • 확인 • 지시 • 언어의 완료
비상호작용	• 분명치 않음 • 시연 • 자기조절	• 분명치 않음 • 시연 • 자기지시 • 상황연계 • 명명

자기지시 = 자기조절

자신의 행동을 조절하는 데 사용하는 말로, 운동기능을 이용한 행동과 동시에 산출됨(self regulation)

모범답안 반향어

자기조절

2016학년도 중등 B6

28 초임 특수교사 A는 자폐성 장애 학생 성우의 자발화를 분석하기로 하였다. (가)는 성우와 어머니의 대화를 전사한 것이고, (나)는 발화를 구분하여 기록한 표이다. 〈작성방법〉에 따라 순서대로 서술하시오. [5점]

> 모든 상황을 다 기록 → 의미·화용 분석 시 아동 발화의 언어적·상황적 문맥 이해가 중요하기 때문

(가) 전사 기록

(주차장에서 차 문을 열면서)
성 우: ㉠ 성우 주차장에서 뛰면 안 돼.
어머니: 그렇지. 엄마가 주차장에서 뛰면 안 된다고 말했지?

> 어머니가 예전에 말했던 내용을 성우가 스스로 상기해 따라 말하고 있으므로 '지연 반향어' 유형에 해당함

(엘리베이터를 타고 나서)
성 우: 일 이 삼 사 오 육 칠 (5초 경과) 칠 육 오 사 삼 이 일.
어머니: 성우야, 육층 눌러야지.
성 우: 육층 눌러야지.

> 어머니의 말을 즉시 따라 말하고 있으므로 '즉각 반향어' 유형에 해당함

(마트 안에서)
성 우: 성우 아이스크림 먹고 싶어요.
어머니: 알았어. 사줄게.
성 우: 네.
어머니: 성우야, 무슨 아이스크림 살까?
성 우: ㉡ 오늘 비 왔어요.

(식당에서)
어머니: 성우야, 뭐 먹을래?
성 우: ㉢ 물 냄새나요 물 냄새나요.
어머니: 성우야, 김밥 먹을래?
성 우: ㉣ 김밥 먹을래?

작성방법

자폐성 장애 학생의 언어적 특성에 근거하여 (가)의 밑줄 친 ㉠과 ㉣의 공통점 1가지를 쓰고, ㉠의 의사소통 기능을 쓸 것.

> 반향어의 기능적 범주 = 반향어의 의사소통 기능

기본이론 300-302p

- 사회적 의사소통 특성
- 행동 특성
- 언어 특성

제한적 · 반복적 · 상동적 행동 특성
- 유형
- 기능

언어 특성
- 대명사 전도
- 신조어
- 반향어
  - 이해
    - 발생 이유
    - 기능
    - 유형
  - 기능적 범주
    - 즉각
    - 지연

반향어

상대방이 말한 것을 그대로 반복해 따라 말하는 것
- **즉각 반향어**: 들은 것을 즉각적으로 반복
- **지연 반향어**: 들은 것을 일정 시간이 지난 후에 반복

상동행동
- 환경에 미치는 명백한 기능적 효과를 가지고 있지 않은 반복적인 동작이나 몸짓
- **기능**: 자극에 대한 생물학적 요구, 각성상태의 증가, 스트레스 감소, 환경을 조절하기 위한 상동행동과 자기자극행동
- 반향어와 상동적 언어의 차이점은 반향어는 들었던 말을 반복해서 따라 말하는 것이라는 데 있음

2) 즉각 반향어

4) ① 화용론
② 상동행동

2020학년도 유아 A8

29 **다음은 통합학급 5세 반 황 교사와 유아특수교사 정 교사의 대화이다. 물음에 답하시오. [5점]**

> …(중략)…
>
> 황 교사: 지수의 경우에는 점심시간에 제가 지수에게 "계란 줄까?"라고 물어봤는데, ㉢ <u>지수가 로봇처럼 단조로운 음으로 바로 "계란 줄까, 계란 줄까, 계란 줄까."라고 했어요. 또 "연필 줄래?"라고 했더니 연필은 주지 않고 "줄래, 줄래, 줄래."라고 말했어요.</u> 또 ㉣ <u>자신의 말하기 순서를 기다리지 못해서 불쑥 얘기하기도 해요.</u>
>
> 정 교사: 그렇군요. 그건 지수와 같은 아이들에게 자주 나타나는 현상이죠.
>
> 황 교사: 그리고 지수는 ㉤ <u>몸을 앞으로 숙였다 펴고, 손을 들어 손가락을 접었다 펴는 행동을 반복해요. 그러면서 "까악까악"이라는 의미 없는 소리를 내기도 해요.</u>
>
> …(하략)…

- "단조로운 음" → 운율학적 측면
- 들었던 말을 바로 반복해서 말함 → 즉각 반향어

화용론적 결함을 가진 아동이 주로 보이는 특성
- 대화의 순서적인 조직화 어려움(차례를 지키지 못함)
- 대화의 시작과 유지가 어려움
- 간접적이고 완곡한 표현을 이해하지 못함

- "몸을 앞으로 숙였다 펴고 손을 들어 손가락을 접었다 펴는 행동을 반복" → 상동적인 행동
- "까악까악"이라는 의미 없는 소리 → 상동적인 언어

2) ㉢과 같이 지수가 보이는 의사소통의 특성을 무엇이라고 하는지 쓰시오. [1점]

4) ① ㉣에 해당하는 언어학의 하위범주를 쓰고, ② ㉤의 행동 특성을 무엇이라고 하는지 쓰시오. [2점]

PART 03

 기본이론 302-303p

키워드 반향어

구조화 틀

언어 특성
- 대명사 전도
- 신조어
- 반향어
  - 이해
    - 발생 이유
    - 기능
    - 유형
  - 기능적 범주
    - 즉각
    - 지연

핵심 개념

모범 답안 ⑤

2012학년도 유아 9

30 **다음은 일반학급 교사와 정호 어머니가 정호에 대해 특수학급 교사에게 제공한 정보이다. 〈보기〉에서 특수학급 교사가 이 정보에 근거하여 파악한 정호의 특성과 교육적 조치로 적절한 것을 고르면?**

〈관찰 일지〉

유아명	김정호	반	초롱반
관찰 기간	2011. 3. ~ 2011. 7.	담당 교사	이세명
관찰 내용 요약			

- 스스로 간단한 문장 표현은 가능하나, 질문에 간혹 엉뚱한 말을 하거나 특정 구나 말을 반복하여 의사소통이 곤란함
- 익숙한 몇몇 친구의 접촉은 거부하지 않으나, 놀이를 할 때 언어적 상호작용을 잘 못하며, 혼자 원 그리는 놀이에 몰두함
- 간단한 지시나 수업 내용은 수행 가능하나, 최근 짜증을 잘 내고 산만하며 과잉행동성이 증가함

♧ 행복초등학교 병설유치원 ♧

선생님께
정호의 상태에 대해 간단히 적어 보내드립니다.

- 출생: 정상분만
- 1~2세: 간단한 말을 하였으나 점차 의미 있는 말이 줄고, 가족들과 사람들에게 관심이 없어지고 시선을 회피함
- 현재: 말을 의미 없이 즉각 따라하는 것이 늘고, 일일학습지 지도 시 자주 자리에서 일어나며, 억지로 앉히려고 하면 괴성을 지르고 짜증을 자주 내어 걱정됨

잘 부탁드립니다!
2011. 9. 5.
정호 엄마 드림

보기

ㄱ. 유아의 주요 문제는 인지적 어려움이므로 과민감성 줄이기를 목표로 정하여 지도해나가도록 한다.

ㄴ. 의미 없는 말이나 엉뚱한 말을 하므로 정확한 문법의 문장을 따라 말할 수 있도록 큰 소리로 반복 지도한다.

ㄷ. 관심이나 성취 등을 타인과 자발적으로 나누는 데 어려움이 있으므로 사회적 또는 정서적 상호성을 신장시킨다.

ㄹ. 언어의 형태에 비해 언어의 내용과 사용 측면에 어려움이 두드러진 유아이므로 심층적인 언어평가를 받도록 안내한다.

ㅁ. 언어행동의 문제가 있으므로 반향어와 의도적인 구어 반복 구별하기 등의 적절한 언어중재를 통해 부적절한 언어 사용 행동을 개선한다.

> ㄱ. 감각적 과민감성이 나타나지 않음
>
> ㄴ. 반향어의 기능을 파악해 기능적인 언어로 활용해야 함
>
> ㄷ. 자폐성장애 아동의 사회적 상호작용 특성
>
> ㄹ. 자폐성장애 아동의 사회적 의사소통 특성
>
> ㅁ. 자폐성장애 아동의 언어 특성

① ㄱ, ㄴ, ㄷ　　② ㄱ, ㄷ, ㅁ
③ ㄴ, ㄷ, ㄹ　　④ ㄴ, ㄹ, ㅁ
⑤ ㄷ, ㄹ, ㅁ

기본이론 304-307p

감각 특성

감각 특성

- ASD 감각 특성
- Dunn의 감각처리 모델
  - 낮은 등록
  - 감각 추구
  - 감각 민감
  - 감각 회피

ASD 감각 특성

- ASD 아동의 비전형적인 감각처리과정은 감각자극에 대한 민감반응, 둔감반응 또는 자극추구 행동 등으로 나타남
- 감각 반응은 학생 개인 간, 개인 내에서도 다양하게 나타남

촉각체계

- **과민반응**
  - 신체 접촉을 싫어함
  - 특정 질감의 옷만 입으려 함
- **둔감반응**
  - 끊임없이 만지고 접촉함
  - 통증, 온도 등에 둔감함

- 비가 와서 바깥놀이 시간에 놀이터에 못나가게 되자, 경수는 "바깥놀이 시간, 바깥놀이 시간이에요." 하며 계속 울었다.
- 물컹거리는 자극을 싫어하고 부드러운 자극에 집착하는 감각 특성을 보인다.

2015학년도 유아 B2

31 **(가)는 자폐성 장애 유아 경수에 대한 김 교사의 행동 관찰 내용이고, (나)는 경수에 대한 행동지원 절차의 일부이다. 물음에 답하시오. [5점]**

(가) 행동 관찰 내용

장면 1	비가 와서 바깥놀이 시간에 놀이터에 못 나가게 되자, 경수는 "바깥놀이 시간, 바깥놀이 시간이에요." 하며 계속 울었다.
장면 2	찰흙놀이 시간에 평소 물컹거리는 물건을 싫어하는 경수가 찰흙을 만지지 않으려 하자, 김 교사는 경수에게 찰흙 한 덩어리를 손에 쥐어 주고, 찰흙놀이를 하도록 하였다. 그러자 경수는 찰흙을 친구에게 던지고 소리를 질렀다.
장면 3	이야기나누기 시간에 경수는 부드러운 천으로 만들어진 자신의 옷만 계속 만지고 있었다.

장면 1 : 환경 전환에 어려움

장면 2 : 감각 특성(촉각적 과민감성)

장면 3 : 감각 특성(촉각적 감각추구 특성)

(나) 행동지원 절차

1단계 : 문제 행동을 정의하고 ㉠ 우선순위화한다.
2단계 : 기능 진단을 실행한다.
3단계 : 가설을 개발한다.
4단계 : 포괄적인 행동지원 계획을 개발한다.
5단계 : 행동지원 계획을 실행하고, 평가하고, 수정한다.

2) 행동지원팀이 경수를 위한 포괄적인 행동지원 계획을 수립할 때, 고려해야 하는 경수의 행동 특성 2가지를 (가)에서 찾아 쓰시오. [2점]

확장하기

자폐성장애의 감각체계 특성

감각체계	과민반응	둔감반응
시각체계	• 밝은 빛을 불편해하거나 피함 • 눈맞춤을 피함 • 실내의 구석, 탁자, 어두운 곳 등에 있는 것을 좋아함	• 밝은 빛을 추구함 • 사물이나 그림의 세부적인 색, 모양, 크기 등을 주목하여 보지 못함 • 다른 사람이 들어오는 것을 알아차리지 못함
청각체계	• 갑작스런 소음에 울거나 몸을 웅크림 • 소음으로 인해 수업활동에 집중하지 못함	• 큰 소리를 감지하지 못함 • 다른 사람의 말을 무시하는 것처럼 보임 • 이상한 소음을 즐기고 소음 만드는 것을 좋아함
후각체계	• 자극적인 냄새를 찾아내고 피함 • 특정 냄새를 적극적으로 피함	• 냄새를 맡으면서 냄새로 환경을 탐색함 • 자극적인 냄새를 추구함
미각체계	• 항상 같은 음식을 먹고 새로운 음식을 거부함 • 특정 식감, 온도, 맛 등의 음식만을 먹으려 함	• 강한 맛을 찾음 • 음식 맛의 차이를 알아차리지 못함 • 먹어서는 안 되는 것을 입에 넣음
촉각체계	• 신체 접촉을 싫어함 • 특정 질감의 옷만 입으려 함	• 끊임없이 만지고 접촉함 • 통증, 온도 등에 둔감함
고유수용감각	• 연필을 너무 약하게 또는 힘없이 쥐고 글씨를 씀 • 뛰어내리는 것, 높은 곳 등을 두려워함 • 책상에 경직된 자세로 앉음	• 연필을 강하게 쥐고 압력을 가해 글씨를 진하게 씀 • 놀이를 하는 동안 자신의 안전을 위협하는 위험한 동작이나 기어오르는 활동을 함
전정감각	• 빙글빙글 도는 활동 중에 쉽게 어지러워함 • 머리를 거꾸로 하는 활동을 싫어함	• 빙글빙글 도는 활동을 좋아함 • 가만히 앉아 있지 못함 • 교실에 있는 사물이나 책걸상에 쉽게 부딪힘

기본이론 304p

감각 특성

감각 특성
┌ASD 감각 특성
└Dunn의 감각처리 모델 ┬ 낮은 등록
├ 감각 추구
├ 감각 민감
└ 감각 회피

촉각체계
- **과민반응**
  - 신체 접촉을 싫어함
  - 특정 질감의 옷만 입으려 함
- **둔감반응**
  - 끊임없이 만지고 접촉함
  - 통증, 온도 등에 둔감함

모범답안
물체 탐색 시 촉각자극에 민감하게 반응한다.

2020학년도 초등 B6

32 다음은 자폐성 장애 학생들이 포함되어 있는 학급의 특수교사가 2015 개정 특수교육 교육과정 중 기본 교육과정 과학과 3~4학년군 '생물과 무생물' 단원의 '새싹 채소가 자라는 모습을 살펴보기' 수업을 준비하며 작성한 수업 설계의 일부이다. 물음에 답하시오. [6점]

(가) 민호의 특성

1. 예상되는 어려움과 대안
   가. 새싹이 자라는 기간이 길기 때문에 이를 살펴보고 이해하는 것이 학생들에게 어려울 수 있음
   → ㉠ 컴퓨터 보조수업 활용 : 실제 활동 전 새싹 채소를 키우는 것과 유사한 상황에서 씨앗 불리기, 씨앗 뿌리기, 물 주기 등 필요한 행동을 선택해나가며 새싹 키우는 과정을 체험해보게 함
   나. 학생 간 수행 수준의 차이가 큼
   → 개별 지도가 필요한 학생의 경우 개인 교수형 컴퓨터 보조수업을 활용함
2. 새싹 채소 키우기 활동(교과서 ○○쪽)
   물 속에서 씨앗 불리기 → 플라스틱 용기에 넣은 솜이 젖을 정도로 물 뿌리기 → … → ㉡ 씨앗의 모양이 어떻게 변해 가는지, 만졌을 때의 느낌은 어떠한지 등을 오감을 통해 살펴보기
3. 과학 수업의 방향 고려
   초등학교 수업은 (㉢) 지식을 중심으로 계획함
4. 자폐성 장애 학생들의 특성 및 지도상의 유의점
   가. 정민이의 경우 ㉣ 촉각자극에 대한 역치가 매우 낮고 감각 등록이 높으므로 물체를 탐색하는 과정에서 이를 고려함

- 역치가 매우 낮음
  → 적은 자극에도 쉽게 반응한다는 의미
- 감각 등록이 높음
  → 감각에 대한 반응이 크다는 의미

3) ㉣로 인해 나타날 수 있는 반응 특성을 1가지 쓰시오. [1점]

기본이론 304p

감각 특성

감각 특성

- ASD 감각 특성
- Dunn의 감각처리 모델
  - 낮은 등록
  - 감각 추구
  - 감각 민감
  - 감각 회피

미각체계

- **과민반응**
  - 항상 같은 음식을 먹고 새로운 음식을 거부함
  - 특정 식감, 온도, 맛 등의 음식만을 먹으려 함
- **둔감반응**
  - 강한 맛을 찾음
  - 음식 맛의 차이를 알아차리지 못함
  - 먹어서는 안 되는 것을 입에 넣음

모범답안 ②

2012학년도 유아 22

33 **다음은 각 유아의 음식 섭취 특성과 그에 따른 박 교사의 지도방법을 제시한 것이다. 각 유아의 장애 유형을 옳게 짝지은 것은?**

유아	음식 섭취 특성	지도방법
인호	• 과도한 식욕을 보이므로 음식을 조절해주지 않으면 생명을 위협하는 비만이 발생할 수 있음 • 일반적으로 계속 음식을 요구하고, 충동적이고 고집이 센 편임	과도한 섭식으로 인한 행동 장애가 문제이므로 의사와 영양사의 자문을 받게 함
수진	• 입이 자극을 받으면 강직성 씹기 반사가 나타남 • 식사시간이 길어지므로 좌절, 피로 누적, 영양섭취의 문제를 초래할 수 있음 • 유아의 비정상적인 근육 긴장도와 제한된 신체적 활동으로 인해 변비가 생기기 쉬움	• 금속보다는 실리콘 재질의 숟가락을 사용하게 함 • 바른 자세로 앉아 씹기와 삼키기를 잘하도록 격려함 • 적절한 운동과 식이섬유 음식물을 섭취하게 함
진우	• 비전형적인 촉각, 미각, 후각을 갖기 때문에 음식물의 색, 생김새, 맛, 냄새 등에 따라 특정 음식에 대해 극단적인 반응을 보일 수 있음 • 특정 음식의 질감에 대한 구강 과민성을 가짐	유치원과 가정이 협력하여 유아가 좋아하는 음식만을 먹는 일이 없게 함

특정 음식에 대한 구강 과민성

	〈인호〉	〈수진〉	〈진우〉
①	프래더-윌리 증후군	자폐성 장애	뇌성마비
②	프래더-윌리 증후군	뇌성마비	자폐성 장애
③	뇌성마비	프래더-윌리 증후군	자폐성 장애
④	뇌성마비	자폐성 장애	프래더-윌리 증후군
⑤	자폐성 장애	뇌성마비	프래더-윌리 증후군

기본이론 304p

감각 특성

감각 특성

- ASD 감각 특성
- Dunn의 감각처리 모델
  - 낮은 등록
  - 감각 추구
  - 감각 민감
  - 감각 회피

청각체계

- 과민반응
  - 갑작스런 소음에 울거나 몸을 웅크림
  - 소음으로 인해 수업활동에 집중하지 못함
- 둔감반응
  - 큰 소리를 감지하지 못함
  - 다른 사람의 말을 무시하는 것처럼 보임
  - 이상한 소음을 즐기고 소음 만드는 것을 좋아함

모범 답안

청각 감각에 민감하게 반응한다.

2018학년도 유아 A6

34 **다음은 예비 유아특수교사가 통합학급 4세 반 준혁이의 의사소통 특성을 관찰한 일화 기록의 일부이다. 물음에 답하시오. [5점]**

관찰 장소	통합학급
㉠ 통합학급 교실로 준혁이가 들어오며 말없이 고개만 끄덕이자 통합학급 담임 교사가 준혁이에게 "선생님, 안녕하세요?"라고 말한다. 미술 영역에서 유아특수교사는 준혁이와 '소방차 색칠하기' 활동을 하고 있다. 준혁이의 자발적 발화를 유도하기 위해서 ㉡ 교사는 소방차를 색칠하면서 "소방차는 빨간색이니깐 빨간색으로 칠해야겠다."라고 말한다. 준혁이가 색칠하기에 집중하고 있을 때 지섭이가 소방차 사이렌 소리를 요란하게 내면서 교사와 준혁이 옆을 지나간다. ㉢ 준혁이는 갑자기 몸을 웅크리며 두 귀를 양손으로 막는다. 준혁이는 활동 중에 큰 소리가 나거나 여러 유아들이 함께 큰 소리를 내면 귀를 막으며 소리를 지르는 행동을 보인다.	

2) 밑줄 친 ㉢에서 준혁이가 보이는 감각체계 특성을 쓰시오. [3점]

참고자료 기본이론 304p

키워드 감각 특성

구조화틀 감각 특성

- ASD 감각 특성
- Dunn의 감각처리 모델
  - 낮은 등록
  - 감각 추구
  - 감각 민감
  - 감각 회피

핵심개념 **촉각체계**

- **과민반응**
  - 신체 접촉을 싫어함
  - 특정 질감의 옷만 입으려 함
- **둔감반응**
  - 끊임없이 만지고 접촉함
  - 통증, 온도 등에 둔감함

모범답안 ㉠ 촉각 감각에 민감하게 반응한다.

2024학년도 유아 B5

35 **(가)와 (나)는 5세 자폐성장애 유아 혜진이에 대한 6월 가정 통신문의 일부이다. 물음에 답하시오. [5점]**

(가)

〈혜진이의 놀이〉

요즘 바다반 친구들이 물감놀이를 즐기고 있습니다. 평소에 ㉠ <u>끈적이고 미끌거리는 액체를 만지는 것에 대해 강한 거부감</u>을 보이던 혜진이는 물감놀이에 참여하는 것을 어려워했습니다.

[A] 그래서 혜진이와 친구들이 모두 즐겁게 참여하도록 '데칼코마니' 활동을 준비했습니다. ㉡ <u>평소에 치약 냄새를 아주 좋아하는 혜진이를 위해 도화지 위에 혜진이가 짜 놓은 치약에 물감을 조금씩 섞어 주었습니다.</u> 그랬더니 혜진이가 손에 물감을 직접 묻히지 않는 치약물감놀이에는 참여하기 시작하였습니다.

…(하략)…

1) **(가)를 참고하여 ㉠의 혜진이가 보이는 감각체계 특성을 쓰시오. [1점]**

기본이론 304-307p

Dunn의 감각처리 모델

감각 특성
- ASD 감각 특성
- Dunn의 감각처리 모델
  - 낮은 등록
  - 감각 추구
  - 감각 민감
  - 감각 회피

핵심 개념

Dunn의 감각처리 모델
- **신경학적 역치**: 자극이 반응을 일으키는 정도로, 역치가 높다는 것은 반응을 일으키기 위해 많은 자극이 필요하다는 의미이고, 역치가 낮다는 것은 적은 자극에도 쉽게 반응한다는 의미임
- **자기조절 전략**: 자극을 찾는 과정에서 수동적인가, 적극적인가를 나타내는 개념
  - 수동적인 자기조절 전략을 사용하는 학생은 자신의 주변에서 일이 일어난 후에 반응함
    - 예 수동적인 자기조절 전략을 사용하는 학생은 소음 때문에 불편함을 느끼면서도 시끄러운 놀이공간에 남아 있다.
  - 적극적인 자기조절 전략을 사용하는 학생은 자신이 이용할 수 있는 자극의 양과 유형을 조절하기 위한 행동을 함
    - 예 소음 때문에 불편함을 느낄 경우 조용한 장소로 이동하거나 귀를 막는다.

① 감각자극에 대한 신경학적 역치가 높다.
② 학생의 높은 역치에 도달할 정도의 감각 자극을 활동에 포함시켜, 학생이 수업 참여를 방해하는 감각을 추구하지 않도록 한다.

2024학년도 초등 B6

36 **(가)는 2015 개정 특수교육 기본 교육과정 미술과 5~6 학년군 '눈이 즐거운 평면 표현' 수업 활동에 대한 아이디어 노트의 일부이고, (나)는 교사의 작품 설명의 내용이다. 물음에 답하시오. [5점]**

(가)
- 자폐성장애 학생 희주의 특성

− 촉감을 느끼기 위해서 책상 모서리를 계속 문지름 − 장난감 자동차 바퀴의 회전하는 모습을 보려고 바퀴를 지속적으로 돌림 − 끈적임을 느끼기 위해 풀의 표면을 손으로 계속 문지름	[A]

- 수업 방향

㉠ 미술 수업 시간에 물감을 감각적으로 탐색하는 다양한 미술 활동을 지도하고자 함

- 수업 활동 계획

− 활동 1: ㉡ 물감 표면의 촉각적인 느낌 탐색하기 ㉢ 물감을 손으로 만지는 활동하기 …(중략)… − 활동 2: ㉣ 실그림 기법으로 작품 완성하기 − 활동 3: (㉤) 기법으로 작품 완성하기

1) 던(W. Dunn)의 감각 처리 모델에 근거하여 (가)의 [A]에 대해 ① 감각 처리 패턴의 특성을 신경학적 역치 측면에서 1가지를 쓰고, ② 감각 처리 패턴의 지도 전략과 관련하여 ㉠의 목적 1가지를 쓰시오. [2점]

확장하기

Dunn의 감각처리 모델

수동적 ⟸ **자기조절 전략** ⟹ 적극적

역치	낮은 등록	감각 추구
높음 (둔함)	강력하고 충분한 자극 제공	감각 추구 기회 제공
	감각 민감	**감각 회피**
낮음 (민감)	• 자극의 구조화 • 예측↑ • 외부 자극 등록 차단	자극 최소화

1. **낮은 등록 패턴 학생을 위한 지원**

   낮은 등록 패턴 학생을 위한 학습 지원 전략의 초점은 감각자극의 강도를 높여 제공하는 것이다. 교사는 학생의 높은 역치에 도달할 수 있는 정도로 강도를 높인 감각자극을 활동에 포함시켜, 학생이 활동에 주의를 두고 참여할 수 있도록 한다. 예를 들어, 신체 활동을 할 때 무게감 있는 조끼를 입게 하여 고유수용감각에 충분한 자극을 제공하면 학생이 신체 활동에 참여할 수 있다. 한편, 낮은 등록 패턴의 학생은 등교 준비에 어려움을 보일 수 있다. 이때에는 학생의 높은 역치에 맞게 충분한 자극이 주어져야 학교에서 활동에 참여하여 학업 수행을 할 수 있게 된다.

   이 경우, 교사는 부모와의 협의를 통해 아침 식사로 다양한 질감・온도・향의 음식을 색이 대비되는 그릇에 담아 음식이 잘 보이도록 하며, 학생이 수저를 가져와서 식사하도록 하고 음악을 틀어 식사에 참여할 수 있도록 충분한 자극을 제공하도록 안내할 수 있다. 또한 옷을 입을 때에도 옷을 여러 곳에 배치하여 옷을 입기 위해 여러 번 왔다 갔다 하도록 함으로써 충분한 자극을 얻도록 할 수 있다.

   나아가 교사는 학생의 주의를 끌기 위해 지속적으로 학생의 이름을 부르거나 말을 하거나 신체적 자극을 제공한다. 교사는 다양한 감각 매체를 활용한 활동을 통해 학생이 높은 역치에 도달할 수 있도록 하여 학생의 과제 참여와 준비를 지원할 수 있다. 또한 학생의 높은 역치에 부합하도록 과제 활동에 감각자극을 포함시키거나, 손을 뻗거나 몸을 움직여 감각자극에 접근할 수 있는 높거나 낮은 위치에 시각적 지원을 배치할 수 있다. 예를 들어 학습지를 색지로 제시하고 향이 나는 밝은색 펜을 제공하여 과제 참여를 이끌 수 있다. 과제 수행 후에는 학생이 자신의 책상에서 일어나 움직여 활동 완수를 표시할 수 있도록 자리에서 떨어진 위치에 시각적 일과표를 부착하고 거친 질감과 향이 나는 펜으로 표시할 수 있다. 이렇듯 다양한 감각 자극을 강도 높게 제공함으로써 학생의 수업 및 활동 참여를 이끌 수 있다.

2. **감각 추구 패턴 학생을 위한 지원**

   감각 추구 패턴 학생을 위한 학습 지원 전략의 초점은 활동 내에서 감각 추구를 할 수 있는 많은 기회를 포함시켜 제공하는 것이다. 교사는 학생의 높은 역치에 도달할 정도의 감각자극을 활동에 포함시켜 학생이 수업 참여를 방해하는 감각을 추구하지 않도록 한다. 자극 추구를 위해 상동행동이나 반복행동을 하는 경우, 해당 행동이 어떤 감각과 관련이 있는지를 파악하여 학습 관련 활동에 이러한 감각자극을 추구할 수 있는 활동을 포함, 학생이 학습 과정에 참여할 수 있게 한다.

   예를 들어, 몸을 움직여 도는 전정감각 추구행동을 하는 학생의 경우, 학습 자료를 나누어주는 일을 여러 차례 하도록 하여 충분한 감각 경험을 하도록 함으로써 이후의 학습 활동에 참여를 촉진시킬 수 있다. 손가락 촉각 감각을 추구하는 학생에게는 글씨 쓰기 활동을 하면서 왼손에 강한 촉각자극을 줄 수 있고 만지작거릴 만한 사물을 잡게 하여 쓰기 활동에 집중할 수 있도록 한다.

3. **감각 민감 패턴 학생을 위한 지원**

   감각 민감 패턴 학생을 위한 학습 지원 전략의 초점은 보다 구조화된 자극을 제공하는 것이다. 다시 말해 감각적 각성을 높이지 않는 식별 요소를 고려하여 감각정보를 제공하는 것이다. 이때 대표적인 식별 요소는 예측 가능성을 가진 구조화라 할 수 있다. 즉, 자극의 구조화를 통해 예측이 가능하도록 하면 학생의 감각을 각성시키지 않기에 과제를 완수할 수 있게 된다. 여기서 교사는 학생의 낮은 역치를 고려한 식별 감각 정보를 제공하여 학생이 학습에 참여할 수 있도록 한다.

   예를 들어, 몸에 착 달라붙어서 피부 압력을 줄 수 있는 옷을 입게 하거나 접촉을 피할 수 있도록 머리를 묶게 하면 학생은 새로운 자극으로 인해 각성되지 않고 활동에 참여할 수 있다. 즉, 피부 압력이 가해진 상태에서는 가벼운 접촉에 대한 각성이 되지 않아서 활동에 참여할 수 있게 된다.

4. 감각 회피 패턴 학생을 위한 지원

감각 회피 패턴의 학생을 위한 학습 지원 전략의 초점은 자극을 최소화하여 제공하는 것이다. 낮은 역치를 가진 감각 민감 패턴과 마찬가지로 감각 회피 패턴의 학생들에게 교사는 식별 감각 정보를 제공한다. 즉, 새로운 과제를 제공할 때 예측 가능한 구조화된 자극 또는 친숙한 자극을 제공한다. 여기서 예측 가능성과 구조화는 학생에게 심리적 편안함을 제공하여, 두뇌에 새로운 자극이 아닌 친숙한 습관적인 자극으로 지각됨으로써 각성을 일으키지 않고 활동에 참여할 수 있게 한다.

새로움과 변화는 불안을 유발하고 이는 학생의 감각 각성을 일으킨다. 그래서 감각 회피 패턴의 학생은 앞서 언급하였듯이 의식적으로 행동하여 자극의 유입을 적극적으로 차단하거나, 아예 자극에 무관심하거나 특정 자극에만 몰두하는 행동을 보이기도 한다. 따라서 교사는 이들이 보이는 친숙한 자극으로 구성된 의식적 행동에 새로운 자극을 점진적으로 병합시켜 학생이 이 새로운 자극을 수용할 수 있도록 한다. 이때 추가되는 새로운 자극과 변화는 매우 작은 변화여야 한다. 그래서 학생이 작은 변화에 주목하게 되면 이는 감각 각성을 일으켜 불안이나 위축 또는 공격행동을 유발할 수 있다. 여기서는 학생이 하는 의식적 행동을 못하게 하는 것이 아니라, 의식적 행동에 학습적 요소를 점진적으로 추가하여 학습 활동이 의식적 행동의 일부가 되게 해야 한다.

감각 반응 패턴별 지원 전략의 예시

반응 패턴	특성	지원 전략의 예시
낮은 등록	• 행동 반응을 위해 강력한 감각자극을 필요로 함 • 높은 신경학적 역치를 가지고 있고 수동적인 자기조절 전략을 사용함 • 높은 역치에 감각자극이 도달할 수 있도록 적극적으로 자극을 추구하는 행동을 하지 않음 • 적절한 방법으로 자극에 반응하는 데 오랜 시간이 걸리고 둔감함 • 환경에 관심이 없고 자신에게만 몰두하거나 따분해하거나 무감각해 보임	• 환경 내 감각 단서에 주목하여 반응하도록 지도함 • 감각 경험의 강도, 빈도, 지속시간 등을 높이는 활동을 제공함 • 강력하고 충분한 자극(강한 자극 추가 또는 대비 증가)을 제공함 예 – 색이 대비되는 자료 제시하기 – 색이 있고 향이 나는 학습지와 밝은색 펜 제공하기 – 거친 질감과 향이 나는 펜 제공하기 • 감각자극의 강도를 높여서 제공함 예 – 등교 시 교사와 하이파이브 등의 신체 접촉을 추가하여 인사하게 하기 – 무게감 있는 조끼 입히기 – 다양한 질감, 온도, 향의 음식을 색이 대비되는 그릇에 담아 제공하기 • 움직임을 경험할 수 있는 활동을 추가함 예 – 하나의 과제를 수행할 때 필요한 자료들을 여러 곳에 배치하여 움직임을 통한 충분한 자극을 획득할 수 있게 하기 – 시각적 일과표를 학생의 자리에서 떨어진 곳에 배치하여 움직임 활동을 제공하기
감각 추구	• 행동 반응을 위해 강력한 감각자극을 필요로 함 • 높은 신경학적 역치를 가지고 있고 적극적인 자기조절 전략을 사용함 • 높은 역치 충족을 위해 지속적으로 감각자극을 찾고자 일상에서 다양한 감각자극을 추구함 • 상동행동, 반복행동, 자해행동 등의 다양한 자극추구 행동을 보임 • 자극추구 과정에서 과다행동을 보이거나 충동행동을 보임	활동 내에서 감각추구를 할 수 있는 기회를 포함시켜 제공함 • 전정감각 추구 행동에 대한 활동의 예 예 – 학생들의 학습 자료를 여러 차례 나누어주는 활동 – 또래들이 완성한 과제를 걷는 활동 – 책상과 의자를 정리하는 활동 • 촉각과 고유수용감각추구 행동에 대한 활동의 예 예 – 쓰기 활동을 하는 동안 글씨 쓰기를 하지 않는 손에 만지작거릴 수 있는 사물을 주어 강한 촉각자극 제공하기 – 몸에 꼭 끼는 옷 입게 하기 – 무게감 있는 조끼 입게 하기

감각 민감	• 낮은 신경학적 역치를 가지고 있고 수동적인 자기조절 전략을 사용함 • 작은 자극에도 민감하여 계속해서 새로운 자극에 주의를 기울여 과잉행동 또는 산만한 반응을 보임 • 환경의 변화에 대해 매우 불안해함	• 자극의 구조화를 통해 예측 가능성을 증진시킴(물리적 환경을 예측 가능하도록 구조화하여 제공) • 예기치 않은 자극의 유입을 최대한 차단함 • 과제 또는 일과 내에 예측 가능한 감각 경험의 패턴을 제공함 • 교실에서 가장 앞줄 또는 맨 뒷줄 자리에 배치하기 • 이동 시 맨 앞 또는 뒤에 서도록 배치하기 • 외부 자극의 등록을 차단할 수 있도록 몸에 달라붙어 피부 압력을 주는 옷을 입게 함
감각 회피	• 낮은 신경학적 역치를 가지고 있고 적극적인 자기조절 전략을 사용함 • 과도한 감각자극의 유입을 제한하기 위해 적극적인 회피 전략을 사용함 • 유입되는 자극의 감소를 위해 활동참여를 강하게 거부하는 경향을 보임 • 적극적인 자기조절 전략으로 판에 박힌 일이나 의식을 만들어 이에 집착함	• 자극을 최소화하여 제공함[학생의 낮은 신경학적 역치 수준(편암함을 의식하는 수준)에서 아주 작은 변화(학생이 변화에 주목하지만 과도하게 불안해하지 않는 정도의 변화)를 제공하여 활동에 참여할 수 있도록 지원] • 새로운 과제 제공 시 예측 가능한 구조화된 자극 또는 친숙한 자극을 제공함 • 학생의 의식적 행동에 새로운 자극을 점진적으로 병합하여 제공함 • 활동을 여러 단계로 나누어 제시함(한 번에 한 단계씩 수행하도록 한 후에 다음 단계로 진행)

CHAPTER 03-1

자폐범주성장애 아동 교육 (사회적 상호작용 중재)

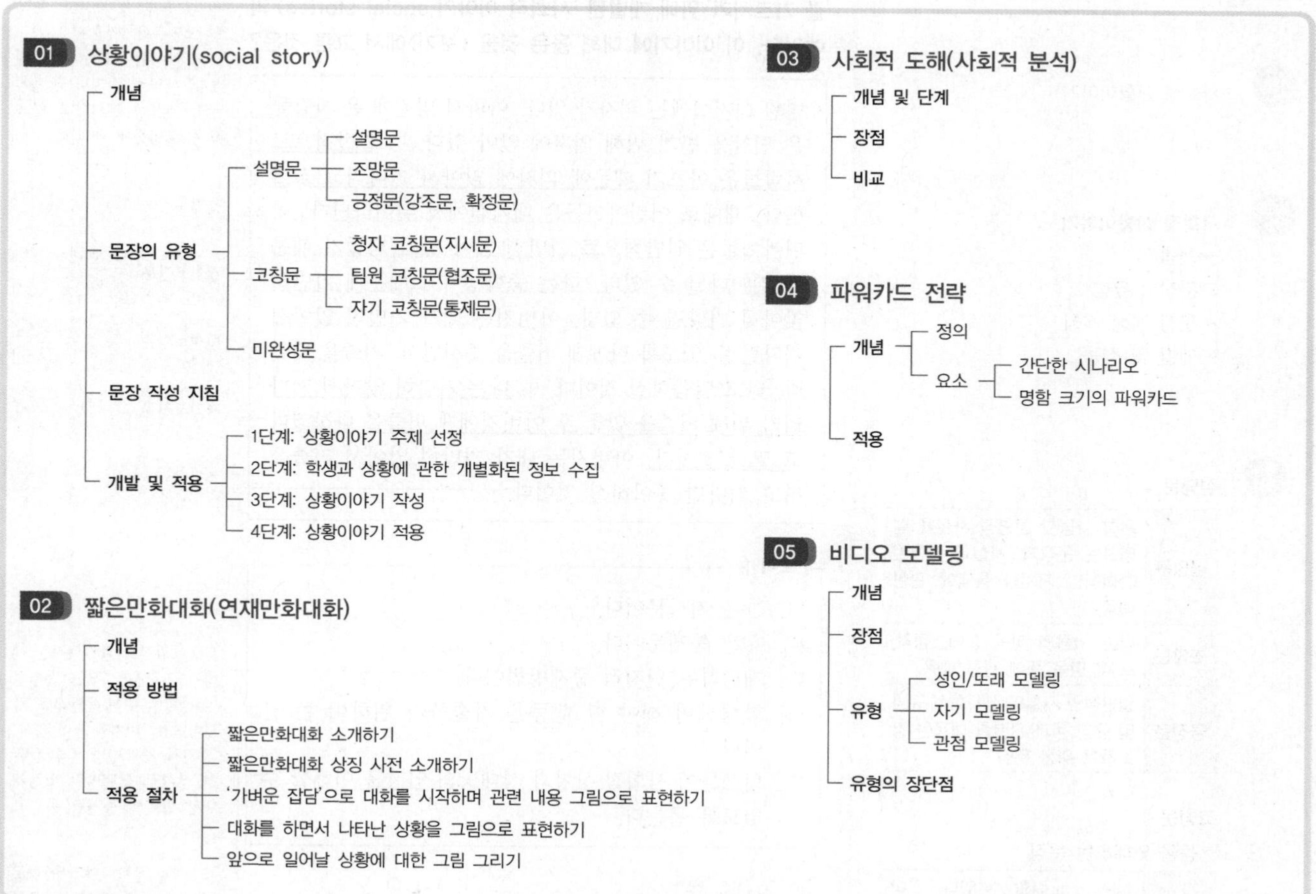
01 상황이야기(social story)
개념
문장의 유형
설명문
설명문
조망문
긍정문(강조문, 확정문)
코칭문
청자 코칭문(지시문)
팀원 코칭문(협조문)
자기 코칭문(통제문)
미완성문
문장 작성 지침
개발 및 적용
1단계: 상황이야기 주제 선정
2단계: 학생과 상황에 관한 개별화된 정보 수집
3단계: 상황이야기 작성
4단계: 상황이야기 적용
02 짧은만화대화(연재만화대화)
개념
적용 방법
적용 절차
짧은만화대화 소개하기
짧은만화대화 상징 사전 소개하기
'가벼운 잡담'으로 대화를 시작하며 관련 내용 그림으로 표현하기
대화를 하면서 나타난 상황을 그림으로 표현하기
앞으로 일어날 상황에 대한 그림 그리기
03 사회적 도해(사회적 분석)
개념 및 단계
장점
비교
04 파워카드 전략
개념
정의
요소
간단한 시나리오
명함 크기의 파워카드
적용
05 비디오 모델링
개념
장점
유형
성인/또래 모델링
자기 모델링
관점 모델링
유형의 장단점

기본이론 310-316p

사회적 상황이야기

사회적 상황이야기
- 개념
- 문장의 유형
- 문장 작성 지침
- 개발 및 적용

설명문

설명문	관찰 가능한 상황적 사실을 설명하는 문장과, 사실과 관련된 사회적인 가치나 통념에 관한 내용
조망문	다른 사람의 마음 상태, 생각, 느낌, 믿음 등에 관한 내용
긍정문	일반적인 사실이나 사회적 규범 및 규칙 등과 관련한 내용을 강조하기 위한 문장

코칭문

행동을 안내하는 문장

청자 코칭문	"나는 ~노력할 수 있다.", "나는 ~할 것이다."와 같이 스스로의 노력을 강조하는 문장
팀원 코칭문	아동의 주변에 있는 사람들이 상황이나 행동에 따라 일관되게 보이는 반응
자기 코칭문	학생 스스로 정보를 회상하고 적용하기 위해 사용하는 개인적인 전략으로, 이 문장은 학생이 사회적 상황에서 적절하게 감정을 조절하고, 정보를 기억하게 하는 데 유용함

④

2009학년도 중등 21

01 다음은 자폐성장애학생에게 '병원에서 적절한 행동하기'를 가르치기 위해 개발된 '사회적 이야기(social stories)'의 예이다. 이 이야기에 대해 옳은 것을 〈보기〉에서 고른 것은?

> 병원 대기실에는 의자가 있다. 아파서 병원에 온 사람들은 진찰을 받기 위해 의자에 앉아 있다. ㉠ 일반적으로 사람들은 아프기 때문에 의자에 앉아서 기다리고 싶어 한다. 때때로 어린아이들은 대기실에서 뛰어다닌다. 어린아이들은 일반적으로 가만히 앉아 있기 힘들기 때문에 뛰어다닐 수 있다. 나는 중학생이기 때문에 가만히 앉아서 기다릴 수 있다. 아버지는 내가 가만히 앉아서 기다릴 수 있도록 나에게 퍼즐을 주시면서 "퍼즐을 맞춰라."라고 말씀하실 것이다. ㉡ 나는 가만히 앉아서 기다리기 위해 퍼즐을 맞춘 후 아버지에게 퍼즐을 다하였다고 말할 것이다. 아버지는 내가 가만히 앉아서 퍼즐을 하고 있다면 좋아하실 것이다.

㉠ 다른 사람의 마음 상태가 생각, 느낌 등에 대한 문장인 조망문이 아닌 이유 → "일반적"이라는 용어를 통해 사회적 가치나 통념에 관한 내용을 제시하고 있으므로 설명문에 해당함

설명문

청자코칭문

팀원코칭문

자기코칭문

조망문

| 보기 |

ㄱ. ㉠은 지시문이다.
ㄴ. ㉡은 통제문이다.
ㄷ. 개별화된 인지적 중재방법이다.
ㄹ. 학생들이 해야 할 행동을 기술하기 위하여 쓴 글이다.
ㅁ. 학생들이 사회적 상황과 상대방의 입장을 이해할 수 있도록 돕는다.

ㄷ. 사회적 상황이야기는 학생이 어려움을 겪는 개별적인 상황에 대해 문장으로 작성하므로 '개별화'되어 있고, '인지적 중재방법'으로 사회적 상황과 상대방의 입장에 대한 이해에 중점을 둠

ㄹ, ㅁ. 상황이야기는 아동이 따라야 할 행동을 목록화한 것이 아니라, 그들이 처한 사회적 상황과 상대방의 입장에 대한 이해에 중점을 둠

① ㄱ, ㄴ, ㄹ　② ㄱ, ㄴ, ㅁ
③ ㄱ, ㄷ, ㄹ　④ ㄴ, ㄷ, ㅁ
⑤ ㄷ, ㄹ, ㅁ

확장하기

1. 사회적 상황이야기 문장 예시

기다리는 동안 이런 일을 할 수 있습니다.

놀이공원에 가서 놀이기구를 타려고 할 때에는 아주 많은 사람들이 줄을 서서 기다리고 있습니다.
많은 사람들이 줄을 서서 기다리기 때문에 내 차례가 되려면 아주 많이 기다려야 할 수 있습니다.
때로는 1시간도 넘게 오랫동안 기다리는 경우도 있습니다. 하지만 기다려야 재미있는 놀이기구를 탈 수 있습니다.
오랫동안 기다린다는 것은 매우 힘듭니다.
나뿐 아니라 다른 친구들도 힘이 듭니다.
이럴 때 친구들에게 간단한 놀이나 게임을 하면서 기다리자고 이야기하면 친구들은 무척 좋아합니다. 이렇게 하면 지루한 시간을 즐겁게 보낼 수 있습니다.

나는 오래 기다려야 할 때 친구들과 간단한 놀이를 하면서 즐겁게 보낼 수 있습니다.

체육시간에 얼음집 놀이를 할 때 무슨 일이 일어나지요?

나는 매주 월요일과 화요일에 체육 수업을 한다. 체육 선생님은 Ruff 선생님과 Grain 선생님이다. (설명문)
대부분의 친구들은 큰 낙하산을 가지고 노는 놀이를 좋아한다. 나도 낙하산 놀이를 좋아한다. (조망문)
체육시간에 얼음집 놀이도 한다. 얼음집 놀이를 할 때는 낙하산 아래로 들어간다. (설명문)
체육 선생님은 낙하산 밖에 있다. 선생님이 우리의 발을 잡는데, 언제 잡을지는 우리도 모른다. (설명문)
선생님은 우리를 잡으려고 곰인 척 행동한다. (설명문)
우리 모두는 안전하다. (조망문) 선생님은 진짜 곰이 아니다. (설명문)
선생님이 내 발을 잡지 않기를 원하면, 나는 선생님에게 "제발 내 발을 잡지 말아주세요."라고 말해야 한다. (지시문)
나는 낙하산을 가지고 노는 것이 매우 즐겁다. (조망문)

[출처] 신현기 외, 『자폐스펙트럼장애 학생 교육의 실제』, 시그마프레스, 2014.

2. 사회적 상황이야기 문장 예시

문장 유형	내용 및 예시
설명문	아동에게 사회적 상황에 대한 사실이나 정보를 사실적이고 객관적인 문장으로 자세하게 기술하며, 사회성 이야기에 반드시 필요한 문장으로 가장 자주 사용된다. 예 우리 교실에는 책상과 의자가 있다.
조망문	사람의 내적 상태, 생각, 감정, 신념, 의견 등을 묘사하며 주관적인 문장인 경우가 많다. 예 나는 음악시간이 즐겁고 재미있다.
지시문	상황에 맞는 적절한 행동과 반응을 아동 혹은 팀에게 지시할 때 사용한다. 예 선생님을 만나면 "안녕하세요!"라고 인사한다.
확정문	집단이나 문화 속에서 함께하는 가치관, 믿음, 주요 개념, 규칙, 의견을 표현함으로써 상황을 판단할 수 있도록 도와주고 주변 문장의 의미를 강조한다. 확정문은 주로 설명문, 조망문, 지시문 바로 뒤에 제시된다. 예 안전을 위해 차례대로 그네를 타야 한다. 이것은 매우 중요하다.
협조문	아동을 돕기 위해 다른 사람이 할 수 있는 일과 역할을 알려주는 문장이다. 예 친구는 미술시간에 준비물을 가져오지 않은 나에게 색종이를 나누어 주었다.
통제문	이야기를 새로 진술하거나 개별적으로 아동에게 필요한 전략을 포함하여 기억하게 함으로써 해당 상황을 통제할 수 있도록 돕는다. 예 동생과 나는 기차를 타고 가면서 동화책을 함께 본다.
부분 문장	빈칸을 메우는 형식의 문장으로, 문장을 이해하거나 혹은 다음 단계를 추측하도록 안내한다. 설명문, 조망문, 지시문, 확정문은 부분 문장으로 쓸 수 있다. 예 안전을 위해 차례대로 그네를 타야 한다. 이것은 매우 (　　　　)하다.

사회적 상황이야기 점검표

점검 문항	네	아니오
상황이야기 주제를 대표하는 제목이 있습니까?		
서론, 본론, 결론으로 구성되어 있습니까?		
육하원칙 질문에 대답할 수 있습니까?		
1인칭 또는 3인칭을 사용하였습니까?		
긍정적인 표현을 사용하였습니까?		
상황이야기 문장 비율을 준수하였습니까?		
문자 그대로 해석이 되는 어휘를 사용하였습니까?		
독자를 당황하게 하거나 혼란스럽게 하는 단어를 사용하였습니까?		
독자의 읽기 능력과 주의집중을 고려하였습니까?		
독자의 능력을 고려하여 삽화를 사용하였습니까?		

참고자료 기본이론 310-316p

키워드 사회적 상황이야기

구조화 틀
사회적 상황이야기
- 개념
- 문장의 유형
- 문장 작성 지침
- 개발 및 적용

핵심개념
설명문

설명문	관찰 가능한 상황적 사실을 설명하는 문장과, 사실과 관련된 사회적인 가치나 통념에 관한 내용
조망문	다른 사람의 마음 상태, 생각, 느낌, 믿음 등에 관한 내용
긍정문	일반적인 사실이나 사회적 규범 및 규칙 등과 관련한 내용을 강조하기 위한 문장

코칭문
행동을 안내하는 문장

청자 코칭문	"나는 ~노력할 수 있다.", "나는 ~할 것이다."와 같이 스스로의 노력을 강조하는 문장
팀원 코칭문	아동의 주변에 있는 사람들이 상황이나 행동에 따라 일관되게 보이는 반응
자기 코칭문	학생 스스로 정보를 회상하고 적용하기 위해 사용하는 개인적인 전략으로, 이 문장은 학생이 사회적 상황에서 적절하게 감정을 조절하고, 정보를 기억하게 하는 데 유용함

모범답안
1) ㉠ 사회적 상황이야기

2) • 영미의 관점을 이해하게 된다.
• 블록 쌓기 놀이에서 수호에게 기대되는 사회적 행동을 할 수 있게 된다.

3) ㉡ 청자코칭문으로 수호가 할 수 있는 행동이나 반응을 제안하는 문장이다.

2013학년도 유아 A7

02 수호는 만 5세 고기능 자폐성 장애 유아로 유치원 통합 학급에 재원 중이다. 다음은 자유놀이 상황에 대한 김 교사의 관찰 및 중재 내용이다. 물음에 답하시오. [5점]

> 수호와 영미는 자유놀이 시간에 블록 쌓기를 하는 중이다. 영미는 다양한 색의 블록을 사용하여 집을 만들려고 하였다. 반면에 수호는 빨강색을 너무 좋아해서 빨강색 블록만을 사용하여 집을 만들려고 하였다. 영미가 다른 색의 블록으로 쌓으려 하면, 수호는 옆에서 블록을 쌓지 못하게 방해하였다. 결국 블록 집은 수호가 좋아하는 빨강색 블록만으로 만들어졌다. 이에 기분이 상한 영미는 수호에게 "이제 너랑 안 놀아!"라고 하며, 다른 친구에게로 갔다.
>
> 이것을 옆에서 지켜보던 김 교사는 수호를 위해 그레이(C. Gray)의 이론을 근거로 아래와 같은 (㉠)을(를) 제작하여 자유놀이 시간이 되기 전에 여러 번 함께 읽었다.
>
> [친구와 블록 쌓기 놀이를 해요.]
>
> 나는 친구들과 블록 쌓기를 해요.
> 친구들은 블록 쌓기를 좋아하고 나도 블록 쌓기를 좋아해요.
> 나와 영미는 블록으로 집을 만들어요.
> 나는 빨강색을 좋아하지만, 영미는 여러 색을 좋아해요.
> 빨강 블록 집도 예쁘지만 다른 색으로 만들어도 멋있어요.
> 여러 색으로 집을 만들면 더 재밌어요.
> 그러면 영미도 좋아해요. 나도 좋아요.
> ㉡ 나는 친구들과 여러 색으로 블록 쌓기 놀이를 할 수 있어요.
>
> 
>
> …(하략)…

사회적 상황이야기
학생 수호가 어려움을 겪는 사회적 상황에 참여하기 전 문장을 여러 번 읽도록 함으로써 사회적 상황에 대한 이해 능력이 향상되고 다른 사람과 적절한 의사소통 방법을 습득함

설명문 / 조망문 / 설명문 / 조망문 / 청자코칭문

상황이야기는 ASD 아동의 강점인 시각적 단서(글자와 그림)를 사용하는 중재
→ 글로 된 이야기에 대한 이해를 도울 수 있도록 각 이야기에 그림이나 사진을 포함할 수 있음

1) ㉠에 들어갈 말을 쓰시오. [1점]

2) 김 교사가 ㉠을 적용하였을 때, 기대할 수 있는 수호의 변화를 2가지 쓰시오. [2점]

3) ㉡과 같은 문장의 기능을 쓰시오. [1점]

확장하기

상황이야기의 목적 및 의의(방명애 외)

- 상황이야기는 자폐성장애 학생의 특성을 고려하여 이들이 매일 접하게 되는 비구어적인 사회적 정보를 구체적이고 명시적인 정보로 설명함으로써 이들이 사회적 상황을 예측하게 하고 기대되는 사회적 행동을 할 수 있도록 돕는 것을 목적으로 한다(Gray, 2015).
- 상황이야기는 사회적 상황에 대한 구체적인 정보를 제공하여 현재 어떤 일이 일어나고 있는지, 왜 그러한 일이 일어났는지 등을 알게 하고 그러한 상황 속에서 다른 사람들은 어떻게 행동할 것인지 혹은 나는 어떤 행동을 해야 하는지, 다른 사람들의 정서적 반응은 어떠할지 등에 대한 구체적인 정보를 제공한다(Gray, 2015).
- 상황이야기는 사회적 상황에 대한 설명에서 시작하여 상호작용 대상자들의 입장과 생각을 명시적으로 안내하고 그러한 상황에서 기대되는 사회적 행동은 무엇인지를 구체적으로 설명한다. 따라서 상황이야기는 일과의 변화나 일상생활에 적응하는 것을 도울 수 있으며, 사회적 상호작용과 의사소통 능력을 촉진할 수 있고 적절한 사회적 행동을 습득하지 못하여 나타나는 문제행동을 예방하는 데도 효과적이다.
- 상황이야기는 여러 연구 결과를 통해 중재효과가 입증된 방법이다.
- 상황이야기를 사용함에 있어서 가장 먼저 고려해야 하는 것은 상황이야기는 자폐성장애 아동의 행동변화를 직접적으로 가르치지 않는다는 점이다. 상황이야기는 독자인 자폐성장애 아동의 행동변화를 목적으로 하는 것이 아니라 사회적 상황, 기술, 개념 및 타인의 관점에 대한 이해를 향상시키기 위한 것이다. 즉, 사회적 상호작용과 의사소통에서 자폐성 장애아동이 겪게 되는 주요한 문제들에 대하여, 개별 아동의 특성에 적합한 구체적이고 실제적인 정보를 제공함으로써 다른 사람들의 생각과 느낌·반응이 자신의 행동과 어떻게 연관되는지를 설명하며, 이를 통해 적절한 사회적 상호작용과 의사소통에 필요한 참여 반응을 익혀가도록 하는 것이다.

기본이론 310-316p

사회적 상황이야기

사회적 상황이야기
- 개념
- 문장의 유형
- 문장 작성 지침
- 개발 및 적용

설명문

설명문	관찰 가능한 상황적 사실을 설명하는 문장과, 사실과 관련된 사회적인 가치나 통념에 관한 내용
조망문	다른 사람의 마음 상태, 생각, 느낌, 믿음 등에 관한 내용
긍정문	일반적인 사실이나 사회적 규범 및 규칙 등과 관련한 내용을 강조하기 위한 문장

코칭문

행동을 안내하는 문장

청자 코칭문	"나는 ~노력할 수 있다.", "나는 ~할 것이다."와 같이 스스로의 노력을 강조하는 문장
팀원 코칭문	아동의 주변에 있는 사람들이 상황이나 행동에 따라 일관되게 보이는 반응
자기 코칭문	학생 스스로 정보를 회상하고 적용하기 위해 사용하는 개인적인 전략으로, 이 문장은 학생이 사회적 상황에서 적절하게 감정을 조절하고, 정보를 기억하게 하는 데 유용함

2015학년도 유아 A1

03 민수는 5세 고기능 자폐성 장애 유아이다. (가)는 김 교사와 민수 어머니의 상담 내용이고, (나)는 민수를 위한 지원 전략이다. 물음에 답하시오. [5점]

(가) 김 교사와 민수 어머니의 상담 내용

민수 어머니 : 선생님, 요즘 민수가 유치원에서 잘 지내는지요?

김 교 사 : 네, 많이 좋아지고 있어요. 그런데 민수가 친구들과 어울릴 때 어려움이 있어요.

민수 어머니 : 친구들과 잘 지내는 것이 힘든 것 같아요. 그리고 약간 염려스러운 것은 민수가 글자와 공룡만 너무 좋아해요. 매일 티라노 공룡을 들고 다녀요. 다른 어머니들은 민수가 글자를 안다고 부러워하시는데 저는 잘 모르겠어요.

김 교 사 : 네, 공룡을 좋아하지요. 민수는 글자를 좋아할 뿐 아니라 읽기도 잘해요. 저는 친구들과 어울리는 데 어려움이 있는 민수가 친구들과 잘 지낼 수 있도록 돕기 위해 두 가지 지원 전략을 고려하고 있어요.

> 사회적 상호작용 어려움

> 특별한 관심영역

> **사회적 상호작용 중재**
> - 사회적 상황이야기
> - 연재만화대화
> - 사회적 도해
> - 파워카드

(나) 지원 전략

〈 ㉠ 〉

스크립트

티라노랑 친구들은 그네 타기를 좋아해요.
어떤 때는 티라노가 좋아하는 그네를 친구들이 타고 있어요.
그럴 때 티라노는 친구에게 "나도 타고 싶어. 우리 같이 타자."라고 말해요.
㉡ 친구들에게 말하지 않고, 그냥 타면 친구들이 속상해 해요.
티라노는 친구들과 차례차례 그네를 탈 수 있어요.

타고 싶은 그네를 다른 친구가 타고 있을 때 :
① 그네를 타고 있는 친구 옆으로 간다.
② 친구를 보면서 "나도 타고 싶어. 우리 같이 타자." 라고 말한다.
③ 친구가 "그래."라고 하면 그네를 탄다.

카드

① 그네를 타고 있는 친구 옆으로 간다.
② 친구를 보면서 "나도 타고 싶어. 우리 같이 타자." 라고 말한다.
③ 친구가 "그래."라고 하면 그네를 탄다.

> **파워카드 스크립트 vs 상황이야기**
> - **파워카드 스크립트** : ASD 아동의 특별한 관심 대상이 주체가 됨
> - **상황이야기** : ASD 아동 본인이 주체가 되어 주로 1인칭('나') 또는 3인칭(○○이) 문장으로 작성됨

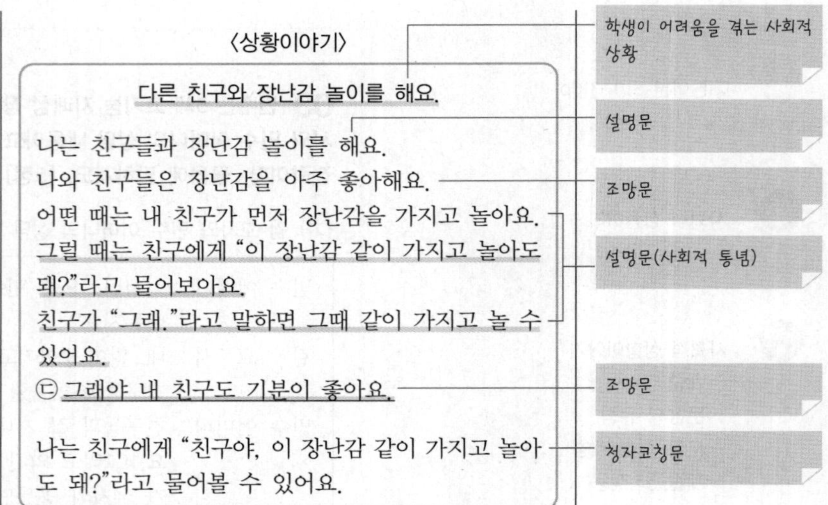

〈상황이야기〉

다른 친구와 장난감 놀이를 해요.

나는 친구들과 장난감 놀이를 해요.
나와 친구들은 장난감을 아주 좋아해요.
어떤 때는 내 친구가 먼저 장난감을 가지고 놀아요.
그럴 때는 친구에게 "이 장난감 같이 가지고 놀아도 돼?"라고 물어보아요.
친구가 "그래."라고 말하면 그때 같이 가지고 놀 수 있어요.
㉢ 그래야 내 친구도 기분이 좋아요.

나는 친구에게 "친구야, 이 장난감 같이 가지고 놀아도 돼?"라고 물어볼 수 있어요.

3) ① ㉡과 ㉢ 문장의 공통적 기능을 쓰고, ② 상황 이야기 작성 방법에 근거하여 ㉢에 해당하는 문장 유형을 쓰시오. [2점]

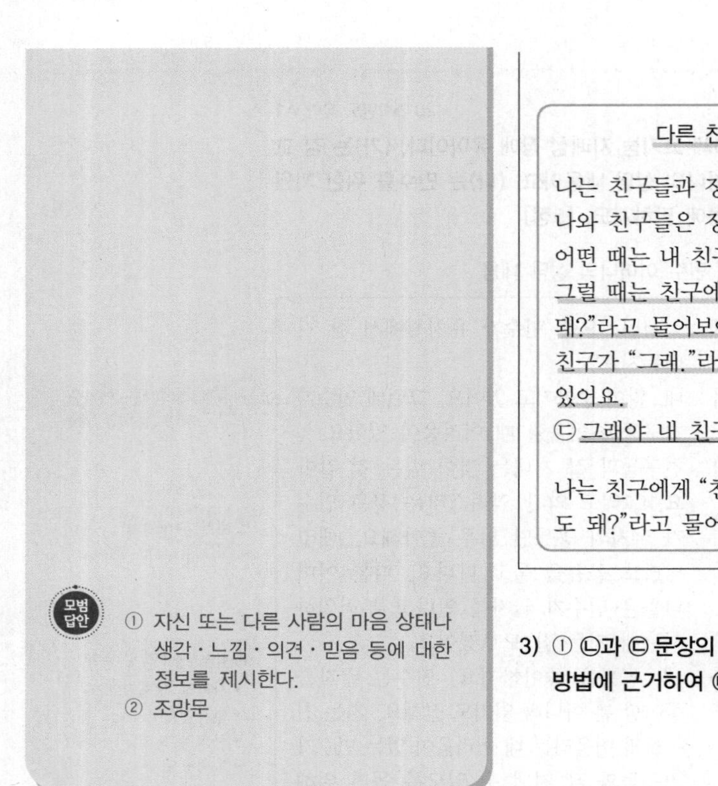

모범답안

① 자신 또는 다른 사람의 마음 상태나 생각 · 느낌 · 의견 · 믿음 등에 대한 정보를 제시한다.
② 조망문

기본이론 310-316p

사회적 상황이야기

사회적 상황이야기
- 개념
- 문장의 유형
- 문장 작성 지침
- 개발 및 적용

핵심개념

설명문

설명문	관찰 가능한 상황적 사실을 설명하는 문장과, 사실과 관련된 사회적인 가치나 통념에 관한 내용
조망문	다른 사람의 마음 상태, 생각, 느낌, 믿음 등에 관한 내용
긍정문	일반적인 사실이나 사회적 규범 및 규칙 등과 관련한 내용을 강조하기 위한 문장

모범답안

① 사회적 상황이야기
② 친구들도 즐겁게 웃고 있어요.

2020학년도 유아 A1

04 (가)는 5세 자폐범주성 장애 민호와 진우의 특성이고, (나)는 민호 어머니가 가입한 장애아동 부모 커뮤니티의 게시물이며, (다)는 교사의 반성적 저널의 일부이다. 물음에 답하시오. [5점]

(가)

	특성
진우	• ㉠ 사물의 전체가 아니라 부분에 집중함. 예를 들면 코끼리 그림을 보면 전체적인 코끼리 그림을 보는 것이 아니라, 코끼리의 꼬리나 발과 같은 작은 부분에만 집중하여 그림이 코끼리인지 아는 것에 결함이 있음 • 동화책의 재미있는 부분만 큰 소리로 읽음 • 자신의 기분을 표현하기 어려워하고 다른 사람의 감정을 이해하지 못함 • 또래들과 어울리지 못함

중앙응집능력의 결함

제한적인 관심

생각의 원리 결함

사회적 상호작용 결함

(다)

우리 반 진우는 생일잔치에 참여하는 데 어려움이 있다. 그래서 다음과 같은 문장을 활용하여 지도하였다.

[A]
오늘은 ○○ 생일이에요.
교실에서 생일잔치를 해요.
케이크와 과자가 있어요.
나는 기분이 참 좋아요.
친구들도 즐겁게 웃고 있어요.
모두 신났어요.
나는 박수를 쳐요.
선생님도 기뻐해요.
앞으로 나는 친구들과 생일잔치에서 즐겁게 놀 거예요.

…(하략)…

진우가 어려움을 겪는 사회적 상황은 '생일잔치에 참여하기'

설명문

조망문

설명문

조망문

청자코칭문

3) (다)의 [A]는 5세 반 담임교사가 진우의 마음이해능력을 촉진하기 위한 전략에 활용한 것이다. ① 이 전략을 무엇이라고 하는지 쓰고, ② [A]에서 친구들의 마음을 잘 읽을 수 있는 문장 중 1가지를 찾아 쓰시오. [2점]

생각의 원리 결함을 가진 ASD 아동을 위한 중재방안
= 마음이해능력을 촉진하기 위한 전략
• 활동 중심의 마음이해능력 향상 프로그램
• 사회적 상황이야기
• 짧은만화대화

PART 03

기본이론 310-316p

사회적 상황이야기

사회적 상황이야기
- 개념
- 문장의 유형
- 문장 작성 지침
- 개발 및 적용

핵심 개념

사회적 상황이야기

상황이야기는 아동이 따라야 할 행동을 목록화한 것이 아니라, 그들이 처한 사회적 상황과 상대방의 입장에 대한 이해에 중점

사회적 상황이야기 작성 지침

- 가능한 긍정문으로 구성해야 함
- **문장 수준**: 개별 학생의 전반적인 인지 능력이나 언어 이해 수준에 적합해야 함
- **주제**: 학생이 매일 접하는 일상생활과 관련된 내용으로 구성해야 함
- 기본적으로 글자와 그림 등 시각적 단서를 활용함
- 상황이야기를 구성하는 문장은 1인칭 또는 3인칭 형태로 서술함
- 가능한 짧은 이야기로 구성하고, 지나치게 많은 정보가 포함되지 않도록 해야 함
- 학생의 선호도와 흥미가 이야기에 포함되도록 함

미완성문

이야기 중간에 빈칸을 남겨 청자가 이야기의 내용을 잘 이해했는지 확인하거나, 다른 단계에 어떤 일이 일어날지를 추측하기 위해 사용함

미완성문	다음 단계에 어떤 일이 일어날 것인지를 추측하도록 하는 문장으로, 다른 사람들의 반응이나 그러한 반응에 대한 자신의 느낌이나 추측이 포함됨

2022학년도 중등 B7

05 (가)는 자폐성 장애 학생 F에 관해 교육실습생과 특수교사가 나눈 대화의 일부이고, (나)는 교육실습생이 작성한 사회상황이야기(Social Stories) 초안이다. 〈작성방법〉에 따라 서술하시오. [4점]

(가) 대화

…(중략)…

교육실습생 : 선생님, 학생 F는 점심시간에 자신의 차례를 지키는 것이 어려운 것 같아요. 좋은 방법이 있나요?

특 수 교 사 : 예, 학생 F에게는 여러 가지 중재방법 중에서 사회상황이야기를 적용해 볼 수 있을 것 같아요. 선생님이 먼저 초안을 작성해보세요.

> 사회적 상황에서 이야기의 주제는 개별 아동이 일상생활 속에서 어려움을 겪는 사회적 상황과 관련

(나) '사회상황이야기' 초안

나는 점심시간에는 친구와 함께 식당에서 점심을 먹어요. (설명문)
우리는 줄을 서서 기다리고, 줄을 서서 이동해야 해요.
줄 서서 이동할 때에는 줄에서 벗어나면 안 돼요. (• 설명문(사회적 가치 및 통념) • 청자코칭문)
선생님이 식당에 가기 전에 "여러분, 줄을 서세요."라고 말하면 나는 줄을 서려고 노력해야 해요. (청자코칭문)
내가 줄서는 것을 어려워하면 선생님이 도와줄 수 있어요. (팀원코칭문)
선생님의 도움이 필요할 때에는 "선생님, 도와주세요." 라고 말해요. (청자코칭문)
점심시간에 줄 서서 이동할 때에는 나와 친구는 조금 거리를 두어야 해요. ㉡ 이것은 매우 중요한 일이에요. (긍정문)
조금 떨어져서 간격을 유지하는 것은 기분 좋은 일이에요.
내가 차례를 지키지 않으면 친구가 속상해할 수도 있어요. (조망문)
나는 점심시간에 줄을 서서 차례를 지키려고 노력할 거예요. (청자코칭문)
점심시간에 줄을 서서 차례를 지키는 것은 ________ 일이에요. [A] (미완성문)

- ㉡ 긍정문(강조문, 확정문)
  [A] 빈칸을 통해 이야기의 내용을 이해했는지 확인하거나, 다음 단계에 어떤 일이 일어날지 추측하기 위해 사용한다.

- 코칭문의 수가 지나치게 많다. 사회적 상황이야기는 코칭문의 수보다 모든 설명문의 수가 두 배 이상이 되어야 한다. 또는 사회적 상황이야기의 내용은 긍정적인 용어로 서술되어야 한다.

작성방법

- (나)의 밑줄 친 ㉡의 문장 유형을 쓰고, [A]와 같은 문장 유형의 기능을 1가지 서술할 것. [단, 그레이(C. Gray, 2010)의 이론에 근거할 것]
- (나)의 '사회상황이야기' 초안에 나타난 오류 중에서 1가지를 찾아 그 이유를 서술할 것. [단, 그레이(C. Gray, 2010)의 이론에 근거할 것]

확장하기

상황이야기 개발(이소현 외, 『자폐범주성 장애』, 2017.)

- 수집된 정보를 신중하게 고려해 상황이야기를 작성한다. 상황이야기는 개인의 관점을 반영하기 위해 일반적으로 1인칭으로 작성되는 한편, '사회적 기사'로 불리는 3인칭 이야기는 나이가 많거나 보다 상위수준의 사용자에게 권장된다.
- 상황이야기의 길이와 복잡함(글자체 · 형식의 선택)은 나이, 구어 이해, 읽기 수준, 주의집중 시간과 같은 개별적인 요인에 따라 결정되어야 한다.
- 긍정적인 행동 중재로서 상황이야기의 내용은 긍정적인 용어로 서술되어야 한다. 예를 들어 "나는 침착해야 한다는 것을 기억하도록 노력할 것이다."와 같은 문장은 적절하지만, "나는 때리거나 소리 지르지 않을 것이다."와 같은 문장은 부적절하다. 상황이야기는 개인에게 의미 있는 어휘와 발달적으로 적절한 언어를 사용해서 작성되어야 한다. 또한, 융통성 있는 언어(예 때때로, 보통)가 문자 그대로 더 정확하기 때문에 융통성 없는 언어(예 항상, 결코)보다 더 선호된다.
- Gray(2010)는 상황이야기의 문장이 반드시 설명문 · 조망문 · 긍정문 · 미완성문의 총 수를 사용자 · 팀 · 개인을 지도하는 문장의 총 수로 나눈 값이 2 또는 그 이상이어야 한다고 주장했다. 이 비율은 상황이야기가 "지시하기보다는 묘사해야 한다."는 개념으로부터 도출된 것이다.

사회적 상황이야기 작성 지침(김건희 외, 『자폐성 장애 학생을 위한 최상의 실제』, 2018.)

- 사회생활을 이해하도록 설명하고, 정보 공유를 위한 하나의 목표를 가진다.
- 1인칭 또는 3인칭의 관점에서 상황, 기술, 개념에 대한 정확한 정보를 수집해 이야기의 특정 주제를 확인한다.
- 이야기의 제목을 규정하는 도입, 세부사항을 서술하는 본문, 정보를 다시 강조하고 요약하는 결말 등 세 부분으로 구성된다. 이를 위해 적어도 3개 문장이 요구된다.
- 이야기는 아동에게 내용을 명확히 전달하고 의미를 강조하는 구성방식을 가진다. 즉, 아동의 연령과 능력을 고려해 리듬감 있고 반복적인 구절을 이용할 수 있다. 또한 시각적 단서로 구체적 사물, 사진, 그림, 파워포인트 자료, 비디오, 숫자, 도표 등을 사용해 아동의 관심을 끌고 이해도를 향상시킬 수 있다.
- 이야기는 1인칭 또는 3인칭 관점의 문장으로서 긍정적이고 정확한 어휘를 사용하고 현재 · 과거 · 미래 시제를 고려해야 한다.
- 이야기를 전개할 때 육하원칙의 모든 질문이 고려되어야 한다.
- 이야기는 설명문, 조망문, 지시문, 확정문, 협조문, 통제문, 부분 문장 등 일곱 가지 문장형식을 가진다. 설명문은 반드시 제시되어야 하며 나머지는 선택적이다.
- 설명문, 조망문, 확정문, 협조문의 수를 지시문과 통제문의 수로 나눌 때 지수가 2와 같거나 그 이상이 되어야 하며, 지시문을 반드시 사용할 필요는 없다.
- 이야기는 아동의 관심과 흥미를 끌 수 있도록 쓰며 아동의 경험, 인간관계, 관심사, 선호도 등을 고려해 내용, 글, 삽화, 형태를 아동의 이야기가 되도록 전개한다.
- 편집과 수행에 대한 지침을 제시한다. 이야기를 명료하게 완성하기 위해 이야기와 삽화를 점검하고 필요 시 수정한다. 이야기를 유형별 혹은 연도별로 구분해 바인더 노트에 정리하면 반복적으로 사용하고 업데이트할 수 있다.

사회적 상황이야기 공식

사회적 상황이야기는 지시하는 문장보다 설명하는 문장을 위주로 구성되어야 한다. 이를 위해 구체적인 수치도 제시했는데, 사용된 모든 설명문의 수는 코칭문의 수보다 두 배 이상이 되어야 한다. Gray(2015)로 개정되면서 설명문의 비중이 늘어나고 나머지 유형의 문장은 선택적으로 사용하게 하는 등 비중이 축소된 것은, 사회적 상황이야기가 지나치게 지시적인 이야기가 되는 것을 막고 상황에 대한 충분한 정보를 제공하기 위함으로 볼 수 있다.

상황이야기 문장 유형(이승희, 2024.)

문장 유형	내용	구분	비고
설명문	객관적인 사실을 설명한다.	서술문	서술문의 개수가 코칭문 개수의 2배 이상이 되어야 한다.
조망문	다른 사람의 내적인 면(생각, 감정, 믿음, 의견 등)에 대한 정보를 제시한다.		
긍정문	이야기의 내용을 강조한다.		
청자코칭문	청자에게 행동이나 반응을 제안한다.	코칭문	
팀원코칭문	청자와 관련된 팀원의 반응을 제안한다.		
자기코칭문	청자가 스스로 할 수 있는 개인 전략을 제안한다.		
미완성문	청자의 내용 이해를 점검하고 격려한다.	–	

기본이론 310-316p

사회적 상황이야기

사회적 상황이야기
- 개념
- 문장의 유형
- 문장 작성 지침
- 개발 및 적용

핵심 개념

사회적 상황이야기 문장 – 조망문

다른 사람의 마음 상태나 생각, 느낌, 믿음, 의견, 동기, 건강 및 다른 사람이 알고 있는 것에 대한 정보를 제시함. 다른 사람뿐만 아니라 자신의 감정을 표현한 문장도 조망문에 포함됨

사회적 상황이야기 개발

① 상황 이야기 주제 선정	• 상황이야기는 어려움을 경험하는 사회적 상황이나 앞으로 일어날 일에 대한 예측 가능성을 높여주기 위한 내용으로 구성 • 학생에게 필요한 상황이야기의 주제를 선정
② 개별화된 정보 수집	아동의 언어 이해력, 아동이 좋아하는 것, 어려움을 겪는 상황과 어려움의 정도 등에 대한 정보를 수집
③ 상황 이야기 작성	• 개별적으로 수집된 정보에 근거해 문장을 작성 • 이야기 작성 지침에 따라 작성
④ 상황 이야기 적용	개발된 사회적 상황이야기를 대상 아동에게 적용

① "차례를 지키면 즐거워요." 또는 "끼어들면 친구들은 속상해요."
② 차례를 지키는 사진 및 그림 자료

2021학년도 초등 A4

06 (가)는 사회과 수업 설계 노트의 일부이고, (나)는 상황 간 중다기초선설계 그래프이다. 물음에 답하시오. [6점]

(가) 수업 설계 노트

• 기본 교육과정 사회과 분석
 – 내용 영역: 시민의 삶
 – 내용 요소: 생활 속의 질서와 규칙, 생활 속의 규범
 – 내용 조직: ㉠ 나선형 계열구조

• 은수의 특성
 – 3어절 수준의 말과 글을 이해함
 – 말이나 글보다는 그림이나 사진 자료의 이해도가 높음
 – 통학버스 승하차 시, 급식실, 화장실에서 차례를 지키지 않음
[A]

• 목표
 – 순서를 기다려 차례를 지킬 수 있다.

• 교수 학습 방법
 – '사회 상황 이야기'

문제 상황
은수는 수업을 마치고 통학버스를 타러 달려간다. 학생들이 통학버스를 타려고 줄을 서서 기다리고 있을 때 맨 앞으로 끼어든다.

[B]

학생의 언어 이해 수준에 적합한 문장으로 작성해야 하므로, '3어절 수준'의 문장으로 작성해야 함

시각적 단서에 강점이 있음

은수가 어려움을 겪는 개별화된 사회적 상황 → 통학버스, 급식실, 화장실에서 차례 지키기

• 학생에 대한 정보 수집
• 사회적 상황이야기의 주제는 학생이 어려움을 경험하는 것으로 선정함

2) [A]와 [B]를 고려하여 '사회상황이야기'를 개발하려고 한다. ① 은수에게 사용할 수 있는 조망문(perspective sentences)의 예를 1가지 쓰고, ② '사회상황이야기' 카드 제작 시 제공할 수 있는 시각적 단서의 예를 1가지 쓰시오. [2점]

• 사회적 상황이야기는 글로 된 이야기에 대한 이해를 도울 수 있도록 각 이야기에 그림이나 사진을 포함시킬 수 있음
• 읽기 능력이 전혀 없는 학생의 경우 그림 자료나 사진 자료만으로 이야기를 구성하여 지도할 수 있음

기본이론 310-316p

사회적 상황이야기

구조화 틀

사회적 상황이야기
- 개념
- 문장의 유형
- 문장 작성 지침
- 개발 및 적용

핵심 개념

코칭문
- 팀 반응은 부모나 교사 또는 전문가와 같이 대상 아동을 지지하는 사람들과 아동의 주변에 있는 다른 사람들이 상황이나 행동에 따라 일관되게 보이는 반응을 말함
- 청자 반응은 "나는 ~ 노력할 수 있다.", "나는 ~ 할 것이다."와 같이 스스로의 노력을 강조하는 문장으로, 청자 반응을 활용할 때 주의할 것은 청자가 자기효능감을 유지하고 안전성을 보장할 수 있도록 이 문장을 과하게 쓰지 않아야 한다는 점임
- 자기코칭은 독자 스스로 정보를 회상하고 적용하기 위해 사용되는 개인적인 전략으로, 이 문장은 독자가 사회적 상황에서 감정을 적절하게 조절하고, 정보를 기억하는 데 유용함

모범 답안

① 속상해요(슬퍼요 등등).
② 청자 코칭문

2023학년도 유아 A4

07 **(가)는 유아특수교사가 자폐성장애 유아 지수를 위해 작성한 지원 계획이며, (나)와 (다)는 교사가 제작한 그림책이다. 물음에 답하시오. [5점]**

(가)

- 지수의 특성
  - 그림책 읽기를 좋아함
  - 공룡을 좋아하여 혼자만 독차지하려고 함
  - 얼굴 표정(사진, 그림, 도식)을 보고 기본 정서를 말할 수 있음
- 지원 계획
  - 상황이야기 그림책과 마음읽기 그림책으로 제작하여 지도하기
  - 교사가 제작한 그림책을 ㉠ 매일 지수가 등원한 직후와 놀이 시간 직전에 함께 읽기
  - 참여도를 높이기 위해 지수가 그림책을 읽을 때마다 공룡 스티커를 주어 5개를 모으면 ㉡ 공룡 딱지로 바꾸어 주기

상황이야기는 앞으로 일어날 사회적 갈등을 줄이기 위해 사용됨

(나)

친구도 공룡을 가지고 놀고 싶어요

놀이 시간에는 교실에 있는 놀잇감을 가지고 놀아요. — 설명문
나는 공룡을 가지고 노는 걸 제일 좋아해요.
나처럼 공룡을 가지고 놀고 싶어 하는 친구들도 있어요. — 조망문
나만 공룡을 가지고 놀면, 친구들은 (㉢).
㉣ 나는 공룡을 바구니에 두어 친구들도 가지고 놀 수 있게 할 거예요.
이것은 친구와 사이좋게 노는 방법이에요. — 긍정문

2) (나)의 상황이야기에서 ① ㉢을 지수가 친구의 마음을 이해하는 내용이 되도록 쓰고, ② ㉣의 문장 유형이 무엇인지 쓰시오. [2점]

확장하기

청자 코칭문

정의	상황이야기 저자들은 다른 어떤 문장 형태보다 독자를 지도하는 문장을 잘못 쓰거나 과도하게 사용함. 독자의 자존감을 보호하고 사회성 이야기의 안전성을 확인하는 것은 다른 무엇보다도 중요함. 이는 저자들로 하여금 효과적인 독자의 대응방식을 설명하는 데 있어 어구를 주의 깊게 사용하도록 함. 예를 들어 "나는 노력할 것이다." 또는 "나는 계속 애쓸 것이다."로 시작하는 문장은 독자의 노력에 강조점을 둠. 독자를 지도하는 문장은 또한 "쉬는 시간에 나는 …를 선택할 수 있다."와 같이 독자가 선택할 수 있는 목록을 포함할 수 있음
문장의 예	• 나는 존슨 선생님이 학급에 내린 지시사항을 따르려고 노력할 것이다. • 나는 그네를 타기로 결정할 수 있다. 또는 나는 다른 놀이를 선택할 수 있다. • 나는 종이에 색칠하려고 애쓸 것이다.

팀원 코칭문

정의	팀을 지도하는 문장은 다른 사람들이 독자를 도와주기 위해 무엇을 할 수 있는지를 알려줌. 부모님들과 전문가들은 중요한 지지 역할을 함. 팀을 지도하는 문장은 그 팀의 역할을 규정하고, 상황이나 행동에 대한 많은 사람들의 일관된 반응을 보장할 수도 있음
문장의 예	• 클라크 선생님은 매번 우리가 과학 시험을 다 마치도록 더 많은 시간을 주려고 애쓸 것이다. • 우리 엄마는 나와 함께 의사에게 갈 것이다. • 엄마 또는 아빠는 물에서 나와 함께 있을 것이다.

자기 코칭문

정의	• 스스로를 지도하는 문장을 포함할 수 있음. 이러한 문장들은 정보를 다시 불러오고 적용하는 개인적인 전략을 규정하기 위해 독자에 의해 쓰임. 독자는 이야기에서 연습 중인 내용을 다시 기억해내고 적용하는 개인적인 전략을 알아냄으로써 이야기에서 정보를 다룰 수 있게 됨. • 스스로를 지도하는 문장은 독자에 의해 쓰였기 때문에 독자가 선호하는 글의 형태나 기호가 종종 반영됨. 또한, 학생에게 '혼잣말'을 가르칠 기회를 제공하는데, 혼잣말은 감정을 조절하는 데 중요하고, 중요한 정보를 스스로 다시 기억하는 전략임 • 스스로를 지도하는 문장을 전개하기 위해서 저자는 전체 이야기를 쓰고, 그것을 독자와 함께 검토해보고 나서 "여러분이 이야기에서 정보를 기억하는 데 도움을 받기 위해 덧붙여야 할 문장이 있습니까?"라고 질문함
문장의 예	• 누군가 "내 마음을 바꿨어."라고 말할 때 나는 나비로 변신하는 애벌레를 생각할 수 있다. • 나 자신이 침착해지기 위해 다음에 할 재미있는 활동에 대해 생각해볼 수 있다. 예를 들어, 나는 '시험이 끝나면 쉴 시간이다.'고 생각할 수 있다. • 나는 내 생일까지 며칠 남았는지 계속 체크하는 데 도움이 되는, 날짜가 적힌 종이띠를 사용할 수 있다.

긍정하는 문장

정의	긍정하는 문장은 주위 문장의 의미를 강조하고, 종종 일반적으로 주어진 문화 안에서 공유하는 가치관 또는 의견을 표현함. 특히 긍정하는 문장의 역할은 중요한 부분을 강조하거나, 법이나 규칙을 언급하거나, 또는 안심시키는 것임. 긍정하는 문장은 묘사하는, 주관적인, 또는 지도하는 문장 바로 뒤에 따라옴
문장의 예	사람은 아침에 일어난다. 때때로 그들은 일어나는 게 행복하다. 어떨 때 그들은 더 자고 싶을 수도 있다. 그것이 지구별에서의 삶이다.

참고자료 기본이론 310-316p

키워드 사회적 상황이야기

구조화틀
사회적 상황이야기
- 개념
- 문장의 유형
- 문장 작성 지침
- 개발 및 적용

핵심개념
설명문

설명문	관찰 가능한 상황적 사실을 설명하는 문장과, 사실과 관련된 사회적인 가치나 통념에 관한 내용
조망문	다른 사람의 마음 상태, 생각, 느낌, 믿음 등에 관한 내용
긍정문	일반적인 사실이나 사회적 규범 및 규칙 등과 관련한 내용을 강조하기 위한 문장

코칭문

청자 코칭문	이야기를 듣는 학생이 할 수 있는 행동이나 반응을 제안하는 문장
팀원 코칭문	양육자나 교사와 같은 팀 구성원이 학생을 위해 할 수 있는 행동을 제안하거나 떠올리도록 하는 문장
자기 코칭문	학생이 부모나 교사와 함께 이야기를 검토하면서 직접 이야기 구성에 참여하도록 하는 문장. 학생의 주도권을 인정하고, 학생이 스스로 이야기를 회상하며 다양한 시간과 장소에서 이야기의 내용을 일반화시킬 수 있도록 도움

모범답안
㉠ 조망문
㉡ 청자 코칭문은 이야기를 듣는 학생이 할 수 있는 행동이나 반응을 제안하는 반면, 자기 코칭문은 학생이 부모나 교사와 함께 이야기를 검토하면서 직접 이야기 구성에 참여한다.

2025학년도 중등 B8

08 **다음 (가)는 ○○ 고등학교 특수 교사와 일반 교사가 자폐성장애 학생 C에 대해 나눈 대화이고, (나)는 특수 교사가 제작한 상황 이야기이다. 〈작성 방법〉에 따라 서술하시오.** **[4점]**

(나) 상황 이야기

〈친구가 준 선물이 마음에 들지 않을 때는 어떻게 말해야 할까요?〉
사람들은 축하하고 싶은 일이 있을 때 선물을 해요. 선물을 받으면 기분이 좋지만, 가끔은 마음에 들지 않는 선물도 있어요. 그럴 때 솔직하게 말하는 것은 친구의 마음에 상처를 줄 수 있어요. 왜냐하면 선물을 주는 사람은 받는 사람이 기뻐하길 기대하기 때문이지요. "이 선물, 마음에 들지 않아."라고 말하면, ㉠ 친구가 슬퍼하거나 화를 낼 수도 있어요. 실망스러운 선물을 받았을 때 ㉡ 친구의 마음을 생각하여 "고마워."라고 말하도록 노력해요.

설명문 / 조망문 / 조망문 / 청자코칭문

작성방법

(나)의 밑줄 친 ㉠에 사용된 상황 이야기의 문장 유형을 쓰고, 자기 코칭문과 밑줄 친 ㉡에 사용된 상황 이야기의 문장 유형이 다른 점을 1가지 서술할 것.

마음이해능력 향상을 위한 교수 방법
- 활동 중심의 마음이해능력 향상 프로그램
- 사회적 상황이야기
- 짧은만화대화

기본이론 310-316p

사회적 상황이야기

사회적 상황이야기
- 개념
- 문장의 유형
- 문장 작성 지침
- 개발 및 적용

핵심개념

사회적 상황이야기 문장 – 설명문
관찰 가능한 상황적 사실을 설명하는 문장과, 사실과 관련된 사회적인 가치나 통념에 대한 내용을 제시하는 문장

예 사실 설명: 용돈은 나에게 필요한 것을 살 수 있도록 부모님께서 주시는 돈입니다.

예 사회적 가치 및 통념: 용돈을 아끼기 위해 필요한 물건만 구입하는 것은 매우 현명한 일입니다.

사회적 상황이야기 문장 – 청자 코칭문
이야기를 듣는 학생이 할 수 있는 행동이나 반응을 제안하는 문장으로, 스스로의 노력을 강조함

모범답안

㉡ 설명문

2023학년도 초등 B4

09 **(가)는 특수교사의 성찰일지의 일부이고, (나)는 수업 설계 노트이다. 물음에 답하시오. [5점]**

(가)

- 오늘은 동물보호협회와 협력수업으로 '반려견과 친구되기' 수업을 진행함
  - 지우가 수업 시간에 강아지를 괴롭히고 강아지에게 위협적인 행동을 자주 함
- 지우의 부모 면담 내용
  - 집에서 키우는 강아지를 학대함
  - 자주 주변 사람을 괴롭히고 위협하거나 협박함
  - 이웃집 자동차를 고의적으로 망가뜨림
  - 동생에게 이유 없이 자주 시비를 걸고 몸싸움을 함 [A]
  - 이런 행동이 1년 이상 지속되고 있음
  - 현재 소아 정신과에서 치료를 받고 있음
- 지우에 대한 각별한 지도가 필요함

…(하략)…

(나)

- 수업 개요
  - 단원(제재)명 : 소중한 생명(반려견 돌보기)
  - 수업 목표 : ㉠ <u>반려견 돌보기 활동을 통해 생명의 소중함을 알고 실천한다.</u>
  - 수업 활동

활동 1 반려견 돌보는 방법 알기

활동 2 반려견 돌보기 사회상황 이야기(social story) 스크립트 만들기

〈반려견 돌보기 사회상황 이야기 스크립트 초안 일부〉

우리 집에는 강아지가 살고 있다. 학교에서 돌아오면 강아지가 반갑다고 꼬리치며 나에게 다가온다.

	강아지가 내 앞에 앉아 있고, 나는 강아지를 쓰다듬고 있다.	(㉡)
	내가 강아지를 쓰다듬으면 강아지의 기분이 좋아진다.	조망문

활동 3 스크립트를 통해 반려견 돌보기 실천하기

2) ㉡에 들어갈 사회상황 이야기 문장 유형을 쓰시오. [1점]

기본이론 310-316p, 317p

- 사회적 상황이야기
- 연재만화대화(짧은만화대화)

사회적 상황이야기
- 개념
- 문장의 유형
- 문장 작성 지침
- 개발 및 적용

짧은만화대화(연재만화대화)
- 개념
- 적용 방법
- 적용 절차

핵심개념

연재만화대화
- 대화 시 다른 사람이 생각하고 느끼는 것이 무엇인지를 설명하기 위해 4~8개의 네모 칸에 선화를 통해 말풍선과 생각풍선 속에 대화자의 말, 생각, 정서를 표시할 수 있도록 구성함
- 상대방의 생각이나 의도를 아동이 스스로 확인하는 기회를 갖기 때문에 핵심 결함인 생각의 원리를 촉진함
- 대화를 하는 동안 정서를 표현하기 위해 색깔을 활용할 수 있음
- '대화 상징 사전'과 '사람 상징 사전' 같은 상징을 이용해 그림을 그리고 이야기를 나눔. 상징들은 대화를 방해하지 않을 정도로 단순하고 빨리 그릴 수 있어야 함
- **활용 시 주의사항**
  - 변화 가능한 일과를 대화 속에 포함시켜야 함
  - 앞으로 일어날 일에 대해 설명할 때에는 상황이 바뀔 수 있다는 것을 알려줘야 함

2018학년도 중등 B2

10 **(가)는 자폐스펙트럼장애 학생 D에 대한 특수교사와 통합학급 교사의 대화이고, (나)는 학생 D를 위해 그레이(C. Gray)의 이론에 근거하여 만든 중재방법이다. 〈작성방법〉에 따라 서술하시오. [4점]**

(가) 특수교사와 통합학급 교사의 대화

> …(중략)…
>
> 통합학급 교사: 그리고 학생 D가 수업시간 중에 갑자기 일어서는 행동을 자주 보여요. 적절한 중재방법이 없을까요?

(나) 학생 D를 위한 중재방법

> 3. (㉡)을/를 사용하여 지도함
>
> 학생 D가 통합학급 수업에 참여하기 전 다음의 글을 소리내어 읽음
>
> > 수업시간에 친구와 함께 공부하기
> >
> > 나는 교실에서 친구들과 함께 공부를 한다.
> > 친구들과 함께 공부하는 것은 즐거운 일이다.
> > 우리는 수업시간에 바른 자세로 선생님 말씀을 듣는다.
> > 나는 때때로 가만히 앉아있는 것이 힘들다.
> > 내가 갑자기 일어서면 친구들에게 방해가 될 수도 있다.
> > ㉢ 나는 도움이 필요할 때 "선생님, 도와주세요."라고 말할 것이다.
> > 선생님이 나에게 와서 도와줄 것이다.
> > 교실에서 친구와 함께 수업하는 것은 즐거운 일이다.
>
> 4. (㉣)을/를 사용하여 지도함
>
> 학생 D가 교사와 대화하면서 다음과 같은 그림을 그림
>
> 
>

학생 D가 어려움을 겪는 사회적 상황: 수업시간에 친구와 함께 공부하기

사회적 상황이야기
학생 D가 어려움을 겪는 사회적 상황에 참여하기 전 문장을 여러 번 읽도록 하여 사회적 상황에 대한 이해 능력을 향상시키고 다른 사람과의 적절한 의사소통 방법을 습득하도록 함

설명문

조망문

설명문

조망문

설명문(사회적 통념)

청자 코칭문

팀원 코칭문

조망문

연재만화대화는 ASD 아동이 어려움에 처한 사회적 상황에 관해 교사와 대화를 나누며 ASD 아동이 추상적으로 여기는 상황을 단순한 그림 및 상징을 이용해 구체적인 표현으로 바꿈으로써 사회적 상황에 대한 이해를 촉진함

PART 03

모범답안

- ㉡ 사회적 상황이야기
- ㉢의 문장 유형은 청자 코칭문이다. 이 문장은 이야기를 듣는 학생이 할 수 있는 행동이나 반응을 제안한다. (또는 학생의 노력을 강조하는 문장이다.)
- ㉣의 중재방법은 연재만화대화이다. 연재만화대화의 장점은 만화라는 방법을 통해 추상적인 상황을 구체적인 시각적 정보로 바꿔 사회적 상황 이해를 촉진한다는 것이다.

작성방법

- ㉡에 들어갈 중재방법의 명칭을 쓸 것.
- 밑줄 친 ㉢의 문장 유형 명칭과 그 기능을 1가지 서술할 것.
- ㉣에 들어갈 중재방법의 명칭과 그 장점을 1가지 서술할 것.

확장하기

짧은만화대화(연재만화대화)

1. 짧은만화대화 적용 시 주의사항

- 자폐범주성장애 아동은 정보를 글자 그대로 해석하고 짧은만화대화에서 제시한 것과 동일하게 행동하려는 경향이 있다. 그러므로 변화 가능한 일과를 대화 속에 포함시켜야 한다.
- 앞으로 일어날 일에 대해 설명할 때에는 상황이 바뀔 수도 있다는 것을 알려줘야 한다.

2. 짧은만화대화의 적용 절차

<table>
<tr><th>단계</th><th colspan="2">설명</th></tr>
<tr><td>1단계.
짧은만화대화 소개하기</td><td colspan="2">• 짧은만화대화는 부모·교사와 같이 아동을 잘 아는 사람이 소개하는 것이 바람직하다. 부모·교사는 짧은만화대화를 소개할 때 수용적인 태도로 이야기를 시작해야 한다. 또한 학생이 대화를 이해하거나 생각을 표현할 때 학생이 대화를 이끌어 나가도록 도움을 줄 수 있다.
• 짧은만화대화를 하는 동안에는 학생이 주로 '쓰고, 그리고, 말하게' 한다.
• '대화'를 처음 하는 과정에서 부모·교사가 질문하고 학생은 그 질문에 대한 반응으로 '쓰고, 그리고, 말하는' 형태로 진행한다. 이 과정에서 아동은 '말하면서 그리는 것'에 익숙해지도록 한다.</td></tr>
<tr><td>2단계.
짧은만화대화 상징 사전 소개하기</td><td colspan="2">• 짧은만화대화에서는 '대화 상징 사전'과 '사람 상징 사전'이라는 두 가지 유형의 상징을 사용한다.
• 대화 상징 사전: 기본적인 대화 개념인 '듣기, 방해하기, 조용한 말, 말하기, 생각하기' 등으로 구성된 8개의 상징을 포함한다. 짧은만화대화를 시작하는 초기 단계에서는 하나 또는 두 개의 대화 상징 사전으로 시작하고, 이 상징에 익숙해지면 점차 다른 상징을 추가한다.
• 사람 상징 사전: 사람 상징은 학생들이 자주 사용하는 상징이다. 대화를 하는 과정에서 학생들의 사람 사전이 만들어질 수 있다. 이때 사용하는 사람 상징은 대화를 방해하지 않을 정도로 가능한 단순하고 빨리 그릴 수 있어야 한다.</td></tr>
<tr><td>3단계.
가벼운 잡담으로 대화 시작하기</td><td colspan="2">짧은만화대화와 일반적인 대화의 차이는 그림을 그린다는 점이다. 일반적인 대화는 얼굴을 마주 보며 이야기하지만, 짧은만화대화는 옆에 앉아서 그림을 그리며 대화를 한다는 점에서 차이가 있는데, 이러한 자리 배치는 학생이 대화를 주도하는 것을 도울 수 있다.</td></tr>
<tr><td rowspan="5">4단계.
대화를 하면서 나타난 상황을 그림으로 표현하기</td><td>정보 수집하기</td><td>부모·전문가가 학생에게 상황과 관련된 질문을 하여 '그림 완성하는 것'을 도울 수 있다.</td></tr>
<tr><td>부모나 전문가의 관점을 학생과 공유하기</td><td>학생이 새로운 생각을 받아들일 준비가 되었을 때 부모나 전문가의 관점을 공유한다. 이때 학생의 관점을 이해하는 것과 정확한 사회적 정보를 공유하는 것 사이의 균형을 유지하는 것이 중요하다.</td></tr>
<tr><td>이야기 순서와 내용 구조화하기</td><td>대화를 유지하고 이해하기 쉽게 하려면, 학생이 순서 없이 여러 가지 사건에 관해 이야기하려 할 경우, 사건의 순서에 따라 이야기를 진행하게 한다.</td></tr>
<tr><td>대화 요약하기</td><td>상황에 대한 새로운 해결 방안을 파악하기 전에 학생에게 먼저 대화를 요약해보도록 하여 상황의 핵심을 검토하게 할 수 있다.</td></tr>
<tr><td>해결 방안 모색하기</td><td>이야기 중에 나타난 여러 가지 어려운 상황에 대한 해결방안을 모색해본다.</td></tr>
<tr><td>5단계.
앞으로 일어날 상황에 대한 그림 그리기</td><td colspan="2">• 짧은만화대화는 자폐 아동에게 어떤 일이 일어날지, 언제 그 일이 시작되고 끝날지, 누가 관여하게 될지, 학생에게 어떤 점을 기대하는지 등과 같은 명확하고 정확한 정보를 제공함으로써 학생을 지원할 수 있다.
• 짧은만화대화를 활용하여 앞으로의 상황에 대해 이야기를 나누게 될 경우 주의할 사항은 다음과 같다.
– 자폐성장애 학생은 정보를 글자 그대로 해석하고 행동은 짧은만화대화에서 제시한 것과 동일하게 하려는 경향이 있다. 그러므로 변화 가능한 일과를 대화 속에 포함시켜야 한다.
– 앞으로 일어날 일에 대해 설명할 때에는 상황이 바뀔 수도 있다는 것을 같이 알려주어야 한다.
예 20일에 체육대회를 계획하고 있더라도 비가 온 경우에는 연기될 수도 있다는 것을 알려주어야 한다.</td></tr>
</table>

기본이론 317-319p

짧은만화대화

짧은만화대화(연재만화대화)
- 개념
- 적용 방법
- 적용 절차

핵심 개념

연재만화대화
- 대화 시 다른 사람이 생각하고 느끼는 것이 무엇인지를 설명하기 위해 4~8개의 네모 칸에 선화를 통해 말풍선과 생각풍선 속에 대화자의 말, 생각, 정서를 표시할 수 있도록 구성함
- 상대방의 생각이나 의도를 아동이 스스로 확인하는 기회를 갖기 때문에 핵심 결함인 생각의 원리를 촉진함
- 대화를 하는 동안 정서를 표현하기 위해 색깔을 활용할 수 있음
- '대화 상징 사전'과 '사람 상징 사전' 같은 상징을 이용해 그림을 그리고 이야기를 나눔. 상징들은 대화를 방해하지 않을 정도로 단순하고 빨리 그릴 수 있어야 함
- **활용 시 주의사항**
  - 변화 가능한 일과를 대화 속에 포함시켜야 함
  - 앞으로 일어날 일에 대해 설명할 때에는 상황이 바뀔 수 있다는 것을 알려줘야 함

2024학년도 유아 B1

11 **(가)는 5세반 통합학급의 간식시간 장면이고, (나)는 유아특수교사 김 교사와 유아교사 윤 교사의 대화 장면이며, (다)는 중재 사례의 일부이다. 물음에 답하시오. [5점]**

(가)

> (채은이가 친구들의 접시에는 쿠키를 한 개씩 놓고, 마지막으로 자신의 접시에는 쿠키를 세 개 놓는다.)
>
> 하준: 채은아, 너는 왜 쿠키를 세 개나 가져가?
> 채은: 나는 쿠키를 좋아해.
> 하준: 채은아, 그러면 안 돼. 우리는 사랑반이니까 모두 똑같이 나누어야 해. (채은이의 접시에 있는 쿠키를 두 개 가져가려 한다.)
> 채은: 내 거야! (㉡ 하준이를 밀친다.)
> 하준: 아야! 다른 친구들보다 네가 더 많이 가져간 거잖아!
>
> …(하략)…

(나)

> 윤 교사: 선생님, 요즘 채은이가 친구 관계에서 어려움을 보이네요.
> 김 교사: 저도 채은이가 친구를 미는 행동이 걱정이 되었어요. 그래서 (㉢)을/를 활용해 보아야겠다고 생각했어요. 이 방법은 아이들이 좋아하는 형식의 시각적 지원을 통해 사회적 상황에서 겪는 어려움을 명시적으로 지원하는 것이에요.
> 윤 교사: 그렇군요. 채은이가 그림 그리기를 좋아하고, 그림으로 표현하는 능력이 뛰어난 편이니 이 방법이 적절하겠네요.

(다)

채은이의 (㉢)

(생략)

○ 상황 파악하기

무슨 일이 있었니?

하준이를 밀었어.

왜 밀었어?

왜 세 개나 가져가?

나 쿠키 좋아해.

○ 상대방의 마음 이해하기

하준이는 어땠어?

아야!

하준이 마음이 어떨까?

속상해.

… (중략) …

○ 해결 방안 모색하기

다음에는 어떻게 할까?

㉣

3) ① (나)와 (다)의 ㉢이 무엇인지 쓰고, ② (다)에서 ㉣에 들어갈 채은이의 말을 쓰시오. [2점]

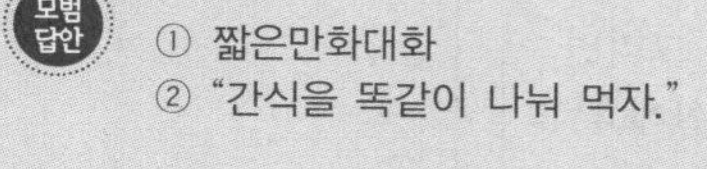

모범답안

① 짧은만화대화

② "간식을 똑같이 나눠 먹자."

 기본이론 317-319p

 짧은만화대화

 짧은만화대화(연재만화대화)
- 개념
- 적용 방법
- 적용 절차

핵심개념 **상징 사전 유형**

대화 상징 사전	기본적인 대화 개념인 '듣기, 방해하기, 조용한 말, 시끄러운 말, 말하기, 생각하기' 등으로 구성된 8개의 상징을 포함함. 짧은만화대화를 시작하는 초기 단계에서는 하나 또는 두 개의 대화 상징 사전으로 시작하고, 이 상징에 익숙해지면 점차 다른 상징을 추가함
사람 상징 사전	사람 상징은 학생들이 자주 사용하는 상징임. 대화를 하는 과정에서 학생들의 사람 사전이 만들어질 수 있음. 이때 사용하는 사람 상징은 가능한 한 대화를 방해하지 않을 정도로 단순하고 빨리 그릴 수 있어야 함

 짧은만화대화

2025학년도 중등 B8

12 **다음 (가)는 ○○ 고등학교 특수 교사와 일반 교사가 자폐성장애 학생 C에 대해 나눈 대화이고, (나)는 특수 교사가 제작한 상황 이야기이다. 〈작성 방법〉에 따라 서술하시오. [4점]**

(가) 특수 교사와 일반 교사의 대화

[A]
일반 교사: 학생 D가 학생 C에게 키링을 선물했는데 학생 C가 싫다고 받지 않아 너무 속상해 했어요.
특수 교사: 그건 학생 C가 다른 사람의 생각이나 감정, 의도와 같은 내면 상태를 추론하는 능력이 많이 부족하기 때문일 수 있어요.
일반 교사: 그렇군요. 생각해 보니 학생 C가 친구가 하는 농담이나 관용어를 문자 그대로 받아들여 엉뚱한 대답을 해서 친구가 웃기도 했어요.
특수 교사: 맞아요. 학생 C는 상황이나 바람, 신념에 따라 달라지는 사람의 감정도 파악하기 어려워해요.

일반 교사: 그럼 제가 학생 C를 어떻게 지도하면 좋을까요? 선물을 주었던 학생 D가 얼마나 속상했을지 알려 주고 싶어요.

[B]
특수 교사: 그럼 선생님이 학생 C와 그림을 그리면서 어제 일에 대해 이야기해 보실래요?
일반 교사: 그림을 그리면서 이야기를 나눌 수 있나요?
특수 교사: 네. 막대 사람, 말풍선, 생각 풍선 같은 간단한 상징을 사용하기 때문에 빠르게 그리면서 말을 주고받을 수 있어요. 교사와 학생이 생각이나 감정을 그림으로 그리고, 색으로 표현하면서 학생 C가 자신과 타인의 생각이나 기분에 대해 조금씩 파악할 수 있게 돼요.

- '대화 상징 사전'과 '사람 상징 사전' 같은 상징을 이용해 그림을 그리고 이야기를 나눔. 상징들은 대화를 방해하지 않을 정도로 단순하고 빨리 그릴 수 있어야 함
- 대화를 하는 동안 정서를 표현하기 위해 색깔을 활용할 수 있음

일반 교사: 네, 한번 해 볼게요. 그런데 선생님, 또 다른 방법도 있나요?
특수 교사: 네. 상황 이야기 중재도 있어요.

…(하략)…

작성방법

(가)의 [B]에서 특수 교사가 제안한 중재 기법의 명칭을 쓸 것.

참고자료 기본이론 317-319p, 320p

- 연재만화대화
- 사회적 도해

짧은만화대화(연재만화대화)
- 개념
- 적용 방법
- 적용 절차

사회적 도해(사회적 분석)
- 개념 및 단계
- 장점
- 비교

사회적 도해(사회적 분석)

아동이 사회적 실수를 한 후 이를 분석해 기록하는 것으로, 실수하게 된 주변 환경에 대해 기술하고 사회적 실수를 반복하지 않도록 함으로써 ASD 아동의 사회적 상호작용 능력을 향상시키기 위한 전략

사회적 도해의 장점
- 인과관계 성립을 도움
- 사회적 행동에 대한 즉각적인 피드백 제공

⑤

2011학년도 초등 21

13 다음은 폭행과 폭언을 하는 아스퍼거 장애(증후군) 학생 영두를 지도하기 위하여 통합학급 김 교사와 특수학급 강 교사가 협의하여 작성한 2008년 개정 특수학교 국민공통기본교육과정 3학년 도덕과 교수 · 학습과정안이다. 이에 대한 바른 설명을 〈보기〉에서 고른 것은?

DSM-5에서는 자폐성장애를 따로 분류하지 않고 범주성(스펙트럼)으로 봄

<table>
<tr><td>단원</td><td colspan="2">함께 어울려 살아요.</td></tr>
<tr><td>제재</td><td colspan="2">2. 같은 것과 다른 것이 함께 해요.</td></tr>
<tr><td>목표</td><td colspan="2">생김새나 생활 방식 등이 나와 다른 이웃과 친구들을 어떻게 대해야 하는지 바르게 판단한다.</td></tr>
<tr><th colspan="2">단계</th><th>교수 · 학습 활동</th></tr>
<tr><td colspan="2">도덕적 문제의 제시</td><td>• 전시학습 확인
• 동기유발
• ㉠ <u>학습문제 확인</u></td></tr>
<tr><td rowspan="4">도덕 판단 · 합리적 의사 결정의 연습</td><td>문제 사태 제시 및 상황 파악</td><td>폭언이나 폭행을 하는 예화 내용 파악하기</td></tr>
<tr><td>입장 선택과 근거 제시</td><td>자신의 입장과 이유 발표하기</td></tr>
<tr><td>잠정적 결정 및 가치 원리 검사</td><td>가치 원리에 따른 바람직한 행동 알기
※ ㉡ <u>영두를 위한 적절한 개별화 지도법 적용</u></td></tr>
<tr><td>최종 입장 선택</td><td>최종 입장 결정하기</td></tr>
<tr><td colspan="2">도덕적 정서 및 의지의 강화</td><td>다양성을 이해하려는 마음 갖기</td></tr>
<tr><td colspan="2">정리 및 실천 생활화</td><td>• ㉢ <u>실천과제 확인하기</u>
※ ㉣ <u>영두를 위한 수정 실천과제 제시</u>
• 차시 계획</td></tr>
</table>

보기

ㄱ. ㉠의 학습문제 확인에서는 영두에게 은유법이나 상징을 사용하여 폭언이나 폭력의 심각성을 알려준다.

ㄴ. ㉡을 지도할 때, 영두에게 폭언이나 폭행을 하는 상황을 묘사하는 만화를 그리도록 하여 그 상황을 이해시키는 사회적 도해 전략을 적용한다.

ㄷ. ㉢의 실천과제 확인하기에서 학급 동료들은 영두의 폭언이나 폭행에 대하여 1개월 동안 소거 기법을 사용하도록 한다.

ㄹ. ㉣의 영두를 위한 수정 실천과제 제시에서 영두에게 폭언이나 폭행 충동이 일어날 때 파워카드를 사용하도록 지도한다.

ㅁ. 정신장애 진단 및 통계 편람 제4판(DSM-Ⅳ-TR)에 근거하면, 영두와 같은 장애학생은 인지발달 또는 연령에 적절한 자조기술에서 임상적으로 유의한 지체를 보이지 않는다.

ㄱ. 추상적이거나 상징적인 표현을 이해하는 데 어려움이 있으므로 은유법이나 상징을 사용하는 것은 적절하지 않음

ㄴ. 어려움을 겪는 사회적 상황을 묘사하는 만화를 그리도록 하여 그 상황을 이해시키는 연재만화대화 전략을 적용함

ㄷ. 폭언이나 폭행은 적극적이고 즉각적인 중재가 필요한 행동이므로 중재에 시간이 오래 걸리는 소거전략은 부적절함

영두는 ASD로 사회적 의사소통과 사회적 상호작용의 지속적인 결함과 제한적이고 반복적인 행동, 관심, 또는 활동 패턴을 보임

① ㄱ, ㄴ ② ㄴ, ㄷ ③ ㄴ, ㅁ
④ ㄷ, ㄹ ⑤ ㄹ, ㅁ

기본이론 320p

사회적 도해(사회적 분석)

구조화틀

사회적 도해(사회적 분석)
- 개념 및 단계
- 장점
- 비교

핵심개념

사회적 도해(사회적 분석)

아동이 사회적 실수를 한 후 이를 분석해 기록하는 것으로, 실수하게 된 주변 환경에 대해 기술하고 사회적 실수를 반복하지 않도록 함으로써 ASD 아동의 사회적 상호작용 능력을 향상시키기 위한 전략

사회적 도해의 장점
- 인과관계 성립을 도움
- 사회적 행동에 대한 즉각적인 피드백 제공

㉢ 사회적 도해

2013학년도 유아 A7

14 수호는 만 5세 고기능 자폐성 장애 유아로 유치원 통합 학급에 재원 중이다. 다음은 자유놀이 상황에 대한 김 교사의 관찰 및 중재 내용이다. 물음에 답하시오. [5점]

수호와 영미는 자유놀이 시간에 블록 쌓기를 하는 중이다. 영미는 다양한 색의 블록을 사용하여 집을 만들려고 하였다. 반면에 수호는 빨강색을 너무 좋아해서 빨강색 블록만을 사용하여 집을 만들려고 하였다. 영미가 다른 색의 블록으로 쌓으려 하면, 수호는 옆에서 블록을 쌓지 못하게 방해하였다. 결국 블록 집은 수호가 좋아하는 빨강색 블록만으로 만들어졌다. 이에 기분이 상한 영미는 수호에게 "이제 너랑 안 놀아!"라고 하며, 다른 친구에게로 갔다.

이것을 옆에서 지켜보던 김 교사는 수호를 위해 그레이(C. Gray)의 이론을 근거로 아래와 같은 (㉠)을(를) 제작하여 자유놀이 시간이 되기 전에 여러 번 함께 읽었다.

[친구와 블록 쌓기 놀이를 해요.]

나는 친구들과 블록 쌓기를 해요.
친구들은 블록 쌓기를 좋아하고 나도 블록 쌓기를 좋아해요.
나와 영미는 블록으로 집을 만들어요.

나는 빨강색을 좋아하지만, 영미는 여러 색을 좋아해요.
빨강 블록 집도 예쁘지만 다른 색으로 만들어도 멋있어요.
여러 색으로 집을 만들면 더 재밌어요.
그러면 영미도 좋아해요. 나도 좋아요.

㉡ <u>나는 친구들과 여러 색으로 블록 쌓기 놀이를 할 수 있어요.</u>

또한, 김 교사는 다양한 놀이 상황에서 수호가 실수를 한 후 자신의 잘못을 깨닫게 하는 중재법을 적용하였다. ㉢ <u>이 중재법은 수호가 잘못한 상황을 돌이켜보도록 함으로써, 자신의 잘못으로 인해 다른 친구들이 마음의 상처를 받을 수 있다는 것을 이해하도록 도와주는 것이다.</u>

- ASD 아동이 자신의 행동에 나타난 사회적 실수를 이해하도록 돕는 전략으로, 사회적 도해는 ASD 아동이 사회적 실수를 저지른 다음 실시하는 중재 방법임
- 사회적 상황이야기가 앞으로 일어날 사회적 갈등을 줄이기 위해 사회적 상황에 참여하기 전 여러 번 문장을 읽도록 한다면, 사회적 도해는 사회적 실수를 저지른 후 실시함

인지주의적 중재
- 사회적 상황에 대한 이해
- 타인의 생각과 감정 이해

4) ㉢의 중재법이 무엇인지 쓰시오. [1점]

기본이론 320p

키워드 사회적 도해(사회적 분석)

사회적 도해(사회적 분석)
- 개념 및 단계
- 장점
- 비교

사회적 도해(사회적 분석)의 단계
실수를 하게 된 주변 환경에 대해 기술 → 사회적 실수가 무엇인지 판별 → 사회적 실수로 상처를 받았을 사람 찾기 → 문제해결책 고려 → 향후 이러한 사회적 실수를 하지 않기 위한 계획 세우기

모범답안 다시 실수하지 않도록 계획 세우기

2020학년도 초등 B6

15 다음은 자폐성 장애 학생들이 포함되어 있는 학급의 특수교사가 2015 개정 특수교육 교육과정 중 기본 교육과정 과학과 3~4학년군 '생물과 무생물' 단원의 '새싹 채소가 자라는 모습을 살펴보기' 수업을 준비하며 작성한 수업 설계의 일부이다. 물음에 답하시오. [6점]

(가) 민호의 특성

…(상략)…

8. 자폐성 장애 학생들의 특성 및 지도상의 유의점
   가. 정민이의 경우 ㉣ 촉각자극에 대한 역치가 매우 낮고 감각 등록이 높으므로 물체를 탐색하는 과정에서 이를 고려함
   나. 경태의 경우 수업 중 규칙을 잘 지키지 않아 친구를 당황하게 하는 경우가 많음
   → 계속해서 문제가 발생할 경우 아래와 같이 사회적 도해(사회적 분석, social autopsies) 방법으로 자신의 실수를 이해하고 수정하도록 함

수업 중 자신이 한 실수가 무엇인가? → 실수로 인해 상처를 받은 사람은 누구인가? → 문제해결책은 무엇인가? → (㉤)

…(하략)…

ASD 아동이 자신의 행동에 나타난 사회적 실수를 이해하도록 돕는 전략 → 사회적 도해는 ASD 아동이 사회적 실수를 저지른 다음 실시하는 중재방법임

4) ㉤에 들어갈 내용을 쓰시오. [2점]

PART 03

기본이론 321-323p

파워카드 전략

파워카드 전략
- 개념
  - 정의
  - 요소
- 적용

파워카드 전략
적절한 사회적 행동이나 사회적 기술을 ASD 아동 개인의 특별한 관심 영역과 결합한 시각적 지원

파워카드 전략의 구성 요소
- 파워카드 스크립트
- 파워카드

모범 답안
- 사회적 상호작용 어려움
- 시각적 강점

2022학년도 초등 A5

16 다음은 4학년 자폐성 장애 학생 성규의 통합학급 수업 지원을 위한 통합학급 교사와 특수교사의 협의록 일부이다. 물음에 답하시오. [6점]

〈통합교육 지원 협의록〉

…(중략)…

- 교과: 사회
- 단원명: 지역의 위치와 특성

가. 통합학급 수업 운영 및 지원
ㅇ이번 주 수업 중 행동 관찰

학습활동	지도의 기본 요소 알아보기
성규의 수업 중 수행 특성	• 지도 그리기에 관심이 없고 자신이 좋아하는 위치에만 스티커를 붙이려고 고집함 • 함께 사용하는 스티커를 친구가 가져가면 소리를 지름 • 친구들의 농담에 무표정하고 별다른 반응이 없음 • 활동 안내를 그림카드로 제시했을 때 활동의 참여도가 높아짐 [A]

ㅇ다음 주 수업지원 계획

학습활동	• 우리 생활에서 지도를 어떻게 활용하는지 알아보기 • 우리 지역의 중심지 알아보기 • 3학년 사회과에서 다루는 학교 주변의 '우리 고장'에서 범위를 넓혀, 4학년 때는 '시·도' 규모의 지역 중심지를 탐색하고 답사하기
성규를 위한 수정계획	• 지도의 주요 위치에 스티커로 표시해주기 • 시각적 일과표와 방문하게 될 장소에 대한 안내도 제시하기 • 현장학습 시, 친구들과의 상호작용을 돕고 지켜야 할 규칙을 알 수 있도록 ㉡상황이야기 또는 좋아하는 캐릭터를 삽입한 파워카드 적용하기

"친구들의 농담에 무표정하고 별다른 반응이 없음" → 사회적 상호작용에 어려움

"그림카드로 제시" → 시각적 강점

- 학생이 좋아하는 활동 반영
- 시각적 강점 활용
- 사회적 상호작용 중재
  - 사회적 상황이야기
  - 연재만화대화
  - 사회적 도해
  - 파워카드

파워카드와 상황이야기 공통점
- 시각적 강점
- 사회적 상호작용 중재

2) [A]에 근거하여 ㉡의 이유에 해당하는 자폐성 장애의 일반적인 특성 2가지를 쓰시오. [2점]

자폐성 장애의 일반적인 특성
- DSM-5 진단기준에 근거한 특성 X
- 인지적 특성 X

참고자료 기본이론 321–323p

키워드 파워카드 전략

구조화틀 **파워카드 전략**

- 개념
  - 정의
  - 요소
- 적용

핵심개념 **파워카드 전략**

적절한 사회적 행동이나 사회적 기술을 ASD 아동 개인의 특별한 관심 영역과 결합한 시각적 지원

파워카드 전략의 구성 요소

- 파워카드 스크립트
- 파워카드

2015학년도 유아 A1

17 **민수는 5세 고기능 자폐성 장애 유아이다. (가)는 김 교사와 민수 어머니의 상담 내용이고, (나)는 민수를 위한 지원 전략이다. 물음에 답하시오. [5점]**

(가) 김 교사와 민수 어머니의 상담 내용

민수 어머니: 선생님, 요즘 민수가 유치원에서 잘 지내는지요?

김 교 사: 네, 많이 좋아지고 있어요.. 그런데 민수가 친구들과 어울릴 때 어려움이 있어요.

> 사회적 상호작용 어려움

민수 어머니: 친구들과 잘 지내는 것이 힘든 것 같아요. 그리고 약간 염려스러운 것은 민수가 글자와 공룡만 너무 좋아해요. 매일 티라노 공룡을 들고 다녀요. 다른 어머니들은 민수가 글자를 안다고 부러워하시는데 저는 잘 모르겠어요.

김 교 사: 네, 공룡을 좋아하지요. 민수는 글자를 좋아할 뿐 아니라 읽기도 잘해요. 저는 친구들과 어울리는 데 어려움이 있는 민수가 친구들과 잘 지낼 수 있도록 돕기 위해 두 가지 지원 전략을 고려하고 있어요.

> 시각적 강점과 특별한 관심 영역

(나) 지원 전략

〈 ㉠ 〉

스크립트

티라노랑 친구들은 그네 타기를 좋아해요.
어떤 때는 티라노가 좋아하는 그네를 친구들이 타고 있어요.
그럴 때 티라노는 친구에게 "나도 타고 싶어. 우리 같이 타자."라고 말해요.
㉡ 친구들에게 말하지 않고, 그냥 타면 친구들이 속상해 해요.
티라노는 친구들과 차례차례 그네를 탈 수 있어요.

> 첫 번째 문단: 특별한 관심 영역이 등장해 문제상황에 대한 배경이나 성공경험 제시

타고 싶은 그네를 다른 친구가 타고 있을 때:
① 그네를 타고 있는 친구 옆으로 간다.
② 친구를 보면서 "나도 타고 싶어. 우리 같이 타자." 라고 말한다.
③ 친구가 "그래."라고 하면 그네를 탄다.

> 두 번째 문단: 3~5단계의 구체적인 행동 제시

카드

> 명함 크기의 파워카드: 관심영역의 그림과 해결책

① 그네를 타고 있는 친구 옆으로 간다.
② 친구를 보면서 "나도 타고 싶어. 우리 같이 타자." 라고 말한다.
③ 친구가 "그래."라고 하면 그네를 탄다.

〈상황이야기〉

다른 친구와 장난감 놀이를 해요.

나는 친구들과 장난감 놀이를 해요.
나와 친구들은 장난감을 아주 좋아해요.
어떤 때는 내 친구가 먼저 장난감을 가지고 놀아요.
그럴 때는 친구에게 "이 장난감 같이 가지고 놀아도 돼?"라고 물어보아요.
친구가 "그래."라고 말하면 그때 같이 가지고 놀 수 있어요.
㉢ 그래야 내 친구도 기분이 좋아요.

나는 친구에게 "친구야, 이 장난감 같이 가지고 놀아도 돼?"라고 물어볼 수 있어요.

1) ㉠에 들어갈 지원 전략의 명칭을 쓰시오. [1점]

2) 김 교사가 (나)를 계획할 때 고려한 민수의 행동 특성 2가지를 (가)에서 찾아 쓰시오. [2점]

파워카드 전략을 계획할 때 고려해야 할 민수의 특성
- 사회적 상호작용 어려움: 친구들과 어울리는 데 어려움이 있음
- 시각적 강점: 글자를 좋아하고 읽기도 잘함
- 특별한 관심: 공룡을 매우 좋아함

※ 해당 문제는 2가지를 쓰라고 했으므로 공통적인 내용을 제시해야 함
① 사회적 상호작용 어려움: 친구들과 어울리는 데 어려움이 있음
② 강점기반 중재: 시각적 강점

1) ㉠ 파워카드 전략

2) • 친구들과 어울리는 데 어려움(사회적 상호작용 어려움)
• 글자를 좋아하고 잘 읽음(시각적 강점)

기본이론 321-323p

파워카드 전략

파워카드 전략

- 개념
  - 정의
  - 요소
- 적용

파워카드 전략

적절한 사회적 행동이나 사회적 기술을 ASD 아동 개인의 특별한 관심 영역과 결합한 시각적 지원

파워카드 전략의 구성 요소

- 파워카드 스크립트
- 파워카드

모범답안

- ㉠ 인지적(이해)
- ㉡ 가수 E가 친구의 기분을 고려해 말을 하는 성공적인 모습을 제시함

2020학년도 중등 A5

18 **(가)는 자폐성 장애 학생 D의 특성이고, (나)는 행동지원 계획안의 일부이다. 〈작성방법〉에 따라 서술하시오.**

(가) 학생 D의 특성

- 친구의 얼굴 표정이나 눈빛을 보고 감성을 이해하는 데 어려움을 보임
- 친구가 싫어할 수 있는 이야기를 지나치게 솔직하게 말함
- 친구의 관심과는 관계없이 자신이 좋아하는 주제와 관련된 이야기를 계속함

  ⓐ ― 생각의 원리 결함

- 가수 E를 매우 좋아하여 가수 E가 출연하는 프로그램은 거의 모두 시청하고 있음 ― 특별한 관심영역

(나) 행동지원 계획안

〈지원 방법 : 파워카드 전략〉

○ 개념 : 적절한 사회적 상호작용을 교수하기 위해 학생의 특별한 관심과 강점을 포함하는 시각적 지원 방법임

…(중략)…

○ 목표 행동 : ⓑ 대화할 때 친구의 기분을 고려하여 말하기

○ 구성 요소

1) 간략한 시나리오
   - 시나리오에 학생 D가 영웅시하는 가수 E의 사진을 포함함
   - 시나리오는 학생 D의 (㉠) 수준을 고려하여 작성함
   - 시나리오 구성
     - 첫 번째 문단 : (㉡)
     - 두 번째 문단 : 학생 D가 친구의 기분을 고려하여 말할 수 있도록 구체적인 행동을 3~5단계로 나누어 제시함
2) 명함 크기의 파워카드
   - 학생 D의 주머니에 넣고 다니게 하고, 책상 위에도 붙여두고 보도록 함

작성방법

- (나)의 괄호 안의 ㉠에 해당하는 내용을 쓸 것.
- (나)의 괄호 안의 ㉡에 해당하는 내용을 밑줄 친 ⓑ의 목표 행동을 고려하여 1가지 서술할 것.

파워카드 전략

- 사회적 상호작용 중재 전략
- 강점기반 중재(특별한 관심과 시각적 강점 활용)

파워카드 스크립트

- 스크립트는 학생이 좋아하는 특별한 관심이 학생이 경험하고 있는 문제상황과 유사한 상황에서 어떻게 사회적 과제(목표행동)를 수정해 해결하는지 설명함
- 학생의 이해 수준에 맞는 스크립트를 구성해야 함
- 스크립트는 행동적 용어로 작성해야 하며 간단명료해야 함

파워카드

- 카드는 학생의 특별한 관심영역에 대한 그림과 해결책을 포함하며, 일반적으로 휴대하기 편한 명함 크기로 준비해 학생이 가지고 다닐 수 있도록 만듦
- 해당 상황에 직면했을 때 ASD 아동이 해결책을 상기할 수 있는 시각적 촉구가 됨

확장하기

파워카드 전략의 요소(방명애 외, 『자폐성 장애학생 교육』, 2018.)

1. 간단한 시나리오
   - 학생이 영웅시하는 인물이나 특별한 관심사, 그리고 학생이 힘들어하는 행동이나 상황에 관련된 간략한 시나리오를 작성한다. 이때 시나리오는 대상 학생의 인지 수준에 맞추어 작성하며, 간략한 시나리오와 더불어 특별한 관심사에 해당하는 그림을 포함한다.
   - 첫 번째 문단에서는 영웅이나 롤 모델이 등장하여 문제상황에 대한 해결이나 성공 경험을 제시한다. 두 번째 문단에서는 3~5단계로 나눈 구체적인 행동을 제시하여 학생으로 하여금 새로운 행동을 습득할 수 있도록 한다.

2. 명함 크기의 파워카드
   - 파워카드에는 특별한 관심 대상에 대한 작은 그림과 문제행동이나 상황에 대한 해결 방안을 제시한다.
   - 파워카드는 학생이 습득한 행동을 일반화하기 위한 방안으로도 활용될 수 있다.
   - 파워카드는 지갑이나 주머니에 넣고 다니거나 책상 위에 두고 볼 수 있도록 한다.

기본이론 321-323p

파워카드 전략

구조화 틀

파워카드 전략
- 개념
  - 정의
  - 요소
- 적용

파워카드 전략

적절한 사회적 행동이나 사회적 기술을 ASD 아동 개인의 특별한 관심 영역과 결합한 시각적 지원

파워카드 전략의 구성 요소
- 파워카드 스크립트
- 파워카드

모범 답안

㉡ 특별한 관심
㉢ 상황에 대한 해결 방안

2019학년도 초등 B6

19 **다음은 교육 봉사를 다녀온 예비 특수교사와 지도 교수의 대화 내용이다. 물음에 답하시오.**

예비 특수교사:	2교시에는 민우가 흥분이 되었는지 몸을 점점 심하게 흔드는 거예요. 그때 담임 선생님께서 손짓과 함께 "민우야, 북극곰!" 하시니까, 갑자기 민우가 목에 걸고 있던 명찰 같은 것을 선생님께 보여 주면서 "민우 북극곰, 민우 북극곰" 그러더라고요. 목에 걸고 있던 거랑 똑같은 것이 민우의 책상과 이글루 안쪽에도 붙어 있었어요.
지도 교수:	그건 자폐성 장애 학생에게 주로 사용하는 파워카드 전략입니다. 자폐성 장애 학생의 (㉡)을/를 활용해 행동 변화의 동기를 제공하기 위한 시각적 지원 전략의 하나죠. 파워카드에는 그림과 (㉢)이/가 사용됩니다.
예비 특수교사:	중재 전략이 정말 다양하군요.
지도 교수:	중요한 것은 어떤 전략이든 ㉣자연스러운 환경에서 적용해야 일반화가 쉽다는 겁니다. 언어중재도 마찬가지예요.

파워카드 전략의 장점

ASD 아동이 일상생활에 부딪히는 상황을 이해하도록 학생의 독특한 관심사를 이용함
→ ASD 아동의 부족한 동기를 높이는 데 효과적임

파워카드 전략에서 아동이 좋아하는 인물이나 관심사를 활용하는 이유
- 동기부여
- 역할 모델
- 비위협적 방법

2) ㉡과 ㉢에 들어갈 말을 각각 쓰시오. [2점]

PART 03

기본이론 321-323p

파워카드 전략

파워카드 전략
- 개념
  - 정의
  - 요소
- 적용

핵심 개념

파워카드 전략

파워카드 전략은 ASD 아동이 일상생활에 부딪히는 상황을 이해하도록 하기 위해 학생의 독특한 관심사를 이용함. 파워카드 전략에서 아동이 좋아하는 인물이나 관심사를 이용하는 이유는 다음과 같음
- **동기부여**: ASD 아동은 자신의 관심사에 대해 말할 때 동기가 높음
- **역할 모델**: 학생은 자신의 관심 대상을 역할 모델로 삼고, 그처럼 되고 싶어 하기 때문에 역할 모델의 제안을 쉽게 따름
- **비위협적인 방법**: 관심사를 이용하는 것은 학생에게 비위협적임

학생이 좋아하는 관심사인 로봇이 말할 때 동기가 높기 때문이다.

2023학년도 유아 A6

20 **(가)는 작은 운동회를 위한 특수학교 교사들의 사전 협의회의 일부이고, (나)는 자폐성장애 유아 진서를 위한 파워카드이다. 물음에 답하시오. [5점]**

(가)

김 교사:	홍 선생님 반의 진서가 갑자기 강당 밖으로 뛰어나간 적이 있었는데 선생님은 어떻게 지도하세요?
홍 교사:	로봇 그림을 사용한 파워카드 전략으로 강당에 올 때마다 지도하고 있어요. 작은 운동회 때도 파워카드를 사용하도록 하겠습니다.

(나)

로봇이 강당에 왔어요.
"여기는 강당이야."
"강당에 있자."

3) (나)에서 홍 교사가 로봇 그림을 사용한 이유를 파워카드 전략에 근거하여 쓰시오. [1점]

기본이론 324-325p

비디오 모델링

비디오 모델링
- 개념
- 장점
- 유형

비디오 모델링

아동이 수행해야 할 바람직한 행동을 비디오를 통해 시범 보이는 기법. 아동은 비디오 시범을 관찰하고 비디오로 제시된 시범 행동을 모방함

cf. 자기관찰은 관찰자가 성공뿐만 아니라 실수를 통해 배울 수 있도록 있는 그대로를 분석함

비디오 모델링의 유형

- **성인/또래 모델링**: 성인, 또래, 형제자매 등을 모델로 사용하는 비디오 모델링은 영상 속에서 보게 되는 행동이 항상 긍정적이라는 특징을 가짐
- **자기 모델링**: 아동이 스스로 바람직한 행동을 성공적으로 수행하는 것을 관찰하여 목표행동을 모방하도록 하는 것. 이는 좀 더 복잡한 모델링 유형으로, 비디오를 만드는 사람이 촬영 영상을 조작하고 학습자가 평상시보다 더 잘하는 것처럼 보이도록 장면을 편집해야 함
- **관점 모델링**: 아동의 관점인 척하는 카메라의 관점으로, 아동의 행동을 과제분석하여 아동의 눈높이에 맞게 카메라로 일련의 단계를 따라감

또래 비디오 모델링, 자기관찰

2014학년도 유아 B2

21 **통합유치원에 다니는 은수는 5세로 정서 및 행동상의 문제를 보이고 있다. (가)는 은수의 행동 특성이고,(나)는 활동 계획안의 일부이다. 물음에 답하시오.[5점]**

(가) 은수의 행동 특성

• 작은 실수에도 안절부절 못하면서 울어버림 • 놀이 활동 시 주의를 기울이지 않고 규칙을 잘 따르지 않음

(나) 활동 계획안

…(상략)…	
행동 관찰 내용	• ㉡ <u>은수는 차례를 기다리지 못하고 친구를 밀어버림</u> • 은수는 머리 위로 공을 전달하다 갑자기 공을 떨어뜨리자 "나는 바보야."라고 울며 공놀이는 하지 않겠다고 함

2) (나)의 ㉡과 같이 행동한 은수를 위해 교사는 다음과 같이 지도하였다. 다음에서 사용된 교수전략 2가지를 쓰시오. [2점]

교사는 차례 지키기를 잘하는 친구의 모습을 찍은 동영상을 은수와 함께 보면서 순서와 기다리기에 대한 이야기를 나누었다. 교사는 은수에게 친구를 밀어버리는 자신의 모습을 촬영한 동영상을 관찰하게 한 후 고쳐야 할 행동을 찾게 하고, 친구의 바람직한 행동을 따라해 보게 하였다. 그 후 바깥놀이를 할 때, 은수가 운동장에서 줄을 서서 기다리자 교사는 웃으면서 칭찬하였다.

확장하기

비디오 모델링의 유형

1. 성인/또래 모델링(adult/peer modeling)
   ① 성인이나 또래 또는 형제자매를 모델로 사용하는 비디오 모델링은 영상 속에서 보게 되는 행동이 항상 긍정적이라는 특징을 지닌다.
   ② 영화의 '주인공'이 전적으로 협력적이며 쉽게 지도할 수 있기 때문에 비교적 제작하기가 간단하다.

2. 자기 모델링(self-modeling)
   ① 자기 모델링은 아동이 스스로 바람직한 행동을 성공적으로 수행하는 것을 관찰하여 목표행동을 모방하도록 하는 것이다.
   ② 이를 위해서는 대상 학생이 여러 차례 수행한 것을 녹화하고 편집하여 바람직한 수행을 위해 과제분석된 각각의 하위 행동을 성공적으로 수행하는 것처럼 보이도록 한다.
   ③ 자기 모델링은 좀 더 복잡한 모델링 유형으로, 비디오를 만드는 사람이 촬영 영상을 조작하고, 학습자가 평상시보다 더 잘하는 것처럼 보이도록 장면을 편집해야 하기 때문이다.
   ④ 이 작업은 모델이 사회적 상호작용에 부끄러움이 있거나 지시 따르기에 어려움이 있는 경우 더욱 어려울 수 있다.
   ⑤ 비디오 자기 모델링이 다른 형태의 모델링에 비해 갖는 두 가지 장점은 첫째, 관찰자 자신보다 더 친숙한 관찰자를 찾는 것이 불가능하다는 점이다. 둘째, 모델은 관찰자보다 약간만 더 진보된 사람일 것이라는 점이다.

3. 관점 모델링(point-of-view modeling)
   ① 관점 모델링에서는 아동의 관점인 척하는 카메라의 관점이 중요한 교수적 요소이다. 비디오를 만드는 사람은 아동의 행동을 과제분석하여 아동의 눈높이에 맞게 카메라로 일련의 단계를 따라간다.
   ② 관점 모델링은 주로 학업 행동, 사회적 행동, 기능적 기술에 적용하기가 용이하다.
   ③ 짧은 시간에 제작이 가능하고, 비교적 제작이 간단하다는 장점으로 현장에서 많이 사용된다.
   ④ 예를 들어, 수학시간에 계산문제를 푸는 단계를 수행하는 장면에서 수학문제와 문제를 푸는 손이 보이도록 촬영한 영상을 이용할 수 있다. 또한 취업을 위한 면접을 준비하기 위해서 면접 상황을 장면별로 촬영해서 사용할 수 있다.
   예 사무실 문 열기, 면접관에게 예의 바르게 인사하기, 질문에 대답하기 등

비디오 모델링 유형별 장단점

비디오 모델링을 실행할 때에는 각 유형별 장단점을 잘 이해하고, 아동의 학습 요구와 현행 수준 등의 정확한 정보를 기반으로 어떤 모델을 대상으로, 어떤 내용을 구성하고 제작할 것인지를 결정할 수 있어야 한다.

유형	장점	단점
성인/또래 모델링	• 쉽게 촬영할 수 있다. • 유지가 잘 된다.	• 모델에 관심을 보이지 않을 수 있다. • 다양한 일반화 결과를 가져온다.
자기 모델링	• 자신감이 문제일 때 효과적이다. • 높은 관심을 일으킬 수 있다. • 일반화가 잘 된다.	• 촬영하기 어려울 수 있다. • 편집이 복잡하다.
관점 모델링	• 쉽게 촬영할 수 있다. • 실제 생활을 보여준다. • 편집이 쉽다.	• 행동의 범위가 제한적이다. • 아직 연구가 많지 않다.
애니메이션 (캐릭터)	• 아동에게 인기 있다. • 주로 전문적으로 제작된다.	• 모델과 아동의 관련성이 적다. • 행동의 범위와 특이성이 제한된다.

기본이론 324-325p

비디오 모델링

비디오 모델링
- 개념
- 장점
- 유형

핵심 개념

비디오 모델링

아동이 수행해야 할 바람직한 행동을 비디오를 통해 시범 보이는 기법. 아동은 비디오 시범을 관찰하고 비디오로 제시된 시범 행동을 모방함

cf. 자기관찰은 관찰자가 성공뿐만 아니라 실수를 통해서도 배울 수 있도록 있는 그대로를 분석함

효과적인 모델의 특성
- **문제의 공유성**: 모델이 관찰자와 비슷한 관심과 문제를 가지고 있을수록 효과적
- **관찰자와의 유사성**: 모델의 인종, 나이, 태도, 사회적 배경이 관찰자와 비슷할수록 효과적
- **능력의 우수성**: 모델의 능력이 관찰자보다 약간 우위를 가지고 있을 때 효과적

비디오 자기 모델링의 장점
- 자신감이 문제일 때 효과적임
- 높은 관심을 일으킬 수 있음
- 일반화가 잘 됨

2) • 민수는 가영이를 좋아한다.
• 민수는 난타를 잘하는 가영이 옆에서 따라했다.

3) 비디오 모델링을 통해 자극일반화를 증진한다.

2020학년도 유아 B1

22 **다음은 5세 발달지체 유아 민수의 통합학급 김 교사와 유아특수교사 박 교사의 대화이다. 물음에 답하시오. [5점]**

> 김 교사: 선생님, 자유선택활동 시간에 난타 놀이를 하는데, 아이들이 웃으며 재미있게 하고 있어요. 난타 도구를 서로 바꾸면서 상호작용했어요.
> 박 교사: 아이들이 참 재미있어 했겠네요. 민수는 어떻게 하고 있나요?
> 김 교사: 민수는 난타 놀이를 재미있어 해요. 민수가 좋아하는 가영이, 정호, 진아와 한 모둠이 되어 난타를 했어요. 그런데 다른 아이들만큼 잘 안 될 때는 무척 속상해 했어요.
> 박 교사: 생각만큼 난타가 잘 안 돼서 민수가 많이 속상했겠네요.
> 김 교사: 민수를 관찰하려고 표본기록이 아니라 ㉠ 일화기록을 해보았어요. 제가 일주일간 자유선택활동 시간에 기록한 일화기록을 한번 보시겠어요?
> 박 교사: 이게 민수의 일화기록이군요. 민수가 난타를 잘하는 가영이 옆에서 따라 했네요. 그런데 그 정도로는 난타 실력이 많이 늘지는 않았나 봐요.
> 김 교사: 맞아요. 그래서 저도 걱정이에요.
>
> …(중략)…
>
> 김 교사: 아까 말한 것처럼 민수는 난타 놀이를 더 잘 하고 싶어 해요. 민수가 연습할 시간이 더 많았으면 좋겠는데, 현실적으로 힘든 점이 있네요. 이럴 때는 어떻게 하면 좋을까요?
> 박 교사: 시간이나 비용 면에서 경제적이고 반복해서 연습할 수 있는 비디오 모델링을 추천해드려요. 민수는 컴퓨터로 학습하는 것을 좋아하니 더 주의집중해서 잘할 거예요. 일화기록을 보니 ㉡ 가영이를 모델로 하면 좋겠네요.

문제의 공유성

능력의 우수성

비디오 모델링의 장점
- 비디오 모델링이 실제 모델링보다 일반화에 효과적임
- ASD 아동의 자극의 과다선택성을 보상함 → ASD 아동은 다양한 단서들에 반응하는 데 어려움을 겪는데, 비디오 모델링은 목표행동과 같은 관련 단서에 집중함으로써 자극의 과다선택성을 줄일 수 있음
- ASD 아동의 특별한 관심을 활용해 비디오 모델링이 자동적인 강화의 역할을 함
- 시간, 비용 면에서 경제적
- 반복연습

2) 대화에서 ㉡의 이유를 2가지 찾아 쓰시오. [2점]

3) 다음의 ⓐ에 해당하는 개념을 쓰시오. [1점]

> 이후 민수는 비디오 모델링으로 난타 놀이를 연습하였으며, 점점 더 잘 하게 되었다. ⓐ 민수는 통합학급에서 친구들과 함께 다양한 도구로 재미있게 난타 놀이를 할 수 있게 되었다. 뿐만 아니라 집이나 놀이터에서도 동네 친구들과 난타 놀이를 하였다.

기본이론 324-325p

비디오 모델링

비디오 모델링
- 개념
- 장점
- 유형

비디오 자기 모델링
- 아동이 스스로 바람직한 행동을 성공적으로 수행하는 것을 관찰하여 목표 행동을 모방하도록 하는 중재전략
- 비디오 자기 모델링이 다른 형태의 모델링에 비해 갖는 두 가지 장점은 첫째, 관찰자 자신보다 더 친숙한 관찰자를 찾는 것은 불가능하다는 점. 둘째, 모델은 관찰자보다 약간만 더 진보된 사람일 것이라는 점

비디오 자기 모델링의 장점
- 자신감이 문제일 때 효과적임
- 높은 관심을 일으킬 수 있음
- 일반화가 잘 됨

비디오 자기 모델링의 단점
- 촬영하기 어려울 수 있음
- 편집이 복잡함

비디오 자기 모델링

2024학년도 유아 A1

23 **(가)는 자폐성장애 유아 동주의 특성이고, (나)와 (다)는 유아특수교사 임 교사와 유아교사 배 교사가 동주의 놀이를 지원하는 장면과 임 교사의 지도 노트이다. 물음에 답하시오. [5점]**

(가)

- 곤충을 좋아함
- 동영상 보기를 좋아함
- 상호작용을 위한 말을 거의 하지 않음
- 상호작용 중 상대방이 가리키거나 쳐다보는 사물, 사람, 혹은 사건을 함께 쳐다볼 수 있음

(나)

동주에게 제공하고 있는 구어 시범을 용암시키기 위해 며칠 전 놀이시간에 찍어 둔 동영상을 편집했다. 동영상 내용 중에서 내가 구어 시범을 제공하는 장면만 삭제하여 동주가 독립적이고 성공적으로 수행하는 모습이 되도록 했다. 동영상은 동주가 곤충 그림책을 보며 책장을 넘길 때마다 스스로 교사에게 "뭐예요?"라고 묻고 배 선생님이 대답해 주는 장면으로 구성되었다. 내일부터 놀이시간 직전에 동주와 이 동영상을 함께 시청하며 지도해야겠다. [A]

3) [A]에서 임 교사가 사용할 중재기법이 무엇인지 쓰시오.

기본이론 324-325p

비디오 모델링

비디오 모델링
- 개념
- 장점
- 유형

핵심개념

비디오 모델링의 장점
- 비디오 모델링이 실제 모델링보다 일반화에 효과적임
- ASD 아동의 자극의 과다선택성을 보상함 → ASD 아동은 다양한 단서에 반응하는 데 어려움을 겪는데, 비디오 모델링은 목표행동과 같은 관련 단서에 집중함으로써 자극의 과다선택성을 줄일 수 있음
- ASD 아동의 특별한 관심을 활용해 비디오 모델링이 자동적인 강화의 역할을 함
- 시간, 비용 면에서 경제적
- 반복연습

비디오 모델링

2018학년도 초등 A4

24 **(가)는 자폐스펙트럼장애 학생 지호의 특성이고, (나)는 최 교사가 2015 개정 특수교육 교육과정 중 기본 교육과정 과학과 3~4학년 '지구와 우주' 영역을 주제로 작성한 교수·학습 과정안의 일부이다. 물음에 답하시오. [5점]**

(가)

- 모방이 가능함
- 낮과 밤을 구분할 수 있음
- 동적 시각 자료에 대한 주의집중이 양호함

모방이 가능하고 동적 시각 자료에 대한 주의집중이 양호 → 비디오 모델링을 적용하기에 적합함

(나)

영역	일반화된 지식	
지구와 우주	지구와 달의 운동은 생활에 영향을 준다.	
단계	활동	자료 및 유의점
탐색 및 문제 파악	• ㉠ 실험실에서 지켜야 할 일반적인 규칙 상기하기 • 낮과 밤의 모습 살펴보기 • 낮과 밤이 생기는 까닭 예측하기	㉡ 실험실 수업 규칙 영상

1) **최 교사는 (가)를 고려하여 (나)의 밑줄 친 ㉠을 습득시키고자 실험실에서 이루어지는 수업을 할 때마다 지호에게 (나)의 밑줄 친 ㉡을 보며 따라 하도록 지도하였다. 이 전략의 명칭을 쓰시오. [1점]**

PART 03

기본이론 324-325p

비디오 모델링

비디오 모델링
- 개념
- 장점
- 유형

비디오 자기 모델링의 장점
- 자신감이 문제일 때 효과적임
- 높은 관심을 일으킬 수 있음
- 일반화가 잘 됨

비디오 자기 모델링의 단점
- 촬영하기 어려울 수 있음
- 편집이 복잡함

높은 관심을 일으킬 수 있다. 또는 자기 효능감(자신감)을 향상시킬 수 있다.

2024학년도 중등 B5

25 **(가)는 ○○특수학교 고등학교 과정에 재학 중인 자폐성 장애 학생 A의 특성이고, (나)는 교감과 담임 교사의 대화이다. 〈작성 방법〉에 따라 서술하시오. [4점]**

(가) 학생 A의 특성

- 모방이 가능함
- 시각적 자료 처리에 강점을 보임
- 동영상 보는 것을 좋아하고, 영상에 자신이 나오면 흥미를 보임

모방이 가능하고 동적 시각 자료에 대한 주의집중이 양호 → 비디오 모델링을 적용하기에 적합함

(나) 교감과 담임 교사의 대화

담임 교사: 교감 선생님, 제가 요즘 학생 A에게 비디오 모델링 중재법으로 '진공청소기로 청소하기'를 가르치고 있습니다. 우선 제가 모델이 되어 우리 교실에서 교실에 있는 진공청소기로 청소하는 과정을 동영상으로 제작했습니다. 그리고 학생에게 그것을 시청하게 한 후 우리 교실에서 그 진공청소기로 청소를 하도록 연습시켰습니다. 학생이 청소를 완료하면 매번 좋아하는 활동을 하게 했고요. 중재 단계를 사전에 계획한 대로 실시한 정도도 확인했습니다.

교　　감: 학생의 행동에 변화가 있나요?

담임 교사: 교실에서는 진공청소기로 청소합니다. 얼마 전 학생 A의 학부모와 상담을 해 보니 집에서는 진공청소기를 사용하여 청소하지 못한다고 하시더라고요. 왜 일반화가 일어나지 않는 걸까요?

교　　감: 학생 A의 '진공청소기로 청소하기' 행동의 일반화를 촉진하기 위해서는 여러 요소를 고려해 봐야 합니다. 먼저 비디오 모델링에는 선생님께서 모델을 보여 주신 것처럼 ㉣ 성인 비디오 모델링 중재법도 있지만, ㉤ 비디오 자기 모델링 중재법이라는 것도 있어요. 학생 A의 특성을 보니 비디오 자기 모델링 중재법의 활용도 고려해 보면 좋겠네요

작성방법

(나)의 밑줄 친 ㉣과 비교하여 밑줄 친 ㉤의 장점을 심리·정서적 측면에서 1가지 서술할 것.

자폐범주성장애 아동 교육(의사소통 중재)

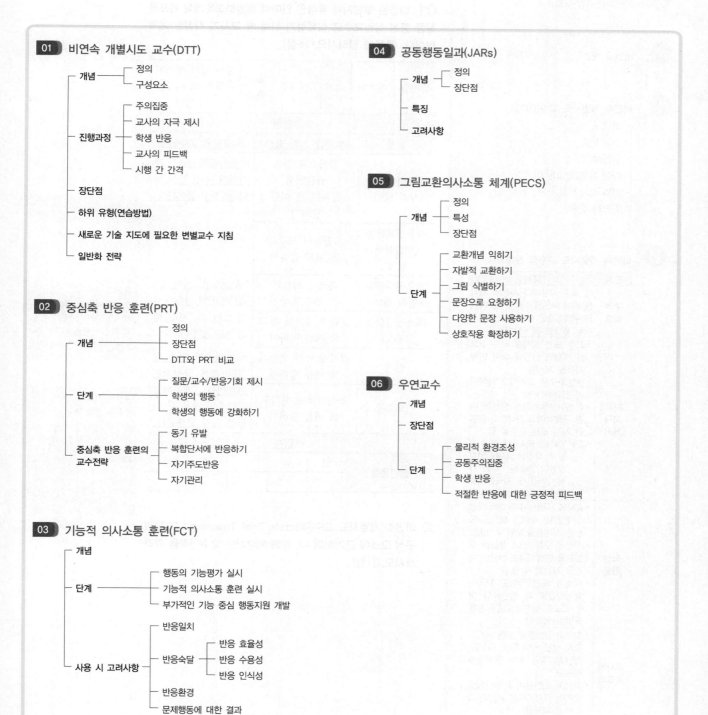

01 비연속 개별시도 교수(DTT)

- 개념
  - 정의
  - 구성요소
- 진행과정
  - 주의집중
  - 교사의 자극 제시
  - 학생 반응
  - 교사의 피드백
  - 시행 간 간격
- 장단점
- 하위 유형(연습방법)
- 새로운 기술 지도에 필요한 변별교수 지침
- 일반화 전략

02 중심축 반응 훈련(PRT)

- 개념
  - 정의
  - 장단점
  - DTT와 PRT 비교
- 단계
  - 질문/교수/반응기회 제시
  - 학생의 행동
  - 학생의 행동에 강화하기
- 중심축 반응 훈련의 교수전략
  - 동기 유발
  - 복합단서에 반응하기
  - 자기주도반응
  - 자기관리

03 기능적 의사소통 훈련(FCT)

- 개념
- 단계
  - 행동의 기능평가 실시
  - 기능적 의사소통 훈련 실시
  - 부가적인 기능 중심 행동지원 개발
- 사용 시 고려사항
  - 반응일치
  - 반응숙달
    - 반응 효율성
    - 반응 수용성
    - 반응 인식성
  - 반응환경
  - 문제행동에 대한 결과

04 공동행동일과(JARs)

- 개념
  - 정의
  - 장단점
- 특징
- 고려사항

05 그림교환의사소통 체계(PECS)

- 개념
  - 정의
  - 특성
  - 장단점
- 단계
  - 교환개념 익히기
  - 자발적 교환하기
  - 그림 식별하기
  - 문장으로 요청하기
  - 다양한 문장 사용하기
  - 상호작용 확장하기

06 우연교수

- 개념
- 장단점
- 단계
  - 물리적 환경조성
  - 공동주의집중
  - 학생 반응
  - 적절한 반응에 대한 긍정적 피드백

기본이론 327-333p

비연속 개별시도 교수(DTT)

비연속 개별시도 교수(DTT)
- 개념
- 진행과정
- 장단점
- 하위 유형(연습방법)
- 변별교수 지침
- 일반화 전략

비연속 개별시도 교수의 진행과정

단계	내용
주의 집중	매 교수 시행마다 시행의 시작을 위해 학생의 주의를 끎. 학생의 주의집중은 학습의 과정에서 가장 중요한 첫 단계임
교사의 자극 제시	• 교수 또는 지시를 하는 것으로 학생의 반응에 대한 변별자극을 제시함 • 변별자극은 일관되고 명확하며 간결해야 함 • 학생이 해야 하는 반응에 대한 구체적이고 간략하고 분명한 지시 또는 질문을 함 예 "여기로 와서, 내 옆에 있는 이 파란색 의자에 앉지 않겠니?"보다는 "이리 와서 앉아!"가 자극통제를 가르치는 데 더 효과적임
학생 반응	• 교사의 자극(단서)에 대해 학생이 반응함. 학생은 정반응, 오반응, 무반응을 보일 수 있음 • 학생이 오류 없이 학습할 수 있도록 변별자극과 더불어 촉진을 제공할 수 있음 • 학생이 촉진 없이도 자극이 제시되었을 때 정반응을 할 수 있도록 점진적으로 촉진을 용암시켜야 함
교사의 피드백	• 학생이 정반응을 하면 교사는 즉시 칭찬, 안아주기, 음식물, 장난감, 활동 등의 강화제를 제공함 • 학생이 오반응이나 무반응을 보이면 즉각적으로 교정적 피드백을 제공함
시행 간 간격	교사는 대략 3~5초 정도의 간격을 두고 다음 개별시행을 실시함

㉡ 교사의 자극 제시
㉢ 교사의 피드백

2013학년도 추가유아 A7

01 **다음은 발달지체 유아인 민아의 개별화교육계획 목표를 활동 중심 삽입교수로 실행하기 위해 박 교사가 작성한 계획안이다. 물음에 답하시오. [6점]**

유아명	정민아	시기	5월 4주	교수 목표	활동 중에 제시된 사물의 색 이름을 말할 수 있다.

교수활동		
활동	㉠ 학습 기회 조성	㉤ 교사의 교수활동
자유선택활동 (쌓기 영역)	블록으로 집을 만들면서 블록의 색 이름 말하기	㉡ 민아에게 사물을 제시하며 "이건 무슨 색이야?"하고 물어본다.
자유선택활동 (역할놀이 영역)	소꿉놀이 도구의 색 이름 말하기	
자유선택활동 (언어 영역)	존댓말 카드의 색 이름 말하기	"빨강(노랑, 파랑, 초록)"하고 색 이름을 시범 보인 후 "따라 해 봐."하고 말한다.
대소집단활동 (동화)	그림책 삽화를 보고 색 이름 말하기	
간식	접시에 놓인 과일의 색 이름 말하기	㉢ 정반응인 경우 칭찬과 함께 긍정적인 피드백을 제공하고 오반응인 경우 색 이름을 다시 말해준다.
실외활동	놀이터의 놀이기구 색 이름 말하기	

㉣ 관찰					
정반응률	월	화	수	목	금
	%	%	%	%	%

교사의 자극 제시

촉구
교사는 자극의 제공과 동시에 또는 자극 제공 후에 바로 학생이 변별자극에 올바르게 반응할 수 있도록 지원

교사의 피드백
인위적 강화 제공
※ '인위적 강화'란 학생의 반응과 직접 연관되지 않은 강화제를 제공하는 것
예 교사가 자극을 제시한 후("이게 뭐야?") 학생의 반응("과자")에 대한 강화로 '과자'가 아닌 "잘했어."라는 사회적 강화가 주어진다면 이는 인위적 강화를 한 것

2) 비연속 개별시도 교수(Discrete Trial Teaching ; DTT)의 구성 요소에 근거하여 ㉡, ㉢에 해당하는 교수전략을 각각 쓰시오. [1점]

기본이론 327-333p

비연속 개별시도 교수(DTT)

비연속 개별시도 교수(DTT)
- 개념
- 진행과정
- 장단점
- 하위 유형(연습방법)
- 변별교수 지침
- 일반화 전략

핵심 개념

비연속 개별시도 교수의 단점
- 교사가 제공하는 단서에 학생이 반응하는 절차이기 때문에, 분명한 단서가 없을 때는 학생 스스로 행동을 시작하기 어려움(자극 의존성)
- 교사가 매우 엄격하게 통제된 학습 환경을 만들기 때문에, 비연속 개별시도를 통해 배운 기술을 일반화하기 어려움
- 교사가 학생과 개별적으로 상호작용하고 지속적으로 단서를 제공해야 한다는 점에서 매우 노동집약적인 방법
- 자기주도 능력이 부족하고, 기계적인 반응을 하는 등 예상치 못한 부작용이 생길 수 있음

1) ㉠ 교사의 자극 제시

2) 제한적이고 반복적인 행동·관심·활동을 활용한 것이다.

3) 학습한 기술의 일반화에 어려움이 있다.

2015학년도 초등 B4

02 (가)는 특수학교 김 교사가 색 블록 조립하기를 좋아하는 자폐성 장애 학생 준수에게 '2011 개정 특수교육 교육과정' 중 기본 교육과정 수학과 3~4학년군 '지폐' 단원에서 '지폐 변별하기'를 지도한 단계이고, (나)는 이에 따른 준수의 수행 관찰 기록지이다. 물음에 답하시오. [6점]

(가) '지폐 변별하기' 지도 단계

단계	교수·학습 활동
주의집중	교사는 준수가 해야 할 과제 수만큼의 작은 색 블록이 든 투명 컵을 흔들며 준수의 이름을 부른다.
㉠	교사는 1,000원과 5,000원 지폐를 준수의 책상 위에 놓는다. 이때 ㉡ <u>교사는 1,000원 지폐를 준수 가까이에 놓는다.</u> 교사는 준수에게 "천원을 짚어 보세요."라고 말한다.
학생 반응	준수가 1,000원 지폐를 짚는다.
피드백	교사는 색 블록 한 개를 꺼내, 준수가 볼 수는 있으나 손이 닿지 않는 책상 위의 일정 위치에 놓는다. (오반응 시 교정적 피드백 제공)
시행 간 간격	교사는 책상 위 지폐를 제거하고 준수의 반응을 기록한다.

※ 투명 컵이 다 비워지면, 교사는 3분짜리 모래시계를 돌려놓는다. 준수는 3분간 색 블록을 조립한다.

비연속 개별시도 교수의 단계
① 주의집중
② 교사의 자극 제시
③ 아동의 반응
④ 교사의 피드백
⑤ 시행 간 간격

인위적 강화

(나) 수행 관찰 기록지

날짜	11/10	11/11	11/12	11/13	11/14	11/17	11/18	11/19	11/20	11/21	
시행	⑩	⑩	⑩	⑩	⑩	⑩	⑩	⑩	⑩	⑩	100
	9/	9/	⑨	9/	⑨	⑨	⑨	[⑨]	[⑨]	[⑨]	90
	⑧	8/	8/	⑧	8/	[⑧]	[8/]	⑧	⑧	⑧	80
	7/	⑦	7/	7/	7/	7/	⑦	⑦	⑦	⑦	70
	6/	6/	⑥	6/	[⑥]	⑥	⑥	6/	⑥	6/	60
	5/	5/	[5/]	[⑤]	5/	5/	⑤	⑤	⑤	⑤	50
	4/	4/	4/	4/	④	④	4/	④	④	④	40
	3/	[③]	③	③	3/	③	③	③	3/	③	30
	[2/]	2/	②	2/	②	②	②	②	②	②	20
	1/	1/	1/	①	①	①	①	①	①	①	10
회기	1	2	3	4	5	6	7	8	9	10	%

- 표적 기술 : 지폐 변별하기
- 자료 : 1,000원 지폐, 5,000원 지폐
- 구어 지시 : "__원을 짚어 보세요."
- 기준 : 연속 3회기 동안 10번의 시행 중 9번 정반응

/ 오반응
○ 정반응
□ 회기 중 정반응 시행 수

비연속 개별시도 교수의 결과 기록 방법으로 '통제제시 기록법' 혹은 '기준치 도달 관찰기록법'을 사용함
- **통제제시 기록법** : 빈도기록을 수정한 형태로, 빈도기록과의 차이는 행동의 기회가 통제된다는 것임
- **기준치 도달 관찰기록법** : 빈도기록을 수정한 형태로, 빈도기록과의 차이는 행동의 기회가 통제되고 숙달준거가 설정된다는 것임

1) (가)의 ㉠단계의 명칭을 쓰시오. [1점]

2) (가)에서 김 교사가 준수에게 색 블록을 사용하여 강화를 한 것은 자폐성 장애의 어떤 특성을 활용한 것인지 쓰시오. [1점]

3) (가)에서 김 교사가 적용한 지도법의 일반적인 제한점을 1가지 쓰시오. [1점]

확장하기

비연속 개별시행 훈련(신현기 외, 『자폐스펙트럼장애 학생 교육의 실제』, 2014.)

DTT에는 많은 변인들이 있다. DTT를 적게는 3단계, 많게는 8단계로 나누지만 모든 비연속 시행은 동일한 기본적 구성요소들을 포함한다. DTT 실행을 위한 기본적인 구성요소들은 다음과 같다.

1. 주의집중

자극의존성을 배우기 위해 학생들은 자극에 참여할 필요가 있다. 우선 시행을 시작하기 위해서는 학생이 자극을 놓치지 않도록 주의를 끌어야 한다. 일반적으로 교사는 학생에게 가깝게 접근해서 학생의 이름을 말하고, 눈을 마주치며 만지거나 학생이 관심을 갖는 물건을 잡는다.

이때 학생의 주의를 끌기 위해서는, 무슨 일을 하든지 처음에는 효과적이어야 한다는 점을 고려해야 한다. 예를 들어, 학생이 말하는 사람의 방향을 알고 있을 때에만 학생의 이름을 부른다. 안타깝게도 성인들은 의도치 않게 아동들이 어릴 때부터 말을 무시하도록 가르친다. 밖에서 놀고 있는 아동에게 저녁 식사를 하라고 부르면, 처음에는 거의 들어오지 않는다. 어머니가 이름을 부르고, 또 부르고, 마지막으로 집안 분위기가 두려움을 느낄 정도로 화가 난 어조로 이름을 부를 때까지 아동은 대부분의 지시를 무시한다.

교실에서도 같은 현상이 발생한다. 교사들은 학급의 모든 아동들이 지시에 따르도록 하기 위해서는 말의 어조와 크기를 동시에 바꾸어 사용해야 한다는 것을 알고 있다. 이는 주의를 끌기 위해 매번 학생의 이름을 부르는 것을 피할 수 있는 제일 좋은 방법이다. 실제로 지시는 항상 이름으로 시작하지 않는다. 학생이 이름을 듣지 않는다면, 학생이 집중하지 않은 것이므로 부적절한 지도이다. 초기의 비연속 시행 기간 동안에는 장난감 혹은 좋아하는 음식물과 같이 학생이 좋아하는 물건들을 잡게 하여 학생들의 참여를 높일 수 있다.

2. 변별자극의 제시

주의를 끈 다음에는 교수 혹은 지시를 하는데, 이때 교수를 위해 사용되는 기술적인 용어가 '변별자극'이다. 이는 특별한 반응의 예상을 학생에게 알리는 것이다. 예를 들어, 어떤 사람들은 아침 기상을 위한 변별자극이 알람시계 소리라고 말한다. 그러나 여기에는 알람시계가 고장났을 때에는 어떻게 기상하는가? 하는 의문점이 남는다. 이런 점에서 어떤 사람들은 기상을 위한 실제적인 변별자극이 알람이 울리는 특정한 시각이라고 말한다. 마찬가지로 비연속 개별시행 훈련에서도, 매번 같은 시간에(일관성) 많은 정보를 포함하지 않고(간결성), 행동 발생에 필요한 것을 정확하게 상세화(명확성)한다면, 변별자극은 보다 빨리 학습된다는 것을 기억하면서 학생의 반응에 대한 변별자극을 우선 결정한다.

예를 들어 교사가 "여기로 와서, 내 옆에 있는 이 파란색 의자에 앉지 않겠니?"라고 말하는 것은 부적절한 변별자극이다. 같은 정보이지만, 명확하고 간결함을 제공하는 적절한 변별자극은 "이리 와서 앉아!"이다. 자극통제를 가르치기 위해서는 이렇게 정확한 단어를 매번 사용해야 한다. 변별자극을 무시하면서 학생들을 가르치지 않게 하기 위해서는 다른 말을 일체 하지 않고, 단지 한 번만 지시해야 한다.

3. 학생 반응

변별자극을 제시하고 나서는 학생 반응을 기다린다. 학생 반응으로는 단지 세 가지 반응이 가능하다(정확한 반응, 부정확한 반응, 무반응). DTT에서 교사는 학생이 정확하게 반응할 수 있는 가능성을 최대화하는 방법을 신중하게 고려해야 한다. 이를 위한 방법 중 하나는 환경을 설계해서 주의가 산만하지 않게 하고, 학생이 학습 공간을 떠나려고 하면 학생에게 최대한 가까이 다가가 다시 지시하는 것이다.

다른 방법은 학생의 행동목록(repertoire) 안에서 시행을 위한 행동을 선택하는 것이다. 예를 들어, 학생이 던지기를 좋아한다면, 교사는 뚜껑 있는 상자를 집어낸 뒤 "상자를 열어."라고 말한다. 이렇게 하면 학생은 상자를 던지려고 할 것이다. 그러면 교사는 상자를 단단히 잡아서 학생이 뚜껑만 잡을 수 있게 한다. 이때 변별자극은 상자를 여는 것이기 때문에 학생은 정확히 반응한 것이다. 그런 다음에 학생의 행동이 형성되어 뚜껑을 열고, 그 뚜껑을 책상 위에 놓을 수 있다. 이때 중요한 점은 학생이 수행할 수 있는 행동의 잠재력은 하나이며, 정확한 자극에 기반해서 정확한 행동의 발생 가능성을 높일 수 있도록 자료 제시 방법이 포함된 환경을 조심스럽게 설계해야 한다는 것이다.

그러나 행동과 교수적 통제의 신중한 선택에도 불구하고, 학생이 정확한 행동으로 반응하지 않을 수 있다. 이에 대응하는 DTT의 변형 중 하나는 오류 없이 학습하도록 변별자극과 촉구를 함께 제공하는 것이다. 이는 학생이 정확하게 반응하도록 도와준다. 예를 들어 "코를 만져봐."라는 변별자극을 주었을 때, 완전한 신체적 촉구를 사용하여 학생의 코로 손가락을 안내한다면, 오류 없이 정확하게 반응하는 결과를 얻을 수 있다.

촉구의 다른 유형들은 오류의 감소 혹은 제거에 유용하다. 먼저 교사는 부정확한 선택의 접근을 제한함으로써 부정확한 반응을 막는 차폐를 사용할 수 있다. 예를 들어 학생에게 특정 그림을 찾으라고 요구할 때, 모든 그림이 아니라 정확한 그림만을 다루는 것이다.

다음으로 자극 내 촉구는 학생의 이름을 쓰도록 촉구하기 위해 종이에 '이름'이라는 단어를 강조하는 등 자극과 관련된 요소를 강조한다. 예를 들어 청소가 덜 된 지역을 시각적으로 촉구하기 위하여 카펫 청소 세제를 마루에 뿌릴 수 있다. 일부 연구에서는 무오류 학습(errorless learning)의 사용을 옹호하지만, 대부분의 비연속 시행 훈련은 오류수정 절차(error correction procedure) 내에서 반응한 다음에, 주어진 촉구를 줄여 궁극적으로 어떠한 촉구 없이도 혼자서 수행하도록 한다.

4. 피드백

교사는 학생 반응에 따라 후속결과를 제공한다. 학생 반응이 정확하면 피드백으로 강화를 제공한다. 학생이 부정확한 반응이나 무반응을 보인다면 지시에 반응하도록 촉구함으로써 피드백으로 오류를 수정한다.

피드백을 전달할 때는 학생에게 사용할 수 있는 강화제를 찾아서 사용한다. 변별자극과 반응 사이의 연결을 위하여 강화는 정확한 반응을 보였을 때 바로 제공해야 한다. 잠재적인 강화제를 찾으려면 우선 학생이 좋아하고 바라는 것을 분석한다. 예를 들어, 일부 학생들은 도보로 걷고 싶어 하거나, 차를 타고 싶어 하거나, 그네를 타고 싶어 한다.

또한 강화제는 너무 오랫동안 지속되지 않으며, 포만현상을 피하기 위해 적은 양으로 제공할 수 있는 잠재적인 것으로 찾아야 한다. 예를 들어 소량의 음료수 또는 치즈 슈크림처럼 통제된 양으로 줄 수 있는 1차 강화제가 좋다. 단시간 내에 움직이는 태엽을 감는 자동차는, 장난감의 움직임이 멈출 때 다음 시행에 대해 전환이 될 수 있다. 앞서 언급했듯 이러한 강화제는 정확한 반응이 발생하고 난 다음에 즉시 제공하는 것이 중요하다.

강화제를 선택하고 선택된 항목들이 계속 강화제로 작용할 수 있는지를 확인하기 위하여 선호도 평가를 실시한다. 이때, 선호도 평가 대상은 단순히 2개의 항목으로 구성되어 있고, 그중 학생이 갖고 싶거나 요구하는 것 하나를 선택한다. 선호도 평가는 더 엄격한 방법으로도 진행될 수 있는데, 예를 들어 많은 항목들을 선택한 다음, 상대적인 선호도 순서를 결정하기 위해 체계적으로 둘씩 제공한다. 그러고 나서 학생이 과거부터 무엇을 좋아했는지 고려하고 동기적 조작의 효과에 대해 판단한다.

여기서 동기적 조작은 최근의 경험을 바탕으로 한 후속결과와 관련 있다. 예를 들어 학생이 방금 점심을 먹었다면, 음식은 강화제로서 바람직하지 않을 수 있다. 그러나 학생이 식사를 하지 않았다면 음식은 학생에게 큰 관심사가 될 수 있다. 강화를 제공하는 데 있어서 교사는 정확한 반응 이후에 제공하는 후속결과가 학생이 바라는 것인지를 확신할 수 있어야 한다.

학생이 틀리게 반응하거나 혹은 전혀 반응하지 않는다면 교정적 피드백을 제공하고 뒤이어 강화를 한다. 타인에 의해 제공되는 촉구는 개입을 적게 하는 것부터 많이 하는 것까지 위계(시각→몸짓→모델→부분적 신체→완전한 신체)가 존재한다. 여기서 개입을 적게 하는 촉구 중 하나인 언어적 촉구가 위의 위계에서 의도적으로 생략되었다. 언어적 촉구는 변별자극을 다시 설명하는 것이 아니라, 추가 정보를 제공하는 설명이 포함된다. 변별자극인 "줄을 서라!"라고 하는 언어적 촉구에는 "일어나서 문으로 걸어가라."라는 뜻이 포함되어 있다. 그러나 대부분의 자폐성장애 학생들은 청각처리과정에 어려움이 있기 때문에 언어적 촉구는 학생이 언어적 정보를 이해하는 것을 더 어렵게 하므로 사용하지 않는 것이 좋다.

한편, 처음으로 촉구된 반응에 제공하는 강화는 독립적인 반응에 주는 강화와 동일해야 한다. 특정 교수(변별자극) 후에 반응했을 때, 원하는 것(강화)이 뒤따라온다는 것을 학생에게 가르쳐야 한다.

그리고 촉구는 의존성을 피하기 위해 조심스럽게 사용되어야 한다. 촉구 의존성은 학생이 반응하기 전에 촉구를 기다릴 때 발생한다. 이를 피하기 위해서는 촉구를 동반한 몇 차례의 시행을 한 다음에 강화를 줄이거나 제거한다. 그러나 오류 수정 절차 이후에는 학생에게 강화제를 보여는 주되, 주지는 말아야 한다. 다음 번 시행에서 학생이 독립적으로 반응을 수행하고, 강화받는 기회가 주어지게 된다.

5. 시행 간 간격

시행 간 간격은 학생의 올바른 반응을 위해 강화를 받는 동안의 시행들과 교사가 그 시행 동안에 자료를 기록하는 사이의 짧은 시간 간격을 의미한다. 시행 간 간격 후에 학생이 아직도 참여하고 있는지, 그리고 다른 변별자극(이전과 같거나 혹은 다른 것)을 제공했는지를 확인한다. 전통적으로 교사는 시행 간 간격 기간 동안에 교수재료를 제거한다. 그렇게 하면 다음 시행 시작에 다른 교수재료를 제시할 수 있다. 적용 상황에서 자료가 항상 제거될 수는 없다. 시행 간 간격은 몇 초간 지속될 수 있지만 학생에 따라 더 길어질 수도, 짧아질 수도 있다. 실제로 주의집중 시간이 짧거나, 혹은 휴식 후에 다시 참여하는 데 어려움이 있는 학생은 시행 간 간격을 매우 짧게 해야 한다. 짧은 시행 간 간격이 정확한 반응을 증가시키고 과제에 불참하는 행동을 줄여준다.

학생에게 적절한 길이의 시행 간 간격이 주어졌다면, 학생의 반응 정확도를 시행 간 간격 기간 동안에 기록한다. 자료 수집은 학생이 정확하게 반응하면 (+), 정확하게 반응하지 않으면 (−)로 기록한다. 보다 정교한 자료 수집 양식은 오류 수정 절차 안에서 사용된 촉구의 수준을 기록한다. 다음 페이지의 자료 수집 양식처럼 대부분의 DTT 자료 수집 용지들이 10세트로 자료를 수집하도록 구성되어 있는 것은 자료를 퍼센트로 변환할 수 있는 편리함 때문이다. 용지의 열(row) 란에서 학생이 3회 시행 동안에 정확하게 반응했다면, 다른 변별자극으로 바꾼다. 이미 몇 차례 정확하게 수행한 반응을 또 다시 요구하면 학생은 지루해하거나 저항할 것이며, 반응이 지체될 것이다.

비연속 개별시도 교수

- 학생: 네빌
- 훈련자: JT
- 목표: 색 변별을 할 수 있다.
- 조건: 네빌과 마주 앉는다. 그리고 그에게 3개의 선택 중 1개를 준다.
- 말: "______ 만져라."(파랑, 빨강, 노랑, 초록을 기입한다.)
- 기준: 연속 3회기 동안, 단지 말(촉구 없음)로만 지시했을 때 80%의 정확도
- 강화 계획: 1 : 1 　1 : 2 　1 : 3 　간헐
- 기타:

시행 \ 날짜	9/7	날짜	9/8	날짜	9/9	날짜	9/10	날짜	9/13
	촉구		촉구		촉구		촉구		촉구
~~10~~	F	10		~~10~~	G	⑩		10	
~~9~~	F	9		~~9~~	G	~~9~~	G	9	
~~8~~	F	~~8~~	P	~~8~~	G	~~8~~	P	8	
~~7~~	F	~~7~~	P	~~7~~	G	⑦		7	
~~6~~	F	~~6~~	P	~~6~~	P	⑥		6	
~~5~~	F	~~5~~	P	~~5~~	G	~~5~~	P	⑤	
~~4~~	F	~~4~~	P	~~4~~	P	~~[4]~~	G	[4]	
~~3~~	F	~~3~~	P	~~3~~	P	③		③	
~~2~~	F	~~2~~	P	~~2~~	P	~~2~~	G	~~2~~	G
~~1~~	F	~~1~~	P	~~1~~	P	~~1~~	G	①	
0%		0%		0%		40%		80%	
>f 촉구 : F 100%		>f 촉구 : P 63%		>f 촉구 : G/P 50%		>f 촉구 : G 66%		>f 촉구 : G 100%	

촉구 G: 몸짓
M: 모델
P: 부분적인 신체적
F: 완전한 신체적

표시: ㅡ 틀림
○ 맞음
□ 회기 중 모두 맞음

* 촉구를 사용하면, 시행은 '틀림'으로 표시함

[출처] 신현기 외, 『자폐스펙트럼장애 학생 교육의 실제』, 2014,

개별시도학습(이성봉 외, 『응용행동분석』, 2019.)

1. 개별시도학습의 정의

① 개별시도학습은 일반적인 교육환경에서 학업 성취가 어려운 아동들에게 그들의 특성과 역량에 맞는 교수환경을 구조화하면서, 학습을 위한 최적의 조건을 맞추어 분절된 학습내용을 제공해주는 교수방법이다.

② 즉, 개별시도학습은 여러 가지 연쇄로 구성된 학습을 통해서 많은 양의 정보를 습득하기 어려운 아동에게 적은 단위와 단계로 나누어서 집중적으로 반복하여 학습시키는 방법이다.

③ 따라서 개별시도학습의 가장 중요한 핵심은 분절성과 반복성이다. 개별시도학습은 각각의 학습기술과 내용을 분명하게 구분된 작은 단위로 수월하게 터득하도록 유도할 뿐 아니라, 같은 범주의 기술과 내용을 수월하게 습득할 수 있을 때까지 반복하도록 한다.

2. 개별시도학습의 절차

① 개별시도학습은 3요인 유관분석의 패러다임을 변형한 교사의 지시, 아동의 반응, 후속결과의 3요소로 구성되어 있다.

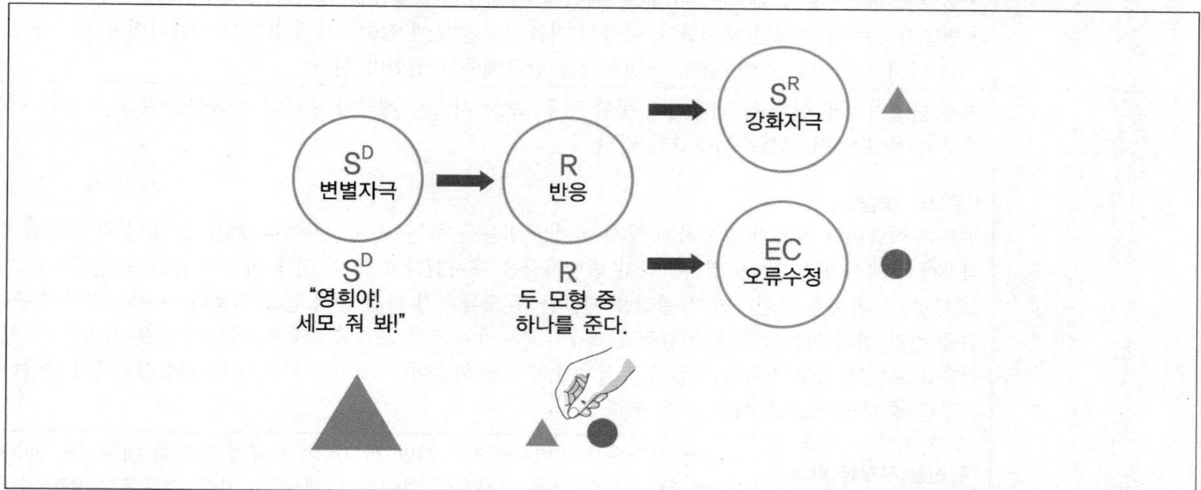

② 개별시도학습은 같은 내용의 프로그램을 여러 번 반복하여 시도한다. 무반응/오반응일 경우에 잠시 무관심 휴지기를 갖다가, 이어서 정반응을 유도하기 위해 자극 촉구, 반응 촉구, 무오류 학습(errorless teaching)을 사용한다.

③ 개별시도학습은 반복학습 혹은 집중학습(massed practice)을 사용하기 때문에 시도 간 휴지기도 중요한 요소가 된다. 또한, 아동의 기능 및 역량 수준에 따라 휴지기 지속시간을 잘 선정해서 적용하는 것이 중요하다.

3. 개별시도학습의 구성요소

<table>
<tr><td>변별자극</td><td>| 변별자극 제시 요령
• 소수의 단어(2~5개 이내)로 구성한 변별자극 혹은 지시를 제공해야 하며, 가능한 최소화하는 것이 좋다.
• 초기에는 변별자극을 통일해 사용해야 한다. 예를 들어, “빨간색 주세요.”라는 변별자극을 정했다면 모든 상황에서 교사들은 같은 변별자극을 사용해야 한다. “빨강 줘!”, “붉은 것 줄래!” 등으로 변별자극을 일부 수정할 경우 아동은 혼동을 느끼고 정반응을 보일 가능성이 낮아진다.
• 천천히 또박또박 말해준다. 너무 빠르거나 느리면 주변 자극에 의해 집중력을 상실할 수 있기 때문이다.
• 변별자극 제시에 앞서 아동을 호명해 눈맞춤을 확인한 즉시 변별자극을 제시한다. 이때 호명 후 변별자극 제시까지의 시간이 지연되면 안 된다.
• 변별자극을 제시하고 반응이 나올 때까지의 경과시간은 아동의 역량 수준에 따라 다르게 할 수 있지만, 일반적으로 5초의 여유를 준다.
• 변별자극을 전달할 때 문장이 끝날 때까지 아동이 주의집중을 잃지 않도록 유념해야 한다.
• 변별자극은 한 차례만 제시한다. 아동이 처음이나 중도에 집중하지 못했다고 판단되면 잠시 시도를 취소하고 다시 시작하는 것이 좋다. 변별자극을 반복해주지 말아야 한다.</td></tr>
<tr><td>학생 반응</td><td>처음 변별자극에 대해 잘 반응하지 못할 경우, 보상 자극을 제공하는 대신 무관심을 주고 무오류 학습, 반응 촉구 등을 활용한 오류수정을 제공한다.

| 무오류 학습
무오류 학습이란 오류가 발생하지 않게 올바른 반응을 주는 교수 절차이다. 예를 들어, 컵과 포크를 변별하는 과제에서 교사가 “○○아, 컵 줘.”라고 변별자극을 제시했다고 하자. 이때 아동이 손을 포크 쪽으로 향하거나(오반응) 무반응을 보인다면, 무관심을 제공한 후 오류수정 과정 중에 컵을 지목해 주거나(위치 촉구), 아동이 컵을 집기 쉽게 이동시켜 주거나(동작 촉구), 교사의 손으로 포크를 가려서 아동이 컵을 가리킬 수 있게 바른 반응을 보이게 하고 강화를 제공하는 절차가 무오류 학습이다. 교사는 무오류 학습의 절차에서 다양한 유형의 촉구를 중재 방법으로 사용할 수 있다.
<table><tr><td>완전한 무오류 학습</td><td>오류수정 절차에서 변별자극으로 컵만 제시하여 오류가 완전히 배제되게 할 수 있다. 또는 큰 컵과 작은 컵을 제시하여 차이가 나게 하는 자극 촉구를 사용할 수 있다.</td></tr><tr><td>최대-최소 촉구</td><td>오류수정을 보통 2~4차례 반복하는데, 첫 오류수정 시도에서 최대 촉구를 제시하여 정반응을 유도한다. 즉, 아동에게 컵을 잡도록 신체적 촉구를 주고, 두 번째 오류수정 시도에서는 덜 제한적인 촉구인 몸짓 촉구를 사용한다. 마지막 오류수정 시도에서는 언어적 지시만 사용하여 점차로 독립적인 수행을 유도한다.</td></tr><tr><td>최소-최대 촉구</td><td>아동이 어느 정도 도움을 주면 완성할 수 있을 정도의 유창성을 갖고 있다면, 처음부터 최대 촉구를 사용하기보다는 최소 촉구를 사용하여 독립적으로 수행하게 한다. 앞의 절차와 반대로 먼저 언어적 촉구를 사용하고, 여기서 오류가 발생할 것 같으면 촉구 수위를 높여서 몸짓 촉구를 사용한다. 그래도 어려우면 신체적 촉구를 사용한다.</td></tr><tr><td>시간 지연
(time delay)</td><td>오류수정의 첫 절차에서는 변별자극을 주면서 동시에 촉구를 같이 제시한다. 즉, 0시간 지연부터 시작한다. 이후 변별자극을 제시하고 촉구를 제시하는 시간 간격을 점점 늘린다. 시간 지연 방법은 아동에게 과제를 독립적으로 수행할 수 있는 기회를 제공한다.</td></tr></table></td></tr>
<tr><td>후속결과</td><td>• 정반응 시 강화물 제공
• 오반응 및 무반응 시 교정적 피드백 제공</td></tr>
</table>

4. 일반화

① 개별시도학습은 집중적이고 반복적인 교수방법이다. 따라서 일반적이고 자연적인 상황에서 특정 기술을 지도하기 위해 반복적인 시행을 계획하고 실행하는 데 어려움이 있다.

② Cooper 등은 일반화 과정을 도입하면 이를 극복할 수 있다고 주장한다. 개별시도학습은 목표행동의 습득으로 종결하는 것이 아닌, 유지와 일반화가 되어야 종결한다. 따라서 초기에는 집중적이고 반복적인 방법으로 기술과 행동을 습득시킨 다음에 이 기술을 오래 유지하면서 실제적인 삶의 다양한 현장에서 이를 발휘할 뿐 아니라, 이미 습득한 레퍼토리 범위를 벗어나는 배우지 않은 연관된 기술과 행동도 구사할 수 있어야 한다.

5. 일반화 전략

개별시도학습은 초기에는 구조적이고 제한적인 환경에서 시작할 필요가 있다. 교육 환경에는 학생의 집중력을 빼앗는 혼돈 자극들이 넘쳐나기 때문이다. 특히 초기 기술 습득 단계에서는 혼돈 자극이 많은 자연적·일반적 환경보다는 구조적 환경을 추천한다. 그러나 구조적 환경은 아동이 배운 기술과 지식을 교수환경 이외의 환경에서 활용하는 데 어려움이 있다. 따라서 아동이 필요한 기초 기술을 습득한 다음에 이를 유지하고 다른 상황에서 일반화하여 적용할 수 있게 해야 한다. 이를 위해서는 다음의 절차를 고려할 필요가 있다.

구조적 환경 조성	기초 기술을 습득하는 초기 회기에는 혼돈 자극의 유입을 최대한 막을 수 있는 제한적이고 구조적인 환경 조성이 필요하다. 구체적으로 교수환경에서 개별시도학습을 실행할 때 소음이 발생하는 환경보다는 소음이 차단되는 환경, 즉 파티션을 사용하거나 구조적으로 사람들의 움직임이 적은 위치를 선정하는 것이 좋다. 또한 시각적으로 제한된 환경, 즉 복도의 창이 높은 교실은 지나가는 학생들의 이동으로부터 혼란을 최소화하고 교실 벽의 장식을 최소화시킬 뿐 아니라 학습도구, 놀잇감, 전시물을 수납장에 보관할 수 있는 최소 시각자극 환경이다. 시간적으로도 주변 집단의 활동과 타 교사·직원들의 이동과 출입이 적은 시간을 선택해야 한다. 아울러 아동의 각성이 일어나고 집중력이 좋은 시간대에 개별시도학습 시간을 선택해야 한다.
일반적 환경으로 전이	• 교육 초기에는 다양한 자극이 차단되고 혼란스러운 상황이 제거된 교수환경에서 집중력과 반응도를 이끌어내는 것이 유리하다. 이러한 상황에서 목표가 성취되었다면 다음에는 자극 수준이 높고 좀 더 다양한 환경으로 전이하여 교육한다. 이는 일반화 원리뿐만 아니라 최소제한환경 원리에도 적합한 방안이기도 하다. 예를 들면, 아동이 1:1 환경에서 교사에게 반응하고 답변하고 과제를 수행하는 역량이 일정 수준까지 발전했다면 다음에는 1:1, 1:3 환경으로 확장한다. 이와 더불어 새로운 장소로의 이동을 통하여 좀 더 자연적 환경인 통합 환경을 경험할 수 있는 장소까지 확장한다. • 개별시도학습 상황에서 주로 사용하던 자료를 통합 상황에서 사용하는 자료로 서서히 대체한다. 말하자면, 개별시도학습에서 사용하던 토큰 경제의 지원 강화제가 주로 일차적이라면, 다음에는 일반학급에서 사용하는 활동 참여나 휴식 공간 확보와 같은 또래 수준에 맞는 이차적 지원 강화제를 포함한다. • 학습 내용도 일반화 환경에 적합하도록 수정하는 과정이 필요하다. 학생이 교사가 사용하는 동일한 지시어에 잘 반응하기 시작하면 교사가 사용하던 지시어를 다양화시켜야 한다. 아울러 수업활동 방법도 개별 활동 위주에서 팀 활동 위주로 서서히 전환시킬 필요가 있다. • 개별시도학습을 특정한 장소에서만 사용하다가 다양한 세팅과 환경에서 사용하면 습득된 기술을 일반화시킬 가능성이 높아진다. 예를 들면, 처음에는 특수학급에서 특수교사가 개별시도학습을 시행하고, 다음에는 언어치료 중재실에서 언어치료 교사가, 이후 일반 통합반에서 실무사가, 집에서 부모가 개별시도학습을 시행하여 자극과 반응의 일반화가 자연스럽게 나타나도록 한다.

효과적인 개별시도학습을 위한 11가지 팁(이성봉 외, 『응용행동분석』, 2019.)

① 학생의 자신감을 진작시키고 개별시도학습으로 습득한 반응을 유지시키는 방안의 일환으로 이미 학습된 기술을 개별시도학습 초기 세션의 세션 전 과제 활동으로 제시한다. 이렇게 하면서 이미 배운 내용들을 고확률 요구 연쇄로도 활용할 수 있다. 이전 단계의 기술 중에서 가장 자신 있게 반응할 수 있는 것부터 시도를 실시하고 나서 본 세션을 시작한다. 새롭게 학습을 시작한 기술이나 반응은 정반응이 나올 확률이 적기 때문에 '저확률 과제(low probability request sequence)'다. 그러나 이미 학습했고 반응 유지가 가능한 기술과 과제는 정반응이 나올 확률이 높기 때문에 '고확률 과제(high probability request sequence)'다. 고확률 과제는 선행사건 중재 중 하나로, 어려운 과제를 수행하기 전에 쉬운 과제를 제시하여 과제 완성도에 탄력성과 동기 수준을 높여주는 방법이다(Cooper, Heron & Heward, 2007).

② 새로운 단계의 초기 시도에서 변별자극을 제공할 때 아동의 역량에 맞추어 적절하게 촉구를 제공하고, 어느 정도 학습된 후에는 학습 진보에 따라 용암법을 적용한다. 최종 단계에서는 변별자극만 제공하여 독립적으로 과제를 수행하게 한다.

③ 개별시도학습의 IEP에 제시된 수행 목표가 '3일 연속 90% 이상의 정확도'라는 기준을 성취했어도, 습득도를 검증하기 위해 90% 이상의 관찰자 일치도를 확보하는 것이 좋다. 개별시도학습에서는 시도 대 시도 관찰자 일치도를 구한다. 시도 대 시도 관찰자 일치도 공식은 일치한 총 시도 수를 일치한 총 수와 일치하지 않은 총 수의 합계로 나눈 후 100을 곱하는 것이다.

④ 변별자극을 제공하고 나서 반응이 나올 때까지 일정 시간을 기다려 주어야 한다. 이를 '반응 지연시간(response latency)'이라고 한다. 예를 들어, "○○아, 세모 줘!"라고 지시하고 나서 적어도 아동에게 5초 이상의 반응 지연시간을 주어야 한다. 아동의 기능이 낮을 때에는 반응 지연시간을 길게 제시하고, 기능이 높을 때에는 반응 지연시간을 줄인다. 반응 지연시간이 지나도 반응이 없으면 오반응으로 간주하고, 잠시 무관심 휴지기 후 오류수정에 들어간다.

⑤ 변별자극을 제공하고 나서 아동이 오반응을 보이거나 무반응을 보이면, 오반응에 대한 언어적 피드백이나 정반응을 유도하기 위한 언어적 지시를 제공하기보다는 잠시 동안 무관심을 보이는 것이 좋다. 그리고 이 같은 휴지기 직후에 오류수정을 한다. 이처럼 무관심 휴지기를 제공하는 이유는 아동이 언어적 피드백을 이해하는 것을 어려워할 수 있기 때문이다. 개별시도학습에서는 집중적 연습(massed practice)을 해야 하므로 자칫 반복된 언어적 피드백이 아동의 좌절감 증가, 개별시도학습의 학습에 대한 회피, 문제행동으로 이어질 수 있다. 교사는 휴지기 시간을 데이터 표기(−) 시간으로 활용하여 무관심의 시간을 효율적으로 사용할 수 있다.

⑥ 무관심 휴지기를 가진 후에는 오류수정을 일반적으로 기능 수준에 따라 2~4회 실시한다. 오류수정은 변별자극 제시와 더불어 전반적인 도움과 촉구를 제공하는 무오류 방식으로 실시하며, 정반응을 유도하기 위해 강화를 제공한 후에 도움 수준을 서서히 낮추면서 자연스러운 환경으로 전이시킨다.

⑦ 새로운 기술을 학습하거나 다음 단계로 올라갈 때, 혹은 초기에 진전이 없거나 멈추었을 때에는 과제분석으로 그 단계를 세분해서 지도한다. 세분화된 단계는 '1-1', '1-2'와 같이 새로운 단계 명칭을 붙이고 그래프에는 점선으로 단계 표시선을 그어 구분한다.

⑧ 단계별로 목표 기술이나 반응을 모두 숙지했다면 일반화를 위한 과정과 절차를 단계에 포함시킨다. 장소, 교사, 시간, 집단 형태를 다양화한 일반화 상황에서 개별시도학습을 실행하도록 계획한다.

⑨ 마지막 단계를 완수했다면 이를 일주일 간격으로 실행하는 사후점검을 실시한다. 관찰자 일치도 측정과 더불어 목표 기준에 도달했을 때 프로그램을 종료한다.

⑩ 아동의 무반응이 지속되면 자발의지 증진 차원에서 오류수정에서 최소-최대 촉구와 같이 조력 늘리기를 적용한다. 예를 들어, 첫 번째 변별자극을 제시하고 5초 이상 무반응을 보이면 반응과 연관성이 적은 촉구를 제공한다. 그래도 무반응을 보이면 두 번째 촉구를 제시한다. 여전히 무반응을 보이면 세 번째 촉구를 제공한다.

⑪ 오반응이 지속되면 기술 확립 및 증진 차원에서 오류수정에서 최대-최소 촉구와 같이 조력 줄이기를 적용한다. 예를 들어, 첫 번째 변별자극을 제시하고 나서 오반응을 보이면 정확한 반응을 유도할 수 있는 정보를 가진 최대 촉구를 제공하여 정답 반응을 돕고 강화를 제공한다. 그런 후에 도움이나 촉구를 점차적으로 줄여가면서 독립적으로 정반응하도록 한다.

기본이론 327-333p

비연속 개별시도 교수(DTT)

비연속 개별시도 교수(DTT)
- 개념
- 진행과정
- 장단점
- 하위 유형(연습방법)
- 변별교수 지침
- 일반화 전략

DTT 피드백
- **정반응**: 사회적 강화+인위적 강화
- **오반응 및 무반응**: 지시에 반응하도록 촉구, 피드백으로 오류 수정

모범답안
㉠ 비연속 개별시도 교수(DTT)
㉡ 학생이 오반응이나 무반응을 보일 경우 즉각적으로 교정적 피드백을 제공한다.

2017학년도 중등 B3

03 **다음은 자폐성 장애 학생 Y의 의사소통 중재와 관련하여 김 교사와 박 교사가 나눈 대화의 일부이다. ㉠에 공통으로 들어갈 중재전략을 쓰고, ㉡의 경우에 적용하는 지도 방안을 제시하시오.**

> 김 교사: 선생님, 우리 반의 Y가 어휘력이 부족한데 어떻게 지도해야 할까요?
> 박 교사: 자폐성 장애 학생의 어휘력을 향상시키는 데 효과적인 전략이 있습니다. 예를 들어, Y에게 필요한 어휘 목록을 10개 준비하고 주의를 집중하게 한 뒤, '지구본'이라는 단어 카드를 제시하면서 "이 단어는 무엇이지?"라고 질문하세요. Y가 "지구본"이라고 대답을 하면 "잘했어."라고 하세요. 잠시 간격을 두고 나서 다음 단어 카드를 보여 주면서 앞에서 말한 절차를 반복하면 됩니다. 이와 같이 (㉠)은/는 학생이 변별자극에 정확하게 반응할 수 있을 때까지 간격을 두고 반복하여 시행하는 것입니다.
> 김 교사: 그런데 이 전략을 사용할 때, "이 단어는 무엇이지?"라는 질문에 ㉡ Y가 대답하지 못하거나 오답을 말하면 어떻게 해야 하나요?
>
> …(중략)…

ASD 의사소통 중재
- 비연속 개별시도 교수
- 중심축 반응 훈련
- 그림교환의사소통 체계
- 촉진적 의사소통 훈련
- 기능적 의사소통 훈련
- 공동행동일과
- 우연교수

비연속 개별시도 교수의 단계
① 주의집중
② 교사의 자극 제시
③ 아동의 반응
④ 교사의 피드백
⑤ 시행 간 간격

PART 03

기본이론 327-333p

비연속 개별시도 교수(DTT)

비연속 개별시도 교수(DTT)
- 개념
- 진행과정
- 장단점
- 하위 유형(연습방법)
- 변별교수 지침
- 일반화 전략

DTT 피드백
- **정반응**: 사회적 강화+인위적 강화
- **오반응 및 무반응**: 지시에 반응하도록 촉구, 피드백으로 오류 수정

모범답안 ⓒ 시행 간 간격

2025학년도 초등 A3

04 (가)는 일반 학교에서 통합교육을 받고 있는 자폐성장애 학생들의 특성이고, (나)는 예비 교사와 특수교사가 나눈 대화의 일부이다. 물음에 답하시오. [6점]

예비 교사: 선생님께서 정우에게 지도하고 있으신 독립시행 훈련의 절차에 대해 알고 싶습니다.
특수교사: 그럼, 예시를 보면서 절차를 설명해 드리겠습니다.

독립시행훈련

과일 단어 카드 10개를 1세트로 준비하여 훈련을 10회 반복 실시

〈시행 1〉

- 교사: (정우의 주의를 집중시킨다.)
- 정우: (교사를 바라본다.)
- 교사: ('사과', '수박', '딸기' 단어 카드를 제시하며) "사과를 골라 보세요." [C]

- [정반응] 정우: ('사과' 단어 카드를 골라낸다.)
- [피드백] 교사: "잘했어요!" (강화제 제공)

- [오반응] 정우: ('수박' 단어 카드를 골라낸다.)
- [피드백] 교사: "아니야." ('사과' 단어 카드를 보여 주며) "이게 사과예요."

▸(ⓒ)

〈시행 2〉

- 교사: (정우의 주의를 집중시킨다.)

…(중략)…

비연속 개별시도 교수의 단계
① 주의집중
② 교사의 자극 제시
③ 아동의 반응
④ 교사의 피드백
⑤ 시행 간 간격

3) ⓒ에 들어갈 절차를 쓰시오.

확장하기

시행 간 간격

- 교사는 대략 3~5초 정도의 간격을 두고 다음 개별시행을 실시한다.
- 시행 간 간격은 학생의 올바른 반응에 대한 강화를 받는 동안의 시행들과, 교사가 그 시행 동안에 자료를 기록하는 시간 사이의 짧은 시간 간격을 의미한다.
- 시행 간 간격은 학생에 따라 더 길어질 수도, 짧아질 수도 있다. 주의 집중 시간이 짧거나, 혹은 휴식 후에 다시 참여하는 데 어려움이 있는 학생은 시행 간 간격을 매우 짧게 해야 한다. 짧은 시행 간 간격은 정확한 반응을 증가시키고 과제에 불참하는 행동을 줄여준다.
- 학생에게 적절한 시행 간 간격이 주어졌다면, 학생의 반응 정확도를 시행 간 간격 동안에 기록한다. 자료 수집은 학생의 정반응(+)과 부정확한 반응(−)으로 기록하거나, 보다 정교한 자료 수집 양식은 오류 수정 절차 안에서 사용된 촉구의 수준을 기록한다. 대부분의 자료 수집 용지들이 10세트로 자료를 수집하도록 구성되어 있는 것은 자료를 퍼센트로 변환할 수 있는 편리함 때문이다.

기본이론 327-333p

비연속 개별시도 교수(DTT)

비연속 개별시도 교수(DTT)
- 개념
- 진행과정
- 장단점
- 하위 유형(연습방법)
- 변별교수 지침
- 일반화 전략

비연속 개별시도 교수
- **정의**: ASD 아동의 언어 및 의사소통 지도를 위해 응용행동분석 원리를 적용한 접근방법으로, '변별자극 제시-학생 반응-후속결과 제공'의 3단계 과정을 약 3~5초간의 시도 간 간격을 두고 반복적으로 실시하는 중재
- **목표**: 학생들이 지시하면 반응하지만, 지시하지 않으면 반응하지 않는 것을 가르치는 자극의존성을 기르는 것 (자극의존성=자극통제)

모범답안

1) ① "노란색 주세요."
② 바로 "잘했어요."라고 칭찬하면서 수미가 좋아하는 동물 스티커를 준다.

3) 초기에 동일한 변별자극을 사용하지 않으면 아동은 혼동을 느끼게 되고 이에 대한 정반응을 보일 가능성이 낮아진다.

2022학년도 유아 A1

05 **다음은 통합학급 김 교사와 유아특수교사 박 교사가 나눈 대화의 일부이다. 물음에 답하시오. [5점]**

박 교사: 선생님, 유아들이 '색깔 빙고놀이'와 같은 색 관련 놀이를 자주 하는데 수미가 색을 구분하지 못해서 놀이 참여에 어려움이 있는 것 같아요.

김 교사: 네. 요즘 수미가 친구들과 함께하는 놀이에 관심을 보이기 시작하니 색깔을 잘 구분해서 즐겁게 놀이에 참여할 수 있도록 지원해야겠어요. 그런데 놀면서 자연스럽게 색깔을 알도록 하기에는 한계가 있는 것 같아요.

박 교사: 네. 수미가 놀이 속에서 자연스럽게 알게 되면 참 좋겠지만, 필요한 경우에는 비연속시행교수와 같이 구조화된 중재방법을 적용해서 새로운 행동을 습득하도록 지도할 수 있어요.

김 교사: 그러면 수미가 노랑반이 되었으니 노란색부터 알게 하고 싶은데 비연속시행교수는 어떻게 하는 건가요?

박 교사: 먼저, 파란색 블록과 노란색 블록을 수미 앞에 놓고 선생님이 "수미야!" 하고 부른 후, "선생님 보세요."라고 말해요. 그 다음 "노란색 주세요."라고 해요. 수미가 제대로 노란색을 주는 정반응을 보이면 바로 "잘했어요."라고 칭찬하면서 수미가 좋아하는 동물 스티커를 주면 돼요. [A]

…(중략)…

김 교사: 그 외에 또 유의할 점은 없을까요?

박 교사: 이 방법을 적용하는 초기에는 동일한 변별자극을 사용해야 해요. [B]

비연속 개별시도 교수의 특징
- 구조화된 중재방법
- 새로운 기술 습득에 유용

비연속 개별시도 교수의 단계
① 주의집중
② 교사의 자극 제시
③ 아동의 반응
④ 교사의 피드백
⑤ 시행 간 간격

교사의 자극 제시
- 교사는 학생의 주의를 집중시킨 다음 변별자극을 제시해야 함
- 매번 같은 시간에(일관성), 많은 정보를 포함하지 않고(간결성), 정확하고 상세하게(명확성) 제시해야 자극통제를 가르치는 데 더 효과적임

1) **[A]에서 비연속시행교수(Discrete Trial Training; DTT) 구성 요소 중 ① 변별자극과 ② 후속결과를 찾아 각각 쓰시오. [2점]**

3) **박 교사가 [B]와 같이 설명한 이유를 1가지 쓰시오. [1점]**

기본이론 327-333p

비연속 개별시도 교수(DTT)

비연속 개별시도 교수(DTT)
- 개념
- 진행과정
- 장단점
- 하위 유형(연습방법)
- 변별교수 지침
- 일반화 전략

비연속 개별시도 교수의 하위 유형 (목표기술 연습방법)

집중 시도	• 단일과제를 집중적으로 여러 차례에 걸쳐서 가르치는 것 • 새로운 기술을 습득하거나 유창성을 높이는 데 유용함
분산 시도	• 하루 일과 중 자연스러운 상황 속에 삽입하여 목표행동을 지도하는 것 • 학습한 반응이 오래 유지됨
집단 시도 (간격 시도)	• 단일과제를 지도한 후 다른 친구들이 교사의 지도를 받아 수행하는 것을 관찰하도록 하는 것 • 모델링을 통해 학습함

㉠ '간격시도'란 단일과제를 지도한 후 다른 친구들이 교사의 지도를 받아 수행하는 것을 관찰하도록 지도하는 방법이다.
㉡ '분산시도'란 일과 전반에 걸쳐 목표행동을 나누어 지도하는 방법이다.

2013학년도 추가중등 A2

06 다음은 A 특수학교(고등학교) 2학년 윤지가 창의적 체험활동 시간에 인터넷에서 직업을 검색하도록 박 교사가 구상 중인 계획안의 일부이다. 물음에 답하시오. [6점]

학습 단계	교수 활동	지도상의 유의점
습득	윤지에게 인터넷에서 직업 검색 방법을 다음과 같이 지도한다. ① 바탕 화면에 있는 인터넷 아이콘을 클릭하게 한다. ② 즐겨 찾기에서 목록에 있는 원하는 검색 엔진을 클릭하게 한다. ③ 검색 창에 직업명을 입력하게 한다. ④ 직업에서 하는 일을 찾아보게 한다. …(하략)…	• 윤지가 관심 있어 하는 5가지 직업들로 직업 목록을 작성한다. • ㉢ <u>직업 검색 과정을 하위 단계로 나누어</u> 순차적으로 지도한다.
(가)	윤지가 직업 검색하기를 빠르고 정확하게 수행하도록 ㉠ <u>간격시도 교수</u>를 사용하여 지도한다.	• ㉣ <u>간격시도 교수 상황에서 윤지와 친구를 짝지은 후, 관찰기록지를 주고 수행결과에 대해 서로 점검하여 피드백을 제공하도록 한다.</u>
유지	윤지가 정기적으로 직업명을 인터넷에서 검색할 수 있도록 한다.	
(나)	학교에서는 ㉡ <u>분산시도 교수</u>를 사용하여 지도한 후, 윤지에게 복지관에서도 자신이 관심 있어 하는 직업명을 검색하도록 한다.	

2) ㉠과 ㉡에 대해 각각 설명하시오. [2점]

기본이론 327-333p

연습 방법

비연속 개별시도 교수(DTT)
- 개념
- 진행과정
- 장단점
- 하위 유형(연습방법)
- 변별교수 지침
- 일반화 전략

비연속 개별시도 교수의 하위 유형 (목표기술 연습방법)

집중 시도	• 단일과제를 집중적으로 여러 차례에 걸쳐서 가르치는 것 • 새로운 기술을 습득하거나 유창성을 높이는 데 유용함
분산 시도	• 하루 일과 중 자연스러운 상황 속에 삽입하여 목표행동을 지도하는 것 • 학습한 반응이 오래 유지됨
집단 시도 (간격 시도)	• 단일과제를 지도한 후 다른 친구들이 교사의 지도를 받아 수행하는 것을 관찰하도록 하는 것 • 모델링을 통해 학습함

일반화에 효과적이다.

2023학년도 유아 A4

07 **(가)는 유아특수교사가 자폐성장애 유아 지수를 위해 작성한 지원 계획이며, (나)와 (다)는 교사가 제작한 그림책이다. 물음에 답하시오. [5점]**

(가)

• 지수의 특성
- 그림책 읽기를 좋아함
- 공룡을 좋아하여 혼자만 독차지하려고 함
- 얼굴 표정(사진, 그림, 도식)을 보고 기본 정서를 말할 수 있음

• 지원 계획
- 상황이야기 그림책과 마음읽기 그림책으로 제작하여 지도하기
- 교사가 제작한 그림책을 ㉠ <u>매일 지수가 등원한 직후와 놀이 시간 직전에 함께 읽기</u>
- 참여도를 높이기 위해 지수가 그림책을 읽을 때마다 공룡 스티커를 주어 5개를 모으면 ㉡ <u>공룡 딱지</u>로 바꾸어주기

1) (가)의 ㉠에서 교사가 적용한 중재 방법의 장점을 집중 시행과 비교하여 1가지 쓰시오.

기본이론 327-333p

비연속 개별시도 교수(DTT)

비연속 개별시도 교수(DTT)
- 개념
- 진행과정
- 장단점
- 하위 유형(연습방법)
- 변별교수 지침
- 일반화 전략

비연속 개별시도 교수의 하위 유형 (목표기술 연습방법)

집중 시도	• 단일과제를 집중적으로 여러 차례에 걸쳐서 가르치는 것 • 새로운 기술을 습득하거나 유창성을 높이는 데 유용함
분산 시도	• 하루 일과 중 자연스러운 상황 속에 삽입하여 목표행동을 지도하는 것 • 학습한 반응이 오래 유지됨
집단 시도 (간격 시도)	• 단일과제를 지도한 후 다른 친구들이 교사의 지도를 받아 수행하는 것을 관찰하도록 하는 것 • 모델링을 통해 학습함

모범답안
분산연습

2021학년도 중등 B9

08 (가)는 지적장애를 동반한 건강장애 학생 K의 특성이고, (나)는 학생 K에 대한 건강관리 지도 계획이다. 〈작성 방법〉에 따라 서술하시오. [4점]

(나) 지도 계획

○ '도움카드' 사용 지도
- '도움카드' 사용 방법을 학습하기 위해 '1:1 집중시도' 연습 지도
- 일반화를 위해 다음과 같이 자연스러운 환경에서 '도움카드' 사용하기 연습 지도 ㉡
  - 환기가 필요할 때 '도움카드'를 이용하여 휴식 시간 요청하기
  - 수업 시간에 갈증을 느낄 때 '도움카드'를 이용하여 물 마시기 요청하기
  - 흡입기 사용 시 '도움카드'를 이용하여 교사에게 도움 요청하기

작성방법

(나)의 ㉡에 해당하는 목표 기술 연습 방법을 1가지 쓸 것.

기본이론 327-333p

비연속 개별시도 교수(DTT)

비연속 개별시도 교수(DTT)
- 개념
- 진행과정
- 장단점
- 하위 유형(연습방법)
- 변별교수 지침
- 일반화 전략

비연속 개별시도 교수의 하위 유형 (목표기술 연습방법)

집중 시도	• 단일과제를 집중적으로 여러 차례에 걸쳐서 가르치는 것 • 새로운 기술을 습득하거나 유창성을 높이는 데 유용함
분산 시도	• 하루 일과 중 자연스러운 상황 속에 삽입하여 목표행동을 지도하는 것 • 학습한 반응이 오래 유지됨
집단 시도 (간격 시도)	• 단일과제를 지도한 후 다른 친구들이 교사의 지도를 받아 수행하는 것을 관찰하도록 하는 것 • 모델링을 통해 학습함

분산연습

2024학년도 중등 B11

09 **다음은 ○○특수학교의 특수교사와 교육 실습생 A와 B가 중도 뇌성마비 학생 A의 식사 기술 지도에 대해 나눈 대화이다. 〈작성 방법〉에 따라 서술하시오. [4점]**

교육 실습생 A: 그렇군요. 그런데 학생 A는 혼자 숟가락을 사용하지 못해서 식사 보조를 해 주는데, 그럴 때 숟가락을 강하게 물고 있어서 치아가 손상될까 봐 걱정이에요.

교육 실습생 B: 우선 숟가락을 바꿔 보는 것은 어떨까요? 부드러운 실리콘 소재의 숟가락을 사용하는 것이 좋겠네요. 그리고 교사가 식사 보조를 할 때는 학생 A의 앞에 앉아 지원해야 해요.

교육 실습생 A: 선생님, 학생 A가 혼자 식사를 할 수 있도록 숟가락 홀더(utensil holder) 사용하는 방법을 지도하려는데 간격 시도와 (㉥) 중에 어느 것이 더 적절할까요?

특 수 교 사: 식사 기술 지도에는 간격 시도가 적절하지 않습니다. 그리고 학생 A는 숟가락 홀더 사용을 새로 배워야 하므로 익숙해지기까지 많은 시간이 걸릴 수 있습니다. 그래서 정해진 점심 시간 이외에도 자연스러운 환경 속에서 간식 시간 등을 이용하여 추가로 지도하는 것이 바람직합니다

작성방법

괄호 안의 ㉥에 해당하는 연습 방법을 쓸 것.

확장하기

교수시도 형식(이정은, 2015.)

- 중도장애 아동에게 유용한 교수시도는 다음과 같이 세 가지로 나누어 볼 수 있다.
  - 하나의 시도가 끝나면 다음 시도가 곧바로 시작되는 집중시도 교수 예 일대일 카드 교수
  - 각 시도의 사이에 약간의 간격을 두는 일정간격시도 교수
    예 목표 학생에게 시도 기회를 주기 전에, 교사가 그룹 내의 다른 학생에게 답변할 기회를 줌
  - 시도들이 자연적인 시간 흐름에 따라 하루 동안의 활동 내에 분산되어 있는 분산시도 교수
    예 지역사회 내에 있는 표지에서 자연스럽게 찾을 수 있는 단어들을 읽음
- 집중시도와 일정간격시도는 새로운 과제를 시작하거나 연습을 하는 동안에 도움이 된다. 반면, 분산시도는 자연스러운 환경과 학생들이 학교환경 내에서 배운 기술들을 학교환경 외에서 일반화하는 방법과 가장 밀접하다고 할 수 있다.
- 교사들은 궁극적 기능을 위해서, 학생들이 다양한 환경과 활동에서 사용하도록 배운 기술을 연습할 기회를 제공하는 분산시도를 학교 일상에 포함시켜야 한다.
- 다양한 교수시도 형식을 사용하는 예로, 교사는 지역사회에서 볼 수 있는 단어들을 집중시도를 사용하여 일대일 교수를 할 때 가르치거나, 일정간격시도를 사용하여 소집단 교수를 할 때 가르칠 수 있다. 그러나 일반화를 확실히 하기 위해서 교사는 하루를 통틀어 다양한 환경과 활동에서 두루 자연스럽게 발생하는, 가르칠 수 있는 모든 기회를 활용해야 한다. 예를 들어, 학생에게 화장실 문에 부착된 문구를 읽도록 가르칠 때나 학교에서 쉬는 시간에 화장실을 이용할 때만이 아니라, 지역사회기반 교수를 하면서 백화점·레스토랑·슈퍼마켓과 같은 여러 장소에서 화장실을 이용할 때마다 화장실 문에 부착된 문구를 읽도록 지도할 수 있다.

기본이론 327-333p

DTT vs PRT

중심축 반응 훈련(PRT)

- 개념
  - 정의
  - 장단점
  - DTT와 비교
- 단계
- 교수전략

핵심 개념

모범 답안

반응하고자 하는 시도는 대부분 강화한다.

2025학년 초등 A3

10 **(가)는 일반 학교에서 통합교육을 받고 있는 자폐성장애 학생들의 특성이고, (나)는 예비 교사와 특수교사가 나눈 대화의 일부이다. 물음에 답하시오. [6점]**

(나)

> 예비 교사: 예, 독립시행훈련은 학생이 선행 자극에 정반응이나 정반응에 가까운 반응을 하면 강화를 주는군요.
> 특수교사: 예, 그래요. 그런데 중심축반응 훈련은 동기를 유발하기 위해 선행 자극에 학생이 (㉢)을/를 하면 강화를 해줍니다.
> …(하략)…

DTT의 특징

3) ③ ㉢에 들어갈 내용을 쓰시오.

확장하기

비연속 개별시도 교수(DTT)와 중심축 반응 훈련(PRT) 간의 차이 비교

구분	비연속 개별시도 교수(DTT)	중심축 반응 훈련(PRT)
교재	• 치료자가 선택 • 준거에 도달할 때까지 반복훈련 • 중재 절차의 시작은 자연적 환경에서 기능적인지 여부를 고려하지 않고 목표과제와 관련된 교재 제시	• 아동이 선택 • 매 시도마다 다양하게 제시 • 아동의 일상 환경에서 쉽게 찾을 수 있는 연령에 적합한 교재 사용
상호작용	• 훈련자가 교재를 들고 있음 • 아동에게 반응하도록 요구함 • 교재는 상호작용하는 동안 기능적이지 않음	훈련자와 아동이 교재를 가지고 놀이에 참여함
반응	정반응이나 정반응에 가까운 반응을 강화함	반응하고자 하는 시도(자기자극 행동 제외)는 대부분 강화함
결과	먹을 수 있는 강화제를 사회적 강화와 함께 제공	자연적 강화(예 교재를 가지고 놀 수 있는 기회 제공)를 사회적 강화와 함께 제공

기본이론 334-340p

중심축 반응 훈련(PRT)

중심축 반응 훈련(PRT)

- 개념
  - 정의
  - 장단점
  - DTT와 비교
- 단계
- 교수전략

중심축 반응 훈련

- 응용행동분석 원리를 기반으로 했으나, 분리된 개별 행동을 중재목표로 하기보다는 자연적 환경에서 자연적 중재 절차를 사용하므로 자연적 중재모델임
- 훈련으로 향상될 경우 훈련받지 않은 다른 행동에도 변화를 가져올 수 있는 행동으로, 이러한 중심축 반응들을 가르쳐 행동의 일반화를 돕는 전략
- **중심축 반응의 유형**: 동기 유발, 복합단서에 반응하기, 자기조절, 자기주도, 공감 등

⑤

2009학년도 초등(유아) 4

11 **자폐성 장애 아동의 사회적 의사소통 지도방법 중 하나인 중심축 반응 훈련(pivotal response training; PRT)에 대한 적절한 진술을 〈보기〉에서 고른 것은?**

보기

ㄱ. 특정한 사회적 상황과 그에 대한 적절한 반응을 설명해주는 이야기를 지도한다.
ㄴ. 자연적 환경에서 발생하는 다양한 학습 기회와 사회적 상호작용에 반응하도록 지도한다.
ㄷ. 학습 상황에서 습득한 중심축 반응을 유사한 다른 상황에서도 보일 수 있도록 일반화를 강조한다.
ㄹ. 동기화, 환경 내의 다양한 단서에 대한 반응, 자기주도, 자기관리 능력의 증진에 초점을 둔다.

사회적 상황이야기

① ㄱ, ㄴ ② ㄱ, ㄷ
③ ㄷ, ㄹ ④ ㄱ, ㄴ, ㄷ
⑤ ㄴ, ㄷ, ㄹ

PART 03

기본이론 334-340p

중심축 반응 훈련(PRT)

중심축 반응 훈련(PRT)
- 개념
  - 정의
  - 장단점
  - DTT와 비교
- 단계
- 교수전략

핵심개념

자기관리
- 자기관리를 중심행동으로 선정한 이유는 자기관리 기술은 여러 상황 속에서 많은 사람과 다양한 행동을 하도록 일반화를 촉진할 수 있으며, 다른 사람의 도움이나 훈련된 중재자의 도움을 거의 받지 않고도 습득된 행동을 할 수 있기 때문임 → 자기관리 기술을 가르치는 것은 부모나 교사에 의존하는 정도를 줄이고 스스로 행동하는 것을 촉진함
- **자기관리 기술**: 목표설정, 자기점검, 자기평가, 자기강화 등

복합단서에 반응하기
- 학생이 이미 습득한 중심행동을 여러 다양한 속성과 특징을 지닌 복잡한 요구에 반응하도록 하는 것
- **중재 방법**
  - **자극을 다양화하고 단서 증가시키기**: 한 가지 단서에서 시작해 점차 단서를 증가시키기
  - **강화스케줄 활용하기**: 연속 강화계획을 통해 새로운 기술을 어느 정도 습득하고 나면 점차 강화스케줄을 변경해 간헐 강화계획을 제공함

2022학년도 유아 A3

12 (가)는 자폐성 장애 유아 재우의 행동 특성이고, (나)는 유아특수교사 최 교사와 홍 교사가 나눈 대화 내용이다. 물음에 답하시오. [5점]

(가)

ⓐ 매일 다니던 길로 가지 않으면 울면서 주저앉는다. — ⓐ 동일성에 대한 고집
ⓑ 이 닦기, 손 씻기, 마스크 쓰기를 할 수 있지만 성인의 지시가 있어야만 수행한다. — ⓑ 자극의존성
ⓒ 이 닦기 시간에 "이게 뭐야?"라고 물으면 칫솔을 아는데도 칫솔에 있는 안경 쓴 펭귄을 보고 "안경"이라고 대답한다. — ⓒ 자극과다선택성
ⓓ 1가지 속성(예 색깔 또는 모양)만 요구하면 정확히 반응하는데 2가지 속성(예 색깔과 모양)이 포함된 지시에는 오반응이 많다. — ⓓ 복합단서에 대한 부정확한 반응

(나)

최 교사: 선생님, 재우에 대한 가족진단 내용을 보면서 지원방안을 협의해 봐요.
홍 교사: 네. 재우 부모님은 재우의 교육목표에 대해 다양한 요구가 있으신데, 그중에서도 재우가 혼자 할 수 있는 일은 시키지 않아도 스스로 하기를 가장 원한다는 의견을 주셨어요. [A]
그리고 교육에도 적극적이셔서 가정에서 사용할 수 있는 지도방법에 관심이 많으세요.
최 교사: 그럼, 부모님의 의견을 반영해서 개별화교육계획 목표를 '성인의 지시 없이 스스로 하기'로 정해요. 재우의 행동 특성을 고려해보면 중심축반응훈련을 적용해서 지도하면 좋을 것 같아요.
홍 교사: 네. 지시가 있어야만 행동하는 특성에는 중심(축) 반응 중에서 자기관리 기술을 습득하도록 지도해야겠지요?
최 교사: 네. 먼저 이 닦기부터 적용해 보죠. 재우가 이 닦기 그림을 보고 이를 닦고 난 후, 스티커를 붙여서 수행 여부를 확인하는 시각적 자료를 활용하면 좋을 것 같아요. [B]

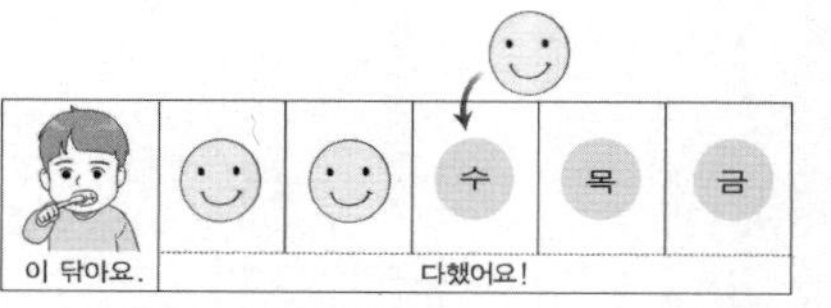

홍 교사: 이 자료를 재우 어머니에게 보내 드려서 가정에서도 지도할 수 있게 해야겠어요.
최 교사: 좋아요. 그리고 재우는 ㉠ 제한적인 자극이나 관련없는 자극에 반응하는 특성이 있기 때문에 중심(축)반응 중 (㉡)을/를 증진시켜야겠어요.

…(하략)…

중심축 반응 훈련의 장점
- 중심영역을 배우면 기타 중요한 발달영역에서 부수적인 습득이 발생하므로 매우 경제적
- 자연적인 환경에서 아동에게 강화를 제공하고 연령에 적합한 사물을 이용하여 목표행동을 교수하게 됨 → 인위적 촉진에 대한 의존성 감소 가능

자극과다선택성
ASD 아동의 사회적 상호작용 결함, 언어 및 새로운 행동 습득 어려움, 안전문제, 일반화 어려움에 영향을 미침

자극과다선택성 지도 방안
- PRT 복합단서에 반응
- 단순화된 선화 제공
- 비디오 모델링 활용 등

2) ① 자기점검
② 지시가 있어야만 행동하는 특성을 보이는 재우에게 자기관리기술을 가르치는 것은 부모나 교사에 의존하는 정도를 줄이고 스스로 행동하는 것을 촉진한다.

3) ① ⓒ, ⓓ
② 복합단서에 반응하기

2) ① (나)의 [B]에서 재우에게 적용하고자 하는 자기관리 전략의 유형을 쓰고, ② 이 전략의 지도 목적을 재우의 행동 특성에 근거하여 1가지 쓰시오. [2점]

3) ① (가)의 ⓐ~ⓓ 중 ㉠에 해당하는 재우의 행동 특성을 2가지 찾아 기호를 쓰고, ② 중심(축) 반응 4가지 중 ㉡에 들어갈 말을 쓰시오. [2점]

참고자료 기본이론 334-340p

키워드 중심축 반응 훈련(PRT)

구조화틀

중심축 반응 훈련(PRT)

- 개념
  - 정의
  - 장단점
  - DTT와 비교
- 단계
- 교수전략

핵심개념

동기유발

무엇인가를 하고자 하는 동기를 가질 수 있도록 하는 것은 중심축 반응 훈련의 중요 중심반응

자기주도반응

- **자발적 시작행동이 중심행동인 이유**: 스스로 시작하는 상호작용을 통해 학습이 일어나는 일이 많기 때문
- **자발적인 시작행동의 예시**: 다른 사람에게 질문하거나, 도움을 요청하도록 지도하는 것

모범답안

2) 중심축 반응 훈련(PRT)

3) 동기 유발

4) 목표행동: 도움을 요청하는 정보-탐색 시도를 가르친다.

2017학년도 유아 A2

13 **다음은 유아특수교사인 김 교사와 유아교사인 최 교사 간 협력적 자문 내용의 일부이다. 물음에 답하시오. [5점]**

> …(상략)…
>
> 최 교사: 그리고 활동 시간에 민수를 잘 지도할 수 있는 구체적인 방법을 알고 싶어요. 예를 들어, 교실에서 ㉡ 민수가 원하는 것을 요구할 수 있도록 가르치기 위해 제가 할 수 있는 일에는 무엇이 있을까요?
>
> 김 교사: 요구하기를 지도하기 위한 방법에는 여러 가지가 있는데요, 저는 요즘 민수에게 (㉢)을/를 적용하고 있어요. 이 방법은 핵심영역에서의 지도가 다른 기술들을 배우는 데 도움을 주어 의사소통 능력과 사회적 상호작용을 촉진하는 데 효과적입니다. 이 방법에서는 주로 (㉣), 복합 단서에 반응하기, 자기관리, ㉤ 자기시도를 핵심영역으로 제시하고 있습니다. 민수에게 이를 적용한 결과, 핵심영역에서 배운 기술을 통해 다른 영역의 기술을 수월하게 익혀가는 것을 볼 수 있었어요.

자기주도 반응

중심축 반응

PRT 장점
일반화, 전이에 효과적

2) ㉢에 들어갈 중재방법의 명칭을 쓰시오. [1점]

3) ㉣에 들어갈 핵심영역을 쓰시오. [1점]

4) ㉡과 관련하여 ㉤의 핵심영역에서 설정할 수 있는 민수의 목표행동을 쓰시오. [1점]

기본이론 334-340p

중심축 반응 훈련(PRT)

중심축 반응 훈련(PRT)
- 개념
  - 정의
  - 장단점
  - DTT와 비교
- 단계
- 교수전략

동기유발

무엇인가를 하고자 하는 동기를 가질 수 있도록 하는 것은 중심축 반응 훈련의 중요 중심반응

자기주도반응

- **자발적 시작행동이 중심행동인 이유** : 스스로 시작하는 상호작용을 통해 학습이 일어나는 일이 많기 때문
- **자발적인 시작행동의 예시**: 다른 사람에게 질문하거나, 도움을 요청하도록 지도하는 것

모범답안

- ㉢을 할 때 '동기' 반응을 향상시키기 위해서 학생 J에게 활동 순서를 선택할 수 있도록 선택권을 제공한다. ㉣을 할 때 '동기' 반응을 향상시키기 위해서 교사의 질문에 학생 J가 응답한 모든 시도를 강화한다.
- ㉤을 할 때 '자기주도' 반응 측면에서 잘 모르는 조리도구의 용도를 또래나 교사에게 질문하도록 가르친다.

2019학년도 중등 B7

14 **(가)는 자폐성 장애 학생 J를 위한 기본 교육과정 고등학교 과학과 '주방의 전기 기구' 수업 지도 계획의 일부이고, (나)는 '주방의 조리 도구' 수업 지도 계획의 일부이다. 〈작성 방법〉에 따라 서술하시오. [5점]**

(나) '주방의 조리 도구' 수업 지도 계획

학습 목표	여러 가지 조리 도구의 용도를 안다.
<중심축 반응 훈련(PRT) 적용>	<유의사항>
• ㉢'조리 도구 그리기', '인터넷을 통해 조리 도구 알아보기', '조리 도구 관찰하기' 활동을 준비하여 지도함 • ㉣조리 도구의 용도를 묻는 질문에 답하도록 지도함 • ㉤조리 도구의 용도를 모를 때 학생이 할 수 있는 행동을 지도함	• 학생이 할 수 있는 다른 활동과 함께 제시 • 자연스러운 강화제 사용 • 다양한 활동, 자료, 과제량 준비

작성방법

- 밑줄 친 ㉢과 ㉣을 할 때 '동기' 반응을 향상시키기 위한 방법을 순서대로 서술할 것. (단, 〈유의사항〉에서 제시된 방법은 제외할 것)
- 밑줄 친 ㉤을 할 때 교사가 가르칠 내용을 '자기주도(self-initiation)' 반응 측면에서 서술할 것.

동기유발 요소

※ 〈유의사항〉에 제시된 것은 제외하고 써야 하므로 범주를 인출한 후 제시된 것을 삭제하는 방식으로 문제에 접근해야 함

- 선택 기회 제공
- 아동의 모든 시도 강화
- 학습자의 관심 유발
- 함께 조절하기

확장하기

중심축 반응 훈련의 예시(이승희, 『자폐스펙트럼장애의 이해 2판』, 2015.)

은진이는 꽃 향기를 맡는 것을 좋아한다. 김 교사는 은진이에게 좋아하는 꽃의 이름을 가르치기로 하였다. 김 교사는 은진이가 색깔에 대해 알고 있다는 점을 활용하여 꽃 이름을 학습하는 데 흥미를 돋우었다. 김 교사가 장미꽃을 가리키면서 "무슨 색이지?"라고 질문하였다. 은진이는 "빨간색"이라고 말하였다. 김 교사는 은진이에게 장미꽃의 냄새를 맡게 하였다. 다음에 김 교사는 다른 장미를 가리키며 "무슨 꽃이지?"라고 물었다. 김 교사는 은진이가 "장미꽃"이라고 말하도록 촉구하였다. 은진이가 "자미꽃"이라고 말하면 "장미꽃"이라고 말해준 후 장미꽃 냄새를 맡게 하였다.

기본이론 334-340p

중심축 반응 훈련(PRT)

중심축 반응 훈련(PRT)
- 개념
  - 정의
  - 장단점
  - DTT와 비교
- 단계
- 교수전략

자발적으로 시작행동하기(자기주도반응)
- 자발적 시작행동이 중심행동인 이유는 스스로 시작하는 상호작용을 통해 학습이 일어나는 일이 많기 때문임
- 다른 사람에게 질문하는 것은 중요한 시작행동임
- 스스로 시작행동하기는 또래를 매개로 하거나 학습자 주도적인 전략을 사용하도록 하여 지도할 수 있음

모범답안 자기주도 반응

2024학년도 유아 A1

15 **(가)는 자폐성장애 유아 동주의 특성이고, (나)와 (다)는 유아특수교사 임 교사와 유아교사 배 교사가 동주의 놀이를 지원하는 장면과 임 교사의 지도 노트이다. 물음에 답하시오. [5점]**

(가)

- 곤충을 좋아함
- 동영상 보기를 좋아함
- 상호작용을 위한 말을 거의 하지 않음
- 상호작용 중 상대방이 가리키거나 쳐다보는 사물, 사람, 혹은 사건을 함께 쳐다볼 수 있음

(다)

동　주: (배 교사의 손을 잡아 그림책에 있는 곤충에 갖다 댄다.)
배 교사: 무당벌레.
동　주: (책장을 넘겨 배 교사의 손을 잡아 곤충 그림에 갖다 댄다.)
임 교사: 뭐예요?
동　주: 뭐예요?
배 교사: 사슴벌레.
동　주: (책장을 넘긴다.)
임 교사: 뭐예요?
동　주: 뭐예요?
배 교사: 애벌레.
동　주: (책장을 넘긴다.)

동주에게 제공하고 있는 구어 시범을 용암시키기 위해 며칠 전 놀이시간에 찍어 둔 동영상을 편집했다. 동영상 내용 중에서 내가 구어 시범을 제공하는 장면만 삭제하여 동주가 독립적이고 성공적으로 수행하는 모습이 되도록 했다. 동영상은 동주가 곤충 그림책을 보며 책장을 넘길 때마다 스스로 교사에게 "뭐예요?"라고 묻고 배 선생님이 대답해 주는 장면으로 구성되었다. 내일부터 놀이시간 직전에 동주와 이 동영상을 함께 시청하며 지도해야겠다. [A]

3) (다)의 중심(축)반응훈련을 통해 동주에게 지도하는 중심(축)반응 영역이 무엇인지 쓰시오. [1점]

기본이론 334-340p

중심축 반응 훈련(PRT)

중심축 반응 훈련(PRT)

- 개념
  - 정의
  - 장단점
  - DTT와 비교
- 단계
- 교수전략

동기 유발 방법 및 단계

① 학습자의 관심 유발하기
② 함께 조절하기
③ 학습자의 선택 활용하기
④ 다양한 활동, 교재, 반응 활용하기
⑤ 습득된 과제와 유지 과제 같이 사용하기
⑥ 아동의 시도 강화하기
⑦ 즉각적이고 자연적인 강화 사용하기

- ㉠ 학생에게 선택 기회 제공하기
- ㉡ 아동의 모든 시도에 강화하기

2023학년도 중등 B10

16 **다음은 자폐성장애 학생 A에게 일상생활 활동 기술을 지도하기 위해 특수교사가 작성한 수업 구상 메모의 일부이다. 〈작성 방법〉에 따라 서술하시오. [4점]**

〈수업 구상 메모〉

○ 목적: 일상생활 활동 기술 지도
○ 수업 시간에 사용할 전략과 유의사항
 – 전략: 중심축 반응 훈련(PRT)
 – 유의사항
  • 학생의 특성과 흥미를 고려하여 다양한 수업 자료를 준비함
  • ㉠ <u>PRT의 중심축 반응 중 '동기(motivation)'를 향상시키기 위해 준비한 수업 자료를 사용함</u>
  • PRT의 중심축 반응 중 '동기'를 향상시키기 위해 수업활동 중 다음 요소를 고려하여 지도함

요소	지도 중점
(㉡)	• 질문에 응답하기 위한 모든 노력에 칭찬하기 • 질문에 응답하기 위한 비언어적 행동에도 긍정적으로 반응하기 • 틀린 반응이더라도 학생의 노력에 긍정적으로 반응하기

작성방법

- 밑줄 친 ㉠에 해당하는 방법 1가지를 서술할 것. (단, 학생의 행위 측면에서 서술할 것)
- 괄호 안의 ㉡에 해당하는 내용을 쓸 것.

확장하기

동기 유발 방법 및 단계(방명애 외, 『자폐성장애 학생 교육』)

동기 유발 방법의 예시	
학습자의 관심 유발하기	교수 활동을 시작하기 위해서는 우선 학습자의 관심을 유발해야 한다. 이를 위해 먼저 학습자와 눈을 맞추고 그다음에 요구나 지시를 해야 한다.
함께 조절하기	함께 조절하기(shared control) 단계에서는 교사나 전문가가 학생의 일과 중에서 어떤 부분을 도와주고 어떤 부분을 학생이 스스로 하게 해야 하는지를 결정해야 한다. 즉, 교수 활동을 하는 동안 교사나 부모의 촉진과 지원이 제공되어야 하는데, 이 과정에서 아동이 스스로 할 수 있는 것을 찾아 아동이 스스로 해야 하는 부분을 정하고 스스로 할 수 없는 부분은 교사가 도움을 주도록 조절할 수 있다. 예를 들어, 친구와 놀고 싶은 아동의 경우, 아동이 친구 어깨를 두드리고 친구가 돌아보면 교사가 "같이 놀래?"라는 말을 해주어 친구와 놀 수 있도록 하는 것이다. 다시 말해, 아동이 스스로 할 수 있는 부분과 성인의 도움이 필요한 부분을 조절하는 방법이다.
학습자의 선택 활용하기	아동이 직접 선택하고 좋아하는 것을 활용하는 방법은 학습자의 동기를 유발하는 데 효과적이다. 이를 위해서 먼저 아동의 선호도를 파악해야 하며, 파악된 정보는 교재 교구를 선정하거나 물리적 환경을 구성하는 데 활용될 수 있다. 또한 공룡을 좋아하는 아동의 경우 활동을 마친 후 공룡 인형을 강화인으로 제공하는 것과 같이 아동의 선호도와 선택을 자연적 강화인으로 활용할 수 있다.
다양한 활동, 교재, 반응 활용하기	아동에게 새로운 기술을 가르칠 때 다양한 활동과 교재를 활용할 수 있다. 예를 들어, '공'의 명칭을 가르칠 때, '공 던지기 놀이', '공 그림 그리기', '축구 및 야구 경기 관람' 등과 같은 다양한 활동을 활용할 수 있다. 또는 탱탱볼과 같이 크고 단단한 공, 스펀지로 만들어진 공, 콩주머니와 같은 형태의 공, 야구공이나 탁구공과 같이 다양한 교재를 활용하여 가르칠 수도 있다. 마지막으로 아동이 공이라고 말로 표현하거나 그림을 그려 반응할 수도 있는 것과 같이 다양한 반응을 활용하는 방법도 있다. 이처럼 아동의 수준에 맞는 다양한 활동과 교재, 반응을 사용할 경우 효과적으로 동기를 유발시킬 수 있으며 습득된 기술을 일반화시키는 데도 매우 효과적이다.
습득된 과제와 유지 과제 같이 사용하기	아동이 이미 습득한 기술, 즉 쉬운 기술과 습득해야 할 새로운 기술, 혹은 어려운 과제를 섞어서 제시할 경우 아동의 학습 동기가 유지될 수 있다. 예를 들어, 세 가지 색깔의 명칭을 가르치고자 하는 아동의 경우, 이미 알고 있는 과일을 활용하여 색을 가르치는 방법을 활용할 수 있다.
아동의 시도 강화하기	아동의 목표행동과 관련된 모든 시도를 강화하여 아동의 동기를 지속시킨다. 예를 들어, "안녕"이라는 말을 배우기 시작한 아동이 "아녀"이라는 말을 시도할 경우, 교사는 "안녕"이라고 반응하여 아동의 시도를 강화한다.
즉각적이고 자연적인 강화 사용하기	강화는 아동이 목표행동을 수행한 직후에 바로 제공되는 것이 효과적이다. 이때 제공되는 강화는 아동이 좋아하는 것이면서 활동과 직접 관련되어야 한다. 예를 들어, 친구와 상호작용하기를 배우는 유아의 경우 상호작용을 위한 시작행동을 한 직후 친구가 즉각적으로 긍정적인 반응을 해주는 것은 즉각적이며 자연적인 강화이다.

참고자료 기본이론 334-340p

키워드 중심축 반응 훈련(PRT)

중심축 반응 훈련(PRT)
- 개념
  - 정의
  - 장단점
  - DTT와 비교
- 단계
- 교수전략

복합단서에 반응하기

- 복합단서에 반응하기가 중심반응 중 하나인 이유는 많은 학습 상황에서 다양한 단서에 반응해야 하는 일이 많기 때문
- 학생이 이미 습득한 중심행동을 여러 다양한 속성과 특징을 지닌 복잡한 요구에 반응하도록 하는 전략
- 구체적으로는 조건적 식별을 가르치는 것으로, 이렇게 하면 자극과다선택성을 줄일 수 있음

① '복합단서에 반응하기'란 학생이 이미 습득한 중심행동을 여러 다양한 속성과 특징을 지닌 복잡한 요구에 반응하도록 하는 것이므로, 단순히 "테이프"라고 하는 것은 적절하지 않다.
② "빨간색 테이프 주세요."
("파란색 테이프 주세요.")

2017학년도 초등 B6

17 **(가)는 특수교육 수학교육연구회에서 계획한 2015 개정 특수교육 교육과정 중 기본 교육과정 수학과 1~2학년 '측정' 영역에 해당하는 수업 개요이고, (나)는 자폐성 장애 학생에게 (가)를 적용할 때 예측 가능한 학생 반응을 고려하여 구성한 수업 시나리오의 일부이다. 물음에 답하시오. [6점]**

(가)

○ 공부할 문제 : 물의 양이 같은 것을 찾아보아요.
○ 학습 활동

〈활동 1〉 같은 양의 물이 들어 있는 컵 살펴보기
- 같은 양의 물이 들어 있는 2개의 컵 살펴보기
- 준비물 : 투명하고 ㉠ 모양과 크기가 같은 컵 2개, 물, 주전자

〈활동 2〉 컵에 같은 양의 물 따르기
- ㉡ 같은 위치에 표시선이 있는 2개의 컵에 표시선까지 물 따르기
- 준비물 : 투명하고 모양과 크기가 같은 컵 2개, 물, 주전자, 빨간색 테이프, 파란색 테이프, 빨간색 사인펜, 파란색 사인펜

〈활동 3〉 컵에 같은 양의 물이 들어 있는 그림 찾기
- 2개의 그림 자료 중 같은 양의 물이 들어 있는 그림 찾기
- 준비물 :

[그림 자료 1]	[그림 자료 2]
같은 양의 물이 들어 있는 컵 2개가 그려진 자료	다른 양의 물이 들어 있는 컵 2개가 그려진 자료

(나)

〈활동 2〉
교사 : (컵 2개를 학생에게 보여주며) 선생님이 컵에 표시선을 나타낼 거예요. (책상 위에 놓여 있는 빨간색 테이프, 파란색 테이프, 빨간색 사인펜, 파란색 사인펜을 가리키며) ㉢ 테이프 주세요.
학생 : (색 테이프 하나를 선생님에게 건네준다.)
교사 : (2개의 컵에 색 테이프로 표시선을 만든다.) 이제 표시선까지 물을 채워 봅시다.

〈활동 3〉
교사 : (학생에게 [그림 자료 1]과 [그림 자료 2]를 제시하며) 물의 양이 같은 것은 어느 것인가요?
학생 : (머뭇거리며 교사를 쳐다본다.)
교사 : (㉣ 학생에게 [그림 자료 1]과 [그림 자료 2]를 다시 제시하며) 물의 양이 같은 것은 어느 것인가요?

※ 색 테이프를 건네주는 학생 행동이 뒤에 제시되어 있으므로 보기 중 빨간색 테이프 또는 파란색 테이프 중에서 작성해야 함

2) 중심축 반응 훈련(PRT)을 통해 '복합단서에 반응하기'를 지도하고자 할 때 ① (나)의 〈활동 2〉에서 교사의 지시문 ㉢이 적절하지 않은 이유를 쓰고, ② 적절한 지시문의 예 1가지를 쓰시오. [2점]

기본이론 334-340p

중심축 반응 훈련(PRT)

중심축 반응 훈련(PRT)
- 개념
  - 정의
  - 장단점
  - DTT와 비교
- 단계
- 교수전략

ⓜ 중심축 반응 훈련은 '동기'를 높이기 위해 틀린 반응이거나 적절하지 않은 반응이더라도 무엇인가 하려는 시도가 분명하다면 아동의 모든 시도에 대해 강화를 제공한다.

ⓢ '복합단서에 대한 반응' 능력을 향상시키기 위해 자극을 다양화하고 단서를 증가시킨다.

2013학년도 초등 B5

18 **다음의 (가)는 특수학교 초임교사가 실과시간에 '간단한 생활용품 만들기' 단원을 지도하기 위해 수석교사와 나눈 대화 내용의 일부이다. 이 수업에 참여하는 세희는 사회적 의사소통에 어려움을 보이는 자폐성 장애 학생이다. (나)는 초임교사가 적용하고자 하는 중심축 반응 교수(Pivotal Response Training) 전략이다. 물음에 답하시오. [5점]**

(가) 대화 내용

수석교사 :	프로젝트 활동 수업은 어떻게 준비되고 있나요?
초임교사 :	㉠ 학생들이 만들고 싶어 하는 생활용품이 매우 다양해서 제가 그냥 연필꽂이로 결정했어요. 먼저 ㉡ 연필꽂이를 만드는 정확한 방법과 절차를 가르치려고 해요. 그리고 ㉢ 모둠 활동에서 상호작용과 역할 분담이 이루어지는지 확인할 거예요. ㉣ 활동이 끝나면 만든 작품들을 전시하고 발표하는 시간을 가질 거예요.
수석교사 :	그러면 세희는 프로젝트 활동에 참여하는 것이 조금 어려울 것 같은데 지원 계획은 있나요?
초임교사 :	네. 세희가 활동에 보다 의미 있게 참여하도록 하기 위하여 중심축 반응 교수전략을 사용하려고 해요.

(나) 중심축 반응 교수전략

ⓜ 세희가 질문에 정확하게 반응할 경우에만 강화를 제공한다.
ⓑ 다양한 연필꽂이 만들기 재료 중에서 세희가 요구하는 것을 준다.
ⓢ 세희를 위해 하나의 단서와 자극에 반응할 수 있도록 환경을 구조화한다.
ⓞ 세희가 연필꽂이 만드는 순서를 모를 때, 도움을 요청할 수 있도록 가르친다.

ⓜ 동기유발에 근거해 교사의 자극 제시와 연관된 모든 시도에 대해 강화해야 함

ⓑ 동기유발에 근거해 선택권을 제시함

ⓢ 복합단서에 근거해 다양한 자극을 제시하고 이에 반응할 수 있도록 해야 함

ⓞ 자기주도반응에 근거해 도움을 요청할 수 있도록 해야 함

3) (나)의 ⓜ~ⓞ에서 적절하지 않은 것 2개를 찾아 기호를 쓰고, 바르게 고쳐 쓰시오. [2점]

참고자료 기본이론 334-340p

키워드 중심축 반응 훈련(PRT)

구조화틀
중심축 반응 훈련(PRT)
- 개념
  - 정의
  - 장단점
  - DTT와 비교
- 단계
- 교수전략

핵심개념

모범답안
① 우연교수
② 중심축 반응 훈련

2018학년도 유아 A6

19 **다음은 예비 유아특수교사가 통합학급 4세 반 준혁이의 의사소통 특성을 관찰한 일화 기록의 일부이다. 물음에 답하시오. [5점]**

관찰 장소	특수학급

[A] 준혁이의 자발적 의사소통 지도를 위해 교사는 준혁이가 볼 수 있지만 손이 닿지 않는 선반에 준혁이가 좋아하는 모형 자동차를 올려놓는다. 준혁이가 선반 아래에 와서 교사와 자동차를 번갈아 쳐다보며 교사의 팔을 잡아 당긴다. 교사는 준혁이가 말하기를 기대에 찬 눈으로 바라본다. 잠시 후 준혁이는 모형 자동차를 가리키며 "자동차"라고 말한다. 교사가 준혁이에게 모형 자동차를 꺼내 주니 자동차를 바닥에 굴리며 논다.

[B] 실외 놀이 후 준혁이는 교실에 들어오자마자 교구장에서 무엇인가를 찾는다. 교사는 준혁이에게 다가가서 모형 자동차를 보여주며 "이게 뭐야?"라고 묻는다. 준혁이가 잠시 생각하다가 "자동차"라고 대답한다. 교사는 "우와! 그래, 이건 자동차야."라며 모형 자동차를 준혁이에게 건네준다. 준혁이가 "자동차"라고 말하지 않을 때는 자동차를 주지 않는다. 교사는 일과 활동 중에 시간 간격을 두고 이와 같은 교수전략을 사용한다.

1) 교사가 준혁이의 자발적 발화를 증진하기 위하여 ① [A]에서 사용한 환경중심 의사소통 전략과 ② [B]에서 사용한 교수전략을 쓰시오. [2점]

환경조성 전략: 볼 수 있지만 손이 닿지 않는 선반에 학생이 좋아하는 모형 자동차를 올려둠

- **반응적 상호작용 전략**: 공동관심 형성
- **환경중심 언어절차**: 학생 반응으로부터 중재가 시작되고 있으므로 우연교수에 해당함

학생 반응과 연관된 자연적인 강화제(모형 자동차)가 제공됨

- **교사의 자극 제시**: 제시된 자극은 학생이 좋아하는 모형 자동차를 보여주며 "이게 뭐야?"라고 질문함
- **학생 반응**: 정반응
- **후속결과 제시**: 학생 반응과 연관된 자연적 강화제(모형 자동차)를 제공함

※ '시간 간격'이라는 용어에 꽂혀 '비연속 개별시도 교수'라고 답안을 작성하면 오답임. 비연속 개별시도 교수와 중심축 반응 훈련의 차이점을 비교해야 함

	PRT	DTT
환경	자연스러운 환경	구조화된 환경
초점	학생 중심	교사 중심
강화제	자연적 강화제	인위적 강화제

PART 03

확장하기

중심축 반응 훈련(이소현 외, 『자폐범주성장애』, 2017.)

1. 중심축 반응 훈련(PRT)의 단계

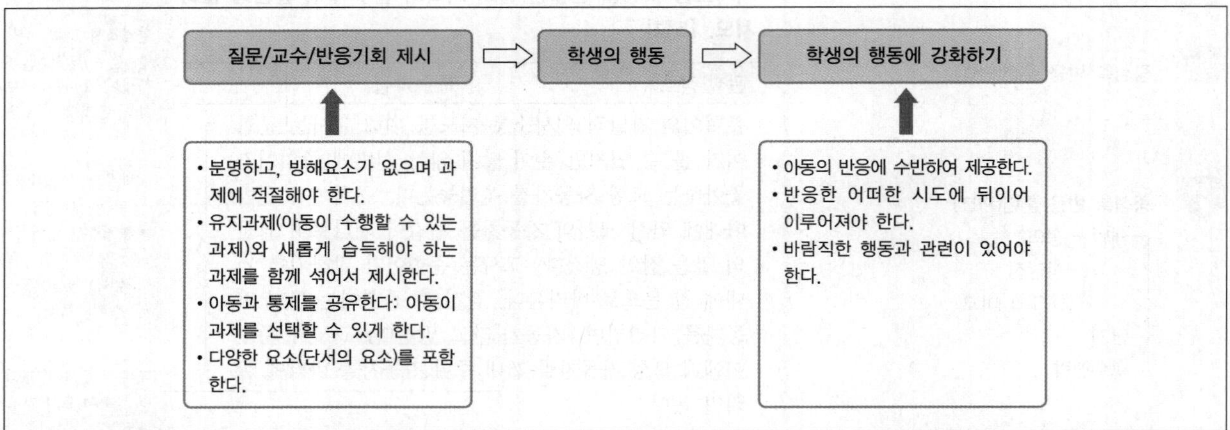

중심축 반응 훈련도 행동을 가르치는 과정에서 비연속 개별시도 훈련을 사용할 수 있다. 다만, 중심축 반응 훈련은 자연스러운 환경에서 실시되고, 아동이 중심이 되며, 후속결과가 과제와 관련된 자연스러운 강화라는 점에서 비연속 개별시도 훈련과 차이가 있다.

2. 중심축 반응 중재 핵심 전략

PRT 중재 전략은 반응을 제공하기 위한 기회 제시와 관련된 전략과, 아동의 반응 후에 주어지는 강화와 관련된 전략 등 크게 두 종류로 나누어진다.

전략	내용
아동의 주의를 끌고 유지하기	교수는 명확하고, 간결하고, 과제에 적합하고, 끊김이 없고, 아동이 상대방이나 주어진 과제에 주의를 기울일 때 제시되어야 한다. 아동이 주의를 기울이지 않거나 떼를 쓰거나 상동행동을 할 때 교수가 제시되어서는 안 된다.
주도 공유하기	아동의 선택이라고도 알려진 주도 공유하기는 중재자나 부모가 교수 환경에 대한 조절을 유지하는 것과 아동이 활동이나 자극 사물에 대해 선택하는 것 사이의 균형을 포함한다. 이는 아동이 '마음대로 하기'를 뜻하지는 않는다. 다만 아동이 자극 사물, 활동, 환경 또는 활동의 순서를 선택하도록 제안하고 흥미 있는 사물이나 활동을 결정하도록 하는 등 아동의 주도를 따름으로써 균형을 얻을 수 있다.
유지 과제 분산시키기	유지 과제는 이미 학습한 기술을 사용하게 만든다. 유지 과제는 습득 과제와 함께 자주 분산되어 제시되어야 하고, 행동 탄성을 유지하기 위해 사용되고, 어려운 과제 이전에 주어지고, 전체적 교수 회기의 성공률을 높이기 위해 사용된다.
복수 단서에 대한 아동의 반응성 다루기	복수 단서에 대한 아동의 반응성을 다루는 것은 자극과다선택과 관련된 잦은 문제를 감소시키는 데 도움을 준다. 이는 아동으로 하여금 지시에서 두 개나 그 이상의 요소에 주의를 기울이고 반응하도록 요구하는 것을 포함한다. 예 초록 블록, 작은 소
후속적으로 강화하기	강화는 목표행동이 발생하는 즉시 제공되어야 한다. 목표행동(또는 시도)의 발생에 후속적으로 뒤따라야 하며, 끊어짐 없이 효과적이고 적절하게 제공되어야 한다.
시도 강화하기	반응이 목표했던 것과 완전히 일치하지 않더라도 상황에 적절한 시도를 강화함으로써 지속적인 반응을 보일 수 있도록 아동을 격려한다. 정확하게 반응하기 위한 합리적인 시도라면 강화를 해주어야 한다.
명확하고 직접적인 반응-강화 관계 강화하기	강화는 반드시 목표행동에 대한 자연적인 후속결과여야 한다. 강화는 목표행동에 직접적으로 관련되어야 한다(예 아동이 물을 요구하면 물을 줌). 중심축 반응 중재에서 강화는 보통 사회적 칭찬(예 "와! 잘했어!")과 함께 사용된다. 그러나 이렇게 할 때 아동이 반응-강화 후속관계를 잘 배울 수 있도록 주의를 기울여야 한다(예 "물"이라고 말하는 것은 물을 받는 결과와 연결되어야 하고, "잘했어!"라는 칭찬과 연결될 필요는 없음).

참고자료 기본이론 334-342p

키워드
- 촉진적 의사소통 훈련(FC)
- 비연속 개별시도 교수(DTT)
- 중심축 반응 훈련(PRT)

구조화 틀

기능적 의사소통 훈련(FCT)
- 정의
- 단계
- 사용 시 고려사항

촉진적 의사소통 훈련(FC) – 정의

핵심개념

기능적 의사소통 훈련(FCT)
바람직한 대체행동을 가르쳐 사회적으로 수용 가능한 방법으로 의사표현할 수 있도록 하는 중재방법

촉진적 의사소통 훈련(FC)
교사가 아동의 손을 가볍게 접촉한 상태에서 도구를 사용하도록, 즉 타이핑 또는 포인팅에 의한 의사소통을 할 수 있도록 지원하는 중재방법

모범답안 ④

2011학년도 중등 8

20 **사회적 의사소통 능력의 결함으로 인해 대인관계에서 다양한 부적응 행동을 보이는 자폐성 장애 학생을 중재하기 위하여 교사는 다음과 같은 지원 전략을 세웠다. (가)~(다)에 해당하는 가장 적절한 중재 기법을 고른 것은?**

단계	전략
1단계	학생이 보이는 문제행동의 기능을 파악한다.
2단계	문제행동과 관련된 환경 및 선행사건을 수정한다.
3단계	(가) 자연스러운 상황에서 사회적 의사소통 기술을 지도하여 문제행동의 발생을 예방함과 동시에 습득한 기술을 다른 사회적 기술로 확장시켜 학생 스스로 환경적 문제에 대처하도록 한다.
	(나) 문제행동과 동일한 기능을 가진 수용 가능한 교체 기술을 가르친다.
4단계	(다) 문제행동의 발생 빈도를 평가하고, 문제행동에 대한 반응적 중재방법을 마련한다.
5단계	학생이 학습한 행동을 다양한 환경에서 독립적으로 수행하게 한다.

	(가)	(나)	(다)
①	촉진적 의사소통 (FC)	비연속 시행훈련 (DTT)	중심축 반응훈련 (PRT)
②	촉진적 의사소통 (FC)	기능적 의사소통 훈련(FCT)	중심축 반응훈련 (PRT)
③	중심축 반응훈련 (PRT)	촉진적 의사소통 (FC)	교수적 접근, 소거, 차별강화
④	중심축 반응훈련 (PRT)	기능적 의사소통 훈련(FCT)	교수적 접근, 소거, 차별강화
⑤	교수적 접근, 소거, 차별강화	기능적 의사소통 훈련(FCT)	비연속 시행훈련 (DTT)

확장하기

기능적 의사소통 훈련(FCT)

1. 개요

① '기능적 의사소통 훈련'이란 도전행동에 대한 기능적 진단을 실행하여, 그 도전행동의 '기능'을 찾아낸 후에 사회적으로 부적합한 도전행동을 사회적으로 적합한 의사소통 행동으로 대체하는 것을 의미한다(Carr & Durand, 1985).

② 'FCT'로 줄여서 부르는 기능적 의사소통 훈련은 장애학생의 도전행동을 감소시키기 위한 능동적이고 적극적인 접근 방법이다.

③ FCT의 목적은 사회적으로 좀 더 적절한 형태의 의사소통 방법을 교수하여 도전행동을 줄이는 것이다.

④ FCT의 근거는 어떤 행동의 기능(예 관심, 선호물 얻기, 비선호 과제 회피 등)이 상황과 후속결과에 의해 유지되기 때문에, 도전행동의 기능을 대체할 수 있으면서 사회적으로 용인되는 의사소통 기술을 발달시키면 도전행동이 감소한다는 데 있다.

기능분석에 따른 FCT의 예

다양한 도전행동을 보임(예 던지기, 깨물기, 소리 지르기 등)		
기능 분석	'과제 회피' 기능, '과제의 난이도 정도와 도전행동'이 연결	
기능 분석에 적절한 FCT	"이해를 못하겠어요.", "어려워요.", "나는 이해가 안 돼요.", "다른 것으로 바꿔주세요."와 같은 '과제에 대한 어려움'을 표현하는 중재	기능 분석에 따른 '과제 회피' 기능과 연결해 중재함
기능 분석에 부적절한 FCT	"나 잘하고 있어요?", "다 했어요.", "칭찬해주세요."와 같이 관심을 표현하는 중재	기능 분석에 '과제 회피'였으나, FCT 중재는 '관심 획득'에 초점을 둠

2. FCT 단계

① FCT의 목적은 도전행동과 동일한 기능과 목적의 적합한 의사소통 기술을 교수하는 것이다. 즉, FCT는 도전행동을 기능적으로 동일한 의사소통 기술로 대체하는 것이다.

② FCT는 세 단계로 구성된다(Mirenda, 2013).

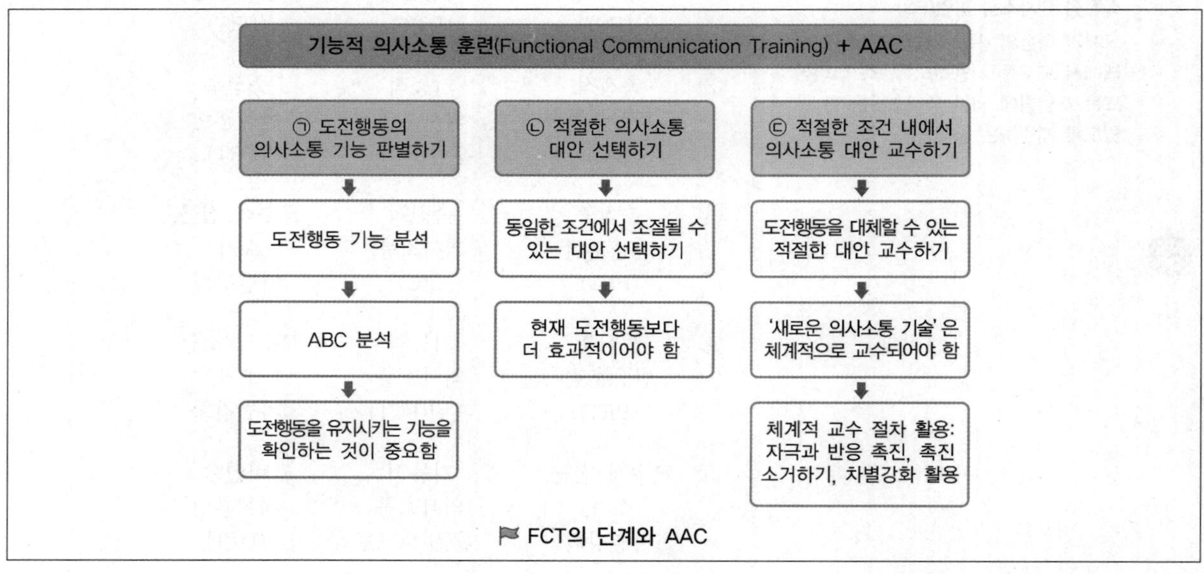

FCT의 단계와 AAC

㉠ 도전행동의 의사소통 기능 판별하기

- 기능적 진단의 목적은 도전행동을 유발하는 변인들을 확인하는 것이다.
- 도전행동을 유발하는 선행사건과 이를 유지하는 후속결과를 판별하는 것은 중요하다.

㉡ 적절한 의사소통 대안 선택하기

- FCT는 개인의 도전행동을 온전히 대체할 수 있는 새로운 의사소통 기술을 교수하는 것을 포함한다. 따라서 도전행동을 대체하는 기능을 갖는 '의사소통 대체수단'을 선택하는 것이 중요하다. 도전행동에 적절한 의사소통 대안을 선택하기 위해서는 다음의 두 가지를 반드시 고려해야 한다.
  - 도전행동과 적절한 의사소통 대안적 방법의 '기능적 일치성'이다. 도전행동과 새로운 의사소통 행동의 '기능'은 '일치'해야 한다. 즉, 기능분석 과정 동안 파악된 도전행동의 기능이 대안적 행동의 메시지에도 연결되어 동일한 결과를 얻을 수 있어야 한다.

    예 민호가 과제를 회피하기 위해 머리를 때리거나 소리를 지르는 행동을 보여 과제를 하지 않았다면, 민호가 '손담'으로 '어렵다'를 표현하였을 때도 도전행동과 동일한 기능으로 과제를 수행하지 않을 수 있어야 한다.
  - 도전행동과 동일한 기능이 있는 의사소통 대안이 언제 어디서든 늘 한결같이 효과가 나타날 수 있도록 '숙달'되어야 한다. 적절한 의사소통 대안 행동이 성공적으로 숙달되기 위해서는 성공의 경험 증가, 효율성 효과, 수용적 경험 증가, 수월한 인식에 대한 노력이 필요하다.

㉢ 적절한 조건 내에서 의사소통 대안 교수하기

- 현재 갖고 있는 도전행동을 대체할 수 있는 '새로운 의사소통 기술'은 체계적으로 교수되어야 한다.
- 체계적 교수의 기초는 '자극과 반응 촉진', '촉진 소거하기', '차별강화' 등과 같은 적합한 행동적 교수 절차를 실행하는 것이다.
- Martin 등(2005)은 의사소통 대안의 체계적 교수를 위한 일반적 원칙으로 다음 다섯 가지 핵심 요소들을 설명하였다.
  - 교수는 도전행동이 발생하는 것과 동일한 조건에서 교수되어야 한다.
  - 새로운 의사소통 대안은 도전행동을 대체할 수 있도록 촉진되고 강화되어야 한다.
  - 좀 더 독립적으로 새로운 의사소통 반응을 사용하게 되면 촉진의 사용은 제거(용암)되어야 한다.
  - 새로운 의사소통 반응은 매일 동일한 시간에 빠르고 지속적으로 강화되어야 한다.
  - 오래된 도전행동의 형태는 더 이상 강화를 얻지를 못하게 하여 도전행동의 효과성을 줄여나가야 한다.

기본이론 343-344p

공동행동일과(JARs)

공동행동일과(JARs)
- 개념
  - 정의
  - 장단점
- 특징
  - 예측 가능
  - 논리적
  - 반복 가능
- 고려사항

공동행동일과(JARs)
- 자연적 언어 패러다임 중재로, 아동이 언어를 사용할 수 있는 기회에 놓이도록 환경을 구성하는 전략
- 일상적인 상호작용 과정 안에서 아동의 자발적인 대화를 이끌어 상황에 대한 이해를 증가시켜주며, 예측 가능하고 논리적·반복적인 일상활동을 통해 아동의 사회적 상호작용을 도움

모범답안 ① (제시문만 분석)

2011학년도 유아 27

21 **유치원 통합학급에 있는 자폐성 장애 유아 은수와 발달지체 유아 현주, 일반 유아들 사이에서 일어난 상황 및 교사의 지도 내용에 대한 교수전략을 바르게 연결한 것을 모두 고른 것은?**

구분	상황 및 지도 내용	교수 전략
㉠	• 은수는 간식 시간 전인 이야기 나누기 시간에 간식을 달라고 떼를 쓰며 운다. • 그림 일과표를 제시해 주고, 이야기 나누기 시간이 시작되면 모래시계를 거꾸로 세워 놓는다.	시간의 구조화
㉡	• 은수는 머리카락 잡아당기기에 집착하여 옆에 있는 친구의 머리카락을 잡아당겨 울린다. • 은수와 다른 유아에게 적절한 사회적 행동을 가르칠 수 있는 주제로 대본을 만들어 상황에 맞는 역할을 하도록 한다.	사회극 놀이
㉢	• 현주는 또래 친구들이 바깥놀이를 위해 외투를 입는데 혼자 돌아다니고 있다. • 바깥놀이를 나갈 때 현주에게 친구들이 옷 입는 것을 보고 따라하게 한다.	과제 분석
㉣	• 유아들이 율동 시간에 침을 흘리는 현주와는 손을 잡으려고 하지 않는다. • 친구로부터 소외당하는 내용의 비디오를 보여주고, 반성적 이야기 나누기를 통해 현주를 이해하도록 한다.	공동 행동 일과

① ㉠, ㉡　② ㉠, ㉢
③ ㉡, ㉣　④ ㉠, ㉡, ㉢
⑤ ㉡, ㉢, ㉣

기본이론 345-351p

키워드 그림교환의사소통체계(PECS)

구조화틀

그림교환의사소통체계(PECS)
- 개념
- 단계
  - 교환개념 익히기
  - 자발적 교환하기
  - 그림 식별하기
  - 문장으로 요청하기
  - 다양한 문장 사용하기
  - 상호작용 확장하기

핵심개념

그림교환의사소통체계(PECS) 정의

- 표현언어가 부족한 학생을 위해 개발된 것으로, 응용행동분석에 근거한 전략
- 요청하기 기능을 충족시키는 사회적 행동을 자발적으로 시작하도록 도움
- 아동중심적인 선호도, 자연적인 상황, 즉각적인 보상을 특징으로 함

그림교환의사소통체계(PECS) 단계

① **교환개념 익히기**: 아동이 그림카드를 집어 교사에게 주면 교사는 그림에 해당하는 물건의 이름을 말하면서 실제 물건과 즉시 교환해줌
② **자발적 교환하기**: 교환개념을 익히면 아동과 교사 간의 거리, 그리고 그림카드와 아동의 거리를 점차 넓히면서 연습함
③ **그림 식별하기**: 선호하는 물건과 선호하지 않는 물건의 그림카드를 변별하여 요구하도록 지도하며, 나아가 여러 개의 그림카드 가운데 가장 선호하는 그림카드를 선택하게 하는 방식으로 지도함
④ **문장으로 요청하기**: 그림카드를 문장으로 구성하도록 함
⑤ **다양한 문장 사용하기**: 간단한 질문에 대답하는 것을 학습함
⑥ **상호작용 확장하기**: 요구하기 의사소통에서 벗어나 자신의 감정이나 생각을 표현하도록 하며, 먼저 의사소통을 자발적으로 시작하고 다양한 대화 상대자와도 소통을 가능하게 하는 단계

모범답안 ②

2009학년도 초등(유아) 1

22 **〈보기〉는 구어가 전혀 발달되지 않았을 뿐 아니라, 비언어적 의사소통에도 어려움을 보이는 동건이에게 유 교사가 그림교환의사소통체계(picture exchange communication system ; PECS)를 지도한 방법의 예시이다. 지도 절차가 순서대로 제시된 것은?**

보기

ㄱ. 동건이가 그림카드를 사용하여 문장판에 문장을 만들고 그것을 교사에게 제시하도록 지도하였다.
ㄴ. 동건이가 원하는 그림카드를 교사에게 주면 해당하는 사물을 주어 교환의 개념을 알도록 지도하였다.
ㄷ. 동건이가 선호하는 사물의 그림카드와 선호하지 않는 사물의 그림카드 중 선호하는 것을 식별하도록 지도하였다.
ㄹ. 동건이가 자신의 의사소통판으로 가서 그림카드를 가져와 교사에게 주면 해당하는 사물을 주어 자발적으로 교환하도록 지도하였다.

① ㄴ－ㄷ－ㄱ－ㄹ　② ㄴ－ㄹ－ㄷ－ㄱ
③ ㄷ－ㄴ－ㄹ－ㄱ　④ ㄷ－ㄹ－ㄱ－ㄴ
⑤ ㄹ－ㄴ－ㄷ－ㄱ

PART 03

기본이론 345-351p

그림교환의사소통체계(PECS)

구조화 틀

그림교환의사소통체계(PECS)

- 개념
- 단계
  - 교환개념 익히기
  - 자발적 교환하기
  - 그림 식별하기
  - 문장으로 요청하기
  - 다양한 문장 사용하기
  - 상호작용 확장하기

그림교환의사소통체계(PECS) 정의

- 표현언어가 부족한 학생을 위해 개발된 것으로, 응용행동분석에 근거한 전략
- 요청하기 기능을 충족시키는 사회적 행동을 자발적으로 시작하도록 도움
- 아동중심적인 선호도, 자연적인 상황, 즉각적인 보상을 특징으로 함

그림교환의사소통체계(PECS) 단계

① **교환개념 익히기**: 아동이 그림카드를 집어 교사에게 주면 교사는 그림에 해당하는 물건의 이름을 말하면서 실제 물건과 즉시 교환해줌

② **자발적 교환하기**: 교환개념을 익히면 아동과 교사 간의 거리, 그리고 그림카드와 아동의 거리를 점차 넓히면서 연습함

③ **그림 식별하기**: 선호하는 물건과 선호하지 않는 물건의 그림카드를 변별하여 요구하도록 지도하며, 나아가 여러 개의 그림카드 가운데 가장 선호하는 그림카드를 선택하게 하는 방식으로 지도함

④ **문장으로 요청하기**: 그림카드를 문장으로 구성하도록 함

⑤ **다양한 문장 사용하기**: 간단한 질문에 대답하는 것을 학습함

⑥ **상호작용 확장하기**: 요구하기 의사소통에서 벗어나 자신의 감정이나 생각을 표현하도록 하며, 먼저 의사소통을 자발적으로 시작하고 다양한 대화 상대자와도 소통을 가능하게 하는 단계

① 그림교환의사소통체계(PECS)
② 아동이 원하는 물건을 얻기 위해 그림카드를 가지러 가도록 유도하며, 그 그림카드를 교사에게 주기 위해 교사에게 다가가도록 한다.

2021학년도 초등 B6

23 **(가)는 2015 개정 특수교육 기본 교육과정 미술과 5~6학년군 '이미지로 말해요' 단원의 수업 활동 아이디어 노트이고, (나)는 수업 중 교사가 자폐성 장애 학생 희주와 나눈 대화이다. 물음에 답하시오. [5점]**

(가) 수업 활동 아이디어 노트

• 성취기준

㉠일상생활 속에 나타난 이미지를 활용하여 표현한다.

• 수업개요

㉡본 수업은 픽토그램 카드를 만들고, 그 결과물을 학생의 사회성 기술 교수를 위한 자료로 활용하고자 한다.

• 픽토그램의 개념

픽토그램은 의미하는 내용을 (㉢)(으)로 시각화하여 사전에 교육을 받지 않고도 모든 사람이 즉각적으로 이해할 수 있어야 하므로 단순하고 의미가 명료해야 한다.

• 수업활동

활동 1	– 픽토그램에서 사용한 모양 이해하기 – 픽토그램에서 사용한 색의 의미 알기
활동 2	픽토그램 카드 만들기
활동 3	픽토그램 카드 활용하기 교환 가치 형성하기 → ㉣자발적 교환하기 → 변별 훈련하기 → 문장으로 만들어 이야기하기 → 단어를 사용하여 질문에 반응하기 → 의견 설명하기 [A]

2) (가)의 [A]에 해당하는 ① 중재방법을 쓰고, ② ㉣을 응용행동분석 원리로 지도할 때 ⓐ에 들어갈 학생의 행동을 쓰시오. [2점]

응용행동분석 원리
'자극 제시 → 학생 반응 → 후속결과 제시'의 체계적인 기술 교수

선행 자극		행동		후속 결과
그림카드를 학생과 먼 거리에 배치한다.	➔	ⓐ	➔	그림카드에 해당하는 사물을 준다.

기본이론 345-351p

그림교환의사소통체계(PECS)

구조화틀

그림교환의사소통체계(PECS)

- 개념
- 단계
  - 교환개념 익히기
  - 자발적 교환하기
  - 그림 식별하기
  - 문장으로 요청하기
  - 다양한 문장 사용하기
  - 상호작용 확장하기

그림교환의사소통체계의 특징 및 장점

- 의도적인 의사소통 시도와 자발적인 의사소통을 가르치기 위한 전략으로, 궁극적으로 구어 획득의 가교 역할을 할 수 있는 가능성을 포함함
- 요청하기를 첫 번째 의사소통 행동으로 지도함
- 누구나 보고 이해할 수 있는 그림이나 문자를 이용하기 때문에 중재에 참여하지 않은 교사나 가족, 지역사회로의 일반화가 용이함
- 그림을 제시하는 즉시 강화가 제공되므로 동기를 부여할 수 있음

모범답안

ⓒ 훈련 초기 단계에는 선호물을 구체적으로 나타내는 그림카드를 사용해야 한다.

ⓔ 자발성을 높이기 위해 유아와 그림카드의 거리를 점차 늘리며 지도해야 한다.

2020학년도 유아 A1

24 **(가)는 5세 자폐범주성 장애 민호와 진우의 특성이고, (나)는 민호 어머니가 가입한 장애아동 부모 커뮤니티의 게시물이며, (다)는 교사의 반성적 저널의 일부이다. 물음에 답하시오. [5점]**

(가)

	특성
민호	• 주위 사람들에게 친밀감을 보이지 않고 상호작용을 하지 않음 • 구어적 의사소통을 거의 하지 않음 • 그림과 사진 등의 자료에 관심을 보이기 시작함

구어를 할 수는 있으나 필요한 상황에서 적절하게 사용하지 않으므로, '자발적이고 의도적인 언어 사용'에 대한 지도가 필요함

(나)

지식 Q&A

질문 PECS(그림교환의사소통체계)에 대해서 알려주실 분?

답변

ㄴ 선주아빠: ⓐ 구어가 어려운 아이들에게 적용할 수 있어요.

ㄴ 민호엄마: ⓑ 요구하기 기술을 익히는 데 효율적인 방법이에요.

ㄴ 준혁아빠: ⓒ 훈련 초기 단계에는 추상적인 그림을 제공해요.

ㄴ 선주아빠: ⓓ 즉각적인 보상을 통해 의사소통 기술을 습득할 수 있어요.

ㄴ 희망이맘: ⓔ PECS를 훈련할 때는 유아와 그림카드의 거리를 점차 좁혀가면서 지도해요.

ㄴ 민호엄마: ⓕ PECS를 통해서 우리 민호의 자발적인 의사소통이 늘어날 거래요.

ㄴ 선주아빠: ⓖ PECS는 기능적인 의사소통 증진을 목표로 해요.

2) (나)의 ⓐ~ⓖ 중 틀린 것을 2가지 찾아 기호를 쓰고, 각각 바르게 고쳐 쓰시오. [2점]

기본이론 345-351p

그림교환의사소통체계(PECS)

그림교환의사소통체계(PECS)

- 개념
- 단계
  - 교환개념 익히기
  - 자발적 교환하기
  - 그림 식별하기
  - 문장으로 요청하기
  - 다양한 문장 사용하기
  - 상호작용 확장하기

그림 변별에 어려움을 겪는 아동 지도 방법

- 선호하는 그림카드는 눈에 띄게 두고, 다른 그림카드는 그림 없이 검정색으로 색칠한 것으로 놓기
- 좋아하는 그림카드와 잘 모르는 그림카드 놓아두기
- 좋아하는 그림카드와 좋아하지 않는 그림카드 놓아두기
- 점차 선호도가 유사한 두 개의 카드를 제시해 그중 정확한 그림카드를 변별하도록 하기

모범답안

선호하는 사물의 그림카드와 비선호하는 사물의 그림카드 식별하기

2014학년도 중등 A15

25 **다음은 특수학교에 재학 중인 자폐성 장애 학생 A를 위해 특수교사인 박 교사와 특수교육실무원이 그림교환의사소통체계(Picture Exchange Communication System; PECS) 훈련 6단계 중 일부 단계를 실시한 내용이다. 제시된 내용의 바로 다음 단계에서 학생 A가 배우게 되는 과제를 쓰시오. [2점]**

> 학생 A와 의사소통 상대자인 박 교사는 서로 마주 보고 앉고 실무원은 학생 A의 뒤에 앉는다. 실무원은 학생 A가 테이블 위에 놓여 있는 그림카드를 집어서 박 교사에게 줄 수 있도록 신체적 촉진을 제공한다. 이때 실무원은 언어적 촉진은 제공하지 않는다. 학생 A가 박 교사에게 자신이 좋아하는 야구공이 그려진 그림카드를 집어 주면, 박 교사는 "야구공을 갖고 싶었구나!"라고 하면서 학생 A에게 즉시 야구공을 준다. 이와 같은 방식으로 학생 A가 하나의 그림카드로 그 카드에 그려진 실제 물건과의 교환을 독립적으로 하게 되면, 박 교사는 학생 A와의 거리를 점점 넓힌다. 학생 A가 박 교사와 떨어져 있는 상황에서도 하나의 그림카드를 박 교사에게 자발적으로 갖다주면, 박 교사는 학생 A에게 그 그림카드에 그려진 실제 물건을 준다.

교환개념 익히기

PECS 초기 단계에서 교사는 신체적 촉구는 제공할 수 있으나, 언어적 촉구는 PECS 전 단계에 걸쳐 아동의 자발성을 저해할 수 있기 때문에 사용해서는 안 됨

PECS는 아동이 요구하는 사물을 실제로 주는 '자연적 강화제'를 사용함

※ 자연적 강화제: 아동의 반응과 직접적으로 연관된 강화제를 제시하는 것

자발적 교환하기

기본이론 345-351p

그림교환의사소통체계(PECS)

그림교환의사소통체계(PECS)
- 개념
- 단계
  - 교환개념 익히기
  - 자발적 교환하기
  - 그림 식별하기
  - 문장으로 요청하기
  - 다양한 문장 사용하기
  - 상호작용 확장하기

핵심개념

그림교환의사소통체계 단계 중 식별하기 단계의 유의점
- 무작정 그림카드를 가져오는 것으로는 보상을 받지 못한다는 것을 익히게 함
- 그림카드의 위치를 계속 바꿈으로써 아동이 그림카드의 위치를 기억해 그에 따라 반응하지 않도록 해야 함
- 그 외 그림의 크기와 색깔을 달리해 연습할 수 있도록 함

그림 변별에 어려움을 겪는 아동 지도 방법
- 선호하는 그림카드는 눈에 띄게 두고, 다른 그림카드는 그림 없이 검정색으로 색칠한 것으로 놓기
- 좋아하는 그림카드와 잘 모르는 그림카드 놓아두기
- 좋아하는 그림카드와 좋아하지 않는 그림카드 놓아두기
- 점차 선호도가 유사한 두 개의 카드를 제시해 그중 정확한 그림카드를 변별하도록 하기

[A]는 그림카드 식별하기 단계이다. 이 단계의 지도 목적은 선호 사물과 비선호 사물 중 선호 사물의 그림카드를 변별하는 것이다.

2016학년도 유아 B3

26 **(가)와 (나)는 통합학급 5세 반 활동의 예시이다. 물음에 답하시오. [5점]**

(나)

> 자폐성 장애 유아인 정호는 버스 그리기를 좋아하며, 직선과 원을 그릴 수 있어 최근에는 십자형태 그리기를 배우고 있다. 박 교사는 교통기관 그리기 활동 시간에 그림교환의사소통체계(Picture Exchange Communication System ; PECS)를 활용하여 정호의 자발적 의사소통을 지도하고 있다.
>
> 박 교사 : (버스 밑그림이 그려진 도화지를 들고 있다.)
> 정　호 : (도화지를 보자마자 가져가려고 한다.)
> 박 교사 : (도화지를 주지 않고, 버스 그림카드와 기차 그림카드가 붙어 있는 그림교환의사소통판을 보여주고, 정호가 고를 때까지 기다린다.)
> 정　호 : (손에 잡히는 대로 기차 그림카드를 떼어서 교사에게 건넨다.)
> 박 교사 : (그림교환의사소통판에 기차 그림카드를 붙여 다시 보여주고, 정호가 고를 때까지 기다린다.)
> 정　호 : (그림교환의사소통판을 바라보고 버스 그림카드를 떼어서 교사에게 건넨다.)
> 박 교사 : (버스 밑그림이 그려진 도화지를 정호에게 건네준다.)
>
> [A]

PECS의 장점
기능적 의사소통과 자발적 의사소통을 가능하게 함

3) 그림교환의사소통체계(PECS) 6단계 중 (나)의 [A]에 해당하는 단계의 지도 목적을 쓰시오. [1점]

기본이론 345-351p

그림교환의사소통체계(PECS)

그림교환의사소통체계(PECS)

- 개념
- 단계
  - 교환개념 익히기
  - 자발적 교환하기
  - 그림 식별하기
  - 문장으로 요청하기
  - 다양한 문장 사용하기
  - 상호작용 확장하기

그림 변별에 어려움을 겪는 아동 지도 방법

- 선호하는 그림카드는 눈에 띄게 두고, 다른 그림카드는 그림 없이 검정색으로 색칠한 것으로 놓기
- 좋아하는 그림카드와 잘 모르는 그림카드 놓아두기
- 좋아하는 그림카드와 좋아하지 않는 그림카드 놓아두기
- 점차 선호도가 유사한 두 개의 카드를 제시해 그중 정확한 그림카드를 변별하도록 하기

① ⓐ 교환개념 훈련 단계에서는 교환개념을 획득시킬 때 학생의 선호도를 확인하고 선호하는 물건을 제시한다.
② ⓔ 변별학습 단계에서는 목표로 하는 그림카드를 제시하는 행동에 대해서만 보상을 해준다.

2019학년도 초등 A5

27 **다음은 특수학교 5학년 학생을 지도하는 특수교사의 음악수업 성찰 일지이다. 물음에 답하시오. [6점]**

> 수업 성찰 일지
>
> 2018년 ○월 ○일
>
> 발표 준비를 위해서 교과 수업 운영 시간을 조정해야겠다. 음악수업이 한 시간씩 떨어져 있어 아무래도 집중적인 연습이 어려울 것 같다. 두세 시간을 묶는 방식으로 수업시간을 조정해야겠다. 그런데 이미 정해진 일과가 흐트러지면 자폐성 장애 학생인 지수가 혼란스러워 할 텐데 어떻게 해야 할까?
> 지난번 연수 후 지수를 위한 환경 구조화의 일환으로 제작해 사용하고 있는 (㉣)을/를 적용해봐야겠다. 벨크로를 이용해 만들었기 때문에 과목카드를 쉽게 붙였다 떼었다 할 수 있다. 그것으로 지수에게 음악시간과 원래 교과 시간이 바뀌었음을 설명해주면 금방 이해하고 안정을 찾을 것 같다.
> 그리고 구어 사용이 어려운 지수에게 악기 연습 시간에 사용할 수 있는 그림카드를 만들어주어야겠다. 연주를 시작할 때, 핸드벨 카드를 제시하면 핸드벨을 주는 방식으로 지도해봐야겠다. 지수는 시각적 학습에 익숙한 편이니, ㉤ 그림교환의사소통체계를 활용해봐야겠다.

구어를 할 수는 있으나 필요한 상황에서 적절하게 사용하지 않으므로, '자발적이고 의도적인 언어 사용'에 대한 지도가 필요함

4) 다음은 ㉤에 대한 설명이다. 적절하지 않은 것 2가지를 찾아 ①과 ②에 각각 기호를 쓰고 바르게 고쳐 쓰시오. [2점]

> ⓐ 교환개념 훈련 단계에서 교환개념을 획득시킬 때, 학생의 선호도보다 교과에서 사용되는 단어의 그림카드를 우선적으로 사용한다.
> ⓑ 자발적 교환훈련 단계에서는 "아, ○○을 좋아하는구나!" 등과 같은 사회적 강화를 제공한다.
> ⓒ 자발적 교환훈련 단계에서는 보조교사가 신체적 지원을 서서히 줄여나가야 한다.
> ⓓ 변별학습 단계에서 제시하는 그림카드는 선호도의 차이가 큰 세트부터 먼저 지도한다.
> ⓔ 변별학습 단계에서는 목표로 하는 그림카드가 아닌 다른 그림카드를 제시하는 행동에 대해서도 보상을 해준다.

PECS에서는 아동이 그림카드를 주면 훈련자는 아동에게 원하는 물건(자연적 강화)과 사회적 강화("그래, 너는 이걸 원했구나? 여기 있어.")를 제공함

기본이론 345-351p

그림교환의사소통체계(PECS)

그림교환의사소통체계(PECS)
- 개념
- 단계
  - 교환개념 익히기
  - 자발적 교환하기
  - 그림 식별하기
  - 문장으로 요청하기
  - 다양한 문장 사용하기
  - 상호작용 확장하기

그림교환의사소통체계(PECS) 단계

① **교환개념 익히기**: 아동이 그림카드를 집어 교사에게 주면 교사는 그림에 해당하는 물건의 이름을 말하면서 실제 물건과 즉시 교환해줌

② **자발적 교환하기**: 교환개념을 익히면 아동과 교사 간의 거리, 그리고 그림카드와 아동의 거리를 점차 넓히면서 연습함

③ **그림 식별하기**: 선호하는 물건과 선호하지 않는 물건의 그림카드를 변별하도록 지도하며, 나아가 여러 개의 그림카드 가운데 가장 선호하는 그림카드를 선택하게 하는 방식으로 지도함

④ **문장으로 요청하기**: 그림카드를 문장으로 구성하도록 함

⑤ **다양한 문장 사용하기**: 간단한 질문에 대답하는 것을 학습함

⑥ **상호작용 확장하기**: 요구하기 의사소통에서 벗어나 자신의 감정이나 생각을 표현하도록 하며, 먼저 의사소통을 자발적으로 시작하고 다양한 대화 상대자와도 소통을 가능하게 하는 단계

① 경수가 자발적으로 그림카드를 교환하여 보상받도록 하는 것을 목적으로 한다.

② 좋아하는 기차 그림카드와 좋아하지 않는 배 그림카드를 변별하도록 한다.

2023학년도 유아 A8

28 **(가)와 (나)는 통합학급 5세 반 활동의 예시이다. 물음에 답하시오. [5점]**

(나)

임 교사 : 유치원에서 '내 친구는 그림으로 말해요'라는 주제로 경수가 사용하는 그림교환의사소통체계(Picture Exchange Communication System; PECS)의 사용 방법을 설명해준 이후로 친구들도 경수가 그림으로 대화할 수 있다는 것을 알게 되었어요.
1단계에서 기차놀이를 즐기는 경수는 기차 그림카드를 교사에게 제시해야 기차를 받을 수 있다는 교환의 의미를 이해했어요. 2단계에서는 ㉠ <u>경수가 기차 그림카드를 찾아와 멀리 있는 제게 건네주어 기차와 교환할 수 있게 되었어요.</u> 3단계에서는 ㉡ <u>좋아하는 2개의 기차 중 경수가 더 원하는 기차의 그림카드를 교사에게 건네주어 그 기차로 바꿀 수 있었어요.</u> 4단계로, 요즘은 원하는 것을 문장으로 요청하도록 지도하고 있습니다.

경수 어머니 : 그림으로 의사소통하는 방법을 체계적으로 교육해주셔서 이제 경수는 좋아하는 것 중에서도 더 좋아하는 것을 구분할 수 있게 되었어요.

1) ① ㉠단계의 지도 목적을 쓰고, ② 3단계 '그림 식별하기'에서 ㉡보다 먼저 지도할 내용을 쓰시오. [2점]

기본이론 345-351p

그림교환의사소통체계(PECS)

그림교환의사소통체계(PECS)
- 개념
- 단계
  - 교환개념 익히기
  - 자발적 교환하기
  - 그림 식별하기
  - 문장으로 요청하기
  - 다양한 문장 사용하기
  - 상호작용 확장하기

(가)에 나타난 경수의 의사소통행동의 특징은 다음과 같다. 첫째, 의사소통을 시도하지 않는다. 둘째, 친숙하지 않은 의사소통 대상자에게는 자발적인 의사소통이 나타나지 않는다. 셋째, 자신이 원하는 것이 제시될 경우에만 반응한다.

이와 같은 경수의 의사소통 행동 특징들을 보았을 때 기능적 언어 교수인 PECS가 적합하다. 그 이유는 첫째, PECS는 아동이 그림을 제시하는 즉시 강화가 제공되므로 동기를 부여할 수 있기 때문이다. 둘째, PECS의 훈련과정 속에서 여러 의사소통 대상자에게 훈련을 받도록 하여, 이후 다양한 사람들과의 의사소통을 시작할 수 있기 때문이다. 셋째, PECS는 아동이 원하는 물건을 얻기 위하여 사물 그림을 교환하는 훈련이다. 그렇기에 경수가 선호하는 강화물에 대한 지속적인 사정이 이루어진다.

경수 어머니가 PECS에 대해 잘못 알고 계신 점은 PECS가 그림카드 한 장만으로 의사소통한다고 알고 있는 것이다. PECS는 교환개념을 습득한 후에는 여러 장의 그림카드를 이용해 의사를 표현할 수 있다.

2010학년도 유아 논술 A3

29 **통합유치원에 다니는 경수는 만 5세이고 자폐성 장애를 가지고 있다. (가)는 경수의 의사소통행동에 대한 진술이고, (나)는 김 교사와 경수 어머니가 경수의 의사소통 능력 향상 방법에 대하여 나눈 대화 중 일부이다. (가)에 나타난 경수의 의사소통행동 특징 3가지를 쓰고, 이 특징들과 PECS의 전반적 내용을 연계하여 경수에게 PECS가 더 적합하다고 권유하는 김 교사 의견의 정당성을 논하시오. 그리고 경수 어머니가 PECS에 대해 잘못 알고 있는 사항을 찾아 바르게 고치고, 경수의 구어 사용이 촉발될 수 있는 가능성을 PECS의 해당 단계에 근거하여 논하시오. (500자)**

(가) 경수의 의사소통행동

① 경수는 먼저 의사소통을 시도하지 않으며 하루 종일 혼자 웅얼거리는 행동을 반복한다.
② 어머니가 경수에게 필요한 것이 뭐냐고 물어볼 경우, 자신이 원하는 것이 있으면 손으로 가리킨다. 하지만 다른 사람의 언어적 자극에는 반응하지 않는다.
③ 교사가 촉구할 때에도 경수는 자신이 원하는 것이 제시될 경우에만 반응한다.

(나) 김 교사와 경수 어머니의 대화

김 교사: 경수의 전반적인 의사소통행동 특징을 고려해 개별화교육 목표를 '자발적 의사소통'으로 정하였어요. 그래서 '그림교환의사소통체계(Picture Exchange Communication System; PECS)'를 사용했으면 해요.
어 머 니: 제가 자폐성 장애 유아와 관련된 자료를 자주 검색하는데... PECS는 그림카드를 제시하여 아이가 원하는 것을 얻게 하는 방법이라던데요. 그런데 저는 경수가 그림카드 한 장만으로 의사소통을 하는 것은 원치 않아요. 경수는 지금도 자신이 원하는 것을 손으로 직접 가리키는 정도는 되거든요.
김 교사: 경수 어머님 말씀의 뜻은 잘 알겠어요. 하지만 자폐성 장애 유아들이 PECS로 의사소통을 할 경우 구어까지 사용하게 된다는 연구결과가 많이 보고되고 있어요.
어 머 니: 그렇군요. 그런데 PECS말고도 경수와 같은 아이의 구어를 유도할 수 있는 다른 방법이 없을까요?
김 교사: '비연속 시행 훈련(Discrete Trial Training; DTT)'이라는 방법이 있긴 하지만...
어 머 니: 그럼 DTT를 경수에게 적용해볼 수는 없나요?
김 교사: 저도 DTT를 전혀 고려해 보지 않은 건 아닙니다. 하지만 현재 경수가 보이는 의사소통행동 특징들로 볼 때, PECS가 더 적절한 것 같아요.

…(하략)…

기본이론 352-353p

우연교수

우연교수
- 개념
- 장단점
- 단계(절차)

핵심 개념

우연교수의 핵심

아동이 '시작하기'를 통한 상호작용을 습득하는 데 있음. 아동의 시작하기가 도출될 수 있는 환경을 준비하는 것이 이 접근법의 핵심이며, 이름과 반대로 이를 위한 많은 계획이 요구됨

우연교수의 4단계

단계	내용
1단계	아동이 물건 또는 활동을 원하거나 필요로 하는 상황을 찾거나 만들어줌
2단계	공동관심을 형성함
3단계	관심을 보일 때까지 기다린 후 적절한 반응을 보이도록 촉구하고, 필요한 경우 아동의 반응을 정교화하거나 시범을 보임
4단계	적절한 반응에 대한 긍정적인 피드백(원하는 물건 또는 활동)이나 칭찬을 제공함

우연교수의 장점

- 자연스러운 환경 속에서 일어나는 학습이기 때문에 일반화를 촉진함
- 아동의 요구로부터 시작되기 때문에 아동 주도적인 사회적 시작행동을 강화함
- 자연적인 후속결과로 적절한 행동을 강화하고 유지함

우연교수의 단점

자연스러운 환경을 만들기 위해 교사의 노력과 시간이 필요함

㉢ 우연교수
㉣ 일반화에 효과적이다.

2017학년도 중등 B3

30 다음은 자폐성 장애 학생 Y의 의사소통 중재와 관련하여 김 교사와 박 교사가 나눈 대화의 일부이다. ㉢에 공통으로 들어갈 중재전략을 쓰고, ㉣을 1가지 제시하시오.

김 교사: 선생님, 우리 반의 Y가 어휘력이 부족한데 어떻게 지도해야 할까요?

박 교사: 자폐성 장애 학생의 어휘력을 향상시키는 데 효과적인 전략이 있습니다. 예를 들어, Y에게 필요한 어휘 목록을 10개 준비하고 주의를 집중하게 한 뒤, '지구본'이라는 단어 카드를 제시하면서 "이 단어는 무엇이지?"라고 질문하세요. Y가 "지구본"이라고 대답을 하면 "잘했어."라고 하세요. 잠시 간격을 두고 나서 다음 단어 카드를 보여주면서 앞에서 말한 절차를 반복하면 됩니다. 이와 같이 (㉠)은/는 학생이 변별자극에 정확하게 반응할 수 있을 때까지 간격을 두고 반복하여 시행하는 것입니다.

김 교사: 그런데 이 전략을 사용할 때, "이 단어는 무엇이지?"라는 질문에 ㉡Y가 대답하지 못하거나 오답을 말하면 어떻게 해야 하나요?

…(중략)…

김 교사: 그리고 Y는 구어를 할 수는 있으나 필요한 상황에서 적절하게 사용하지 않습니다. 어떻게 해야 할까요?

박 교사: 네. Y에게 (㉢)을/를 적용해 볼 수 있습니다. 예를 들어, 먼저 Y가 좋아하는 '만화책'을 손이 닿지 않는 책장 위에 두고, 관심을 보일 때까지 기다려주세요. Y가 좋아하는 '만화책'에 관심을 보일 때, 같이 쳐다보면서 "만화책 주세요."라고 말하도록 유도하세요. 만약 Y가 말을 하지 않고 계속해서 손가락으로 '만화책'을 가리키기만 하면, 이때 선생님께서 "만화책 주세요."라고 먼저 말하세요. Y가 "만화책 주세요."라고 따라 말하면, 그때 '만화책'을 주면 됩니다. 이처럼 학생의 선호에 맞게 환경을 구성하고, 학생이 관심을 보이면 촉진을 통해 적절한 반응을 유도하는 것입니다.

김 교사: 네, 그렇군요. 그러면 중재전략 (㉢)은/는 (㉠)에 비해 어떤 ㉣장점이 있나요?

…(중략)…

비연속 개별시도 교수의 단계
① 주의집중
② 교사의 자극 제시
③ 아동의 반응
④ 교사의 피드백
⑤ 시행 간 간격

구어를 할 수는 있으나 필요한 상황에서 적절하게 사용하지 않으므로 '자발적이고 의도적인 언어 사용'에 대한 지도가 필요함

환경조성전략
손이 닿지 않는 상황

반응적 상호작용 전략
공동관심 형성

환경중심 언어절차
우연교수

후속결과 제시
학생의 반응과 직접적으로 연관된 '만화책'을 제공함

확장하기

우연교수의 예시

진비는 구어로 의사소통을 할 수 있으나, 무엇을 요구할 때 말보다는 동작을 사용했다. 교사는 진비가 물건을 원할 때마다 학습기회를 제공해주는 우발교수를 사용하기로 했다. 먼저, 교사는 진비가 좋아하는 인형을 볼 수는 있으나 손이 닿지 않는 사물함 위에 올려 놓았다. 자유놀이 시간에 교사는 진비가 가지고 놀 인형을 찾다가 사물함 위에 있는 인형을 보고 있는 것을 확인하고는 진비 옆으로 갔다. 진비는 손가락으로 사물함 위에 있는 인형을 가리키며 교사를 쳐다보았다. 교사는 "뭘 달라고?"라고 진비에게 물었다. 진비는 계속해서 인형을 가리키기만 하고 언어를 사용하지 않았다. 그러자 교사는 진비에게 "인형? 인형 줄까?"라고 말했다. 진비는 고개를 끄덕였지만 여전히 말을 하지 않았다. 교사는 "'인형'이라고 말해봐."라고 진비에게 말했다. 진비가 "인형"이라고 말하자 교사는 진비에게 인형을 주었다.

기본이론 342p

기능적 의사소통 훈련(FCT)

기능적 의사소통 훈련(FCT)
- 개념
- 단계
- 사용 시 고려사항

핵심 개념

FCT의 개념

- 아동의 문제행동에 대해 문제행동의 의사소통적 기능을 파악하기 위한 기능평가를 실시하고, 그 기능과 동일하면서도 사회적으로 수용 가능한 의사소통 행동을 교수하고 강화하여 문제행동을 감소시키는 방법
- 즉, 바람직한 대체행동을 가르쳐 사회적으로 수용 가능한 방법으로 의사표현을 할 수 있도록 하는 중재방법

FCT 사용 시 고려사항

반응 효율성	새로운 행동은 문제행동보다 빠르고 쉽게 원하는 결과를 얻어야 함
반응 수용성	새로운 행동은 주변 환경 안에서 다른 사람이 받아들일 수 있어야 함
반응 인식성	새로운 행동은 친근한 사람이나 생소한 사람들이 쉽게 알아야 함

㉢ 기능적 의사소통 훈련

반응의 효율성, 반응의 수용성, 반응의 인식성

2013학년도 유아 A4

31 다음은 통합 유치원의 일반교사인 김 교사가 특수교사인 박 교사에게 발달지체 유아 민기에 대해 자문을 구한 내용의 일부이다. 물음에 답하시오. [5점]

김 교사: 박 선생님, 민기는 대집단 활동 시간에 큰 소리로 울어서 수업을 자주 방해해요. 어떻게 하면 좋을까요?

박 교사: 우선 민기가 왜 그런 행동을 하는지 아는 것이 중요해요. 아이들이 문제행동을 하는 이유를 몇 가지로 구분해 볼 수 있어요. 예를 들면, 자신이 원하는 물건을 얻거나 활동을 하려 할 때와 감각자극을 추구하고자 할 때입니다. 그 외에도 (㉠)와(과) (㉡)을(를) 위해서도 이러한 행동을 합니다.

…(중략)…

김 교사: 박 선생님, 민기의 우는 행동을 줄여 주려면 어떻게 해야 할까요?

박 교사: 민기에게 우는 행동 대신 손을 들게 하는 방법을 가르쳐 보세요. 이러한 방법을 (㉢) 지도라고 하지요.

…(후략)…

2) ㉢에 들어갈 알맞은 말을 쓰고, 방법 선정 시 고려해야 할 사항 2가지를 쓰시오. [3점]

기본이론 327-333p, 345-351p, 352p

- 우연교수
- PECS
- DTT

②

2011학년도 유아 14

32 **어머니들의 말에 나타난 각 유아의 의사소통 특성을 고려할 때, 지호와 연주에게 적절한 언어교수법과 그 적용 이유가 바르게 연결된 것은?**

김 교 사: 오늘은 두 분 어머니께 자녀의 의사소통 발달을 위해 가정에서 하실 수 있는 방법에 대해 알려 드리려고 합니다. 의사소통 발달을 돕기 위해서는 먼저 환경을 구조화하는 것이 필요합니다.
연주 어머니: 환경을 구조화하는 것이란 어떤 것인가요?
지호 어머니: 저도 그게 궁금해요.
김 교 사: 예를 들면, ㉠ ________________.
지호 어머니: 아, 그렇군요. 지호는 몇 개의 단어를 말해보라고 시키면 말할 수 있지만 정작 그 단어를 사용해야 하는 장소에서 지호가 먼저 말하지는 않아요. 이 문제를 해결할 수 있는 방법은 없을까요?
연주 어머니: 연주는 발화가 되지 않아 갖고 싶은 것을 달라고 못하니까 무조건 울어버려요. 어떻게 해야 하나요?
김 교 사: 여러 가지 방법이 있습니다.

…(하략)…

- 환경조성전략(환경 구조화)
- 구어를 사용할 수 있으나 자발적으로 사용하지 않음 → 우연교수, PECS 등이 적절함

구분	지호		연주	
	언어 교수법	적용 이유	언어 교수법	적용 이유
①	우연교수	자발적 구어 표현력 향상에 효과적이므로	비연속 시도훈련	자발적 구어 표현력 향상에 효과적이므로
②	우연교수	자발적 구어 표현력 향상에 효과적이므로	그림교환 의사소통 체계	의사소통 의도 표현력 향상에 효과적이므로
③	그림교환 의사소통 체계	습득한 어휘의 일반화에 효과적이므로	비연속 시도훈련	발화 훈련에 효과적이므로
④	그림교환 의사소통 체계	습득한 어휘의 일반화에 효과적이므로	우연교수	발화 훈련에 효과적이므로
⑤	비연속 시도훈련	자발적 구어 표현력 향상에 효과적이므로	우연교수	의사소통 의도 표현력 향상에 효과적이므로

자폐범주성장애 아동 교육(교육적 중재)

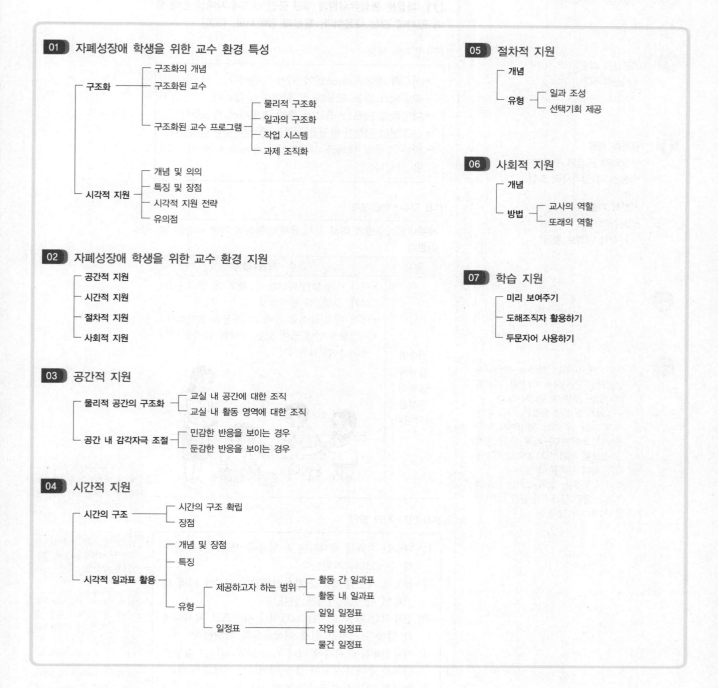

01 자폐성장애 학생을 위한 교수 환경 특성

- 구조화
  - 구조화의 개념
  - 구조화된 교수
  - 구조화된 교수 프로그램
    - 물리적 구조화
    - 일과의 구조화
    - 작업 시스템
    - 과제 조직화
- 시각적 지원
  - 개념 및 의의
  - 특징 및 장점
  - 시각적 지원 전략
  - 유의점

02 자폐성장애 학생을 위한 교수 환경 지원

- 공간적 지원
- 시간적 지원
- 절차적 지원
- 사회적 지원

03 공간적 지원

- 물리적 공간의 구조화
  - 교실 내 공간에 대한 조직
  - 교실 내 활동 영역에 대한 조직
- 공간 내 감각자극 조절
  - 민감한 반응을 보이는 경우
  - 둔감한 반응을 보이는 경우

04 시간적 지원

- 시간의 구조
  - 시간의 구조 확립
  - 장점
- 시각적 일과표 활용
  - 개념 및 장점
  - 특징
  - 유형
    - 제공하고자 하는 범위
      - 활동 간 일과표
      - 활동 내 일과표
    - 일정표
      - 일일 일정표
      - 작업 일정표
      - 물건 일정표

05 절차적 지원

- 개념
- 유형
  - 일과 조성
  - 선택기회 제공

06 사회적 지원

- 개념
- 방법
  - 교사의 역할
  - 또래의 역할

07 학습 지원

- 미리 보여주기
- 도해조직자 활용하기
- 두문자어 사용하기

기본이론 364-371p

- 공간적 지원
- 시간적 지원

공간적 지원
- 물리적 공간의 구조화
- 공간 내 감각자극 조절

시간적 지원
- 시간의 구조
- 시각적 일과표 활용

① 다양하게 바뀌는 자료에 과민하게 반응하는 민지에게 다양한 자료를 제시하는 것은 적절하지 않다.
④ 구조화된 물리적 환경은 ASD 아동에게 교실 내 어느 영역에서 어떤 활동이 이루어지는지에 대한 명확한 정보를 제공하고 영역의 한계를 알게 하여 참여를 촉진한다.
따라서 책 읽는 활동을 하는 도서영역에서 물건 굴리기 활동을 하는 것은 적절하지 않다.

2013학년도 유아 B4

01 **다음은 통합유치원에 재원 중인 만 5세 자폐성 장애 유아 민지에 관한 내용이다. 물음에 답하시오. [5점]**

(가) 민지의 특성

- 시각적 정보처리 능력이 뛰어난 편이다.
- 좋아하지 않는 활동에 잘 참여하지 않는다.
- 다양하게 바뀌는 자료에 대해 과민하게 반응한다.
- ㉠장난감 자동차 바퀴를 돌리는 행동을 계속 반복한다.
- 다른 사람과 대화를 시작하거나 유지하는 데 어려움을 보인다.

(나) 교수 · 학습계획

세부내용 : 주변의 여러 가지 물체와 물질의 기본 특성을 알아본다.

목표	교수 · 학습 활동
친숙한 물체와 물질의 특성을 파악한다.	• 여러 가지 물건(다양한 공, 블록, 털 뭉치 등)의 크기, 모양, 색 알아보기 • 여러 가지 물건을 굴려 그 특성을 알아보기 • 비밀상자 안에 들어 있는 다양한 물건을 만져 보고 느낌 표현하기

(다) 민지 지원 방안

① 다양한 자료를 제시하며 각 활동에 적극적으로 참여할 수 있도록 지원한다.
② 활동에 사용할 자료를 자유선택활동 시간에 미리 제시하여 관심을 가지게 한다.
③ 전체적인 활동 순서를 그림이나 사진으로 제시하여 각 활동의 순서를 쉽게 이해하도록 지원한다.
④ 자유선택활동 시간에 여러 가지 물건 굴리기 활동을 민지가 좋아하는 도서 활동 영역에서 해보도록 한다.
⑤ 비선호 활동을 수행하기 전에 선호하는 활동을 먼저 수행하도록 하여, 비선호 활동에 보다 잘 참여할 수 있도록 한다.

① 민지는 다양하게 바뀌는 자료에 과민하게 반응하므로 다양한 자료를 제시하는 것은 적절하지 않음

② 정보를 미리 제공하는 것은 예측 가능성을 높여 활동 참여를 증진함

③ 민지는 시각적 정보처리 능력이 뛰어나므로 활동 순서를 시각적으로 제공하는 것은 적절함

④ 물리적 배치의 구조화에 근거해 특정 활동을 어디서 해야 하는지에 관한 시각적 정보를 제공해야 함. 도서 활동 영역에서 굴리기 활동을 하는 것은 적절하지 않음

⑤ 행동타성에 근거해 선호 활동을 먼저 수행하게 하면 비선호 활동에 보다 잘 참여할 수 있음

3) (다)에서 민지의 지원 방안으로 적절하지 않은 것 2가지를 ①~⑤에서 찾아 기호를 적고, 그 이유를 각각 쓰시오. [2점]

확장하기

물리적 환경 배열하기(신현기 외, 『자폐스펙트럼장애 학생 교육의 실제』, 2014.)

① 자폐범주성장애 학생들에게 물리적 구조는 한계를 알리고 참여를 촉진하기 위해 조직될 필요가 있다. 이를 위해 활동에 대한 기대가 분명해지도록 가구를 배치한다. 과제 영역을 신중하게 배치하면 학생들의 주의가 흩뜨려지는 것을 최소화하는 데 도움이 된다. 가구 및 비품을 놓을 장소에 대한 일반적인 고려에 덧붙여, 시각적 처리에 강점을 지닌 자폐범주성장애 학생들은 명확한 시각적 경계가 확립된 교실환경에서 이익을 볼 수 있다. 예를 들어 통로의 경계선을 명확히 하고, 교실의 영역을 구별하기 위해 책장을 배열할 수 있다. 또한, 특정 활동을 해야 하는 영역을 분명히 하고 학생들이 어디에 있어야 하는지 보여주기 위해 색 테이프를 활용할 수도 있다.

② 공간을 나눌 때에는 학생들의 근접성과 관련된 선호 및 요구를 고려해야 한다. 모든 사람들은 다른 사람과 아주 가까이 있는 것에 적응해야 하는 한편, 편안함을 느끼기 위한 충분한 개인적 공간을 필요로 한다. 교실 내의 경계를 정할 때, 교사는 학생들이 서로 멀리 떨어져 있을 필요가 있는 활동들(예 개인과제)과, 다른 학생들과 신체적으로 더 가까이 있음을 참아야 하는 활동들(예 집단 활동)에 대해 반드시 생각해야 한다.

③ 교실에는 학생들이 집단을 다시 구성할 때 뒤로 물러서 기다릴 수 있는 공간과, 안정을 유지하거나 되찾을 때 이용할 수 있는 공간이 있어야 한다. 이 같은 '진정 영역'은 어른이 학생들에게 그곳으로 갈 것을 지시하거나 필요한 경우 학생들이 스스로 선택하여 가는 공간이 될 수 있다.

| 환경적으로 단서가 주어진 기대와 연계된 교수 행동들

- 자폐범주성장애 학생들은 예상된 행동들의 미묘한 사회적 차이를 이해하지 못할 수 있다. 학생들은 책상에서 개인 과제를 할 때, 테이블에서 소집단 활동을 할 때, 바닥이나 책상에서 대집단 활동을 할 때 등 교실의 각 공간에서 기대되는 행동에 대해 반드시 분명하게 학습해야 한다. 교사는 교실의 각 공간에 대한 행동 기대를 명확하게 다듬고 가르치며, 시범을 보이고 학생들과 함께 그 행동을 연습할 뿐만 아니라 해당 행동의 적절성에 대한 피드백을 제공해야 한다.
- 구체적인 경계는 교실 내의 여러 공간들을 해당 공간에서 전형적으로 발생하는 활동에 따라 분명하게 규명해준다.
- 시각단서의 활용을 통해 학생들은 다양한 공간에서 기대되는 행동의 일과를 구체적으로 배우고, 일과 내의 여러 단계를 성공적으로 연결할 수 있다.

시간구조 확립(신현기 외, 『자폐스펙트럼장애 학생 교육의 실제』, 2014.)

'시간구조'는 시간이 어떻게 사용되는지를 일컫는다. 사건을 예견하기 어렵거나 혼란스러울 때 발생하는 심리적 불편은 사람들로 하여금 무슨 일이 일어나고 있는지를 알아내려고 하거나, 안정감을 되찾기 위해 활동을 통제하려고 하는 데 자신의 인지적 에너지 대부분을 사용하게 만든다. 예상할 수 있는 일과를 확립하는 것은 심리적 불편을 일부 완화할 수 있고, 학생들이 교수에 더 집중할 수 있게 해준다. 물론 설정된 일정에서 벗어나는 일은 언제나 있을 수 있지만, 교사들은 예측할 수 있는 일과부터 시작하여 점차 일탈의 필요성에 대한 이해를 가르쳐야 한다. 이처럼 자폐범주성장애 학생들을 대상으로 예측 가능한 일과를 확립하는 것은 궁극적으로 융통성을 수용시키게 될 것이다. 자폐범주성장애 학생들에게 예측 가능한 일과를 확립시킬 때 활동에 걸리는 시간, 활동의 변화, 활동에 대한 묘사 방법, 활동의 시작 및 종료 시기, 전환을 알리는 신호 등을 포함해 반드시 고려되어야 할 몇 가지 요소들이 있다.

① 활동에 걸리는 시간

학생의 연령 및 능력에 따른 활동의 유형은 그 활동이 얼마나 오랫동안 지속되어야 하는지를 알려준다. 참여하는 데 어려움을 느끼는 학생들은 집단 활동 시간을 줄이고 집중적인 교수의 시간을 늘림으로써 이익을 볼 수 있다.

② 활동의 변화

- 활동들을 어떻게 순서화할 것인가를 결정할 때, 교사는 하나의 활동을 완수하는 데 필요한 노력의 양과 프리맥 원리를 고려할 수 있다. 프리맥 원리는 활동들을 신중하게 순서화할 것을 권고하고 있다. 이는 어떤 학생에게 그 학생이 선호하지 않는 활동에 참여하도록 동기를 부여하기 위해, 그 활동을 일정에 넣어 활동이 완수된 후 매우 좋아하는 활동이 뒤따르게 한다.
- 높은 수준의 에너지와 노력을 요구하는 활동 다음에는 더 적은 에너지와 노력을 요하는 활동이 따라올 필요가 있다. 수동적인 참여를 포함하는 활동은 능동적인 참여를 요구하는 활동들을 중간중간에 배치한다. 쉬운 과제와 어려운 과제들을 섞어 제시하는 것은 자폐학생들의 문제행동을 감소시키고 참여를 증진시키는 것으로 나타났다.

• 과제를 완수하고자 하는 동기는 행동 타성의 활용을 통해 촉진될 수 있다. 행동 타성에서 학생은 빠르고 쉽게 해결할 수 있는 과제 몇 가지를 더 어렵거나 덜 좋아하는 과제를 도입하기 전에 완수하게 된다. 먼저 한 과제들을 성공적으로 완수함으로써 학생은 타성을 확립할 것으로 기대되며, 이는 더 어렵거나 덜 좋아하는 과제를 시도하는 데 저항을 줄인다.

③ 활동에 대한 묘사 방법
해야 할 일의 순서를 분명하게 전달하기 위해 시간 일정은 반드시 시각적인 방식으로 표현되어야 한다. 이때 일정을 나타내기 위해 선택된 시각자료들은 학생 개개인의 특성에 기초해야 한다.

④ 활동의 시작 및 종료 시기
유성펜과 융판을 활용하는 것은 활동의 시작과 끝을 전달할 분명한 방식이라는 점에서 일정표 사용의 주요 특징을 나타낼 수 있다. 예를 들어 일정을 체크하고 "이제 수학 시간이에요."라고 알리는 것은 하나의 활동이 곧 시작할 것이라는 점을 전달하는 데 도움이 된다. 또한 교사들은 보조도구를 활용해 활동이 끝났음을 알려줄 수 있다. 눈으로 볼 수 있는 타이머는 소리만 들을 수 있는 타이머보다 자폐범주성장애 학생들에게 더 유용할 것이다.

⑤ 전환을 알리는 신호
전환에는 하나의 활동에서 다음 활동으로 옮겨가는 것이 포함되는데, 보통 자폐범주성장애 학생들은 전환에 어려움을 보인다. 그러나 순서·지속시간 그리고 과제의 결과 등에 대해 분명한 신호가 주어지고, 곧 있게 될 전환을 예고 받은 학생들은 문제 행동을 덜 보였다. 대상 학생들에게는 예측 가능성(전환을 알리는 신호를 통한)이 일관성보다 더 중요하다고 한다. 하나의 활동에서 다음 활동으로의 이동은 시각적 일과표를 통해 촉진될 수 있다.

시각적 · 구체적 체제(신현기 외, 『자폐스펙트럼장애 학생 교육의 실제』, 2014.)

① 자폐범주성장애 학생들에게 높은 수준의 시각적 지원을 제공하는 것에는 이점이 있다. 이처럼 교수에 시각적 요소를 추가하는 것을 '시각단서 교수(visually cued instruction)'라고 한다.
② 시각단서 교수는 적절한 자극, 정보의 조직, 개념 및 기대에 대한 이해 등에 주의를 집중하도록 촉진할 수 있다. 교실에서의 규칙은 그림으로 묘사될 수 있고 상징이나 그림을 동반할 수 있다. 또한, 구어능력에 한계가 있는 학생들에게는 그 날의 활동을 종이에 제시하여 학생이 끝마친 활동에 동그라미로 표시하게 할 수 있다.
③ '우선/그러고 나서(first/then)' 시각자료는 학생에게 선호하는 활동을 시작하기 전에 우선 완수해야 할 것이 무엇인지를 보여준다. 여기에서는 두꺼운 종이 한 장을 반으로 나눠 왼편에는 현재의 활동을 나타내는 상징이나 단어를, 오른편에는 학생이 선호하는 활동을 표시한다. 어떤 시각자료는 기대되는 행동과 그 행동의 수행에 따른 피드백을 전달하는 데 사용될 수 있다. 예를 들어, 선호하는 물건이나 활동이 표현되어 있는 카드를 여러 조각들로 자른 뒤 학생이 특정 시간 동안 적절한 행동을 할 때 학생에게 조각 중 하나를 준다. 학생이 모든 조각을 얻게 되었을 때, 학생은 선호하는 물건을 갖거나 좋아하는 활동을 할 수 있게 된다.
④ 자폐범주성장애 학생에게 시각단서를 추가하여 제공하면 구어 설명과 시범을 보여준 지시를 따르는 능력의 향상을 이끌 수 있다.

기본이론 360-365p

- 공간적 지원
- 시각적 지원

공간적 지원
- 물리적 공간의 구조화
- 공간 내 감각자극 조절

시각적 지원
- 개념 및 의의
- 특징 및 장점
- 시각적 지원 전략
- 유의점

시각적 지원

시각적 지원은 매우 구체적인 것부터 보다 추상적인 것까지 형태와 범위를 다양하게 할 수 있음. 이는 대상 학생의 연령 및 발달수준에 적합한 것을 선택하는 것이 좋음

모범답안

① 학생의 인지능력이 낮은 경우 시각적 상징과 지시 대상이 유사한 도상성이 높은 상징일수록 학습하기가 쉽다.

② 카펫이나 테이프로 영역을 구분해 주면 교실 내의 어느 영역에서 활동이 이루어지는지에 대한 명확한 정보를 제공하고 영역의 한계를 알게 하여 참여를 촉진시킬 수 있다.

2025학년도 초등 B6

02 **(가)는 특수학교 초등학교 2학년 중도중복장애 학생을 지도하는 초임 교사와 경력 교사 간 대화의 일부이고, (나)는 학교 밖 교사학습공동체 협의회에 참여한 교사들 간 대화의 일부이다. 물음에 답하시오. [5점]**

(나)

유 교사 :	저희 반에 자폐성장애와 지적장애를 가진 학생이 있는데, 교실 환경을 다시 구조화해 보고 싶어요. 어떻게 하면 좋을까요?
김 교사 :	만약 그 학생이 인지 능력이 낮은 경우에는 그림 의사소통상징(Picture Communication Symbol : PCS)과 같이 ㉢ <u>도상성이 높은 상징을 활용하는 것</u>이 좋아요. 환경을 구조화할 때는 일반적으로 ㉣ <u>카펫이나 테이프로 영역을 구분해 주는 것</u>이 필요합니다.
	…(하략)…

구조화의 장점

잘 구조화된 환경은 안정감과 편안함을 제공하며 불안을 조절하여 학습에 더 잘 참여할 수 있게 해준다.

3) (나)의 ① 밑줄 친 ㉢의 이유와 ② 밑줄 친 ㉣의 이유를 1가지씩 쓰시오. [2점]

PART 03

확장하기

시각적 지원을 위한 상징의 범위와 유형의 예시

범위	상징 유형		예시
구체성	삼차원 상징	실제 사물, 모형 등	• 제시되는 두 가지 사물 중에서 하나를 선택 • 학생이 해야 하는 활동을 상징하는 사물을 제시(블록 활동을 상징하는 블록 제시, 음악활동을 상징하는 카세트테이프 제시, 컴퓨터 활동을 상징하는 컴퓨터 모형 제시 등) • 양치를 할 수 있도록 세면대에 칫솔과 치약 놓기
추상성	이차원 상징	사진, 그림, 선화 등	• 일상 활동이나 감정을 나타내는 사진 또는 그림 제시 • 과제 수행 순서를 알려주는 그림 카드 제시
		글자, 단어 카드 등	• 일상 활동이나 감정을 나타내는 글자 또는 단어카드 제시 • 구체적 활동과 장소가 기술된 일과표 제시

참고 자료 기본이론 360-362p

시각적 지원

시각적 지원
- 개념 및 의의
- 특징 및 장점
- 시각적 지원 전략
- 유의점

시각적 지원
- 시각적 지원은 자폐성장애 학생의 독특한 학습 및 사회적 요구에 부합하는 지원으로, 이해와 학습을 증진시키고 전이를 용이하게 하며, 문제행동을 감소시키고 의사소통을 촉진할 수 있음.
- 시각적 지원은 너무 많은 언어적 정보처리 과정이 요구될 때 일어날 수 있는 혼란과 불안을 감소시킴
- 학급 내 교수·학습 과정에서 지켜야 할 규칙과, 이러한 규칙을 지키기 위해 어떤 행동을 해야 하는지에 대한 구체적인 시각적 안내판을 교실 안에 부착할 수 있음
- 시각적 지원은 매우 구체적인 것부터 보다 추상적인 것까지 형태와 범위를 다양하게 할 수 있음. 이는 대상 학생의 연령 및 발달수준에 적합한 것을 선택하는 것이 좋음

- ㉤ 행동규칙 스크립트
- ㉥ 도상성

2024학년도 중등 B8

03 **(가)는 중복장애 학생 A에 대한 담임 교사와 수석 교사의 대화이고, (나)는 학생 A를 위한 학급 규칙 자료이다. 〈작성방법〉에 따라 서술하시오. [4점]**

(가) 담임 교사와 수석 교사의 대화

…(상략)…

담임 교사: 그러면 학생 A에게 학급 규칙을 어떻게 지도해야 할까요?

수석 교사: 학생 A는 규칙을 언어적으로 이해하는 데 어려움이 있으니, 학생이 지켜야 할 학급 규칙을 그림으로 제시하는 (㉤)의 방법으로 지도해 보세요. 이것은 교사가 학생에게 기대하는 행동에 대한 구체적인 목표가 있을 때 효과적인 방법입니다.

담임 교사: 그렇게 하면 학생 A에게 다른 규칙도 지도할 수 있겠네요.

수석 교사: 네, 학생의 수준에 맞는 다양한 그림이나 상징으로 지도할 수 있어요.

담임 교사: 그러면 어떤 기준으로 그림이나 상징을 선택하면 좋을까요?

수석 교사: 학생의 수준에 맞게 ㉥ <u>그림이나 상징을 보고 그것이 나타내는 것이 무엇인지 알 수 있는 정도</u>를 고려해서 선택하면 좋겠어요.

(나) 학생 A를 위한 학급 규칙 자료

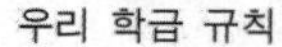

우리 학급 규칙

작성방법

- (가)의 괄호 안의 ㉤에 해당하는 용어를 (나)를 참조하여 쓸 것.
- (가)의 밑줄 친 ㉥에 해당하는 용어를 쓸 것.

확장하기

시각적 지원(강혜경 외, 「중도·중복장애학생 교육의 이해 2판」, 2023.)

'시각적 지원'이란 그림, 사진 등의 시각적 상징을 이용하여 중도·중복장애학생이 선행사건에 대한 자극을 스스로 인지하고 학습할 수 있도록 지원하는 교수방법이다. 시각적 지원은 교수학습 상황에서 교사의 직접적인 촉진에 대한 의존도를 낮추고 학생의 자기주도적인 학습을 지원하는 데 효과적이다. 해야 하는 일정이나 활동을 미리 알려주는 활동 스케줄, 기대되는 행동을 간단한 글과 그림으로 제시하여 행동의 변화를 촉진하는 상황이야기, 적절한 행동을 녹화한 비디오테이프를 보면서 행동의 변화를 촉진하는 비디오 모델링, 정보의 이해와 조직화를 돕는 그래픽조직자 등은 시각적 지원 요소를 포함하는 중재 전략이라고 볼 수 있다.

<table>
<tr>
<td>시각적 시간표</td>
<td>
시각적 시간표는 '시각적 스케줄'이라고도 하며, 시간의 흐름에 따른 활동 순서를 제시할 때 효과적인 방법이다. 학교의 수업 시간표를 시각적 시간표로 제시할 수도 있고, 특정 교수목표행동을 과제분석하여 단계별로 수행해야 할 목표행동에 대한 시각적 지원을 제공할 수도 있다.

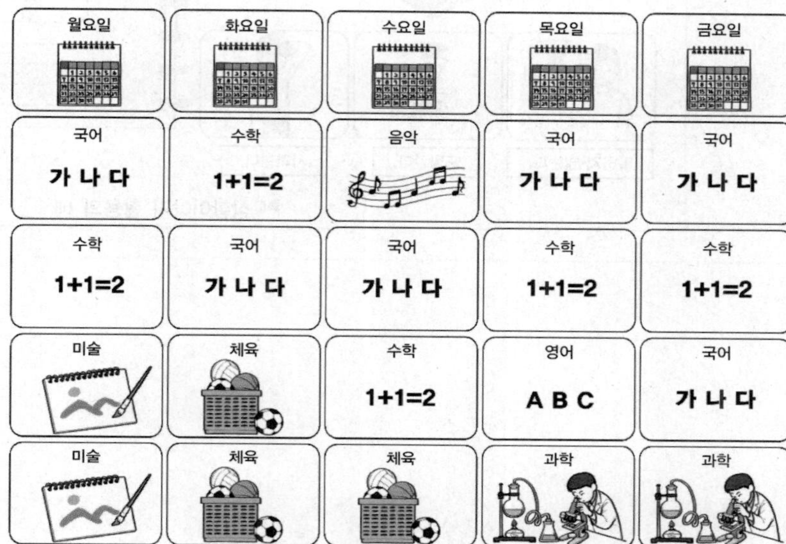

시각적 시간표

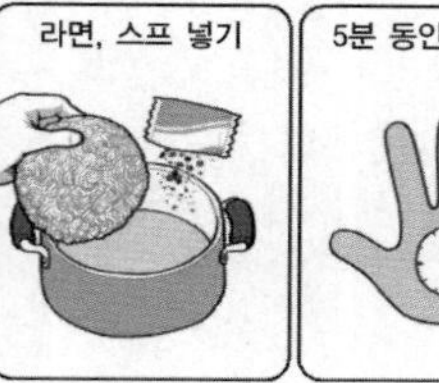

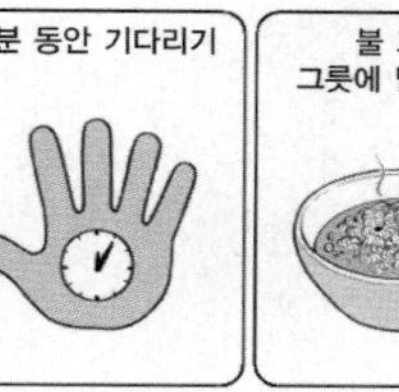

과제분석에 대한 시각적 지원
</td>
</tr>
<tr>
<td>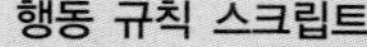행동 규칙 스크립트</td>
<td>
행동 규칙에 대한 시각적 지원은 교사가 학생에게 기대하는 행동에 대한 구체적인 목표가 있을 때 적용하는 것이 효과적이다. 학생은 이를 통해 본인에게 기대되는 행동을 명확히 인지하고, 시각적인 상징을 통해 자기점검하여 행동의 일반화와 유지를 촉진할 수 있다.

행동 규칙 자기점검표 활용의 예
</td>
</tr>
</table>

상황이야기	상황이야기는 자폐범주성장애 학생이 사회적 상황에서 문제행동을 줄이고 타인과 상호작용을 할 수 있도록 지원하기에 효과적인 중재 방법이다. 이는 주로 이야기책 형식으로 만들어지며, 간단한 문장과 제목으로 구성된다. 상황이야기 문맥에서 전달되는 주요 메시지는 흔히 시각적 지원(선 그림, 아이콘, 사진, 비디오)이나 다른 미디어(녹음 테이프)를 사용해 보강되기도 한다. 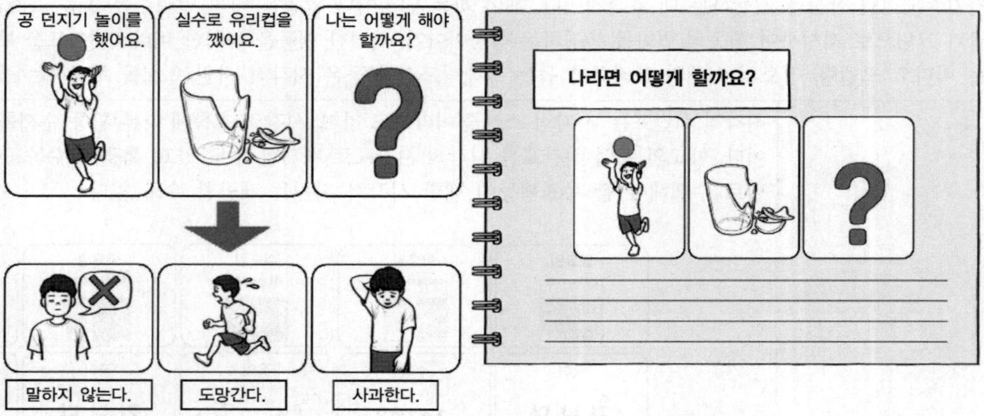 공 던지기 놀이를 했어요. 실수로 유리컵을 깼어요. 나는 어떻게 해야 할까요? 말하지 않는다. 도망간다. 사과한다. 나라면 어떻게 할까요? 상황이야기 활용의 예

기본이론 360-362p

- 시각적 지원
- 시각적 일과표

시각적 지원
- 개념 및 의의
- 특징 및 장점
- 시각적 지원 전략
- 유의점

시각적 일과표

- 자폐성장애 학생을 위한 시각적 일과표를 개발할 때, 학생의 요구와 강점에 근거하여 시각적 제시 수준, 시각적 제시 배열, 학생의 참여 정도를 결정해야 함
- 시각적 일과표에서 제시되는 상징의 유형은 낮은 수준인 몸짓에서부터 실제 크기 사물, 소형 모형 사물, 사진, 컬러 그림, 흑백 선화, 단어, 문장이나 구절, 수화 아이콘의 높은 수준까지 다양함
- 시각적 일과표를 활용하여 학생 스스로 일과를 점검하고 조정할 수 있도록 지도하면 이후 독립적 기능수행을 촉진하는 데 도움이 됨. 시각적 일과표는 구조를 제공하며 프리맥 원리가 적용될 수 있고, 시간에 관한 교수가 가능하며 예측과 선택을 학습할 수 있음

① 탈 수 있는 자동차를 가지고 노는 행동을 증가시키기 위함이다.
② 탈 수 있는 자동차를 타기

2024학년도 유아 B2

04 **(가)는 유아특수교사 강 교사와 박 교사가 나눈 대화의 일부이고, (나)는 강 교사가 발달지체 유아 현수의 놀이행동을 관찰 기록한 자료이다. 물음에 답하시오. [5점]**

(가)

강 교사: 선생님, 우리 반 현수가 매일 작은 포클레인 장난감만 가지고 놀아요.
박 교사: 그런 것 같더라고요.
강 교사: 그래서 다른 놀이나 놀잇감을 제안해 보았는데 전혀 관심을 갖지 않네요.
박 교사: 가끔이라도 가지고 노는 놀잇감이 있나요?
강 교사: 드물지만 탈 수 있는 자동차를 타기는 해요.
박 교사: 그럼 자동차를 좀 더 자주 타고 놀게 하면 좋겠네요.
강 교사: 어떤 방법으로 지도할 수 있을까요?
박 교사: 현수가 좋아하는 작은 포클레인과 탈 수 있는 자동차를 이용해 ㉠ <u>프리맥 원리(Premack principle)로 지도</u>하면 좋을 거 같아요.
강 교사: 이 두 가지 놀이의 순서를 안내해 주는 시각적 자료를 만들어서 사용하면 현수에게 도움이 되겠네요.

〈놀이 순서 안내 자료〉

1) (가)에서 ① 박 교사가 ㉠을 제안한 이유를 쓰고, ② ㉡에 들어갈 시각적 자료의 내용을 쓰시오. [2점]

기본이론 370p

교육적 중재

공간적 지원

- 물리적 공간의 구조화
- 공간 내 감각자극 조절

시간적 지원

- 시간의 구조
- 시각적 일과표 활용

물리적 공간 구조화의 의의

- 구조화된 물리적 환경은 학생에게 분명한 기대를 제공하고, 상황과 관련된 단서에 대한 주의집중을 유도하며, 학생이 목적에 부합하는 의도된 활동을 할 수 있도록 함
- 학생의 독립성과 다른 사람을 관찰하는 능력, 사회적 상호작용을 증진시키고, 학생이 예측할 수 있으며 유연하게 변화를 이룰 수 있음

시간적 구조화의 의의

시간의 구조화는 일과를 예상할 수 있도록 지원해주고, 심리적 불안을 완화하여 학습 동기와 가능성을 높일 수 있음. 예측 가능한 일과의 확립은 궁극적으로 융통성을 가르치는 능력을 촉진함

모범 답안

예측 가능성

2013학년도 추가유아 A6

05 다음은 교사 협의회 중 2명의 유아특수교사가 나눈 대화 내용이다. 물음에 답하시오. [5점]

박 교사: 선생님, 저는 ㉠ 요즘 혜수를 위해 학급의 일과를 일정하게 하고 등원 후에는 하루 일과를 그림으로 안내해줘요. 그리고 활동이 끝나기 5분 전에 종을 쳐서 알려줘요.

김 교사: 그래서인지 혜수가 활동에 잘 참여하는 것 같아요. 그런데 걱정하시던 혜수의 언어 평가 결과는 어때요?

…(하략)…

1) 다음 문장을 완성하시오. [1점]

㉠과 같이 일과와 환경에서의 구조화는 (　　)을(를) 높여 혜수의 활동 참여를 증가시킬 수 있다.

기본이론 369-370p

교육적 중재

공간적 지원
┌ 물리적 공간의 구조화
└ 공간 내 감각자극 조절

시간적 지원
┌ 시간의 구조
└ 시각적 일과표 활용

물리적 공간 구조화의 의의

- 구조화된 물리적 환경은 학생에게 분명한 기대를 제공하고, 상황과 관련된 단서에 대한 주의집중을 유도하며, 학생이 목적에 부합하는 의도된 활동을 할 수 있도록 함
- 학생의 독립성과 다른 사람을 관찰하는 능력, 사회적 상호작용을 증진시키고, 학생이 예측할 수 있으며 유연하게 변화를 이룰 수 있음

시간적 구조화의 의의

시간의 구조화는 일과를 예상할 수 있도록 지원해주고, 심리적 불안을 완화하여 학습 동기와 가능성을 높일 수 있음. 예측 가능한 일과의 확립은 궁극적으로 융통성을 가르치는 능력을 촉진함

수업참여도를 높일 수 있는 구조화 전략은 시간의 구조화이다.

이 전략을 성주에게 적용하는 이유는 시각적 일과표 등을 통해 다음 활동에 대한 예측 가능성을 높여 불안을 감소시키고 학습 참여를 증진시킬 수 있기 때문이다.

2014학년도 초등 B2

06 특수학교 손 교사는 자폐성 장애 학생 성주가 있는 학급에서 과학과 '식물의 세계' 단원을 지도하고자 한다. (가)는 성주의 행동 특성이고, (나)는 교수 · 학습 과정안이다. 물음에 답하시오. [5점]

(가) 성주의 행동 특성

- 과학 시간을 매우 좋아하나 한 가지 활동이 끝날 때마다 불안해하며 교사에게 "끝났어요?"라는 말로 계속 확인하기 때문에 학습 활동에 집중하기가 어려움
- 성주가 "끝났어요?"라고 말할 때마다 교사는 남아 있는 학습 활동과 끝나는 시각을 거듭 말해 주지만, 성주가 반복해서 말하는 행동은 수업 후반부로 갈수록 증가함

1) (가) 성주의 행동 특성을 고려하여 수업 참여도를 높일 수 있는 구조화 전략을 1가지 쓰고, 그 적용 이유를 쓰시오. [2점]

기본이론 357-359p

- 공간적 지원
- 시간적 지원

공간적 지원
- 물리적 공간의 구조화
- 공간 내 감각자극 조절

시간적 지원
- 시간의 구조
- 시각적 일과표 활용

핵심 개념

물리적 공간의 구조화
- 학생이 특정 활동을 어디서 해야 하는지에 관한 시각적 정보를 제공하는 것
- **목적**: 특정 활동을 위한 영역을 명확하게 구별하여 제공함으로써, 학생에게 예측 가능한 방법으로 자신이 해야 할 활동을 알려주는 시각적 정보를 제공하는 것

시간의 구조 확립
- 시간이 어떻게 사용되는지를 구조화해 주는 것
- **시간의 구조화 방법**: 시각적 일과표(일일 일정표, 작업 일정표, 물건 일정표 등) 활용

시각적 일과표의 유형(방명애 외)
- **활동 간 일과표**: 학생이 수행해야 하는 활동의 순서를 제시하는 일과표
- **활동 내 일과표**: 하나의 과제 수행을 위한 단위행동의 순서를 제시하는 일과표로, '과제구성도' 또는 '절차적 지원'이라고도 함

시각적 일과표의 유형(박은혜 외)
- **활동 간 일과표**: 과제 전환 및 이동 중에 도전행동을 줄일 수 있는 예측 가능한 활동 순서 제시
- **활동 내 일과표**: 특정 과제를 순서대로 제시하여 완성하도록 도움

ⓐ 물리적 공간의 구조화
ⓑ '손빨래의 단계'를 활동 내 일과표로 제시한다.

2018학년도 초등 B5

07 **(가)는 2011 개정 특수교육 교육과정 중 기본 교육과정 실과 5~6학년 '단정한 의생활' 단원 전개 계획의 일부이고, (나)는 가정 실습형 모형에 따라 자폐성 장애 학생을 위해 작성된 '손빨래하기' 수업 활동 개요의 일부이다. 물음에 답하시오. [6점]**

(나)

차시	5/10	학습 주제	손빨래하기
목표	• 손수건을 빨 수 있다. • 손걸레를 빨 수 있다.		
장소	단계	교수 · 학습 활동	
학교	문제 제기	• 손빨래와 관련된 경험 상기 • 손빨래가 필요한 상황에 대하여 이야기하며 학습 목표 제시 및 확인 • 손빨래를 위한 개별화된 과제 제시	
	실습 계획 수립	• 손빨래 실습 계획 수립 • 손빨래에 필요한 준비물(빨랫비누, 빨래통, 빨래판 등) 준비 및 기능 설명 • 손빨래 방법 안내	
	시범 실습	• 손빨래 순서에 따른 시범 • ㉡ 시각적 단서를 활용하여 순서에 따라 학생이 직접 손빨래하기 • 손빨래 시 유의할 점 안내	
	㉢	부모와 함께 학생이 손빨래를 해 보도록 활동 요령 지도	

※ 유의사항: ㉣ 학생에게 그림교환의사소통체계(PECS)를 통해 '문장으로 의사소통하기' 지도

2) 다음은 (나)의 밑줄 친 ㉡에서 적용한 환경 구조화 전략이다. ① ⓐ에 들어갈 전략의 명칭을 쓰고, ② ⓑ에 들어갈 시간의 구조화 전략의 예 1가지를 쓰시오. [2점]

> • (ⓐ): 손빨래 활동 영역을 칸막이로 표시함
> • 시간의 구조화: (ⓑ)

- 시각적 일과표의 유형 중 '작업 일정표'를 써야 함
- '손빨래'하는 작업의 순서를 그림 또는 목록으로 나타내야 함

기본이론 364-365p

물리적 공간의 구조화

공간적 지원
┌ 물리적 공간의 구조화
└ 공간 내 감각자극 조절

혼자만의 공간
- ASD 아동을 위해서는 필요한 경우 안정을 되찾거나 유지할 수 있는 혼자만의 공간을 마련해주어야 함
- **유의사항**
  - 혼자만의 공간은 타임아웃을 위한 장소가 아님
  - 혼자만의 공간은 과제를 회피하기 위한 장소가 아님
  - 혼자만의 공간에 있는 동안 아동은 강화를 계속 받을 수 있고 과제를 계속 수행할 수 있어야 함

① 진정 영역(혼자만의 공간)
② 자폐장애 아동의 자극 수준을 낮게 유지하는 장소로, 안정을 찾을 수 있도록 돕는다.

2019학년도 초등 B6

08 **다음은 교육 봉사를 다녀온 예비 특수교사와 지도 교수의 대화 내용이다. 물음에 답하시오.**

예비 특수교사:	교수님, 어제 ○○학교에 교육 봉사를 다녀왔습니다. 교실 환경이 상당히 인상 깊었는데, 가장 특이했던 것은 교실 한쪽에 있던 커다란 플라스틱 이글루였어요. 입구에 '북극곰의 집'이라고 쓰여 있고 흔들의자도 있는 것 같았어요. 마침 1교시 시작할 때였는데 자폐성 장애 학생인 민우가 그 안에서 나오는 거예요. 담임 선생님께 여쭤 보니 민우가 자주 이용하는 곳이라고 하시더군요.
지 도 교 수:	아하! 아마도 (㉠)인가 봐요. 교실 한쪽이나 학교 내 별도 공간에도 둘 수 있는 건데, 물리적 배치를 통해 환경적 지원을 제공하기 위한 거죠. 유의해야 할 점은 타임아웃을 하거나 벌을 주기 위한 공간은 아니라는 겁니다.
	…(중략)…

1) ① ㉠에 들어갈 적절한 말을 쓰고, ② 그 기능을 1가지 쓰시오. [2점]

기본이론 368-370p

시간적 지원

시간적 지원
- 시간의 구조
- 시각적 일과표 활용

시각적 일과표 유형
- **일일 일정표**: 하루의 활동 순서를 알려주는 표로, 일정의 시간적 순서에 따라 시간·활동(또는 과목)·장소에 대한 정보가 제시됨
- **작업 일정표**: 작업을 얼마만큼 해야 하고, 언제 끝내야 하는지를 알려주는 시각적인 그림 또는 목록
- **물건 일정표**: 활동 감각의 일부인 물건들이 활동의 순서를 나타내기 위해 순서대로 자리 잡게 하는 것

모범답안
시각적 일과표(일일 일정표)를 교실 내 잘 보이는 곳에 부착한다.

2015학년도 유아 A2

09 **다음은 발달지체 유아 지우에 대해 통합학급 김 교사와 특수학급 박 교사가 나눈 대화 내용이다. 물음에 답하시오.** **[5점]**

…(상략)…

김 교사: 네, 그래야 할 것 같아요. 또 지우는 한 활동이 끝나고 다른 활동으로 전이하는 것도 힘들어하는 것 같아요.
박 교사: 그러면 ㉣ 지우에게 그림 일과표를 보여 주세요. 활동을 마칠 때마다 그림카드를 떼어 다음 활동을 알 수 있도록 하면 좋을 것 같아요.
김 교사: 아! 그러면 지우의 참여 행동에 도움이 될 수 있겠네요. 참여를 해야 비로소 학습이 시작되고, 그래야 학습한 내용을 습득할 수 있겠지요. 그 다음에 (㉤), 유지와 일반화가 이루어지므로 참여가 중요한 것 같아요.

3) ㉣에서 박 교사가 물리적 환경을 구조화하기 위해 제안한 방법 1가지를 쓰시오. [1점]

확장하기

구조화된 물리적 환경 조성(신진숙, 「통합교육」, 2013.)

- 교실, 특히 붐비는 곳은 깨끗하고 간결하게 정리한다.
- 필요한 자료들은 접근 가능하게 정리하여 적절하게 보관해둔다.
- 교실 조명은 잘 보이도록 밝게 한다.
- 적절한 소음 수준을 유지한다. 소음이 많이 발생하는 것은 없애거나 덜한 것으로 교체한다.
- 학생 각자의 개인적인 물리적 공간과 책상·교재를 정리한다.
- 모든 학생들은 교사를 쉽게 볼 수 있고 접근 가능하여야 하고, 교수적 설명이나 표현을 쉽게 알 수 있어야 한다.
- 예측 가능한 일과가 제시된 일정표를 게시한다.
- 학급 규칙과 결과는 학생들이 볼 수 있도록 게시한다.

참고자료 기본이론 372-375p

키워드 시간적 지원

구조화틀 **시간적 지원**
- 시간의 구조
- 시각적 일과표 활용

핵심개념 **일일 일정표**
하루의 활동 순서를 알려주는 표로, 일정의 시간적 순서에 따라 시간·활동(또는 과목)·장소에 대한 정보가 제시됨

모범답안 ㉣ 일일 일정표

2019학년도 초등 A5

10 **다음은 특수학교 5학년 학생을 지도하는 특수교사의 음악수업 성찰 일지이다. 물음에 답하시오. [6점]**

> 수업 성찰 일지
>
> 2018년 ○월 ○일
>
> 발표 준비를 위해서 교과 수업 운영 시간을 조정해야겠다. 음악수업이 한 시간씩 떨어져 있어 아무래도 집중적인 연습이 어려울 것 같다. 두세 시간을 묶는 방식으로 수업시간을 조정해야겠다. 그런데 이미 정해진 일과가 흐트러지면 자폐성 장애 학생인 지수가 혼란스러워 할 텐데 어떻게 해야 할까? 지난번 연수 후 지수를 위한 환경 구조화의 일환으로 제작해 사용하고 있는 (㉣)을/를 적용해봐야겠다. 벨크로를 이용해 만들었기 때문에 과목카드를 쉽게 붙였다 떼었다 할 수 있다. 그것으로 지수에게 음악시간과 원래 교과 시간이 바뀌었음을 설명해 주면 금방 이해하고 안정을 찾을 것 같다. [A]
>
> 그리고 구어 사용이 어려운 지수에게 악기 연습 시간에 사용할 수 있는 그림카드를 만들어주어야겠다. 연주를 시작할 때, 핸드벨 카드를 제시하면 핸드벨을 주는 방식으로 지도해봐야겠다. 지수는 시각적 학습에 익숙한 편이니, ㉤ 그림교환의사소통체계를 활용해봐야겠다.

3) [A]를 참조하여 ㉣에 들어갈 구조화된 지원 방법을 쓰시오. [1점]

기본이론 372-375p

시간적 지원

시간적 지원
- 시간의 구조
- 시각적 일과표 활용

시간의 구조 확립
- 시간이 어떻게 사용되는지를 구조화해주는 것
- 시간의 구조화 방법으로 시각적 일과표(활동 간 일과표, 활동 내 일과표)를 활용할 수 있음

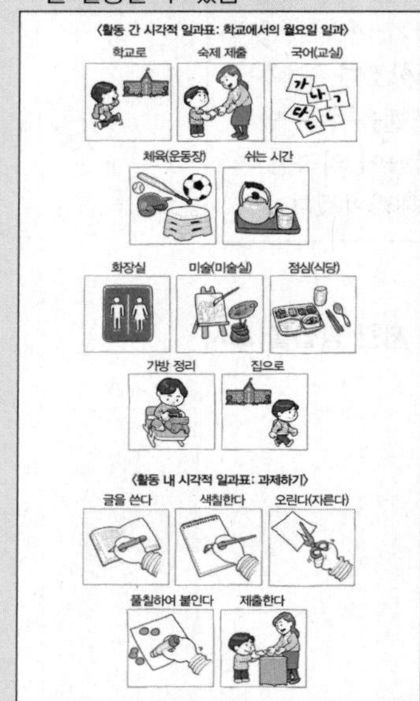

① 시각적 일과표를 제시해 예측 가능성을 높여 전이를 돕는다.
② 활동의 시작과 끝을 알려주는 종소리를 제공해 전이를 돕는다.

2021학년도 유아 B4

11 **다음은 유아특수교사의 놀이 기록 일부이다. 물음에 답하시오. [5점]**

> …(중략)…
>
> 다양한 꽃들로 교실이 가득할 때 갑자기 우진이가 "얘들아, 우리 '오소리네 집 꽃밭' 동화로 극놀이 하자."라고 큰 소리로 말했다. 그러자 ㉠ 아이들은 동화의 줄거리를 이야기하고, 극놀이에 필요한 배경과 소품을 만들었다. 소품이 완성된 후 "선생님, 점심 먹을 시간이에요. 우리 점심 먹고 와서 극놀이 준비를 계속 해요."라고 우진이가 말했다. 점심을 먹기 위해 아이들과 이동하려고 하는데 선우가 "아니야, 아니야."하면서 소품을 만지작거렸다. "선우야, 지금은 점심시간이야. 밥 먹으러 가자."라고 말했지만, 선우는 그 자리에서 움직이지 않았다. 선우에게는 ㉡ 활동 간 전이 계획이 필요한 것 같다.

ASD 일반적 특성: 일반화 및 전이가 어려움

3) **㉡에서 교사가 선우에게 사용할 수 있는 방법을 ① 시각적 측면과 ② 청각적 측면에서 1가지씩 쓰시오. [2점]**

기본이론 369-373p

교육적 중재

시간적 지원
- 시간의 구조
- 시각적 일과표 활용

핵심개념

모범답안

㉢ 시각적 일과표를 제작할 때 하나의 일과를 수행하면 자신의 일과표에서 해당 일과를 나타내는 카드를 떼어서 완료 칸에 넣고, 모든 활동 카드가 떼어지면 집에 가는 일과를 추가해준다.

㉣ 시각적 일과표에 장소에 대한 내용을 추가한다.

2023학년도 초등 B3

12 (가)는 특수학교의 김 교사가 작성한 자폐성장애 1학년 학생 동호의 행동 관찰 노트이고, (나)는 교사들이 나눈 대화 내용의 일부이다. 물음에 답하시오. [5점]

(나) 대화 내용

…(중략)…

김 교사 : ㉢ <u>동호는 수업이 끝나고 쉬는 시간마다 가방을 메고 집에 가겠다고 해요.</u>

…(중략)…

㉣ <u>급식실에서 밥을 먹고 나면 어디로 가야 할지 몰라 복도를 서성거려요.</u>

최 교사 : 그럼, 동호에게 시각적 일과표를 한번 활용해 보는 건 어떨까요?

김 교사 : 좋은 생각이네요. 동호는 시각적인 자료를 사용하면 더 쉽게 이해하니까요.

3) 시각적 일과표를 제작할 때 (나)의 ㉢과 ㉣을 해결하기 위한 방안을 각각 1가지씩 쓰시오. [2점]

확장하기

시각적 일과표 활용(방명애 외, 2018.)

1. 시각적 일과표의 개념 및 장점

- 시각적 일과표는 하루의 한 부분, 하루 전체, 일주일, 한 달, 또는 일 년의 일정에 관한 정보를 제공하는 대표적인 시각적 지원이다. 시각적 일과표를 통해 학생은 해당 일의 활동을 순서에 맞게 진행할 수 있고 시간 구조와 환경적 배열을 이해할 수 있다.
- 시각적 일과표는 학생의 독립성을 향상시키고 교사의 지속적 감독과 지원에 대한 요구를 줄여줄 수 있다.

2. 시각적 일과표의 특징

- 자폐성장애 학생을 위한 시각적 일과표를 개발할 때, 학생의 요구와 강점에 근거하여 시각적 제시 수준, 시각적 제시 배열, 학생의 참여 정도를 결정해야 한다.
- 시각적 일과표에서 제시되는 상징의 유형은 낮은 수준인 몸짓에서부터 실제 크기 사물, 소형 모형 사물, 사진, 컬러 그림, 흑백 선화, 단어, 문장이나 구절, 수화 아이콘의 높은 수준까지 다양하다.
- 시각적 일과표를 활용하여 학생 스스로 일과를 점검하고 조정할 수 있도록 지도하면 이후 독립적 기능수행을 촉진하는 데 도움이 된다. 시각적 일과표는 구조를 제공하며 프리맥 원리가 적용될 수 있고, 시간에 관한 교수가 가능하며 예측과 선택을 학습할 수 있다.
- 시각적 일과표는 학생이 어떠한 활동을 해야 하는지, 그날에 해야 하는 활동의 순서는 어떻게 되는지를 구체적으로 알 수 있도록 조직된 것이다. 잘 조직된 시각적 일과표는 학생이 독립적으로 수행하고 활동 간 전이/전환을 할 수 있고, 보다 더 유연해져서 변화를 수용할 수 있도록 돕는다. 학생은 하나의 일과를 수행하면 자신의 일과표에서 해당 일과를 나타내는 카드를 떼어 '완료' 칸에 넣고, 그다음 일과를 확인한 후에 해당 일과를 수행할 수 있다. 이러한 과정을 통해 해당 일의 일과표에 붙은 활동 카드가 모두 '완료' 칸에 들어가게 되면 학생은 교실에서 오늘 해야 하는 일과를 모두 수행한 것이 된다.
- 학생은 시간표가 변경되면 다소 불안해할 수 있는데, 교사가 이를 미리 알려주면 감당할 수 있는 수준의 불안을 갖고 수업에 참여하게 된다. 또한 교실 내 수업 시간표와 별도로 개별 시간표를 만들어 학생에게 제시할 수도 있다.
- 시각적 일과표를 활용하여 공간적 지원과 시간적 지원을 함께 할 수도 있다.
- 교과 순서와 더불어 해당 교과가 어디에서 이루어지는지에 대한 정보가 함께 제시되어 있다.

시각 스케줄(김건희 외, 2018.)

- 다음 활동순서를 알려주기 위해 시각적 방법을 사용하는 이유는 다음과 같다.
  - 첫째, 교사나 부모가 단순히 구두로 다음에 무엇을 할 것인지 알려주면 언어가 완전히 이해되지 않거나 흘려 들을 수 있지만, 시각적 의사소통은 보다 이해하기 쉽고 언제나 확인할 수 있어 정보 확인이 쉽기 때문이다.
  - 둘째, 시각 스케줄은 자폐성장애 학생이 어려워하는 전환 행동을 쉽게 한다. 전환 과정에서 다음에 무엇을 해야 하는지 수시로 확인하면 예상치 못한 당황스러움, 원하지 않는 활동 중단 및 장소 변경으로 인한 스트레스로 발생하는 바람직하지 않은 문제행동을 줄일 수 있기 때문이다.
  - 셋째, 시각 스케줄은 자폐성장애 학생이 교사나 부모의 지시에 독립적으로 목표를 성취할 수 있도록 돕는다.
- 자폐성장애 학생에게는 시각 정보가 가장 이해하기 쉽기 때문에 활동에서 활동으로 전환하는 시각 스케줄을 사용하게 되면 교사나 부모의 추가적인 촉구를 필요로 하지 않을 수 있다. 자폐성장애 학생에게 시각적 또는 문자 일정을 따르게 하면 교사와 부모의 감독이 더욱 효율적으로 이루어질 수 있으며, 이를 통해 자폐성장애 학생은 안정감 · 능률 · 독립심을 증가시키게 된다.
- 시각 스케줄은 활동내용과 개별 학습자의 능력에 따라 다양한 형태로 꾸밀 수 있다. 어떤 사람은 그날의 읽기 활동에 대해 체크리스트를 사용할 수 있는데, 이는 자신의 생활을 조직화하는 일반적인 사람들과 크게 다르지 않다. 능력이 낮은 경우에는 단순한 그림이나 사진을 활용하여 작성된 일정을 사용하거나, 가장 단순한 '다음 할 일'만을 나타내는 구체적인 활동만 제시된 일정을 사용할 수도 있다.
- 자폐성장애 학생들이 일과에서 스스로 선택할 수 있는 시간을 포함하면 의사소통 동기가 높아지고, 일정에 스스로 참여할 동기를 높일 수 있다. 따라서 실제적으로 일정을 작성할 때 자폐성장애 학생에게 더 많은 선택권을 주어야 한다.
- 시각스케줄은 일정이 변경될 수 있음을 시사하는 내용을 포함해서 작성한다. 일정은 매일 같아서는 안 되며, 미리 계획된 일정을 의도적으로 변경하여 자폐성장애 학생이 변경된 일정을 수용할 수 있도록 한다. 우리는 자폐성장애 학생이 틀에 박힌 일상을 보내기를 원하지 않으며, 자폐성장애 학생이 일정을 이해하고 활용할 수 있기를 원한다. 따라서 우리의 목표는 자폐성장애 학생이 다음 일어날 일의 순서를 시각스케줄을 통해 의사소통하여 환경 변화에 적응할 수 있도록 하는 것이다.
- 학급에서 구조화된 교수는 학급 일정표와 개인 일정표 2개를 동시에 사용할 수 있다. 일반적으로 학급 일정표는 전체 수업에 대한 일정표다. 학생 개인별 특정 과제 활동을 나타내지는 않지만, 일반적인 수업시간, 간식시간, 점심시간, 현장학습 등을 나타낸다. 견학, 특별활동, 학교행사, 기타 특별 프로그램이 있는 경우를 제외하고 일반 학급 일정은 주마다 비교적 일정하다. 개인 일정표는 각 개인별로 작성된다. 고기능 자폐성장애의 일일 개인 일정표는 대부분의 사람들이 사용하는 '할 일' 목록 또는 수첩에 약속을 기록하는 것과 유사하다. 일반적으로 하루 종일 시간대별로 특정 활동을 어디에서 하고, 언제 끝나고, 다음 시간은 무엇을 하는지를 보여준다.
- 개념화 또는 조직화에 문제가 있는 학생에게 하루 전체 일정을 제시하면 혼란스럽기 때문에 한 번에 반나절 일정, 몇 가지 일정, 또는 한 가지 일정만 제시할 수도 있다. 중요한 것은 일정 유형과 제시되는 활동의 수는 학생의 이해 및 조직화의 능력 수준에 맞게 제시되어야 한다는 것이다.

기본이론 369-372p

교육적 중재

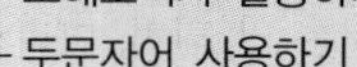
공간적 지원
- 물리적 공간의 구조화
- 공간 내 감각자극 조절

시간적 지원
- 시간의 구조
- 시각적 일과표 활용

학습 지원
- 미리 보여주기
- 도해조직자 활용하기
- 두문자어 사용하기

①

2011학년도 유아 27

13 유치원 통합학급에 있는 자폐성 장애 유아 은수와 발달 지체 유아 현주, 일반 유아들 사이에서 일어난 상황 및 교사의 지도 내용에 대한 교수전략을 바르게 연결한 것을 모두 고른 것은?

구분	상황 및 지도 내용	교수 전략
㉠	• 은수는 간식 시간 전인 이야기 나누기 시간에 간식을 달라고 떼를 쓰며 운다. • 그림 일과표를 제시해 주고, 이야기 나누기 시간이 시작되면 모래시계를 거꾸로 세워 놓는다.	시간의 구조화
㉡	• 은수는 머리카락 잡아당기기에 집착하여 옆에 있는 친구의 머리카락을 잡아당겨 울린다. • 은수와 다른 유아에게 적절한 사회적 행동을 가르칠 수 있는 주제로 대본을 만들어 상황에 맞는 역할을 하도록 한다.	사회극 놀이
㉢	• 현주는 또래 친구들이 바깥놀이를 위해 외투를 입는데 혼자 돌아다니고 있다. • 바깥놀이를 나갈 때 현주에게 친구들이 옷 입는 것을 보고 따라하게 한다.	과제 분석
㉣	• 유아들이 율동 시간에 침을 흘리는 현주와는 손을 잡으려고 하지 않는다. • 친구로부터 소외당하는 내용의 비디오를 보여주고, 반성적 이야기 나누기를 통해 현주를 이해하도록 한다.	공동 행동 일과

시간 개념은 매우 추상적이므로 학생에게 '10분 동안만' 또는 '잠시 동안' 어떠한 과제를 하라는 지시는 학생의 혼란을 가중시킬 수 있음 → 이때 학생이 언제까지 과제를 해야 하는지 보여주는 모래시계·타이머 등의 시각 자료를 활용해 지시하면 보다 효율적인 참여를 이끌 수 있음

㉢ 또래 모델링

① ㉠, ㉡ ② ㉠, ㉢
③ ㉡, ㉣ ④ ㉠, ㉡, ㉢
⑤ ㉡, ㉢, ㉣

기본이론 380p

미리 보여주기

학습 지원
- 미리 보여주기
- 도해조직자 활용하기
- 두문자어 사용하기

미리 보여주기
- 수업 전에 수업내용에 대한 정보를 아동에게 제공하는 것
- 수업에 사용될 자료를 수업 전에 보여주고 이를 검토하게 함으로써 아동으로 하여금 수업 중에 무엇을 하게 될 것인지를 알게 하는 것

미리 보여주기를 통해 예측 가능성을 향상시켜 심리적 불안을 완화하고 학습 가능성을 증진시킬 수 있다.

2020학년도 초등 B6

14 다음은 자폐성 장애 학생들이 포함되어 있는 학급의 특수교사가 2015 개정 특수교육 교육과정 중 기본 교육과정 과학과 3~4학년군 '생물과 무생물' 단원의 '새싹 채소가 자라는 모습을 살펴보기' 수업을 준비하며 작성한 수업 설계의 일부이다. 물음에 답하시오. [6점]

(가) 민호의 특성

> …(상략)…
>
> 다. 새싹 채소 키우기 학습을 모두 마친 후 식물원 견학 시 정민이와 경태의 ㉥ 불안감 감소, 학습 참여 증진 방안을 고려함
>
> → 견학 전 미리 준비한 동영상을 통해 식물원 가는 길이나 식물원의 모습 등을 보여줌
>
> → 식물원에서는 새로운 식물을 살펴보기 전에 사진 자료를 활용하여 식물에 대해 설명해줌
>
> [A]

4) [A] 활동을 통해 ㉥이 될 수 있는 이유를 1가지 쓰시오. [1점]

PART 03

기본이론 357-359p

구조화된 교수(TEACCH) 프로그램

TEACCH 프로그램
- 물리적 구조화
- 일과의 구조화
- 작업/활동 시스템
- 과제 조직화

TEACCH 프로그램
- **물리적 구성**: 특정 활동을 위한 영역을 명확하게 구별해 제공함으로써, 학생에게 예측 가능한 방법으로 자신이 해야 할 활동을 알려주는 시각적 정보를 제공
- **시각적 일과표**: 어떤 활동을 어떤 순서로 해야 하는지를 알 수 있도록 일과표를 제공하는 것으로, 학생의 활동 또는 교과 시간의 전이를 지원하는 전략
- **작업/활동 시스템**: 교사의 직접적인 지도와 감독을 통해 습득된 개별 과제를 연습하거나 숙달하는, 시각적으로 구조화된 공간. 다음의 4가지 질문에 답하는 조직화된 시스템
  - 작업
  - 작업의 양
  - 작업의 시작과 끝나는 시간
  - (작업 완료 후 주어지는 보상)
- **과제 조직화**: 학생이 수행할 과제의 자료를 조직하는 것으로, 과제를 수행하기 위해 학생이 무엇을 해야 하는지, 얼마나 많은 항목을 수행해야 하는지, 그리고 최종 결과물은 어떠한 것인지에 대해 시각적으로 명확한 정보를 제공하는 것

④

2011학년도 중등 2

15 **김 교사는 전공과에서 직업교육을 받고 있는 자폐성 장애 학생의 직업환경 조정을 위하여 구조화된 교수(TEACCH) 프로그램을 적용하려고 한다. 김 교사가 적용하려는 프로그램의 4가지 주요 요소에 해당하는 내용으로 적절하지 않은 것은?**

① 각각의 조립 순서를 그림으로 상세히 제시한다. — ① 과제 조직화

② 사무용 칸막이를 이용하여 별도의 작업 공간을 정해 준다. — ② 물리적 구조화

③ 각 시간대별 활동 계획표를 작성해 주어 다음 작업을 예측할 수 있도록 한다. — ③ 시각적 일과표

④ 일과가 끝나면 작업 내용에 대하여 토의하고 다음날의 작업에 대하여 학생에게 설명한다.

⑤ 작업대 위에 견본 한 개와 일일 작업량 만큼의 부품들을 올려놓고, 작업대 옆 완성품을 담는 상자에 작업 수당에 해당하는 액수를 적어 놓는다. — ⑤ 과제 조직화, 작업체계

참고자료 기본이론 357–359p

구조화된 교수(TEACCH) 프로그램

TEACCH 프로그램
- 물리적 구조화
- 일과의 구조화
- 작업/활동 시스템
- 과제 조직화

작업/활동 시스템
- 습득된 개별 과제를 연습하거나 숙달하는, 시각적으로 구조화된 공간
- 학생들이 작업 공간에서 독립적으로 모든 활동을 완수해야 하기 때문에, 작업 시스템에서 학생에게 주어지는 과제는 학생들이 이미 숙달한 것으로 구성 → 즉, 새로운 기술을 가르치는 것보다는 기술을 촉진하는 것으로 구성
- ASD 아동이 작업 또는 활동을 이해하고, 집중하고, 스스로 작업을 완료할 수 있도록 함

왼쪽의 바구니에 학습지 4장을 넣고 학습지를 풀게 한 후, 다 푼 학습지는 오른쪽 바구니에 넣도록 한다.

2016학년도 초등 A6

16 **다음은 자폐성 장애 학생을 지도하기 위해 작성한 '2011 개정 특수교육 교육과정' 중 기본 교육과정 사회과 1~2학년군 '마음을 나누는 친구' 단원의 교수 · 학습 과정안의 일부이다. 물음에 답하시오. [6점]**

단원	마음을 나누는 친구	제재	친구의 표정을 보고 마음 알기
단계	교수 · 학습 활동	자료(㈃) 및 유의사항(㈤)	
전개	〈활동 1〉 • 같은 얼굴표정 그림카드끼리 짝짓기 • 같은 얼굴표정 상징카드끼리 짝짓기	㈃ 얼굴표정 그림카드 얼굴표정 상징카드	
	〈활동 2〉 • 같은 얼굴표정 그림카드와 상징카드를 짝짓기 • 학습지 풀기	㈃ ㉠ <u>바구니 2개, 학습지 4장</u> ㈤ (㉡) ㈃ 〈학습 활동 순서〉 책상에 앉기 학습지 준비하기 연필 준비하기 학습지 완성하기 [A]	
	〈활동 3〉 …(생략)…	㈤ ㉢ <u>학생이 학습 활동 순서에 따라 학습지를 완성할 수 있도록 시각적 단서를 제공한다.</u>	
정리 및 평가	• 학습 내용 정리하기 • 형성평가 : 실제 학교 생활에서 친구의 얼굴을 보며 친구의 마음을 표정으로 표현하기	㈤ ㉣ <u>학생의 일상생활 및 학교생활 등 실제 생활 장면과 연계하는 다양한 평가 방법</u>을 활용한다.	

2) 교사가 〈활동 2〉에서 '자폐성 장애와 관련 의사소통장애 아동의 중재와 교육(TEACCH)'의 구성 요소 중 하나인 '작업체계(work system)'를 적용하려고 한다. ㉠을 활용하여 ㉡에 들어갈 유의사항의 예를 쓰시오. [1점]

기본이론 357–359p

구조화된 교수(TEACCH) 프로그램

TEACCH 프로그램
- 물리적 구조화
- 일과의 구조화
- 작업/활동 시스템
- 과제 조직화

TEACCH 프로그램
- **물리적 구성**: 특정 활동을 위한 영역을 명확하게 구별해 제공함으로써, 학생에게 예측 가능한 방법으로 자신이 해야 할 활동을 알려주는 시각적 정보를 제공
- **시각적 일과표**: 어떤 활동을 어떤 순서로 해야 하는지를 알 수 있도록 일과표를 제공하는 것으로, 학생의 활동 또는 교과 시간의 전이를 지원하는 전략
- **작업/활동 시스템**: 교사의 직접적인 지도와 감독을 통해 습득된 개별 과제를 연습하거나 숙달하는, 시각적으로 구조화된 공간. 다음의 4가지 질문에 답하는 조직화된 시스템
  - 작업
  - 작업의 양
  - 작업의 시작과 끝나는 시간
  - (작업 완료 후 주어지는 보상)
- **과제 조직화**: 학생이 수행할 과제의 자료를 조직하는 것으로, 과제를 수행하기 위해 학생이 무엇을 해야 하는지, 얼마나 많은 항목을 수행해야 하는지, 그리고 최종 결과물은 어떠한 것인지에 대해 시각적으로 명확한 정보를 제공하는 것

- ㉠ 시각적 일과표(일과의 구조화)
  ㉡ 물리적 구조화
- ㉢ 이미 습득된 과제여야 한다.
  ㉣ 작업의 시작과 마치는 시간(작업이 종료되는 시점)

2021학년도 중등 A8

17 다음은 자폐성 장애 학생 D를 지원하기 위한 TEACCH (Treatment and Education of Autistic and Related Communication Handicapped Children)의 구조화된 교수 요소이다. 〈작성방법〉에 따라 서술하시오. [4점]

〈구조화된 교수 요소〉

교수 요소	교사가 학생에게 제공해야 할 정보
(㉠)	어떤 활동이 어떤 순서로 일어나는가?
과제 구성	• 무엇을 해야 하는가? • 얼마나 많은 항목을 해야 하는가? • 최종 결과물은 어떠한 것인가?
(㉡)	특정 활동을 어디서 해야 하는가? (글, 상징, 사진 등의 시각적 단서 제공)
㉢ 작업체계	• 수행해야 할 작업은 무엇인가? • 어느 정도 많은 작업을 해야 하는가? • (㉣)

작성방법

- 괄호 안의 ㉠, ㉡에 들어갈 교수 요소의 명칭을 순서대로 쓸 것.
- 밑줄 친 ㉢을 적용하기 위한 과제로 선정될 수 있는 조건을 1가지 서술하고, 괄호 안의 ㉣에서 제공해야 할 정보를 1가지 제시할 것.

기본이론 284-286p, 355-370p

- 자폐성 장애 특성
- 자폐성 장애 교수전략

③

2012학년도 초등 14

18 **다음은 자폐성 장애 학생의 일반적인 특성과 이에 따른 교수전략을 설명한 것이다. 적절한 교수전략이 아닌 것은?**

	일반적인 특성	교수전략
①	상동적이고 반복적인 동작을 한다.	의미 없어 보이는 상동행동이라도 행동의 기능이나 원인이 무엇인지 먼저 파악하여 접근한다.
②	시각적인 정보처리에 강점을 보인다.	복잡한 내용을 설명할 때는 마인드맵(mind map)을 활용한다.
③	정해진 순서나 규칙에 집착하거나 변화에 매우 민감하다.	갑작스러운 일에도 잘 적응하도록 자주 예기치 않은 상황을 만들어준다.
④	사회적 관습이나 규칙에 대해 이해하는 데 어려움을 보인다.	사회적인 상황이나 문제를 설명해 주는 간단한 상황 이야기를 활용한다.
⑤	제한된 범위의 관심영역에 지나치게 집중하거나 특별한 흥미를 보이는 행동을 한다.	학생이 보이는 특별한 흥미를 강점으로 이해하고 이를 동기로 활용할 수 있는 교수방법을 찾아본다.

③ 앞으로 일어날 일을 예상할 수 있도록 구조화해 주어야 함

PART 03

2026 특수교사임용시험 대비

김은진 스페듀 기출분석집

Vol. 1 의사소통장애 정서·행동장애 자폐범주성장애

초판인쇄 | 2025. 3. 10. **초판발행** | 2025. 3. 15. **편저자** | 김은진

발행인 | 박 용 **발행처** | (주)박문각출판 **표지디자인** | 박문각 디자인팀

등록 | 2015년 4월 29일 제2019-000137호 **주소** | 06654 서울시 서초구 효령로 283 서경빌딩

팩스 | (02)584-2927 **전화** | 교재문의 (02)6466-7202

저자와의 협의하에 인지생략

정가 32,000원

ISBN 979-11-7262-619-8 ISBN 979-11-7262-618-1(세트)